D1671213

In kritischer Solidarität

ARBEITEN ZUR PRAKTISCHEN THEOLOGIE

Herausgegeben von
Alexander Deeg, Michael Domsgen, Wilfried Engemann,
Jan Hermelink, Kristin Merle und Marcell Saß

Band 87

Niklas Peuckmann

In kritischer Solidarität

Eine Theorie der Militärseelsorge

EVANGELISCHE VERLAGSANSTALT
Leipzig

 Niklas Peuckmann, Dr. theol., Jahrgang 1990, studierte Evangelische Theologie, Biologie und Philosophie in Bochum. Er ist Wissenschaftlicher Mitarbeiter am Lehrstuhl für Praktische Theologie (Homiletik/Liturgik/Poimenik) und am Institut für Religion und Gesellschaft der Evangelisch-Theologischen Fakultät der Ruhr-Universität Bochum. Seit 2021 ist er zudem Vikar in der Evangelisch-Lutherischen Gemeinde Gladbeck. Peuckmann wurde mit der vorliegenden Arbeit 2021 an der Ruhr-Universität Bochum promoviert.

Bibliographische Information der Deutschen Nationalbibliothek
Die Deutsche Nationalbibliothek verzeichnet diese Publikation in der Deutschen Nationalbibliographie; detaillierte bibliographische Daten sind im Internet über http://dnb.dnb.de abrufbar.

© 2022 by Evangelische Verlagsanstalt GmbH · Leipzig
Printed in Germany

Das Werk einschließlich aller seiner Teile ist urheberrechtlich geschützt. Jede Verwertung außerhalb der Grenzen des Urheberrechtsgesetzes ist ohne Zustimmung des Verlags unzulässig und strafbar. Das gilt insbesondere für Vervielfältigungen, Übersetzungen, Mikroverfilmungen und die Einspeicherung und Verarbeitung in elektronischen Systemen.

Das Buch wurde auf alterungsbeständigem Papier gedruckt.

Cover: Zacharias Bähring, Leipzig
Satz: 3w+p, Rimpar
Druck und Binden: Hubert & Co., Göttingen

ISBN 978-3-374-07125-8 // eISBN (PDF) 978-3-374-07126-5
www.eva-leipzig.de

Für Amélie, Fiona, Mats und Mida

Vorwort

Militärseelsorge ist Seelsorge in der Lebenswelt Bundeswehr. Diese Einsicht habe ich gewonnen, als ich im Frühjahr 2015 für einige Wochen die Militärseelsorge in der Praxis begleiten durfte. Die Teilnahme an Feldgottesdiensten, die Besuche vom Lebenskundlichen Unterricht und die vielen Gespräche mit Soldatinnen und Soldaten über ihre Erfahrungen mit der Bundeswehr, den Einsatzzeiten, den bundesweiten Versetzungen und ihrer Wahrnehmung im gesellschaftlichen Raum haben mir vor Augen geführt, welch große Bedeutung der Seelsorge in diesem hoheitlichen Bereich zukommt. Die Begegnungen und die Erkenntnis, dass in Kirche und Theologie bislang kaum eine seelsorgeorientierte Diskussion über die Militärseelsorge geführt wird, sind der Ausgangspunkt der vorliegenden Studie, die im Sommersemester 2021 von der Evangelisch-Theologischen Fakultät der Ruhr-Universität Bochum als Dissertationsschrift angenommen wurde.

Ich danke allen voran Prof. Dr. Isolde Karle, die von der ersten Stunde an mein Forschungsinteresse geteilt und die Genese dieser Studie als Doktormutter mit kontinuierlichem Engagement sowie wertvollen Anregungen und Hinweisen begleitet hat. Auch hat sie sich selbst auf das Forschungsfeld der poimenischen Reflexion der Militärseelsorge eingelassen. Dies führte zu gemeinsamen Forschungsprojekten wie der langjährigen Mitarbeit in der Theologisch-Ethischen Arbeitsgemeinschaft im Evangelischen Kirchenamt für die Bundeswehr in Berlin, zu einer Fachtagung in Bochum sowie zu gemeinsamen Publikationen. Für die vorliegende Studie waren diese Projekte enorm bereichernd, haben sie doch den durchgehenden Austausch mit der Praxis der Militärseelsorge ermöglicht.

Weiterhin danke ich Prof. Dr. Traugott Jähnichen für die Erstellung des Zweitgutachtens sowie die horizontweitenden Impulse hinsichtlich der friedens- und sozialethischen Fragestellungen. Diese Horizontweitung fand schönerweise in gemeinsamen Forschungsaufenthalten in Zentralostafrika eine erfahrbare Entsprechung.

Den Herausgeberinnen und Herausgebern der Reihe »Arbeiten zur Praktischen Theologie«, Prof. Dr. Jan Hermelink, Prof. Dr. Wilfried Engemann, Prof. Dr. Alexander Deeg, Prof. Dr. Michael Domsgen, Prof. Dr. Kristin Merle und Prof. Dr. Marcell Saß, danke ich für die Aufnahme in die Reihe. Auch bedanke ich mich bei den Mitarbeiterinnen und Mitarbeitern der Evangelischen Verlagsanstalt, vor allem bei Dr. Annette Weidhas, für die sachkundige und gewissenhafte Begleitung bei der Drucklegung.

Die vorliegende Studie stellt das Ergebnis eines Forschungsprojektes zur poimenischen Reflexion der Militärseelsorge dar, das großzügig von der Evangelischen Kirche in Deutschland gefördert wurde. Dafür gilt mein Dank. Weiterhin danke ich den Mitarbeiterinnen und Mitarbeitern des Evangelischen

Kirchenamtes für die Bundeswehr, allen voran Dr. Dirck Ackermann, der den Prozess dieses Forschungsprojektes aufmerksam verfolgt hat und für einen inhaltlichen Austausch immer ansprechbar war. Dank gilt zudem der Vereinigten Evangelisch-Lutherischen Kirche Deutschlands, der Evangelischen Kirche von Westfalen, der Katholischen Militärseelsorge und der Evangelischen Militärseelsorge für die finanzielle Unterstützung bei der Drucklegung der Studie.

Für den inhaltlichen Austausch und die anregenden Diskussionen bedanke ich mich bei dem gesamten Team des Lehrstuhls für Praktische Theologie. Ein besonderer Dank gilt Antonia Rumpf, die die Studie durch ihre genaue und gleichsam kritische Lektüre mit wertvollen Rückmeldungen bereichert hat. Auch bedanke ich mich bei den aktiven und ehemaligen Militärpfarrerinnen und Militärpfarrern, die meinem Forschungsinteresse stets offen begegnet sind und bereitwillig aus ihrer Praxis und von ihren Erfahrungen berichtet haben.

Das Schreiben eines Buches respektive einer Dissertation kostet Zeit; Zeit, die anderswo auch einmal fehlt. Ich danke aus diesem Grund nicht zum Schluss, sondern von Herzen meiner Familie, die dieses Projekt die Jahre hindurch aufmerksam, interessiert und verständnisvoll begleitet und sich auch mit inhaltlichen Rückmeldungen, Beobachtungen und Erfahrungen auf die Diskurse eingelassen hat, die mich während des Forschens und Schreibens beschäftigt haben. Meinen Nichten, meinem Neffen und meiner Tochter sei dieses Buch gewidmet.

Der unvorbereitete Abzug der Bundeswehr aus Afghanistan im Sommer 2021 hat gezeigt, dass sich sicherheitspolitische Situationen rasant verändern können und dass dies in besonderer Weise die deutschen Streitkräfte herausfordert. Es ist zu erwarten, dass die Bundeswehr auch in Zukunft mit ähnlich unübersichtlichen und gefahrvollen Situationen und Einsätzen konfrontiert wird. An ihrer Seite werden dann auch wieder Pfarrerinnen und Pfarrer der Militärseelsorge sein, die in kritischer Solidarität dort seelsorglich präsent sind, wo es nötig ist. Sie werden den großen Begriff der »Seelsorge in der Lebenswelt Bundeswehr« mit Leben füllen. Dafür braucht es eine Rollenklarheit. Aus diesem Grund ist und bleibt es ungemein wichtig, dass die Militärseelsorge insgesamt von der Kirche und der Theologie wahrgenommen und dass über die Aufgaben, Herausforderungen und Entwicklungen diskutiert wird, damit sich der Kerngedanke der kritischen Solidarität in der Praxis realisiert. In diesem Bestreben ist die vorliegende Studie geschrieben, die Einblicke zur Wahrnehmung und Reflexionsimpulse zur Diskussion bietet.

Im Advent 2021, Niklas Peuckmann

Inhalt

I. Zur Fragestellung

1. Einleitung 15
   1.1 Militärseelsorge – ein Thema der (Praktischen) Theologie? 15
   1.2 Forschungsstand 19
   1.3 Forschungsanliegen und Vorgehen 25
2. Historischer Kontext 29
   2.1 Geschichtsbewusstsein der Militärseelsorge 29
   2.2 Militärseelsorge und die Friedensbewegungen 30
       2.2.1 Friedensbewegung der Achtundsechziger 32
       2.2.2 Friedensbewegung der Einundachtziger 38
   2.3 Das friedensethische Profil der Militärseelsorge 41
3. Theoretische Vorüberlegungen 45
   3.1 Seelsorge als religiöse Kommunikation im Horizont der
       Unverfügbarkeit 45
   3.2 Leitfragen einer Theorie der Militärseelsorge 49

II. »Ziele« der Militärseelsorge

1. Überlegungen zum Zielbegriff 53
2. Außen- und Innenperspektiven zur Militärseelsorge 55
   2.1 Außenperspektiven 55
       2.1.1 Soldatinnen und Soldaten: Militärpfarrer als Seelsorgende 56
       2.1.2 Kirche und Staat: Militärseelsorgevertrag 61
       2.1.3 Theologie: Militärseelsorge und Friedensethik 65
   2.2 Innenperspektiven 72
       2.2.1 Leitspruch: Domini Sumus 73
       2.2.2 Leitbild: Brückenbauer 78
       2.2.3 Leitbegriff: Kritische Solidarität 82
   2.3 Zwischenfazit: Militärseelsorge als Seelsorge in der Bundeswehr 88
3. Seelsorgliche Zielperspektiven der Militärseelsorge 91
   3.1 »Fit for Fight«? 91
   3.2 Ethisch sensible Seelsorge 98
4. Wahrnehmen: Ethisch sensible Seelsorge im Sinne der kritischen
   Solidarität 107

III. Lebenswelt Bundeswehr

1. Überlegungen zum Lebensweltbegriff 111
2. Das System Bundeswehr 115
   2.1 Die Bundeswehr als »Totale Institution«? 115
   2.2 Innere Führung 121
   2.3 Transformationssog der Bundeswehr 126
   2.4 Die neue Gestalt der Bundeswehr als prägende Herausforderung 131
3. Soldatinnen, Soldaten und ihre Familien in der Lebenswelt Bundeswehr 133
   3.1 Soldatsein in der Bundeswehr 133
   3.2 Soldatsein im Spannungsverhältnis zwischen »Draußen« und »Drinnen« 138
      3.2.1 Soldatenfamilien als Exkludierte der Bundeswehr 140
      3.2.2 Soldatenfamilien als Ort der sozialen Verwurzelung 145
      3.2.3 Kameradschaft 149
      3.2.4 Tradition 155
   3.3 Aktuelle Entwicklungen und Herausforderungen 163
      3.3.1 Frauen als Soldaten 164
      3.3.2 Diversity 173
      3.3.3 »Athener« oder »Spartaner«? 182
      3.3.4 Bundeswehr 4.0 189
   3.4 Zwischenfazit: Soldatsein unter der Voraussetzung der Multirationalität 196
4. Kirche in der Lebenswelt Bundeswehr 201
   4.1 Militärseelsorge als Organisation 201
   4.2 Zwischen Identifikation und Abgrenzung – Bezugssysteme der Militärseelsorge 209
   4.3 Militärseelsorge als professionalisierter Seelsorgebereich 215
   4.4 Militärseelsorge in multifunktionalen Teams – Psychosoziale Netzwerke (PSN) 220
5. Reflektieren: Die Lebenswelt Bundeswehr und ihre Multirationalität 227

IV. Räume und Vollzüge der Militärseelsorge

1. Überlegungen zum Raumbegriff 231
2. Räume der Militärseelsorge 239
   2.1 Seelsorgeräume im »Normalbetrieb« 239
      2.1.1 Lebenskundlicher Unterricht 240
      2.1.2 Rüstzeiten 251
      2.1.3 Familienarbeit am Beispiel des ASEM-Projekts 254

2.2 Seelsorgeräume im Einsatz 262
    2.2.1 Den »richtigen« Raum finden: Seelsorge im Einsatz 263
    2.2.2 Gottesdienst im Einsatz 269
    2.2.3 Marineseelsorge 275
2.3 Zwischenfazit: Räume erkennen, verstehen und gestalten 283
3. Vollzüge der Militärseelsorge 285
    3.1 Kommunikationskontexte 285
        3.1.1 Individualseelsorge 286
        3.1.2 Gruppenseelsorge 290
        3.1.3 Feldpostbriefe: Brücken in die Heimat 294
    3.2 Themenfelder 299
        3.2.1 Alltagsweltlich: Beziehungen 299
        3.2.2 Lebensweltlich: Gewalt 303
        3.2.3 Religiös: Kontingenz 315
    3.3 Dialoge 320
        3.3.1 Ökumene 321
        3.3.2 Neue Zweige der Militärseelsorge 327
        3.3.3 Räume der Öffentlichkeit(en) 336
4. Gestalten: Militärseelsorge und der Raum in der Bundeswehr 345

V. SCHLUSSÜBERLEGUNGEN 349

Abkürzungsverzeichnis 355
Literaturverzeichnis 359
    Abgerufene und verwiesene Internetseiten 390
    Verwiesene Serie 391

I. Zur Fragestellung

1. Einleitung

1.1 Militärseelsorge – ein Thema der (Praktischen) Theologie?

Der erste hauptamtliche Militärbischof Sigurd Rink (2014–2020)[1] veröffentlichte 2019 eine Monographie, in der er von seiner Zeit in der Militärseelsorge berichtet, Besuche bei Soldatinnen und Soldaten, Militärpfarrerinnen und Militärpfarrern im In- und Ausland schildert und sich vorsichtig tastend mit der friedensethisch herausfordernden Frage beschäftigt, ob und inwieweit eine militärische Interventionspolitik gerecht bzw. gerechtfertigt sein kann. Im Vorwort des Buches steht folgender Passus: »Es wurde Zeit, dass ich dieses Buch schreibe. Nach nun fünf Jahren im Amt des Militärbischofs, des, wie es kirchlich heißt, Bischofs für die Seelsorge in der Bundeswehr. Ich habe das Buch nicht als Politiker geschrieben, wenngleich es sehr politisch geworden ist. Und ich habe es auch nicht als Angehöriger des Militärs geschrieben, sondern als gläubiger Christ und als Mann der Kirche. Dieses Buch ist riskant. Denn es handelt von einer Ethik im Ernstfall des Lebens. Ich sehe jetzt schon voraus, wie es von allen möglichen Seiten Kritik erfährt. Von meiner Kirche, von der Politik, von den Streitkräften. Gut so. Ich bin in meinem Amt inzwischen Kritik gewohnt und beziehe sie nicht mehr notwendig auf meine Person.«[2]

Wer sich eingehender mit der Militärseelsorge beschäftigt, den beschleicht der Verdacht, dass diesen durchaus persönlichen Worten des Bischofs ein grundsätzlicher Problemhorizont innewohnt.[3] Rink skizziert einen Kontext, der

---

[1] Die angegebenen Jahreszahlen beziehen sich in dieser Studie in der Regel auf die jeweiligen Amtszeiten.

[2] RINK, Können Kriege gerecht sein?, 10 f.

[3] Seit 2002 gibt es neben der offiziellen staatskirchenrechtlichen Bezeichnung der »evangelischen Militärseelsorge« auch die kirchlich offizielle Bezeichnung der »evangelischen Seelsorge in der Bundeswehr«. Diese alternative Bezeichnung stellt eine Nebenfolge der Debatte über die Ausweitung des Militärseelsorgevertrages auf die neuen Bundesländer

die Militärseelsorge im Spannungsfeld von Politik, Militär und Kirche verortet. Als zentrales Streitthema wird dabei die »Ethik im Ernstfall des Lebens« bzw. die Friedensethik identifiziert. Und genau diese spannungsreiche Großwetterlage prägt die Diskussionen zur Militärseelsorge. Im Vordergrund stehen dabei vor allem Fragen zur Gestalt der Militärseelsorge. Es wird gefragt, warum Militärpfarrerinnen und Militärpfarrer Bundesbeamte auf Zeit sind, warum der Staat für den organisatorischen Aufbau sorgt sowie die entstehenden Kosten trägt und warum es in der Militärseelsorge »keine presbyterial-synodalen Strukturen«[4] gibt. Auch werden Sorgen geäußert, dass sich Seelsorgerinnen und Seelsorger zunehmend mit den Streitkräften und gegebenenfalls auch mit deren Aufträgen identifizieren, sodass die notwendige Distanz für die seelsorgliche Begleitung verloren geht.[5] In eine ähnliche Richtung deuten Diskussionen zur Friedensethik, die der Militärseelsorge teilweise eine Sonderposition in den kirchlichen Debatten um Pazifismus, Waffenexporte und Friedensmissionen zuschreiben. Darin zeigt sich ein Bild, das eine Abkapselung der Militärseelsorge von der Kirche zeichnen möchte. Solche Überlegungen begleiten die friedensethischen Debatten seit den späten 1970er Jahren.[6] Auch in der Gegenwart ist von einem solchen Auseinanderdriften vereinzelt noch die Rede. So diagnostizieren Sylvie Thonak und Gerd Theißen in ihrer 2020 veröffentlichten Aufsatzsammlung, dass die »protestantische Friedensethik [...] zwei legitime Kinder [hat], den Pazifismus als Lieblingskind, die Militärseelsorge als ›ungeliebtes Kind‹.«[7]

Rink spricht weiterhin in dem Zitat davon, dass er Kritik erwarte, die mit Blick auf die bislang veröffentlichten Rezensionen auch teilweise formuliert

---

infolge der deutschen Wiedervereinigung dar. Eine inhaltliche Neuausrichtung der Militärseelsorge verbindet sich damit aber nicht. In der Gegenwart spielt die Diskussion über die offizielle Bezeichnung dieser Bereichsseelsorge kaum mehr eine Rolle. Die vorliegende Studie arbeitet aus diesem Grund vornehmlich mit dem Begriff der Militärseelsorge. Der Begriff der Seelsorge in der Bundeswehr wird äquivalent verwendet. Vgl. THONAK, Evangelische Militärseelsorge und Friedensethik, 220f.

[4] THONAK/THEIßEN, Militärseelsorge, 187f. [Hervorhebung aufgehoben].

[5] Für eine erste Problemsensibilisierung vgl. KARLE/PEUCKMANN, Militärseelsorge im Spannungsfeld von Kirche und Bundeswehr.

[6] Vgl. HENNING, Ein ungewolltes Kind der Kirche?

[7] THONAK/THEIßEN, Militärseelsorge, 23. Mit dieser scharfen Formulierung spielen Sylvie Thonak und Gerd Theißen auf ein gängiges Bild der Militärseelsorge als »ungewolltes Kind« der Kirche an, das vor allem in den 1980er Jahren wirkmächtig war. Mit der diagnostizierten Trennung soll sodann der Ansatz einer komplementären Friedensethik in der Tradition der Heidelberger Thesen von 1959 fortgesetzt werden. Insofern ist die Diagnose nicht ausschließlich als Kritik zu lesen, sondern auch als Anerkennung der Komplexität friedensethischer Handlungen in einer nach wie vor noch unerlösten Welt.

wurde.⁸ Nun gehört es zum Usus des öffentlichen Diskurses, dass Positionen und Argumente nicht nur befürwortet, sondern auch sachgemäß kritisiert werden. Darin drückt sich die Lebendigkeit einer Debattenkultur aus. Diese Debattenkultur scheint Rink aber nicht in erster Linie zu antizipieren. Er spricht von einer allgemeineren Kritik, die ihn in seiner Zeit als Militärbischof begleitet hat. Und auch dieses Phänomen prägt die meisten Diskussionen zur Militärseelsorge. Die geäußerte Kritik wirkt nicht immer sachgemäß, nicht selten ist sie geprägt von persönlichen Animositäten. Dies führt wiederum aufseiten der Militärseelsorge dazu, dass ebenfalls verbal aufgerüstet wird, was einen kritisch-konstruktiven Austausch mit der Wissenschaft erschwert.

Wenn man den Blick über die Militärseelsorge hinaus auf andere Seelsorgefelder richtet, so lassen sich vereinzelt Parallelstrukturen und vergleichbare Dynamiken beobachten. Seelsorgerinnen und Seelsorger im Gefängnis werden beispielsweise – abhängig von der jeweiligen Landeskirche – als Landesbeamte auf Lebenszeit beschäftigt. Auch die »absorbierenden« Dynamiken, die bei der Militärseelsorge kritisiert werden, sind bei anderen Seelsorgefeldern wirksam. »Jede ›Bereichsseelsorge‹, mithin jede Seelsorge, die in einer nicht-religiösen Institution angesiedelt ist, steht in der Gefahr, von der Leitlogik der gastgebenden Institution absorbiert zu werden. Das Soziale ist in aller Regel stärker als das Bewusstsein, deshalb lassen sich Seelsorgerinnen und Seelsorger leicht in den Sog der Systemlogik ziehen, die in einer Institution vorherrschend ist, – ob das die Schule, das Krankenhaus oder die Bundeswehr ist.«⁹

Die Schwierigkeiten und Herausforderungen, denen sich die Militärseelsorge in ihrer Praxis stellt, gelten insofern nicht exklusiv für diese Bereichsseelsorge. Trotzdem fällt die Kritik im Vergleich mit anderen institutionalisierten Seelsorgefeldern nicht selten deutlich schärfer aus. Dafür gibt es, so steht an dieser Stelle noch zu vermuten, zwei wesentliche Gründe. Zum einen wird der »Wirkungsraum« der Militärseelsorge – die Bundeswehr – kritischer wahrgenommen als beispielsweise das Bildungssystem (Schule) oder das Gesundheitssystem (Krankenhaus). Zum anderen scheint für die Militärseelsorge eine Art Sonderauftrag zu gelten. Anders als andere Seelsorgefelder wird sie in erster Linie ethisch profiliert.¹⁰ Sie soll einen Beitrag zur Friedensethik leisten, sodass

---

⁸ Neben vielen Onlinerezensionen, die das Buch sowohl würdigend als auch kritisch besprechen, vgl. a. a. O., 205 f.
⁹ KARLE/PEUCKMANN, Seelsorge in der Lebenswelt Bundeswehr, 34 [Hervorhebung aufgehoben].
¹⁰ Einen ansprechenden Überblick dazu bietet DÖRFLER-DIERKEN, Militärseelsorge und Friedensethik.

sie auch als (ambivalenter) Baustein der kirchlichen Friedensarbeit gedeutet werden kann.[11]

Auf die Kritik an der Bundeswehr und inwieweit sie berechtigt oder überzogen ist, wird an dieser Stelle nicht eingegangen.[12] Auch soll die notwendige Debatte zur friedensethischen Profilierung der Militärseelsorge hier keineswegs kleingeredet werden. Vielmehr ist auf eine Schwierigkeit bei der Wahrnehmung dieser Bereichsseelsorge hinzuweisen. Die bisherigen Debatten und die speziellen Profilierungsansätze verstellen den Blick darauf, was in der militärseelsorglichen Praxis tatsächlich relevant ist: die *seelsorgliche Begleitung* der Soldatinnen, Soldaten und deren Familien.

Wer nun mit solch einer »seelsorgeinteressierten Brille« die Monographie von Sigurd Rink zur Hand nimmt und sie aufmerksam liest, wird feststellen, dass die Seelsorge darin eine untergeordnete Rolle spielt. Das gilt zunächst für die Praxis der Seelsorge, das gilt aber vor allem für die poimenische Reflexion der Militärseelsorge. Es ist einzuräumen, dass Rink dieses Feld gar nicht bearbeiten möchte, sondern sich praxisnah mit dem Thema der Friedensethik beschäftigt. Aber genau mit dieser Stoßrichtung steht Rinks Monographie repräsentativ für den Diskurs zur Militärseelsorge. Dieser erschöpft sich gegenwärtig fast ausschließlich in ethischen Perspektiven und Reflexionen. Hierzu liefert Rink mit seinem praxisnahen Einblick in die Realität der militärischen Friedensmissionen einen wichtigen Beitrag, da er die Komplexität der Friedensmissionen vor Augen führt, die mit einer klaren moralischen Befürwortung oder Ablehnung nicht erfasst wird. Eine poimenische Bearbeitung der Militärseelsorge fehlt indes trotz alledem.

Mit dieser Beobachtung ist das wesentliche Ziel dieser Studie bereits skizziert. Sie ist eine seelsorgeorientierte Darstellung der Praxis der Militärseelsorge sowie eine seelsorgetheoretische Reflexion der kirchlichen Arbeit in der Lebenswelt Bundeswehr. Die Militärseelsorge wird primär als Thema der Praktischen Theologie – konkret: der Poimenik – und nicht der Ethik begriffen. Es steht zu vermuten, dass sich mit diesem Perspektivwechsel die Diskussion zur Militärseelsorge neu und anders führen lässt. Betrachtet man die Militärseelsorge durch eine »seelsorgeinteressierte Brille«, so verschwinden nicht die kritischen Punkte, sie treten aber mit einem anderen Fokus ins Blickfeld. Das zeigt sich schon im leitenden Verständnis der Militärseelsorge: Seelsorgliche Begleitung in der Bundeswehr steht immer im Zeichen *kritischer Solidarität*.

---

[11] Diese Forderung findet sich u. a. bei THONAK, Evangelische Militärseelsorge und Friedensethik.

[12] Siehe dazu ausführlich Kap. III.

1.2 Forschungsstand

Die Militärseelsorge stellt ein auf den ersten Blick vernachlässigtes Thema in Wissenschaft und Forschung dar. Die Zahl an monographischen Studien ist überschaubar.[13] Auf den zweiten Blick lässt sich dennoch ein durchaus differenzierter Forschungsstand erheben.[14] So wurden vor allem seit der Jahrtausendwende Sammelbände veröffentlicht, die für eine praktisch-theologische Beschäftigung anregend sind.[15] Auch wird die Militärseelsorge punktuell in den theologisch einschlägigen Fach- und Forumszeitschriften thematisiert.[16] Darüber hinaus ist die Militärseelsorge mittlerweile von anderen Fachdisziplinen wie den Geschichts-,[17] Rechts-[18] und Sozialwissenschaften[19] bearbeitet worden. Hinzu kommen einige Publikationen der evangelischen und katholischen Militärseelsorge.[20] Seitdem sich die Bundeswehr an internationalen Einsätzen beteiligt –

---

[13] Hier werden in chronologischer Reihenfolge die Monographien aufgeführt, die vor allem für eine praktisch-theologische Beschäftigung mit dem Thema relevant sind: BLASCHKE/OBERHEM, Militärseelsorge; MÜLLER-KENT, Militärseelsorge im Spannungsfeld zwischen kirchlichem Auftrag und militärischer Einbindung; BOCK, Religion im Militär; WERKNER, Soldatenseelsorge versus Militärseelsorge; BOCK, Religion als Lebensbewältigungsstrategie von Soldaten; DÖRFLER-DIERKEN, Zur Entstehung der Militärseelsorge und zur Aufgabe der Militärgeistlichen in der Bundeswehr; BECKMANN, Treue. Bürgermut. Ungehorsam; ZUNKE, An der Seite der Soldaten.

[14] Einen ersten Forschungsstand hat Angelika Dörfler-Dierken zusammengestellt. Vgl. DIES., Zur Entstehung der Militärseelsorge und zur Aufgabe der Militärgeistlichen in der Bundeswehr, 25–32.

[15] Diesbezüglich sind in chronologischer Reihenfolge folgende Publikationen aufzulisten: MICHAELIS (Hg.), Für Ruhe in der Seele sorgen; GMELCH/HARTMANN (Hg.), Soldatenfamilien im Stress; KARLE/PEUCKMANN (Hg.), Seelsorge in der Bundeswehr.

[16] Für das *DtPfrBl* vgl. LIERMANN, Seelsorge und Spiritualität in offenem Gelände; für die *EvTh* vgl. DÖRFLER-DIERKEN, Militärseelsorge und Friedensethik; für die *LS* vgl. WENDL, Militärseelsorge: »Ernstfall der Familienpastoral«; für den *MD* vgl. RINK, Mit dem Evangelium regieren – Glaube und Politik; für *WzM* vgl. THIEL, Geteiltes Leben; für *Zeitzeichen* vgl. ANSELM, Notwendige Abschiede; für die *ZevKR* vgl. ENNUSCHAT, Militärseelsorge in Deutschland; für die *ZKG* vgl. GRESCHAT, Der Militärseelsorgevertrag zwischen der Bundesrepublik Deutschland und der Evangelischen Kirche in Deutschland.

[17] Vgl. u. a. RÖW, Militärseelsorge unter dem Hakenkreuz.

[18] Vgl. u. a. JASPER, Religiös und politisch gebundene öffentliche Ämter.

[19] Vgl. u. a. WERKNER, Religion und ihre Bedeutung für Krieg, militärische Gewalt und den Soldaten.

[20] Von der evangelischen Militärseelsorge werden die Zeitschriften »Zur Sache BW« und »JS-Magazin« herausgegeben. Die katholische Militärseelsorge gibt die Zeitschrift »Kompass« heraus und beteiligt sich in Kooperation mit der Bundeswehr und dem Institut für Theologie und Frieden (ITHF) an der Zeitschrift »Ethik und Militär«. Neben diesen laufenden Publi-

also seit Anfang der 1990er Jahre –, kann zudem festgestellt werden, dass Pfarrerinnen und Pfarrer vereinzelt Erfahrungs- bzw. Einsatzberichte über ihre Zeit in der Militärseelsorge veröffentlichen.[21]

Bei genauerer Betrachtung lassen sich diese Veröffentlichungen aus Wissenschaft und Praxis systematisieren. So wurde die Militärseelsorge zuerst *historisch* bearbeitet. Ab den 1970er Jahren ist dann ein *kirchenrechtlicher* Diskurs hinzugetreten, der sich bis in die Gegenwart hinein mit der Frage beschäftigt, ob das deutsche Militärseelsorgemodell verfassungswidrig oder verfassungskonform sei. Seit den frühen 2000er Jahren kann zudem beobachtet werden, dass die Militärseelsorge zunehmend in der *friedensethischen* Forschung berücksichtigt wird. Die Forschungsperioden stellen sich wie folgt dar:

1. *Historische Forschung:* Im 20. Jahrhundert war die Geschichte der Militärseelsorge immer wieder Gegenstand theologischer Monographien.[22] Eine erste gesamtgeschichtliche Darstellung wurde jedoch erst 1964 von Albrecht Schübel mit seinem Buch »300 Jahre Evangelische Soldatenseelsorge« vorgelegt. Schübel stellt darin die Entwicklungslinien der Militärseelsorge seit ihren Anfängen in der Preußisch Königlichen Armee des 17. Jahrhunderts dar und beleuchtet zugleich die Aufgaben und Herausforderungen, denen sich die Seelsorge im Feld durch drei Jahrhunderte hindurch stellen musste. Das Hauptinteresse gilt der Darstellung der Militärseelsorge in der Zeit des Zweiten Weltkrieges.[23] Obwohl Schübel seine Darstellung in einem zweiten Teil mit einer Vielzahl an Berichten aus dem Zweiten Weltkrieg ergänzt,[24] ist die Monographie mittlerweile vor allem als ein zeithistorisches Zeugnis der Deutung der Militärseelsorge in der frühen Bundesrepublik zu werten. Das liegt nicht zuletzt daran, dass Schübel selbst als Seelsorger im Zweiten Weltkrieg wirkte. Im Nachwort bezeichnet er sich als »Wehrmachtsdekan a. D.«[25].

Infolge von Schübels epochenübergreifender Darstellung wurden vereinzelt Studien publiziert, die einen eingegrenzten Zeitraum der Geschichte der Mili-

---

kationen sind zahlreiche Einzelveröffentlichungen vorgelegt worden. Vgl. u. a. Evangelisches Kirchenamt für die Bundeswehr (Hg.), De officio; vgl. Evangelisches Kirchenamt für die Bundeswehr (Hg.), Friedensethik im Einsatz; vgl. Katholisches Militärbischofsamt (Hg.), Kirche unter Soldaten.

[21] Vgl. u. a. GMELCH; »Ich werde euch zu Menschenfischern machen«; vgl. VON KYMMEL, Als Pfarrer im Militäreinsatz in Afghanistan; vgl. SIMON, Militärseelsorge im Auslandseinsatz. Weitere Praxisberichte sind in den Sammelbänden enthalten. Vgl. MICHAELIS (Hg.), Für Ruhe in der Seele sorgen; vgl. KARLE/PEUCKMANN (Hg.), Seelsorge in der Bundeswehr.
[22] Vgl. u. a. POHL, Die katholische Militärseelsorge Preußens 1797–1888.
[23] Vgl. SCHÜBEL, 300 Jahre Evangelische Militärseelsorge, 69–141.
[24] Vgl. a. a. O., 147–318.
[25] A. a. O., 319.

tärseelsorge untersuchten.²⁶ Das führte dazu, dass sich das Gesamtbild der historischen Genese der Militärseelsorge immer weiter vervollständigte.²⁷

Seit den späten 1980er Jahren ist ferner ein neuer methodischer Zugang erkennbar. Der Fokus richtet sich nun zunehmend auf prägende Persönlichkeiten der Militärseelsorge.²⁸ Eine Studie von Dieter Beese zum Feldbischof Franz Dohrmann (1934–1945) ist Ausweis dieser Herangehensweise.²⁹ Beese verarbeitet darin sowohl umfangreiches Archivmaterial als auch »Ego-Dokumente« – also Quellen, in denen die Selbstwahrnehmung eines historischen Subjekts im Vordergrund stehen. Dadurch gelingt es, ein differenziertes Bild der Seelsorge im Zweiten Weltkrieg sowie der Person Franz Dohrmanns zu zeichnen. Anders als eine frühere Darstellung von Franz Dohrmann als »Feldbischof unter Hitler«³⁰, die latent apologetisch erklärt, dass der Feldbischof zwar kein Held, aber doch ein Vorbild gewesen sei, kommt die Studie von Beese zu einem eher abwägenden Fazit: »Franz Dohrmann war alles andere als ein Widerstandskämpfer, aber auch kein patriotischer Agitator, jedenfalls seit Mitte der dreißiger Jahre nicht mehr. Man kann in ihm die Verkörperung preußisch-deutscher Frömmigkeit mit ihren Glanz- und Schattenseiten erkennen. Er war pietistisch geprägter Lutheraner, ein Patriot mit an Gott gebundenem Gewissen.«³¹

Eine ähnliche Studie zur katholischen Wehrmachtseelsorge hat der Historiker Martin Röw vorgelegt. Darin wird herausgearbeitet, dass die katholische Wehrmachtseelsorge vornehmlich von Feldgeneralvikar Georg Werthmann (1936–1945), der später als erster Militärgeneralvikar (1956–1962) den Aufbau der katholischen Militärseelsorge in der Bundeswehr mitgestaltete, geführt wurde und nicht vom damaligen Feldbischof Franz Justus Rarkowski (1936–1945). Röw formuliert ein nüchternes Fazit, das den Ergebnissen von Beese zur evangelischen Wehrmachtseelsorge ähnelt. »Es ist Werthmanns Verdienst, dass es trotz aller notwendigen Konzessionen und Einschränkungen bis 1945 überhaupt eine Seelsorge gab, die ihrem Auftrag leidlich gerecht wurde.«³²

---

²⁶ Vgl. RUDOLPH, Das evangelische Militärkirchenwesen in Preußen.

²⁷ Eine empfindliche Leerstelle identifiziert Angelika Dörfler-Dierken in der historischen Erforschung der Beziehungen zwischen Friedensbewegung und Militärseelsorge in Westdeutschland. Vgl. DIES., Zur Entstehung der Militärseelsorge und zur Aufgabe der Militärgeistlichen in der Bundeswehr, 25. Siehe dazu Kap. I 2.2.1 und 2.2.2.

²⁸ Eine systematische Zusammenstellung aller Militärgeistlichen der katholischen Militärseelsorge von 1848 bis 1945 bieten BRANDT/HÄGER (Hg.), Biographisches Lexikon der Katholischen Militärseelsorge Deutschlands 1848 bis 1945.

²⁹ Vgl. BEESE, Seelsorger in Uniform, insb. 108–180.

³⁰ KUNST (Hg.), Gott läßt sich nicht spotten, 11.

³¹ BEESE, Seelsorger in Uniform, 144.

³² Röw, Militärseelsorge unter dem Hakenkreuz, 443.

1. Einleitung

Bis in die Gegenwart hinein werden weitere Studien vorgelegt, die sich mit der historischen Forschung zur Militärseelsorge beschäftigen, sodass man insgesamt von einem andauernden Forschungsdiskurs sprechen kann.[33] Dass dabei auch neue Befunde zutage gefördert werden, verdeutlichen zwei Studien von Dagmar Pöpping zu Kriegspfarrern an der Ostfront.[34] Pöpping stützt ihre Untersuchung auf Ego-Dokumente von Militärpfarrern, die Soldaten an der Ostfront begleiteten. Dabei zeigt sie auf, dass die Militärpfarrer punktuell die Barbareien des Krieges verurteilten und teilweise sogar offensiv gegen das systematische Ermorden der jüdischen Zivilbevölkerung durch SS-Einsatzgruppen protestierten. »Das Gros der Kriegspfarrer reagierte [allerdings] wohl eher mit einer Mischung von ›schockiertem Schweigen‹ und theologischen Erklärungsversuchen, insbesondere für den Mord an den Juden.«[35]

2. *Kirchenrechtliche Forschung:* Die Frage, ob das deutsche Militärseelsorgemodell verfassungskonform oder verfassungswidrig ist, wird seit Anfang der 1970er Jahren kontrovers diskutiert.[36] Eine abschließende Antwort steht noch aus. Das liegt nicht zuletzt daran, dass die rechtlichen Bestimmungen zur Gestalt der Militärseelsorge nicht immer eindeutig sind, sondern teilweise Raum für Interpretationen lassen. Strittig ist nach wie vor die Frage, ob und inwieweit die Trennung von Staat und Kirche (Art. 137 Abs. 1 WRV)[37] in der komplexen Struktur der Militärseelsorge verletzt wird.[38]

Wolfgang Huber mahnt in seiner 1973 erschienenen Habilitationsschrift, dass »hier ein bestimmter Bereich kirchlicher Tätigkeit nicht von den Grundsätzen evangelischen Kirchenrechts, sondern von den Forderungen und Interessen des Staates aus rechtlich geordnet wurde.«[39] Dies deutet er als staatlichen Eingriff »in den inneren Verfassungsrechtskreis der Kirche«, weswegen er das

---

[33] In chronologischer Reihenfolge sind dazu folgende Publikationen zu nennen: TROLP, Die Militärseelsorge in der hannoverschen Armee; FAULKNER ROSSI, Wehrmacht Priests; BAIER (Hg.), Als evangelischer Feldgeistlicher im Ersten Weltkrieg; RELLER, Die Anfänge der evangelischen Militärseelsorge; DÖRFLER-DIERKEN (Hg.), Reformation und Militär.

[34] Vgl. PÖPPING, Kriegspfarrer an der Ostfront; vgl. PÖPPING, Passion und Vernichtung.

[35] PÖPPING, Kriegspfarrer an der Ostfront, 209.

[36] Vgl. BAMBERG, Militärseelsorge in der Bundeswehr; vgl. BLEESE, Militärseelsorge und die Trennung von Staat und Kirche; vgl. FISCHER, Volkskirche ade!, insb. 144f.; vgl. KLEINE, Institutionalisierte Verfassungswidrigkeiten im Verhältnis von Staat und Kirche unter dem Grundgesetz, insb. 180; vgl. MÜLLER-KENT, Militärseelsorge im Spannungsfeld zwischen kirchlichem Auftrag und militärischer Einbindung, insb. 412-415; vgl. STEUBER, Militärseelsorge in der Bundesrepublik Deutschland.

[37] Vgl. HEIMANN, Zukunftsperspektiven der Militärseelsorge, 130-134.

[38] Einen systematischen Überblick zum Forschungsstand sowie zur noch laufenden Diskussion bietet ENNUSCHAT, Militärseelsorge in Deutschland.

[39] HUBER, Kirche und Öffentlichkeit, 269.

Fazit formuliert, »daß die gegenwärtige Struktur der Militärseelsorge mit dem geltenden Verfassungsrecht nicht vereinbar ist.«[40] Diese Kritik wird von Verfassungsrechtlern geteilt. »Zahlreiche, auch prominente Stimmen bezweifeln die Verfassungskonformität der Militärseelsorge oder stellen diese sogar gänzlich in Abrede. Zählt und gewichtet man die Stimmen der Kritiker, kann man durchaus von einer vorherrschenden Lehre sprechen.«[41]

Dennoch wird die Verfassungskonformität der Militärseelsorge auch von Rechtswissenschaftlern bejaht, unter anderem von Jörg Ennuschat, der 1996 eine umfassende Studie zur Klärung der verfassungs- und beamtenrechtlichen Fragen innerhalb der Kooperation von Staat und Kirche vorgelegt hat.[42] In der jüngeren Vergangenheit ist diese Position vor allem hinsichtlich der beamtenrechtlichen Herausforderungen von Christian Jasper rezipiert worden.[43] Insgesamt scheint der kirchenrechtliche Forschungsdiskurs zur Militärseelsorge etwas festgefahren zu sein. Dies könnte sich nun mit der Einrichtung einer jüdischen Militärseelsorge ändern, da diese rechtlich nach dem Vorbild der evangelischen und katholischen Militärseelsorge ausgestaltet wird. Der staatliche Kooperationspartner verdeutlicht damit, dass er keinen Zweifel an der Verfassungskonformität des deutschen Militärseelsorgemodells hat.

3. *Friedensethische Forschung:* Mit dem Fall des Eisernen Vorhangs verändert sich die geostrategische Ausgangslage und damit die globale sicherheitspolitische Großwetterlage grundlegend. Dies führte dazu, dass sich der Auftrag der Bundeswehr seit den 1990er Jahren schrittweise von einer Verteidigungsarmee hin zu einer international agierenden Einsatzarmee veränderte. Auch die Friedensethik, die sich zuvor vor allem mit den Fragen der nuklearen Bedrohung beschäftigte, wurde infolge der veränderten sicherheitspolitischen Herausforderungen neu justiert.[44] Dabei gewann zum einen das Leitbild des Gerechten Friedens an Bedeutung. Zum anderen setzte sich der mehrdimensionale Friedensbegriff der Friedensforschung durch, den der norwegische Konfliktforscher Johan Galtung bereits in den 1970er Jahren entwickelte.[45] Auf dieser Grundlage kam es Anfang der 2000er Jahre zu neuen Diskussionen um das Verhältnis zwischen Friedensethik und Militärseelsorge. Anders als bei früheren Diskussionen wurden dabei jedoch vor allem Gemeinsamkeiten herausgearbeitet, sodass sich Militärseelsorge und Friedensethik Schritt für Schritt annäherten.

---

[40] A.a.O., 288.
[41] ENNUSCHAT, Militärseelsorge in Deutschland, 114.
[42] Vgl. ENNUSCHAT, Militärseelsorge.
[43] Vgl. JASPER, Religiös und politisch gebundene öffentliche Ämter, insb. 301 f.
[44] Für einen Überblick zum friedensethischen Forschungsstand zur Militärseelsorge vgl. u.a. PEUCKMANN, Militärseelsorge und Öffentliche Theologie, 262–265.
[45] Vgl. GALTUNG, Strukturelle Gewalt.

1. Einleitung

Mittlerweile reicht die Nähe so weit, dass die Militärseelsorge fast ausschließlich friedensethisch profiliert wird.[46]

Der Diskurs zur Friedensethik hat sich in der Zwischenzeit weiterentwickelt.[47] Themen wie Drohnen, asymmetrische Kriegsführung oder Cyberwar vermitteln einen Eindruck davon, mit welch weitreichenden und zugleich speziellen Fragen sich die Friedensethik mittlerweile beschäftigt. Diese Themen sind auch für die Bundeswehr relevant, was sich an Diskussionen über die Anschaffung waffenfähiger Flugdrohnen oder an der Einrichtung des Kommandos Cyber- und Informationsraum (KdoCIR) in Bonn zeigt. Gleichzeitig macht das deutlich, dass der friedensethische Diskurs infolge dieser technischen Fragen immer voraussetzungsreicher und dementsprechend immer mehr zum Expertinnen- und Expertendiskurs wird.[48]

In der Summe lässt sich bei genauerer Betrachtung ein durchaus breiter und zugleich differenzierter Forschungsstand zur Militärseelsorge erheben. Das Forschungsinteresse gilt dabei vor allem historischen, kirchenrechtlichen und friedensethischen Fragen. Das Thema *Seelsorge in der Bundeswehr* ist hingegen bislang kaum bearbeitet. Das gilt sowohl für die Praxis als auch für die Theorie, sodass insgesamt eine markante Forschungslücke zu erkennen ist. Obwohl das Interesse der Poimenik an der Militärseelsorge in den letzten Jahren zaghaft wächst,[49] fehlt bislang eine seelsorgeorientierte monographische Bearbeitung des Themas. Diese Lücke gilt es zu bearbeiten, dies ist das Anliegen dieser Studie.

---

[46] In chronologischer Reihenfolge sind dazu folgende Publikationen zu nennen: VON DEN STEINEN, Unzufrieden mit dem Frieden?; Evangelische Kirche in Deutschland (Hg.), Aus Gottes Frieden leben – für gerechten Frieden sorgen, 41 f.; Evangelisches Kirchenamt für die Bundeswehr (Hg.), Friedensethik im Einsatz; DÖRFLER-DIERKEN, Militärseelsorge und Friedensethik; Evangelisches Kirchenamt für die Bundeswehr (Hg.), Soldatinnen und Soldaten in christlicher Perspektive.

[47] Einen umfassenden Überblick zu aktuellen Themen bieten WERKNER/EBELING (Hg.), Handbuch Friedensethik.

[48] Das hat auch der *Konsultationsprozess Gerechter Frieden* gezeigt, der zwischen den Jahren 2016 bis 2019 von der Forschungsstätte der Evangelischen Studiengemeinschaft e.V. (FEST) in Heidelberg bearbeitet wurde. Das Projekt wurde von der evangelischen Militärseelsorge unterstützt. Teilweise waren auch aktive Militärpfarrer in die inhaltliche Arbeit involviert, womit deutlich wird, dass die Militärseelsorge insgesamt auch eine Expertise im Feld der Friedensethik besitzt.

[49] Das zeigt sich beispielsweise an gegenwärtigen Lehrbüchern zur Praktischen Theologie oder zur Seelsorge. Vgl. KLESSMANN, Seelsorge, 374–376; vgl. ZIEMER, Seelsorgelehre, 404 f.; vgl. KARLE, Praktische Theologie, 450–455. Auch sind in den letzten Jahren vereinzelt Aufsätze erschienen, die sich mit seelsorglichen Fragen beschäftigen. Vgl. GMELCH, Der Umgang mit kognitiven Dissonanzen als Proprium einer praktischen Militärseelsorge; vgl. THIEL, Geteiltes Leben; vgl. THIEL, »... geblendet wie von einem großen Auge«. Vgl. weiterhin Evangelisches Kirchenamt für die Bundeswehr (Hg.), Begleitung im Licht des Evangeliums;

1.3 Forschungsanliegen und Vorgehen

Was heißt Seelsorge in der Lebenswelt Bundeswehr? Mit dieser bewusst offen und allgemein gehaltenen Frage setzt sich die vorliegende Studie perspektivisch auseinander. Zur Bearbeitung dieser Frage werden zwei methodische Herangehensweisen miteinander verknüpft. Zunächst geht es um eine systematische sowie umfängliche Beschreibung der seelsorglichen Begleitung von Soldatinnen, Soldaten und deren Familien. Dabei stehen prinzipielle Fragen im Vordergrund: Wie sieht die seelsorgliche Praxis von Militärpfarrerinnen und Militärpfarrern in der Bundeswehr aus? In welcher Form werden die Familien der Soldatinnen und Soldaten mitberücksichtigt? Mit welchen besonderen Herausforderungen sehen sich Seelsorgerinnen und Seelsorger während der Einsatzzeit konfrontiert? Inwieweit verändert sich die Bundeswehr und welche Auswirkungen hat dies auf die Soldatinnen und Soldaten? Wie »funktioniert« Seelsorge auf einem Schiff der Deutschen Marine? Welche Rolle spielen Gewaltanwendungen und Gewalterfahrungen in den Seelsorgegesprächen? Welchen Einfluss üben die Dynamiken des Militärs auf die Seelsorge aus?

Gleichzeitig wird das Ziel verfolgt, die Militärseelsorge in seelsorgetheoretischer Hinsicht zu reflektieren, um Konsequenzen für die seelsorgliche Praxis formulieren zu können. Dabei beziehen sich die theoretischen Reflexionen dezidiert auf die Darstellung und Beschreibung der seelsorglichen Praxis. Der Studie liegt insofern ein dreiteiliger Forschungsansatz zugrunde: Es geht um die Wahrnehmung, die Reflexion und um orientierende Impulse für die Praxis.[50] Dieser Dreischritt legt zugleich das Fundament für die Theorie der Militärseelsorge: Seelsorge in der Lebenswelt Bundeswehr wird demnach als Prozess des *Wahrnehmens*, *Reflektierens* und *Gestaltens* verstanden.

---

vgl. LAMMER, Wie Seelsorge wirkt; vgl. KARLE/PEUCKMANN (Hg.), Seelsorge in der Bundeswehr.

[50] Damit schließt diese Studie lose an die theoretische Bestimmung der Praktischen Theologie in dreifacher Gestalt von David Plüss an. Plüss bringt die dreifache Gestalt der Praktischen Theologie folgendermaßen auf den Punkt: »Sie [d. h. die Praktische Theologie] geht *wahrnehmend* von der vielgestaltigen Praxis gelebter Religion in den genannten Dimensionen aus, *reflektiert* diese in systematischer und historischer Hinsicht, um endlich *handlungsleitend* zur jeweiligen Religionspraxis zurückzukehren«. Wissenschaftstheoretisch betrachtet ist die Praktische Theologie also »als *Phänomenologie*, als *Hermeneutik* und als normative *Handlungstheorie* zu betreiben.« PLÜSS, Religiöse Erfahrung zwischen Genesis und Performanz, 247 [Hervorhebung im Original; erklärende Einfügung N. P.]. Vgl. auch FAILING/HEIMBROCK, Gelebte Religion wahrnehmen; vgl. ROSER, Spiritual Care, 42–143. Den Gedanken der orientierenden Impulse für die Praxis entfaltet Isolde Karle im Anschluss an Friedrich Schleiermacher. Vgl. DIES., Praktische Theologie, 12 f.; 31.

1. Einleitung

Die theoretischen Diskussionen orientieren sich zudem explizit an den eingangs skizzierten Herausforderungen der Militärseelsorge – an der Besonderheit des »Wirkungsraums« und der ethischen Profilierung. Die hier vorliegende Theorie der Militärseelsorge wird aus diesem Grund einerseits als *raumsensible Seelsorge*[51] und andererseits als *ethisch sensible Seelsorge*[52] entfaltet. Für diesen poimenischen Zuschnitt spielt das interdisziplinäre bzw. transdisziplinäre Gespräch eine wichtige Rolle. Innertheologisch ist diesbezüglich vor allem der Austausch mit der theologischen Ethik relevant. Als transdisziplinäre Referenzen dienen in erster Linie die Militärsoziologie, die Sozialpsychologie und die Organisationspsychologie. Darüber hinaus orientieren sich die theoretischen Diskussionen an der Systemtheorie und an der raumtheoretischen Forschung im Anschluss an den sogenannten »spatial turn«[53].

In der vorliegenden Studie ist explizit von der *Lebenswelt Bundeswehr* die Rede.[54] Dieser Begriff ist nicht nur für die poimenische Reflexion und die orientierenden Praxisimpulse relevant. An ihm zeigt sich zugleich, dass subjektive Berichte und Schilderungen der Soldatinnen und Soldaten sowie der Militärseelsorgerinnen und Militärseelsorger für die Darstellung der Praxis wie für die theoretische Reflexion unverzichtbar sind. Aus diesem Grund werden *Feldpostbriefe* sowohl aus den Einsatzgebieten (vor allem aus Afghanistan und dem Kosovo) als auch aus der Heimat – von der sogenannten »Heimatfront« – in dieser Studie berücksichtigt.[55] Diese Dokumente bergen ein großes heuristisches Potenzial, das für eine wissenschaftliche Beschäftigung mit der Militärseelsorge in mehrfacher Hinsicht anregend ist. Feldpostbriefe enthalten (ungeschminkte) Schilderungen des militärischen Alltags. Sie gewähren einen Einblick in das Leben einer »Strohwitwe«[56] in der Heimat, berichten von Trennungsschmerz, Einsatzerfahrungen, vom Leid der Zielbevölkerung, von Tod und Verwundung, von der gähnenden Langeweile im Feldlager, von einem Gottesdienst im Einsatz, von der Sorge um den Partner, von der verpassten Geburt eines Kindes, von der Vorfreude auf das Wiedersehen usw. Auch werden *Einsatz- und Erfahrungsberichte* von Militärpfarrerinnen und Militärpfarrern berücksichtigt, die aus seel-

---

[51] Siehe dazu Kap. IV insb. 2.3 und 4.
[52] Siehe dazu vor allem in theoretischer Hinsicht Kap. II 3.2.
[53] Siehe dazu im Detail Kap. IV 1.
[54] Zum Lebensweltbegriff siehe Kap. III 1.
[55] vgl. BAUMANN/LANGEDER/MUCH/OBERMAYER/STORZ (Hg.), Feldpost; vgl. SCHWARZ (Hg.), Ich kämpf' mich zu dir durch, mein Schatz; vgl. KARASEK (Hg.), Briefe bewegen die Welt. Siehe auch Kap. IV 3.1.3.
[56] SCHWARZ (Hg.), Ich kämpf' mich zu dir durch, mein Schatz, 107.

sorglicher Sicht einen Eindruck von den Themen, Dynamiken und auch Ambivalenzen der Bundeswehr vermitteln.[57]

Das breite und vielfältige Themenfeld der *Seelsorge in der Lebenswelt Bundeswehr* wird in dieser Studie mit insgesamt fünf Kapiteln aus unterschiedlicher Perspektive bearbeitet. Im Anschluss an die Einleitung werden der zeithistorische Kontext der Studie eingegrenzt sowie erste Vorüberlegungen für eine Theorie der Militärseelsorge formuliert. Dabei werden Leitfragen aufgestellt, die nach den Zielen, den Akteuren und Kontexten sowie nach den Räumen und Vollzügen der Militärseelsorge fragen. Die drei nachfolgenden Kapitel (II bis IV), die das inhaltliche Herzstück der Theorie der Militärseelsorge bilden, orientieren sich jeweils an einer dieser drei Leitfragen mit dem Ziel, eine umfassende Theorie der Militärseelsorge, ihrer Herausforderungen, Vielfalt und Bezugskontexte zu entfalten. Das Schlusskapitel (V) formuliert abschließende Überlegungen und Perspektiven zur künftigen Arbeit der Seelsorge in der Bundeswehr.

---

[57] Dafür stützt sich die Studie auf bislang publizierte Erfahrungs- und Einsatzberichte. Im Rahmen einer projektverwandten Tagung, die im November 2019 in Bochum stattfand, wurden zudem weitere Berichte aus der Praxis zusammengetragen, die 2020 in einem Sammelband veröffentlicht wurden (vgl. KARLE/PEUCKMANN, Seelsorge in der Bundeswehr). Auch diese Berichte fließen explizit in die Darstellung der Praxis und in die theoretischen Diskussionen mit ein. Vgl. u. a. THIEL, Blutrausch; vgl. SOMMER, Seelsorge an Bord einer seegehenden Einheit der Deutschen Marine.

2. Historischer Kontext

2.1 Geschichtsbewusstsein der Militärseelsorge

Die Notwendigkeit, die Militärseelsorge historisch zu betrachten, liegt in ihrer geschichtlich gewachsenen Gestalt begründet. Sie gilt als ältestes Spezialpfarramt der christlichen Tradition.[58] Ihre Wurzeln reichen bis in die Zeit von Kaiser Konstantin (272–337 n. Chr.) zurück.[59] Die weitreichende und zugleich ambivalente Geschichte kann diese Studie nicht in den Blick nehmen. Dennoch soll ihre historische Entwicklung Berücksichtigung erfahren, auch weil sich die gegenwärtige Gestalt der Militärseelsorge ein Stück weit aus ihrer Geschichte erklären lässt.

Johann Anselm Steiger beklagte noch Anfang der 1990er Jahre eine Geschichts- und Theologievergessenheit der Seelsorgelehre: »[P]oimenische Entwürfe ohne Einsicht in die sich jeweils auch geschichtlich vermittelnden theologischen Inhalte sind leer, und Seelsorgemodelle ohne Einblick in den Schatz seelsorglicher Einsichten der Väter sind blind.«[60] Dieser Mahnung gilt es zu folgen, damit die seelsorgetheoretische Bearbeitung der Militärseelsorge auch historisch rückgebunden ist. Deshalb richtet sich der Fokus in den nachfolgenden Abschnitten auf die geschichtliche Entwicklung der Militärseelsorge in den späten 1960er (2.2.1) sowie den frühen 1980er (2.2.2) Jahren. Das Verhältnis der Militärseelsorge zu den Friedensbewegungen in Westdeutschland, das bislang in der historischen Forschung kaum bearbeitet wurde,[61] kommt damit in den Blick.

---

[58] Vgl. RÖSSLER, Amt und Beruf des Pfarrers, 16.
[59] Vgl. WERKNER, Soldatenseelsorge versus Militärseelsorge, 20.
[60] STEIGER, Die Geschichts- und Theologie-Vergessenheit der heutigen Seelsorgelehre, 68.
[61] Vgl. DÖRFLER-DIERKEN, Zur Entstehung der Militärseelsorge und zur Aufgabe der Militärgeistlichen in der Bundeswehr, 25.

2.2 Militärseelsorge und die Friedensbewegungen

»Krieg soll nach Gottes Willen nicht sein«[62]. So lautete die eindringliche Botschaft der ersten Vollversammlung des Ökumenischen Rates der Kirchen (ÖRK) in Amsterdam im Jahr 1948. Und doch zeichnete sich infolge des Zweiten Weltkrieges rasch eine neue sicherheitspolitische Spannungslage ab: der Kalte Krieg bzw. die Blockkonfrontation zwischen West und Ost. Deutschland war von dieser Konstellation in besonderer Weise betroffen, was sich auch an der innerdeutschen Teilung zeigte. Die Bundesrepublik Deutschland (BRD) orientierte sich gen Westen, die Deutsche Demokratische Republik (DDR) gen Osten. Dies ging mit einer militärischen Bündnispolitik einher. Die Bundesrepublik trat 1955 der NATO (North Atlantic Treaty Organization) bei, die DDR 1956 dem Warschauer Pakt. Die West- bzw. Ostintegration standen jeweils im Zeichen der Remilitarisierung. In der BRD wurde 1955 die Bundeswehr gegründet, in der DDR 1956 die Nationale Volksarmee (NVA).

Die Wiederbewaffnung Westdeutschlands, die gesellschaftlich sowie kirchlich umstritten war,[63] führte zu der Frage, ob sich die evangelische Kirche künftig mit einer institutionell verfassten Militärseelsorge in den deutschen Streitkräften engagieren würde. Angesichts der Erfahrungen des Ersten und vor allem Zweiten Weltkrieges war ein solches Engagement aber nur vor dem Hintergrund eines grundsätzlichen Paradigmenwechsels denkbar.[64] Der erste Militärbischof Hermann Kunst (1957-1972), der selbst noch in der Zeit des Zweiten Weltkrieges als Wehrmachtseelsorger gewirkt hatte,[65] spricht diese Herausforderung in dem Vorwort zu Albrecht Schübels gesamtgeschichtlicher Darstellung der Militärseelsorge an: »Wir konnten in der Art und Weise des Dienstes nicht dort fortfahren, wo 1945 aufgehört worden war, aber hätten bis in die Wurzeln ungeistlich

---

[62] Zit. n. KÖRTNER, »Gerechter Friede« - »gerechter Krieg«, 349.
[63] Vgl. VOGEL, Kirche und Wiederbewaffnung, 66-202; vgl. ACKERMANN, Kontroversen um die deutsche Wiederbewaffnung nach 1949.
[64] Vgl. BECKMANN, Treue. Bürgertum. Ungehorsam, 41.
[65] Dass sich Hermann Kunst in dieser Zeit durchaus auch auf Linie der Wehrmachtsführung, obschon er Teil der Bekennenden Kirche war, bewegte, arbeitet Sven Lange heraus. In seiner Studie kann man eine entsprechende Ansprache zur Vereidigung junger Rekruten aus dem Jahr 1935 von Kunst nachlesen: »Meine Kameraden! Wenn ihr in dieser Stunde den Treueeid auf den Führer und Kanzler unseres Volkes, den Obersten Kriegsherrn, Adolf Hitler leistet, tretet ihr damit ein in den Kreis der Männer, die bereit sind, mit Leib und Leben einzustehen für die Ehre und Freiheit, Sicherheit und Kraft des Reiches. [...] Ihr seid bis an euer Lebensende keine Privatperson, sondern eine dem Führer des Volkes verschworene Kampfgemeinschaft. [...] Es ist die klare Lehre der Heiligen Schrift, daß schon die leichtsinnige Behandlung des Eides an Gotteslästerung grenzt.« DERS., Der Fahneneid, 316 f.; vgl. auch BUCHNA, Ein klerikales Jahrzehnt?, 246-264.

gehandelt, hätten wir nicht vor dem Schritt auf neuen Wegen auf die Männer geachtet, die vor uns unter den Soldaten das geistliche Amt trugen.«[66]

Die Einrichtung der Militärseelsorge war in den 1950er Jahren innerkirchlich umstritten.[67] Nach langwierigen Verhandlungen mit der Bundesregierung verständigte man sich auf die Lösung eines hauptamtlichen Militärseelsorgemodells.[68] Dabei ist im internationalen Vergleich bewusst ein »Sonderweg« beschritten worden,[69] denn die tätigen Militärpfarrer wurden nicht in die Hierarchiekette der Streitkräfte eingebunden.[70] Sie sind eigenständige und unabhängige Akteure im Raum der Bundeswehr. Dadurch ist eine chancen- aber auch spannungsreiche Konstellation für die seelsorgliche Begleitung im Militär geschaffen worden.[71]

Die Geschichte der Militärseelsorge in der Bundeswehr zeigt, dass diese grundsätzliche Spannungskonstellation immer wieder zu Konflikten führte. Das Gefühl, »zwischen den Fronten«[72] zu stehen, wurde zu einem ständigen Begleiter der Militärseelsorge, die in der Folge nicht selten Zuflucht in der gastgebenden Institution der Bundeswehr suchte und damit ihre kritisch-solidarische Haltung gegenüber den Streitkräften aufgab. Dies zeigt sich vor allem in den Auseinandersetzungen mit den westdeutschen Friedensbewegungen.

In Deutschland entwickelte sich vor dem Hintergrund des geschichtlichen Erbes zweier Weltkriege eine vielfältige und bis in die Gegenwart andauernde Friedensbewegungskultur. Allgemein lässt sich die Friedensbewegung in Deutschland bis zur Wiedervereinigung in fünf Phasen gliedern. Den Anfang markiert die Widerstandsbewegung gegen die Remilitarisierung (1) in den frühen 1950er Jahren, zu der auch die pazifistische Ohne mich-Bewegung und die SPD-nahe Paulskirchenbewegung gehörten. Die späten 1950er Jahre standen dann im Zeichen des Kampfes gegen die atomare Bedrohung (2). In diesem Kontext ent-

---

[66] Hermann Kunst in: SCHÜBEL, 300 Jahre Evangelische Soldatenseelsorge, 7.
[67] Vgl. WERKNER, Soldatenseelsorge versus Militärseelsorge, 30-33; vgl. auch MÜLLER-KENT, Militärseelsorge im Spannungsfeld zwischen kirchlichem Auftrag und militärischer Einbindung, 80-108.
[68] Vgl. WILKENS, Die EKD-Synode 1957, 22-26. Für eine detaillierte Darstellung der gegenwärtigen Struktur der Militärseelsorge siehe Kap. III 4.1.
[69] Vgl. ACKERMANN, Das deutsche evangelische Militärseelsorgemodell im internationalen Praxistest.
[70] Vgl. DÖRFLER-DIERKEN, Militärseelsorge in der Bundeswehr, 146-149.
[71] Vgl. PEUCKMANN, Militärseelsorge und Öffentliche Theologie, 260; hinsichtlich der spannungsreichen Grundkonstellation vgl. BECKMANN, »... dass sie noch einen anderen Herrn haben«, 169-172.
[72] Evangelisches Kirchenamt für die Bundeswehr (Hg.), Tut niemand Gewalt noch Unrecht..., 48.

stehen die elf Heidelberger Thesen,[73] mit denen sich die evangelische Kirche gegenüber der nuklearen Aufrüstung positioniert. Die Thesen nehmen die gesellschaftlichen Sorgen auf, gleichzeitig wird aber der »Versuch, durch das Dasein von Atomwaffen einen Frieden in Freiheit zu sichern, als eine heute noch mögliche christliche Handlungsweise«[74] anerkannt. Mit den Heidelberger Thesen von 1959 wird der Grundstein für das Komplementaritätsprinzip in der Friedensethik gelegt. »Diese Komplementaritätsthese, als Kompromissformel entwickelt, sollte die Kontroversen um die beiden einander ausschließenden Möglichkeiten – die Friedenssicherung durch militärische Mittel oder durch vollständigen Verzicht auf Gewalt – einhegen und das Entweder-oder durch ein Sowohl-als-auch ersetzen.«[75] In den 1960er Jahren entsteht die Ostermarschbewegung (3), die in die Studentenbewegung der Achtundsechziger einfließt. Mit dem NATO-Doppelbeschlusses vom 12. Dezember 1979 erreicht die Friedensbewegung in Deutschland ihren Höhepunkt (4). Auf diese Phase folgt das Ende des Ost-Westkonfliktes (5), das auch von der Friedensbewegung in der DDR – unter anderem durch die wöchentlichen Friedensgebete in der Leipziger Nikolaikirche und die Initiative der »Kirche von Unten« – begleitet wurde.[76]

Für die Bundeswehr waren die Auseinandersetzungen mit den Friedensbewegungen um die Jahre 1968 und 1981 bedeutsam, da sie die Einbindung der Streitkräfte in den gesellschaftlichen Raum infrage stellten.[77] Als »Bindeglied«[78] zwischen Bundeswehr und Gesellschaft war auch die Militärseelsorge von diesen Anfragen betroffen.

2.2.1 Friedensbewegung der Achtundsechziger

Die Bundeswehr versteht sich als eine »Armee in der Demokratie«[79], in der nicht die Kultur eines blinden Gehorsams gilt, sondern die freie Verantwortung eines jeden Soldaten im Vordergrund steht. Dieser Zuschnitt wird durch das einmalige Konzept der *Inneren Führung* gewährleistet.[80] Darüber hinaus sind in die

---

[73] Abgedruckt in: Evangelisches Kirchenamt für die Bundeswehr (Hg.), ... und wage es, Soldat zu sein, 14 f.
[74] These 8, zit. n. a.a.O., 15.
[75] WERKNER, Zur Aktualität der Heidelberger Thesen in der Nuklearfrage, 50.
[76] Zur Geschichte der Friedensbewegungen vgl. BURO, Friedensbewegung, 272–278.
[77] Vgl. ausführlich dazu DÖRFLER-DIERKEN, Die Bedeutung der Jahre 1968 und 1981 für die Bundeswehr.
[78] Wissenschaftlicher Dienst des Bundestages (Hg.), Eliten Deutschlands und deren Verhältnis zur Bundeswehr, 50.
[79] DÖRFLER-DIERKEN, Führung in der Bundeswehr, 20.
[80] Siehe Kap. III 2.2.

Bundeswehr feste Strukturen integriert, die eine demokratische Verankerung sicherstellen sollen – beispielsweise die hierarchieübergreifende Meldeinstanz des oder der Wehrbeauftragten des Deutschen Bundestages, die gleichzeitig als parlamentarische Kontrollgröße fungiert. Bedeutend ist auch das theoretische Modell der *Spiegelbildlichkeit*, nach dem sich die Bundeswehr grundsätzlich an den Entwicklungen des gesellschaftlichen Raums orientiert.[81] Sie soll keine militärische Sonderwelt sein, die abseits der Gesellschaft steht. Sie soll nicht wie die Reichswehr in der Weimarer Republik zum »Staat im Staate« werden.[82] Sie soll sich im besten Sinne des Wortes in und an der Gesellschaft »spiegeln«. Mit Blick auf die Praxis ist allerdings festzuhalten, dass die Spiegelbildlichkeit nie erreicht wurde, da Frauen beispielsweise bis zur Jahrtausendwende größtenteils der Zugang zu den Streitkräften verwehrt wurde. Trotzdem spielte das theoretische Modell der Spiegelbildlichkeit eine wesentliche Rolle in den Debatten um die Integration der Bundeswehr in die Gesellschaft. Vor allem der *allgemeinen Wehrpflicht* kam dabei eine tragende Bedeutung zu.

Die Wehrpflicht wird in den späten 1960er Jahren zum gesellschaftlichen Streitthema.[83] Empört über das militärische Vorgehen der US-Streitkräfte im Vietnamkrieg (1955–1975) und das Fehlen einer Diskussionskultur in der hierarchisch strukturierten Bundeswehr reichen immer mehr junge Männer einen Antrag auf Kriegsdienstverweigerung (KDV) bei den zuständigen Kreiswehrersatzämtern (KWEA) ein oder verlagern ihren Wohnsitz nach Berlin, »wo wegen des Viermächtestatus kein Zugriff bundesrepublikanischer Musterungsbehörden stattfinden konnte.«[84] Im Jahr 1968 schnellen die Antragszahlen für damalige Verhältnisse in schwindelerregende Höhen. Im Vergleich zum Vorjahr (1967: 5.963) verdoppeln sich die Anträge auf eine Zahl von 11.952.[85] Auffällig ist dabei, dass ziemlich genau die Hälfte aller Anträge von Abiturienten gestellt werden. Das theoretische Modell der Spiegelbildlichkeit verliert an Plausibilität. Die Bundeswehr droht zu einem »»Zerrspiegel der Gesellschaft««[86] zu werden, da sich ganze Milieus von der Bundeswehr abwenden. Hinzu kommt, dass sich erstmals auch wehrdienstleistende Soldaten von den gesellschaftlichen Entwicklungen und den Forderungen der gesellschaftlich einflussreichen Außerparlamentarischen Opposition (APO), »die Bundeswehr von innen [zu] zersetzen

---

[81] Vgl. DÖRFLER-DIERKEN, Die Bedeutung der Jahre 1968 und 1981 für die Bundeswehr, 7.
[82] Vgl. ACKERMANN, Ethische Bildung in der Bundeswehr auf neuen Wegen?, 235.
[83] Für einen ausführlichen Überblick zu den Diskussionen um die Wehrpflicht in den 1950er Jahren vgl. MEYER-MAGISTER, Wehrdienst und Verweigerung als komplementäres Handeln.
[84] DÖRFLER-DIERKEN, Die Bedeutung der Jahre 1968 und 1981 für die Bundeswehr, 71.
[85] Vgl. BIEBER (Hg.), Ist die Truppe noch zu retten?, 21.
[86] DÖRFLER-DIERKEN, Die Bedeutung der Jahre 1968 und 1981 für die Bundeswehr, 85.

und lahm[zu]legen«,⁸⁷ anregen lassen und einen Antrag auf Kriegsdienstverweigerung stellen.

Die eingereichten Anträge berufen sich auf das Verweigerungsrecht, das im Grundgesetz (GG) (Art. 4 Abs. 3) verankert ist. Darin heißt es: »Niemand darf gegen sein Gewissen zum Kriegsdienst mit der Waffe gezwungen werden.« Dass das Verweigerungsrecht dem 4. Artikel des Grundgesetzes, der in den ersten zwei Absätzen die Freiheit von Glauben und Gewissen sowie die ungestörte Religionsausübung schützt, zugeteilt ist, macht deutlich, dass das Thema der Kriegsdienstverweigerung auch für die Kirchen höchst relevant ist. Auf evangelischer Seite wird diesbezüglich 1956 die Evangelische Arbeitsgemeinschaft für Kriegsdienstverweigerung und Frieden (EAK) gegründet, die den Wehrdienstverweigerern beratend zur Seite steht. Auf katholischer Seite kümmert sich die Organisation Pax Christi um die Beratung und Begleitung der Wehrdienstverweigerer.

Angesichts der sprunghaft steigenden Zahlen an KDV-Anträgen gegen Ende der 1960er Jahre sieht sich auch die Militärseelsorge dazu veranlasst, sich genauer mit dem Thema der Kriegsdienstverweigerung auseinanderzusetzen. Dafür kam es am 12. November 1968 zu einem Treffen zwischen dem evangelischen Militärbischof Hermann Kunst, dem katholischen Militärbischof Franz Hengsbach (1961–1978) und dem Bundesminister der Verteidigung Gerhard Schröder (1966–1969) auf der Bonner Hardthöhe, um, wie es in einer »amtlichen Mitteilung hieß, ›besondere Aufmerksamkeit‹ den Fragen zu widmen, ›die sich aus der Freiheit der Person, des Gewissens und des religiösen Bekenntnisses ergeben‹«.⁸⁸ Dem Treffen folgte die Gründung eines Ausschusses, der ein Gutachten zur Entwicklung der KDV-Anträge und den damit verbundenen Fragen erarbeiten sollte. Nach drei Sitzungen legte dieser Ausschuss am 1. April 1969 seine Ergebnisse vor.⁸⁹ In einem Schreiben vom 3. Mai im selben Jahr leitete Militärbischof Kunst die Ergebnisse an einen ausgewählten Kreis von Kirchenleitenden der EKD und der Landeskirchen sowie betreffender Gremien, unter anderem dem Beirat für die evangelische Militärseelsorge, weiter. Dem Schreiben fügte Kunst eine Leseempfehlung bei: »Ich überreiche in der Anlage das ausgearbeitete Gutachten, das lediglich für den Dienstgebrauch, nicht zur Weitergabe und Veröffentlichung bestimmt ist.«⁹⁰

Inhaltlich gliedert sich das Gutachten⁹¹ in vier Abschnitte. Das Thema der KDV-Anträge wird dabei zunächst diagnostizierend (1) und bewertend (2) be-

---

[87] JANßEN, Thron und Altar 1969.
[88] Ebd.
[89] Vgl. BIEBER (Hg.), Ist die Truppe noch zu retten?, 79.
[90] A.a.O., 78f.
[91] Das Gutachten wird erstmalig im Oktober 1969 in Auszügen in dem Artikel »Thron und Altar 1969« von Karl-Heinz Janßen in der Wochenzeitung DIE ZEIT veröffentlicht und dort als

arbeitet. Auf dieser Grundlage werden Lösungsempfehlungen (3) genannt, ehe das Gutachten thesenartig schließt (4).

In dem einführenden Abschnitt tritt das Verhältnis einer sich wandelnden Gesellschaft zur Bundeswehr in den Blick. Dabei wird der Verdacht geäußert, dass die wachsende Zahl an KDV-Anträgen auf einen allgemeinen Werteverfall innerhalb der jüngeren Generation zurückzuführen sei. Es wird die Frage gestellt, »ob es für eine Gesellschaft typisch ist, die den Wohlstand nicht meistern kann und will«[92], sich ihren Pflichten zu entziehen.

Der zweite Abschnitt des Gutachtens richtet den Fokus auf die Bundeswehr. Es ist von dem »Problem der Kriegsdienstverweigerer«[93] der Rede. Deutlich wird in diesem Abschnitt Position bezogen und zwar für die Wehrdienstleistenden und gegen die Kriegsdienstverweigerer. Damit distanziert sich das Gutachten zugleich von dem Komplementaritätsprinzip der Heidelberger Thesen. Auch das Modell der spiegelbildlichen Bezogenheit der Bundeswehr auf die Gesellschaft wird ein Stück weit umgedreht, sodass die Bundeswehr als Orientierungsgröße für den gesellschaftlichen Raum profiliert wird. Dies tritt deutlich in dem formulierten Fazit hervor: »Ferner ergibt sich aus dem Bisherigen, daß das Ganze (d. h. die Entwicklung der Kriegsdienstverweigerung) eine Aufgabe der gesamten Gesellschaft und des Staates ist, die zwar auch der Bundeswehr gestellt ist, die aber dort allein nicht behandelt werden kann. Im Bilde gesprochen: Es ist eine Krankheit der Gesellschaft, die nicht in der Bundeswehr allein geheilt werden kann.«[94]

Im dritten Abschnitt werden pragmatische Lösungswege genannt. Das Gutachten spricht sich dafür aus, den Ersatzdienst, der 1974 zum Zivildienst umbenannt wurde,[95] auszubauen: »Von allen Ausschußmitgliedern wurde gemeinsam gefordert, den Ersatzdienst auf dem schnellsten Wege so auszubauen, daß er in der Lage ist, alle Kriegsdienstverweigerer und Antragsteller sofort aufzunehmen.«[96]

Insgesamt nimmt das Gutachten das Thema der Kriegsdienstverweigerung einseitig in den Blick. Die scharfen Formulierungen deuten an, dass der Komplementaritätsgedanke zugunsten einer Idealisierung des Militärs aufgeben wird. Dies war vermutlich auch der Grund dafür, warum das Papier in kirchlichen Kreisen fast ausschließlich auf Kritik stieß. Die Rückmeldungen waren

---

Sinnbild einer etatistischen Grundhaltung der evangelischen Kirche gegenüber dem Staat interpretiert. Ein vollständiger Abdruck des Gutachtens findet sich bei BIEBER (Hg.), Ist die Truppe noch zu retten?, 79–99.

[92] A.a.O., 86.
[93] A.a.O., 87.
[94] Ebd. [Erklärende Einfügung N. P.].
[95] Vgl. DÖRFLER-DIERKEN, Die Bedeutung der Jahre 1968 und 1981 für die Bundeswehr, 71.
[96] BIEBER (Hg.), Ist die Truppe noch zu retten?, 96.

größtenteils »vernichtend«[97], weswegen sich sowohl die katholische als auch die evangelische Militärseelsorge von dem Arbeitspapier schrittweise distanzierten.[98] In militärischen Kreisen war der Gedanke, die Bundeswehr als Vorbildinstitution für den gesellschaftlichen Raum zu begreifen, dennoch verbreitet. Diese Sichtweise vertrat beispielsweise der damalige Inspekteur des Heeres Albert Schnez (1968–1971). »Schnez wollte das Militär zum Ideal für die zivile Gesellschaft erklären lassen«.[99] Interessanterweise hatte sich Schnez 1969 auch zur Militärseelsorge geäußert und sie zum integralen Bestandteil der Bundeswehr erklärt.[100] Demnach seien »Seelsorger zu strikter Loyalität gegenüber dem Auftrag der Streitkräfte«[101] verpflichtet. Dieser bedenklichen Forderung kam die Militärseelsorge in den späten 1960er und frühen 1970er Jahren indirekt teilweise nach.[102] Ein öffentlicher Auftritt von Militärgeneraldekan Albrecht von Mutius (1965–1973) auf dem Deutschen Evangelischen Kirchentag (DEKT) in Hannover 1967 führt dies vor Augen. Von Mutius beklagte dort auf einem Podium zum Thema »Friedensdienst mit und ohne Waffen«[103] die Undifferenziertheit der jungen Generation gegenüber dem Erbe der zwei Weltkriege und mahnte zugleich zu mehr Sachlichkeit in den Diskussionen um die Kriegsdienstverweigerung, da ansonsten die kritischen Positionen der Wehrdienstverweigerer nicht ernst zu nehmen seien.[104] Auf dem Stuttgarter Kirchentag 1969 war die Militärseelsorge in der Person des Militärbischofs Kunst erneut zu Gast. Kunst verweigerte jedoch während einer Podiumsdiskussion zur Kirchenstruktur jegliche Stellungnahme zur Militärseelsorge und ließ durch einen anderen Podiumsteilnehmer verlauten, dass er lediglich »in seiner Eigenschaft als Beauf-

---

[97] MÜLLER-KENT, Militärseelsorge im Spannungsfeld zwischen kirchlichem Auftrag und militärischer Einbindung, 291.
[98] Vgl. BIEBER (Hg.), Ist die Truppe noch zu retten?, 64.
[99] DÖRFLER-DIERKEN, Die Bedeutung der Jahre 1968 und 1981 für die Bundeswehr, 45.
[100] Vgl. BECKMANN, »... dass sie noch einen anderen Herrn haben«, 180.
[101] Der Spiegel Nr. 31/1983, 34.
[102] Die Loyalitätsforderung von Albert Schnez stieß allerdings auch aufseiten der Militärseelsorge auf Bedenken. Militärbischof Hermann Kunst ließ sich infolgedessen schriftlich von Verteidigungsminister Helmut Schmidt zusichern, dass die durch den Militärseelsorgevertrag garantierte Unabhängigkeit der Militärseelsorge weiterhin gelten würde. Eine entsprechende Zusicherung wurde am 11. Februar 1970 ausgestellt. Dass die Militärseelsorge solch einer Loyalitätsforderung allerdings nicht selbstbewusst begegnete und sich vielmehr »Rückendeckung« hinsichtlich ihrer rechtlich eindeutig festgelegten Unabhängigkeit suchte – und zwar von staatlicher Seite –, macht deutlich, wie unklar ihre Stellung in der Praxis war und wie sehr sie sich um eine harmonische Beziehung zum staatlichen Vertragspartner bemühte. Vgl. DÖRFLER-DIERKEN, Militärseelsorge in der Bundeswehr, 158f.
[103] Vgl. BLASCHKE/OBERHEM, Militärseelsorge, 33f.
[104] Vgl. Deutscher Evangelischer Kirchentag (Hg.), Dokumente / 13 Hannover 1967, 201.

tragter des Rats der Evangelischen Kirche in Deutschland bei der Bundesrepublik in der Angelegenheit Entwicklungshilfe«[105] auf dem Kirchentag zugegen sei.

Eine Distanzierung der Militärseelsorge von der Gesellschaft und der Kirche bahnt sich während der Phase der 1968er an. Aufseiten der EKD ist die Bundeswehr als notwendiges Mittel zur Wahrung des Friedens, ganz im Sinne des Komplementaritätsprinzips der Heidelberger Thesen, weiterhin anerkannt. Gleichzeitig wird aber deutlich gemacht, dass ein nachhaltiger Frieden niemals ausschließlich durch die Präsenz und den Einsatz von Waffen geschaffen und erhalten werden kann. Joachim Beckmann, EKD-Ratsmitglied und Präses der Evangelischen Kirche im Rheinland, spricht dies 1971 mit klaren Worten an: »Mit Waffen ist der Frieden auf die Dauer nicht zu erhalten. Wir Christen sind aufgefordert, den zukünftigen Frieden auf der Welt zu erringen, die Voraussetzungen für ein friedliches Nebeneinander der Mächte zu schaffen, den Frieden als Aufgabe zu erkennen. Diese Aufgaben aber können nur von einem ›Friedensdienst ohne Waffen‹ bewältigt werden«.[106]

Eine Trennung zwischen Bundeswehr und Gesellschaft bleibt trotz der vielfältigen Umbrüche in der Zeit um 1968 herum aus, was auch auf die politischen Maßnahmen und Reformen des damaligen Verteidigungsministers Helmut Schmidt (1969–1972) zurückzuführen ist. Schmidt erkennt nach umfänglicher Begutachtung, dass vor allem die Ausbildung und die Öffentlichkeitsarbeit der Bundeswehr überarbeitet werden müssen.[107] Ganz im Sinne des Wahlspruches von Willy Brandt – »mehr Demokratie wagen« – richtet Schmidt die Führung der Bundeswehr durch das »Weißbuch« von 1970 und die Zentrale Dienstvorschrift (ZDv) 10/1 »Hilfen für die Innere Führung« von 1972, zu der er selbst die Einleitung verfasst haben soll,[108] neu aus.[109] Schmidt ist es wichtig, dass sich die Kommunikationskultur in der Bundeswehr den gesamtgesellschaftlichen Entwicklungen der damaligen Zeit anpasst. Diskussion, Kooperation und Partnerschaft werden zu neuen Leitbegriffen für den kommunikativen Befehlsweg.[110] So heißt es in der Dienstvorschrift: »Vorgesetzte sollen [...] sich [...] ›sachlicher Kritik‹ stellen, gegebenenfalls ›Fehler eingestehen‹ oder unberechtigte Kritik ›gelassen zur Kenntnis‹ nehmen.«[111] Ein »herrschaftsfreier Diskurs«, der eine Idealvorstellung der 68er-Bewegung darstellt,[112] konnte durch diese Reform nicht erreicht werden. Trotzdem ist die Überarbeitung der Kommunikations-

---

[105] Deutscher Evangelischer Kirchentag (Hg.), Dokumente / 14 Stuttgart 1969, 570.
[106] Joachim Beckmann in: HÜBNER, Warum wir den Wehrdienst verweigern, 9f.
[107] Vgl. LOCH, Das Gesicht der Bundeswehr, 250.
[108] Vgl. DÖRFLER-DIERKEN, Die Bedeutung der Jahre 1968 und 1981 für die Bundeswehr, 66.
[109] Vgl. ausführlich a.a.O., 53–67.
[110] Vgl. a.a.O., 51.
[111] Zit. n. a.a.O., 49.
[112] Vgl. JÄHNICHEN, Was macht Kirche mit Macht – was macht Macht mit Kirche?, 135.

kultur ein wichtiges Element für die Angleichung der Bundeswehr an die gesellschaftlichen Entwicklungen.

Schmidt stößt darüber hinaus auch strukturelle Änderungen in den Streitkräften an. Mit der Gründung der zwei Bundeswehruniversitäten (Hamburg 1972 und München 1973) eröffnet sich der jungen Generation die Möglichkeit, auch eine akademische Ausbildung innerhalb der Bundeswehr zu absolvieren. Damit wurde die Attraktivität der Bundeswehr explizit für jene Gruppe gesteigert – die Abiturienten –, die zuvor noch im überdurchschnittlichen Ausmaß Anträge auf Kriegsdienstverweigerung eingereicht hatte.

2.2.2 Friedensbewegung der Einundachtziger

Galt die Bundeswehr in den 1970er Jahren nicht mehr als gesellschaftliches Streitthema,[113] so änderte sich dies schlagartig angesichts des NATO-Doppelbeschlusses vom 12. Dezember 1979 – dem »Geburtstag der neuen Friedensbewegung«[114]. Die Friedensbewegung schwillt in dieser Phase binnen kürzester Zeit zu einem gesamtgesellschaftlichen Phänomen an. Die bundesweiten Proteste, zu denen beispielsweise die Massendemonstration im Bonner Hofgarten vom 10. Oktober 1981 mit rund 300.000 Demonstranten zählt,[115] waren Ausweis dieser dynamischen Entwicklung. Die Demonstrationen richteten ihre Kritik gegen die geplante Stationierung neuerer nuklear bestückbarer Raketensysteme und Marschflugkörper vom Typ Pershing II und BGM-109 Tomahawk. Dass mit dem Doppelbeschluss auch die bilateralen Verhandlungen zwischen den USA und der Sowjetunion über die Begrenzung atomarer Mittelstreckenraketen in Europa neu aufgenommen werden sollten, spielte bei den Protesten eine untergeordnete Rolle. Helmut Schmidt, der seit 1974 als Bundeskanzler die sozialliberale Koalition führte, fürchtete jedoch seit Mitte der 1970er Jahre ein Übergewicht sowjetischer Mittelstreckenraketen in Europa und sprach sich deshalb für den NATO-Doppelbeschluss aus.

Die Friedensbewegung der 1981er Jahre richtete ihre Proteste unter anderem auch gegen die Bundeswehr, die als Einfallstor der NATO in Deutschland gedeutet wurde. Neu war, dass auch die Militärseelsorge, die schon in den Jahren um 1968 Position für die Bundeswehr und gegen die Friedensbewegung bezog, ins Blickfeld der Demonstranten geriet. Militärseelsorger wurden als »Waffensegner« und »NATO-Theologen« bezeichnet.[116] Auch die mediale Berichterstattung zu den gesellschaftlichen Konfrontationen sparte die Militär-

---

[113] Vgl. DÖRFLER-DIERKEN, Die Bedeutung der Jahre 1968 und 1981 für die Bundeswehr, 71.
[114] ZSIFKOVITS, Perspektiven der Friedensbewegung, 78.
[115] Vgl. SCHLETTER, Grabgesang der Demokratie, 163.
[116] Vgl. SPÖRL, »Wage es, Soldat zu sein«.

seelsorge nicht aus. In der Öffentlichkeit kursierte das Bild einer zwiegespaltenen Kirche.[117] DER SPIEGEL schrieb 1983 mit erkennbar polemischer Zuspitzung sogar von einer drohenden »Spaltung in eine ›Friedens‹- und eine ›Raketen-Kirche‹.«[118] Aufseiten der Militärseelsorge nahm man diesen Gegenwind wahr und fühlte sich mehr und mehr zu Unrecht in eine Ecke gestellt. So beklagte Militärbischof Heinz-Georg Binder (1985–1994) in der Mitte der 1980er Jahre: »Man sagt Militärseelsorge und meint Militär.«[119] Immer deutlicher stellt sich in dieser Phase die Frage, ob die Militärseelsorge zu einem »ungewollte[n] Kind der Kirche«[120] geworden ist.

Die Kritik der Friedensbewegung, die auch aus kirchlichen Kreisen viel Zuspruch erfuhr, war allerdings nicht in jeglicher Hinsicht unberechtigt. Mit unmissverständlichen Äußerungen hatte sich die Militärseelsorge zur Friedensbewegung positioniert. Streitthema blieb die Frage nach dem Wehrdienst. Die Zahlen der KDV-Anträge erreichten in den 1980er Jahren ihren Höhepunkt.[121] Die Militärseelsorge übte weiterhin Kritik an dieser Entwicklung. Sigo Lehming (1972–1985), der Hermann Kunst im Amt des Militärbischofs folgte, klagte: »Unter den heutigen Bedingungen dient es dem Frieden mehr, wenn man Soldat in der Bundeswehr ist. Eine konsequente Entscheidung gegen den Wehrdienst würde zu einer Instabilität in Mitteleuropa führen.«[122] Auch in der Zeit des NATO-Doppelbeschlusses ließ sich die Militärseelsorge nicht vom Prinzip einer komplementären Friedensethik leiten. Sie suchte Zuflucht in der Bundeswehr und ließ sich nicht auf einen konstruktiven Dialog mit der Friedensbewegung ein.

Dies zeigte sich auch im Rahmen der Gesamtkonferenz Evangelischer Militärgeistlicher in Warendorf von 1982. Thematisch setzte man sich dort mit dem eigenen Verständnis der Bergpredigt (Mt 5–7) auseinander. Dabei schloss man sich der Auslegung des Tübinger Neutestamentlers Martin Hengel an. Hengel, der im selben Jahr auch einen Beitrag zur Bergpredigt in der Schriftenreihe der evangelischen Militärseelsorge publizierte,[123] warnte eindringlich davor, die Bergpredigt als Leitfaden einer Realpolitik zu verstehen. Eine Querele

---

[117] Eine empfundene Spaltung »in eine friedensaffine Zivilkirche und eine nachrüstungsaffine Militärkirche« beschreibt auch Angelika Dörfler-Dierken. DIES., Militärseelsorge und Friedensethik, 281.
[118] Der Spiegel Nr. 31/1983, 34.
[119] Heinz-Georg Binder zit. n. VON DEN STEINEN, Unzufrieden mit dem Frieden?, 23.
[120] HENNING, Ein ungewolltes Kind der Kirche?, 187.
[121] Vgl. DÖRFLER-DIERKEN, Die Bedeutung der Jahre 1968 und 1981 für die Bundeswehr, 51.
[122] Der Spiegel Nr. 31/1983, 34.
[123] Vgl. HENGEL, Die Bergpredigt des Matthäus und die Botschaft Jesu. Im selben Jahr wird in dieser Schriftenreihe eine Studie von Hans Peter Hecht veröffentlicht, die sich ebenfalls dafür ausspricht, die Bibel nicht als Richtschnur für realpolitische Maßnahmen aufzufassen. Vgl. DERS., Die christliche Friedensbotschaft und das Problem des Pazifismus, 13–36.

im Vorfeld der Gesamtkonferenz schlägt sodann eine Brücke zum Hamburger Kirchentag von 1981. Ursprünglich war geplant, dass der Kirchenliedermacher Peter Janssens zu der Gesamtkonferenz in Warendorf kommen sollte. Dessen friedensbewegte Texte bargen jedoch in den Augen von Sigo Lehming zu viel Konfliktpotenzial,[124] sodass Janssens auf bischöfliches Geheiß ausgeladen wurde.

Auf dem Hamburger Kirchentag fanden Janssens' friedensethische Texte hingegen Zuspruch. Insgesamt folgte der Kirchentag einer friedensethischen Ausrichtung.[125] Das zeigte sich auch daran, dass der alternative Losungsspruch[126] – »Fürchte dich nicht« (Jes 41,10) – kurzerhand von evangelischen Friedensinitiativen in »Fürchtet Euch, der Atomtod bedroht uns alle« umgewandelt wurde.[127] Der Kirchentag von Hamburg bezog damit deutlich Stellung für die Friedensbewegung und gegen die Stationierung neuer Raketensysteme. Auch Friedensbewegungen, die sich nicht explizit christlich verstanden, nutzten die Veranstaltung für eigene Proteste. So kam es am Rande des Kirchentages zu Massendemonstrationen gegen die atomare Bedrohung.[128]

Die gesellschaftspolitischen Phasen um 1968 und 1981 stellten das Verhältnis zwischen Bundeswehr und Gesellschaft auf den Prüfstein. Anders als in den späten 1960er Jahren zeichnete sich aber um 1981 herum eine »Abschottung« der Bundeswehr gegenüber dem gesellschaftlichen Raum ab, auch weil politisch kaum gegensteuernde Maßnahmen ergriffen wurden.[129] Die Militärseelsorge blieb in dieser Phase ihrer bisherigen Linie treu und positionierte sich weiterhin gegen die Friedensbewegung. Ob sie damit die Distanzierung zwischen Militär und Gesellschaft verstärkte oder unterstützte, lässt sich nicht beurteilen. Deutlich wird nur, dass sie ihr *brückenbauendes Potenzial* in dieser Phase kaum ausschöpfte und kaum Räume der Begegnung und des konstruktiven Austausches eröffnete.[130]

---

[124] Vgl. Der Spiegel Nr. 13/1982, 250.
[125] Vgl. DÖRFLER-DIERKEN, Entrüstet Euch!, 167.
[126] Ursprünglich war angedacht, den Kirchentag von Hamburg unter das Bibelwort »Selig sind die Friedfertigen« (Mt 5,9) zu stellen. Man entschied sich dann jedoch für das Jesaja-Zitat, auch um möglichen Provokationen gegenüber der Bonner Bundesregierung entgegenzuwirken, die sich zuvor für den NATO-Doppelbeschluss stark gemacht hatte. Vgl. Deutscher Evangelischer Kirchentag Hamburg (Hg.), Dokumente / 19 Hamburg 1981, 5.
[127] Vgl. Der Spiegel Nr. 25/1981, 25.
[128] Vgl. SCHMITT, Die Friedensbewegung in der Bundesrepublik Deutschland, 15.
[129] Vgl. DÖRFLER-DIERKEN, Die Bedeutung der Jahre 1968 und 1981 für die Bundeswehr, 82.
[130] Dieser Befund resultiert aus der Sichtung und Analyse der Stellungnahmen und Positionen der Leitungsebene der Militärseelsorge. Auf der Ebene der Standortpfarrer waren allerdings auch gegenteilige Sichtweisen verbreitet, was sich vor allem in Predigttexten nachlesen lässt (vgl. u. a. Evangelisches Kirchenamt für die Bundeswehr (Hg.), Tut niemand Gewalt noch Unrecht..., 89). Es greift insofern zu kurz, wenn man der Militärseelsorge

2.3 Das friedensethische Profil der Militärseelsorge

Seit den 1980er Jahren ist eine Distanzierung zwischen Bundeswehr und Gesellschaft beobachtbar, die bis in die Gegenwart hinein Bestand hat.[131] Das Auseinanderdriften, das durch die Einsatzrealität der 1990er Jahre noch verstärkt wurde,[132] mündete 2011 in gewisser Weise auch im Aussetzen der allgemeinen Wehrpflicht.[133] Das Bild der Spiegelbildlichkeit ist spätestens seitdem nicht mehr plausibel. Die Bundeswehr ist mittlerweile eine professionelle Berufsarmee, die sich in internationalen Einsätzen engagiert. Ein allgemeines Streitthema des gesellschaftlichen Raums stellt die Bundeswehr darüber hinaus in der Gegenwart kaum mehr dar.[134] Die Gesellschaft begegnet den Streitkräften vielmehr mit einem »freundlichen Desinteresse«, wie der ehemalige Bundespräsident Horst Köhler (2004–2010) kritisch feststellte.[135]

Für die Militärseelsorge ist eine vergleichbare Entwicklung nicht beobachtbar. Die Befürchtung einer zwiegespaltenen Kirche hat sich nicht bewahrheitet. Vielmehr gilt, dass »die Militärseelsorge als Ganzes in ihrer Notwendig-

---

insgesamt eine militäraffine und friedensethisch kritische Haltung attestiert. Trotzdem hat diese Haltung den Diskurs in den späten 1960er und frühen 1980er Jahren dominiert, weil sie über die Leitungsebene öffentlichkeitswirksam kommuniziert wurde.

[131] Vgl. DÖRFLER-DIERKEN, Die Bedeutung der Jahre 1968 und 1981 für die Bundeswehr, 12.

[132] Vgl. GMELCH, Der Umgang mit kognitiven Dissonanzen als Proprium einer praktischen Militärseelsorge, 135; 142–145.

[133] Damit schloss sich Deutschland einem allgemeinen Trend der Mitgliedsstaaten der NATO an. Die meisten Armeen wurden im Zuge des Kalten Krieges oder im Kontext der neuen sicherheitspolitischen Lage seit 1990 zu einer Berufsarmee umgestaltet, was damit einherging, dass die Wehrpflicht ausgesetzt, abgeändert oder abgeschafft wurde. Von den 30 Mitgliedsstaaten der NATO ist die Wehrpflicht gegenwärtig noch in der Türkei, in Griechenland, Norwegen, Estland, Litauen (befristet wieder eingeführt seit 2015 als Reaktion auf die Ukrainekrise) und Dänemark (nur für den Fall, dass sich in einem Jahrgang nicht genügend Freiwillige melden) in Kraft.

[134] Punktuelle Fehlentwicklungen und Skandale wie die rechtsextremistischen Äußerungen und Handlungen im Bereich der Kommando Spezialkräfte (KSK) aus dem Jahr 2020 werden allerdings nach wie vor gesellschaftlich sehr kritisch wahrgenommen. Eine kontinuierliche Debatte über die Bundeswehr ist infolge solcher Vorkommnisse aber nicht entstanden.

[135] In der Forschung konnte sich dieser Begriff mittlerweile etablieren. Vgl. DÖRFLER-DIERKEN, Die Bedeutung der Jahre 1968 und 1981 für die Bundeswehr, 13; vgl. GMELCH, Der Umgang mit kognitiven Dissonanzen als Proprium einer praktischen Militärseelsorge, 142; vgl. NACHTWEI, Sicherheitspolitische Entscheidungsprozesse und Ergebnisse militärsoziologischer Forschungen, 162; vgl. BECKMANN, Treue. Bürgertum. Ungehorsam, 54; vgl. Evangelisches Kirchenamt für die Bundeswehr (Hg.), Begleitung im Licht des Evangeliums, 18.

keit anerkannt«[136] ist.[137] Das hängt vor allem mit den Entwicklungen der 1990er Jahre zusammen, die die Militärseelsorge dazu veranlassten, einen konstruktiven Dialog mit der Friedensethik aufzunehmen. Zum einen machte die neue Einsatzrealität der Bundeswehr einen solchen Dialog erforderlich. Zum anderen sah man sich in den 1990er Jahren mit der Frage konfrontiert, wie eine künftige seelsorgliche Begleitung der Bundeswehrstandorte im Gebiet der neuen Bundesländer aussehen könnte. Gerade »das (radikal-)pazifistische Friedensengagement der Kirchen in der DDR«[138] entpuppte sich in den Debatten über die Ausweitung des Militärseelsorgevertrages auf die neuen Bundesländer als große Herausforderung. Der Militärseelsorgevertrag konnte nicht unmittelbar auf den Raum der ehemaligen DDR ausgeweitet werden. Es war wichtig, dass sich die Militärseelsorge auf die friedensethischen Anfragen der östlichen Gliedkirchen einließ. So gab es in den neuen Bundesländern für eine Übergangszeit von 1991 bis 1996 eine nebenamtliche Seelsorge an den Soldaten durch speziell beauftragte Gemeindepfarrer. Ab 1996 gab es eine Rahmenvereinbarung über die evangelische Seelsorge in der Bundeswehr in den neuen Bundesländern. Darin wurde geregelt, dass die hauptamtlichen Soldatenseelsorger im Gebiet der neuen Bundesländer als Kirchenbeamte und nicht als Bundesbeamte, so wie es der Militärseelsorgevertrag von 1957 vorsieht, beschäftigt werden. Die anfallenden Personalkosten wurden der EKD vierteljährlich vom Staat erstattet.[139] Zum 31. Dezember 2003 lief diese Rahmenvereinbarung aus. Seither gilt der Militärseelsorgevertrag auch im Gebiet der neuen Bundesländer.

Die Debatten über die Ausweitung des Militärseelsorgevertrages führten auch dazu, dass sich die Militärseelsorge selbstkritisch mit der eigenen Geschichte und dem Verhältnis zur Friedensbewegung beschäftigte. Auf dieser Grundlage traten erste Konturen eines friedensethischen Profils der Militärseelsorge hervor. Auf diese Profilierung wirkte sich auch die Neujustierung der Friedensethik positiv aus. Dieser Dynamik schlossen sich Kirche und Theologie in den 2000er Jahren an,[140] sodass seither ein friedensethisches Profil der Militärseelsorge erkennbar ist. Dieses theoretische Profil wird mittlerweile auch personell mit Leben gefüllt, da immer mehr Theologinnen und Theologen zur Militärseelsorge kommen, die in den 1980er Jahren friedensethisch sozialisiert

---

[136] KLESSMANN, Seelsorge, 377.
[137] Trotzdem sind in der Gegenwart weiterhin Spannungen zwischen Militärseelsorge und Kirche beobachtbar. Siehe dazu Kap. III 4.2.
[138] VON DEN STEINEN, Unzufrieden mit dem Frieden, 17.
[139] Vgl. WERKNER, Soldatenseelsorge versus Militärseelsorge, 115–132; vgl. NOACK, Die Debatte um die Seelsorge an den Soldaten bei der Wiedervereinigung der Evangelischen Kirche in Deutschland.
[140] Vgl. VON DEN STEINEN, Unzufrieden mit dem Frieden?; vgl. Evangelische Kirche in Deutschland (Hg.), Aus Gottes Frieden leben – für gerechten Frieden sorgen, 41 f.

wurden.¹⁴¹ Über eine solche biographische Prägung berichtet beispielsweise Sigurd Rink: »Wie viele andere prägen auch mich als Schüler und jungen Theologiestudenten die politischen Debatten der 1980er Jahre. [...] Ich war Teil der Friedensbewegung und vertrat die pazifistische Position: Vor dem Hintergrund der deutschen Geschichte und der Bergpredigt darf es militärisch-gewaltsames Handeln nicht geben. [...] Als Theologiestudent war ich vom Wehrdienst befreit. Anderenfalls hätte ich damals mit Sicherheit den Kriegsdienst verweigert.«¹⁴²

Das gegenwärtige friedensethische Profil der Militärseelsorge ist positiv zu würdigen: Es ermöglicht erstens eine konstruktive Auseinandersetzung mit den Aufgaben der Bundeswehr im Bereich der Theologie. Es ist zweitens bedeutsam für die kirchliche Friedensarbeit, weil sich in der Militärseelsorge praktische Herausforderungen einer angewandten Friedensethik zeigen. Drittens stärkt eine friedensethische Profilierung das christologische Selbstbild der Militärseelsorge, das an das Bibelwort aus Röm 14,8 (Domini sumus) angelehnt ist. Viertens ist darauf hinzuweisen, dass sich mit dem Leitbild des gerechten Friedens auch eine neue Dialogebene zur Bundeswehr auftut. Wer sich detaillierter mit dem Konzept der Inneren Führung beschäftigt, wird erkennen, dass der darin enthaltene Friedensbegriff große Schnittmengen zum Leitbild des gerechten Friedens aufweist.¹⁴³

Auf zwei kritische Punkte ist dennoch hinzuweisen: So fällt zum einen auf, dass das friedensethische Profil raumfüllende Gestalt annimmt. Dadurch tritt ein wesentlicher Fokus der militärseelsorglichen Arbeit an der Basis in den Hintergrund: *Militärseelsorge ist in erster Linie Seelsorge.* Soldatinnen und Soldaten erwarten vom Militärpfarrer oder von der Militärpfarrerin primär Seelsorge und – wenn überhaupt – nur sekundär eine friedensethische Reflexion. Dass die Friedensethik Gegenstand von Einheiten des Lebenskundlichen Unterrichts oder von Gottesdiensten sein kann, zeigt, dass auch sie einen festen Platz in der Militärseelsorge besitzt. Es geht insofern nicht um ein Entweder-oder von Seelsorge und Friedensethik in der Bundeswehr. Beide Perspektiven sind vielmehr aufeinander zu beziehen. Zum anderen zeigt sich bei dem friedensethischen Diskurs, dass die Militärseelsorge dazu herausgefordert wird, sich und ihre Arbeit zu legitimieren. Dies leistet sie, indem sie eine latent apologetische Haltung einnimmt. Sie soll sich zum Leitbild des gerechten Friedens bekennen und gleichzeitig erklären, welchen Beitrag sie zur Friedensethik leisten kann.¹⁴⁴

---

¹⁴¹ Vgl. ausführlich RINK, Können Kriege gerecht sein?, 29–67; vgl. auch THIEL, »... geblendet wie von einem großen Auge«, 448 f.
¹⁴² RINK, Mit dem Evangelium regieren – Glaube und Politik, 9.
¹⁴³ Vgl. PEUCKMANN, Militärseelsorge und Öffentliche Theologie, 263 f.
¹⁴⁴ Eine solche Forderung findet sich bei THONAK, Evangelische Militärseelsorge und Friedensethik, 236–238.

Solch eine apologetische Haltung – dies tritt deutlich in den Blick, wenn man sich an die Mahnung zum Geschichtsbewusstsein von Johann Anselm Steiger erinnert – ist nicht neu für die Militärseelsorge. In den Auseinandersetzungen mit den Friedensbewegungen in den späten 1960er und frühen 1980er Jahren dominierte häufig eine apologetische Rhetorik, mit der sich die Militärseelsorge nach außen abzugrenzen versuchte.[145] Die dadurch entstehenden Konflikte zeigen aber, dass man sich mit dieser Rhetorik selten einen Gefallen getan hat.

In der Gegenwart bemüht sich die Militärseelsorge erkennbar um einen sachlichen und wertschätzenden Austausch. Trotzdem arbeiten viele Stellungnahmen und Beiträge nach wie vor mit apologetischen Elementen, weil implizit oder auch explizit eingefordert wird, dass erklärt werden soll, warum Pfarrerinnen und Pfarrer in der Bundeswehr Soldatinnen und Soldaten seelsorglich begleiten. Begründet wird dies in der Regel mit friedensethischen Argumenten.

Es bleibt wichtig, dass sich die Militärseelsorge kontinuierlich kritisch reflektiert und hinterfragt. Dafür bietet die Friedensethik eine unverzichtbare Orientierung. Dass sie sich aber grundsätzlich immer wieder neu für ihren seelsorglichen Dienst in den Streitkräften rechtfertigen soll, ist wenig weiterführend. Deshalb ist es wichtig, das friedensethische Profil durch eine seelsorgliche Perspektive zu erweitern. »Die Sorge um den Menschen – sei sie diakonisch, sei sie seelsorglich – muss nicht gerechtfertigt werden – auch in der Kirche nicht.«[146] Wie eine solche seelsorgliche Perspektivweitung aussehen kann, gilt es im Folgenden zu plausibilisieren.

---

[145] Beispiele für diese Rhetorik finden sich u.a. in: Evangelisches Kirchenamt für die Bundeswehr (Hg.), ... und wage es, Soldat zu sein.

[146] ZIEMER, Seelsorgelehre, 175.

3. Theoretische Vorüberlegungen

3.1 Seelsorge als religiöse Kommunikation im Horizont der Unverfügbarkeit

Der Begriff *Seelsorge* ist gesellschaftsweit verbreitet und kann bis in den alltäglichen Sprachgebrauch hinein als bekannt vorausgesetzt werden. Ähnlich beurteilt dies der katholische Pastoraltheologe Herbert Haslinger: »Seelsorge ist eine Bezeichnung, die in unserer Gesellschaft nach wie vor auf breiter Ebene, sogar dem denkbar großen Publikum der ›tagesschau‹- und ›heute‹- Zuschauer, verständlich ist.«[147] Das gilt auch für den Raum der Bundeswehr.

Davon zu unterscheiden ist allerdings der poimenische Fachdiskurs und die konkrete seelsorgliche Praxis. Von der *einen* Seelsorge kann in der Gegenwart nicht die Rede sein. »Seelsorge präsentiert sich gegenwärtig in einer Pluralität von Konzeptionen und methodischen Orientierungen«.[148] Michael Klessmann stellt daher fest, dass es »kein dominantes Paradigma der Seelsorge mehr [gibt], sondern eine Vielfalt an individuell, kulturell, methodisch und religiös differenzierten Formen.«[149] Für die Seelsorgetheorien des 20. Jahrhunderts sah das noch anders aus.[150] Sie standen größtenteils im Zeichen der *kerygmatische Seelsorge* oder der *Seelsorgebewegung*.[151] Dabei galt der Fokus der kerygmatischen Seelsorge der Verkündigung, also einer inhaltlich-theologischen Orientierung. Die Seelsorgebewegung der 1960er Jahre regte demgegenüber den Austausch mit

---

[147] HASLINGER, Seelsorge, 158.
[148] POHL-PATALONG, Art. Seelsorge, 1115.
[149] KLESSMANN, Im Strom der Zeit, 14.
[150] Dass sich trotz dieser zwei einflussreichen Stoßrichtungen im 20. Jahrhundert eine vielfältige Landschaft seelsorglicher Theorien entwickelte, zeigen Klaus Raschzok und Karl-Heinz Röhlin mit ihrem Sammelband, in dem die Geschichte der Seelsorge anhand biographischer Essays nachgezeichnet wird. Vgl. DIES. (Hg.), Kleine Geschichte der Seelsorge im 20. Jahrhundert.
[151] Vgl. KARLE, Poimenik, 588–600.

der Psychotherapie und der Psychoanalyse an und rückte damit vor allem die Fragen nach der angemessenen Form der seelsorglichen Praxis in den Vordergrund. Gegenwärtige Seelsorgekonzepte versuchen diese beiden Perspektiven konstruktiv miteinander zu verbinden. »Die Diskussion im 20. Jahrhundert zeigt: Seelsorge ist weder Verkündigung noch Therapie, sondern Lebensbegleitung im Horizont des Evangeliums.«[152] Form und Inhalt sind folglich nicht gegeneinander auszuspielen, sondern entsprechend der situativen Anforderungen aufeinander zu beziehen. Dabei ist es wichtig, die Seelsorge theologisch zu qualifizieren und zugleich den Dialog mit den Human-, Geistes- und Sozialwissenschaften zu suchen. Dies spielt auch für die Seelsorge in der Bundeswehr eine Rolle.

Die vorliegende Studie arbeitet mit einem Seelsorgeverständnis, das im Sinne einer »psychologisch informierten Seelsorge«[153] einerseits religiös qualifiziert ist und andererseits die Erkenntnisse anderer humanwissenschaftlicher Disziplinen, vor allem der Psychologie und der Soziologie, berücksichtigt. Seelsorge wird dabei als *religiöse Kommunikation im Horizont der Unverfügbarkeit* bestimmt. Diese Bestimmung bedarf einer weitergehenden Erklärung.

1. *Kommunikation:* Dass Seelsorge als ein kommunikatives Geschehen zu verstehen ist, stellt einen Konsens in der Poimenik dar.[154] Wichtig ist dabei, dass Kommunikation nicht als einseitige Verkündigung, sondern als reziproker Prozess verstanden wird, der sich nicht einzig auf sprachliche Mitteilungen reduzieren lässt, sondern auch nonverbale und symbolische Kommunikation miteinschließt.[155] Ein solches Verständnis von Kommunikation ist auch für die Militärseelsorge relevant, da in der Bundeswehr die Kommunikation für gewöhnlich formalisiert wird und nicht selten linear ausgerichtet ist. Wenn auch nicht ganz zutreffend, so lässt sich die allgemeine Kommunikationskultur der

---

[152] KARLE, Praktische Theologie, 393.

[153] Der Begriff der »psychologisch informierten Seelsorge« wurde von Katja Dubiski im Kontext einer interdisziplinären Auseinandersetzung zwischen der Poimenik und der Kognitiven Verhaltenstherapie entwickelt. Dubiski definiert den Begriff wie folgt: »Psychologisch informierte Seelsorge nimmt die Herausforderung an, psychologische [...] Konzepte, nicht nur offen und konstruktiv-kritisch zu würdigen, sondern auch die Konsequenzen ihrer Rezeption für ihr Selbstverständnis zu reflektieren. So kann sie zum einem von sich sagen, für den interdisziplinären Dialog mit gegenwärtiger Psychologie respektive Psychotherapie offen zu sein. Zum anderen nützt sie auf diese Weise alle adäquaten Theorien und Methoden, um ihrem Gegenüber die bestmögliche Hilfe zu bieten – und entspricht damit ihrem originären Auftrag und Selbstverständnis als cura animarum.« DIES., Seelsorge und Kognitive Verhaltenstherapie, 306.

[154] Vgl. HAUSCHILDT, Seelsorge durch öffentliche Rituale?, 64.

[155] Vgl. GRETHLEIN, Praktische Theologie, 322.

Streitkräfte mit der Redewendung »Befehl und Gehorsam« beschreiben.[156] Eine Kommunikation, die auf Wechselseitigkeit bedacht ist, kann in diesem besonderen Sozialraum ein Refugium eröffnen, in dem das zur Sprache kommen kann, was ansonsten unausgesprochen bliebe.

2. *Religiös:* Dass Seelsorge darüber hinaus als religiöse Kommunikation zu verstehen ist, wird in der Poimenik kontrovers diskutiert.[157] Einen wichtigen Impuls dafür lieferte Isolde Karle mit ihrem Konzept einer *soziologisch aufgeklärten* bzw. *systemtheoretisch informierten Seelsorge*.[158] Eine religiöse Orientierung der Kommunikation kann demnach eine wesentliche Ressource von Seelsorge bereitstellen. Sie ermöglicht die Integration von Elementen christlich-religiöser Tradition wie Bibelworte, Gebete, Segenshandlungen, Riten und Symbole. Auch ist Religion im Hinblick auf ein geweitetes Verständnis von Kommunikation mit der Seelsorge verknüpft, da »Seelsorgerinnen und Seelsorger [...] von Berufs wegen auf bestimmte Themen, Fragen und Probleme ansprechbar [sein müssen]: auf Fragen nach Gott, die Frage nach Tod und ewigem Leben«.[159] Seelsorgerinnen und Seelsorger stellen einen Resonanzraum zur Verfügung, damit Religion im weitesten Sinne »zum Klingen gebracht werden bzw. zum Tragen kommen«[160] kann. Mit diesem Phänomen sehen sich Militärseelsorgerinnen und Militärseelsorger häufig im Rahmen des Lebenskundlichen Unterrichts (LKU) konfrontiert. Denn obwohl dieser Unterricht nicht als Religionsunterricht konzipiert ist[161] und vielmehr einen sozial- bzw. friedensethischen Schwerpunkt besitzt, nutzen ihn Soldatinnen und Soldaten auch dazu, religiöse Themen und Fragen zu besprechen. Teilweise treten sie an den Militärpfarrer oder die Militärpfarrerin heran und schlagen ein entsprechendes Thema für eine Einheit des Lebenskundlichen Unterrichts vor. Großes Interesse zeigen die Soldatinnen und Soldaten beispielsweise an der Frage, ob man als Christ Soldat sein darf oder – um es mit Martin Luther zu sagen –, »ob Kriegsleute auch in seligem Stande sein können«.[162]

Seelsorge als religiöse Kommunikation ist für die Militärseelsorge charakteristisch und elementar zugleich. Seelsorge kann in der Bundeswehr *nicht nicht-religiös* sein. Sie wird von spezifisch beauftragten Seelsorgerinnen und Seelsorger

---

[156] Erklärend ist anzumerken, dass die Bundeswehr viele Reformen angestoßen hat, um die Kommunikation aus einer ausschließlich hierarchischen Befehlskette zu lösen. Das Prinzip von Befehl und Gehorsam, wenngleich es im Soldatengesetz § 11 indirekt festgeschrieben ist, gilt insofern nicht im absoluten Sinne für die gegenwärtige Praxis der Bundeswehr.

[157] Vgl. HAUSCHILDT, Seelsorge durch öffentliche Rituale?, 64.

[158] Vgl. KARLE, Seelsorge in der Moderne, 214–224; vgl. KARLE, Praktische Theologie, 401–409.

[159] KARLE, Seelsorge in der modernen Gesellschaft, 214.

[160] NAUER, Spiritual Care statt Seelsorge?, 79.

[161] Vgl. Evangelisches Kirchenamt für die Bundeswehr (Hg.), Friedensethik im Einsatz, 346.

[162] Vgl. LUTHER, Ob Kriegsleute auch in seligem Stande sein können.

geleistet, die bereits qua Amt für die Soldatinnen und Soldaten in gewisser Hinsicht eine religiöse Dimension »repräsentieren«[163] und dadurch auch immer einen Resonanzraum für religiöse Kommunikation eröffnen. Das Eröffnen eines solchen Resonanzraums ist für die Praxis der Militärseelsorge bedeutsam. Gerade der Einsatz fordert Soldatinnen und Soldaten in vielfältiger Weise heraus und hinterlässt Spuren an Körper und Seele. In Zeiten wachsender Undurchsichtigkeiten von Sinnzusammenhängen eines Einsatzes[164] geht von der Religion eine besondere Deutungsdimension aus, die dabei helfen kann, Erfahrungen eines Einsatzes zu reflektieren und zu verarbeiten. »Denn für den Soldaten im Einsatz kann aus unterschiedlichen Gründen die Existenz brüchig werden. [...] Wenn er die Verunsicherungen, die durch den Einsatz verursacht werden, bearbeiten und bewältigen will, begibt er sich auf eine Suche, die – zumindest auch – religiös ist.«[165]

Dass Seelsorge in der Bundeswehr als *religiöse* Kommunikation zu beschreiben ist, hängt also damit zusammen, dass einerseits das Amt eines Militärpfarrers oder einer Militärpfarrerin in einem religiös vorgeprägten Erwartungshorizont steht und dass andererseits Religion als Deutungsdimension und Perspektivweitung in der seelsorglichen Praxis eine große Rolle spielt. Seelsorge bietet den Soldatinnen und Soldaten eine besondere Möglichkeit zur Reflexion. Erfahrungen von Gewalt, Schuld oder Sinnlosigkeit werden nicht beiseitegeschoben, sondern im Licht des Evangeliums reflektiert und ausgehalten: »Eine religiös qualifizierte Seelsorge stellt dabei Sinnformen zur Verfügung, die individuelle Erfahrungen erschließt und zugleich transzendiert. Gebete, Psalmen, Lieder stellen eine Sprache zur Verfügung, die mit überindividuellen Sinnzusammenhängen verbindet«.[166] Zugleich ist darauf hinzuweisen, dass Begegnungen und Gespräche zwischen Militärseelsorgern und Soldaten nicht immer religiös grundiert sein müssen. Seelsorgliche Kommunikation muss nicht zwangsläufig im Gebet oder Segen gipfeln. Religion muss nicht explizit im Gespräch oder in der Begegnung zum Ausdruck kommen. Trotzdem bleibt sie als mögliche Dimension präsent.

3. *Unverfügbarkeit:* In der Bundeswehr spielen Technik und Ausrüstung eine große Rolle. Dabei stehen Funktionalität, Effektivität sowie Sicherheit im Vordergrund.[167] Es geht darum, Kontrollierbarkeit herzustellen. Dies ist wichtig, weil sich die Bundeswehr teilweise in heiklen Auslandseinsätzen engagiert und sich dort immer wieder unvorhergesehenen Gefährdungen aussetzt. Dem *Prinzip*

---

[163] Vgl. Evangelisches Kirchenamt für die Bundeswehr (Hg.), Begleitung im Licht des Evangeliums, 10; vgl. LIERMANN, Seelsorge und Spiritualität in offenem Gelände, 494.

[164] Vgl. GMELCH, Der Umgang mit kognitiven Dissonanzen als Proprium einer praktischen Militärseelsorge, 136–141; vgl. ROHDE, »Das ist doch sowieso sinnlos hier!«.

[165] ACKERMANN, Einsatz – Auf der Suche nach Religion?, 56.

[166] KARLE, Seelsorge als religiöse Kommunikation, 265.

[167] Siehe Kap. IV 3.2.3.

der Kontrollierbarkeit kommt insofern in den Streitkräften eine nicht zu unterschätzende Bedeutung zu. Der Begriff der Unverfügbarkeit ist deshalb in der Bundeswehr zunächst einmal negativ konnotiert,[168] da er sich der Kontrollierbarkeit entzieht. Für die Seelsorge ist der Begriff der Unverfügbarkeit dennoch elementar, da sich an ihm der Transzendenzbezug von Seelsorge zeigt.[169] Seelsorge ist kein therapeutisches Gespräch, sondern Begegnung und Begleitung im Licht des Evangeliums.[170] Für die Militärseelsorge ist es insofern wichtig, den Begriff der Unverfügbarkeit als eine theologische Dimension zu entfalten und ihn nicht dem rein immanenten Prinzip der Kontrollierbarkeit gegenüberzustellen. Unverfügbarkeit meint nicht Unkontrollierbarkeit. Unverfügbarkeit ist – theologisch gesprochen – nicht bedrohlich, sondern befreiend. Dieses Potenzial gilt es für die Seelsorge aufzunehmen,[171] um den Soldatinnen und Soldaten neue Perspektiven auf ihr Leben zu eröffnen und sie in ihrer Freiheit zu stärken, nicht alles kontrollierbar machen zu müssen oder zu können. Seelsorge als religiöse Kommunikation im Horizont der Unverfügbarkeit kann, sofern sie sich auf die besonderen Bedingungen ihres »Wirkungsraums« einlässt, die militärische Logik einer ständigen Kontrollierbarkeit mit einem den Menschen annehmenden, tiefadressierenden[172] und transzendenten Gegenüber ausbalancieren.

3.2 Leitfragen einer Theorie der Militärseelsorge

Für die Theorie der Militärseelsorge ist es wichtig, neben der Bestimmung der *Seelsorge als religiöser Kommunikation im Horizont der Unverfügbarkeit* auch den poimenischen Hintergrund genauer zu bestimmen. Dafür bietet sich das Gespräch mit der Systemischen Seelsorge an.[173] Die Systemische Seelsorge – in ihrer gegenwärtig großen Pluralität[174] – stellt für die poimenische Reflexion der Militärseelsorge eine hilfreiche Orientierung dar, da sie das Individuum auf der Grundlage seiner Erfahrungen, Fragen, Sorgen und Nöte immer im Blick auf sein soziales Umfeld betrachtet. Mit dem Ansatz der Systemischen Seelsorge lässt sich also das, was man im weitesten Sinne als *Lebenswelt* beschreiben kann, wahr-

---

[168] LIERMANN, Seelsorge und Spiritualität in offenem Gelände, 494.
[169] Zum Transzendenzbezug von Seelsorge vgl. u. a. MORGENTHALER, Seelsorge, 24 f.
[170] Vgl. Evangelisches Kirchenamt für die Bundeswehr (Hg.), Begleitung im Licht des Evangeliums.
[171] Wie sich dieses Potenzial für die Militärseelsorge aufnehmen lässt, wird in Kap. IV 2.2.2, 3.1.2 und 3.2.3 dargestellt.
[172] Vgl. KARLE, Tiefe Adressierung; vgl. auch FUCHS, Das Maß aller Dinge, 163–168.
[173] Für einen Überblick vgl. FRITZ, Seelsorge mit System; vgl. auch MORGENTHALER, Systemische Seelsorge; vgl. ALBRECHT, Systemische Seelsorge.
[174] Vgl. KARLE, Praktische Theologie, 401–409.

3. Theoretische Vorüberlegungen

nehmen und reflektieren. Und genau dieser Zuschnitt ist für die Militärseelsorge höchst relevant, weil ihre seelsorgliche Begleitung konsequent im Zeichen der Lebenswelt Bundeswehr steht. Das, was Soldatinnen und Soldaten beschäftigt, herausfordert und manchmal auch belastet, hängt in den allermeisten Fällen mit den Dynamiken und speziellen Bedingungen der Lebenswelt Bundeswehr zusammen. Nicht selten wirken sich diese Dynamiken und Bedingungen in der einen oder anderen Weise auf die Beziehungen der Soldatinnen und Soldaten zu ihrem sozialen Umfeld aus.[175] Die Systemische Seelsorge hilft dabei, den Wahrnehmungshorizont zu weiten, um den besonderen Anforderungen, denen sich Militärseelsorgerinnen und Militärseelsorger in ihrer Praxis zu stellen haben, Rechnung tragen zu können.

Nachdem diese theoretischen Vorüberlegungen dargestellt sind, gilt es noch, systematische Leitfragen für die Seelsorge in der Bundeswehr aufzustellen. Dafür lohnt sich ein Blick über die Poimenik hinaus auf ein anderes Teilgebiet der Praktischen Theologie – auf die Homiletik. Im 19. Jahrhundert hatte Alexander Schweizer eine dreigliedrige Systematik der Homiletik entwickelt, die auch für gegenwärtige Diskurse zur Predigt immer noch anregend ist.[176] Schweizer teilt die Predigtlehre in eine *prinzipielle*, eine *materiale* und in eine *formale* Homiletik auf.[177] Daraus leiten sich zentrale Leitfragen ab, die danach fragen, *warum* (Prinzipielle Homiletik), *was* (Materiale Homiletik) und *wie* (Formale Homiletik) gepredigt wird. Diese Systematik lässt sich in modifizierter Form für eine Theorie der Militärseelsorge aufnehmen, sodass nach den Zielen, den Akteuren und Kontexten sowie den Räumen und Vollzügen der Militärseelsorge gefragt werden kann. Diese Systematik ermöglicht die Reflexion von Seelsorge in der Lebenswelt der Bundeswehr und liefert zugleich den detaillierten Rahmen für die vorliegende Studie. In den drei folgenden Kapiteln werden die Leitfragen für die Theorie der Militärseelsorge bearbeitet. Es wird nach den *Zielen* (Kapitel II), nach den *Akteuren* und *Kontexten* (Kapitel III) sowie den *Räumen* und *Vollzügen* (Kapitel IV) von Seelsorge in der Bundeswehr gefragt.

---

[175] Siehe dazu vor allem Kap. IV 3.2.1.
[176] Eberhard Winkler hat diese Systematik mit drei weiteren »W-Fragen« weiterentwickelt. Er fragt über Schweizer hinausgehend *wer* predigt, *wem* gepredigt wird und *wo* gepredigt wird. Vgl. DERS., Praktische Theologie elementar, 75–106.
[177] Vgl. RÖSSLER, Grundriß der Praktischen Theologie, 389; vgl. auch KARLE, Praktische Theologie, 165.

II. »Ziele« der Militärseelsorge

1. Überlegungen zum Zielbegriff

Wer nach den Zielen der Militärseelsorge fragt, wird sich auch mit den allgemeinen Zielen von Seelsorge beschäftigen müssen. Dabei ist allerdings die Frage zu stellen: Lassen sich generell Ziele für die Seelsorge formulieren?[1]

Im poimenischen Diskurs der Seelsorgebewegung in den 1960er Jahren wurde diese Frage nur wenig bearbeitet. Erst gegen Ende des 20. Jahrhunderts ist die Frage nach den Zielen von Seelsorge wieder deutlicher in den Fokus gerückt. Der Zielbegriff ist in diesem Zusammenhang zu einem Problembegriff geworden, da an ihm die Nähe der Seelsorge zur Psychologie sichtbar wird. Gilt für die Psychologie im Allgemeinen, dass sie dem Wirksamkeitsprinzip folgt, so betonen systemtheoretisch basierte Seelsorgekonzeptionen, dass Seelsorge »zunächst einmal *zielfrei*«[2] ist. In der Seelsorge »muss nichts erreicht werden, es muss nichts verändert werden, man muss nicht an Problemen arbeiten.«[3] Die Neubestimmung der Seelsorge zum Ende des 20. Jahrhunderts macht deutlich, dass Seelsorge nicht dasselbe ist wie Therapie.[4] Dennoch ist mit dieser wichtigen Unterscheidung die Frage nach den Zielen in der Seelsorge nicht abschließend geklärt: Gilt für die Seelsorge prinzipiell, dass sie keine Ziele kennt?

Mit Blick auf die Theorie und die Praxis ist festzustellen, dass Seelsorge zunächst einmal ein »mehrdimensionales« und zugleich offenes Geschehen ist.[5] Ihre Offenheit verpflichtet sie nicht auf vorgefertigte Strukturen oder Ergebnisse, die erbracht werden müssen. Auch sollte sich Seelsorge nicht von fremden Systemen oder gastgebenden Institutionen wie beispielsweise der Bundeswehr instrumentalisieren bzw. »verzwecken« lassen. Daher gilt für die Seelsorge, dass sie prinzipiell *zweckfrei* ist. Aber trotz ihrer Offenheit und ihrer Zweckfreiheit kann der Zielbegriff nicht vollständig von der Seelsorge suspendiert werden.

---

[1] Vgl. DUBISKI, Seelsorge und Kognitive Verhaltenstherapie, 240.
[2] KARLE, Perspektiven der Krankenhausseelsorge, 547 [Hervorhebung im Original].
[3] EMLEIN, Die Eigenheiten der Seelsorge, 234.
[4] Vgl. KARLE, Seelsorge in der modernen Gesellschaft, 214.
[5] Vgl. MORGENTHALER, Seelsorge, 25.

1. Überlegungen zum Zielbegriff

Denn das Bestreben, Menschen begleiten zu wollen, ihnen helfend beizustehen und sie nicht sich selbst zu überlassen in Momenten der Krise oder der sozialen Entwurzelung, ist charakteristisch für die Seelsorge. Und ein solches Bestreben ist im weitesten Sinne als ein Ziel zu beschreiben. Seelsorge folgt der *Intention*, sich Menschen zuzuwenden. Seelsorge kann demnach in der Form einer »intentionalen Seelsorge«[6] durchaus zielorientiert sein, sie erfüllt parallel aber keinen extern auferlegten Zweck.

Schließlich ist auch festzuhalten, dass eine Seelsorge, die sich als religiöse Kommunikation im Horizont der Unverfügbarkeit versteht, um ihre eigene Begrenztheit weiß: »Die Rede von ›Zielen‹ im Sinne menschlicher Zielsetzungen und Machbarkeit ist in diesem Sinn im Bereich der Seelsorge fragwürdig.«[7] Ob angedachte Ziele tatsächlich erreicht werden können, bleibt vor dem Hintergrund des hier entfalteten Seelsorgeverständnisses offen.[8] Umgekehrt heißt das nicht, dass Seelsorge auf Zielperspektiven verzichten kann. Sie hat als religiöse Kommunikation eine Funktion, es geht bei der Frage der Zielbestimmung darum, dass sie sich nicht von anderen Funktions- und Organisationsperspektiven verzwecken und instrumentalisieren lässt. Wenn man also die seelsorgliche Praxis mit einem weiten Zielbegriff in den Blick nimmt, wird deutlich, dass Seelsorge nicht zielfrei, wohl aber zweckfrei ist.[9]

Hinsichtlich der Militärseelsorge werden im folgenden Kapitel relevante Zielperspektiven herausgearbeitet und reflektiert. Dies erfolgt zunächst in der Auseinandersetzung mit Außen- und Innenperspektiven zur Wahrnehmung der Militärseelsorge (2.), ehe seelsorgliche Leitperspektiven (3.) fokussiert und diskutiert werden.

---

[6] A. a. O., 26; vgl. auch ZIEMER, Seelsorge, 56.
[7] DUBISKI, Seelsorge und Kognitive Verhaltenstherapie, 241.
[8] Siehe Kap. I 3.1.
[9] Der Zielbegriff ist für die Seelsorge tendenziell schwierig, da er im Verdacht steht, Seelsorge unter der Hand als Therapie zu profilieren. Dies ist aber nicht damit gemeint, wenn in dieser Studie von den »Zielen« der Militärseelsorge die Rede ist. Angesichts dieser Schwierigkeiten ist es sinnvoll, den Zielbegriff in der Kapitelüberschrift in Anführungszeichen zu setzen.

2. Außen- und Innenperspektiven zur Militärseelsorge

2.1 Außenperspektiven

Die Militärseelsorge gilt als Einrichtung, der eine grenzüberschreitende Funktion zukommt: »Sie bewegt sich an der *Schnittstelle* zwischen Kirche, Gesellschaft und Staat im Spannungsfeld von Politik, Ethik und Religion sowie zwischen kirchlichem bzw. religiösem Auftrag und militärischer Einbindung.«[10] In ähnlicher Weise wird sie vom Bundesministerium der Verteidigung (BMVg) als »*Brücke* zwischen Kirche, Staat und Militär«[11] beschrieben.

Mit den Beschreibungen als *Schnittstelle* oder als *Brücke* wird deutlich, dass es sich bei der Militärseelsorge um eine Einrichtung handelt, die in unterschiedliche Bereiche hineinwirkt, von diesen Bereichen aber auch beeinflusst wird. Wie die Militärseelsorge dabei wahrgenommen und ihr Aufgabenbereich beschrieben wird, gilt es in den nachfolgenden Abschnitten zu klären. Dafür richtet sich der Blick auf die Wahrnehmung unter den Soldatinnen und Soldaten (2.1.1),[12] auf die Sichtweise von Staat und Kirche (2.1.2) und auf die Diskussionen zur Militärseelsorge im Raum der Theologie (2.1.3).

---

[10] WERKNER, Religion und ihre Bedeutung für den Krieg, militärische Gewalt und den Soldaten, 236 [Hervorhebung N. P.].

[11] https://www.bmvg.de/de/themen/personal (Stand: 02. März 2021) [Hervorhebung N. P.].

[12] Die Sichtweise der Bundeswehr als militärischer Organisation ist davon noch einmal zu unterscheiden. Sie orientiert sich an den Bedürfnissen der Soldatinnen und Soldaten und ordnet die Seelsorge zugleich in ihre Organisationsstrukturen ein. Das ist auch der Grund dafür, warum die Militärseelsorge ein Stück weit technisch als Organisationsbereich in der Bundeswehr begriffen wird, was sie gemäß dem Militärseelsorgevertrag aber nicht sein kann. Die Militärseelsorge taucht sogar in dem Organigramm der Bundeswehr auf und wird dort dem Führungsstab der Streitkräfte (FüSK) – konkret: FüSK III 3 – zugeordnet. Damit wird allerdings nicht das Ziel verfolgt, die Militärseelsorge zu vereinnahmen. Die Bundeswehr versucht, mit diesem Vorgehen vielmehr die Seelsorge in den Streitkräften zu organisieren.

2.1.1 Soldatinnen und Soldaten: Militärpfarrer als Seelsorgende

Welche Erwartungen richten Soldatinnen und Soldaten an die Militärseelsorge[13] und wie bestimmen sie deren Aufgabenbereich in der Bundeswehr? So simpel diese Frage klingt, so schwierig ist sie zugleich zu beantworten. In der Bundeswehr sind gegenwärtig knapp 265.000 Menschen, darunter 183.000 aktive Sodaltinnen und Soldaten sowie ca. 82.000 zivile Angestellte beschäftigt.[14] Diese große Zahl vermittelt eine Ahnung davon, warum es schwer ist, ein eindeutiges Bild von der Wahrnehmung der Militärseelsorge zu erheben. Hinzu kommt, dass umfangreiche empirische Studien, die sich mit der Wahrnehmung der Militärseelsorge in der Bundeswehr beschäftigen, bislang fehlen. Vom Sozialwissenschaftlichen Institut der Bundeswehr (SOWI), das nach seiner Auflösung in das 2013 neuaufgestellte Zentrum für Militärgeschichte und Sozialwissenschaften der Bundeswehr (ZMSBw) eingegliedert wurde, wurden lediglich zwei kleine quantitative Studien in den frühen 2000er Jahren vorgelegt, die den Fokus auf die Einsatzbegleitung richteten. Dabei traten zum einen der SFOR-Einsatz (Stabilisation Forces) in Bosnien und Herzegowina und zum anderen der KFOR-Einsatz (Kosovo Forces) im Kosovo in den Blick.[15] Beide Studien präsentieren eindrückliche, interessanterweise aber gegensätzliche Ergebnisse, die im Laufe dieses Abschnittes noch genauer dargestellt werden. Der Fokus gilt jeweils der Einsatzbegleitung, sodass sich die Ergebnisse der Studien nicht für die gesamten Streitkräfte verallgemeinern lassen. Der sogenannte »Normalbetrieb«[16] an den Standorten der Bundeswehr wird nicht erfasst. Es bleibt also bei der allgemeinen Frage, welches Bild die Soldatinnen und Soldaten von der Militärseelsorge haben.

Militärpfarrerinnen und Militärpfarrer berichten davon, dass unter Soldatinnen und Soldaten ihre besondere Stellung in der Bundeswehr bekannt ist, dass sie als »outstanding insiders«[17] – also als Kenner des Militärs und doch als

---

[13] Dass in der Überschrift lediglich die männliche Amtsbezeichnung des »Militärpfarrers« aufgeführt wird, hat den Grund, dass Amtsbezeichnungen in der Bundeswehr bislang ausschließlich in männlicher Variante auftauchen. So werden Soldatinnen auch als Frau Hauptmann, Frau Oberst oder Frau Major angesprochen. Diese Praxis übertragen die Soldatinnen und Soldaten nicht selten auf die Militärseelsorge und sprechen daher auch eine Seelsorgerin als »Frau Pfarrer« an.

[14] Vgl. https://www.bundeswehr.de/de/ueber-die-bundeswehr/zahlen-daten-fakten/personalzahlen-bundeswehr (Stand: 02. März 2021).

[15] Vgl. Bock, Religion als Lebensbewältigungsstrategie von Soldaten; vgl. Biehl, Militärseelsorge out of area.

[16] Siehe dazu im Detail in Kap. IV die Abschnitte 2.1.1 bis 2.1.3.

[17] Wanner, Lebenskundlicher Unterricht in der Bundeswehr, 253; vgl. eine ähnliche Beschreibung bei Rink, Können Kriege gerecht sein?, 152.

»Repräsentant«[18] einer nichtmilitärischen Welt – wahrgenommen und geschätzt werden.[19] Die Soldatinnen und Soldaten erwarten von den Pfarrerinnen und Pfarrern »keinen verkleideten Sozialarbeiter, keinen Sozialtherapeuten, keinen Hobbypsychologen, keinen kirchlichen Wehrbeauftragen, keinen christlichen Verteidigungspolitiker.«[20] Für sie ist es wichtig, dass Militärseelsorgerinnen und Militärseelsorger im Hinblick auf die Bundeswehr unterscheidbar sind und bleiben.[21] Der Militärpfarrer »ist der schlechthin ›Fremde‹ in gleich mehreren Kontexten«.[22] Versuche einer militärischen Vereinnahmung der Seelsorge,[23] von denen Militärpfarrer teilweise berichten,[24] konterkarieren diese Erwartung. Ähnliches gilt für Pfarrerinnen und Pfarrer, die sich von den Dynamiken und Logiken der Bundeswehr affizieren lassen und so die notwendige institutionelle Distanz – also ihre kritische Haltung – aufgeben.

Es kommt vor, dass auch Militärpfarrerinnen oder Militärpfarrer ein Stück weit funktional in die Zusammenhänge und Abläufe der Bundeswehr einbezogen werden. Das ist in einer auf Technik und Funktionalität hin ausgerichteten Welt wie der Bundeswehr auch kaum anders möglich. Gerade im Kontext eines Einsatzes lassen sich Formen einer solchen Funktionalisierung beobachten. »So können Militärseelsorgerinnen und -seelsorger bei Transportflügen oder Konvoifahrten [die Erfahrung machen, dass sie] geradezu als ›Talismane‹ adressiert werden: ›Schön, Herr Pfarrer, dass Sie heute mit uns mit uns fliegen, dann kann uns ja nichts passieren.‹ In einer solchen Bemerkung artikuliert sich das Bedürfnis nach religiöser Deutung und damit zugleich nach der Bearbeitung von Kontingenz. Die Erwartung der Kontingenzbearbeitung richtet sich explizit an Militärseelsorgerinnen und -seelsorger, weil sie als Experten für Religion gelten. Zugleich wird in solcher Adressierung deutlich, dass die Soldatinnen und Soldaten die Militärseelsorge als unabhängige Einrichtung innerhalb der Bundeswehr wahrnehmen und schätzen. Ein ziviler Dolmetscher, eine Truppenpsy-

---

[18] Vgl. Evangelisches Kirchenamt für die Bundeswehr (Hg.), Begleitung im Licht des Evangeliums, 10.
[19] Vgl. die Einsatzberichte in: MICHAELIS (Hg.), Für Ruhe in der Seele sorgen; vgl. auch THIEL, Geteiltes Leben, 500.
[20] BASTIAN, Seelsorge in Extremsituationen, 65.
[21] Vgl. u. a. LIERMANN, Seelsorge und Spiritualität in offenem Gelände.
[22] RINK, Diener zweier Herren?, 183. Rink rekurriert mit diesem Satz auf das pastoraltheologische Bild des Pfarrers als dem »Anderen« von Manfred Josuttis. Vgl. DERS., Der Pfarrer ist anders.
[23] Mit der Frage nach der Instrumentalisierung von Kirche durch das Militär setzt sich u. a. Andreas Pawlas auseinander. Vgl. DERS., Militärseelsorge – instrumentalisierte Religion oder unabhängige Kirche unter Soldaten?
[24] Vgl. ACKERMANN, Das deutsche evangelische Militärseelsorgemodell im internationalen Praxistext 121; vgl. auch BECKMANN, Treue. Bürgermut. Ungehorsam, 43 f.

chologin oder ein Bundestagsabgeordneter, der ein Einsatzkontingent im Ausland besucht, würde nicht mit vergleichbaren Erwartungen konfrontiert.«[25]

Für Soldatinnen und Soldaten ist es relevant, dass sie sich bei den Militärseelsorgerinnen und Militärseelsorgern an Personen wenden können, die die Bundeswehr kennen, zugleich aber nicht funktionaler Bestandteil des Militärs sind. Es ist wichtig, dass Militärpfarrerinnen und Militärpfarrer eine Ahnung davon haben, was die Soldatinnen und Soldaten erleben und teilweise auch durchleiden.[26] In der Militärseelsorge wird diese »Ahnung«, weil sie sich konsequent auf die Lebenswelt Bundeswehr bezieht, in der Regel als »Feldkompetenz« beschrieben.[27] Militärpfarrerinnern und Militärpfarrer benötigen insofern eine Feldkompetenz, ohne faktisch eine Kompetenz im Feld zu besitzen. Sie sollen anders sein, ohne aber vollständig aus der Bundeswehr herauszufallen. Für Soldatinnen und Soldaten ist es entscheidend, dass sie sich vertrauensvoll an die Militärseelsorge wenden können und sich zugleich sicher sein dürfen, dass die Gesprächsinhalte nicht nach außen dringen. Dies wird dadurch gewährleistet, dass die Militärseelsorge konzeptionell außerhalb jeglicher Hierarchiekette steht und demgemäß nicht meldepflichtig ist. Darüber hinaus gilt für die Pfarrerinnen und Pfarrer das Seelsorgegeheimnis, das sich inhaltlich und auch rechtlich von der Schweigepflicht nach § 203 des Strafgesetzbuches (StGB) unterscheidet. Denn auch für Bundeswehrärzte oder Truppenpsychologinnen gilt eine Verschwiegenheitspflicht. Diese kann allerdings unter besonderen Umständen aufgehoben werden, wenn zum Beispiel Kenntnisse darüber gewonnen werden, dass eine schwerwiegende Straftat nach § 138 StGB geplant wird. Für das Seelsorgegeheimnis gilt diese Ausnahme gemäß § 139 Abs. 2 StGB nicht. Damit kommt dem Seelsorgegeheimnis in gewisser Weise eine größere Verlässlichkeit zu. Wichtig ist nicht zuletzt auch, dass das Seelsorgegeheimnis unter dem Schutz der in der Evangelischen Kirche in Deutschland steht und damit kirchenrechtlich – und damit institutionell – abgesichert ist.

Auf dieser Grundlage lässt sich festhalten, dass sich Soldatinnen und Soldaten vor allem mit seelsorglichen Anliegen an die Militärseelsorge wenden.[28] Dabei spielt es eine Rolle, dass die Seelsorge gut erreichbar ist und nicht außerhalb der Kaserne oder des Standortes liegt. Die Bedeutung der Seelsorge vor Ort arbeitet auch Ines-Jacqueline Werkner mit einer vergleichenden Studie zur Militärseelsorge in den neuen und alten Bundesländern heraus.[29] Die Studie

---

[25] KARLE/PEUCKMANN, Seelsorge in der Lebenswelt Bundeswehr, 20 [Einfügung N. P.].
[26] Vgl. THIEL, Geteiltes Leben, 500.
[27] Vgl. Evangelisches Kirchenamt für die Bundeswehr (Hg.), Begleitung im Licht des Evangeliums, 17.
[28] Vgl. MICHAELIS/THEIS, Seelsorgerliche Begleitung bei Auslandseinsätzen deutscher Soldaten, 74.
[29] Vgl. WERKNER, Soldatenseelsorge versus Militärseelsorge, 169.

stellt darüber hinaus fest, dass sich kaum Unterschiede in der Wahrnehmung der Militärseelsorge zwischen konfessionell gebundenen und konfessionslosen Soldaten zeigen.[30]

Dass die Militärseelsorge in erster Linie von Soldatinnen und Soldaten als Anlaufstelle für Seelsorge verstanden und auch genutzt wird und dabei die konfessionelle Gebundenheit kaum eine Rolle spielt, zeigt sich auch in der Einsatzbegleitung.[31] Die Präsenz der Militärseelsorge tritt im Einsatz in der Regel deutlicher hervor als an den heimischen Standorten,[32] sodass »die Militärpfarrer den meisten Soldaten im Feldlager persönlich bekannt sind.«[33] Insgesamt wird die Gegenwart der Militärseelsorge im Auslandseinsatz positiv bewertet.[34] Überraschend ist allerdings, dass die Militärseelsorge für Gespräche bezüglich psychisch belastender Situationen kaum in Anspruch genommen wird. Die eingangs erwähnte Studie von Martin Bock zum SFOR-Einsatz spricht aus diesem Grund vom *Militärpfarrerparadoxon*.[35] Damit soll zum Ausdruck gebracht werden, dass die Bedeutung der Militärseelsorge im Einsatz einerseits hochgeschätzt wird, andererseits die Soldatinnen und Soldaten für Gespräche nur in seltenen Fällen den Weg zur Militärseelsorge suchen.

Die ebenfalls eingangs genannte Studie von Heiko Biehl zum KFOR-Einsatz kommt allerdings zu dem Ergebnis, dass Soldatinnen und Soldaten im Einsatz sehr wohl die Militärseelsorge für seelsorgliche Gespräche kontaktieren. »Der seelsorgerische Beistand im Einsatz wird von der überwiegenden Mehrheit der Soldaten akzeptiert und von einer bedeutenden Zahl in Anspruch genom-

---

[30] Dieser Befund deckt sich mit einer Umfrage des Zentrums für Militärgeschichte und Sozialwissenschaften der Bundeswehr. Vgl. DÖRFLER-DIERKEN, Politische, historische, ethische Bildung in der Bundeswehr und der Lebenskundliche Unterricht (LKU), 158.
[31] Vgl. BOCK, Religion als Lebensbewältigung von Soldaten, 37.
[32] Auf die Schwierigkeit, dass die Militärseelsorge an manchen Bundeswehrstandorten nur wenig bekannt ist, weist die Studie von Ines-Jacqueline Werkner hin. Vgl. DIES., Soldatenseelsorge versus Militärseelsorge, 155 f.
[33] BOCK, Religion als Lebensbewältigung von Soldaten, 30.
[34] Dieser Befund gilt missionsunspezifisch für alle Einsätze der Bundeswehr. Für die Einsätze in Bosnien und Herzegowina und in Afghanistan ist die Wertschätzung gegenüber der Militärseelsorge bereits empirisch erhoben worden. Für den SFOR-Einsatz vgl. a. a. O., 38. Für den ISAF-Einsatz in Afghanistan (International Security Assistance Force) ist der Forschungsbericht über das 22. Kontingent im Auftrag des Bundesministeriums der Verteidigung von Anja Seiffert, Phil C. Langer, Carsten Pietsch und Bastian Krause bislang unveröffentlicht (als »vertraulich« eingestuftes Gutachten). In einem Interview mit der Journalistin Christa Scheffler nennt Langer ausgewählte Ergebnisse der Studie und gibt an, dass »[n]eun von zehn Befragten […] es gut finden, dass Truppenpsychologen und Militärseelsorger vor Ort sind.« LANGER, Soldatenalltag in Afghanistan, 256.
[35] Vgl. BOCK, Religion als Lebensbewältigung von Soldaten, 107.

men.«[36] Biehl attestiert den Ergebnissen der Studie von Martin Bock methodische Schwächen und nennt das Militärpfarrerparadoxon ein »methodisches Artefakt«.[37]

Darüber hinaus ist zu beachten, dass Religion als Deutungsressource unter Soldatinnen und Soldaten häufig an Relevanz gewinnt, sofern die äußeren Umstände als bedrohlich empfunden werden. Es ist davon auszugehen, dass die Militärseelsorge von den Soldatinnen und Soldaten im Einsatz stärker für seelsorgliche Gespräche in Anspruch genommen wird, wenn die allgemeine Gefahrenlage höher einzustufen ist. Dieser Aspekt wird von beiden Studien nicht berücksichtigt. Eine Deutsch-Englische Vergleichsstudie zur Militärseelsorge bestätigt indes diese Einschätzung: »The chaplain is very important in dangerous situations when the troops have a sense of their own mortality.«[38] Die Militärseelsorge wird bei britischen Soldaten, die oftmals mit aktiven Kampfhandlungen konfrontiert werden (vgl. Dritter Golfkrieg), häufig mit dezidiert religiösen Bedürfnissen wie dem Verlangen nach Seelsorge oder einem gemeinsamen Gebet beansprucht.

Wer danach fragt, was den Soldatinnen und Soldaten an der Militärseelsorge wichtig ist und welche Erwartungen sie an die Seelsorgenden richten, wird indirekt auf den Begriff der *Seelsorge* stoßen.[39] »Soldaten suchen im Militärgeistlichen in erster Linie einen Seelsorger und nicht den Soldaten.«[40] Ob sich damit das Bedürfnis nach religiöser Kommunikation verbindet, kann im Allgemeinen nicht gesagt werden. Wichtig ist es für die Soldatinnen und Soldaten, dass sie sich einer Person anvertrauen können, die ihre Lebenswelt kennt, aber nicht integraler Bestandteil des Militärs ist. Seelsorge eröffnet in ihrer Andersartigkeit ein besonderes Refugium, das es den Soldatinnen und Soldaten ermöglicht, aus ihren

---

[36] BIEHL, Militärseelsorge out of area, 335.

[37] A.a.O., 327. Diese Einschätzung formuliert Heiko Biehl, da Martin Bock in seiner quantitativen Befragung konkrete Antwortmöglichkeiten hinsichtlich der Frage »Mit wem sprechen Sie über Ihre persönlichen Ängste und Gefühle?« (BOCK, Religion als Lebensbewältigung von Soldaten, 68 f.) vorgibt. Neben den Militärgeistlichen werden auch Ärzte, Truppenpsychologen, Lebenspartner, Vorgesetzte und Kameraden aufgelistet. Ob eine Mehrfachnennung bei dieser Frage möglich war, wird aus dem Material und der veröffentlichten Studie nicht ersichtlich. Die vergleichsweise engen Vorgaben für die Beantwortung der Frage werden allerdings Einfluss auf die Ergebnisse genommen haben.

[38] Zit. n. WERKNER, Religion und ihre Bedeutung für Krieg, militärische Gewalt und den Soldaten, 237.

[39] Das kommt auch in Feldpostbriefen zum Ausdruck. Vgl. BAUMANN/LANGEDER/MUCH/OBERMAYER/STORZ (Hg.), Feldpost, 166 f.; vgl. SCHWARZ (Hg.), Ich kämpf' mich zu dir durch, mein Schatz, 110.

[40] ACKERMANN, Das deutsche evangelische Militärseelsorgemodell im internationalen Praxistext 121.

täglichen Rollenmustern auszutreten, sich mitzuteilen und sich neu und auch anders – jenseits einer rein militärischen Zugehörigkeit – zu verorten.

2.1.2 Kirche und Staat: Militärseelsorgevertrag

Kirche und Staat sind in der Militärseelsorge eine Partnerschaft sui generis eingegangen. Sie haben ihr Verständnis von »Kirche unter Soldaten«[41] mit dem Militärseelsorgevertrag vom 22. Februar 1957 festgelegt.[42] Dieser Vertrag »ist der erste Staatskirchenvertrag zwischen der Bundesrepublik Deutschland und der Evangelischen Kirche in Deutschland.«[43] Er stellt das wichtigste Dokument der evangelischen Militärseelsorge dar und ist daher für die Darstellung der Wahrnehmungsperspektive von Staat und Kirche auf die Militärseelsorge von großer Bedeutung.

Der Militärseelsorgevertrag[44] gliedert sich in sieben Abschnitte und bestimmt in 28 Artikeln die Grundsätze (I und II) sowie den strukturellen Aufbau der evangelischen Militärseelsorge (III–VI). Der letzte Abschnitt (VII) schließt den Vertrag mit der »Freundschaftsklausel«[45] (Art. 27) der beteiligten Partner, ehe im letzten Artikel beschlossen wird, dass der Vertrag durch den Bundestag ratifiziert werden soll. Dieser Schritt erfolgte mit dem Gesetz über die Militärseelsorge vom 26. Juli 1957.[46] Die 28 Artikel werden mit einer Präambel einge-

---

[41] Der Begriff »Kirche unter Soldaten« stammt aus der katholischen Tradition und wurde erstmals 1974 im Rahmen des Katholikentages in Mönchengladbach zur Beschreibung der Militärseelsorge verwendet (vgl. KÖSTER, Kirche unter Soldaten, 253). Die im Jahr 2006 erschienene Festschrift der katholischen Militärseelsorge anlässlich ihres fünfzigjähren Bestehens steht auch unter diesem Titel (vgl. Katholisches Bischofsamt (Hg.): Kirche unter Soldaten). In der evangelischen Militärseelsorge wird dieser Begriff mittlerweile ebenfalls rezipiert (vgl. ZUNKE, An der Seite der Soldaten, 248). Anlässlich des fünfzigjährigen Bestehens des Militärseelsorgevertrages sprach auch Bundeskanzlerin Angela Merkel in ihrer Festrede von der »Kirche unter den Soldaten«. Vgl. DIES., Unersetzlicher Partner für die Armee in der Demokratie, 19.

[42] Für einen Überblick zur Genese des Militärseelsorgevertrages vgl. GRESCHAT, Der Militärseelsorgevertrag zwischen der Bundesrepublik Deutschland und der Evangelischen Kirche in Deutschland.

[43] WERKNER, Soldatenseelsorge versus Militärseelsorge, 34.

[44] Diese Studie arbeitet mit dem Abdruck des Militärseelsorgevertrages in der Monographie von Peter H. Blaschke und Harald Oberhem. Vgl. DIES., Militärseelsorge, 158–163.

[45] Vgl. WERKNER, Soldatenseelsorge versus Militärseelsorge, 38.

[46] Diese nichtkonfessionell geprägte Formulierung des »Gesetz[es] über die Militärseelsorge« ist insofern passend gewählt, da der zweite Artikel des Gesetzes festhält, dass die beamtenrechtlichen Bestimmungen des Militärseelsorgevertrages auch sinngemäß auf die katholischen Militärgeistlichen anzuwenden sind. Damit kommt dem Militärseelsorgever-

leitet, die den Rahmen für den Vertrag vorgibt. Nach der Nennung der Vertragspartner wird festgehalten, dass der Militärseelsorgevertrag »in dem Bestreben, die freie religiöse Betätigung und die Ausübung der Seelsorge in der Bundeswehr zu gewährleisten«, geschlossen wird. Die Präambel schließt damit an das Grundgesetz (GG) an. Der Militärseelsorgevertrag stützt sich auf Art. 4 (Abs. 2) GG und auf Art. 140 GG i.V.m. Art. 141 Weimarer Reichsverfassung (WRV), wonach religiöse Handlungen im Heer zuzulassen sind. Die Präambel liefert die rechtliche Legitimation für die Arbeit der Militärseelsorge, indem sie sich auf das Grundgesetz beruft. Dass es eine Militärseelsorge in der Bundeswehr gibt, ist insofern verfassungsrechtlich unstrittig.[47]

Im ersten inhaltlichen Abschnitt werden »Grundsätze« der Militärseelsorge aufgeführt. Dabei kommt dem zweiten Artikel des Vertrages eine besondere Bedeutung zu.[48] Er gibt Auskunft über das grundsätzliche Verhältnis zwischen Staat und Kirche hinsichtlich der Militärseelsorge. In dem Artikel heißt es: »(1) Die Militärseelsorge als Teil der kirchlichen Arbeit wird im Auftrag und unter der Aufsicht der Kirche ausgeübt. (2) Der Staat sorgt für den organisatorischen Aufbau der Militärseelsorge und trägt ihre Kosten.«[49] Der Kirche wird die inhaltliche Verantwortung und Aufsicht über die Militärseelsorge zugeschrieben. Der Staat trägt wiederum Sorge für den organisatorischen Aufbau und übernimmt zugleich die Kosten der Militärseelsorge. Die Vertragspartner verständigen sich im zweiten Artikel darüber, dass die inhaltliche Gestaltung (Kirche) und der organisatorische Rahmen (Staat) voneinander getrennt werden. Diese Übereinkunft macht deutlich, dass der Staat juristisch gesehen keinen direkten Einfluss auf die Arbeit der Militärseelsorge nehmen kann.

Wie die inhaltliche Arbeit der Militärseelsorge aussehen soll, wird im vierten Artikel des Vertrages näher bestimmt. Neben dem »Dienst an Wort und Sakrament«[50] wird die Seelsorge explizit als Aufgabe der Militärgeistlichen genannt. Der Militärseelsorgevertrag hebt die Bedeutung der seelsorglichen Arbeit dezidiert hervor. Dabei ist auch von der »Selbstständigkeit« der Militärgeistlichen die Rede, wodurch die Freiheit der Seelsorge betont und zugleich geschützt wird.

Vor diesem Hintergrund wird in den Abschnitten II bis VI die Struktur der Militärseelsorge entfaltet. Die inhaltlichen Bestimmungen nehmen dabei auch

---

trag auch eine konfessionsübergreifende Bedeutung zu. Dies bestätigte sich 2019, als der Vertrag über die jüdische Militärseelsorge nach dem Vorbild des Militärseelsorgevertrages von 1957 geschlossen wurde. Siehe zu den Konsequenzen Kap. IV 3.3.1 und 3.3.2.

[47] Vgl. HEIMANN, Zukunftsperspektiven der Militärseelsorge, 129f. Ob das gewählte Modell einer staatlich finanzierten Militärseelsorge allerdings verfassungskonform ist, lässt sich nicht aus den verfassungsrechtlichen Grundlagen schließen.

[48] Vgl. WERKNER, Soldatenseelsorge versus Militärseelsorge, 38.

[49] Art. 2 MSV, in: BLASCHKE/OBERHEM, Militärseelsorge, 158.

[50] MSV Art. 4, in: Ebd.

indirekt Bezug auf die Grundlagen des ersten Abschnittes. So ist zu erkennen, dass Artikel 16 beispielsweise den Gedanken der Freiheit der Seelsorge aufgreift und ihn durch den Begriff der »Unabhängigkeit« erweitert. Wörtlich heißt es: »Militärgeistliche stehen in einem geistlichen Auftrage, in dessen Erfüllung sie von staatlichen Weisungen *unabhängig* sind.«[51] Die Militärseelsorge gilt also hinsichtlich ihrer zentralen Aufgabe – der Seelsorge – als selbstständig (Art. 4) und unabhängig (Art. 16).

Der Militärseelsorgevertrag bestimmt die Rahmenbedingungen und das inhaltliche Profil der evangelischen Militärseelsorge. Staat und Kirche haben sich auf eine besondere Form der Militärseelsorge verständigt, die im internationalen Vergleich[52] einzigartig ist und daher ein »Unikat«[53] darstellt. Derzeit gibt es weder vonseiten der Kirche noch vonseiten des Staates Bestrebungen, den Militärseelsorgevertrag zu reformieren oder aufzukündigen.[54] Es kann insofern von einer nachhaltigen Beständigkeit des Kontraktes ausgegangen werden.

Der Militärseelsorgevertrag blickt mittlerweile auf eine über sechzigjährige Geschichte zurück. Die ursprünglichen Rahmenbedingungen, die sowohl die Bundeswehr als auch die Militärseelsorge betreffen, haben sich seither verändert. Dies führt teilweise dazu, dass mit dem Militärseelsorgevertrag aus heutiger Sicht ein nicht immer zeitgemäßes Bild von Seelsorge in der Bundeswehr entworfen wird. So bestimmt der Abschnitt II beispielsweise die »personalen Seelsorgebereiche und Militärgemeinden« in dem Sinn, dass ausschließlich Männer als Soldaten in der Bundeswehr dienen. Das hat sich mittlerweile geändert, sodass die Rede von Soldaten *und* Soldatinnen folgerichtig wäre.[55] Gleichzeitig wäre der seelsorgliche Zuständigkeitsbereich auf das familiäre Umfeld der Bundeswehrsoldaten von der »Ehefrau und [den] unter elterlicher Gewalt stehenden Kinder[n]«[56] systemisch auszuweiten. Soldatinnen und Soldaten, die gegenwärtig in internationale Einsätze »verlegt« werden, sind teilweise kaum älter als Mitte 20 und pflegen daher, biographisch bedingt, oftmals noch eine engere Verbundenheit zu ihrem Elternhaus. Für Eltern und Geschwister ist der Auslandseinsatz, ähnlich wie für die Ehe- und Lebenspartner, ein emotionaler Ausnahmezustand.

---

[51] MSV Art. 16, in: A. a. O., 161 [Hervorhebung N. P.].
[52] Für einen nicht mehr ganz aktuellen Überblick zum internationalen Vergleich der Militärseelsorgemodelle vgl. Bock, Religion im Militär.
[53] Rink, Diener zweier Herren?, 185.
[54] Mit Blick auf den jüngst geschlossenen Vertrag über die jüdische Militärseelsorge plädiert Sigurd Rink für eine »Re-Vision des Vertrages«, da nun ein günstiger Zeitpunkt bestünde, »Webfehler«, die noch im Militärseelsorgevertrag von 1957 enthalten seien, auszubessern. Rink, Auf Spannung angelegt, 218. Siehe auch Kap. IV 3.3.2.
[55] Dies wurde beim Jüdischen Militärseelsorgevertrag aus dem Jahr 2019 angepasst. Siehe Kap. IV 3.3.2.
[56] MSV Art. 7, in: Blaschke/Oberhem, Militärseelsorge, 159.

Mütter und Väter, Schwestern und Brüder machen sich in diesen Phasen Sorgen, zum Teil machen sie sich auch Vorwürfe, dass sie ihr Kind, ihren Bruder oder ihre Schwester nicht vor der Situation eines Auslandseinsatzes bewahrt haben. Der familiäre Bezugsrahmen, den die Militärseelsorge im Blick haben sollte, ist aktuell kaum mehr allein auf die Ehefrau des Soldaten einzugrenzen. Insofern ist es wichtig, dass sich die Militärseelsorge mit ihrer Familienarbeit breiter aufstellt als dies im Militärseelsorgevertrag geregelt ist. Bei der evangelischen Militärseelsorge ist zu erkennen, dass die Familienarbeit in den letzten Jahren als zentrales Aufgabenfeld entdeckt wurde. Die katholische Militärseelsorge orientiert ihre Angebote demgegenüber schon deutlich länger an den Bedürfnissen der Soldatenfamilien.[57]

Eine weitere Diskrepanz zwischen den Vorgaben des Vertrages und der aktuellen Praxis betrifft die Einstellung von Pfarrerinnen und Pfarrern in das Dienstverhältnis der Militärseelsorge. So führt der Vertrag Bedingungen auf, die für eine Anstellung erfüllt werden »sollen«. Pfarrer, die in den Militärseelsorgedienst eintreten, sollen bei ihrer Einstellung »das fünfunddreißigste Lebensjahr noch nicht überschritten haben.«[58] Hintergrund dieser Vorgabe war die Überlegung, dass die tätigen Militärpfarrer nahe an dem Alter der Soldaten sein sollten. In der gegenwärtigen Praxis findet diese Vorgabe aber keine Verwendung mehr. Es ist vielmehr beobachtbar, dass Pfarrerinnen und Pfarrer die Militärseelsorge als letzte Station ihrer Berufsbiographie wählen. Im Jahr 2017 lag das Durchschnittsalter beginnender Pfarrer in der Militärseelsorge bei Anfang fünfzig (durchschnittlich bei 52 Jahren).[59] Die Verschiebung des Eintrittsalters ist ambivalent zu bewerten. Einerseits wird dadurch die gewünschte Andersartigkeit der Militärseelsorge gestärkt, weil es in der Regel einen erkennbaren Altersunterschied zwischen den Pfarrern und den Soldatinnen und Soldaten gibt. Andererseits wird die Einbindung der Militärseelsorge in die Kirche durch die Verschiebung des Eintrittsalters gelockert. Pfarrerinnen und Pfarrer werden von ihren Landeskirchen für den Dienst in der Militärseelsorge befristet freigestellt. Die Dienstzeit in der Militärseelsorge ist auf sechs Jahre begrenzt, kann aber um maximal sechs weitere Jahre verlängert werden. Wenn nun eine Mitte dreißigjährige Pfarrerin den Weg zur Militärseelsorge sucht, wird sie mit spätestens Ende vierzig wieder in ihre Landeskirche zurückkehren und damit auch ihre Erfahrungen aus der Militärseelsorge mitbringen. Wenn ein Anfang fünfzigjähriger Pfarrer zur Militärseelsorge kommt und dort seine Dienstzeit verlängert,

---

[57] Vgl. KARLE/PEUCKMANN, Seelsorge in der Lebenswelt Bundeswehr, 30. Siehe auch Kap. IV 2.1.3.
[58] MSV Art. 17, in: BLASCHKE/OBERHEM, Militärseelsorge, 161.
[59] Diese Zahl ist arithmetisch anhand von Altersangaben aus Pressemeldungen zum Dienstantritt von Militärpfarrern aus dem Jahr 2017 ermittelt worden. Ähnliche Zahlen können für die Jahre 2018, 2019 und 2020 erhoben werden.

fällt eine Rückkehr in den Raum seiner Landeskirche in der Regel weg. Der Pfarrer wechselt nach seiner Zeit bei der Militärseelsorge nicht zurück in die Gemeinde oder in eine Funktionspfarrstelle, er tritt in den Ruhestand ein. Die Verschiebung des Eintrittsalters von beginnenden Pfarrerinnen und Pfarrern in der Militärseelsorge führt dazu, dass kaum mehr ein reziproker Austausch zwischen den Landeskirchen und der Militärseelsorge stattfindet. Damit bahnt sich unter der Hand eine latente Distanzierung der Militärseelsorge an, da ihre Arbeitsweisen und Erfahrungen kaum mehr in die kirchliche Praxis zurückfließen.

Die veränderten Bedingungen und neuen Herausforderungen in der Arbeit der Militärseelsorge werden nicht vollends durch den Militärseelsorgevertrag abgedeckt. Es gibt insofern gewisse Diskrepanzen zwischen dem Vertrag und der Praxis. Damit verbinden sich aber kaum Probleme, da der Militärseelsorgevertrag entwicklungsoffen sowie anpassungskompatibel ist, was auch in der Freundschaftsklausel (Art. 27) zum Ausdruck kommt. Gleichzeitig versteht sich der Vertrag nicht als Leitfaden oder Handbuch für die Praxis. Er bestimmt vielmehr die Fundamente der Militärseelsorge, die bis in die Gegenwart hinein Bestand haben und in der Praxis ausgestaltet werden sollen. Die Militärseelsorge ist gemäß dem Militärseelsorgevertrag *Seelsorge in der Bundeswehr*.

2.1.3 Theologie: Militärseelsorge und Friedensethik

Die friedensethische Debatte über die Militärseelsorge ist vielschichtig, auch wird sie mit durchaus unterschiedlichen Intentionen geführt. Dabei geht es um Kritik, um Würdigung, um eine Sensibilisierung für ein Problembewusstsein, um Orientierung und um die kirchliche Einbindung bzw. Ausgrenzung der Militärseelsorge. Der friedensethische Diskurs zur Militärseelsorge ist nicht nur auf den Raum der wissenschaftlichen Theologie begrenzt. Auch in kirchlichen Kreisen sowie in gesellschaftlichen Initiativen wird die Militärseelsorge als Gegenstand der Friedensethik thematisiert.

Der Startpunkt der friedensethischen Debatte zur Militärseelsorge fällt zeitlich mit dem Aufbau der Seelsorge in der Bundeswehr zusammen und beschränkt sich zunächst auf den kirchlichen Kontext.[60] Im Fortgang der Geschichte perpetuiert die Debatte sich, wobei sie sich zugleich auf den Bereich der akademischen Theologie ausweitet. Es geht um die Frage, wie Kirche, die sich der friedensstiftenden Botschaft Jesu (Mt 5,9; Eph 2,14) verpflichtet weiß, in den deutschen Streitkräften präsent sein kann. Auffällig ist dabei, dass »[i]m evan-

---

[60] Vgl. WERKNER, Soldatenseelsorge versus Militärseelsorge, 33.

2. Außen- und Innenperspektiven zur Militärseelsorge

gelischen Raum [...] diese Diskussion lauter geführt worden [ist] als im römisch-katholischen«.[61]

Dieses konfessionelle Ungleichgewicht lässt sich ekklesiologisch erklären und schärft zugleich den Blick dafür, warum die friedensethische Frage für die evangelische Theologie im Hinblick auf die Militärseelsorge von zentraler Bedeutung ist. Die katholische Militärseelsorge zeichnet sich durch eine bemerkenswerte Kontinuität aus,[62] da für ihren Dienst in der Bundeswehr, aufgrund des Fortbestehens des Reichskonkordats von 1933 (Art. 27),[63] keine neuen rechtlichen Rahmenvereinbarungen geschaffen werden mussten. Folglich waren Grundsatzdiskussionen über das Engagement der katholischen Kirche in der Bundeswehr nicht erforderlich.[64] Zugleich entwickelte die katholische Kirche mit ihrem Leitbild »Kirche unter Soldaten« eine Militärseelsorge, die untrennbar mit der römisch-katholischen Kirche verbunden ist. Das Profil der katholischen Militärseelsorge ist durchweg ekklesiologisch bestimmt. Die apostolische Konstitution *Spirituali militum curae* aus dem Jahr 1986 bekräftigt dieses Verständnis, indem die Einbindung der nationalen Militärseelsorgen in die Diözesen gefördert wird.[65] Kritik an der Militärseelsorge berührt folglich auch immer die katholische Kirche selbst, was dazu führt, dass auf katholischer Seite kaum Kritik an der Militärseelsorge formuliert wird. Ihr Leitspruch ist insofern programmatisch: Sie ist Kirche mit und unter Soldatinnen und Soldaten.[66]

Die evangelische Militärseelsorge hat sich demgegenüber einem christologischen Leitbild verpflichtet. Sie steht unter einem Bibelwort aus dem Römerbrief: »Domini Sumus – Wir sind des Herrn« (Röm 14,8). Dieser Leitspruch prägt das Selbstverständnis der evangelischen Militärseelsorge, die sich theologisch als Dienst in der Nachfolge Jesu versteht. Diese Orientierung wurde in der akademischen Theologie und der Kirche vor allem in den ersten Jahrzehnten der Militärseelsorge ambivalent aufgenommen.[67] Christus zu folgen heiße auch, die

---

[61] DÖRFLER-DIERKEN, Zur Entstehung der Militärseelsorge und zur Aufgabe der Militärgeistlichen in der Bundeswehr, 32.

[62] Vgl. EHLERT, Interessensausgleich zwischen Staat und Kirche, 44.

[63] Vgl. BLASCHKE/OBERHEM, Militärseelsorge 42; der Art. 27 des Reichskonkordats ist abgedruckt in: a. a. O., 169.

[64] Vgl. EHLERT, Interessensausgleich zwischen Staat und Kirche, 40.

[65] Vgl. PEUCKMANN, Kirche(n) unter Soldaten, 289.

[66] Vgl. Katholisches Militärbischofsamt (Hg.), Kirche unter Soldaten.

[67] Erklärend ist anzumerken, dass die evangelische Militärseelsorge ihre seelsorgliche Begleitung seit ihrer Einführung als Dienst im Sinne des Evangeliums verstand. Der biblische Leitspruch *Domini Sumus* nahm diese Fokussierung auf, wurde aber erst zum Ende der 1970er Jahre als offizieller »Wahlspruch« der Militärseelsorge eingeführt. Die Kritik vonseiten der Theologie und der Friedensbewegung richtete sich also nicht gegen diesen Leitspruch, sondern gegen die vermeintliche Paradoxie, dass man sich als Militärseelsorge ei-

Friedensethik Jesu ernst zu nehmen. Kritikerinnen und Kritiker sahen im Hinblick auf die Bergpredigt und konkret auf die Seligpreisungen eine Diskrepanz zur gelebten Praxis der Militärseelsorge. Das Bibelwort aus Matthäus 5,9 – »Selig sind die Friedfertigen; denn sie werden Gottes Kinder heißen« – ist der locus classicus für die friedensethische Diskussion über die Militärseelsorge. In den Jahren um 1968 und 1981 avancierte dieser Vers zum Zentralmotiv der deutschen Friedensbewegung. Gegenwärtig ist dieses Bibelwort durch die EKD-Stellungnahme zum Afghanistaneinsatz aus dem Jahr 2013 wieder im Diskurs präsent.[68]

Die friedensethische Diskussion über die Militärseelsorge war in den ersten Jahrzehnten vor allem von Kritik an dem Engagement der Kirche in der Bundeswehr geprägt.[69] Sie galt »als eine Agentur der ›politischen Religion‹«[70] und dementsprechend fiel die Kritik an ihr zumeist scharf aus. Diese Perspektive ist im aktuellen Diskurs nicht mehr dominierend,[71] gleichwohl gibt es immer noch kritische Stimmen, die sich gegen die Militärseelsorge positionieren.[72]

Dass gegenwärtig nicht mehr derart kritische Perspektiven überwiegen, liegt nicht zuletzt daran, dass sich die Friedensethik in den 1990er Jahren neu ausgerichtet und aufgestellt hat, sodass man in gewisser Weise von einem Paradigmenwechsel in der Friedensforschung und Friedensethik sprechen kann.[73] Frieden wird im Anschluss an Johan Galtung, den Begründer der modernen Friedens- und Konfliktforschung, nicht mehr als Antagonismus zum Begriff Krieg definiert. Anstelle des *Negativen Friedens*, der sich über die »Abwesenheit von personaler Gewalt«[74] definiert, gilt das Paradigma eines *Positiven Friedens*, der sich über einen systemisch geweiteten Gewaltbegriff erschließt. Der positive Frieden ist als Gegenstück zum Unfrieden zu verstehen und stellt sich erst in einer Gesellschaft ein, wenn personale Gewalt (physische Bedrohung), strukturelle Gewalt (Repression und distributive Ungleichheit) und kulturelle Gewalt

---

nerseits in die Nachfolge Jesu stellte, andererseits mit dem Zuspruch des Evangeliums einen Bereich (Bundeswehr) unterstützte, der nicht *Friedfertigkeit*, sondern *militärische Gewalt* symbolisiert.

[68] Evangelische Kirche in Deutschland (Hg.), »Selig sind die Friedfertigen«.
[69] Vgl. BLASCHKE/OBERHEM, Militärseelsorge, 29–34.
[70] HUBER, Kirche und Öffentlichkeit, 271.
[71] Für einen anschaulichen Überblick zu den Entwicklungen im aktuellen Friedensethikdiskurs vgl. ZEYHER-QUATTLENDER, Friedensethik im 21. Jahrhundert.
[72] Vgl. u. a. THONAK, Vorrang für zivil?; vgl. auch die Aufsatzsammlung von Sylvie Thonak und Gerd Theißen. DIES., Militärseelsorge.
[73] In der evangelischen Theologie legten dazu Wolfgang Huber und Hans-Richard Reuter 1990 eine einschlägige Monographie vor, die den neuen Weg der Friedensethik – mit Blick auf die atomare Bedrohung – vorauswies. Vgl. DIES., Friedensethik.
[74] GALTUNG, Strukturelle Gewalt, 32.

(Diskriminierung) problematisiert und überwunden werden. Mit diesem geweiteten Gewaltbegriff wird der positive Frieden tendenziell utopisch aufgeladen, da Dynamiken der strukturellen und kulturellen Gewalt in allen Gesellschaften wirksam sind. Doch verdeutlicht der Begriff, dass »Frieden [...] mehr als die Abwesenheit von Krieg«[75] ist.

Der Begriff des positiven Friedens lässt sich auch mit dem gegenwärtigen Leitbild der Friedensethik - dem *Gerechten Frieden* - konstruktiv verbinden.[76] Denn auch dieses Leitbild geht davon aus, dass Frieden mehr ist als die bloße Abwesenheit von Krieg. Der gerechte Frieden verfolgt das Ziel, Gewaltanwendungen zu verringern, Freiheit und kulturelle Vielfalt zu fördern sowie die Verteilungsgerechtigkeit zu stärken. Im Diskurs ist immer wieder davon die Rede, dass mit dem gerechten Frieden ein Paradigmenwechsel, weg von der Lehre vom *Gerechten Krieg*, verbunden sei.[77] Diese Lesart ist aber nicht unproblematisch. Sie insinuiert, dass die Lehre vom gerechten Krieg als Bejahung von Gewaltanwendungen zu verstehen sei. Die traditionsreiche Lehre vom gerechten Krieg versucht allerdings, durch die Aufstellung konkreter Kriterien Gewaltanwendungen zu minimieren. Lediglich unter klar definierten Gesichtspunkten darf militärische Gewalt als ultima ratio eingesetzt werden. Es greift insofern zu kurz, die Lehre vom gerechten Krieg ausschließlich über das lateinische Sprichwort »si vis pacem para bellum« (Wenn du Frieden willst, bereite Krieg vor) zu bestimmen. Anderenfalls wäre es nur schwer zu erklären, warum diese Lehre indirekt Einzug in das Völkerrecht gefunden hat.[78] Und auch das Leitbild des gerechten Friedens nimmt Anteil an der Lehre des gerechten Krieges. Hinsichtlich der Beurteilungskriterien zeigt sich beispielsweise eine große Schnittmenge.[79]

Die Lehre vom gerechten Krieg ist trotz der Neujustierung der Friedensethik in den 1990er Jahren nach wie vor im Diskurs präsent.[80] In der internationalen Friedensethik und vor allem im angloamerikanischen Bereich spielt

---

[75] WERKNER, Zum Friedensbegriff in der Friedensforschung, 23.

[76] Vgl. WERKNER, Friedensethik und humanitäre Intervention – Konsequenzen aus der Friedensdenkschrift, 149.

[77] Für einen Überblick zu den Begriffen *Gerechter Krieg* und *Gerechter Frieden* vgl. HOPPE/WERKNER, Der gerechte Frieden.

[78] Zur Rezeptionsgeschichte der Lehre vom gerechten Krieg vgl. ausführlich ELßNER, Josua und seine Kriege in jüdischer und christlicher Rezeptionsgeschichte, 260–286.

[79] Vgl. HUBER, Rückkehr zur Lehre vom gerechten Krieg?; vgl. KÖRTNER, »Gerechter Friede« – »gerechter Krieg«, 354 f.

[80] Vgl. kritisch dazu ELßNER, Das lange Nachleben der längst überholten Theorie vom Gerechten Krieg, 122.

dieses Leitbild weiterhin eine tragende Rolle.[81] Das hängt zum einen damit zusammen, dass Staaten wie die USA oder Großbritannien vor dem Hintergrund ihrer nationalen Geschichte ein in gewisser Weise positives Verhältnis zur Lehre vom gerechten Krieg entwickeln konnten. Dies speist sich unter anderem aus den Erfahrungen des Zweiten Weltkrieges, in dem die USA und auch die Briten einen Krieg für die Freiheit und gegen die Barbarei des Nationalsozialismus führten. Jüngere Kampfhandlungen wie der Vietnamkrieg oder der Dritte Golfkrieg zeigen demgegenüber aber auch, dass die Lehre vom gerechten Krieg ungenau ausgelegt werden kann, was wiederum ethisch und politisch eklatante Fehleinschätzungen nach sich zieht. Aus diesem Grund wird die *Just War Theory* mittlerweile auch im angloamerikanischen Diskurs problematisiert[82] und im Sinne einer *Limited War Theory* weitergedacht.[83] Ziel ist es, eine Theorie zu entwickeln, die sich der Verringerung von Gewalt verpflichtet, die zugleich aber auch an einem dosierten (limited) Gewaltgebrauch für das Erreichen dieses Zieles festhält. Zum anderen zeigt die humanitäre Interventionspolitik nach 1990, dass manche Krisen mit diplomatischen und sicherheitspolitischen Maßnahmen (beispielsweise UN-Soldaten als Militärpolizei) allein nicht gelöst werden können. Dies zeigte sich anhand des verheerenden Völkermords in Ruanda von 1994, der trotz vorheriger Warnungen und der Präsenz von UN-Friedenstruppen im Land nicht verhindert wurde. In diesem Zuge ist die Diskussion über die Legitimität militärisch gewaltvoller Handlungen neu entfacht. So wurde 2005 das Konzept der Schutzverantwortung (*Responsibility to Protect*) von den Vereinten Nationen beschlossen, das im Sinne der Lehre des gerechten Krieges klar definierte Kriterien aufstellt,[84] wann eine militärische Intervention als ultima ratio in einer Krisenregion erfolgen darf.[85]

---

[81] Vgl. HUBER/REUTER, Friedensethik, 190–196; vgl. MEIREIS, Die Revisionist Just War Theory.
[82] Vgl. WALZER, The Triumph of Just War Theory (and the Dangers of Success).
[83] Vgl. LEE (Hg.), Intervention, Terrorism, and Torture, 3f.; vgl. auch ACKERMANN, Das Leitbild vom gerechten Frieden – auch ein säkulares Konzept?, 43.
[84] Auch hinsichtlich des gerechten Friedens zeichnet sich mittlerweile ein konstruktives Gespräch mit dem Konzept der Schutzverantwortung ab. Vor allem mit Blick auf die erste der drei Teilverantwortlichkeiten (1. Responsibility to Prevent 2. Responsibility to React 3. Responsibility to Rebuild) – der Präventionsverantwortung – lassen sich Schnittmengen identifizieren. Zum Dialog zwischen dem Leitbild des gerechten Friedens und dem Konzept der Schutzverantwortung vgl. ausführlich WERKNER/MARAUHN (Hg.), Die internationale Schutzverantwortung im Lichte des gerechten Friedens.
[85] Inhaltlich knüpft das Konzept der Schutzverantwortung die Souveränität von Staaten an deren Verantwortung gegenüber ihrer Bevölkerung. Damit wird die staatliche Souveränität nicht länger als absolut vorausgesetzt. Sie wird vielmehr in Relation zum Schutz der inländischen Zivilbevölkerung verstanden. Das heißt, dass sich Staaten, die schwere

2. Außen- und Innenperspektiven zur Militärseelsorge

Beim gegenwärtigen Diskurs zur Friedensethik ist das Leitbild des gerechten Friedens dominant. Im Jahr 1994 bekannte sich der Zentralausschuss des Ökumenischen Rates der Kirchen (ÖRK) in Johannesburg zu diesem Begriff. In der Stellungnahme heißt es: »Angesichts der Notwendigkeit [...], neue theologische Ansätze zu entwickeln, die den Lehren Christi entsprechen – welche nicht vom Krieg ausgehen, um zum Frieden zu gelangen, sondern bei der Notwendigkeit von Gerechtigkeit ansetzen – mag es in der Tat an der Zeit sein, dass die Kirchen gemeinsam die Herausforderung annehmen, auf jede theologische Rechtfertigung des Einsatzes militärischer Gewalt zu verzichten und eine Koinonia zu werden, die sich für einen gerechten Frieden einsetzt.«[86] Die Lehre vom gerechten Krieg taucht trotzdem immer noch im Diskurs auf. Dass sich aus dem Nebeneinander dieser zwei Leitbilder aber ein grundsätzliches Problem für den Diskurs ergibt, kann gleichwohl nicht gesagt werden, weil beiden Leitbildern das Ziel der Verringerung von Gewalt gemein ist. Die dafür einzusetzenden Mittel werden freilich unterschiedlich bewertet.

Die Stärke des Konzepts des gerechten Friedens liegt schließlich darin, dass mit einem geweiteten Friedens- und Gewaltbegriff gearbeitet wird, mit dem sich die Komplexität und die ethischen Herausforderungen gegenwärtiger Krisensituationen erfassen lässt, was allerdings nicht heißt, dass mit diesem Leitbild ein prinzipieller Ausweg aus den Dilemmata sicherheitspolitischer Maßnahmen gefunden werden kann. Die ethischen Beurteilungs- und Handlungsschwierigkeiten bleiben. Nicht zuletzt verbindet sich mit dem Leitbild des gerechten Friedens die hoffnungsvolle Vision eines nachhaltigen Friedens. Der gerechte Friede »ist Vision und Leitbild zugleich.«[87] Er ist der Ort, an dem »Gerechtigkeit und Friede sich küssen« (Ps 85,11). Solch ein nachhaltiger und gerechter Frieden bleibt damit »eine die Grenzen des Machbaren transzendierende Gabe.«[88] Das Leitbild des gerechten Friedens zielt nicht bloß auf eine semantische Verschiebung innerhalb der friedensethischen Debatte. Mit diesem Leitbild kommt vielmehr die Überzeugung zum Ausdruck, den Frieden vom Frieden her zu denken

---

Menschrechtsverletzungen gegen ihre Bevölkerung begehen (bspw. durch Völkermord oder ethnische Säuberungen), nicht weiter auf ihre anerkannte Souveränität berufen können und dadurch einen rechtlichen Schutz für ihr Handeln erhalten. Das Konzept der Schutzverantwortung zeigt vielmehr, dass diese Staaten ihrer Verantwortungspflicht nicht länger nachkommen, wodurch ihre Souveränität völkerrechtlich infrage gestellt werden kann. Auf dieser Grundlage können Maßnahmen von den Vereinten Nationen ergriffen werden, die im Ausnahmefall auch eine militärische Intervention zur Folge haben kann. Vgl. WENZEL, Schutzverantwortung im Völkerrecht, 7–18; vgl. auch HOPPE/SCHLOTTER, Responsibility to protect.

[86] Zit. n. WERKNER, Der gerechte Friede im ökumenischen Diskurs, 382.
[87] HOPPE/WERKNER, Der gerechte Frieden, 349.
[88] KÖRTNER, Flucht in die Rhetorik, 13.

und zu gestalten, nach dem Motto: »Si vis pacem para pacem« (Wenn du Frieden willst, bereite Frieden vor).

Die Neuausrichtung der Friedensethik am Leitbild des gerechten Friedens veränderte auch die friedensethische Debatte über die Militärseelsorge. Das liegt zum einen daran, dass mit dem neuen Leitbild auch eine Perspektivweitung hinsichtlich der Komplexität friedensstiftender und friedenssichernder Maßnahmen einhergeht. So lassen sich mit dem Leitbild des gerechten Friedens auch Maßnahmen wie Peacekeeping oder militärische Ausbildungsmissionen würdigend in den Blick nehmen. Zum anderen ist die Militärseelsorge neu in den Fokus des Diskurses gerückt, weil sich das Aufgabenspektrum der Bundeswehr verändert hat. Sie ist nicht länger in die spannungsreiche Konstellation des Kalten Krieges eingebunden, in der jede aktive Kampfhandlung aufgrund der nuklearen Bewaffnung verheerende Folgen hätte bedeuten können. Sie wandelt sich von einer Verteidigungsarmee zu einer international agierenden Einsatzarmee, die mit ihren Auslandsmissionen Verantwortung für Frieden und Freiheit zu übernehmen versucht. Dass in diesem Kontext neue (friedens-)ethische Fragen – auch unter den Soldatinnen und Soldaten – aufkamen, liegt auf der Hand. Die Militärseelsorge ist diesbezüglich von der Theologie als Reflexionsgröße und auch als friedensethisches Wächteramt[89] in den Streitkräften entdeckt und profiliert worden. Auch die Denkschrift des Rates der EKD aus dem Jahr 2007 hebt die Bedeutung der friedensethischen Arbeit für die Militärseelsorge hervor: »Zu den zentralen Aufgaben evangelischer Soldatenseelsorge gehört die Schärfung und Beratung der Gewissen im Sinn der friedensethischen Urteilsbildung der Kirche.«[90]

Diese friedensethische Profilierung legte den Grundstein für eine konstruktive Debatte zur Militärseelsorge, die bis in die Gegenwart hinein andauert. Diese Entwicklung ist positiv zu würdigen, weil sie die Integration der Seelsorge in der Bundeswehr in die laufenden Debatten um Krieg und Frieden in Kirche und Theologie ermöglicht.[91] Gleichzeitig ist auf eine Schwierigkeit aufmerksam zu machen: So wichtig es ist, eine Brücke zwischen Friedensethik und Militärseelsorge zu schlagen und diese – wo immer möglich – auszubauen, so ist zu-

---

[89] Vgl. u. a. DÖRFLER-DIERKEN, Militärseelsorge und Friedensethik, 292. Für eine kritische Perspektive auf das Motiv des Wächteramtes vgl. BECKMANN, »… dass sie noch einen anderen Herrn haben«, 174.
[90] Evangelische Kirche in Deutschland (Hg.), Aus Gottes Frieden leben – für gerechten Frieden sorgen, 45.
[91] Dies zeigt sich beispielsweise anhand der EKD-Stellungnahme »Schritte auf dem Weg des Friedens« von 1994, die an den Komplementaritätsgedanken der Heidelberger Thesen anschließt und damit den sicherheitspolitischen Herausforderungen der Bundeswehr Rechnung trägt, wodurch sich auch ein konstruktiver Dialog mit der Militärseelsorge aufnehmen lässt. Vgl. WERKNER, Soldatenseelsorge versus Militärseelsorge, 109–113.

gleich darauf hinzuweisen, dass die Einsatzrealität der Bundeswehr die Soldatinnen und Soldaten in erster Linie mit Erfahrungen konfrontiert hat, die seelsorglich wahr- und aufgenommen werden wollen. Aus diesem Grund ist das friedensethische Profil der gegenwärtigen Militärseelsorge um eine seelsorgliche Perspektive zu erweitern. Mit Blick auf die theologische Debatte zur Militärseelsorge ist aber festzustellen, dass ein solcher Schritt bislang noch nicht gegangen wurde. Die Einsatzrealität der Bundeswehr wird – abgesehen von wenigen Ausnahmen – ausschließlich zum Anlass genommen, die Bedeutung der (friedens-)ethischen Bildung hervorzuheben. Dass das »Einsatzparadigma« vor allem zu neuen Herausforderungen für die Seelsorge führt, wird kaum berücksichtigt. Vor diesem Hintergrund ist die Militärseelsorge als *ethisch sensible Seelsorge* zu verstehen.[92]

Militärseelsorge ereignet sich angesichts der Einsatzrealität der Bundeswehr im Spannungsfeld von Ethik und Seelsorge, die in der Praxis konstruktiv aufeinander zu beziehen sind. Ihr Augenmerk gilt dabei der seelsorglichen Begleitung der Soldatinnen und Soldaten, wobei eine friedensethische Reflexion und Einordnung der Geschehnisse nicht aus dem Blick gerät. Die Stellungnahme der Kammer für öffentliche Verantwortung der EKD zum Afghanistaneinsatz nimmt diese Doppelbestimmung auf und definiert die Seelsorgerinnen und Seelsorger als »Zuhörende *und* Ratgebende«.[93]

2.2 Innenperspektiven

Manche kirchlichen und kirchennahen Handlungsfelder stehen unter einem Leitspruch. Das gilt beispielsweise für die Notfallseelsorge, die als »Erste Hilfe für die Seele« profiliert wird oder auch für die Bahnhofsmission, die sich als »Nächste Hilfe« am Bahnhof versteht. Solche Leitsprüche bilden nicht nur das Selbstverständnis der jeweiligen Handlungsfelder ab, sie sagen auch viel darüber aus, wie die einzelnen Handlungsfelder wahrgenommen werden wollen und in welchen Kontexten und Zusammenhängen sie sich verorten. Die Notfallseelsorge schließt mit ihrem Leitspruch an das notfallmedizinische Motiv der Erste-Hilfe-Leistung an und verdeutlicht damit, dass sie auch als Teil der Rettungskette zu begreifen ist. Die Bahnhofsmission betont mit ihrem Leitspruch ihren diakonischen Schwerpunkt, der allerdings an dem säkularen Ort des Bahnhofes nicht religiös kommuniziert wird (Nächstenliebe), sondern niedrigschwelliger als nächste Hilfe.

---

[92] Vgl. PEUCKMANN, Öffentliche Theologie und Militärseelsorge, 270. Siehe auch Kap. II 3.2.
[93] Evangelische Kirche in Deutschland (Hg.), »Selig sind die Friedfertigen«, 41 [Hervorhebung N. P.].

2.2 Innenperspektiven

Für die Militärseelsorge gibt es eine Reihe unterschiedlicher Motive, die immer wieder zur Selbstbeschreibung herangezogen werden. Dabei spielt das Thema der Verhältnisbestimmung zur Bundeswehr und Kirche eine zentrale Rolle. In den nachfolgenden Abschnitten werden drei dieser Motive – Domini Sumus (2.2.1), Brückenbauer (2.2.2) und Kritische Solidarität (2.2.3) – dargestellt und hinsichtlich des darin enthaltenen Selbstverständnisses analysiert.

2.2.1 Leitspruch: Domini Sumus

»*Leben wir, so leben wir dem Herrn; sterben wir, so sterben wir dem Herrn. Darum: wir leben oder sterben, so sind wir des Herrn.*« (Röm 14,8)

Abb.1: Logo der Evangelischen Militärseelsorge[94]

Die evangelische Militärseelsorge steht unter dem lateinischen Wahlspruch »Domini Sumus«, der in Verbindung mit dem Kreuz seit 2002 das offizielle Logo der evangelischen Seelsorge in der Bundeswehr bildet.[95] Auf amtlichen Dokumenten, hausinternen Publikationen oder auch der Internetseite der Militärseelsorge wird dieses Logo aufgeführt. Auch tragen es Militärseelsorgerinnen und Militärseelsorger sichtbar auf ihrer Felduniform im Einsatz, die offiziell als »Schutzkleidung« bezeichnet wird. Bei den Soldatinnen und Soldaten löst diese Bezeichnung jedoch nicht selten Irritationen aus, weil sie diesen Ausdruck als Kritik an ihrer Uniform, die wiederum für sie einen mitunter symbolischen Wert besitzt, deuten. Faktisch tragen Pfarrerinnen und Pfarrer in den Einsätzen militärische Kleidung, die sie von der Bundeswehr gestellt bekommen und die sich kaum von der Felduniform deutscher Soldaten unterscheidet.[96] Einzig an den

---

[94] Zur Verfügung gestellt von der Evangelischen Militärseelsorge mit der freundlichen Freigabe zum Druck.
[95] Zuvor gab es ein Logo, das das Kreuz in Verbindung mit einem umgedrehten Dreieck zeigt. Oberhalb des Kreuzes wurde wahlweise seit den 1980er Jahren auch der Spruch Domini Sumus abgedruckt. Das umgedrehte Dreieck symbolisiert den Kiel eines Schiffes, das wiederum symbolisch für die Kirche steht.
[96] Vgl. HAMMOUTI-REINKE, Ich diene Deutschland, 164.

Stellen der Dienstgradabzeichen ist bei der sogenannten Schutzkleidung an den Schultern und am Ärmel das Kreuz mit den zwei lateinischen Worten aufgeführt, wodurch deutlich wird, dass Militärpfarrerinnen und Militärpfarrer keine Kombattanten sind.

Mit dem Wahlspruch *Domini Sumus* schreibt sich die evangelische Militärseelsorge ein christologisches Selbstbild zu, das öffentlichkeitswirksam in die Bereiche der Kirche, der Gesellschaft und der Bundeswehr hineinkommuniziert wird. »Wir sind des Herrn« kann so interpretiert werden, dass die Militärseelsorge keinem weltlichen Herrn folgt, sondern ihren Dienst in der Nachfolge Jesu sieht. Sie ist nicht der Logik der Bundeswehr verpflichtet, sondern dem Evangelium.[97] Diese Deutung, die bisweilen auch apologetische Züge trägt, wird zwar innerhalb der Militärseelsorge kommuniziert, eine programmatisch-theologische Reflexion des Wahlspruches fehlt allerdings bislang.[98] Auf der Homepage der evangelischen Militärseelsorge war bis zu ihrer Eingliederung in die Internetenseiten der Bundeswehr von einem »schmückenden ›Sinnspruch‹«[99] die Rede,[100] eine theologische Deutung wurde nicht aufgeführt.

Vor diesem Hintergrund stellt sich die Frage, welche theologische Aussage sich mit dem Wahlspruch »Domini Sumus« verbindet und was dies für die Praxis der Militärseelsorge bedeutet. Da die Militärseelsorge mit diesem Leitspruch ihr christologisches Selbstverständnis zum Ausdruck bringen möchte, ist es sinnvoll, die Frage nach dem theologischen Gehalt von Domini Sumus im Gespräch mit dem allgemeinen Verhältnis von Jesus zu Militär und Soldaten, wie es in den neutestamentlichen Schriften thematisiert wird,[101] zu klären. Dabei tritt in den

---

[97] Vgl. SCHEFFLER, Militärseelsorge, 197.

[98] Auch im Sammelband »Domini Sumus – Wir sind des Herrn: 30 Jahre Militärseelsorgevertrag«, den Peter H. Blaschke im Auftrag des Evangelischen Kirchenamtes für die Bundeswehr 1987 herausgegeben hat, wird auf eine theologische Reflexion dieses Motivs verzichtet. Der einzige Beitrag, der sich auf den Leitspruch Domini Sumus bezieht, stammt von einem Soldaten. Vgl. VON SCHEVEN, Wir sind Kirche.

[99] GOLDENSTEIN, Domini Sumus, 502.

[100] Vgl. http://www.eka.militaerseelsorge.bundeswehr.de (Stand: 26. Juni 2018). Mittlerweile ist die Internetpräsenz der Militärseelsorge in die Homepage der Bundeswehr eingebunden. In diesem Zusammenhang wurden inhaltliche Änderungen vorgenommen. Mittlerweile heißt es: »Eine lateinische Redewendung bildet seit Ende der 70er Jahre die Losung der evangelischen Seelsorge in der Bundeswehr: Domini sumus – Wir sind des Herrn.« https://www.bundeswehr.de/de/betreuung-fuersorge/militaerseelsorge/evangelische-militaerseelsorge (Stand: 02. März 2021).

[101] Sylvie Thonak weist diesbezüglich auf eine Forschungslücke in der exegetischen Literatur hin: »Vergleicht man die Fülle an exegetischen und sozialgeschichtlichen Forschungen zu anderen sozialen Randgruppe aus der Zeit Jesu – wie zum Beispiel die Literatur über Arme, Frauen, Kinder oder Zöllner – so wiegt die Frage umso schwerer, warum die Berufsgruppe der

Blick, dass das Verhältnis nicht ausschließlich von einer ablehnenden Haltung geprägt ist. Frei von Ambivalenzen ist es allerdings auch nicht. Jesus grenzt die Soldaten nicht aus, sondern nimmt sich ihrer an (Mt 8,5-13), sie wiederum begegnen ihm einerseits mit Spott und Gewalt (Mk 15,16-20), bezeugen andererseits aber auch explizit seine Göttlichkeit (Mk 15,39). Im Verhältnis zwischen Jesus und den Soldaten nehmen zwei Motive eine hervorgehobene Rolle ein: die Motive des *Helfens* (1) und des *Bekennens* (2).

1. *Helfen:* Die Narration vom Hauptmann von Kapernaum aus dem Matthäusevangelium (Mt 8,5-13), die auch bei Lukas (Lk 7,1-10) und Johannes (4,46-53) erzählt wird,[102] bringt den Aspekt der Hilfeleistung zum Ausdruck. Matthäus schreibt von einem heidnischen Hauptmann, der Jesus mit der Bitte aufsucht, dass er seinen »Knecht«[103], der »große Qualen« leidet, heilen möge. Der Hauptmann gibt sich als jemand zu erkennen, der fest in eine militärische Hierarchie eingebunden ist und innerhalb dieser Struktur Befehlsgewalt[104] besitzt. Allerdings bittet er Jesus nicht um Heilung, um seine militärische Stellung zu wahren, sondern weil er in existentieller Sorge um einen ihm unterstellten Soldaten ist. Jesus sieht diese Sorge und kommt der Bitte des Hauptmanns nach. Die Erzählung endet mit der Bemerkung, dass der Knecht infolge einer Fernheilung gesund wird.

Der Hauptmann zeigt in der Erzählung ein Verhaltensmuster, das auch in der heutigen Bundeswehr angetroffen werden könnte. In einem Interview im Vorfeld eines Afghanistaneinsatzes aus dem Jahr 2011 formuliert Hauptmann Dominic Schellenberger: »Die entscheidende Frage ist, wie es mir am besten

---

Soldaten vernachlässigt im Schatten des exegetischen Forschungsinteresses an den Zöllnern steht.« DIES./THEIßEN, Militärseelsorge, 29.

[102] In der neutestamentlichen Forschung ist es Konsens, dass Matthäus und Lukas den Stoff für diese Erzählung aus der Logienquelle (Q) entnommen und sie redaktionell in ihr Korpus eingearbeitet haben, sodass im synoptischen Vergleich erhebliche Unterschiede sichtbar werden. Die Erzählung im Johannesevangelium gilt als »verwandt«, hebt sich aber durch inhaltliche Unterschiede von den beiden anderen Texten deutlich ab. Vgl. KONRADT, Das Evangelium nach Matthäus, 134-139.

[103] Im griechischen Text wird das Wort παῖς (V. 6) aufgeführt, zu dessen Übersetzung es abweichende Meinungen in der neutestamentlichen Forschung gibt. Für gewöhnlich wird dieses Wort mit »Kind« übersetzt. Möglich erscheint jedoch auch, dass mit παῖς eine Person gemeint ist, die sich in einem Abhängigkeitsverhältnis befindet, was wiederum auf einen Knecht bzw. einen Soldaten zutreffen würde.

[104] Der griechische Text führt an dieser Stelle das Wort ἐξουσίαν (V. 9) auf, das so viel wie »Vollmacht« bedeuten kann. Für gewöhnlich wird dieser Begriff im Matthäusevangelium mit der Person Jesu verbunden. Matthias Konradt leitet daraus eine Analogie zwischen Jesus und dem Hauptmann ab. Bemerkenswert ist dann wiederum, dass der Hauptmann nicht von seiner Vollmacht Gebrauch macht und einen Befehl an Jesus ausspricht, sondern explizit eine Bitte formuliert. Vgl. KONRADT, Studien zum Matthäusevangelium, 281.

gelingen kann, meine Männer durch den Einsatz zu bekommen. Denn das ist letztendlich die größte Sorge eines Vorgesetzten im Einsatz.«[105] In der Erzählung vom Hauptmann von Kapernaum betreffen die Sorgen den bereits eingetretenen Leidenszustand eines Soldaten. Die Hilfe, um die er bittet, wird ihm gewährt. Jesus zeigt sich in der Erzählung solidarisch mit dem Hauptmann und weitet damit erstmalig im Matthäusevangelium seine Zuwendung über die Grenzen Israels aus. Mit dieser solidarischen Haltung begegnet Jesus in den Evangelien immer wieder Menschen in Not und Verzweiflung. Insofern stellt die Erzählung vom Hauptmann von Kapernaum keinen Sonderfall dar. Entscheidend ist aber, dass Jesus seine Hilfeleistung der militärischen Lebenswelt, die durch den Hauptmann verkörpert wird, nicht verwehrt. Seine solidarische Zuwendung gilt auch den Soldaten, deren Beruf er innerhalb der Erzählung nicht problematisiert, sondern aufgrund seiner Haltung anerkennt.

Eine ähnlich anerkennende Haltung prägt auch einen Vers im Lukasevangelium. Darin heißt es: »Da fragten ihn auch Soldaten und sprachen: Was sollen denn wir tun? Und er sprach zu ihnen: Tut niemanden Gewalt noch Unrecht und lasst euch genügen an eurem Sold« (Lk 3,14). Jesus begegnet den Soldaten nicht ablehnend, sondern nimmt ihre gesellschaftliche Funktion, die in den neutestamentlichen Schriften in erster Linie als Militärpolizei beschrieben wird,[106] anerkennend wahr. Zugleich wird die Verantwortung dieser Berufsgruppe betont, weil ihnen aufgrund ihrer Bewaffnung eine weltliche Macht und ordnende Autorität zukommt. Der Soldatenberuf wird insofern als ein ethisch herausfordernder Beruf dargestellt, der nicht aus dem Kreis der Zuwendung Jesu herausfällt.

2. *Bekennen:* Das Motiv des Bekennens ist in den Evangelien mit dem Bild der Soldaten unter dem Kreuz verknüpft. In den synoptischen Evangelien (Mk 15,39; Mt 27,54; Lk 23,47) ist es jeweils ein römischer Zenturio, der »das vollgültige christliche Bekenntnis zu dem einen einzig wirklichen Sohn Gottes – Jesus«[107] – ausspricht. Im Johannesevangelium ist das Bekenntnis zur Zeugenschaft modifiziert (Joh 19,35). Der vorangegangene Spott und die Gewalt, die die Soldaten gegen Jesus ausübten, werden im *Bekennen* und *Bezeugen* radikal gewandelt: »[E]s ist und bleibt ein Soldat, ein römischer Centurio, der das erste christliche Bekenntnis zu Jesus ablegt.«[108] Im lukanischen Doppelwerk wird dieses Motiv in die Apostelgeschichte miteingetragen. Auch mit dem Hauptmann Cornelius (Apg 10,1–48) tritt ein Soldat als Pioniergestalt für die Hinwendung zum

---

[105] SCHNITT, Foxtrott 4, 25.
[106] Vgl. THONAK/THEIßEN, Militärseelsorge, 48.
[107] BLASCHKE, Soldaten unter dem Kreuz, 114.
[108] A.a.O., 116.

Christentum auf.[109] Cornelius wird als erster getaufter Nichtjude zum Symbol für die Heidenmission.

Die Motive des *Helfens* und des *Bekennens*, die das Verhältnis zwischen Jesus und den Soldaten in den neutestamentlichen Schriften charakterisieren, können als Deutungskategorien für den Wahlspruch *Domini Sumus* herangezogen werden. Es fällt auf, dass die neutestamentlichen Schriften weder ein idealisiertes noch ein pejoratives Bild des Soldatenberufes zeichnen. »Soldaten werden als die geschildert, die verspotten, geißeln und foltern, kreuzigen und morden, aber auch Hilfe für Kranke holen, das jüdische Volk lieben und Synagogen bauen, beten und gottesfürchtig sind, in religiösen Konflikten deeskalieren, Visionen von Gott empfangen, sich taufen lassen und Gefangene vor Mordanschlägen schützen und in Sicherheit bringen.«[110] Jesus begegnet dieser Berufsgruppe mit einer solidarischen Haltung. Die ethische Verantwortung, die die Soldaten für die Gesellschaft übernehmen sollen, wird betont. Gleichzeitig fallen sie nicht aus dem Kreis der Zuwendung Jesu heraus, obwohl sie zur Gewaltanwendung befähigt sind. Domini Sumus lässt sich vor diesem Hintergrund als Leitspruch für eine *ethisch sensible Seelsorge* verstehen. Das Motiv des Helfens verdeutlicht, wie wichtig eine seelsorgliche Begleitung von Soldatinnen und Soldaten ist. Das Motiv des Bekennens erinnert darüber hinaus daran, dass diese Begleitung nicht kontextlos erfolgt, sondern im Zeichen des Kreuzes steht. Das heißt, dass die ethische Dimension der seelsorglichen Begleitung immer mitgedacht werden muss. Die Militärseelsorge, die sich dem Wahlspruch »Domini Sumus« verpflichtet, ist insofern als seelsorgliche »Begleitung im Licht des Evangeliums«[111] zu verstehen.

---

[109] Die biblische Figur des Hauptmanns Cornelius dient auch als Namenspatron für die Cornelius-Vereinigung (CoV), die in den 1970er Jahren aus der Korneliusbruderschaft hervorging und sich als evangelisch geprägte christliche Gemeinschaft in der Bundeswehr versteht. Sie bietet regelmäßig Familienrüstzeiten an und gibt in der Tradition von Hans Graf von Kanitz zweimal jährlich den »Sternbrief« heraus, der sich mit Predigten, Berichten über Rüstzeiten und Gebeten als »geistliche Nahrung« an die Soldatinnen, Soldaten und ihre Familien richtet. Die Cornelius-Vereinigung ist eine Laiengemeinschaft, die allerdings eng mit der evangelischen Militärseelsorge zusammenarbeitet. Vgl. BLASCHKE/OBERHEM, Militärseelsorge, 131 f.; vgl. ZUNKE, An der Seite der Soldaten, 173–197.
[110] THONAK/TEIßEN, Militärseelsorge, 39.
[111] Evangelisches Kirchenamt für die Bundeswehr (Hg.), Begleitung im Licht des Evangeliums.

2.2.2 Leitbild: Brückenbauer

»Der Standortpfarrer ist pontifex, ›Brückenbauer‹ – über dem Abgrund des Leides, der Schuld und des Todes.«[112] Mit diesen Worten zeichnet der Militärpfarrer Hermann Wagner in einer Predigt aus dem Jahr 1980 ein Leitbild für die Militärseelsorge, das bis in die Gegenwart hinein gilt.[113] Wagner greift damit ein Motiv auf, das erstmalig 1976 vom damaligen Militärgeneraldekan Reinhard Gramm (1974-1992) zur Beschreibung der Militärseelsorge verwendet wurde.[114] Anders als Gramm, der mit diesem Begriff der Militärseelsorge eine »doppelte Mittlerfunktion«[115] hinsichtlich des Austausches zwischen Kirche und Bundeswehr zuschreibt, orientiert Wagner sein Bild vom Brückenbauer an den Soldaten. Der Standortpfarrer als Brückenbauer ist in erster Linie als Seelsorger zu verstehen.

In der Gegenwart ist beobachtbar, dass Brücken über die Grenzen des Militärs hinweg vor allem für Soldatinnen und Soldaten eine zunehmend wichtige Rolle spielen. Ihr Dienst verlangt immer häufiger von ihnen, dass sie sich in eine räumliche Distanz zu ihrem gewohnten sozialen Umfeld begeben. Das passiert beispielsweise infolge von Fortbildungen, Lehrgängen, bundesweiten Versetzungen oder auch Auslandseinsätzen. Soldatinnen und Soldaten sind in gewisser Weise zu »schnellen Reisenden zwischen parallelen Welten«[116] geworden. Problematisch ist dabei, dass die »Brücken« zwischen diesen parallelen Welten tendenziell eher ab- als ausgebaut werden. Soldatinnen und Soldaten erfahren aufgrund ihres militärischen Dienstes zunehmend eine »Heimatlosigkeit« im gesellschaftlichen Raum und fühlen sich oftmals exkludiert. Dies tritt besonders deutlich im Kontext von Auslandseinsätzen zutage. Bundeswehrsoldaten klagen diesbezüglich über einen fehlenden Rückhalt in der Gesellschaft, explizit auch im Hinblick auf den Umgang mit den sogenannten »Kriegsheimkehrern«. Im Jahr 2016 wurde dazu ein Sammelband unter dem vielsagenden Titel »Die unsichtbaren Veteranen« veröffentlicht.[117] Der Band diskutiert mit unterschiedlichen Perspektiven die Frage nach dem zivilgesellschaftlichen sowie militärischen Umgang mit heimkehrenden Soldatinnen und Soldaten und zeigt zugleich mit dem Begriff der *unsichtbaren Veteranen*, dass sich Soldatinnen und

---

[112] Evangelisches Kirchenamt für die Bundeswehr (Hg.), Tut niemand Gewalt noch Unrecht..., 94.
[113] Vgl. u. a. Evangelisches Kirchenamt für die Bundeswehr (Hg.), Begleitung im Licht des Evangeliums, 23-25.
[114] Vgl. Gramm, Der Friede ist ein ernster Fall, 276.
[115] Ebd.
[116] Gmelch, Der Umgang mit kognitiven Dissonanzen als Proprium einer praktischen Militärseelsorge, 123.
[117] Bohnert/Schreiber (Hg.), Die Unsichtbaren Veteranen.

Soldaten im Nachgang eines Einsatzes nicht selten mit einer prekären Situation konfrontiert sehen. Sie haben Bilder gesehen, die in der Heimat niemand sehen möchte, Geschichten erlebt, die kaum in Worte zu fassen sind, Erfahrungen gemacht, die sich nur schwer mitteilen lassen. Soldatinnen und Soldaten und vor allem ihre Familien fühlen sich in diesen Momenten mit ihren Sorgen, Nöten und Belastungen alleingelassen.[118]

Am Beispiel des Auslandseinsatzes wird deutlich, dass es mitunter Gräben zwischen der Gesellschaft und der Bundeswehr gibt. Im Einsatz spüren Soldatinnen und Soldaten für ihren Dienst ein »freundliches Desinteresse«. Nach der Heimkehr aus dem Einsatz nehmen sie sich als die *Unsichtbaren* in der Gesellschaft wahr. Soldatinnen und Soldaten machen die Erfahrung, dass ihr Dienst, den sie für die Gesellschaft leisten und der von ihnen Opfer verlangen kann, gesellschaftlich kaum Aufmerksamkeit erfährt und selten wertgeschätzt wird.

Die Gräben zwischen Gesellschaft und Bundeswehr können im Einsatz aber auch durch Skandale vertieft werden. Dies zeigte sich beispielsweise anhand der sogenannten *Totenkopfaffäre*. Im Oktober 2006 entzündete sich eine Grundsatzdebatte über die moralische Konstitution der Bundeswehrtruppe, als im Boulevardjournalismus Fotos von Soldaten aus Afghanistan, die mit Totengebeinen posierten, veröffentlicht wurden. Das individuelle (Fehl-)Verhalten der beteiligten Bundeswehrsoldaten trat angesichts der »Macht der Bilder«[119] in den Hintergrund. Gesellschaftlich wurde darüber diskutiert, was die Bundeswehr überhaupt in Afghanistan zu suchen habe. Solche Grundsatzdebatten berühren auch die Zustimmung der Bevölkerung hinsichtlich des ISAF-Einsatzes, obgleich im Jahr 2006 noch mehrheitlich ein Engagement der Bundeswehr in Afghanistan befürwortet wurde. Erst seit 2010 ist festzustellen, dass eine gesellschaftliche Mehrheit die Beteiligung der Bundeswehr am ISAF-Einsatz ablehnt.[120]

Beeinflusst wurde diese Trendwende vermutlich auch durch den *Luftangriff bei Kunduz*. Auf Befehl des deutschen Oberst Georg Klein wurden am 4. September 2009 in der Region Kunduz zwei von der Taliban entführte Tanklastwagen durch einen von US-Streitkräften ausgeführten Luftschlag bombardiert. Dabei kam es zu zahlreichen, auch zivilen Opfern. Das nationale und internationale Echo auf diesen Angriff war verheerend. Obwohl eine Rechtmäßigkeit des angeordneten Luftschlages im Nachhinein festgestellt werden konnte, hatte diese Kampfhandlung einen massiven Imageverlust für die Bundeswehr zur Folge.

---

[118] Vgl. u. a. LAMMER, Wie Seelsorge wirkt, 198.
[119] Vgl. Evangelisches Kirchenamt für die Bundeswehr (Hg.), Friedensethik im Einsatz, 334 f.
[120] Im Jahr 2006 lag die Zustimmung bei 49 % (Ablehnung 44 %, keine Antwort 8 %). Im Jahr 2010 ist die Zustimmung auf 44 % gesunken (Ablehnung 51 %, keine Antwort 5 %). Vgl. BIEHL/CHARIKLIA/WANNER (Hg.), Sicherheits- und verteidigungspolitisches Meinungsklima in der Bundesrepublik Deutschland, 55.

2. Außen- und Innenperspektiven zur Militärseelsorge

Auch die in Afghanistan stationierten Soldatinnen und Soldaten fühlten sich durch die heimische Wahrnehmung und Berichterstattung als verrohte Kriegstreiber stigmatisiert. Eindrücklich berichtet davon die Soldatin Eva Weber in einem Feldpostbrief an die Heimat: »Was den Angriff auf die Tanklaster angeht: In Deutschland ist die Lage ziemlich seltsam, wie ich finde, die Politiker waschen ihre Westen rein und schieben die Schuld dem armen Oberst Klein zu. Ohne deren Mandat wären wir nicht hier und Oberst Klein hätte nicht so eine Entscheidung treffen müssen. So stehen wir Soldaten als schießgeile Rambos da, und unser Ansehen leidet in Deutschland noch mehr. Das ist übrigens auch ein Grund für mich, die Bundeswehr zu verlassen – mir fehlt der Rückhalt für unseren Beruf in der Gesellschaft. Das Thema sorgt jedenfalls für ziemliche Verwirrung bei den einfachen Soldaten, die nun noch weniger wissen, wie sie eigentlich handeln sollen, ohne direkt vors Tribunal gestellt zu werden.«[121]

Der Auszug des Briefes legt offen, dass eine Distanzierung der Gesellschaft nicht nur die Bundeswehr als organisatorische Einrichtung betrifft, sondern auch die Soldatinnen und Soldaten. Der fehlende Rückhalt für den Einsatz und die empfundene gesellschaftliche Stigmatisierung werden als Gründe aufgeführt, warum die Soldatin aus dem Dienst der Bundeswehr ausscheiden möchte.

Das brückenbauende Potenzial der Militärseelsorge ist deshalb nicht nur auf die Aufgabe einer doppelten Mittlerfunktion zwischen Kirche und Bundeswehr zu reduzieren. Die Distanzierung der Gesellschaft von der Bundeswehr berührt unmittelbar die Soldatinnen und Soldaten. In dieser Hinsicht versucht die Militärseelsorge in ihrer Praxis immer wieder Räume zu eröffnen und Angebote zu machen, die Brücken zwischen der Gesellschaft und der Bundeswehr bauen können. Rüstzeiten, Familienwochenenden und Seminare sind dafür Beispiele.[122] Auch die Öffentlichkeitsarbeit der Militärseelsorge steht unter dem Leitbild des Brückenbauens. In öffentlichen Vorträgen und Publikationen wird der Versuch unternommen, den gesellschaftlichen Raum für die Lebenswelt Bundeswehr zu sensibilisieren. In diese Aufreihung gehören auch Militärkonzerte der Bundeswehr in Kirchengebäuden, da diese nicht selten unter der Mitarbeit der Militärseelsorgerinnen und Militärseelsorger organisiert werden und über das Medium der Musik eine Brücke zwischen Gesellschaft und Bundeswehr errichten.[123] Die Möglichkeiten, solche Brücken zu bauen, sind allerdings begrenzt. Aus

---

[121] BAUMANN/LANGEDER/MUCH/OBERMAYER/STORZ (Hg.), Feldpost, 86.
[122] Siehe Kap. IV 2.1.2.
[123] Für die Jahre 2018/19 hat das Zentrum Militärmusik der Bundeswehr (ZMilMusBw) knapp 290 Konzerte angesetzt. Gut ein Drittel davon fand in Kirchengebäuden statt. Die Militärseelsorge ist in der Regel in die Planung und Kontaktvermittlung der Konzerte involviert. In kirchlichen Kreisen sind die Konzerte allerdings umstritten. Es wird beklagt, dass die Kirche, die sich in der Nachfolge Jesu dem prinzipiellen Gewaltverzicht verpflichtet hat,

diesem Grund birgt das Leitbild des Brückenbauers für die Militärseelsorge auch ein Risiko, weil es zu Überforderungen führen kann. Die Distanzierung zwischen Gesellschaft und Bundeswehr kann nicht von der Militärseelsorge allein »überbrückt« werden. Die Militärseelsorge wird deshalb durch das Leitbild des Brückenbauers nicht hinreichend beschrieben. Sinnvoller ist die Rede vom *brückenbauenden Potenzial*, das ganz im Sinne vom Hermann Wagner die Soldatinnen und Soldaten in den Blick nimmt und so das seelsorgliche Handeln in den Vordergrund stellt.

Als unabhängige und selbstständige Einrichtung in der Bundeswehr symbolisiert die Militärseelsorge nicht zuletzt selbst so etwas wie eine Brücke zwischen Gesellschaft und Militär. Sigurd Rink und Klaus Beckmann beschreiben sie vor diesem Hintergrund als »Fenster der Zivilität«[124], da sie einen Korridor eröffnet, in dem sich Militär und Gesellschaft auf Sichtweite begegnen. Solche Konstellationen, in denen es zum Austausch oder zur Begegnung dieser eigentlich getrennten Bereiche kommt, prägen die Praxis der Militärseelsorge.[125] So ist der Lebenskundliche Unterricht beispielsweise als Öffentlichkeitsraum in der Bundeswehr gedacht, weil auch über politische sowie gesellschaftsrelevante Themen gesprochen werden kann.[126] Auch im Rahmen von Gottesdiensten anlässlich einer Gelöbnisfeier eröffnet die Militärseelsorge einen solchen Begegnungskorridor.

Ihr brückenbauendes Potenzial ist aber nicht nur auf die Gesellschaft gerichtet. Oftmals werden von der Militärseelsorge auch Brücken innerhalb der Bundeswehr gebaut und gepflegt. Militärseelsorgerinnen und Militärseelsorger können beispielsweise bei der Kommunikation über Hierarchieebenen hinweg den Soldatinnen und Soldaten unterstützend zur Seite stehen.[127] Zugleich ist die

---

nicht einer militärischen Einrichtung wie der Bundeswehr für die Imagepflege einen Raum geben dürfe.
[124] RINK/BECKMANN, Fenster ins Zivile, 128.
[125] Thomas Thiel versteht Militärseelsorgerinnen und Militärseelsorger daher auch als »Grenzgängerinnen und Grenzgänger«. Vgl. DERS., Blutrausch, 81 f.
[126] Siehe im Detail Kap. IV 2.1.1.
[127] Die bundeswehrinterne Kommunikation erfolgt über den direkten Dienstweg, der hierarchisch organisiert ist. Soldatinnen und Soldaten müssen ihre Meldungen (Meldepflicht) oder Beschwerden an ihren unmittelbaren Vorgesetzten richten. Möglichkeiten, diesen Dienstweg zu umgehen, gibt es kaum. Eine Ausnahme stellt das Recht zur Beschwerde bei dem oder der Wehrbeauftragten des Deutschen Bundestages dar. Im Falle, dass die Vorgesetzten der Beschwerde nicht nachgehen oder womöglich selbst der Grund für die Beschwerde sind, gerät der betreffende Soldat in eine »kommunikative Sackgasse«. Militärseelsorgerinnen und Militärseelsorger sind demgegenüber nicht in die Hierarchiekette eingebunden und können mit allen Ebenen formelle und informelle Gespräche führen. Dabei

2. Außen- und Innenperspektiven zur Militärseelsorge

Militärseelsorge sensibel für Formen der Exklusion, wenn »Soldatinnen und Soldaten [...] aufgrund von Geschlecht, sexueller Orientierung oder ethnischer Herkunft ausgegrenzt und diskriminiert«[128] werden. Das brückenbauende Potenzial der Militärseelsorge ist also nicht nur auf den Graben zwischen Gesellschaft und Bundeswehr gerichtet, sondern auch auf den Raum der Bundeswehr und damit auf die Soldatinnen und Soldaten selbst.

Das brückenbauende Potenzial der Militärseelsorge entfaltet in der physischen Präsenz der Seelsorgerinnen und Seelsorger eine symbolische Kraft. Die Militärseelsorge wird dadurch selbst zur Brücke bzw. zum Fenster in die Gesellschaft hinein. Sie symbolisiert »in den Augen vieler so etwas wie ein[en] Repräsentant[en] von Öffentlichkeit, ein Fenster nach draußen, durch das in das System und in die inneren Abläufe der Bundeswehr hineingeschaut werden kann.«[129] Unsichtbares und Verborgenes werden dabei sichtbar. Dies ist einerseits wichtig für eine kritische Wahrnehmung des Dienstes der Bundeswehr, andererseits aber auch für die seelsorgliche Begleitung der Soldatinnen und Soldaten, die auf diese Weise von den Unsichtbaren zu den Sichtbaren der Gesellschaft werden.

2.2.3 Leitbegriff: Kritische Solidarität

Die Bundeswehr ist und bleibt eine Einrichtung, die zur Durchsetzung ihrer Ziele auf die Anwendung von Gewalt zurückgreift, sei es zur Landes- und Bündnisverteidigung oder zur Friedenssicherung im Auslandseinsatz. Diese Gewaltanwendung ist zumeist legitim, weil die Streitkräfte dazu rechtsstaatlich befugt sind.[130] Allerdings ist nicht jede Form der militärischen Gewalt automatisch legitime Gewalt (*potestas*). Im Einsatz oder im Kasernenalltag können sich Situa-

---

können sie Situationen, in denen sich Soldaten in einer Sackgasse des normalen Dienstweges befinden, zum Thema machen, ohne sich instrumentalisieren zu lassen.

[128] Evangelisches Kirchenamt für die Bundeswehr (Hg.), Begleitung im Licht des Evangeliums, 25.

[129] WALTER, Als Seelsorger in Afghanistan, 69.

[130] Im Grundgesetz wird festgehalten, dass die staatliche Gewalt dem Schutz der unantastbaren Würde eines jeden Menschen dient. Vgl. Art. 1 GG: »Die Würde des Menschen ist unantastbar. Sie zu achten und zu schützen ist Verpflichtung aller staatlichen Gewalt.« In der Barmer Theologischen Erklärung (1934) findet sich eine ähnliche – wenn auch durchweg theologische – Begründungsfigur: »Die Schrift sagt uns, daß der Staat nach göttlicher Anordnung die Aufgabe hat, in der noch nicht erlösten Welt, in der auch die Kirche steht, nach dem Maß menschlicher Einsicht und menschlichen Vermögens unter Androhung und Ausübung von Gewalt für Recht und Frieden zu sorgen.« Barmen V zit. n. BURGSMÜLLER/WETH (Hg.), Die Barmer Theologische Erklärung, 38.

tionen ergeben bzw. Dynamiken entwickeln, die zur Anwendung von illegitimer Gewalt (*violentia*) führen.[131] Oft können diese beiden Formen von Gewalt deutlich voneinander unterschieden werden. Die Folteraffäre von US-Soldaten an irakischen Inhaftierten im Gefängnis Abu Ghuraib ist beispielsweise eindeutig Ausdruck illegitimer Gewalt.[132] In anderen Fällen kann eine Linie zwischen *potestas* und *violentia* nicht sofort trennscharf gezogen werden. Der Luftangriff bei Kunduz führt dies vor Augen. Die Rechtmäßigkeit der militärischen Handlung konnte erst im Anschluss an einen Untersuchungsausschuss festgestellt werden.[133]

---

[131] Vgl. KÖRTNER, Macht, 126.

[132] Nach dem Ende der Kampfhandlungen des Dritten Golfkrieges wurde das Gefängnis Abu Ghuraib vom US-Militär für die Inhaftierung von irakischen Gefangenen genutzt. Weiterhin dienten diese Inhaftierten seit August 2003 dem militärischen Nachrichtendienst zur Informationsbeschaffung. Die angewandten Verhörmethoden beeinflussten das Klima des Gefängnisalltags, sodass sich sukzessive Dynamiken entwickelten, die in der »Folteraffäre von Abu Ghuraib« gipfelten. Wärterinnen und Wärter folterten Gefangene durch die Androhung und Anwendung von physischer, psychischer und sexualisierter Gewalt. All dies wurde in Videos und Fotos dokumentiert, die 2004 veröffentlicht wurden, was dazu führte, dass die beteiligten Wärterinnen und Wärter von einem US-Militärgericht zu mehrjährigen Haftstrafen verurteilt wurden. Der Sozialpsychologe Philip Zimbardo war als Sachverständiger an dem Prozess der Wache Chip Frederick zur Folteraffäre beteiligt und hat darüber auch monographisch gearbeitet. Zimbardo zufolge ist das Verhalten des Wärters nicht auf eine sadistisch veranlagte Persönlichkeit zurückzuführen. Vielmehr sei das Umfeld, in dem sich Frederick bewegte, »toxisch« gewesen, was dazu führte, dass der Wärter menschenverachtende Handlungen vollzog. Zimbardo entwickelt vor dem Hintergrund des »toxischen Umfeldes« sein Konzept des *Luzifer-Effektes*, das erklären soll, warum Menschen in gewissen Situationen »böse« handeln. Dieses Konzept wird in dieser Studie an einer späteren Stelle detaillierter aufgegriffen, um die Dynamiken des militärischen Kollektivs (Kameradschaft) besser verstehen zu können (siehe Kap. III 3.2.3). Vgl. DERS., Der Luzifer-Effekt, 311-357. Zu den Gefahren einer Kontamination durch destruktive soziale Umgebungen vgl. auch KARLE, Chancen der Polizeiseelsorge, 6-10.

[133] Mit der »Rechtmäßigkeit« ist die juristische Dimension legitimer Gewalt abgebildet. Davon muss allerdings die moralische Dimension von angewandter Gewalt unterschieden werden. Auch wenn Gewalt im militärischen Kontext rechtlich legitim ist, zeigt sie sich den ausführenden Soldatinnen und Soldaten als Gewalt, die schädigt, verletzt oder auch tötet. Das führt dazu, dass Gewaltanwendungen im Einsatz oftmals »moralische ›Überhänge‹« erzeugen, die nicht selten in moralische Verletzungen hineinführen (siehe Kap. IV 3.2.2). Werner Schiewek mahnt diesbezüglich für die Arbeit der Polizei(seelsorge), »dass im Kern jeder ›guten‹ Gewalt (›potestas‹) auch ein unvermeidbarer Anteil ›böser‹ Gewalt (›violentia‹) enthalten ist.« Vgl. DERS., »Kritische Solidarität«, 495.

2. Außen- und Innenperspektiven zur Militärseelsorge

Die Bundeswehr ist eine »gewaltausübende Organisation«[134] und deshalb fordert sie die Militärseelsorge zu einer besonderen *Haltung* heraus. Denn »als waffenlose Zeugen der Friedensbotschaft Jesu stehen Seelsorgerinnen und Seelsorger in einem Spannungsverhältnis zu jeder Form des Gewaltgebrauchs.«[135] Für die Bestimmung dieser besonderen Haltung wurde bereits in den 1960er Jahren von dem Religionsphilosophen Georg Picht das Konzept der *kritischen Solidarität* entwickelt. Von der Militärseelsorge ist dieses Konzept vielfach rezipiert worden,[136] sodass es in gewisser Weise den Rang eines »Leitbegriffs« erhalten hat. Picht verfolgte ursprünglich das Ziel, mit dem Konzept eine Verhältnisbestimmung vorzulegen, die über den Raum der Bundeswehr hinausreicht. Mit der kritischen Solidarität sollte »nicht das Verhältnis der Kirche zum Militär, sondern das Verhältnis zwischen Kirche und Staat«[137] bestimmt werden. Picht reagierte damit auf ein Vakuum, das sich in der jungen Bundesrepublik der 1950er Jahre entwickelt hatte und vor allem an der Militärseelsorge sichtbar wurde. Es stand die Frage im Raum, wie sich die Kirche unter dem neuen Vorzeichen der demokratisch-rechtsstaatlichen Grundordnung gegenüber dem Staat verhalten sollte. Für die Klärung dieser Frage wurde das Konzept der kritischen Solidarität entwickelt. Um zu verstehen, was damit gemeint ist, ist es unerlässlich, die Ausgangslage zu berücksichtigen, in die das Konzept hineingestellt wurde.[138]

Picht wird Anfang der 1960er Jahre vom Evangelischen Kirchenamt für die Bundeswehr (EKA) und vom damaligen Militärbischof Hermann Kunst mit der Leitung einer Kommission beauftragt, die mit historisch-politischer und soziologischer Perspektive das Verhältnis zwischen Gesellschaft und Bundeswehr reflektieren soll. Auf eine dezidiert theologische Perspektive wird bei der Arbeit der Kommission verzichtet. Picht steuert diese Sichtweise aber indirekt in der Einleitung zu den Studien zur politischen und gesellschaftlichen Situation der Bundeswehr bei. Dabei rückt er die mitunter spannungsreichen Beziehungen zwischen Kirche und Staat in den Fokus. Eine besondere Brisanz ergibt sich dabei für die Militärseelsorge. Picht stellt die Frage, welche Verantwortung die Kirche angesichts der Geschichte des Zweiten Weltkrieges in der Bundesrepublik übernehmen kann. Seine Antwort fällt eindeutig aus: Das historische Erbe mahnt die Kirche nicht zur Ablehnung militärischer Strukturen und zum Rückzug auf originär kirchliche Felder. Das Gegenteil ist der Fall, es geht um eine »kritische[...] Mitverantwortung [...] für die Welt, in der sie steht«[139]. Picht betont, dass eine Kirche, die Mitverantwortung für eine rechtsstaatliche Gesellschaft über-

---

[134] A.a.O., 490.
[135] Evangelische Kirche in Deutschland (Hg.): »Selig sind die Friedfertigen«, 41.
[136] Vgl. BLASCHKE/OBERHEM, Militärseelsorge, 28f.
[137] PICHT, Studien zur politischen und gesellschaftlichen Situation der Bundeswehr, 18.
[138] Vgl. ACKERMANN, Wie viel Kritik, wie viel Solidarität?, 31.
[139] PICHT, Studien zur politischen und gesellschaftlichen Situation der Bundeswehr, 8.

nimmt, auch den Weg in die besonders ambivalenten Bereiche suchen muss. Die Bundeswehr stellt für ihn die logische Konsequenz der rechtsstaatlichen Strukturen und der damaligen geopolitischen Sicherheitslage dar: »Wer A sagt, muß bereit sein, auch B zu sagen; wer Rechtsstaat und Demokratie in Westdeutschland will, der muß auch akzeptieren, daß dieser Staat ohne die Bundeswehr politisch nicht existenzfähig wäre.«[140] Damit spielt Picht auf die Spannungslage des Kalten Krieges an, der im geteilten Deutschland aus militärischer Sicht eine besondere Brisanz besaß. Im Falle eines Krieges hätten deutsche Soldaten der Bundeswehr gegen deutsche Soldaten der Nationalen Volksarmee kämpfen müssen.[141] Dann wäre allerdings ein Fall eingetreten, der dem gewandelten Soldatenbild nicht mehr entsprechen würde, da der moderne Soldat aufgrund der Präsenz nuklearer Waffensysteme »nicht mehr dazu da ist, Krieg zu führen, sondern den Krieg zu verhindern.«[142]

Picht leitet aus dieser spannungsreichen Konstellation die Konsequenz ab, dass die Mitverantwortung der Kirche nicht bedingungslos, sondern *kritisch* sein muss. Eine solche Mitverantwortung kann nur in kritischer Solidarität gelebt werden. Picht resümiert: »Gerade weil der Soldat gezwungen ist, als der Handhaber militärischer Gewalt im Schatten der Möglichkeit zu leben, daß er zum Funktionär des Schreckens werden könnte, bedarf er der kritischen Solidarität der Kirche und aller Hilfen, die sie ihm zu geben vermag.«[143] Interessanterweise gilt diese Haltung sowohl dem Militär als organisatorischer Einrichtung als auch den Soldaten.[144] Pichts Konzept der kritischen Solidarität ist mithin dialektisch gedacht. Damit wird deutlich, »dass die Aufteilung (kritisch gegenüber der Institution – solidarisch mit den Menschen) dem Ursprungskonzept der kritischen Solidarität nicht entspricht.«[145]

Obwohl Picht mit diesem Konzept eine allgemeine Verhältnisbestimmung zwischen Staat und Kirche vorlegte, wurde die kritische Solidarität in erster Linie von der Militärseelsorge rezipiert. Dabei fällt auf, dass das Konzept vor allem ab den 1990er Jahren relevant wird. Angesichts der friedensethischen Profilierung, die der Militärseelsorge von »außen« zugeschrieben wurde, kommt der kritischen Solidarität eine neue Bedeutung zu: Sie verbindet die eigene Tradition der Militärseelsorge mit dem neuen friedensethischen Schwerpunkt, weil sie ebenfalls

---

[140] A.a.O., 14.
[141] Vgl. a.a.O., 16f.
[142] A.a.O., 21.
[143] A.a.O., 18.
[144] Zum Militär schreibt Picht: »[G]erade aus der Gefährdung des Militärs ergibt sich für die Kirche die Pflicht einer kritischen Solidarität mit den Soldaten. Diese Solidarität muß umso nachdrücklicher bekundet werden, je größer die politische Gefahr ist, daß eine Isolierung des Militärs jene Mentalität, die man befürchtet, erst hervorbringe.« A.a.O., 16.
[145] ACKERMANN, Wie viel Kritik, wie viel Solidarität?, 31.

vom Frieden als Ausgangspunkt für das kirchliche Handeln in den Streitkräften ausgeht. Die kritische Solidarität wird infolgedessen zum symbolischen Leitbegriff für das Selbstverständnis der Militärseelsorge.

Pichts Konzept erweist sich insofern als anschlussfähig an den friedensethischen Diskurs. Wie sieht es aber hinsichtlich der Poimenik aus, inwieweit lässt sich das Konzept der kritischen Solidarität auch auf die Seelsorge in der Bundeswehr übertragen? Für die Klärung dieser Frage ist es sinnvoll, die beiden Begriffe getrennt in den Blick zu nehmen, um das Konzept auch als Orientierung für eine seelsorgliche Haltung in der Bundeswehr entfalten zu können.

Der Solidaritätsbegriff ist im poimenischen Diskurs vor allem von Henning Luther reflektiert und hinsichtlich seiner konstruktiven Impulse für die seelsorgliche Praxis bearbeitet worden. Luther versteht Seelsorge als »die Bearbeitung von Grenzsituationen«.[146] In dem Aufsatz über »[d]ie Lügen der Tröster«, der mittlerweile »einen gewissen Klassikerstatus«[147] in der Praktischen Theologie besitzt, führt Luther sein Seelsorgeverständnis näher aus. Dort heißt es: »Seelsorge wendet sich den Leidenden zu, den Anderen, für welche die selbstverständliche Harmonie unserer Welt zerbrochen ist, die herausgefallen sind und die der Einsamkeit des Elends ausgesetzt sind.«[148] Luther ist es wichtig, die Seelsorge als ein dynamisches Geschehen zu verstehen, das alle involvierten Personen in Relation zueinander setzt. Das kann so weit gehen, dass die Seelsorge selbst in den Raum des Leides eintritt und sich von diesem affizieren lässt. »In der Seelsorge werden wir Geisel des leidenden Anderen.«[149]

Luthers Seelsorgeverständnis ist mithin als ein Beziehungsgeschehen gedacht. Dabei stellt sich die Frage, wie diese Beziehung qualifiziert wird. Und genau in diesem Zusammenhang gewinnt der Begriff der *Solidarität* an Bedeutung: »Wenn wir aber alle betroffen sind, läßt sich die seelsorgerliche Beziehung prinzipiell nur in der Einstellung der Solidarität vollziehen.«[150] Das seelsorgliche Beziehungsgeschehen ist grundsätzlich von einer solidarischen Haltung geprägt. Damit ist eine Haltung gemeint, die sich aktiv für das Gegenüber einsetzt und nicht in Distanz bleibt, sondern sich im »Teilen der Lebensbedingungen«[151] vollzieht. Luther schreibt weiter: »Dies ist eine Solidarität, die nicht auf der herablassenden Geste dessen beruht, der aufgrund seiner Stärke einem Schwächeren hilft, sondern dies ist eine Solidarität der Schwachen und Trostlosen. Es ist die Solidarität, die aus der Kommunikation der Trostlosen entsteht, aus der Kommunikation, d.h. aus der Teilung und Mit-teilung der Trostlosig-

---

[146] LUTHER, Religion und Alltag, 232.
[147] WEYEL, »(D)aß ein Mensch den anderen trösten soll«, 236.
[148] LUTHER, Die Lügen der Tröster, 174.
[149] Ebd.
[150] LUTHER, Religion und Alltag, 234.
[151] WALTER, Als Seelsorger in Afghanistan, 68.

keit.«[152] Eine solidarische Seelsorge ist an eine prinzipielle Haltung geknüpft, die sich am Anderen orientiert und diesen als eigenständiges Subjekt wahrnimmt. Sie nimmt deshalb »Abschied von dem herablassenden ›Für‹ (Andere) und bemüht sich um das wechselseitige ›Mit‹ (dem Anderen).«[153] Damit wird deutlich, dass Luther versucht, sich von jeder Form des Moralismus und des Besserwissens zu distanzieren. Nicht der Seelsorger ist Experte für das Leben des Anderen, sondern eben derjenige, der sich an den Seelsorger wendet. Zugleich ist es nicht die Aufgabe der Seelsorge, das Gegenüber in ein Korsett moralischer Prinzipien zu zwängen. Am Anfang einer jeden seelsorglichen Begegnung steht die Solidarität.

Diese Haltung ist ausgesprochen bedeutsam für Militärseelsorgerinnen und Militärseelsorger, da sie Menschen begegnen, die womöglich Erfahrungen gemacht haben, die nur schwer nachempfunden werden können. Das können Erfahrungen sein, die die Soldatinnen und Soldaten in Grenzfällen des Lebens gemacht haben, die also durchaus auch ethisch ambivalent sein können. In solchen Momenten wird die Seelsorge aber nur dann ein adäquater Gesprächspartner sein können, wenn sie sich nicht als moralischer Richter positioniert, sondern als solidarischer Zuhörer den Erfahrungen Raum gibt. Zugleich kann es aber nicht im Interesse von Seelsorge sein, alles gutzuheißen und damit ethisch und auch religiös konturenlos zu werden. Denn gerade solche Konturen können in der Seelsorge gefragt sein, wenn das Gegenüber beispielsweise eine solche Perspektive für das eigene Verstehen des Erlebten einfordert. Seelsorge ist solidarisch mit dem Leidenden, sie ist aber nicht unkritisch gegenüber dem Leid, in dem der oder die Leidende steht und welches er oder sie womöglich verursacht hat. Seelsorge ist insofern kritisch solidarisch.

Auch die Dimension der *kritischen* Haltung spielt in der Seelsorge von Henning Luther eine wichtige Rolle. Luther schreibt: »Seelsorge ist immer *kritische* Seelsorge, kritisch gegen Konventionen des Alltags, gegen vorgegebene soziale und religiöse Normen und Rollen – im Interesse eines ›eigentlichen‹ (oder religiös ausgedrückt: ewigen) Lebens.«[154] Seelsorge ist für Luther insofern kritisch, da sie Ausdruck einer besonderen Weltsicht ist. Sie ist religiöse Kommunikation im Horizont der Unverfügbarkeit. Sie besitzt mithin ein kritisches Potenzial, das sich aus den Fundamenten und Traditionen des christlichen Glaubens speist, das also auch von der Erwartung auf das Reich Gottes geprägt ist. Vor diesem Hintergrund ist Seelsorge »immer kritische Seelsorge«, da sie von anderen Idealen ausgeht und Probleme, Schwierigkeiten und Ambivalenzen nicht als selbstverständlich oder »notwendiges Übel« hinnimmt. Sie geht in der

---

[152] LUTHER, Die Lügen der Tröster, 174.
[153] LUTHER, Religion und Alltag, 237 f. [Hervorhebung im Original].
[154] A.a.O., 231 [Hervorhebung im Original].

letzten Konsequenz von einer Welt aus, in der Leid, Trauer und Trostlosigkeit überwunden sind.

Wenn die Seelsorge kritisch ist, heißt das dennoch nicht, dass sie auf Distanz zum Gegenüber geht. Kritik ist so zu verstehen, dass die Seelsorge sich und ihren Grundlagen, Traditionen und Überzeugungen treu bleibt. Militärpfarrerinnen und Militärpfarrer können mit dieser besonderen Haltung Soldatinnen und Soldaten in schwierigen Situationen solidarisch beistehen, ohne sich mit all den Handlungen vollständig identifizieren zu müssen. Sie können angesichts der Erfahrungen von Grenzfällen des Lebens Seelsorgerin oder Seelsorger sein und damit dem Religionssystem verbunden bleiben. Dass die Seelsorge letztendlich kritisch ist, ist auf die innere Haltung der Militärpfarrerinnen und Militärpfarrer zurückzuführen, die sich darin ihre Selbstständigkeit und Unabhängigkeit bewahren.

Das Konzept der kritischen Solidarität von Georg Picht kann im Anschluss an Henning Luther orientierende Impulse für die Seelsorge in der Bundeswehr setzen. Die kritische Solidarität ist dabei als eine *seelsorgliche Grundhaltung* der Pfarrerinnen und Pfarrer zu verstehen, die sich damit auf ihr Gegenüber und alle etwaigen Ambivalenzen einlassen können, die sich aber zugleich mit dieser Haltung ihre Andersartigkeit gegenüber der Bundeswehr bewahren.

2.3 Zwischenfazit: Militärseelsorge als Seelsorge in der Bundeswehr

Militärseelsorge ist Seelsorge in der Bundeswehr. Mit diesem knappen Satz können die wesentlichen Ergebnisse der Darstellung und Diskussion der Außen- und Innenperspektiven zur Militärseelsorge zusammengefasst werden. Dabei fällt auf, dass die Militärseelsorge vor allem in der Außenwahrnehmung über die Seelsorge beschrieben und profiliert wird. Unter Soldatinnen und Soldaten ist das Verständnis weit verbreitet, dass die Militärseelsorge ein Ort »freier und vertrauensvoller Aussprache«[155] ist, an dem in geschützter »Atmosphäre auch organisationale Tabus bearbeitet werden können.«[156] Soldatinnen und Soldaten schätzen die Militärseelsorge dafür, dass sie dort mit einer Person sprechen können, die die Anforderungen und Belastungen ihres Dienstes kennt, die zugleich aber nicht Teil des Militärapparats sind und demgemäß keiner Meldepflicht unterliegen. Gerade das Seelsorgegeheimnis »ist für die Soldatinnen und Soldaten, die sich an die Militärseelsorge wenden, von zentraler Bedeutung. Sie können darauf bauen, dass das Beichtgeheimnis unverbrüchlich ist und sie

---

[155] LOHMANN, Militärseelsorge aus ethischer Perspektive, 239; vgl. ZDv 10/4. Lebenskundlicher Unterricht, Ziff. 107.
[156] HEIMER, »Heilsame Irritationen«, 199.

dementsprechend im Seelsorgegespräch in ein geschütztes Refugium der Kommunikation eintreten.«[157] Das, was die Soldatinnen und Soldaten bei der Militärseelsorge »suchen«[158] und von den Pfarrerinnen und Pfarrern auch erwarten, lässt sich im weitesten Sinne mit dem Begriff der *Seelsorge* beschreiben.

Amtliche Dokumente zur Gestalt der Militärseelsorge – damit ist in erster Linie der Militärseelsorgevertrag gemeint – zeichnen ein ähnliches Bild. Die Militärseelsorge wird darin vor allem als Seelsorge in der Bundeswehr dargestellt. Dieser Schwerpunkt steht in Verbindung zu den verfassungsrechtlichen Grundlagen von Seelsorge in institutionellen Kontexten (Art. 141 WRV). Die Seelsorge wird insofern als Ausdruck religiöser Praxis verstanden. Auch fällt auf, dass alternative Beschreibungen des Profils der Militärseelsorge in diesen Dokumenten nicht aufgeführt werden. Das zeigt sich beispielsweise daran, dass der Lebenskundliche Unterricht, der für gewöhnlich als Galionsfigur des berufsethischen Schwerpunktes der Militärseelsorge dient, nicht im Militärseelsorgevertrag erwähnt wird. Für die Regelung und Organisation des Lebenskundlichen Unterrichts wurden in den späten 1950er Jahren eigene Vereinbarungen geschlossen, die allerdings im Laufe der Jahre immer wieder überarbeitet wurden.[159] Der Lebenskundliche Unterricht unterliegt folglich inhaltlichen Veränderungen und ist zugleich »eine staatliche Veranstaltung«.[160]

Die Theologie zeigt darüber hinaus vor allem Interesse an den friedensethischen Herausforderungen und Fragen, mit denen sich die Militärseelsorge in ihrer Praxis auseinandersetzt. Das hat in gewisser Weise eine Profilverschiebung angestoßen, sodass die Militärseelsorge mittlerweile größtenteils friedensethisch beschrieben wird. Aber auch in diesem neuen Schwerpunkt spielt die Seelsorge eine wichtige Rolle. Das Leitbild des gerechten Friedens geht nicht davon aus, dass Militärseelsorgerinnen und Militärseelsorger durch die ethische Unterweisung der Soldatinnen und Soldaten einen nachhaltigen und gerechten Frieden stiften können. Mit dem Leitbild des gerechten Friedens lässt sich vielmehr deutlich machen, wie komplex innerstaatliche und auch zwischenstaatliche Krisen- und Konfliktsituationen sind. Es gibt nicht »den einen Weg«, um solch eine Situationen lösen zu können. Vielmehr ist die »Kunst der kleinen Schritte« und das Zusammenspiel unterschiedlicher Maßnahmen gefragt. In dieser Großwetterlage übernehmen auch Soldatinnen und Soldaten eine wichtige Funktion. Sie sollen Frieden schaffen und ihn sichern – auch durch die Androhung und Anwendung militärischer Gewalt. Auf diesem schwierigen und auch ambivalenten Weg werden die Soldatinnen und Soldaten von Pfarrerinnen

---

[157] Evangelisches Kirchenamt für die Bundeswehr (Hg.), Begleitung im Licht des Evangeliums, 29 f.
[158] Vgl. ACKERMANN, Einsatz – Auf der Suche nach Religion?, 52–55.
[159] Siehe im Detail dazu Kap. IV 2.1.1.
[160] ENNUSCHAT, Militärseelsorge, 100.

und Pfarrern der Militärseelsorge begleitet. Dabei geht es nicht darum, den »Ethikkompass« neu auszurichten. Es geht darum, dass sich die Soldatinnen und Soldaten jenseits ihrer militärischen Funktion einer Person anvertrauen können und damit auch Mensch im Einsatz sein dürfen. Die Komplexität internationaler Krisen- und Konfliktsituationen, die sich mit dem Leitbild des gerechten Friedens ansatzweise erfassen lässt, macht deutlich, dass sich die Soldatinnen und Soldaten mit einer Vielzahl schwieriger Fragen konfrontiert sehen, die nicht einfach zu beantworten sind. Insofern ist die Militärseelsorge nicht nur als friedensethische Orientierung gefragt, sondern primär als Raum für Seelsorge.

In der Selbstwahrnehmung der Militärseelsorge dominiert in erster Linie das Thema der Verhältnisbestimmung gegenüber den Streitkräften. Es soll unmissverständlich zum Ausdruck gebracht werden, dass die Militärseelsorge nicht *Militär*, sondern *Seelsorge* ist. Die Motive, die aus den 1960er sowie 1970er Jahren stammen, stehen in der Tradition der apologetischen Grundhaltung der Militärseelsorge. Das mag auch der Grund dafür sein, warum die Motive bislang theologisch kaum bearbeitet wurden. Sie dienen lediglich einer plakativen Selbstpositionierung. Dieser oberflächliche Gebrauch von Domini Sumus, dem Leitbild des Brückenbauers oder auch der kritischen Solidarität stellt ein Versäumnis dar. Denn diese Motive können dabei helfen, die Militärseelsorge auch inhaltlich genauer zu profilieren. Es lässt sich zeigen, dass in der Militärseelsorge die Bereiche der Ethik und der Seelsorge eng zusammenrücken. Sie ist ethisch sensible Seelsorge, weil sie sich als Begleitung im Licht des Evangeliums versteht. Sie ist kritisch sowie solidarisch, da sie sich als Beziehungsgeschehen auf die Lebenswelt Bundeswehr einlässt, sich zugleich aber ihre Andersartigkeit bewahrt. Sie ist nicht zuletzt ein Grenzgänger, der Brücken zwischen Militär und Gesellschaft, zwischen Kamerad und Kameradin, zwischen Heimat und Einsatz, zwischen Freund und Feind, zwischen Transzendenz und Immanenz errichtet bzw. symbolisiert.

Militärseelsorge ist Seelsorge in der Bundeswehr. An welchen Zielperspektiven sie sich dabei orientieren kann, gilt es im Folgenden zu klären.

3. Seelsorgliche Zielperspektiven der Militärseelsorge

3.1 »Fit for Fight«?

Wenn man über das Verhältnis von Religion zu Militär forscht, begegnet einem immer wieder ein und derselbe Fragenkomplex: Macht die Militärseelsorge die Soldatinnen und Soldaten einsatz- bzw. kampffähig? Trägt sie dazu bei, dass die Moral der Truppe aufrechterhalten bleibt? Verleiht sie Einsätzen einen tieferen Sinn, der möglicherweise nicht vorhanden ist? Und gibt sie den Soldatinnen und Soldaten das Gefühl, dass sie in ihren Einsätzen für die richtige Sache streiten?

Dieser Fragenkomplex firmiert unter dem schillernden Begriff »fit for fight«. Die dänische Fernsehserie »Die Wege des Herrn« (orig. Herrens Veje) inszeniert anschaulich und zugespitzt zugleich, was damit gemeint sein kann:[161] Der junge Pfarrer August Krogh meldet sich bei der dänischen Militärseelsorge und erklärt sich einverstanden, Soldatinnen und Soldaten in Afghanistan zu begleiten. August geht mit viel Elan und Idealismus in den Einsatz. Er hält durchdachte Predigten, die die Soldatinnen und Soldaten aufrütteln und zur ethischen Reflexion ermutigen sollen. Die gewünschten Erfolge bleiben aus. August fügt sich nicht in die militärischen Strukturen und Dynamiken des Camps und gerät so zusehends in Isolation. Seine kritische Haltung wird auf die Probe gestellt, als ihn Soldatinnen und Soldaten bitten, ihre gepanzerten Fahrzeuge für eine Patrouillenfahrt zu segnen. August kommt der Bitte nicht nach. Ein Fahrzeug wird außerhalb des Camps angesprengt. August gibt infolgedessen seine kritisch distanzierte Haltung schrittweise auf und lässt sich immer weiter auf die Sogwirkungen und Dynamiken des Militärs ein. Er will seinen »Fehler« wieder gut machen und begleitet hochgerüstete Infanterieeinheiten bei einem Außeneinsatz. Die dänischen Soldatinnen und Soldaten geraten dabei in einen Hinterhalt. August tritt im Kugelhagel als »ihr« Pfarrer auf, segnet die Soldaten und ihre

---

[161] Vgl. zum folgenden Abschnitt KARLE/PEUCKMANN, Seelsorge in der Lebenswelt Bundeswehr, 24 f.

3. Seelsorgliche Zielperspektiven der Militärseelsorge

Gewehre. Er greift schließlich selbst zur Waffe und erschießt eine unschuldige Zivilistin. Er wird vom Pfarrer zum Krieger.[162]

Die Serie ist fiktiv und lebt vom Element der künstlerischen Überzeichnung. Dennoch spielt die Frage, ob und inwieweit Seelsorgerinnen und Seelsorger Einfluss auf die Einsatztauglichkeit der Soldatinnen und Soldaten nehmen, in der Realität eine wichtige Rolle. Seitdem die Bundeswehr mit robusten Mandaten – wie es sicherheitspolitisch heißt (gemäß der Charta der Vereinten Nationen, Kap. VII Art. 42) – in internationalen Einsätzen präsent ist, kommt diesem Thema eine neue Brisanz zu. Zum Aufgabenspektrum der Bundeswehr gehören seit dem Afghanistaneinsatz offiziell die Beteiligung an Kampfhandlungen.[163] So aktuell allerdings die Entwicklung ist, dass deutsche Soldatinnen und Soldaten (wieder) in Gefechtssituationen verwickelt sind, so alt ist zugleich die Frage, ob die Kirche mit der Militärseelsorge an der Umsetzung militärischer Zielvorgaben beteiligt ist. In der Zeit des NATO-Doppelbeschlusses wurden Militärpfarrer vielfach als »Nato-Theologen« und »Waffensegner« bezeichnet; man bezichtigte sie gar »der ›Zuhälterei‹ für den Soldatenberuf«.[164] Die Sorgen, die sich auf den Begriff fit-for-fight beziehen, wurzeln historisch aber noch tiefer. Es geht um die Befürchtung, dass sich in der Militärseelsorge die Verfehlungen der Wehrmachtseelsorge wiederholen könnten. Sigurd Rink spricht dies in einem Interview offen an: »Während der beiden Weltkriege war der kirchliche Nationalismus noch so stark ausgeprägt, dass viele Pfarrer regelrechte Kriegspredigten hielten – nach dem Motto ›Fit for fight‹.«[165] Rink erklärt, dass sich diese Haltung in der Militärseelsorge der Bundeswehr inhaltlich und strukturell nicht fortgesetzt hat. Diese Aussage stimmt mit dem Militärseelsorgevertrag überein, der explizit die Unabhängigkeit und Selbständigkeit der Militärseelsorge gegenüber der Bundeswehr herausstellt. Die Militärseelsorge ist kein integraler Bestandteil der Bundeswehr, weswegen die Seelsorge »weder der psychologischen Aufrüstung noch der Erziehung zur Kampftüchtigkeit des Soldaten«[166] dient. Ihre Unabhängigkeit bewahrt sie davor, eine systemstabilisierende Funktion zu übernehmen.

---

[162] Vgl. »Herrens Veje«, PRICE/DAM/BERG, Staffel 1, Folge 2.

[163] Sebastian Schmitz bilanziert in seiner Studie über die Entwicklung des soldatischen Selbstverständnisses, dass der ISAF-Einsatz in Afghanistan die Transformation der Bundeswehr von einer Verteidigungsarmee hin zu einer kampftauglichen Armee im Einsatz abgeschlossen hat: »ISAF war insofern der letzte fehlende Entwicklungsschritt von einer reinen Verteidigungsarmee zu einer Armee, deren Beteiligung im nahezu gesamten Spektrum potenzieller Einsatzszenarien möglich erscheint.« DERS., Das soldatische Selbstverständnis im Wandel, 176.

[164] HENNING, Ein ungewolltes Kind der Kirche?, 187.

[165] Sigurd Rink interviewt von Evelyn Finger: »Mein Großvater war ein fantastischer Zuhörer«.

[166] SIMON, Militärseelsorge im Auslandseinsatz, 345.

Dennoch bleibt die Frage, ob es nicht in der Praxis der Militärseelsorge zu Situationen kommt, in denen Soldatinnen und Soldaten durch die seelsorgliche Begleitung wieder einsatzfähig gemacht werden. Zur Klärung dieser Frage gilt es den Begriff fit-for-fight differenziert zu betrachten:

1. Gehört es zu den Zielen von Seelsorge, Menschen *fit* zu machen?[167] Diese Frage ist in der Poimenik mit einer leichten Akzentverschiebung für das Feld der Krankenhausseelsorge bereits diskutiert worden. Im Fokus steht dabei die Frage, ob bzw. inwiefern Seelsorgende im Krankenhaus am Therapieprozess beteiligt sind und gezielt zur Heilung von Patientinnen und Patienten beitragen. Obwohl Seelsorge im Einzelfall heilende Wirkungen haben kann, ist sie nicht originär an medizinischen Behandlungszielen orientiert.[168] Für die Krankenhausseelsorge gilt insofern eine ähnliche Grundkonstellation wie für die Militärseelsorge. Sie ist nicht Teil der gastgebenden Institution, »nicht Teil des Krankenhauses«[169], sondern oszilliert vielmehr »zwischen Kirche und Krankenhaus«.[170] Aufgrund der Andersartigkeit von Seelsorge ist sie nicht der Systemlogik des Krankenhauses, das auf Heilung zielt, verpflichtet. Ähnliches gilt für die Militärseelsorge. Theologinnen und Theologen sind sowohl im Krankenhaus als auch in der Bundeswehr Repräsentanten der Kirche und nicht der jeweiligen Institution, in die sie entsendet werden. Das zeigt sich vor allem daran, wie sie in solchen Institutionen wahrgenommen werden. Eine Patientin wünscht sich beispielsweise vom Klinikseelsorger keine medizinische Behandlung, sondern schätzt an dessen abwartendem Auftreten die Möglichkeit zur offenen Kommunikation. Ähnliches gilt für einen Soldaten im internationalen Einsatz, der von der Militärseelsorgerin im Camp keine strategische Lageeinschätzung verlangt, sondern den wöchentlichen Gottesdienst besucht, da dieser für einen kurzen Moment die Monotonie des Einsatzalltags aufhebt.[171] Das Potenzial von Seelsorge in Fremdsystemen besteht darin, dass sie trotz einer »Feldkompetenz« mit ihrer Andersartigkeit und ihrer eigenen Sichtweise auf den Menschen heilsame Selbstreflexionen anregen kann.

---

[167] Vgl. zum gesamten Abschnitt KARLE/PEUCKMANN, Seelsorge in der Lebenswelt Bundeswehr, 25.
[168] Vgl. KARLE, Chancen und Risiken differenter Systemlogiken im Krankenhaus, 64.
[169] KARLE, Perspektiven der Krankenhausseelsorge, 548.
[170] MORGENTHALER, Seelsorge, 333. Michael Klessmann hat diesbezüglich für die Krankenhausseelsorge das Bild des »Zwischen-Raumes« entworfen, das anschaulich die Stellung und die Herausforderungen für kirchliches Handeln im Gesundheitssystem abbildet. Ein programmatisches Potenzial lässt sich, so die Kritik Traugott Rosers, aus diesem Leitbild jedoch nicht für die Arbeit der Krankenhausseelsorge ableiten. Vgl. KLESSMANN, Einleitung, 14–16; vgl. ROSER, Wie positioniert sich Seelsorge im Gesundheitswesen, 274.
[171] Vgl. PATBERG, Nicht jeder Tag ist Mittwoch; siehe auch Kap. IV 2.2.2.

Dennoch kann sich eine seelsorgliche Begleitung auch positiv auf einen Genesungsprozess auswirken. Gründe für die Genesung sind nicht immer nur somatisch bedingt, auch die Psyche eines Patienten spielt eine Rolle. Die Psychosomatik, eine vergleichsweise junge Krankheitslehre der Medizin, folgt deshalb einer ganzheitlichen Betrachtungsweise. Die Seelsorge kann in dieser Perspektive wirkungsvoll an Genesungsprozessen beteiligt werden. Das mag auch eine Erklärung dafür sein, warum Krankenhäuser ein mitunter ökonomisches Interesse an Seelsorge entwickeln und damit in ihrer Eigendarstellung werben. Das ändert allerdings nichts daran, dass Seelsorge weiterhin Teil des Religionssystems bleibt. Seelsorge strebt im Krankenhaus nicht nach Heilung, diese kann sich allerdings als »Nebenwirkung« einstellen.[172]

Heißt das im Umkehrschluss, dass die Militärseelsorge Soldatinnen und Soldaten zwar nicht explizit einsatzfähig macht, dies allerdings als »Nebenwirkung« ihrer Begleitung in Kauf nehmen muss? Hundertprozentig auszuschließen ist dies nicht, doch deuten zwei weitergehende Gedanken an, dass »fit-for-fight« niemals zu den Intentionen seelsorglicher Begleitung von Bundeswehrsoldaten gehören kann.

So ist zum einen darauf hinzuweisen, dass die Einsatzfähigkeit nicht mit dem Zustand des Gesundseins verglichen bzw. parallelisiert werden kann. Soldatinnen und Soldaten werden zur Einsatzfähigkeit trainiert und vorbereitet. Diese »Fähigkeit« stellt sich nicht einfach ein, sondern muss aktiv erworben, kultiviert und nicht zuletzt internalisiert werden, damit die notwendigen Handlungen in den erforderlichen Situationen rasch und nahezu automatisiert erfolgen können.[173] Einsatzfähigkeit ist deshalb als eine professionelle Haltung der Soldatinnen und Soldaten zu verstehen, die im konkreten Moment frei von Emotionen abgerufen werden können muss. Ein Bundeswehrsoldat berichtet davon in einem Feldpostbrief: »Plötzlich eine Detonation, der Boden unter den Füßen vibriert. [...] Ich ziehe Weste und Helm an. Ein Zugführer schreit seine Soldaten an, nicht vor dem Fenstern zu stehen. Ein anderer brüllt: Gefechtsbereitschaft herstellen! Ich lade mein Gewehr und spüre Adrenalin. Ich bin perplex, dass ich weder Angst noch Panik verspüre.«[174]

Zum anderen ist der dynamische Zustand des Gesundseins grundsätzlich positiv besetzt. Wenn sich also andeutet, dass sich eine seelsorgliche Begleitung positiv auf einen Genesungsprozess auswirkt, wird dieser Prozess nicht behindert, sondern als *erfreuliche* »Nebenwirkung« begrüßt. Anders sieht das bei

---

[172] KARLE, Perspektiven der Krankenhausseelsorge, 548.

[173] Das heißt im Umkehrschluss allerdings nicht, dass sich Gesundheit lediglich passiv ergibt. Krankheiten werden durch Therapien aktiv behandelt, damit sich eine Genesung einstellt. Hieraus resultiert jedoch keine spezifische *Fähigkeit* – gar eine »Gesundheitsfähigkeit«.

[174] BAUMANN/LANGEDER/MUCH/OBERMAYER/STORZ (Hg.), Feldpost, 73 f.

der Einsatzfähigkeit aus. Zwar darf diese nicht als negativer Zustand verstanden werden. Für den Erfolg der Friedensmissionen und für die psychische und physische Integrität der Soldatinnen und Soldaten ist eine intakte Einsatzfähigkeit unerlässlich. Die Militärseelsorge reflektiert jedoch, ob diese Einsatzfähigkeit beeinträchtigt ist und ob sich ihre Arbeit darauf auswirkt. Eine »Wiederherstellung« der Einsatzfähigkeit ist nicht ihr Ziel, dies könnte sie auch kaum leisten. Eine Erschütterung der Einsatztauglichkeit geht häufig mit psychischen Belastungen wie Posttraumatische Belastungsstörungen (PTBS), kognitiven Dissonanzen[175] oder moralischen Verletzungen einher. Eine therapeutische Behandlung psychischer Krankheitsbilder kann die Militärseelsorge nicht bieten. Eine Seelsorge der kritischen Solidarität bricht an diesem Punkt mit der Systemlogik der Bundeswehr. Sie folgt nicht dem »Einsatzparadigma«, das alles der Einsatztauglichkeit unterordnet.[176] Militärseelsorgerinnen und Militärseelsorger sehen das individuelle Leid eines Menschen, der in ein Krisengebiet gestellt ist. Ihnen geht es nicht darum, den Soldaten wieder kampffähig zu machen, sondern ihm einen Ausweg aus der psychisch belastenden Situation zu ermöglichen.[177] Diese kritisch-solidarische Haltung praktiziert die Militärseelsorge auch im Vorfeld einer möglichen »Verlegung« von Soldatinnen und Soldaten in einen Einsatz. Klaus Beckmann berichtet von einem entsprechenden Fall: »Während meiner zweiten Woche als Militärpfarrer wurde ich durch einen Kompaniechef ›angefordert‹. Der junge Offizier instruierte mich bereits am Telefon, wie ich mit einem Soldaten, der nicht nach Afghanistan gehen wollte, zu

---

[175] Vgl. GMELCH, Der Umgang mit kognitiven Dissonanzen als Proprium einer praktischen Militärseelsorge.
[176] Vgl. a. a. O., 117 f.
[177] Soldatinnen und Soldaten, deren Einsatztauglichkeit aufgrund von belastenden Erfahrungen eingeschränkt sind, werden von der Bundeswehr in der Regel aus dem Einsatzgebiet abgezogen. Davon berichten auch Feldpostbriefe: »Heute bekam ich die Bestätigung dafür, dass ich richtiggelegen hatte mit meiner Vermutung, was Oberleutnant Ziller* (Name durch Herausgeberinnen und Herausgeber geändert) angeht. Er war Zugführer des zweiten Zuges und wurde heimgeflogen. Angeblich Bluthochdruck, aber jeder wusste, dass das nicht stimmte. Es war einfach zu viel für ihn. Er ist mit dem Einsatz nicht zurechtgekommen und hat nervliche Probleme bekommen.« BAUMM/LANGEDER/MUCH/OBERMAYER/STROZ (Hg.), Feldpost, 147. Eine solche Repatriierung ist allerdings für die betreffenden Soldatinnen und Soldaten zumeist problematisch, da sie sich auf die Karriere in der Bundeswehr negativ auswirkt. Viele Soldatinnen und Soldaten gehen in einen Auslandseinsatz, weil sie hoffen, als Berufssoldat – also in ein unbefristetes Beschäftigungsverhältnis – übernommen zu werden. Der Weg zur Militärseelsorge ist insofern deutlich niedrigschwelliger, da sich daraus erst einmal keine Konsequenzen ergeben. Die Soldatinnen und Soldaten können in diesen belastenden Situationen mit der Militärseelsorge gemeinsam nach Lösungen suchen, die ihnen in der jeweiligen Situation helfen, ohne die geplante Berufsbiographie zu gefährden.

sprechen und den Mann zu bearbeiten hätte, um ihn doch noch in den Einsatz zu bringen. [...] Ich habe da nicht mitgespielt, der Soldat blieb zu Hause«.[178]

2. Worauf (*for*) bereitet Seelsorge vor? Kann Seelsorge überhaupt auf etwas vorbereiten, wenn sie es mit »vagen Dinge[n]«[179] und »dem Problem der Unbestimmbarkeit zu tun«[180] hat? Diese theoretische Bestimmung deutet ein Problem an: Auf Unbestimmbares oder auf vage Dinge kann es keine *konkrete* Vorbereitung geben. Seelsorge weiß als religiöse Kommunikation um diese besondere Herausforderung und versucht daher, Unbestimmbares in Bestimmbares zu überführen.[181] Von der Seelsorge kann aber keine konkrete Vorbereitung auf ein zukünftiges Ereignis erwartet werden. Umgekehrt heißt das allerdings nicht, dass sie Menschen unvorbereitet in eine unbestimmbare Zukunft gehen lässt. Jede Segenshandlung zum Ende eines Gottesdienstes, jede Kasualie und jedes Seelsorgegespräch am Sterbebett folgen dem Gedanken, dass das Unbestimmbare in Bestimmbares überführt und damit Trost und Hilfe vermittelt werden kann.

Militärseelsorge begleitet Soldatinnen und Soldaten, die sich einer unbestimmbaren Zukunft ausgesetzt sehen. Dafür greift sie verstärkt auf Ressourcen religiöser Kommunikation zurück. Im Falle einer Versetzung oder einer Verlegung in einen Einsatz bietet die Militärseelsorge rituelle Formen zur Gestaltung eines solchen Übergangs an. Dies kann im Rahmen eines Standortgottesdienstes mit einer individuellen Segenshandlung erfolgen. Oftmals geben Militärseelsorgerinnen und Militärseelsorger den Soldatinnen und Soldaten auch ein kleines Kreuz mit einem Bibelspruch,[182] die Christophorus-Plakette[183] oder die Michaelsmedaille[184] mit auf den Weg.

3. Was heißt eigentlich *fight?* Die Diskussion über fit for *fight* erweckt den Eindruck, dass Kämpfen zum Tagesgeschäft der Bundeswehrsoldaten gehört.[185]

---

[178] BECKMANN, Treue. Bürgertum. Ungehorsam, 43.
[179] EMLEIN, Die Seelsorge und die Theorie, 175. Mit diesem Begriff bezieht sich Emlein auf Peter Fuchs. Vgl. FUCHS, Die Verwaltung der vagen Dinge.
[180] KARLE, Chancen und Risiken differenter Systemlogiken im Krankenhaus, 63.
[181] Vgl. LUHMANN, Funktion der Religion, 26.
[182] Vgl. Evangelisches Kirchenamt für die Bundeswehr (Hg.), Begleitung im Licht des Evangeliums, 17–20.
[183] Vgl. ZIMMERMANN, Hinterhalt am Baghlan River in Afghanistan, 37 f.
[184] Siehe Kap. IV 3.1.2.
[185] Einen genauen Überblick über die Beteiligung deutscher Bundeswehrsoldaten an Kampfhandlungen gibt es bislang nicht. Für die Sommermonate im Jahr 2011 spricht der Sozialpsychologe Phil Langer davon, dass gut ein Drittel der Bundeswehrsoldaten in Afghanistan »bereits an Schusswechseln teilgenommen« hat. LANGER, Soldatenalltag in Afghanistan, 254.

Das ist aber nicht der Fall.[186] Zwar sind Soldatinnen und Soldaten seit dem Einsatz in Afghanistan offiziell an aktiven Kampfhandlungen beteiligt. Richtig ist auch, dass Soldatinnen und Soldaten durch diese Handlungen verwundet und zu Tode kommen können. Von den 59 getöteten Bundeswehrsoldaten in Afghanistan haben 35 Soldaten ihr Leben durch »Fremdeinwirkung«, wie es in der amtlichen Sprache der Bundeswehr heißt, verloren.[187] Kämpfen gehört zur Realität des Soldatenberufes. Trotzdem wird der Soldat nicht primär als Kämpfer, sondern als »multifunktionaler Soldat« definiert. Soldaten müssen in den internationalen Einsätzen als Vermittler, Helfer (»bewaffnete Entwicklungshelfer«), Schützer und Kämpfer agieren.[188] Die Kampftauglichkeit bildet insofern nicht das gesamte Aufgabenspektrum deutscher Soldaten im Einsatz ab. Gerade in der jüngeren Vergangenheit ist erkennbar, dass die Bundeswehr ihren Fokus im Einsatz auf die Ausbildung, Aufklärung, Peacekeeping und die militärische Polizeiarbeit legt. In diesen Zusammenhängen spielt die Kampftauglichkeit kaum eine Rolle. Im Interesse eines inhaltlich orientierten Dialoges bietet sich die Rede von der Kampftauglichkeit also nicht an. Der Fokus müsste allgemeiner auf die Einsatzfähigkeit gelegt werden.

Fit for fight bildet keine Zielperspektive der Militärseelsorge. Sowohl strukturell als auch inhaltlich ist von der Militärseelsorge kein Beitrag zur Einsatzfähigkeit der Bundeswehrsoldaten zu erwarten. Die Militärseelsorge bewahrt sich in ihrer kritisch-solidarischen Begleitung ihre Eigenständigkeit. Sie lässt sich nicht verzwecken, sondern vertritt ihre religiöse Perspektive in der Lebenswelt Bundeswehr. Dieser religiösen Perspektive sieht sie sich auch in der Einsatzbegleitung verpflichtet, weswegen sie ihr seelsorgliches Handeln dahingehend reflektiert, ob die Einsatzfähigkeit von Soldatinnen und Soldaten durch ihre Präsenz berührt und verändert wird. Es kann nicht restlos ausgeschlossen werden, dass sich die Einsatzfähigkeit durch die seelsorgliche Begleitung als eine Art »Nebenwirkung« einstellt, aber das ist niemals das Ziel von Seelsorge. Sie ist *religiöse Kommunikation im Horizont der Unverfügbarkeit* und in diesem Verständnis von jeder Form einer säkularen Zielvorgabe des Militärs zu unterscheiden.

---

[186] Siehe Kap. III 3.3.3.
[187] Seit 1992 haben 114 Bundeswehrsoldaten in den unterschiedlichen Auslandseinsätzen ihr Leben verloren. 37 von Ihnen sind infolge von Anschlägen, Sprengfallen oder Gefechten gestorben. Vgl. u. a. HAMMER, Wie der Staat trauert, 13 f.
[188] Vgl. SCHMITZ, Das soldatische Selbstverständnis im Wandel, 202.

3.2 Ethisch sensible Seelsorge

In der Militärseelsorge rücken die Bereiche der theologischen Ethik und der Seelsorge dicht zusammen.[189] Militärseelsorge ist *ethisch sensible Seelsorge.* Mit dieser Beschreibung tritt ein neues Problem in den Fokus. Zwar ist »[d]ie Ethik als Thema der Seelsorge [...] in den letzten Jahren neu entdeckt«[190] worden. Zugleich gilt aber immer noch, dass »[d]ie Beziehung zwischen Seelsorge und Ethik [...] ein eher vernachlässigtes Thema«[191] darstellt.

Dieses distanzierte Verhältnis ist sowohl theologisch als auch historisch erklärbar. So hat sich beispielsweise die Seelsorgebewegung der 1960er Jahre gegen jede Form einer bevormundenden Moral positioniert. Dadurch sind ethische Themen, die unter dem Verdacht standen, in gewisser Weise einen Moralismus in die Seelsorge einzutragen, aus dem poimenischen Diskurs weitgehend verschwunden. Diese Konstellation war neu, denn »Wolfgang Trillhaas und Eduard Thurneysen [hatten] in ihren pastoraltheologischen bzw. seelsorgerlichen Lehrbüchern ganz selbstverständlich ethische Fragen vor allem der Sexualität, des Beziehungslebens und der Ehe thematisiert.«[192]

Gleichzeitig ist festzustellen, dass sich die theologische Ethik in der zweiten Hälfte des 20. Jahrhunderts neu ausrichtete. Sie emanzipierte sich zusehends von der Dogmatik und legte den Fokus auf Fragen der Sozialethik.[193] Diese Spezialisierung findet gegenwärtig Ausdruck in den unterschiedlichen Bereichsethiken wie beispielsweise der Wirtschafts-, Medizin- oder Tierethik.[194] Die Neuprofilierung der theologischen Ethik geht in gewisser Hinsicht mit einer »Auswanderung der Ethik aus der Theologie«[195] einher. Das führt auch dazu, dass religiöse Themen und Argumente an Gewicht verlieren. Hartmut Kreß bilanziert vor diesem Hintergrund, dass sich in der zweiten Hälfte des 20. Jahrhunderts »eine überdehnte Ent-Christlichung [sic.] und problematische Säkularisierung, Verweltlichung der theologischen Ethik«[196] abzeichnet. Infolgedessen klingt das Interesse an der Seelsorge ab, was auch damit zusammenhängt, dass nicht mehr klar ist, was mit dem bei der Seelsorge im »Hintergrund stehende[n] Begriff der Seele«[197] gemeint ist.[198]

---

[189] Vgl. LOHMANN, Militärseelsorge aus ethischer Perspektive.
[190] SCHNEIDER-HAPPRECHT, Was kann die Ethik von der Seelsorge lernen?, 270.
[191] FISCHER, Ethische Dimensionen der Spitalseelsorge, 207.
[192] JÄHNICHEN/KARLE, Ethik für die Seelsorge – Seelsorge für die Ethik, 277 f.
[193] Vgl. a. a. O., 278.
[194] Vgl. u. a. HUBER/MEIREIS/REUTER (Hg.), Handbuch der Evangelischen Ethik, 331–400; 519–583; 587–647.
[195] MÜLLER, Das Ethos im seelsorgerlichen Handeln, 3.
[196] KREß, Evangelische Sozialethik vor dem Problem der neuzeitlichen Säkularisierung, 114.
[197] KUNZ/NEUGEBAUER, Ethische Seelsorge und Orientierungsvielfalt, 247.

Seit den 1990er Jahren ist zu beobachten, dass der Dialog zwischen der theologischen Ethik und der Seelsorge wieder aufgenommen wird. Das hat damit zu tun, dass beide Disziplinen einerseits die Theologizität ihres Faches wieder deutlicher in den Vordergrund stellen und andererseits in der Auseinandersetzung mit den komplexen Herausforderungen einer modernen Lebensführung die Grenzen einer monoperspektivischen Reflexion und Herangehensweise erkennen. Aus diesem Grund ist es wenig überraschend, dass sich der Dialog zwischen Ethik und Seelsorge vor allem auf konkrete Handlungsfelder, zu denen beide Disziplinen bereits mit einer je eigenen Perspektive geforscht haben, konzentriert.[199] Damit ist vor allem das Feld der medizinischen Praxis gemeint, das mittlerweile im Dialog zwischen Medizinethik und Krankenhausseelsorge auch mit einem geweiteten Wahrnehmungsfokus in der Theologie reflektiert wird.[200]

Aber auch grundsätzliche Versuche einer Verhältnisbestimmung beider Disziplinen wurden in den letzten Jahren entwickelt. Eines der ersten Modelle geht auf Eilert Herms zurück. Herms schlägt vor, »die Seelsorge, und zwar ihr Vollzug als ganzer, in ethischen Kategorien zu begreifen«[201] und die Seelsorge vollständig in der Ethik aufgehen zu lassen. Herms vertritt dabei ein sehr weites Verständnis von Ethik, das unter anderem auch Disziplingrenzen übersteigt. Das erklärt, warum das Konzept teilweise im poimenischen Diskurs positiv rezipiert wurde.[202] Trotzdem liest es sich als einseitige Vereinnahmung der Seelsorge durch die Ethik, wodurch ein Dialog zwischen beiden Disziplinen verhindert wird.

Zurückhaltender beschreibt Jürgen Ziemer das Verhältnis zwischen Ethik und Seelsorge. Er spricht von einer *Orientierungsarbeit.*[203] Seelsorge geht dabei nicht in der Ethik auf, verzichtet aber zugleich nicht auf eine ethische Perspektive. Michael Klessmann, der das Konzept der Orientierungsarbeit würdigend in seinem Lehrbuch hervorhebt, weist darauf hin, dass die Seelsorge da-

---

[198] Diese begriffliche Unklarheit gilt allerdings auch für den poimenischen Diskurs, in dem der Seelenbegriff in der zweiten Hälfte des 20. Jahrhunderts problematisiert wird, teilweise auch verschwindet. Vgl. EICHENER, Seele und Seelsorge, 437 f.; zur Bedeutung des Seelenbegriffs für die Seelsorge vgl. KARLE, Praktische Theologie, 405–407.
[199] Vgl. JÄHNICHEN/KARLE, Ethik für die Seelsorge – Seelsorge für die Ethik, 287 f.
[200] Vgl. SCHNEIDER-HAPPRECHT, Was kann die Ethik von der Seelsorge lernen?, 270; vgl. FISCHER, Ethische Dimensionen der Spitalseelsorge; vgl. MOOS, Ethik als Herausforderung der Klinikseelsorge; vgl. STURM, »Was soll man da in Gottes Namen sagen«?; vgl. MOOS/EHM/KLIESCH/TIESBONENKAMP-MAAG, Ethik in der Klinikseelsorge.
[201] HERMS, Die ethische Struktur der Seelsorge, 53.
[202] Vgl. WINKLER, Seelsorge, 3.
[203] Vgl. ZIEMER, Seelsorgelehre, 143–149.

100   3. Seelsorgliche Zielperspektiven der Militärseelsorge

durch eine wichtige Wahrnehmungsweitung für den praktischen Vollzug erhält: »Ethische Beratung ist nicht mit Belehrung zu verwechseln.«[204]

Ethik und Seelsorge sind zwei Perspektiven, die im Hinblick auf die Reflexion und Diskussion von Fragen und Herausforderungen einer gegenwärtigen Lebensführung *sensibel* aufeinander zu beziehen sind. Es geht sowohl um eine »Ethik für die Seelsorge« als auch um eine »Seelsorge für die Ethik«.[205] Dieser wechselseitige Dialog macht es möglich, *Grenzfälle des Lebens* umsichtig wahrzunehmen und zu reflektieren, um orientierende Impulse für die Praxis geben zu können. Gerade in der seelsorglichen Praxis zeigt sich, wie wichtig ein solcher Dialog ist. Das gilt beispielsweise für das Feld der Transplantationsmedizin,[206] für Fragen im Umfeld der Suizidassistenz[207] oder für die Begleitung von Polizistinnen und Polizisten infolge eines Schusswaffengebrauchs[208]. All dies sind Grenzfälle des Lebens, die sich im Einzelfall nicht mit eindeutigen Urteilen bewerten lassen. Genau deshalb wird für diese Studie die Formulierung der *ethisch sensiblen* Seelsorge gewählt.[209] Sie ist ethisch sensibel – nicht bloß ethisch re-

---

[204]   KLESSMANN, Seelsorge, 306.

[205]   Vgl. ausführlich dazu JÄHNICHEN/KARLE, Ethik für die Seelsorge – Seelsorge für die Ethik.

[206]   Vgl. LEY, Herz über Kopf.

[207]   Siehe dazu einen diskurseröffnenden Aufsatz, der von Autorinnen und Autoren der theologischen Ethik, der Poimenik und der kirchlichen Praxis verfasst wurde und im Frühjahr 2021 eine Debatte zum Thema des assistierten Suizides anstieß. Der Aufsatz bezieht sich auf das Urteil des Bundesverfassungsgerichtes (BGH), das 2020 das Verbot zur »geschäftsmäßigen Sterbehilfe« für verfassungswidrig erklärt hatte und damit eine neue Ausgangslage für die Frage nach der assistierten Sterbebegleitung geschaffen hat. Vgl. ANSELM/KARLE/LILIE, Den assistierten professionellen Suizid ermöglichen.

[208]   Vgl. SCHIEWEK, »Kritische Solidarität«.

[209]   Diese Studie betrachtet die Militärseelsorge dezidiert aus einer poimenischen Sicht. Deshalb ist hier auch zunächst »nur« von einer ethisch sensiblen Seelsorge, innerhalb derer die Ethik als eine Dimension seelsorglichen Handelns zu verstehen ist (vgl. KÖRTNER, Ist die Moral das Ende der Seelsorge, oder ist die Seelsorge am Ende Moral?), die Rede. Im Sinne einer Verhältnisbestimmung zwischen Ethik und Seelsorge wäre dieser Gedanke noch um eine *seelsorgesensible Ethik* zu erweitern. Beide Perspektiven – Ethik und Seelsorge – nehmen das menschliche Leben sowohl hinsichtlich des Individuums als auch der sozialen Gemeinschaft in den Blick. Dabei arbeiten beide Perspektiven auch mit normativen Annahmen und Kategorien, die sich im wechselseitigen Gespräch präzisieren lassen. So gelingt es ethischen Reflexionen, Ordnungssysteme aufzustellen, die eine allgemeine Orientierung bieten können. An den »Grenzen« dieser Ordnungssysteme, das zeigt die soziale Praxis, wird es zusehends schwierig allgemeingültig sagen zu können, was »gut« oder »schlecht«, »richtig« oder »falsch«, »erstrebenswert« oder »verwerflich« ist. Diesen Grenzfällen setzt sich jedoch die Seelsorge aus, die mit ihrer Konzentration auf den Einzelfall starre, zum Teil exkludierende und auch belastende Moralvorstellungen verflüssigt, um so neue Perspektiven auf das Leben eröffnen zu können. Gleichzeitig hilft eine ethische Sensibilisierung der Seelsorge im

3.2 Ethisch sensible Seelsorge

flektiert oder ethisch informiert –, weil sie um die Ambivalenzen der Grenzfälle des Lebens weiß, an denen es kein »richtig« oder »falsch« gibt.

Soldatinnen und Soldaten der Bundeswehr setzen sich von Berufs wegen Grenzfällen des Lebens aus. Nicht selten konfrontiert sie dies auch mit der »Schattenwelt des Todes«.[210] Sie werden Zeugen von Leid und Gewalt, von Schmerz und Not, von Zerstörung und Tod. Sie treten als »violence workers«[211] auf, die Gewalt androhen und auch anwenden müssen. Sie machen Erfahrungen damit, helfen zu wollen, es aber nicht zu können. Der Soldatenberuf führt in seiner letzten Konsequenz immer wieder in die Grauzonen des Lebens hinein. Deshalb ist für die Seelsorge in der Bundeswehr der Dialog mit der Ethik[212] – im Sinne einer ethischen Sensibilisierung – unverzichtbar, denn »[d]as ethische

---

Blick zu behalten, dass ethische Annahmen immer auch das Seelsorgegespräch prägen. Das Gegenüber wird solche Annahmen mit in das Gespräch eintragen. Auch Seelsorgerinnen und Seelsorger werden sich nicht von solchen Vorstellungen lösen können. Seelsorge ist ein soziales Geschehen und insofern immer auch von ethischen Vorstellungen und Annahmen geprägt. Diese Bedingung im Blick zu behalten, ist gerade bei Seelsorgesituationen, die sich hinsichtlich von Grenzfällen des Lebens ergeben, wichtig. An diesen Momenten ist es notwendig, Solidarität und Empathie nicht mit Beliebigkeit und Indifferenz zu verwechseln. Gerade deshalb ist ein orientierendes Gespräch zwischen Ethik und Seelsorge für die Grenzfälle des Lebens unverzichtbar.

[210] Evangelisches Kirchenamt für die Bundeswehr (Hg.), Begleitung im Licht des Evangeliums, 15; vgl. auch KARLE/PEUCKMANN, Seelsorge in der Lebenswelt Bundeswehr, 21 f.

[211] SCHIEWEK, Heroismus in der Seelsorge, 89.

[212] Dabei stellt sich die Frage, an welchen Grundformen ethischer Theorie sich die Militärseelsorge orientieren sollte. Eine eindeutige Antwort lässt sich nicht geben, da sowohl die Lebenswelt Bundeswehr als auch die Grenzfälle des Lebens derart komplex sind, sodass sie nicht ausschließlich mit einem ethischen Theorietypus angemessen erfasst werden können. Gerade bei den Grenzfällen des Lebens, die Ausnahmesituationen darstellen, zeigt sich, dass güterethische Argumentationen eine hilfreiche Orientierung bieten, da sie einen Perspektivwechsel ermöglichen. Tugendethische und pflichtethische Konzepte und Modelle sind darüber hinaus in der Bundeswehr weit verbreitet. Für eine Seelsorge, die sich zu deutlich an diesen Grundformen anlehnt, besteht allerdings die Gefahr, dass sie in einen »seelsorgliche[n] Dirigismus« (ZIEMER, Seelsorgelehre, 83) abgleitet. Nicht zuletzt stellt sich auch die Frage, welche Bereichsethik als Gesprächspartner für eine ethisch sensible Seelsorge dienen kann. Auch hier sind unterschiedliche Antworten denkbar. So wird es hilfreich sein, dass sich Seelsorgerinnen und Seelsorger mit den Perspektiven der Militärethik (kritisch) auseinandersetzen (vgl. dazu u. a. VON SCHUBERT, Integrative Militärethik). Auch kann das Gespräch mit der Medizinethik weiterführend sein, vor allem für Seelsorgerinnen und Seelsorger in den Krankenhäusern der Bundeswehr. Für die eigene Orientierung und Verortung scheint allerdings die Friedensethik unverzichtbar zu sein. Eine ethisch sensible Seelsorge in der Bundeswehr wird aus diesem Grund immer in einer mehr oder weniger engen Verbindung zur Friedensethik stehen.

Phänomen ist seiner inhaltlichen wie seiner erlebnismäßigen Seite nach ein Grenzereignis.«[213]

Nun gilt es zu klären, wie solch eine ethisch sensible Seelsorge in der Bundeswehr aussehen kann. Dafür werden im Folgenden zwei Begriffe als Orientierung herangezogen, die sowohl in der Ethik als auch in der Seelsorge eine wichtige Rolle spielen: Freiheit und Verantwortung.

1. *Freiheit:* Dem Begriff der Freiheit kommt in der Seelsorgetheorie von Friedrich Daniel Ernst Schleiermacher eine besondere Bedeutung zu. Schleiermacher bestimmt die *Förderung der Freiheit* des einzelnen Gemeindegliedes als Ziel der Seelsorge.[214] Es obliegt dem Seelsorger, »die geistliche Freiheit der Gemeindemitglieder zu erhöhen«[215] und ihnen so eine Klarheit für ihre Lebensführung zu geben. Faszinierend ist, dass Schleiermacher in seinem Seelsorgeverständnis das aufklärerische Freiheitsbewusstsein mit dem Freiheitsverständnis des Evangeliums verbindet.[216] Freiheit wird als Gewinn an Selbstbestimmung, als Befreiung aus Unfreiheit und als Stärkung von Individuen verstanden. Zugleich wird Freiheit theologisch qualifiziert als eine Beziehung des Menschen zu Gott, die im Licht der Rechtfertigung eine lebensbejahende und anerkennende Würdigung erfährt. Vor allem die Perspektive der Rechtfertigung ist Schleiermacher in seinem Seelsorgeverständnis wichtig. Er ist davon überzeugt, dass die Gemeindeglieder teilhaben an der gnadenvollen Zuwendung Gottes und daher selbst bereits in Freiheit leben. Sie sind also zur Freiheit berufen, woraus Schleiermacher wiederum die Konsequenz zieht, dass sich der Geistliche in seinem Amt zurückhalten muss und seine Ratschläge nicht aufdrängen darf.[217] Freiheit wird in der Seelsorge einerseits dadurch gefördert, dass das Gemeindeglied in seiner sozialen Vernetzung und seiner Selbstbestimmung gestärkt wird, andererseits aber auch dadurch, dass das Gemeindeglied an die befreiende Botschaft des Evangeliums erinnert wird. Freiheit ist daher bei Schleiermacher »sowohl Ausgangspunkt als auch Zielsetzung der Seelsorge.«[218]

Gerade aufgrund des theologischen Freiheitsverständnisses gewinnt der einzelne Gläubige vor Gott in der Seelsorge an Gewicht. Dem einseitigen Fokus auf das Individuum steuert Schleiermacher wiederum entgegen, indem er den einzelnen Gläubigen in seiner relationalen Vernetzung zu seinem sozialen Umfeld – ganz im Sinne der Systemischen Seelsorge[219] – in den Blick nimmt. Die Förderung der Freiheit folgt dem Ziel, dass sich der einzelne Gläubige wieder in

---

[213] BONHOEFFER, Ethik, 368.
[214] Vgl. KARLE, Praktische Theologie, 361.
[215] SCHLEIERMACHER, Die Praktische Theologie, 431.
[216] Vgl. ZIEMER, Seelsorgelehre, 83.
[217] Vgl. SCHLEIERMACHER, Die Praktische Theologie, 428.
[218] DUBISKI, Seelsorge und Kognitive Verhaltenstherapie, 152.
[219] Siehe Kap. I 3.2.

seiner Gemeinschaft sozial sowie emotional aufgenommen und integriert fühlt. Schleiermachers Freiheitsverständnis berührt insofern nicht nur das Individuum, sondern auch die soziale Gemeinschaft.

Eine ähnliche Position vertritt Wolfgang Huber, der das christliche Freiheitsverständnis mit dem Gedanken einer gesellschaftlichen Verantwortung verbindet. In seinem Programmbegriff der *kommunikativen Freiheit*, der »Freiheit und Nächstenliebe miteinander verbindet«[220], wird diese relationale Bezogenheit betont. Mit Blick auf die gesellschaftliche Verantwortung bilanziert Huber: »Christliche Freiheit ist nicht allein als Bestimmung der Person in ihrer Individualität und Innerlichkeit auszulegen, sondern sie ist zugleich auszulegen in ihrer Bedeutung für den Bereich gesellschaftlicher Institutionen.«[221] Huber beschreibt das christliche Freiheitsverständnis im Sinne einer Beziehung zwischen Gott und Mensch, die in Form einer aktiven Verantwortung für den Nächsten und die Gemeinschaft gelebt werden möchte. Der theologische Kronzeuge für das Verständnis einer Interdependenz zwischen Freiheit und Verantwortung ist indes Dietrich Bonhoeffer.

2. *Verantwortung:* Bonhoeffers Werk, das biographisch bedingt fragmentarischen Charakter aufweist, wendet sich in zwei Passagen systematisch der Frage nach der Verbindung von Freiheit und Verantwortung zu. Eine erste Ausarbeitung findet sich in seiner Berliner Vorlesung zur Schöpfung unter dem Titel »Schöpfung und Fall« aus dem Wintersemester 1932/33. Bonhoeffer entwickelt darin eine Anthropologie, die sich am Motiv der Gottebenbildlichkeit (Gen 1,26) orientiert.[222] Davon leitet er die Freiheit des Menschen ab, denn wenn »der Schöpfer sein eigenes Bild schaffen [will], so muß er es in Freiheit schaffen.«[223] Bonhoeffer betont damit, dass der Mensch schöpfungstheologisch zur Freiheit berufen ist. Diese Freiheit wird wiederum nicht als eine substantielle Qualität, sondern als eine Beziehung definiert: »Freiheit ist keine Qualität des Menschen, keine noch so tief irgendwie in ihm aufzuckende Fähigkeit, Anlage, Wesensart. [...] Freisein heißt ›frei-sein-für-den-anderen‹«.[224] Deshalb ist Freiheit für Bonhoeffer ausschließlich als Beziehungsgeschehen denkbar. Das führt wiederum zu der Konsequenz, dass der Mensch Verantwortung für diese Beziehung trägt. Der Mensch, der in Freiheit geschaffen ist, übernimmt Verantwortung für seine Beziehung zu Gott und zur Welt. Grundlage dafür ist, dass er in Freiheit handeln kann: »Verantwortung setzt [also] Freiheit voraus.«[225]

---

[220] HUBER, Von der Freiheit, 10.
[221] A.a.O., 60.
[222] Zu Bonhoeffers Deutung der Gottebenbildlichkeit vgl. u.a. PEUCKMANN, Tierethik im Horizont der Gottebenbildlichkeit, 94-96.
[223] BONHOEFFER, Schöpfung und Fall – Versuchung, 40.
[224] A.a.O., 41.
[225] DUBISKI, Seelsorge und Kognitive Verhaltenstherapie, 189.

104   3. Seelsorgliche Zielperspektiven der Militärseelsorge

In seiner Ethik und insbesondere in dem häufig zitierten Kapitel »Die Struktur des verantwortlichen Lebens«²²⁶ greift Bonhoeffer diesen Gedanken auf und buchstabiert die Dimension des verantwortlichen Lebens weiter aus. Freiheit bildet auch hier die Grundlage, auf der sich Verantwortung ereignen kann. Dabei wird sie allerdings christologisch und nicht mehr ausschließlich schöpfungstheologisch gedacht.²²⁷ Treu bleibt sich Bonhoeffer darin, dass die gelebte Verantwortung den Menschen in ein doppeltes Verhältnis – einmal zu Gott, einmal zur Welt – rückt: »Verantwortung besteht nach Bonhoeffer stets in einer doppelten Ausrichtung: in der Bindung des eigenen Lebens an Gott und an die Mitmenschen«.²²⁸

In seiner Biographie hat Bonhoeffer eindrücklich gezeigt, dass christliche Verantwortung kein abstraktes Gedankenmodell ist, sondern aktiv gelebt werden soll. Seine Verantwortungsethik ist dabei güterethisch gedacht, da sie sich an der Frage nach dem *guten Leben* orientiert.²²⁹ Dies kann mitunter zu radikalen Konsequenzen führen, wie es auch Bonhoeffers Mitwirkung in der Konspiration gegen die nationalsozialistische Diktatur zeigte. Auch die Frage, ob ein Tyran-

---

²²⁶ BONHOEFFER, Ethik, 256–289.
²²⁷ Vgl. a. a. O., 257.
²²⁸ JÄHNICHEN, Freie Verantwortlichkeit und Zivilcourage, 103.
²²⁹ Diese Zuspitzung bedarf einer Anmerkung, da Bonhoeffers Ethik für gewöhnlich pflichtethisch interpretiert wird. Vor allem in seinem Buch »Nachfolge«, das an die Bergpredigt anschließt, wird eine Ethik entworfen, »die an Rigorismus kaum zu überbieten sein dürfte.« (LOHMANN, Die christliche Ethik als Güterethik, 117). In dem Ethikmanuskript, das zeitlich etwa zehn Jahre später entsteht, können aber Akzentverschiebungen festgestellt werden. Der Begriff der Verantwortung gewinnt an Bedeutung, das Gesetz wiederum erfährt im Horizont der Christuswirklichkeit seine Heiligung teilweise sogar in der Übertretung. Bonhoeffer legt damit eine Ethik vor, die sehr wohl güterabwägend argumentiert. Der Fokus liegt auf dem *relativ Besseren*, das zu einem guten Leben führen soll. Bonhoeffer verdeutlicht dies folgendermaßen: »Nicht ein ›absolutes Gutes‹ soll verwirklicht werden, vielmehr gehört es zu der Selbstbeschneidung des verantwortlich Handelnden, ein relativ Besseres dem relativ Schlechteren vorzuziehen und zu erkennen, daß das ›absolute Gute‹ gerade das Schlechteste sein kann.« (BONHOEFFER, Ethik, 260). Im Rekurs auf diese Güterabwägungen hat Joseph Fletcher Bonhoeffer bereits in den 1960er Jahren als Vorläufer der Situationsethik entfaltet und erstmalig Anknüpfungsstellen für eine güterethische Interpretation geboten. Die ideengeschichtliche Studie von Friderike Barth und die Vergleichsstudie zu Bonhoeffer und Adorno von Christiane Bindseil haben in der jüngeren Zeit die Bedeutung des »Guten« für Bonhoeffers Ethik weiter herausgearbeitet und die Tür für eine güterethische Interpretation weiter geöffnet. Vor diesem Hintergrund kann sich dem Fazit von Friedrich Lohmann angeschlossen werden: »Auch Bonhoeffer erweist sich, zumindest in diesen späten Aufzeichnungen, als Güterethiker«. DERS., Die christliche Ethik als Güterethik, 118; vgl. BONHOEFFER, Nachfolge (DBW 4); vgl. FLETCHER, Moral ohne Normen?; vgl. BARTH, Die Wirklichkeit des Guten; vgl. BINDSEIL, Ja zum Glück.

nenmord ethisch geboten sein kann, kann Bonhoeffer vor diesem Hintergrund bejahend beantworten. Damit wird zwar punktuell ein Verstoß gegen das fünfte Gebot in Kauf genommen. Die ethische Verbindlichkeit wird aber nicht aufgehoben. Ein Leben in Verantwortung kann situativ zur notwendigen Schuldübernahme führen, die der Mensch für sich tragen muss. Diesem notwendigen Schuldigwerden hält Bonhoeffer jedoch den Zuspruch der Gnade entgegen, die allerdings nicht als schlichte Kompensation einer schuldhaften Handlung entfaltet wird. Verantwortliches Handeln, das zur Schuldübernahme führt, wird nicht »billig« gerechtfertigt, sondern als durch den Menschen getragen qualifiziert. Erst wenn dies erkannt wird, kann der schuldiggewordene Mensch im Vertrauen auf Christus auf die Gnade hoffen. Ein Automatismus leitet sich davon aber nicht ab, weil das verantwortliche Handeln »in der Unwissenheit um das Gute«[230] geschieht und letztlich »eben darin ein freies Wagnis«[231] bleibt. Bonhoeffer resümiert: »Ob aus Verantwortung oder aus Zynismus gehandelt wird, kann sich nur darin erweisen, ob die objektive Schuld der Gesetzesdurchbrechung erkannt und getragen wird und gerade in der Durchbrechung die wahre Heiligung des Gesetzes erfolgt. So wird der Wille Gottes in der aus Freiheit kommenden Tat geheiligt. Weil es aber hier um eine Tat aus der Freiheit geht, darum wird der Mensch nicht in heillosem Konflikt zerrissen, sondern er kann in Gewißheit und Einheit mit sich selbst das Ungeheure tun, in der Durchbrechung des Gesetzes das Gesetz erst zu heiligen.«[232]

Bonhoeffer denkt trotz dieser Radikalität die gelebte Verantwortung nicht schrankenlos, sondern durchaus begrenzt: »Unsere Verantwortung ist nicht eine unendliche, sondern eine begrenzte.«[233] Dies hat vor allem pragmatische Gründe. Menschen, die in Unfreiheit leben, die ihr Handeln nicht vollends verantworten können, will Bonhoeffer nicht in »[d]ie Struktur des verantwortlichen Lebens« zwängen. Daran zeigt sich, dass Bonhoeffer nicht nur ethischer Theologe war, sondern auch Seelsorger.[234] Ein Gespräch zwischen ihm und Werner von Haeften aus dem Jahr 1939 veranschaulicht dies eindrücklich.[235] Von Haeften hat als höherer Offizier direkten Zugang zu Hitler und ringt mit der Frage, ob er der Barbarei des Nationalsozialismus durch ein Attentat auf den »Führer« ein Ende bereiten soll. Er konfrontiert Bonhoeffer unmittelbar mit seiner seelischen Zer-

---

[230] BONHOEFFER, Ethik, 285.
[231] A.a.O., 284f.
[232] A.a.O., 298f.
[233] A.a.O., 267.
[234] Zu Bonhoeffer als Seelsorger vgl. KLESSMANN, Seelsorge, 64f; vgl. auch SCHOSSWALD, Dietrich Bonhoeffer (1906–1945); vgl. PEUCKMANN, Freedom and Responsibility in the Theology of Dietrich Bonoeffer, 163–166; mit Blick auf das Feld der Krankenhausseelsorge vgl. ausführlich ZIMMERMANN-WOLF, Einander beistehen, 243–269.
[235] Vgl. ZIMMERLING, Bonhoeffer als Praktischer Theologe, 147f.

rissenheit: »Soll ich schießen? Ich kann mit der Waffe ins Führerhauptquartier kommen. Ich weiß, wann und wo die Besprechungen stattfinden. Ich kann mir Zutritt verschaffen.«[236] Bonhoeffer erkennt, dass von Haeften vollends in eine Lebenslage der Unfreiheit hineingestellt ist und versucht ihn deshalb von seinem Vorhaben abzuhalten. Er argumentiert als ein Ethiker im Rahmen eines seelsorglichen Gespräches. Er fragt von Haeften, wie es nach dem Attentat weitergehen soll. Die Konsequenzen und der Fortgang der Tat müssen mitberücksichtigt werden. Von Haeften weiß auf diese Fragen keine Antwort. Bonhoeffer vergegenwärtigt ihm, dass seine angedachte Handlung zwar Verantwortung in der gegenwärtigen Situation übernehmen würde, dass die Verantwortung vor der Zukunft dabei allerdings nicht mitgedacht sei.

Was heißt dies nun konkret für die Arbeit der Militärseelsorge? Als eine ethisch sensible Seelsorge ist sie einerseits daran orientiert, die Soldatinnen und Soldaten in ihrer Freiheit zu fördern, andererseits sie in ihrer Bereitschaft zu einem verantwortlichen Leben, das sich »als Handeln zugunsten anderer«[237] versteht, zu ermutigen. Soldatinnen und Soldaten werden in Situationen gestellt, die oftmals verantwortungsvolles Handeln verlangen. Dafür das Gespür wachzuhalten, aufzuzeigen, dass Verantwortung mitunter auch in die Übernahme von Schuld führen kann, die individuell verantwortet werden muss und darin erst gerechtfertigt werden kann, ist ein wesentliches Anliegen ethisch sensibler Seelsorge. Sie versteht sich jedoch nicht als eine ethische Belehrung, sondern tritt im Sinne Schleiermachers zurückhaltend auf und ist durch ein »[t]aktvolles Verhalten«[238] charakterisiert. Vornehmlich Begegnungen im Lebenskundlichen Unterricht oder im Gottesdienst, aber auch im persönlichen Gespräch eröffnen Räume, die die seelsorgliche Dimension des verantwortlichen Lebens berühren können. Auf dem Fundament einer Förderung von Freiheit kann die ethisch sensible Seelsorge nicht zuletzt *Orientierungsarbeit*[239] leisten, indem sie in der Lebenswelt Bundeswehr die Dimension der Verantwortung in ihre seelsorgliche Begleitung von Soldatinnen und Soldaten integriert.

Freiheit und Verantwortung sind nicht nur wesentliche Orientierungspunkte für die Seelsorge mit den Soldatinnen und Soldaten. Sie erinnern auch die Militärseelsorge daran, in welcher Tradition sie ihren Dienst in der Bundeswehr leistet. Eine Kirche *mit* und *unter* Soldatinnen und Soldaten, die Freiheit fördert und den Sinn für ein verantwortungsvolles Leben wachhält, entspricht der Botschaft des Evangeliums.

---

[236] Ebd.
[237] Zeeb, Souveränität als Verantwortung, 31.
[238] Karle, Der Pfarrberuf als Profession, 119.
[239] Vgl. Ziemer, Seelsorgelehre, 143–149.

4. Wahrnehmen: Ethisch sensible Seelsorge im Sinne der kritischen Solidarität

Militärpfarrerinnen und Militärpfarrer sind in der Bundeswehr in erster Linie als Seelsorgerinnen und Seelsorger gefragt. Sie begleiten Menschen, die sich aufgrund ihres beruflichen Umfeldes nicht selten besonderen Herausforderungen stellen müssen, die von Berufs wegen auch mit Grenzfällen des Lebens in Berührung kommen können. Ihnen solidarisch beizustehen, ist eine wesentliche Aufgabe der Seelsorge in der Bundeswehr. Zugleich wird deutlich, dass Grenzfälle des Lebens nicht einfach nur empathisch begleitet werden können. Sie sind und bleiben ambivalent. Sie sind Ausnahmesituationen, die nach einer ethischen Reflexion und Einordnung verlangen. Auch die Androhung und Anwendung von Gewalt gehört nicht zu den alltäglichen Aufgaben von Bundeswehrsoldatinnen und -soldaten, sodass auch diese militärische Handlung, die mittlerweile eine Konsequenz der Einsatzrealität ist und im Zweifelsfall auch eingefordert werden kann, in gewisser Weise einen Ausnahmefall darstellt.

Die Militärseelsorge ist *ethisch sensible Seelsorge*, weil viele Themen der Seelsorge in der einen oder anderen Weise auch mit ethischen Fragen, bisweilen auch Dilemmata, zusammenhängen. Es tritt in den Blick, dass es in der Praxis der Militärseelsorge zuvörderst um *Wahrnehmung* geht. Es geht darum, Personen in ihrer herausfordernden Lebenswelt wahrzunehmen, Themen und Probleme, Kontexte und Beziehungen, Sorgen und Nöte wahrzunehmen. Eine solche Wahrnehmung geht mit einer besonderen Haltung, die es überhaupt erst erlaubt, die feinen Nuancen innerhalb der seelsorglichen Gespräche und Begegnungen zu erfassen, einher. Diese Haltung lässt sich in der Militärseelsorge mit dem Konzept der *kritischen Solidarität* beschreiben. Militärpfarrerinnen und Militärpfarrer sind in der Bundeswehr sowohl solidarisch als auch kritisch. Sie sind solidarisch, weil sie sich an die Seite der Soldatinnen und Soldaten stellen, mit ihnen in den Einsatz gehen und vor Ort auch viele ihrer Lebensbedingungen teilen. Sie sind zugleich kritisch, weil sie die Grenzfälle des Lebens nicht als Selbstverständlichkeit hinnehmen und deren Ambivalenzen nicht übergehen. Sie sind kritisch, weil sie sich diesen Ambivalenzen stellen, diese aushalten und sie auch – wenn nötig – offen zum Thema machen. Dabei ist die Haltung der kritischen Solidarität nicht eindimensional gedacht. Die Solidarität gilt den Soldatinnen und Soldaten nicht schrankenlos; die Kritik wiederum bezieht sich nicht nur auf die Institution der Bundeswehr. Kritische Solidarität ist mehrdimensional zu denken. Das meint nicht zuletzt auch, dass sich die Militärseelsorgerinnen und Militärseelsorger selbst kritisch reflektieren müssen. Sie müssen sich kontinuierlich der Frage stellen, ob sie ihre Andersartigkeit in der Lebenswelt Bundeswehr konstruktiv aufrechterhalten können. Diese Andersartigkeit, die sich in elementarster Form im Seelsorgegeheimnis manifestiert, ist konstitutiv und zentral für die Seelsorge in der Bundeswehr. Die kritische Solidarität ist insofern ein allgemeiner Kompass für eine ethisch sensible Seelsorge in den Streitkräften.

III. Lebenswelt Bundeswehr

1. Überlegungen zum Lebensweltbegriff

Seelsorge findet in unterschiedlichen Kontexten statt und kennt vielfältige Ausprägungen und Formate. Daher stellt das Bild zweier Personen, die sich verabreden, um miteinander über Probleme oder über Fragen des Glaubens zu sprechen, das sich assoziativ beim Stichwort »Seelsorge« aufdrängen mag, eine inhaltliche, methodische und kontextuelle Engführung dar. Seelsorge ist mehrdimensional zu verstehen.

Christoph Morgenthaler knüpft sein systemtherapeutisch orientiertes Seelsorgeverständnis an fünf Dimensionen, die prägend für Seelsorgesituationen sind. Er spricht von Personen (1), von Beziehungen (2), von Themen (3), von Kontexten (4) und von einem Transzendenzbezug (5),[1] der das Seelsorgegeschehen auf einen religiösen Horizont, der nicht immer expressis verbis Gegenstand der Begegnung sein muss, verweist. All diese Dimensionen sind in ganz eigener Weise in das Seelsorgegeschehen eingeschrieben.

Seelsorge als religiöse Kommunikation im Horizont der Unverfügbarkeit schließt an dieses mehrdimensionale Verständnis an. Hiervon leitet sich die Frage ab, wie diese Dimensionen im Feld der Militärseelsorge zu verstehen sind. Das nachfolgende Kapitel wird die Dimensionen der *Personen* respektive ihrer *Beziehungen* sowie des *Kontextes* in den Blick nehmen.

Dass Soldatinnen und Soldaten, ihre Familien sowie Militärseelsorgerinnen und Militärseelsorger wichtige Akteure von Seelsorge in der Bundeswehr sind, liegt auf der Hand. Seelsorge ist ein Beziehungsgeschehen,[2] die involvierten Personen sind sozial miteinander vernetzt. Dies gilt grundsätzlich für Seelsorge. Erklärungsbedürftig erscheint hingegen die Dimension des Seelsorgekontextes, der sich bei der Militärseelsorge über das System der Bundeswehr erschließt. Für andere Seelsorgefelder wie beispielsweise die Krankenhaus- oder Gefängnisseelsorge ist inzwischen vielfach empirisch erhoben und zugleich theoretisch reflektiert worden, dass sich Seelsorge an solchen Orten nicht jenseits des

---

[1] Vgl. MORGENTHALER, Seelsorge, 22–25.
[2] Vgl. LUTHER, Religion und Alltag, 234.

1. Überlegungen zum Lebensweltbegriff

Systems vollziehen kann, sondern von den Dynamiken dieser Systeme jeweils auch mitgeprägt wird.[3] Aus diesem Grund ist das System Bundeswehr höchst relevant für die Analyse der Militärseelsorge.

Aus poimenischer Sicht ist es wichtig, dass solche Systeme nicht als »abgeschlossene Container« verstanden werden, sondern dass auch die Umwelteinflüsse, die auf das System einwirken, Berücksichtigung finden. Erst mit diesem geweiteten Verständnis können alle Akteure einer seelsorglichen Begegnung angemessen erfasst werden - insbesondere gilt dies für die Soldatenfamilien, die in der Regel außerhalb des Bundeswehrraums loziert sind. Diese Weitung des Wahrnehmungshorizontes deutet an, dass die Rede von Kontexten für die Seelsorge hinsichtlich der involvierten Personen in der Tendenz nicht präzise genug ist. Zutreffender werden diese skizzierten Dynamiken im *Lebensweltbegriff* berücksichtigt. Wie lässt sich aber dieser Begriff verstehen?

Zunächst einmal ist beim Lebensweltbegriff festzustellen, dass er in der Gegenwart vielfach Verwendung findet, theoretisch jedoch oft unterbestimmt bleibt. Zuweilen wird er synonym zum Begriff Leben gebraucht. Seine originäre Herkunft besitzt der Lebensweltbegriff indes in der Phänomenologie.[4] Dort wurde die Frage diskutiert, wie das Verhältnis von Vorfindlichkeit zu subjektiver Konstruktion eine Lebenswelt prägt: Ist eine Lebenswelt vorstrukturiert oder wird sie einzig durch die Akteure, die sich in ihr bewegen, subjektiv konstruiert? Jürgen Habermas entwarf - auch unter Berücksichtigung phänomenologischer Konzepte - in seiner *Theorie des kommunikativen Handelns* eine systematische Lebensweltkonzeption.[5] Die Lebenswelt wird dabei als »der Horizont, in dem sich die kommunikativ Handelnden ›immer schon‹ bewegen«[6] gedacht. Habermas betont, dass die Lebenswelt inhaltlich bereits vorinterpretiert ist und so eine Deutungsfolie bereitstellt für die Interpretation der kommunikativen Interaktionen. Das heißt, dass sich kommunikatives Handeln einerseits im vorgegebenen Rahmen einer Lebenswelt vollzieht, andererseits durch den Vollzug die Lebenswelt reproduziert.[7] Neben dieser kommunikationstheoretischen Bestimmung der Lebenswelt sind in der Gegenwart vor allem systemisch-konstruktivistische Konzepte entwickelt worden, die die Lebenswelt aus einem vorfindlichen Rahmen lösen.[8] Die Lebenswelt wird dabei als Resultat subjektiver Konstruktionsprozesse verstanden.

---

[3] Vgl. Moos/Ehm/Kliesch/Thiesbonenkamp-Maag, Ethik in der Klinikseelsorge; vgl. Funsch, Seelsorge im Strafvollzug, insb. 265-306.

[4] Vgl. Husserl, Phänomenologie der Lebenswelt; vgl. Kraus, Lebenswelt und Lebensweltorientierung, 116.

[5] Vgl. Henke, Seelsorge und Lebenswelt, 157.

[6] Habermas, Theorie des kommunikativen Handelns, Bd. 2, 182.

[7] Vgl. Henke, Seelsorge und Lebenswelt, 294.

[8] Vgl. Kraus, Lebenswelt und Lebensweltorientierung, 116-129.

Im gewissen Sinne stehen sich diese beiden Ansätze unvereinbar gegenüber, deshalb wird auf einen Versuch der Harmonisierung beider Perspektiven hier auch verzichtet. Für die Wahrnehmung und Reflexion der *Lebenswelt Bundeswehr* scheint das Miteinander[9] beider Perspektiven (kommunikationstheoretisch und systemisch-konstruktiv) dennoch weiterführend zu sein, weil sich dadurch aktuelle Spannungen sichtbar machen lassen. So kann einerseits beobachtet werden, dass die Lebenswelt Bundeswehr auf einen kommunikativ vorfindlichen Rahmen zurückgeworfen ist. Die Redewendung von »Befehl und Gehorsam« führt dies unmittelbar vor Augen. Der Befehl ist eine originäre Kommunikationsform des Militärs, der seine Entsprechung im Gehorsam findet. Der Befehl steht mithin im vorinterpretierten Rahmen dieser Lebenswelt. Dadurch, dass ihm entsprochen wird (Gehorsam), erfolgt die Reproduktion der militärischen Lebenswelt. Andererseits hat sich die Bundeswehr in den letzten Jahrzehnten erkennbar dem gesellschaftlichen Raum gegenüber geöffnet, mitunter auch öffnen müssen. Dadurch ist es zu Berührungen mit Lebensweltkonzepten gekommen, die vorinterpretierte Kommunikationsinhalte infrage stellen. In der Bundeswehr dienen heute beispielsweise nicht mehr ausschließlich Männer als Soldaten, sondern ebenfalls Frauen als Soldatinnen. Zugleich üben Soldatenfamilien mittlerweile stärkeren Einfluss auf ihre Partner in der Bundeswehr aus und veranlassen diese zu einer individuellen Auseinandersetzung mit den vorinterpretierten Kommunikationsinhalten, sodass neue Deutungen entstehen können, die nicht als eine Reproduktion, sondern als eine individuelle Konstruktion der Lebenswelt Bundeswehr zu verstehen sind.

In dieser Studie ist der Lebensweltbegriff vereinzelt in diesem doppelten Sinne bereits verwendet worden. Das nachfolgende Kapitel wird daran anschließen und das System Bundeswehr (2), die Soldatinnen, Soldaten und ihre Familien in der Lebenswelt Bundeswehr (3) und die Kirche in der Lebenswelt Bundeswehr (4) genauer in den Blick nehmen. Dafür wird im Sinne einer »soziologischen Aufklärung«[10] noch deutlicher als in der vorherigen Darstellung ein Dialog mit der Militärsoziologie sowie der Sozial- und Organisationspsychologie gesucht.

---

[9] Damit ist keine Vermischung dieser zwei Ansätze gemeint. Es geht vielmehr darum, dass sich aus der Kombination der zwei Perspektiven ein mehrdimensionales Bild der Lebenswelt Bundeswehr erheben lässt. In ähnlicher Weise arbeiten auch Wolf-Eckart Failing und Hans-Günter Heimbrock mit einem mehrdimensionalen Lebensweltbegriff, den sie in Opposition zur Alltagswelt stellen. Gerade mit der Mehrdimensionalität in der Begriffsbestimmung gelingt ihnen eine Perspektivweitung, die für die praktisch-theologische Forschung anregend ist. Vgl. Dies., Gelebte Religion wahrnehmen, 174–176.

[10] Dieser Terminus geht auf Niklas Luhmann zurück, der dieses Programm in einer sechsbändigen Schriftenreihe entfaltet hat. Vgl. Ders., Soziologische Aufklärung 1 bis 6, Wiesbaden 2018. Für die Poimenik wurde dieses Vorgehen erstmalig von Isolde Karle rezipiert. Vgl. Dies., Seelsorge in der Moderne.

2. Das System Bundeswehr

2.1 Die Bundeswehr als »Totale Institution«?

»Eine spezialisierte Seelsorge ist vor allem dort notwendig und unabdingbar, wo Menschen zeitlich begrenzt voll in eine Organisation inkludiert sind und nicht mehr die Möglichkeit haben, ›normal‹ am gesellschaftlichen Leben und damit an anderen Funktionssystemen teilzunehmen.«[11] In einer *funktional differenzierten Gesellschaft* sind solche Organisationen, die einen umfassenden Zugriff auf die involvierten Menschen besitzen, als große Ausnahme zu werten. Es gilt als unschätzbarer Freiheitsgewinn der Moderne, dass solch ein »totaler« Zugriff im gesellschaftlichen Alltag eigentlich kaum mehr stattfindet.[12]

Trotzdem kennt die Moderne auch Orte, die dadurch charakterisiert sind, dass sie Grenzen der funktionalen Differenzierung aufheben und mehr oder weniger allumfassende Strukturen ausbilden. Der kanadische Soziologe Erving Goffman hat mit dem Begriff der »totalen Institution«[13] eine sozialwissenschaftliche Kategorie zur Beschreibung solcher Orte geschaffen. Dies leitet zu der Frage über, ob und inwieweit die Bundeswehr in ihrer aktuellen Gestalt mit diesem Terminus treffend beschrieben werden kann. In den Debatten der Militärsoziologie wird diese Frage kontrovers diskutiert, ein Konsens konnte bislang nicht gefunden werden.[14] Im Folgenden werden die Argumente der militärso-

---

[11] KARLE, Gefängnisseelsorge, 660.
[12] Es kann gegenwärtig beobachtet werden, dass sich global agierende Unternehmen wieder in Richtung allumfassender Organisationen entwickeln. Mit dem Fortschreiten der Digitalisierung ist zudem zu erwarten, dass die Grenzen zwischen einzelnen Funktionssystemen poröser werden. Die antizipierte »Wirtschaft 4.0« deutet diese Entwicklung an. Vgl. MEIREIS, Digitalisierung und Wirtschaft 4.0.
[13] Für einen pointierten Überblick zum Konzept der totalen Institution vgl. APELT (2012), Militärische Sozialisation, 431–433.
[14] Verwendung findet der Begriff aktuell unter anderem bei RINK, Diener zweier Herrn?, 184; HEIMANN, Zukunftsperspektiven der Militärseelsorge, 127; HAß, Der Freiwilligen

2. Das System Bundeswehr

ziologischen Debatten nachgezeichnet und kritisch gewürdigt, um schließlich aus praktisch-theologischer Sicht eine Antwort auf die Frage nach der Tragfähigkeit dieses Begriffs für die Beschreibung der Bundeswehr geben zu können.

Goffman beschäftigt sich in seinem Buch »Asyle. Über die soziale Situation psychiatrischer Patienten und anderer Insassen« (im englischen Original 1961) mit sozialen Einrichtungen, die er als *Institutionen* bestimmt. Dabei attestiert er sämtlichen Institutionen einen tendenziell allumfassenden Charakter.[15] Für eine systematische Ordnung dieser Institutionen wird eine Unterscheidung in fünf Gruppen vorgenommen. Goffman nennt eine Reihe archetypischer Beispiele wie Gefängnisse, Klöster oder Psychiatrien. Kasernen werden ebenfalls (Gruppe 4) explizit mitaufgeführt. Als wesentliches Charakteristikum einer totalen Institution gilt, dass die Grenzen der unterschiedlichen Lebensbereiche aufgehoben werden und dass »[a]lle Angelegenheiten des Lebens«[16] wie schlafen, spielen und arbeiten, auf den Raum der totalen Institution zentriert sind.[17]

Wehrdienst in der Bundeswehr, 157; DÖRFLER-DIERKEN, Militärseelsorge und Friedensethik, 281.

[15] Vgl. GOFFMAN, Asyle, 15.

[16] A. a. O., 17.

[17] Weiterhin werden noch vier Merkmale einer totalen Institution genannt: Die gesamte Lebenswirklichkeit der involvierten Personen wird auf den Kontext der sozialen Einrichtung zentriert und durch die Aufsicht einer Autorität überwacht (1). Die Mitglieder der Einrichtung führen ihre alltägliche Arbeit in unmittelbarer (formeller) Gesellschaft und in (informaler) Gemeinschaft mit ihren Schicksalsgefährten aus (2). Tätigkeiten sind exakt geplant, strukturiert und folgen einem System expliziter formaler Regeln, das von einem Stab an Funktionären vorgegeben ist (3). Die ausgeführten Tätigkeiten werden überwacht und in einem rationalen Gesamtplan vereinigt, der dem Erfüllen des offiziellen Zieles der Institution folgt (4). Vgl. ebd.

Vor allem die Frage, ob und inwieweit sich in der Bundeswehr informelle Gruppen ausbilden, wird in den Diskussionen über den Begriff der totalen Institution kritisch reflektiert. Allerdings gibt es auch im Raum der Bundeswehr typische Gruppenbildungen, die sich in Formen einer informellen Gemeinschaft ausdrücken. Kleingruppen zwischen zwei oder mehreren Soldatinnen und Soldaten sind dafür ein Beispiel. Interessant ist, dass in solchen Kleingruppen das Konzept der *Kameradschaft* lebendig wird, das aus formaler Sicht der Bundeswehr als Pflicht von den Soldatinnen und Soldaten eingefordert wird (vgl. SG § 12). »Dadurch wird auf Seiten der formalen Organisation die informelle Gruppe (und im Grunde alle Beziehungen zwischen Soldaten), normativ derart aufgeladen«, sodass formale und informelle Gemeinschaft konzeptionell zusammenfallen. Dieser theoretische Befund ist beachtlich, weswegen er eigens an einer späteren Stelle der Studie in den Blick genommen wird (siehe Kap. III 3.2.3). WARBURG, Das Militär und seine Subjekte, 274.

In der Soziologie und der Sozialpsychologie wurde Goffman mit seinem Konzept vielfach rezipiert, zum Teil auch konstruktiv weitergedacht.[18] Diesbezüglich ist vor allem der US-amerikanische Soziologe Lewis Alfred Coser zu nennen, der das Modell der »Greedy Institutions« (gierige Institutionen) entwickelt und dabei wesentliche Überlegungen Goffmans aufgenommen hat, wenngleich er sich auch explizit von Goffman abgrenzt. Der entscheidende Unterschied zu Goffmans Konzept besteht darin, dass Coser seine Institutionen nicht mehr räumlich gebunden versteht. Eine *gierige Institution* ist nicht lokal begrenzt, sondern zeichnet sich durch Dynamiken aus, die sich ortsunabhängig auf ein Individuum beziehen.[19] So kann Coser problemlos den Beruf, die Familie und weitere »organisierte Gruppen« als gierige Institutionen beschreiben.[20] Sie zeichnen sich dadurch aus, dass sie sozialen und emotionalen Druck auf das betreffende Individuum ausüben mit dem Ziel, das größtmögliche Optimum an Leistung, Engagement und Zuwendung exklusiv für sich zu beanspruchen. Für die Reflexion der Arbeit der Militärseelsorge ist dieses Konzept bereits berücksichtigt worden.[21] Im militärsoziologischen Diskurs ist dieser Begriff, anders als Goffmans totale Institution, bislang nicht problematisiert worden. Es zeichnet sich ab, dass der Begriff der totalen Institution nicht allein aufgrund seines Theoriekonzepts kritisiert wird, sondern auch wegen »seiner sprachlichen Einfärbung.

Mit diesem Vermerk rücken jene kritischen Stimmen in den Vordergrund, die Goffmans Begriff der totalen Institution normativ auslegen und eine Anwendung auf die Bundeswehr ablehnen. Im Begriff schwingt die Assoziation der *Totalität* mit. Eine totale Institution wandelt sich in diesem Verständnis zu einem politischen Begriff. Im militärsoziologischen Diskurs ist eine solche Lesart vereinzelt anzutreffen. Als Kontrastreferenz wird die Nationale Volksarmee (NVA) angegeben, die im Gefüge eines totalitären Staates treffend als totale Institution be-

---

[18] Beispielsweise Michel Foucault mit seinem Konzept der »asketischen Institutionen«. Vgl. DERS., Überwachen und Strafen, 295–329.
[19] Vgl. COSER, Gierige Institutionen, 15 f.
[20] Zur Familie als »greedy institution« vgl. a. a. O., 96–106.
[21] Vgl. GMELCH, Der Umgang mit kognitiven Dissonanzen als Proprium einer praktischen Militärseelsorge, 121 f. Auch in der US-amerikanischen Militärsoziologie wird das Militär als gierige Institution beschrieben. Eine Studie aus dem Jahr 1986 arbeitet dies anschaulich heraus. Gleichzeitig wird darin ein Vergleich zwischen den Institutionen des Militärs und der Familie geboten. Beide Sozialbereiche lassen sich als greedy institutions beschreiben. Für Soldatenfamilien wird indes ein gehobenes Potenzial angezeigt, Formen der greedy institution auszubilden: »[M]ilitary families themselves are becoming greedier, increasing the potential conflict between the military and the family.« Dieser Befund ist für die Arbeit der Militärseelsorge mit den Soldatenfamilien bedeutsam (siehe Kap. III 3.2.1). WECHSLER SEGAL, The Military And the Family As Greedy Institutions, 13.

schrieben werden kann.²² Für die Bundeswehr, die in einen demokratischen Rechtsstaat eingebunden ist, ist dieselbe Kategorie aus Sicht jener Kritiker nicht zutreffend.²³ Es steht die Befürchtung im Raum, dass bei der Verwendung dieses Begriffs die Bundeswehr mit der NVA parallelisiert wird. Goffman verwendet den Begriff hingegen nicht politisch, sondern soziologisch.²⁴ Deshalb ist es auch möglich, dieselbe Kategorie auf verschiedene Felder anzuwenden, ohne dabei die Differenzen zwischen den Objekten zu nivellieren. Auch ist die Qualifizierung von Institutionen als »total« nicht mit einer politischen Aufladung im Sinne von »Totalität« zu verwechseln.

Weiterhin geben die Kritiker zu bedenken, dass die Bundeswehr in ihrer aktuellen Gestalt nicht mehr dem deskriptiven Koordinatensystem einer totalen Institution entspricht. Bereits in den 1980er Jahren wies Michael Braun darauf hin, dass die geänderten Strukturen der Bundeswehr einen totalen Zugriff vonseiten der Institution auf die tätigen Soldaten quasi ausschließen würde.²⁵ Diese Deutung wurde seither immer wieder mit der Begründung vertreten, dass sich die Bundeswehr strukturell weiterentwickelt und zugleich kontinuierlich geöffnet habe.²⁶ Goffmans Begriff ist demnach in deskriptiver Hinsicht nicht länger tragfähig für die Bundeswehr. Diese Einschätzung besitzt eine große Plausibilität, allerdings lässt sie sich bei Detailbetrachtung der Bundeswehrstrukturen nicht immer bestätigen.

In der Soziologie wird betont, dass strukturelle Anpassungen in einem System nicht zu linearen Veränderungen führen, sondern auch Gegendynamiken hervorrufen. So konnte Ulrich Beck in seinen Arbeiten zur Individualisierung nachweisen, dass Freiheitsgewinne zugleich mit Freiheitsverlusten einhergehen.²⁷ Es gehört zur Janusköpfigkeit von neugestalteten Strukturen, dass sie eine doppelwertige Veränderung anstoßen. Beck spricht von der »Freisetzungsdimension«, die zu neuen Freiheiten führt, jedoch zugleich eine gegenläufige Entwicklung auslöst, die »eine *neue Art der sozialen Einbindung*«²⁸ zur Folge hat (Reintegrationsdimension).

---

²² Vgl. Rogg, Armee des Volkes?, 277.
²³ Vgl. Müller, Tausend Tage bei der »Asche«, 155–157.
²⁴ Richtig ist zugleich, dass Goffman aus dieser Kategorie auch normative Schlüsse zieht. Aus der Sicht von Insassen (beispielsweise im Gefängnis oder in der Psychiatrie) kann das Eintreten in eine totale Institution als »bürgerlicher Tod« gedeutet werden. Eine *normative* Lesart der totalen Institution für die Reflexion der Bundeswehr ist nicht tragfähig, weil Soldatinnen und Soldaten konzeptionell *Staatsbürger in Uniform* sind. Vgl. Goffman, Asyle, 26.
²⁵ Vgl. Braun, Totale Institution und Primärgruppen.
²⁶ Vgl. Apelt (2004), Militärische Sozialisation, 32.
²⁷ Vgl. Beck, Risikogesellschaft, 206.
²⁸ Ebd. [Hervorhebung im Original].

In der Bundeswehr kann diese Dynamik vielfach beobachtet werden. Neu geschaffene Strukturen führen nicht nur zu Freiheitszugewinnen, sondern werden durch Parallelstrukturen auch konterkariert. Ein Beispiel: Soldatinnen und Soldaten müssen heute, mit Ausnahme der Grundausbildung (GA), nach ihrem verrichteten Dienst nicht weiter auf dem Kasernengelände verweilen. Sie dürfen nach Dienstschluss in ihre Privaträume heimkehren. So gesehen werden Beruf und Privatsphäre hier klar voneinander getrennt. Richtig ist allerdings auch, dass viele Soldatinnen und Soldaten von diesem Recht keinen Gebrauch machen können, weil ihre privaten Wohn- und Lebensräume zu weit entfernt vom Kasernengelände liegen. In der Bundeswehr werden Soldatinnen und Soldaten für die Karriere und die Weiterbildung regelmäßig bundesweit versetzt. Infolgedessen hat sie sich zu einer »Pendlerarmee« entwickelt, in der nahezu 70 % der Soldatinnen und Soldaten zu ihren Standorten anreisen.[29] Durchschnittlich beträgt die Distanz zwischen Wohn- und Standort 121 Kilometer.[30] Von den neuen Freiheiten können viele Soldatinnen und Soldaten insofern keinen Gebrauch machen, sie bleiben unter der Woche an den Standorten.[31] Ihr Privat- und Beziehungsleben reduziert sich damit auf den Zeitkorridor des Wochenendes.

Solche Beispiele sind in vielen weiteren Variationen für die Lebenswelt Bundeswehr erkennbar. Vor allem wird deutlich, dass für eine Armee, die sich als »Armee im Einsatz« versteht und dem sogenannten »Einsatzparadigma« folgt, der Begriff der totalen Institution nach wie vor aussagekräftig ist. Insbesondere in der Einsatzsituation werden aus soziologischer Sicht sämtliche Kriterien einer totalen Institution erfüllt.[32] Das ist auch für den »Normalbetrieb« in den hiesigen Standorten bedeutsam. Das Einsatzparadigma wirkt sich flächendeckend auf die Lebenswelt Bundeswehr aus. Es ist daher plausibel, der Bundeswehr weiterhin die Tendenz des Allumfassenden zu attestieren.

Auch aus systemtheoretischer Sicht lässt sich dieser Befund bestätigten. Niklas Luhmann bestimmt das Militär als eigenständiges Teilsystem der Gesellschaft. Es steht in Verbindung mit dem Teilsystem Politik und ist über

---

[29] Vgl. GMELCH, Der Umgang mit kognitiven Dissonanzen als Proprium einer praktischen Militärseelsorge, 123; vgl. auch THONAK/THEIßEN, Militärseelsorge, 163 f.
[30] Vgl. Deutscher Bundestag (Hg.), Unterrichtung durch den Wehrbeauftragten. Jahresbericht 2018, 91.
[31] Eine empirische Studie vom ZMSBw beziffert den Anteil der Soldatinnen und Soldaten, die unter der Woche aufgrund der Distanz zum Wohnort an den Standorten bleiben mit 40 %. Für einen erheblichen Teil der Bundeswehrsoldaten fallen wochentags also die unterschiedlichen Angelegenheiten des Lebens auf einen Raum – den Raum der Bundeswehr – zusammen. Vgl. BULMAHN/HENNIG/HÖFIG/WANNER, Ergebnisse der repräsentativen Bundeswehrumfrage zur Vereinbarkeit von Dienst und Privat- bzw. Familienleben, 7.
[32] Ein entsprechendes Fazit formuliert Ulrich vom Hagen. Vgl. DERS., Homo militaris, 279.

den Gewaltgebrauch funktional codiert.[33] Diese Bestimmungen treffen auf die Bundeswehr zu. Im Vergleich mit gesellschaftlichen Vollzügen wird wiederum sichtbar, wie deutlich sich die Bundeswehr als eigenständiges Teilsystem hervorhebt. Zeichnen sich gesellschaftliche Abläufe dadurch aus, dass Menschen immer wieder mit unterschiedlichen Funktionssystemen in Berührung kommen, so ist es für den Raum der Bundeswehr charakteristisch, dass in der Regel lediglich ein Funktionssystem präsent ist. In diesen Kontexten dominiert eine Systemlogik, die sich an der Leitunterscheidung *militärisch/zivil* orientiert. Unmittelbar zeigt sich diese Logik in den Momenten, wenn man als Zivilist oder als Soldat in den Raum des Systems eintreten möchte. Ein Soldat kann mit Passierschein an der Wache vorbei mit dem Privat-PKW auf das Kasernengelände einfahren. Ein Zivilist parkt außerhalb, er bedarf zudem in der Regel einer Einladung und einer Prüfung seiner persönlichen Dokumente, sofern er nicht als ziviler Angestellter der Bundeswehr angehört. Auch Subsysteme wie Medizin oder Recht sind in das Gesamtsystem eingepasst und dem Militär unterstellt. Soldatinnen und Soldaten müssen im Krankheitsfall zu Bundeswehrärzten, im Falle dienstlicher Verfehlungen können systeminterne juristische Konsequenzen folgen, die sogar bis zum Freiheitsentzug – dem Strafarrest (Wehrstrafgesetz (WStG) § 9) – reichen. Die Bundeswehr ist folglich nicht nur ein Teilsystem in der Gesellschaft, sie präsentiert sich vielmehr in dieser Hinsicht als ein *Totalsystem*.[34]

Die bisherige Darstellung verdeutlicht, dass aus theoretischer Sicht der Begriff der totalen Institution für eine Beschreibung der aktuellen Bundeswehr nach wie vor plausibel ist. Wahrnehmungen von Personen, die von den Dynamiken dieses Totalsystems betroffen sind, bestätigen diesen Befund. Vornehmlich Soldatenfamilien leiden unter den allumfassenden Strukturen der Bundeswehr und fühlen sich diesen zum Teil hilflos ausgeliefert. In einem Brief von der sogenannten »Heimatfront« wird die als bedrückend empfundene Situation anschaulich geschildert. Die Frau eines Soldaten begibt sich in dem Brief auf die Suche nach Deutungsmustern für ihre Empfindungen. Sie liest eine Diplomarbeit zur Angehörigenbetreuung von Bundeswehrsoldaten, setzt sich selbst mit der Familienarbeit der Bundeswehr auseinander und sucht nach Antworten in Fernsehdokumentationen. Schließlich findet sie über die Diplomarbeit ein Bild, das ihr eigenes Empfinden subjektiv widerspiegelt: »Sie (die Autorin der Diplomarbeit) hat dann Kontakt zu einem Verband von Sado-Masochisten aufgenommen, weil sie absolut nicht weiterkam, und da hat sie die Lösung gefunden: Allen Forumsfrauen ist gemeinsam, dass sie [sich] fühlen wie der devote Teil einer SM-Beziehung, mit dem Unterschied, dass die BW-Angehörigen (d. h.

---

[33] Tobias Kohl führt diesbezüglich als Leitcodierung die Unterscheidung »*organisierte Gegengewalt / Nicht-Gegengewalt*« auf. DERS., Zum Militär der Politik, 178 [Hervorhebung im Original].

[34] Vgl. PEUCKMANN, Kirche(n) unter Soldaten, 290.

Bundeswehrangehörige) nicht die Möglichkeit haben ›Stop‹ zu sagen[,] wenn es zu viel wird. Mit anderen Worten: Abgabe von Verantwortung und Kontrolle über sich ohne die Möglichkeit, diese wieder zu bekommen. Das klingt jetzt erstmal sehr herbeigezogen, aber denk Dir die sexuelle Variante mal weg und ich sage Dir: ES STIMMT! Gegenüber der BW und dem Einsatz fühle ich mich genauso: Ausgeliefert ohne Kontrollmöglichkeit.«[35]

Es ist zu bilanzieren, dass Soldatinnen, Soldaten und ihre Familien in unterschiedlicher Intensität von den Dynamiken der Bundeswehr betroffen sind. Diese Konstellation fordert auch die Militärseelsorge heraus. Sie begegnet Menschen, die durch das System Bundeswehr umfänglich inkludiert werden. Selbstbestimmung und Individuation können dadurch begrenzt werden. Dem begegnet die Seelsorge, die sich als Förderung von Freiheit versteht, mit einer Haltung, die Perspektiven zum Leben eröffnet, indem sie Freiheiten im »Totalsystem« der Bundeswehr fördert und symbolisiert. Diese Perspektiven schließen die Soldatenfamilien mit ein, die zwar nicht örtlich in die Bundeswehr eingebunden sind, von ihren Dynamiken aber empfindlich berührt werden.

Der Begriff der totalen Institution ist mitunter problematisch, weil er eine negative Sicht auf den Betrachtungsgegenstand wirft. Aus diesem Grund ist es verständlich, dass die Bundeswehr und die Militärsoziologie (in Teilen) diesen Begriff entschieden ablehnen. Die Bundeswehr ist nicht wie das Gefängnis als archetypisches Beispiel einer totalen Institution zu verstehen. In ihr herrscht keine Kultur der Unfreiheit. Richtig ist vielmehr, dass die freiheitliche Selbstbestimmung im Rückgriff auf das Konzept der *Inneren Führung* wesenhaft zur Bundeswehr hinzugehört. Mit diesem Aspekt unterscheiden sich die deutschen Streitkräfte prinzipiell von anderen westlich-demokratischen Armeen. Trotzdem bleibt die Bundeswehr eine militärische Institution und als solche kommt sie nicht umhin, starke und umfassende Strukturen auszubilden. Als *deskriptiver Begriff* ist die totale Institution folglich weiterhin aussagekräftig. Dadurch gerät jedoch nicht aus dem Blick, dass die Bundeswehr eine demokratische Armee ist und bleibt. Um Missverständnisse auszuschließen wäre es vermutlich ratsam, nicht von einer totalen Institution zu sprechen, sondern von einer Institution mit allumfassender Tendenz, die besondere Herausforderungen an die involvierten Personen stellt.

2.2 Innere Führung

Als allumfassendes System übt die Bundeswehr nicht nur Einfluss auf die inkludierten Soldatinnen und Soldaten aus, auch wird sie von den Interaktionen

---

[35] SCHWARZ (Hg.), Ich kämpf' mich zu dir durch, mein Schatz, 93 [Erklärende Einfügung N. P.].

der jeweiligen Akteure geprägt. In der Bundeswehr herrscht ein besonderes Binnenklima, das einem konzeptionellen Leitbild folgt. Militärhistorische und militärsoziologische Arbeiten sprechen dabei von der »innere[n] Ordnung«[36], von dem »geistige[n] Überbau«[37] oder von der »Unternehmensphilosophie«[38]. Gemeint ist die *Innere Führung*. Dieser Begriff, »um den sich bis heute ein eigenartiger ›Mythos‹ rankt«,[39] ist wissenschaftlich umfänglich analysiert worden.[40] Trotzdem ist zu erwarten, dass er weiterhin Gegenstand wissenschaftlicher Reflexion bleibt, da es sich bei der Inneren Führung um ein dynamisches und nicht um ein statisches Konzept handelt.[41]

Das zeigt sich auch mit Blick auf die Geschichte der Inneren Führung. Als Begründer dieses Konzepts gilt Wolf Stefan Traugott Graf von Baudissin. Wichtige weitere Impulsgeber waren Johann Adolf Graf von Kielmansegg und Ulrich de Maizière, die allesamt als »›Väter der Inneren Führung‹«[42] bezeichnet werden können. Der Begriff taucht Anfang der 1950er Jahre auf und hängt historisch mit dem Aufbau der Bundeswehr zusammen. 1957 wird das Handbuch »Innere Führung« vom Bundesministerium der Verteidigung veröffentlicht, in dem dieser Begriff zum Leitbild der Bundeswehr erhoben wird.[43] Die Zentrale Dienstvorschrift (ZDv) 10/1 »Hilfen für die Innere Führung« aus dem Jahr 1972 schließt an das Handbuch an und schärft das Leitbild im Kontext der damaligen zeithistorischen Umstände ein.[44] Mit dem Fall des Eisernen Vorhangs wird die ZDv 10/1 im Jahr 1993 auf die gewandelte sicherheitspolitische Situation bezogen neu bestimmt.[45] Die Innere Führung erfährt dadurch einen Wendepunkt, da sich ihr Bezugsrahmen fortan auch auf die Auslandseinsätze der Bundeswehr erstreckt. Kritiker sehen darin einen Bruch zur ursprünglichen Idee der Inneren Führung.

---

[36] BIEHL, Zustimmung unter Vorbehalt, 103.

[37] WIESENDAHL, Zur Aktualität der Inneren Führung von Baudissin für das 21. Jahrhundert, 17.

[38] DÖRFLER-DIERKEN, Ethische Fundamente der Inneren Führung, 26.

[39] WIESENDAHL, Zur Aktualität der Inneren Führung von Baudissin für das 21. Jahrhundert, 20.

[40] Diesbezüglich sind in erster Linie die unterschiedlichen Arbeiten von Heiko Biehl (vgl. u. a. DERS., Einsatzmotivation zwischen Landesverteidigung und Intervention), Angelika Dörfler-Dierken (vgl. u. a. DIES., Führung in der Bundeswehr) und Elmar Wiesendahl (vgl. u. a. DERS., Neue Bundeswehr – neue Innere Führung?) zu nennen.

[41] Vgl. EBLING/SEIFFERT/SENGER, Ethische Fundamente der Inneren Führung, 13.

[42] A. a. O., 6.

[43] Vgl. ausführlich DÖRFLER-DIERKEN, Die Bedeutung der Jahre 1968 und 1981 für die Bundeswehr, 29–31.

[44] Vgl. a. a. O., 53–67. Siehe auch Kap. I 2.2.1.

[45] Ausführlich dazu vgl. DÖRFLER-DIERKEN, Innere Führung am Anfang der 1990er Jahre.

Diese Sichtweise hat eine bis heute andauernde Grundsatzdiskussion[46] ausgelöst: Ist die Konzeption der Inneren Führung auf die Phase des Kalten Krieges begrenzt oder gilt sie auch für die gegenwärtige sicherheitspolitische Lage? Die aktuelle ZDv 10/1 aus dem Jahr 2008 berücksichtigt diese Diskussion randständig und unterstreicht mit dem Untertitel »Selbstverständnis und Führungskultur« die weiterhin gültige Bedeutung dieses Leitbildes.[47]

Was wird nun aber unter der Inneren Führung verstanden? Definitionsversuche sind vielfach vorhanden,[48] trotzdem wurde bislang keine »griffige« Abschlussbestimmung vorgelegt.[49] Ein wesentlicher Grund dafür ist darin zu sehen, dass das Konzept der Inneren Führung mehrere Ebenen umfasst. So gehören zu diesem Konzept die *Führungsphilosophie* der Bundeswehr (1), die *Unternehmensphilosophie* der Bundeswehr (2) und das *Berufsbild* des Soldaten (3).[50] Darüber hinaus ist zu berücksichtigen, dass die Innere Führung einerseits in die Bundeswehr hineinwirkt (innere Lage) und andererseits auf den gesellschaftlichen Raum bezogen bleibt (äußere Lage).[51] Vor allem in der direkten Bezogenheit der Inneren Führung auf den gesellschaftlichen Raum wird sichtbar, dass sie »eine genuin demokratische Konzeption«[52] darstellt. Insgesamt stellt die Innere Führung das grundsätzliche Wertegerüst der Bundeswehr für das konzeptionelle, organisatorische und zwischenmenschliche Miteinander dar. Auf der Grundlage dieses *Wertekompasses* soll ein verantwortliches Handeln erfolgen, das weit über den rein militärischen Bereich hinausreicht.

Die demokratische Verankerung des Konzepts kommt in dem Baudissinischen Terminus des *Staatsbürgers in Uniform*, der ursprünglich »auf den sozialdemokratischen Juristen und Offizier Friedrich Beermann zurück[geht]«[53],

---

[46] Nach Elmar Wiesendahl wird die Diskussion von vier unterschiedlichen Gruppen geführt. Die Gruppe der »Bewahrer« sieht keinen Anpassungsbedarf der Inneren Führung im Hinblick auf die aktuellen sicherheitspolitischen Herausforderungen der Bundeswehr. Dieser Haltung steht die Gruppe der »Anhänger der Bewährungsposition« nahe, die die Kernelemente der Inneren Führung nach wie vor für tragfähig erachtet. Die Gruppe der »pragmatischen Revisionisten« hingegen hat prinzipielle Anfragen an diese Konzeption und sieht vor allem im Hinblick auf die internationale Einbettung der Bundeswehr in Auslandseinsätze große Hindernisse. Die letzte Gruppe der »Totalrevisionisten« vertritt die Position, dass mit der Transformation der Bundeswehr die Zeit der Inneren Führung abgelaufen sei. Vgl. DERS., Zur Aktualität der Inneren Führung von Baudissin für das 21. Jahrhundert, 13–16.
[47] ZDv 10/1 Innere Führung. Selbstverständnis und Führungskultur.
[48] Vgl. DÖRFLER-DIERKEN, Ethische Fundamente der Inneren Führung, 60.
[49] Vgl. WIESENDAHL, Athen oder Sparta, 7.
[50] Vgl. a.a.O., 8.
[51] Vgl. DÖRFLER-DIERKEN, Innere Führung – Innere Lage, 258.
[52] DÖRFLER-DIERKEN, Ethische Fundamente der Inneren Führung, 179.
[53] RINK, Können Kriege gerecht sein?, 95.

deutlich zum Ausdruck. Der Begriff taucht an exponierter Stelle in der Zentralen Dienstvorschrift zur Inneren Führung auf.[54] Zugleich markiert er den Schlüsselbegriff für das Berufsbild des Soldaten. An diesem Begriff lässt sich nachvollziehen, dass das Konzept der Inneren Führung auch für die Arbeit der Militärseelsorge relevant ist, da es den Soldaten nicht funktional in den Blick nimmt (beispielsweise nur als Krieger), sondern ihn als Menschen erkennbar werden lässt.

Mit dem Bild des *Staatsbürgers in Uniform* wird ein »radikaler Gegenbegriff zum ›Soldaten sui generis‹«[55] entworfen. Soldaten sind »an jedem Ort und zu jeder Zeit«[56] Träger der Grundrechte und daher in jeglicher Hinsicht als Menschen mit einer *unantastbaren Würde* (Art. 1 Abs. 1 GG) zu verstehen. Dies macht es notwendig, dass sich die Bundeswehr konzeptionell für eine dauerhafte Irritation öffnet: Sie lässt partizipative Strukturen in ihrem hierarchisch geordneten System zu. Ein Soldat soll nicht bloß einen Befehl befolgen, er soll in verstehen und nachvollziehen können, um ihn schlussendlich vor seinem Gewissen verantworten zu können. Die Verschränkung vom Berufsbild des Soldaten mit den Grundrechten und dem darin enthaltenen Menschenbild deutet an, dass Baudissins Idee vom Staatsbürger in Uniform eine gewisse Offenheit gegenüber einer christlichen Sichtweise auf den Menschen erkennen lässt.[57] Es lässt sich die These aufstellen, dass in das Konzept der Inneren Führung eine implizite *Anthropologie der Freiheit*, die im Prinzip der Relationalität gründet, eingezeichnet ist. Ähnlich beurteilt dies Angelika Dörfler-Dierken in ihrer Studie zu den christlich-ethischen Grundlagen der Inneren Führung. Sie bilanziert, dass das Konzept »seinen geistigen Grund auch im Christentum lutherischer Prägung hat.«[58] Das wird vor allem im Hinblick auf das Menschbild sichtbar: »Im Mittelpunkt der Baudissinischen Leitidee steht das Individuum in seiner Einzelheit und Besonderheit, in seiner Verantwortung für sich, für seinen Nächsten und für die Welt.«[59] Der Staatsbürger in Uniform ist ein Mensch wie jeder anderer und zugleich ein Mensch, der in seinem Dienst für die Freiheit und den Frieden einsteht.[60]

---

[54] Vgl. ZDv 10/1 Innere Führung. Selbstverständnis und Führungskultur, Ziff. 105.
[55] EBLING/SEIFFERT/SENGER, Ethische Fundamente der Inneren Führung, 12.
[56] ZDv 10/1 Innere Führung. Selbstverständnis und Führungskultur, Ziff. 105.
[57] Ähnliche Überlegungen formuliert Martin Brüske. Vgl. DERS., Was ist Innere Führung, 176.
[58] DÖRFLER-DIERKEN, Ethische Fundamente der Inneren Führung, 188.
[59] A. a. O, 119.
[60] »Die Soldatinnen und Soldaten der Bundeswehr erfüllen ihren Auftrag, wenn sie aus innerer Überzeugung für Menschenwürde, Freiheit, Frieden, Gerechtigkeit, Gleichheit, Solidarität und Demokratie als den leitenden Werten unseres Staates aktiv eintreten.« ZDv 10/1 Innere Führung. Selbstverständnis und Führungskultur, Ziff. 106.

Welche Bedeutung kann das Konzept der Inneren Führung vor diesem Hintergrund für die Arbeit der Militärseelsorge haben? Zunächst einmal ist festzuhalten, dass die Innere Führung insgesamt für die Lebenswelt Bundeswehr bedeutsam ist und daher auch relevant für die Militärseelsorge. Einschränkend ist allerdings darauf hinzuweisen, dass die Innere Führung ein theoretisches Konzept darstellt, das sich immer wieder neu in der gelebten Praxis der Bundeswehr realisieren muss. Gerade in der Gegenwart werden immer größere Zweifel laut, ob dies wirklich noch geschieht. Vor allem das Einsatzparadigma hat einen Rahmen für die Bundeswehr geschaffen, der sich mit den Grundannahmen der Inneren Führung nicht immer in Einklang bringen lässt.[61] Dass Soldatinnen und Soldaten im Einsatz zu jeder Zeit von ihren staatsbürgerlichen Rechten Gebrauch machen können, ist schwer vorstellbar.[62]

Für die Militärseelsorge ist die Innere Führung trotzdem bedeutsam.[63] Einerseits betont das Konzept den Bezug vom Militär auf den gesellschaftlichen Raum. Die Innere Führung beinhaltet mithin ein eigenes brückenbauendes Potenzial. Andererseits ist das Konzept anschlussfähig an den friedensethischen Diskurs der Militärseelsorge, weil es den Frieden zur Leitperspektive erhebt. Ohne wörtlich vom *gerechten Frieden* zu sprechen, lässt sich dieses Leitbild implizit in der Inneren Führung wiederfinden, weil der Begriff des Friedens selbst mit weiteren Begriffen wie Freiheit, Gerechtigkeit und Gleichheit verschränkt wird.[64]

---

[61] Vgl. BOHNERT, Innere Führung auf dem Prüfstand.

[62] An Wahlen können Soldatinnen und Soldaten im Auslandseinsatz beispielsweise nur mittels Briefwahl, die über das Feldpostsystem verwaltet werden muss, teilnehmen. Aufgrund der logistischen Herausforderungen kann aber nicht immer sichergestellt werden, dass die Briefwahlunterlagen rechtzeitig zugestellt werden. Dass dieser Prozess scheinbar nicht der allerhöchsten Priorität – immerhin ist das Wahlrecht sakrosankt (Art. 38 GG) und es stellt eines der wichtigsten Instrumente zur Partizipation an der Demokratie dar – unterliegt, macht deutlich, dass die Innere Führung und ihr Leitbild vom Staatsbürger in Uniform durch die Einsatzrealität infrage gestellt wird.

[63] Bislang ist über diese Thematik in der Militärseelsorge wenig gearbeitet worden. Eine Ausnahme stellt ein Vortrag vom ehemaligen katholischen Militärbischof Walter Mixa (2000–2010) am Zentrum Innere Führung in Koblenz im Jahr 2001 dar. Mixa weist darauf hin, dass die Militärseelsorge weder rechtlich, noch organisatorisch, noch inhaltlich Bestandteil der Inneren Führung ist. Inhaltliche Bezüge seien dennoch augenfällig, weswegen Mixa dafür plädiert, das Konzept der Inneren Führung für die Militärseelsorge zu entdecken. Vgl. DERS., »Christliches Menschenbild und Innere Führung«. In der evangelischen Militärseelsorge taucht mittlerweile vereinzelt das Bild der »Zwillingsschwester« von Militärseelsorge zu Innerer Führung auf. Damit wird die inhaltliche Nähe herausgestellt, zugleich wird jedoch auch eine strukturelle – gar familiäre – Nähe von Militärseelsorge zur Bundeswehr suggeriert. Vgl. RINK, Können Kriege gerecht sein?, 102f.

[64] Vgl. PEUCKMANN, Militärseelsorge und Öffentliche Theologie, 264.

Nicht zuletzt lässt sich auch der Begriff des *Staatsbürgers in Uniform* in der Arbeit der Militärseelsorge fruchtbar aufnehmen.[65] Er ist durch ein Menschenbild geprägt, das die Freiheit und Einzigartigkeit eines jeden Menschen in seiner unantastbaren Würde anerkennt. In der christlichen Tradition ist diese Sichtweise mit dem Terminus der *Gottebenbildlichkeit* (Gen 1,26; 5,1; 9,6; Ps 8,6) verbunden. Ein Staatsbürger in Uniform, als Subjekt mit einer unantastbaren Würde, ist, theologisch gesprochen, ein Ebenbild Gottes.

Jürgen Habermas hat in seiner Dankesrede zum Friedenspreis des Deutschen Buchhandels 2001 der Religion ein eigenes Vernunftpotenzial in einer säkularen Gesellschaft zugesprochen.[66] Hiernach muss sich Religion »bemühen, ihre religiösen Überzeugungen in eine säkulare Sprache zu übersetzen, um sie auch für nichtreligiöse Bürger in ihrer Bedeutsamkeit verständlich zu machen.«[67] Die Militärseelsorge ist folglich dazu herausgefordert, ihre theologischen Einsichten in eine zugängliche Sprache zu übersetzen. Diese Übersetzungsleistung wird bisweilen sogar zum Kernstück der Arbeit der Militärseelsorge: »Seelsorgliche Begleitung von Soldaten ist permanent Übersetzungsarbeit.«[68] Dafür benötigt sie Begriffe, die in der Lebenswelt Bundeswehr bekannt sind. Der Begriff des Staatsbürgers in Uniform erfüllt diese Anforderungen und »übersetzt [...] die christlichen Grundgedanken und -begriffe in säkulare Sprache und unmittelbar ansprechende Bilder.«[69]

Zwar muss wie bei allen Übersetzungen berücksichtigt werden, dass säkulare Begriffe nur in Teilen theologische Grundgedanken zum Ausdruck bringen können. Für die Militärseelsorge deutet sich allerdings an, dass Begriffe wie der Staatsbürger in Uniform bei der Übersetzung von theologischen Überzeugungen – nämlich, dass ein jeder Mensch Ebenbild Gottes ist – hilfreich sein können.

2.3 Transformationssog der Bundeswehr

Der Anschlag auf den Berliner Weihnachtsmarkt am Breitscheidplatz vom 19. Dezember 2016 zeigte in erschreckender Klarheit, dass nationale wie internationale Terroristen an jedem Ort und zu jeder Zeit zuschlagen können. In der deutschen Öffentlichkeit entzündete sich infolgedessen eine Grundsatzdis-

---

[65] Das Konzept des *Staatsbürgers in Uniform* lässt sich indes auch lose in Verbindung zum Gedanken einer *ethisch sensiblen Seelsorge* stellen, weil die Elemente der Freiheit und der gelebten Verantwortung dafür ebenfalls prägend sind. Siehe Kap. II 3.2.

[66] Zum Übersetzungsgedanken vgl. auch Höhne, Unterscheiden, Übersetzen, Überraschen, 76.

[67] Knapp, Glaube und Wissen bei Jürgen Habermas, 276.

[68] Thiel, Geteiltes Leben, 503.

[69] Dörfler-Dierken, Ethische Fundamente der Inneren Führung, 189.

kussion über Sicherheitsstandards und Terrorismusbekämpfung. Es wurde dabei eine Frage aufgeworfen, die schon bei früheren Anschlägen auf europäische Großstädte (beispielsweise Madrid 2004, London 2005, Paris 2015, Brüssel 2016) diskutiert wurde: Kann die Bundeswehr zur Terrorismusbekämpfung auch im Inland eingesetzt werden? Dafür müsste die Bundeswehr grundlegend reformiert werden, weil sie bislang das staatliche Gewaltmonopol nach außen vertritt. Im Inland wird dies ausschließlich von der Polizei durchgesetzt.[70]

Die Politik hat diesen Impuls nicht aufgenommen. Trotzdem zeigt der Anschlag auf den Berliner Weihnachtsmarkt, dass die Bundeswehr aus unterschiedlichen Richtungen mit Veränderungsimpulsen konfrontiert wird. Hinsichtlich ihrer Geschichte lassen sich drei Domänen hervorheben,[71] die immer wieder entscheidende Veränderungen in den deutschen Streitkräften angestoßen haben. In erster Linie ist dabei die *Politik* zu nennen. Niklas Luhmann wies mit seiner Systemtheorie darauf hin, dass sich das Militär aus dem Politiksystem ausdifferenziert hat, jedoch diesem »Bezugssystem« weiterhin nahesteht.[72] In ihrer Geschichte wurde die Bundeswehr insgesamt von 16 Bundesministern und drei Bundesministerinnen der Verteidigung geführt, die wiederum mit eigenen politischen Agenden fortwährend Veränderungen in den deutschen Streitkräften angestoßen haben. Als zweite Größe ist die *gesellschaftliche Öffentlichkeit* zu nennen. Die Bundeswehr ist konzeptionell an der Gesellschaft ausgerichtet (vgl. Innere Führung) und als eine »Armee in der Demokratie« konsequent auf diese bezogen. Gesellschaftliche Entwicklungen können daher auch die Bundeswehr

---

[70] Die Trennung zwischen den territorialen Zuständigkeitsbereichen der Polizei und der Bundeswehr ist im Grundgesetz festgehalten (Art. 35 Abs. 2 u. Abs. 3, Art. 87a GG). In den Bundesländern Bayern, Hessen, Sachsen und Thüringen sind jedoch bereits Gesetzesentwürfe eingereicht worden, die den Einsatz der Bundeswehr zur (präventiven) Terrorismusbekämpfung im Inland ermöglichen sollen. Im Detail zeigt sich, dass diese Initiativen »an den Grundfesten der Notstandsverfassung rüttel[n]«. Faktisch soll die Hinzunahme der Bundeswehr im Inland nicht zu einer Militarisierung der Polizei bzw. des öffentlichen Raums führen. Im Kern soll durch die Unterstützung die Polizei in den besonderen Ausnahmesituationen vielmehr entlastet werden, damit diese ihren Fokus auf die Durchsetzung des Gewaltmonopols des Staates nach innen legen kann. Vgl. DIETZ, Erweiterte Einsatzmöglichkeiten der Bundeswehr im Innern zur Terrorabwehr, 334.

[71] Zu den Bereichen der *Politik*, der *gesellschaftlichen Öffentlichkeit* und der *globalen sicherheitspolitischen Lage* kann beispielhaft noch das nationale und internationale Rechtssystem hinzugezählt werden. Eindrücklich hat sich dieser Einfluss auf die Bundeswehr zur Jahrtausendwende gezeigt, als der Europäische Gerichtshof (EuGH) am 11. Januar 2000 ein Grundsatzurteil fällte, was dazu führte, dass die Bundeswehr alle Bereiche, auch die kämpfenden Truppengattungen, für Frauen öffnen musste. Im Detail wird diese Veränderung unter III 3.3.1 dargestellt und diskutiert. Vgl. auch KÜMMEL, Halb zog man sie, halb sank sie hin..., 283f.

[72] Vgl. KOHL, Zum Militär der Politik, 161.

berühren. Die Impulse der Friedensbewegung der 1968er Jahre, die die Gründung der zwei Bundeswehruniversitäten (Hamburg, München) zur Folge hatten, sind Ausweis dieser Dynamik. Zu guter Letzt muss noch die *globale sicherheitspolitische Lage* genannt werden, die die Bundeswehr fortwährend mit neuen Herausforderungen konfrontiert.

Die Gemengelage aus Politik, Gesellschaft und sicherheitspolitischer Lage verdeutlicht, dass die Bundeswehr einer stetigen Veränderungsdynamik unterliegt. Die Gestalt der Bundeswehr wird sich fortwährend an sicherheitspolitische Veränderungen anpassen müssen, zugleich gesellschaftliche Entwicklungen zu berücksichtigen haben und ebenso Schauplatz politischer Reformen bleiben. Insofern ist die Bundeswehr einem kontinuierlichen *Transformationssog* ausgesetzt.

Von der Bundeswehr selbst wurde diese Dynamik kultiviert. Die »Transformation der Bundeswehr«[73], die sich zwischen den Jahren 2002 und 2009 vollzog und auf das Wirken von Verteidigungsminister Peter Struck (2002–2005) und Wolfgang Schneiderhan, dem damaligen Generalinspekteur der Bundeswehr (2002–2009), zurückgeht, brach als umfangreicher Reformprozess mit der Kultur kleinerer und temporärer Veränderungsprozesse. Mit dieser Transformation wurde das Ziel verfolgt, die Bundeswehr nachhaltig an die Einsatzrealität und die neue globale Sicherheitslage anzupassen.[74] Seit 2010 stellt sich die Bundeswehr unter dem Schlagwort »Neuausrichtung der Bundeswehr« der bislang umfangreichsten Reform ihrer Geschichte.[75] Es geht um Ökonomisierungsstrukturen einerseits und um die Neuorganisation der Streitkräfte, einhergehend mit dem Aussetzen der Wehrpflicht (2011), andererseits.

All diese unterschiedlichen Reformen veränderten die Lebenswelt Bundeswehr tiefgreifend. In der gesellschaftlichen Öffentlichkeit sind diese Veränderungen aber nur in Teilen wahrgenommen worden. Sehr aufmerksam wurde in den 1990er Jahren hingegen registriert, dass sich die Bundeswehr von einer Verteidigungs- hin zu einer international agierenden Einsatzarmee gewandelt hat. Dieser Prozess, der konzeptionell erst durch die Phase der *Transformation der Bundeswehr* aufgearbeitet wurde, markiert den entscheidenden Wendepunkt in der jüngeren Geschichte der Bundeswehr. Der Militärsoziologe Heiko Biehl spricht diesbezüglich von einem »Wesenswandel«[76]. Richtig ist aber auch, dass sich die Bundeswehr seit ihrem Bestehen immer wieder an internationalen und zwar ausschließlich humanitären Einsätzen beteiligt hat. Den ersten Einsatz leistete sie bereits 1960 in Marokko infolge eines Erdbebens, bei dem ca. 15.000

---

[73] Vgl. WEISSWANGE, Die Transformation der Bundeswehr.
[74] Vgl. a. a. O., 435.
[75] Vgl. ELBE/LANGE, Ansätze des Change Managements zur Neuausrichtung der Bundeswehr, 243.
[76] BIEHL, Von der Verteidigungs- zur Interventionsarmee, 10.

Menschen ihr Leben verloren.[77] »Bis zum Jahr 2005 sollten dann noch sage und schreibe 146 solcher humanitärer Hilfseinsätze im Ausland erfolgen«.[78]

Mit dem Wesenswandel ist allerdings deutlich geworden, dass die Bundeswehr ein militärisches Organ ist, das staatlich beauftragt Waffengewalt im Ausland einsetzen kann. Der Blauhelmeinsatz in Somalia (UNOSOM II[79]) von 1993 bis 1994 legte dafür den Grundstein,[80] da erstmals »Heeressoldaten der Bundeswehr mit entsprechend leichter Bewaffnung«[81] in ein Einsatzgebiet »verlegt« wurden.[82] Die neue Einsatzrealität löste eine politische Debatte über die Rechtmäßigkeit der Einsätze nach der deutschen Wiedervereinigung aus. Am 12. Juli 1994 wurde vom Bundesverfassungsgericht (BVerfG) das sogenannte »Out-of-Area-Urteil« gesprochen, das die Einsätze als verfassungskonform auswies.[83] Damit war die rechtliche Voraussetzung für die Folgeeinsätze der Bundeswehr gegeben. Gleichzeitig begann damit ein Prozess der stetig wachsenden Einsatzanforderungen. Die Bundeswehr passte sich daran an und erklärte das Einsatzparadigma zur Leitperspektive. Vor allem die Erfahrungen des Afghanistaneinsatzes waren für diesen Prozess prägend, da sich die Bundeswehr erstmalig den wechselseitigen Konsequenzen militärischer Gewalt stellen musste. Der ehemalige Verteidigungsminister Thomas de Maizière (2011–2013) bilanziert, dass Kunduz der Ort gewesen sei, »an dem die Bundeswehr ›zum ersten Mal gekämpft hat‹ und auch lernen musste zu kämpfen [...]. ›Das war eine Zäsur nicht nur für die Bundeswehr, sondern auch für die deutsche Gesellschaft.‹«[84]

Die Einsatzrealität hat sich tief in die Bundeswehr und ebenso in das Selbstverständnis des Soldatenberufes eingeschrieben.[85] In den deutschen Ka-

---

[77] Vgl. CHIARI, Agadir 1960: Der Erdbebeneinsatz in Marokko, 27.
[78] ELßNER, Selbst- und Fremdwahrnehmung deutscher Bundeswehrsoldaten durch Kampfeinsätze und nach Aussetzung der Wehrpflicht im Umbruch?, 65.
[79] UNOSOM II steht für United Nations Operation in Somalia II.
[80] Vgl. SCHMITZ, Das soldatische Selbstverständnis im Wandel, 164.
[81] ELßNER, Selbst- und Fremdwahrnehmung deutscher Bundeswehrsoldaten durch Kampfeinsätze und nach Aussetzung der Wehrpflicht im Umbruch?, 66.
[82] Neben UNOSOM II ist diesbezüglich auch der Kambodschaeinsatz (UNTAC: United Nations Transitional Authority in Cambodia) von 1991 bis 1993 zu nennen, bei dem am 14. Oktober 1993 ein Sanitätsfeldwebel in Phnom Penh erschossen wurde und damit erstmalig ein deutscher Soldat durch »aktive Fremdeinwirkung« im Auslandseinsatz sein Leben verlor. Auch markiert UNTAC den Startpunkt für die Einsatzbegleitung durch die Militärseelsorge. Vgl. THIEL, Geteiltes Leben, 498.
[83] Vgl. ELßNER, Selbst- und Fremdwahrnehmung deutscher Bundeswehrsoldaten durch Kampfeinsätze und nach Aussetzung der Wehrpflicht im Umbruch?, 66.
[84] Thomas de Maizière zit. n. MUHLER, Transformation wider Willen?, 294.
[85] Vgl. SCHMITZ, Das soldatische Selbstverständnis im Wandel, 176.

sernen dienen heute tausendfach Soldatinnen und Soldaten, die zur sogenannten »Generation Einsatz«[86] gehören.[87] Die Einsatzrealität stellt vor diesem Hintergrund den größten Wendepunkt in der jüngeren Geschichte der Bundeswehr dar, da sie sich als treibende und prägende Kraft auf sämtliche Bereiche der Lebenswelt Bundeswehr auswirkt. Das betrifft in erster Linie die Soldatinnen, Soldaten und ihre Familien. Zugleich fordert das neue Paradigma das Bezugssystem Politik in besonderer Weise heraus, da im Parlament über die Ziel- und Rahmenvorgaben der Einsätze entschieden werden muss. Auch die Militärseelsorge wird von der Einsatzrealität berührt, weil sie ihre Begleitung auf die Einsatzgebiete ausgeweitet hat und mit den Soldatinnen und Soldaten das Leben vor Ort teilt. Nicht zuletzt ist anzumerken, dass auch neue Strukturen, Technologien und Entwicklungen daran angepasst sind, dass sich die Bundeswehr mittlerweile in internationalen Missionen engagiert. Mit dem Aussetzen der Wehrpflicht, das wiederum als »[h]istorischer und gesellschaftlicher Bruch«[88] gedeutet wurde, weil die Wehrpflicht als »Klammer zwischen den Streitkräften und der Gesellschaft«[89] galt, wurde in der Bundeswehr der Freiwillige Wehrdienst (FWD) eingerichtet. Dieser ist wiederum an die Einsatzrealität orientiert und sieht vor, dass Freiwillig Wehrdienstleistende (FWDL), die sich für eine Zeitspanne von zwölf oder mehr Dienstmonaten verpflichten, gleichzeitig einer »Auslandsverwendung« zustimmen.[90] Die ursprüngliche Wehrpflicht sah demgegenüber keine Auslandsverwendung der eingezogenen Wehrdienstleistenden vor.

---

[86] SEIFFERT, »Generation Einsatz«, 79. Die Autorin bezieht sich mit diesem Begriff auf einen Sammelband aus dem Jahr 2010, in dem Fallschirmjäger über ihre Erfahrungen im Afghanistaneinsatz berichten. Vgl. BRINKMANN/HOPPE (Hg.), Generation Einsatz. Für eine Übersicht zum militärsoziologischen Diskurs zu diesem Begriff vgl. SEIFFERT/HEß, Leben nach Afghanistan, 61–64.

[87] Bis in das Jahr 2018 lagen kaum verlässliche Zahlen darüber vor, wie viele Soldatinnen und Soldaten der Bundeswehr insgesamt in Auslandseinsätze geschickt wurden. Ein publizierter Erfahrungsbericht zur Einsatzrealität spricht im Jahr 2010 von 280.000 Soldatinnen und Soldaten, die an Auslandseinsätzen teilgenommen haben. Im Jahr 2018 wurde für die Ermittlung einer validen Zahlengröße von der Opposition eine Kleine Anfrage an die Bundesregierung gestellt. Dabei wurde eine statistische Zahl (basierend auf der Aggregation von Einsatzteilnahmen) veröffentlicht, die ausweist, dass 417.511 Soldatinnen (davon: 18.073) und Soldaten zwischen den Jahren 1992 und 2018 an Auslandseinsätzen teilgenommen haben. Vgl. TIMMERMANN-LEVANAS/RICHTER, Die reden – Wir sterben, 9. Zu den statistischen Zahlen aus dem Jahr 2018 vgl. http://www.bundeswehr-journal.de/2018/auslandseinsaetze-bisher-rund-418-000-kommandierungen/ (Stand: 02. März 2021).

[88] KUJAT, Das Ende der Wehrpflicht, 3.

[89] Franz Josef Jung zit. n. HAß, Der Freiwillige Wehrdienst in der Bundeswehr, 28.

[90] Vgl. a.a.O., 39.

Es ist zu bilanzieren, dass der hier beschriebene *Transformationssog der Bundeswehr* sehr weitreichend ist. Die Bundeswehr hat sich von einer Armee, die ursprünglich zur Landesverteidigung eingerichtet wurde, zu einer Armee, die sich in internationalen Missionen engagiert und damit sicherheitspolitische Interessen Deutschlands im Ausland vertritt, gewandelt. Mittlerweile ist noch ein neuer Fokus, nämlich die Bündnisverteidigung im Rahmen der NATO, hinzugetreten. Das Einsatzparadigma bildet dennoch weiterhin die zentrale Leitperspektive der Bundeswehr. Dieser Rahmen ist nicht nur für die Bundeswehr selbst bedeutsam, sondern auch für die Politik, die Militärseelsorge und schließlich auch für den gesellschaftlichen Raum. Im Namen der Gesellschaft kämpft die Bundeswehr für den Frieden im Ausland.[91] Dabei wenden deutsche Soldatinnen und Soldaten auch letale Gewalt an, wobei sie sich gleichzeitig der Gefahr aussetzen, Ziel einer solchen (»gegnerischen«) Gewalt zu werden. Für die Wahrnehmung der Bundeswehr ist es folglich unerlässlich, der Dimension der Einsatzrealität gebührend Rechnung zu tragen.

2.4 Die neue Gestalt der Bundeswehr als prägende Herausforderung

Die Einsatzrealität hat ein neues Paradigma geschaffen, das sich auf alle Bereiche der Lebenswelt Bundeswehr auswirkt. Wichtig ist dabei, dass dieses Paradigma sachgemäß erfasst und nicht zur einzig geltenden Leitperspektive der Bundeswehr erhoben wird. Das System Bundeswehr würde mit seiner enormen Diversität nicht ansatzweise sachgerecht in den Blick treten, wenn es ausschließlich vom Einsatz her reflektiert würde. Gleichzeitig ist zu erkennen, dass es gegenwärtig keine zweite Leitperspektive gibt, die sich derart umfassend auf die Lebenswelt Bundeswehr auswirkt.[92] Das führt zu weitreichenden Konsequenzen: Das Verteidigungsministerium hat infolgedessen beispielsweise identitätsstiftende Leitbilder wie die Innere Führung (2008) oder den Traditionserlass (2018)[93] überarbeitet.

Wichtig ist zu verstehen, dass durch die Einsatzrealität wesentliche Grundlagen der Bundeswehr mit neuen Herausforderungen konfrontiert worden sind und deshalb neu analysiert und bewertet werden müssen. Grundsatzargumente, die in der Zeit des Kalten Krieges unzweifelhafte Gültigkeit besaßen, müssen sich unter den geänderten Voraussetzungen neu bewähren. Dies gilt sowohl für Dis-

---

[91] Dass diese Konsequenz insbesondere auch die Kirchen als Akteure des gesellschaftlichen Raums herausfordert, diskutiert Rolf Schieder im Hinblick auf den rituellen Umgang mit getöteten Bundeswehrsoldaten. Vgl. DERS., Kriegstote und Kirche.
[92] Vgl. MEYER, Soldatenfamilien, 558.
[93] Vgl. III 3.2.4.

kussionen über die Bundeswehr als einer »totalen Institution« als auch für Fragen nach der realen Bedeutung des Konzepts der Inneren Führung für eine Armee im Einsatz. Bei mehr als 400.000 Soldatinnen und Soldaten, die in den letzten 25 Jahren im Interesse der deutschen Sicherheitspolitik ihren Dienst in internationalen Krisenregionen geleistet haben, scheint es notwendig zu sein, diese Dimension der Lebenswelt Bundeswehr besonders ernst zu nehmen und zu reflektieren.

Es zeigt sich, dass die »Einsatzwirklichkeiten«[94] das Ausbilden einer neuen Gestalt der Bundeswehr angestoßen haben. Sie wird als eine professionelle Berufsarmee wahrgenommen, zu deren Aufgabenbereich der Einsatz in internationalen Konfliktregionen scheinbar selbstverständlich hinzugehört. Diese neue Gestalt hat sich dabei auch auf das Verhältnis zwischen Bundeswehr und Gesellschaft ausgewirkt. Zum »freundlichen Desinteresse«[95] ist vor allem durch die Einsatzrealität ein Professionalisierungsverständnis hinzugetreten,[96] das eine Distanzierung zwischen Bundeswehr und Gesellschaft weiter forciert: »Den Durchschnittsbürger interessieren am Wochenende eher die Ergebnisse der Bundesliga als das, was in Afghanistan los war.«[97]

Ungeachtet dessen ist die neue Gestalt der Bundeswehr für alle Beteiligten der Lebenswelt – also für die Soldatinnen, Soldaten und ihre Familien – bedeutsam. Ihr Privatleben und ihr dienstlicher Alltag werden dadurch mit spezifischen Herausforderungen konfrontiert. Aus diesem Grund wendet sich die Studie im Folgenden dezidiert den Soldatinnen, Soldaten und ihren Familien in der Lebenswelt Bundeswehr zu.

---

[94] SEIFFERT/HEß, Leben nach Afghanistan, 296.

[95] Diesbezüglich ist daran zu erinnern, dass die distanzierte Haltung der Gesellschaft gegenüber der Bundeswehr kein Novum darstellt, sondern schon zu Zeiten des Kalten Krieges das Verhältnis zu den deutschen Streitkräften bestimmte (siehe Kap. I 2.2.2). In den 1970er Jahren tauchten zur Beschreibung dieses Verhältnis ähnliche Formulierungen auf, es wurde von einer »wohlwollenden Indifferenz« oder einer »passiven Zustimmung« gesprochen. Vgl. FRANKE, Wie integriert ist die Bundeswehr?, 443.

[96] Vgl. PEUCKMANN, Kirche(n) unter Soldaten, 289.

[97] Bundesministerium der Verteidigung zit. n. GMELCH, Der Umgang mit kognitiven Dissonanzen als Proprium einer praktischen Militärseelsorge, 142.

3. Soldatinnen, Soldaten und ihre Familien in der Lebenswelt Bundeswehr

3.1 Soldatsein in der Bundeswehr

Mit Blick auf die neue Gestalt der Bundeswehr als einer professionellen Berufs- und Einsatzarmee stellt sich die Frage, wer sich heute freiwillig für den Dienst als Soldatin oder Soldat in den deutschen Streitkräften verpflichtet. Und das führt zu der Frage: Was heißt eigentlich *Soldatsein* in der heutigen Bundeswehr?

Mit dem Aussetzen der Wehrpflicht ist vor allem in der medialen Öffentlichkeit darüber diskutiert worden, wie sich die Bundeswehr künftig als professionelle Berufsarmee aufstellen kann und soll. Der Historiker und Publizist Michael Wolffsohn hat die Sorgen, die die Debatten mitgeprägt haben, provokant auf den Punkt gebracht. Anstatt des Staatsbürgers in Uniform spricht Wolffsohn vom »›Prekarier in Uniform‹«[98]. Zusätzlich beklagt er eine schrittweise »›Ossifizierung‹ der Bundeswehr«[99], was implizit die Frage aufwirft, ob an die Stelle der *allgemeinen Wehrpflicht* eine *soziale Wehrpflicht* getreten ist. Damit verbindet sich die Behauptung, dass mehrheitlich Menschen aus bildungsfernen Schichten und strukturschwachen Regionen Deutschlands die Bundeswehr als Arbeitgeber wählen. Die Bundestagsfraktion der Partei DIE LINKE reagierte 2018 auf diese Annahme und stellte eine »Kleine Anfrage«[100] an die Bundesregierung. In der »Antwort der Bundesregierung«[101] wird darauf hingewiesen, dass die Bundeswehr als eine »Armee der Einheit«[102] seit geraumer Zeit keine Zahlen mehr über die Herkunftsbundesländer ihrer Rekrutinnen und Rekruten bzw. Soldatinnen und Soldaten veröffentlicht. Folglich liegen aktuell keine belastbaren Zahlen vor,

---

[98] Michael Wolffsohn zit. n. Haß, Der Freiwillige Wehrdienst in der Bundeswehr, 31.
[99] Wolffsohn, Die Bundeswehr ist eine Unterschichtenarmee.
[100] Vgl. Drucksache 19/3997 vom 27. August 2018.
[101] Vgl. Drucksache 19/4253 vom 12. September 2018.
[102] A. a. O., 8.

3. Soldatinnen, Soldaten und ihre Familien

sodass Wolffsohns Idee einer »ossifizierten Unterschichtsarmee«[103] nicht valide geprüft werden kann.

Dieses Phänomen ist charakteristisch: Der Diskurs zur Sozialstruktur der Bundeswehr ist insgesamt immer wieder von Behauptungen und Annahmen geprägt, die nicht auf belastbare Daten zurückgeführt werden können. In gewisser Weise sind daran auch die Bundeswehr und das Verteidigungsministerium selbst schuld. Daten zur Personalentwicklung werden zwar regelmäßig veröffentlicht, ein genauer Einblick in die soziodemographische Zusammensetzung der Streitkräfte allerdings kaum gewährt.[104] Aus diesem Grund ist bislang immer noch unklar, ob »nunmehr vor allem Personen aus prekären Milieus zur Bundeswehr kommen«[105] oder ob sich die Streitkräfte immer noch spiegelbildlich zur Gesellschaft aufstellen. Aussagekräftige Daten für solch eine Bewertung sind gegenwärtig nicht zugänglich. Trotzdem zeichnet sich im Diskurs eine Tendenz ab, die davon auszugeht, »dass sich die Bundeswehr überproportional in strukturschwachen Regionen und vermehrt aus sozial schwächeren Gruppierungen rekrutiert«.[106] Dabei wird indirekt auf die Entwicklungen der Sozialstruktur der US-Armee Bezug genommen, die nach dem Aussetzen der allgemeinen Wehrpflicht im Jahr 1973 eine milieuspezifische Verschiebung in den Streitkräften erfuhr.[107] Als reine Berufsarmee ist sie vor allem für Menschen als Arbeitgeber attraktiv geworden, die zum Arbeitsmarkt aufgrund fehlender Qualifikationen nur begrenzt Zugang haben. Doch ist zu berücksichtigen, dass der Erwerb hochwertiger Bildungsabschlüsse in den USA in der Regel kostspielig und von Familien mit niedrigem Einkommen oft kaum finanzierbar ist. Aus diesem Grund sind vor allem die sozioökonomischen Beweggründe für den Eintritt in das US-Militär bedeutsam geworden.[108] Ob sich eine ähnliche Entwicklung bei der Bundeswehr auf Dauer vollziehen wird, kann gegenwärtig nicht prognostiziert werden. Eine empirische Studie von Rabea Haß zum Freiwilligen Wehrdienst aus dem Jahr 2016, die nicht für die gesamte Bundeswehr generalisiert werden kann, weist darauf hin, dass das »Bildungsniveau der FWDL (d.h. Freiwillig Wehrdienstleistende) [...] ungefähr im Bundesdurchschnitt [liegt], was aber im Umkehrschluss nicht bedeutet, dass alle Gesellschaftsschichten bzw. Milieus erreicht werden.«[109] Die Autorin schreibt weiter, dass »die obersten zehn Prozent

---

[103] Michael Wolffsohn zit. n. LEONHARD/BIEHL, Beruf: Soldat, 410.
[104] Vgl. BOTSCH, Soldatsein, 288.
[105] ELßNER, Selbst- und Fremdwahrnehmung deutscher Bundeswehrsoldaten durch Kampfeinsätze und nach Aussetzung der Wehrpflicht im Umbruch?, 74.
[106] LEONHARD/BIEHL, Beruf: Soldat, 411.
[107] Vgl. a.a.O., 407.
[108] Vgl. NAKASHIMA BROCK/LETTINI, Soul Repair, 2.
[109] HAß, Der Freiwillige Wehrdienst in der Bundeswehr, 43 [Erklärende Einfügung N. P.].

der Gesellschaft nicht erreicht werden – eine Schieflage, die sich auch in den USA dreißig Jahre nach Aussetzung der Wehrpflicht abzeichnet.«[110]

Die weitere Entwicklung der Sozialstruktur der deutschen Streitkräfte wird sorgsam zu verfolgen sein. Wenn sozioökonomische Faktoren zu den primären Beweggründen für den Dienst in der Bundeswehr werden, ist das nicht nur sozialethisch bedenklich, sondern ebenso problematisch für die konzeptionelle Einbettung der Streitkräfte als demokratischer Armee in die Gesellschaft. Auf dem Spiel steht die Konzeption der *Spiegelbildlichkeit* zwischen Bundeswehr und Gesellschaft, die in Zeiten einer professionellen Berufsarmee an Selbstverständlichkeit verloren hat.

Die Bundeswehr hat auf diese grundlegenden Herausforderungen mit unterschiedlichen Konzepten zur Nachwuchsgewinnung, zur Karriereförderung und zur Steigerung der Attraktivität des Soldatenberufes reagiert. Im Wehrbericht über das Berichtsjahr 2018 werden eine Reihe dieser Konzepte exemplarisch vorgestellt und gewürdigt.[111] Kritisch wird allerdings angemahnt, dass für die Umsetzung einiger Konzepte das tätige Personal noch teilweise unzureichend geschult sei (beispielsweise Karriereberater in den Karrierecentern).[112] Insgesamt zieht der Wehrbericht ein verhalten positives Fazit. Die Effekte, die mit diesen Maßnahmen erzielt werden, sind überschaubar. Die Bedarfszahlen an Rekrutinnen und Rekruten werden trotz der enormen Ressourcen zur Nachwuchsgewinnung nicht ansatzweise gedeckt. Prospektiv ist zu erwarten, dass sich diese Situation weiter verschärfen wird, weil die Truppenstärke bis in das Jahr 2025 auf 203.000 Soldatinnen und Soldaten angehoben werden soll. Gleichzeitig ist jedoch mit einem Rückgang an Bewerberinnen und Bewerbern zu rechnen, weil die Schulabgängerzahlen in den nächsten Jahren rückläufig sind. Diese Tendenz wird sich mittelfristig fortsetzen.[113] Im Wehrbericht wird daher insgesamt ein *akuter Personalmangel* beklagt, der sich in unterschiedlicher Weise auf die gesamte Lebenswelt Bundeswehr auswirkt. Als direkte Folge dieses Mangels werden Soldatinnen und Soldaten mittlerweile für längere Zeiten, oftmals ausschließlich über Zeitverträge,[114] an die Bundeswehr gebunden. Parallel

---

[110] Ebd.
[111] Vgl. Deutscher Bundestag (Hg.), Unterrichtung durch den Wehrbeauftragten. Jahresbericht 2018.
[112] Vgl. a. a. O., 23 f.
[113] Vgl. a. a. O., 17.
[114] Der Wehrbericht mahnt bezüglich der Zeitvertragspolitik der Bundeswehr an, dass sie damit im Vergleich mit anderen Arbeitgebern über »eine Art negatives Alleinstellungsmerkmal« verfüge. A. a. O., 7.

ist für unterschiedliche Dienstlaufbahnen das Renteneintrittsalter angehoben worden. Das führt dazu, dass die Truppe älter wird.[115]

Insgesamt ist zu beobachten, dass sich die Bundeswehrtruppe seit der Jahrtausendwende in vielfacher Hinsicht verändert hat. Heute dienen Frauen in allen Bereichen des Heeres, der Luftwaffe und der Marine. Neben dem »Truppenbild mit Dame«[116] setzt sich die Bundeswehr unter dem Schlagwort *Diversity* für eine Stärkung und Förderung von Vielfalt ein.[117] Weiterhin ist zu erkennen, dass die kirchliche Bindung in der Bundeswehr ähnlich wie in der Gesamtgesellschaft rückläufig ist. Gleichzeitig nimmt die allgemeine Religionspluralität in den Streitkräften zu.[118] Auch haben Vorfälle aus der jüngeren Vergangenheit die Frage nach dem demokratischen Wertegerüst der Bundeswehr aufkommen lassen. Angestoßen durch den »Fall ›Franco A.‹«[119] wurde intensiv darüber debattiert, »[w]ie rechts die Bundeswehr« in der Gegenwart ist.[120]

Es verändert sich aber nicht nur die Sozialstruktur der Bundeswehr, auch das Berufsbild des Soldaten bzw. der Soldatin ist in der Gegenwart längst »nicht mehr selbsterklärend«[121]. Zwar wird in der Bundeswehr weiterhin an einem normativen Rahmen für das Selbstverständnis des Soldatenberufes festgehalten – an dem Leitbild der *Inneren Führung* respektive des *Staatsbürgers in Uniform*. Inhaltlich ist dieser Rahmen aber bislang nur unzureichend auf die Einsatzrealität angepasst worden. Infolgedessen »ist für die letzten Jahre eine [...] Pluralisierung und

---

[115] Der Wehrbericht zum Kalenderjahr 2020 gibt an, dass das Durchschnittsalter des militärischen Personalkörpers Ende 2020 bei 32,8 Jahre liegt. In diese Zahl fließt das Durchschnittsalter der Freiwillig Wehrdienstleistenden (20,5) mit ein. Wenn man diese Zahl herausrechnet, so kommt man auf das Durchschnittsalter unter Berufs- und Zeitsoldaten von 33,4 Jahre. 2012 – also unmittelbar nach dem Aussetzen der allgemeinen Wehrpflicht – lag das Durchschnittsalter der Berufs- und Zeitsoldaten noch bei 30,3 Jahre. Vgl. Deutscher Bundestag (Hg.), Unterrichtung durch die Wehrbeauftragte. Jahresbericht 2020, 45.
[116] Vgl. KÜMMEL, Truppenbild mit Dame.
[117] Siehe Kap. III 3.3.2.
[118] Vgl. HEIMANN, Zukunftsperspektiven der Militärseelsorge, 125. Siehe auch Kap. IV 3.3.2.
[119] Mit dem Fall »Franco A« werden Terrorermittlungen gegen einen Bundeswehrsoldaten im Jahr 2017 überschrieben. Der Soldat wurde beschuldigt, im erheblichen Ausmaß Bundeswehrmunition und Teile von Handgranaten bei einem mutmaßlichen Komplizen eingelagert zu haben. In seinen Privaträumen fand man zugleich eine Liste mit möglichen Anschlagsopfern (unter anderem Spitzenpolitiker und Vertreterinnen und Vertreter der jüdischen und muslimischen Gemeinschaft). Auch wurde bekannt, dass sich Franco A. als syrischer Asylbewerber beim Bundesamt für Migration und Flüchtlinge (BAMF) ausgegeben hatte. Ein dringender Tatverdacht zur Vorbereitung einer schweren staatsgefährdenden Gewalttat konnte nicht festgestellt werden, sodass der Haftbefehl zum Jahresende 2017 aufgehoben wurde.
[120] Vgl. SPREEN, Rechtspopulismus und Bundeswehr.
[121] SCHMITZ, Das soldatische Selbstverständnis im Wandel, 388.

Auffächerung«[122] des Soldatenberufes beobachtbar. In der Militärsoziologie ist diese Entwicklung eingehend wahrgenommen worden, wodurch eine werteorientierte Typologie mit unterschiedlichen Berufsbildern des Soldaten aufgestellt wurde.[123] Diese reicht vom Bundeswehrsoldaten als »global street worker«[124] bis zum »archaischen Kämpfer«[125]. Eine empirische Studie von Kerstin Botsch aus dem Jahr 2016 macht ferner darauf aufmerksam, dass die Wahl für einen bestimmten Soldatentypus mit sozialen Normen und Konstruktionen wie beispielsweise dem Geschlecht zusammenhängt.[126] Demzufolge orientieren sich Soldaten in ihrer Selbstwahrnehmung verstärkt an dem militärischen Prototyp des Kampfsoldaten, wohingegen Soldatinnen, jedenfalls in der Außenwahrnehmung, eher dem Leitbild des Peacekeeping[127] zugeordnet werden.

Dass der Soldatenberuf in Zeiten einer professionellen Einsatzarmee alles andere als selbsterklärend ist, kommt auch in der Studie von Kerstin Botsch zum Ausdruck. Die Autorin betont, dass Soldatinnen und Soldaten heute dazu herausgefordert sind, die normativen Leitbilder der Bundeswehr auf ihren Berufsalltag individuell anzupassen. Dafür greifen sie auf vielfältige und teilweise auch konkurrierende Deutungsmuster zurück, um ihr Berufsverständnis zu konstruieren.[128] Der Soldatenberuf kann offensichtlich nicht mehr einheitlich definiert werden, sondern stellt ein (wandelbares) Produkt eines dynamischen Aushandlungsprozesses dar.

Für die Militärseelsorge sind diese Entwicklungen relevant. Sie bewegt sich in einem militärischen Raum, dessen Leitorientierungen an Selbstverständlichkeit verloren haben. Sie tritt mit Soldatinnen und Soldaten in Kontakt, die sich je nach Funktion, Laufbahn und »Einsatzverwendung« ein individuelles und zugleich dynamisches Verständnis ihres Berufes zurechtlegen. Diese Pluralisierung und Auffächerung können einerseits als Freiheitsgewinn gedeutet

---

[122] LEONHARD/BIEHL, Beruf: Soldat, 420.
[123] Vgl. a.a.O., 416f.
[124] Vgl. VON BREDOW, Global street workers?
[125] Siehe Kap. III 3.3.3.
[126] Vgl. BOTSCH, Soldatsein, 279–288.
[127] Mit Blick auf die tatsächliche Praxis des Peacekeeping bestätigt sich diese Zuschreibung nicht. »97 Prozent des militärischen Personals des UN-Peacekeepings [sind] [...] männlich.« Dass Frauen als Peacekeeper gedeutet werden, hängt mit der Geschlechterdifferenz zusammen, die im militärischen Raum kultiviert wird (siehe Kap. III 3.3.1). Demnach sind Männer die scheinbar »echten« Soldaten, ergo Kämpfer, wohingegen Frauen die Rolle der »fürsorglichen« Soldatinnen zu übernehmen haben. Männer wirken also als Kämpfer für den Frieden, Frauen verwalten diesen männlich erwirkten Frieden als Peacekeeper. Vgl. WISOTZKI, Friedensförderung im Spannungsfeld zwischen Geschlechtergerechtigkeit und lokalen Differenzen, 129.
[128] Vgl. auch FRANKE, Wie integriert ist die Bundeswehr?, 390.

werden, andererseits bergen sie auch die Gefahr einer weitergehenden Distanzierung vom gesellschaftlichen Raum. Wenn sich in der Bundeswehr der Soldatentypus des Kampfsoldaten bzw. des »Spartaners«[129] wirkmächtig etabliert und zugleich sozialökonomische Zwänge die Motivation in den Streitkräften dominieren, ist eine alarmierende Schieflage im konzeptionellen Grundverständnis der Bundeswehr erreicht. Diese Konstellation ist gegenwärtig (noch) nicht anzutreffen. Gerade, um sie zu verhindern, sind die Entwicklungen der Sozialstruktur weiterhin aufmerksam zu verfolgen.

3.2 Soldatsein im Spannungsverhältnis zwischen »Draußen« und »Drinnen«

Die Bundeswehr hat sich in den letzten Jahren intensiv darum bemüht, den militärischen Raum an den Gesellschaftsraum anzupassen. Einerseits sind diese Bemühungen aus der Einsicht erwachsen, dass gesellschaftliche Bindungen im Zuge der Professionalisierung der Streitkräfte aber auch aufgrund des Aussetzens der Wehrpflicht schrittweise verloren gegangen sind. Andererseits stellt sich die Bundeswehr der Notwendigkeit, neue Wege in der Nachwuchsgewinnung[130] zu gehen und die Attraktivität des Soldatenberufes zu steigern.[131] Die Maßnahmen, die dabei erarbeitet und teilweise bereits umgesetzt werden, sind positiv zu würdigen, da sie die Lebenswelt Bundeswehr in vielen Fällen bereichern. Dennoch ist an die neue Gestalt der Bundeswehr zu erinnern. Änderungen im System sind unerlässlich und zudem begrüßenswert; trotzdem darf nicht außer Acht gelassen werden, dass das geltende Einsatzparadigma für Anpassungen des Militärs nur einen begrenzten Spielraum lässt. Die Bundestagsabgeordnete Christine Buchholz hat dieses Dilemma hinsichtlich der Frage nach der Vereinbarkeit von Beruf und Familie in den Streitkräften auf den Punkt gebracht: »Eine Armee im Einsatz und Familienfreundlichkeit sind unvereinbar.«[132]

Die Bundeswehr stellt in gewisser Hinsicht eine »totale Institution«[133] dar, die durch die Leitunterscheidung *militärisch/zivil* codiert ist. Es wird deshalb immer wesentliche Unterschiede zwischen dem militärischen und gesellschaftlichen Raum geben. Die Bundeswehr ist funktional dazu bestimmt, den Schutz

---

[129] Vgl. WIESENDAHL, Athen oder Sparta, 43–50. Siehe im Detail Kap. III 3.3.3.
[130] Vgl. die Webserie »DIE REKRUTEN«, die auf dem YouTube-Channel »Bundeswehr Exclusive« ausgestrahlt wird.
[131] Vgl. HAMMOUTI-REINKE, Ich diene Deutschland, 50 f.
[132] Christine Buchholz zit. n. GMELCH, Der Umgang mit kognitiven Dissonanzen als Proprium einer praktischen Militärseelsorge, 113.
[133] Siehe Kap. III 2.1.

3.2 Soldatsein im Spannungsverhältnis 139

der Gesellschaft zu gewährleisten.[134] In dieser Logik ist sie handelndes Subjekt, die Gesellschaft das zu verteidigende Objekt. In dieser Hinsicht ist die Unterscheidung zwischen Militär und Gesellschaft sinnvoll, weil sie notwendigerweise aus der Funktion der Bundeswehr resultiert. Problematisch kann es aber werden, wenn das Militär eine Eigendynamik entwickelt und so eine Art »Gegenkultur« ausbildet. Der Soziologe Wolfgang Vogt hat Tendenzen solch einer Entwicklung bereits in den 1980er Jahren beobachtet und von einer *militärischen Sonderwelt* gesprochen.[135] Damit ist eine Welt gemeint, »die sich im pluralistisch organisierten Gesellschaftssystem hinsichtlich ihrer Identitätsbewahrung oder -gewinnung von geltenden Prinzipien oder laufenden Tendenzen absichtlich und deutlich absetzt und entkoppelt, um ihr eigenes Innenleben gemäß eigenständiger Funktions- und Traditionsvorstellungen milieuhaft und im Widerspruch zur Gesellschaftsentwicklung zu organisieren.«[136]

In den Streitkräften ist das Verständnis einer sozialen Sonderwelt, die eine eigenständige Identitätsbildung betreibt, punktuell anzutreffen. Um sich im Verhältnis zwischen Bundeswehr und Gesellschaft zu verorten, sprechen Soldatinnen und Soldaten daher häufig von einem *Drinnen* und *Draußen*.[137] »›Drinnen‹ meint hierbei ihre Gegenwart im militärischen Raum, wohingegen mit dem ›Draußen‹ ihre Präsenz in der Gesellschaft beschrieben wird.«[138] Diese Unterscheidung lässt hinsichtlich einer gesellschaftlichen Integration der Streitkräfte einerseits tief blicken. Andererseits weitet sich damit der Wahrnehmungsfokus, sodass die soziale Anbindung der Soldatinnen und Soldaten auch außerhalb ihrer militärischen Verortung in den Blick tritt und zwar zuvörderst die *Soldatenfamilien*. Die Frage, wie sich Soldatinnen und Soldaten heute im Spannungsfeld von Gesellschaft und Bundeswehr verorten und wie sie in diesen Räumen jeweils sozial eingebunden sind, wird im Folgenden anhand der Unterscheidung von »Draußen« und »Drinnen« bearbeitet.

---

[134] Vgl. FRANKE, Wie integriert ist die Bundeswehr?, 188.

[135] Auch die historisch orientierte Studie zum Verhältnis zwischen Gesellschaft und Bundeswehr von Angelika Dörfler-Dierken hebt hervor, dass sich die Bundeswehr seit den 1980er Jahren vom gesellschaftlichen Raum abgeschottet hat. Vgl. DIES., Die Bedeutung der Jahre 1968 und 1981 für die Bundeswehr.

[136] VOGT, Gegenkulturelle Tendenzen im Militär?, 12. Für bilanzierende Perspektiven zu den Tendenzen einer militärischen Gegenkultur vgl. a. a. O., 28–30.

[137] Vgl. SCHNITT, Foxtrott 4, 205; vgl. HAMMOUTI-REINKE, Ich diene Deutschland, 102; vgl. PEUCKMANN, Kirche(n) unter Soldaten, 289.

[138] Evangelisches Kirchenamt für die Bundeswehr (Hg.), Begleitung im Licht des Evangeliums, 24.

3.2.1 Soldatenfamilien als Exkludierte der Bundeswehr

»Eine einheitliche Definition des Begriffs ›Familie‹ existiert im deutschen Recht nicht.«[139] Das gilt auch für den Begriff »Soldatenfamilie«. Für gewöhnlich wird dieser Begriff über den Soldaten definiert, der infolgedessen zum Zentrum des Beziehungssystems erklärt wird.[140] Dieses Verständnis der Soldatenfamilie ist in mehrfacher Hinsicht problematisch. Zum einen entspricht es nicht der Vielfalt moderner Lebens- und Familienentwürfe. Zum anderen grenzt es Beziehungen aus, die zwischen Soldatinnen und Soldaten und ihren Herkunftsfamilien bestehen. Gerade während der Einsatzzeiten sind diese Beziehungen insbesondere für jüngere Soldatinnen und Soldaten bedeutsam, da sie häufig noch eine enge Bindung zu den Eltern und Geschwistern pflegen. Auch ist darauf hinzuweisen, dass ein »klassisches« Verständnis die Soldatenfamilien zum »Anhängsel« des Militärs erklärt, was sich mit der gegenwärtigen Praxis nicht mehr deckt. Der Familienbegriff ist deshalb systemisch auszuweiten.

In der Militärsoziologie werden die Soldatenfamilien erst seit Mitte der 1980er Jahre untersucht. Mit den internationalen Einsätzen ab den 1990er Jahren hat sich dieses Forschungsinteresse weiter verstärkt.[141] Die Familien an der »Heimatfront« sind als »wichtige Einflussgrößen auf die Einsatzfähigkeit«[142] der Soldatinnen und Soldaten entdeckt worden. In diesem Zuge ist auch die Frage nach der adäquaten Begleitung der Soldatenfamilien *vor*, *während* und *nach* der Einsatzzeit virulent geworden. Als eine Organisation mit einer steilen Hierarchie stellt die Berücksichtigung familiärer Beziehungen die Bundeswehr jedoch vor große Herausforderungen: Informelle Beziehungen und Kommunikationen entsprechen nicht ihrer offiziellen Organisationslogik.[143] Das heißt, dass die Bundeswehr normalerweise eine Kommunikationskultur pflegt, die weitgehend formalisiert ist und von Emotionen jeder Art absieht. Eine emotional codierte Kommunikation ist aber für familiäre Systeme charakteristisch. Folglich sind Spannungen in der Kommunikation zwischen Bundeswehr und den Soldatenfamilien erwartbar.

Dieses Phänomen gilt nicht allein für die Bundeswehr, sondern ist bei fast allen hierarchisch strukturierten Organisationen zu beobachten. Für gewöhnlich werden die Spannungen dadurch gelöst, dass beziehungsorientierte Formen der Kommunikation ausgelagert werden. An Universitäten beispielsweise gibt es psychologische Beratungsstellen, an die sich Studierende im Falle von Prü-

---

[139] ZDv. Vereinbarkeit von Familie und Beruf/Dienst, Ziff. 1005.
[140] Vgl. MEYER, Soldatenfamilien, 552.
[141] Vgl. BIEHL/KELLER/TOMFORDE, »Den eigentlichen Einsatz fährt meine Frau zu Hause...«, 79.
[142] APELT, Militär, Kameradschaft und Familie, 157.
[143] Vgl. KÜHL, Organisationen, 79.

3.2 Soldatsein im Spannungsverhältnis 141

fungsängsten oder familiären Problemen wenden können. Auch die Bundeswehr folgt diesem Weg, indem sie spezialisierte Betreuungseinrichtungen und Beratungsstellen für Soldatenfamilien unterhält. In einigen Fällen lassen sich so Spannungen und Konflikte lösen, doch bestehen trotzdem grundsätzliche Kommunikationshürden zwischen der Bundeswehr und den Soldatenfamilien. Das erklärt auch, warum Angehörige von Soldatinnen und Soldaten vielfach und lautstark darüber klagen, dass sie in der Bundeswehr für ihre Belange wenig Gehör finden.[144]

Die Militärseelsorge ist mit der Begleitung von Soldatenfamilien vertraut und versteht diese als einen Schwerpunkt ihrer Arbeit.[145] Sozialempirische Untersuchen zeigen im Vergleich mit anderen Begleitungs- und Betreuungsprogrammen der Bundeswehr, dass die Angebote der Militärseelsorge von Angehörigen der Soldatinnen und Soldaten auffallend positiv bewertet werden.[146] Ausschlaggebend ist dafür, dass die Militärseelsorge nicht Bestandteil der Bundeswehr ist und deshalb den Bedürfnissen und Anliegen der Soldatenfamilien wertschätzend begegnen kann.

Soldatenfamilien sind heute weitgehend aus dem Bereich des Militärs exkludiert. Darüber besteht Einigkeit in der militärsoziologischen Forschung. Auch die Politik und die Bundeswehr haben dieses Problem erkannt. Verschiedene Maßnahmen zur Verbesserung der Situation von Soldatenfamilien sind bereits entwickelt und umgesetzt worden. Trotzdem stehen Angehörige von Soldatinnen und Soldaten immer noch in vielen Fällen außerhalb des Systems. Sie können wenig Einfluss nehmen, ihre Bedürfnisse werden oftmals nicht berücksichtigt.

Ein Blick in die Geschichte von Soldatenfamilien zeigt, dass dieses Problem nicht neu ist.[147] Soldatenfamilien stellten seit der Einrichtung eines stehenden Heeres – also ab dem späten 17. Jahrhundert – »über weite Zeiträume hinweg ein ›lästiges Anhängsel‹«[148] dar. Militärische Heiratsbeschränkungen erwiesen sich als wirkungsvoller Mechanismus zur Verdrängung von Soldatenfamilien. Diese Beschränkungen galten recht rigoros und hatten zur Folge, dass bis in das 20. Jahrhundert hinein eigentlich nur Soldaten ab der Dienstgradgruppe der Offiziere heiraten durften, sofern die finanzielle Grundlage dafür vorhanden war. Die Bezahlung der Offiziere entsprach allerdings zu jener Zeit bei weitem nicht dem gesellschaftlichen Lebensstil, der von ihnen erwartet wurde. Das

---

[144] Vgl. Schwarz (Hg.), Ich kämpf' mich zu dir durch, mein Schatz, 92.
[145] Vgl. Wendl, Militärseelsorge: »Ernstfall der Familienpastoral«, 366. Siehe auch Kap. IV 2.1.3.
[146] Vgl. Seiffert/Heß, Afghanistanrückkehrer, 10; vgl. Gmelch/Hartmann, Soldatenfamilien im Stress, 34.
[147] Einen pointierten Überblick liefern Dillkofer/Meyer/Schneider, Soziale Probleme von Soldatenfamilien der Bundeswehr, 23–40.
[148] A.a.O., 39.

führte dazu, dass sich viele Offiziere in Wahrung ihres sozialen Ansehens verschuldeten. Geordnete Lebensverhältnisse, die einschlossen, dass der betreffende Soldat schuldenfrei war, galten jedoch als Voraussetzung für eine Heiratserlaubnis, den sogenannten Heiratskonsens. Die Ehe konnte deshalb in der Regel nur dann eingegangen werden, wenn die finanziellen Mittel durch die Familie der Braut aufgebracht wurden.[149] Interessant ist demgegenüber, dass die Ehefrauen und Kinder der Soldaten aus Sicht des Dienstherren einzig als Kostenfaktor und nicht als eigenständige Akteure betrachtet wurden. In einer preußischen Kabinettsorder aus dem Jahr 1809 heißt es: »[E]s [sei] mit dem Geist der neuen Organisation der Armee nicht mehr ›vereinbar‹ [...], die Soldatenfrauen und Kinder zu berücksichtigen. Den Verheirateten sollte das ›einmal zugebilligte‹ nicht entzogen werden, aber jeder Soldat, der zukünftig heiratet, werde weiterhin als unverheiratet betrachtet werden, also keinen Service für die Ehefrauen und kein Kindergeld erhalten und sein Status nicht mehr anerkannt werden, wenn die Truppe die Garnison wechsele«.[150]

In den darauffolgenden Jahrzehnten wurden die Heiratsbeschränkungen vielfach novelliert. Auffallend ist, dass die Bundeswehr anfänglich nicht von einer exkludierenden Familienpolitik absah und in dieser Hinsicht früheren Militärstrategien folgte. »So verzichtet man zwar auf das Instrument des Heiratskonsenses, die alten Bestimmungen lebten aber zum Teil in Form von Empfehlungen wieder auf.«[151] Ein entsprechender Erlass des Verteidigungsministeriums vom 10. Januar 1958 brachte zum Ausdruck, dass an die Soldaten die Empfehlung ergehen sollte, eine Ehe erst nach einer Mindestdienstzeit von vier bis fünf Jahren einzugehen. Ebenso sollten die betreffenden Soldaten schuldenfrei sein, die Braut einen »unangefochtenen Ruf« genießen und aus einer »ehrbaren Familie« stammen.[152] Zur Gründungszeit der Bundeswehr wurden die Soldatenfamilien rein funktional als Anhängsel der Soldaten verstanden. Ein ähnliches Bild findet sich im Militärseelsorgevertrag von 1957 (Art. 7 Abs. 6 MSV), der die Soldatenfamilien über den dienenden Ehemann in der Bundeswehr definiert. Im Jahr 1974 wurde der Erlass ersatzlos gestrichen. Eine empirische Studie von 1986 zeigt jedoch, dass die Empfehlungen lange nachgewirkt haben.[153] Es kann bilanziert werden, dass »die familiale Lebenswelt durch das System Militär kolonialisiert«[154] wurde.

Gesamtgesellschaftlich zeichnet sich durch die Individualisierungsprozesse seit den späten 1960er Jahren eine Wandlung im Ehe- und Familienverständnis

---

[149] Vgl. a.a.O., 33.
[150] Zit. n. a.a.O., 32.
[151] A.a.O., 37.
[152] Vgl. a.a.O., 38.
[153] Vgl. a.a.O., 41-50.
[154] APELT, Militär, Kameradschaft und Familie, 157.

ab.¹⁵⁵ Die Bundeswehr war von diesen Entwicklungen allerdings nicht unmittelbar betroffen. In ihr wirkte ein »klassisches« Ehe- und Familienbild weiterhin fort. Erst mit den aufkommenden Auslandseinsätzen lässt sich eine sukzessive Veränderung feststellen.¹⁵⁶ Die Soldatenfamilie ist infolge der Einsatzarmee nicht mehr »kolonialisierter« Teil der militärischen Lebenswelt, sondern Teil der Gesellschaft und wird damit zugleich aus der Bundeswehr exkludiert.¹⁵⁷

Diese Exklusion ist nicht nur folgenreich für die Familien, sondern auch für die betreffenden Soldatinnen und Soldaten. Sie führte dazu, dass sich die Soldatenfamilie zu einem eigenständigen System entwickelte, das nun neben der Bundeswehr steht. Soldatinnen und Soldaten leben in einer Spannungslage konkurrierender Lebenswelten.¹⁵⁸ Sowohl die Bundeswehr als auch die Soldatenfamilien wirken in diesem Kontext als *greedy institutions* (L. A. Coser) auf sie ein. Beide Systeme haben hohe Ansprüche im Hinblick auf Präsenz und Erreichbarkeit. Für Soldatinnen und Soldaten ist das nicht einfach. Sie sind besonderen kognitiven und auch emotionalen Belastungen, bisweilen auch Dissonanzen, ausgesetzt. Sie müssen ständig nach Kompromissen suchen, um beide Systeme zu befriedigen und erreichen doch selten eine Harmonisierung von Beruf und Familie. Überdies führen ihre Strategien zur Befriedung der konkurrierenden Ansprüche oftmals dazu, dass sie ihre eigenen Bedürfnisse hintanstellen.¹⁵⁹ Über kurz oder lang werden sie dennoch die Erwartungen der einen oder anderen Institution enttäuschen. Auch ist es belastend, dass beide Institutionen dazu neigen, die Intensität ihres Zugriffs zu erhöhen, wenn sie den Eindruck gewinnen, dass die andere Institution sie im Ringen um Zuwendung überlagert. Das ist vor allem bei den Soldatenfamilien beobachtbar, die immer »(hab)gieriger« werden, wenn sie mit den Ansprüchen der militärischen Lebenswelt unmittelbar konfrontiert werden.¹⁶⁰ Die aktuelle Einsatzrealität der Bundeswehr ist daher grundsätzlich problematisch für die Soldatinnen, Soldaten und ihre Familien, da sich in diesen Momenten sehr deutlich der vollinkludie-

---

[155] Vgl. NAVE-HERZ, Wandel und Kontinuität in der Bedeutung, in der Struktur und Stabilität von Ehe und Familie in Deutschland, 45.
[156] Für die Bewertung dieser Veränderung ist zugleich relevant, dass die Situation der Soldatenfamilien in der Militärsoziologie erst ab Mitte der 1980er Jahre untersucht wurde. Möglich wäre es, dass die beobachteten Veränderungen bereits früher ihren Anfang genommen haben, allerdings nicht erfasst wurden, da das Thema zuvor keine Berücksichtigung fand.
[157] Vgl. GMELCH, Der Umgang mit kognitiven Dissonanzen als Proprium einer praktischen Militärseelsorge, 122 f.
[158] Siehe Kap. III 1.
[159] »Um mehr Zeit für die Familie zu haben, verzichtet fast die Hälfte der Soldatinnen und Soldaten (48 %) auf Freizeitaktivitäten.« SEIFFERT/HEß, Afghanistanrückkehrer, 13.
[160] Vgl. WECHSLER SEGAL, The Military And the Family As Greedy Institutions, 13.

rende Zugriff des Militärs zeigt. Einsatzzeiten stellen eine große Belastung für die Soldatenfamilien dar, was sich nicht zuletzt empirisch anhand der hohen Trennungsquoten belegen lässt.[161]

Drei Ergebnisse können hinsichtlich der Belastungen für Soldatenfamilien festgehalten werden. *Erstens:* Mit Blick auf die Geschichte der Soldatenfamilien wird deutlich, dass ihre Situation immer schon prekär und spannungsreich war. Sie galten lange als »›Störgröße‹«[162] und wurden daher systematisch aus dem Militär verdrängt. Heute sind Soldatenfamilien ebenfalls außerhalb der Bundeswehr loziert, was aber weniger mit gezielten Verdrängungsmechanismen als mit den Anforderungen einer hochspezialisierten Einsatzarmee zusammenhängt. Das Statement von Christine Buchholz, das eine tendenzielle Inkompatibilität zwischen Beruf und Familie in den Streitkräften andeutet, bestätigt sich in dieser Hinsicht. Diese prinzipielle Spannung ist hinsichtlich der Fragen nach der Vereinbarkeit von Beruf und Familie in der Bundeswehr zu berücksichtigen. Doch ist die gegenwärtige Situation nicht nur negativ zu bewerten. Es geht vor allem darum zu verstehen, dass alle Maßnahmen vor dem Hintergrund des Einsatzparadigmas nur eine begrenzte Wirkung entfalten können. *Zweitens:* Die Exklusion der Soldatenfamilien hat dazu geführt, dass sich das Bundeswehr- und das Familiensystem als konkurrierende Größen (*greedy institutions*) gegenüberstehen. Dabei ist aus sozialpsychologischer Sicht darauf hinzuweisen, dass sich die Familien vor allem dann wehren, wenn die Bundeswehr ihre Ansprüche wirkmächtig und ohne Rücksicht auf die Familie durchsetzt. Das zeigt sich in erster Linie anhand der Reaktionen von Soldatenfamilien auf angekündigte

---

[161] Genaue Zahlen zur Höhe der Trennungsquoten liegen gegenwärtig nicht vor, obwohl diese Leerstelle mehrfach in den Berichten des Wehrbeauftragten des Deutschen Bundestages angemahnt wurde. Die Zahlen, die in den Berichten angegeben werden, sind nicht empirisch erhoben worden und daher nur bedingt aussagekräftig. So hat der Wehrbericht (Nr. 53) aus dem Jahr 2011 ein alarmierendes Bild gezeichnet, nach dem in einzelnen Verbänden die Trennungsquote bei 75 %, in einem Sonderfall sogar bei 90 %, liegen soll. Medial wurde auf diese Zahlen vielfach reagiert, sodass es nicht verwundert, dass nachfolgende Wehrberichte auf vergleichbare Angaben verzichtet haben. Erst der Bericht aus dem Jahr 2017 (Nr. 59) greift die Thematik wieder auf und spricht von einer fünfzigprozentigen Trennungsquote. Insgesamt deuten empirische Studien zur Vereinbarkeit von Beruf und Familie darauf hin, dass die Trennungsquoten in der Bundeswehr über dem bundesdeutschen Durchschnitt liegen. Da die Studien aber nur einen kleinen Ausschnitt der Truppe temporär begrenzt untersucht haben, können die erhobenen Daten nicht vorschnell verallgemeinert werden. Langzeitstudien zu diesem Thema fehlen bislang. Vgl. BIEHL/KELLER/TOMFORDE, »Den eigentlichen Einsatz fährt meine Frau zu Hause...«, 99; vgl. SEIFFERT/HEẞ, Afghanistanrückkehrer, 8 f.

[162] DILLKOFER/MEYER/SCHNEIDER, Soziale Probleme von Soldatenfamilien der Bundeswehr, 167.

Einsatzzeiten. *Drittens:* Soldatenfamilien konfrontieren die Bundeswehr mit emotional codierter Kommunikation, die für die familiäre Lebenswelt zwar »normal« ist, die militärische Organisation allerdings nachhaltig irritiert. Diese pflegt eine formalisierte Kommunikationskultur. Diese Irritation hat zur Folge, dass sich Soldatenfamilien oftmals von der Bundeswehr nicht wahrgenommen fühlen. Die Militärseelsorge ist demgegenüber mit informeller, emotional getönter Kommunikation vertraut. Sie ist deshalb ein geeigneter Ansprechpartner für die Familien und kann gegebenenfalls auch vermitteln zwischen Familie und Bundeswehr.

3.2.2 Soldatenfamilien als Ort der sozialen Verwurzelung

Dass Soldatinnen und Soldaten heute oftmals fern der eigenen Familie ihren Dienst verrichten und aufgrund der geographischen Distanz nicht immer nach Dienstschluss nach Hause fahren können, stellt die zentrale Herausforderung für die Vereinbarkeit von Beruf und Familie in der Bundeswehr dar. Die deutschen Streitkräfte halten, trotz neuer Arbeitsformen wie Telearbeit, Mobiler Arbeit oder Teilzeitbeschäftigung,[163] nach wie vor an einem räumlich bindenden Verständnis des Dienstes fest. Dies hat zur Folge, dass sich die Bundeswehr zu einer Pendlerarmee gewandelt hat. Aus soziologischer Sicht wird dadurch einmal mehr deutlich, dass die Bundeswehr weiterhin Züge einer totalen Institution (E. Goffman) aufweist. Mit Blick auf die Entwicklung der letzten Jahre zeigt sich, dass das Problem der Pendlerarmee zwar erkannt wurde, die ergriffenen Maßnahmen bislang aber keine Trendwende einleiten konnten.[164] Vielmehr hat sich das Problem in den vergangenen Jahren weiter verschärft. Im Jahr 2008 lag die durchschnittliche Pendlerdistanz bei 67 km; zehn Jahre später hat sich diese Zahl fast verdoppelt (121 km).[165] Zugleich gilt diese Entwicklung nicht allein für die

---

[163] Vgl. ZDv. Vereinbarkeit von Familie und Beruf/Dienst, Ziff. 2010.

[164] Die Arbeitsform der Telearbeit wird vielfach als Maßnahme zur Verbesserung der Vereinbarkeit von Beruf und Familie aufgeführt. Mit Blick auf die reale Praxis der Bundeswehr stellt sich jedoch eine gewisse Ernüchterung ein. Ende 2017 haben 1.562 Soldatinnen und Soldaten Dienst im Rahmen der alternierenden Telearbeit verrichtet. Das sind weniger als 1 % der gesamten Truppe. Auch die anvisierten 8.000 Telearbeitsplätze im Jahr 2020 werden keine allgemeine Trendwende einleiten. Dann läge die Quote bei 4 %; der bundesdeutsche Durchschnitt liegt bei ca. 15 %. Nicht eingerechnet ist der Zuwachs an Telearbeit infolge der COVID-19-Pandemie. Vgl. Deutscher Bundestag (Hg.), Unterrichtung durch den Wehrbeauftragten. Jahresbericht 2017, 86.

[165] Vgl. Deutscher Bundestag (Hg.), Unterrichtung durch den Wehrbeauftragten. Jahresbericht 2008, 38; vgl. Deutscher Bundestag (Hg.), Unterrichtung durch den Wehrbeauftragten. Jahresbericht 2018, 91.

3. Soldatinnen, Soldaten und ihre Familien

Bundeswehr. Die gestiegenen Mobilitätsanforderungen stellen ein gesamtgesellschaftliches Phänomen dar.

Die wachsenden Mobilitätsansprüche wirken sich auch auf das partnerschaftliche Zusammenleben aus, sodass viele Soldatinnen und Soldaten heute eine Fernbeziehung führen. Auch darin unterscheidet sich die Bundeswehr nicht von allgemeinen Entwicklungen in der Gesellschaft. »Allein bei Akademikern sind schätzungsweise 25 % der Paare phasenweise ›entfernt zusammen‹.«[166] Die Zahlen an Fernbeziehungen in der Bundeswehr dürften, obwohl keine validen Daten vorliegen,[167] allerdings deutlich über dem bundesdeutschen Durchschnitt liegen. Fernbeziehungen müssen aber nicht per se misslingen, sie sind jedoch in ganz eigener Weise gefordert.[168]

Obwohl Soldatenfamilien heute weitgehend aus dem System der Bundeswehr exkludiert sind, stellen sie dennoch den entscheidenden Ort der sozialen Verwurzelung für die Soldatinnen und Soldaten dar. Eine quantitative Studie aus dem Jahr 2014 macht deutlich, dass 15 % der befragten Soldatinnen und Soldaten vorrangig mit Angehörigen der Bundeswehr befreundet sind. 50 % gaben demgegenüber an, dass sie auch außerhalb der Bundeswehr einen engen Freundeskreis haben.[169] Diese Zahlen verdeutlichen, dass bei allen Distanzen zwischen Bundeswehr und Gesellschaft Soldatinnen und Soldaten heute immer noch vielfach im gesellschaftlichen Raum sozial vernetzt sind. Dieser Aspekt sollte bei den Diskussionen zur Integration der Streitkräfte in den gesellschaftlichen Kontext nicht außer Acht gelassen werden. Entscheidend ist aber, dass die Soldatenfamilien bei der Konstitution und vor allem der Pflege dieser freundschaftlichen Sozialsysteme eine wichtige Rolle einnehmen. Unter dem räumlich bindenden Zugriff der Bundeswehr leiden nicht nur Partnerschaften, auch Freundeskreise müssen sich mit längeren Trennungszeiten arrangieren. Soldatenfamilien übernehmen dabei nicht selten die Funktion der Vermittlung. Insbesondere während eines Einsatzes läuft die Kommunikation zwischen den Soldatinnen, Soldaten und ihren Freundes- und Bekanntenkreisen häufig über die Soldatenfamilien. Die Neuigkeiten aus dem Einsatz und von der Heimat laufen an dieser Schnittstelle zusammen.

Aus diesem Grund sind die Familien für die Soldatinnen und Soldaten vor allem in Zeiten eines Einsatzes ungemein wichtig. Sie symbolisieren eine soziale

---

[166] WENDL, Gelingende Fern-Beziehung, 49.
[167] Vgl. a.a.O., 51.
[168] Auf katholischer Seite ist das Thema der Fernbeziehung als Herausforderung für die praktische Arbeit der Militärseelsorge bereits intensiver untersucht worden. Diesbezüglich ist vor allem auf die Arbeiten von Peter Wendl vom ZFG hinzuweisen. Vgl. DERS., Herausforderung Fern-Beziehung?, 123–147; vgl. DERS., Soldat im Einsatz – Partnerschaft im Einsatz; vgl. DERS., Gelingende Fern-Beziehungen.
[169] Vgl. GMELCH/HARTMANN, Soldatenfamilien im Stress, 35.

3.2 Soldatsein im Spannungsverhältnis

Anbindung und stellen darüber hinaus eine emotionale Stütze dar. In Feldpostbriefen sowohl aus der Heimat als auch aus dem Einsatz kommt dies anschaulich zum Ausdruck. Zwei Sequenzen seien hier exemplarisch aufgeführt:

> »Du bist für mich mein Held. Ich bin sehr stolz auf Dich. Du meisterst dort jeden Tag Deinen anstrengenden Arbeitstag mit so viel Verantwortung, ohne zu murren. Verzichtest auf so viele Annehmlichkeiten und nimmst für Deinen Job keine Rücksicht auf Deine Gesundheit. Ich hoffe, man dankt Dir das auch.«[170]
>
> *Johanna, Dezember 2010*

> »Geliebter Schatz, vielen Dank für Deine wunderschöne Karte. Sie und Dein Brief haben mich wirklich aufgebaut. Es ist wie ein ganzer Sack voller Kraft und Gelassenheit. Bis zum 30.06. sind es noch 62 Tage und ich habe schon 102 hier in Kabul verbracht. Es geht täglich abwärts! Ein Nachfolger ist inzwischen bestimmt aber Termine sind leider noch nicht genannt, ich weiß auch nicht, wer der Nachfolger ist, aber das werde ich schon noch rechtzeitig erfahren.«[171]
>
> *Oberstleutnant Bertram Hacker, Kabul 2002*

Auslandseinsätze haben den Prozess der Verdrängung von Soldatenfamilien aus dem Militär verstärkt. Vor diesem Hintergrund wirkt es geradezu paradox, welche hohe Bedeutung den Familien während der Einsatzzeit zukommt. Sie bilden ein »emotionales Auffangnetz« und tragen die Einsatzerfahrungen in der fernen Heimat mit. Damit wird auch verständlich, warum Soldatenfamilien zur Beschreibung ihres Alltagslebens auf martialisch klingende Begrifflichkeiten wie »*Leben an der Heimatfront*« zurückgreifen. Weil ihr Partner in einen internationalen Einsatz »verlegt« wurde, fühlen sie sich daheim an eine eigene Front versetzt. Ihr Alltag wird in diesen Phasen vom Einsatz überschattet, sie fühlen sich geradezu verpflichtet, selbst in ständiger Anspannung und Sorge zu leben: »Da schleichen sich doch, wenn ich anfange locker und lustig zu werden[,] plötzlich so was wie Schuldgefühle ein, so als ginge es nicht an, dass ich fröhlich bin, sondern verpflichtet bin mit gedämpfter Stimmung zu leben, bis Du wieder hier bist.«[172]

Soldatenfamilien sind aus psychologischer Sicht bedeutsam für die Einsatzfähigkeit der Soldatinnen und Soldaten. Zugleich versucht die Bundeswehr, die familiäre Leerstelle im Einsatz zu kompensieren und zwar durch das Konzept der *Kameradschaft*, das moralisch, sozial und emotional stark aufgeladen wird und auf diese Weise eine Art Ersatz für die fehlende Familie liefern soll. »Die Kameradschaft kann also als wesentliches Medium der moralischen, sozialen und emotionalen Inklusion des Soldaten ins Militär betrachtet werden. Sie dient

---

[170] SCHWARZ (Hg.), Ich kämpf' mich zu dir durch, mein Schatz, 114 f.
[171] BAUMANN/LANGEDER/MUCH/OBERMAYER/STORZ (Hg.), Feldpost, 100 f.
[172] SCHWARZ (Hg.), Ich kämpf' mich zu dir durch, mein Schatz, 77.

bei gleichzeitiger Exklusion der Primärfamilie als deren männerbündischer Ersatz.«[173] Kameradschaft übernimmt daher die Funktion einer »Ersatzfamilie«[174].

Das System Bundeswehr reagiert auf das familiäre Vakuum, indem es familienähnliche Strukturen ausbildet. Dass diese Strukturen die eigentliche Leerstelle nur bedingt füllen können, zeigen die vielen Diskussionen zum Konzept der Kameradschaft.[175] Die hohe Bedeutung von Soldatenfamilien für die betreffenden Soldatinnen und Soldaten im Einsatz ist weiterhin gegeben. Sie sind der zentrale *Ort der sozialen Verwurzelung* im gesellschaftlichen Raum – im gefühlten »Draußen«. Ein Wegbrechen dieses »Auffangnetzes« stellt daher einen dramatischen Einschnitt in der Lebenswirklichkeit der betreffenden Soldatinnen und Soldaten dar. Im Einsatz zeigt sich das mit besonderer Härte, wenn die Partnerin oder der Partner die Beziehung beendet. In solchen Fällen wird nicht selten die Militärseelsorge aufgesucht, weil ihr eine besondere Kompetenz zugeschrieben wird im Hinblick auf katastrophale persönliche Erfahrungen und Erschütterungen. Sie begleitet Soldatinnen und Soldaten, die sich während einer Einsatzerfahrung schlagartig einer Extremsituation ausgesetzt sehen. Sie begleitet folglich Menschen, die eine Extremsituation *in* einer Extremsituation erleben.[176] An der »Heimatfront« hingegen fehlt eine entsprechende seelsorgliche Begleitung oftmals.

Die Familien nehmen einen zentralen Platz in der Lebenswirklichkeit von Bundeswehrsoldatinnen und Bundeswehrsoldaten ein. Sie stellen ein Auffangnetz für die Soldatinnen und Soldaten dar. Nach dem Einsatz ist zugleich nicht einfach alles zu Ende. Für gewöhnlich kommt »[d]ie größte Herausforderung für die Beziehung […] nach dem Einsatz auf die Beteiligten«[177] zu. Hier gilt das Motto »»nach dem Einsatz ist vor dem Einsatz««[178]. Die Familie muss sich nach der ersten Wiedersehensfreude wieder aneinander gewöhnen, der Soldat ist womöglich durch belastende Einsatzerfahrungen seelisch verwundet, was insgesamt zu einer großen Belastung für die Familie werden kann. Für die Militärseelsorge leitet sich aus der hohen Bedeutung der Soldatenfamilien in jedem Fall die Konsequenz ab, dass sie ihre seelsorgliche Begleitung so gestaltet, dass sie sich bewusst den Soldatenfamilien zuwendet – vor, während und auch nach dem Einsatz. Die Arbeit der Militärseelsorge ist nicht nur auf den Raum der Bundeswehr beschränkt. Folglich greift auch die neuerliche Rede von der *Seelsorge in*

---

[173] APELT, Militär, Kameradschaft und Familie, 156.
[174] A.a.O., 150.
[175] Siehe Kap. III 3.2.3.
[176] Siehe Kap. IV 3.2.1.
[177] HAUTMANN, Sechs Monate sind eine lange Zeit – Erfahrungen von Soldatenfrauen, 141.
[178] Ebd.

der Bundeswehr zu kurz.[179] Militärseelsorge ist *Seelsorge in der Lebenswelt Bundeswehr*, zu der trotz der Exklusionsprozesse die Soldatenfamilien unzweifelhaft hinzugehören.

3.2.3 Kameradschaft

Kameradschaft stellt einen jener Begriffe dar, der strukturell tragend für das Militär ist, darüber hinaus jedoch eine eigentümliche Strahlkraft aufgrund von Narrativen der sozialen Gemeinschaft besitzt. Bis heute löst dieses Konzept eine große *Faszination* aus,[180] bisweilen aber auch *Unbehagen*. Für Generationen deutscher Wehrdienstleistender galt: »Geh zum Bund, werde zum Mann und erlebe ›echte‹ Kameradschaft«.

Für gewöhnlich wird Kameradschaft mit militärischen Strukturen assoziiert. Dass dieses Konzept auch für die Polizei und Feuerwehr gilt, tritt zumeist in den Hintergrund. Historisch ist die Kameradschaft vor allem im 19. Jahrhundert bedeutsam geworden. In dieser Zeit entstand das bekannte Gedicht »Der gute Kamerad« (1809) von Ludwig Uhland, das 1825 von Friedrich Silcher vertont wurde (»Ich hatt' einen Kameraden«) und noch heute als Lied, zumeist auf der Trompete gespielt, während Trauerzeremonien der Bundeswehr oder bei Gedenkstunden anlässlich des Volkstrauertages erklingt. In der ersten Hälfte des 20. Jahrhunderts wurde das Konzept der Kameradschaft vom militärischen Raum auf die Gesellschaft hin ausgeweitet. In Kreisen der Kirche wurde dieses Konzept unter den Deutschen Christen bereitwillig verwendet.[181] Nach dem Zweiten Weltkrieg änderte sich der Blick auf die Kameradschaft grundsätzlich. Der Historiker Thomas Kühne resümiert: »Die Kameradschaft galt nicht länger als Triebfeder der Veredelung, sondern der Verrohung.«[182] Folglich ist sie in der Nachkriegszeit aus dem gesellschaftlichen Raum fast gänzlich verschwunden. Gleichzeitig wirkte sie im Raum des Privaten und des Militärischen fort.

Die Bundeswehr hielt mit ihrer Gründung trotz einer gesellschaftlichen Skepsis an dem Konzept der Kameradschaft fest, band dieses – wohl auch unter Berücksichtigung der Zweifel – allerdings in ein formales Gerüst ein. Die Kameradschaft ist aus diesem Grund Gegenstand des Soldatengesetzes (SG) und

---

[179] Dazu kann auch auf die Kritik von Sylvie Thonak verwiesen werden, die diese Neubenennung aus friedensethischer Sicht problematisiert. Vgl. Dies., Evangelische Militärseelsorge und Friedensethik, 220f.
[180] Vgl. Kühne, Kameradschaft, 258.
[181] Emanuel Hirsch dichtet: »Wir schritten lange Seit an Seit./ In Kampf und Arbeit Freud und Leit/ warst du mein Kamerad./« zit. n. Zimmerling (Hg.), Handbuch Evangelische Spiritualität, 751.
[182] Kühne, Kameradschaft, 257.

kann nach § 12 SG als Pflicht von den Soldatinnen und Soldaten eingefordert werden.[183] Dadurch ist ein Konzept der informellen Gruppenbildung formalisiert worden. Das heißt, dass soziale Interaktionen, die als Ausdruck von Kameradschaftlichkeit gewertet werden können, der Systemlogik der Bundeswehr entsprechen. Das hat zur Folge, dass sämtliche Räume des informellen Miteinanders von der Systemlogik imprägniert sind und so indirekt zu formalen Interaktionen werden. Theoretisch betrachtet fallen damit alle Formen der informellen Begegnung in den Streitkräften weg.[184] Das Konzept der *verpflichtenden Kameradschaft* schließt informelle Sozialstrukturen mehr oder weniger aus. Im Alltag der Bundeswehr zeigt sich allerdings ein anderes Bild, das sehr wohl informelle Gruppenbildungen kennt.

Trotz der formalen Vorgaben durch das Soldatengesetz ist das Konzept der Kameradschaft nicht selbsttragend, es kann nur im sozialen Miteinander realisiert werden. Unter den Soldatinnen und Soldaten haben sich vielfältige Deutungen der Kameradschaft entwickelt. Eine wesentliche Schnittmenge ist darin zu sehen, dass das Individuum mit seinen Ansprüchen und Bedürfnissen ein Stück weit zurücktritt und dass das Wohl der Gemeinschaft zur Leitperspektive erhoben wird. Davon berichten auch die Soldatinnen und Soldaten im Einsatz: »Kameradschaft ist immer das große Stichwort. Kameradschaft heißt in diesem Falle für mich, dass die alle gewaltig aufeinander Rücksicht nehmen müssen. Nicht mehr nur an sich denken, sondern an die Gruppe, an den Zug, an die Kompanie denken müssen. Und dass Egoisten hier überhaupt nicht gebraucht werden. Sondern jeder muss für den Anderen mitdenken.«[185]

Die Kameradschaft hebt die Bedeutung der sozialen Gemeinschaft hervor, sie übernimmt mitunter auch die Funktion einer »Ersatzfamilie«. Im Raum der Bundeswehr ist diese Amalgamierung bereits auf sprachlicher Ebene anzutreffen. Der Kompaniefeldwebel – bundeswehrintern »Spieß« genannt – wird beispielsweise als *Mutter der Kompanie* bezeichnet, wohingegen dem Kommandeur nicht selten die Rolle des *Vaters der Truppe* zukommt.[186] Kameradschaft wird einer verschworenen Gruppe zugeschrieben, die einander beisteht und aufeinander Acht gibt und zugleich auf klassische Geschlechterrollen wie den »führenden Vater« und die »fürsorgliche Mutter« zurückgreift. Bedeutsam wird die Kameradschaft als Ersatzfamilie vor allem dann, wenn die Strukturen der Primärfamilie zerbrechen: »Kameradschaft ist genauso, dass der eine Soldat meiner

---

[183] SG § 12: »Der Zusammenhalt der Bundeswehr beruht wesentlich auf Kameradschaft. Sie verpflichtet alle Soldaten, die Würde, die Ehre und die Rechte des Kameraden zu achten und ihm in Not und Gefahr beizustehen. Das schließt gegenseitige Anerkennung, Rücksicht und Achtung fremder Anschauungen ein.«
[184] Vgl. WARBURG, Das Militär und seine Subjekte, 274.
[185] SCHNITT, Foxtrott 4, 160 f.
[186] Vgl. KÜHL, Über Kameradschaft in der Bundeswehr – und ihre Erosion.

3.2 Soldatsein im Spannungsverhältnis 151

Einheit die Trennung von seiner Ehefrau durchleben muss und zwei Kinder dabei hat, dass er von uns und von mir aufgenommen wird, dass man ihm ein Bettchen gibt oder was zu essen und irgendwo, wo er bleiben kann, bis er 'ne Wohnung findet [...], das sind Beispiele für Kameradschaft.«[187] Diese Aussage stammt von einem Hauptmann der Truppengattung der Panzergrenadiere, der mit tendenziell paternalistischen Begriffen wie »Bettchen« betont, dass er seine Rolle als Vorgesetzter in einem familiär fürsorglichen Sinne versteht.

Interessant ist, dass vor allem bei Truppengattungen das Konzept der Kameradschaft identitätsstiftend ist, die sich einerseits durch eine offensichtliche Homogenität auszeichnen und andererseits in ihrem Dienst auf das gemeinschaftliche Miteinander angewiesen sind. Dies trifft auf Panzergrenadiere im Besonderen zu. Unter Sanitätssoldaten herrscht wiederum eine stärkere Heterogenität hinsichtlich der beruflichen Ausbildung. Auch ist der Frauenanteil im Sanitätsdienst (45,16 %) vergleichsweise hoch.[188] Daraus ergibt sich: »Panzergrenadiere beschreiben die Kameradschaft zumeist als besonders stark, die Sanitätssoldaten vermeiden teilweise sogar den Begriff der Kameradschaft und sprechen eher von Teamarbeit, Kollegialität oder Corporate Identity.«[189] Das Konzept der Kameradschaft ist mithin *männlich* besetzt,[190] was allerdings nicht heißt, dass der Kreis der verschworenen Gemeinschaft Soldatinnen grundsätzlich verschlossen bliebe.[191]

Zudem kann beobachtet werden, dass sich Kameradschaft nicht bloß unter Soldatinnen und Soldaten ereignet, die einander persönlich kennen. Daran zeigt sich die formale Gestalt dieses Konzepts. Vor allem unter ranggleichen Soldatinnen und Soldaten ist solch eine Form des sozialen Miteinanders beobachtbar. Sie fühlen sich aufgrund der gleichen Stellung im System einander verbunden.[192] Unterstützt wird solch eine spontane Gemeinschaftsbildung dadurch, dass im Raum der Bundeswehr der militärische Rang durch die Uniform sichtbar kommuniziert wird.

Kameradschaft prägt das soziale Miteinander in der Bundeswehr, dies auch aufgrund der formalen Vorgaben durch das Soldatengesetz. Trotzdem gewinnt

---

[187] APELT, Militär, Kameradschaft und Familie, 161.
[188] Vgl. Deutscher Bundestag (Hg.), Unterrichtung durch die Wehrbeauftragte. Jahresbericht 2020, 78.
[189] APELT, Militär, Kameradschaft und Familie, 159.
[190] Vgl. a.a.O., 160.
[191] Vgl. BENDER, Geschlechterdifferenz und Partnerschaft in der Bundeswehr, 373.
[192] Niklas Luhmann hat für die Sozialform der Kollegialität die Bedeutung der Ranggleichheit hervorgehoben. Er schreibt: »Ranggleichheit ist ein wesentliches Element des kollegialen Stils.« Nun können Kollegialität und Kameradschaftlichkeit nicht in eins gesetzt werden. Hinsichtlich des Aspekts der Ranggleichheit zeigt sich jedoch eine ähnliche Relevanz. DERS., Spontane Ordnungsbildung, 173.

dieses Konzept seine eigentliche Lebendigkeit durch informelle Praktiken, die mitunter auch ein problematisches Ausmaß annehmen können. Dazu zählen Praktiken, die auf Abgrenzungsmechanismen zurückgreifen und so Räume schaffen, die nicht mehr der Kontrolle einer äußeren Instanz unterliegen. Sozialpsychologisch sind solche Gruppenbildungen mittlerweile umfänglich untersucht worden. Das bekannte Stanford-Prison-Experiment, das von dem US-amerikanischen Sozialpsychologen Philip Zimbardo durchgeführt wurde, hat die Wirksamkeit problematischer Dynamiken im Gruppenbildungsprozess eindrücklich aufgedeckt.[193] Vor allem die Präsenz von gewalthaltigen Strukturen und das Gefühl außerhalb einer gesellschaftlichen Kontrollgröße zu stehen, begünstigen und strukturieren Gruppenbildungen, in denen die Einzelnen sich nicht mehr als Individuen mit eigenen Gewissensentscheidungen betrachten. Für Zimbardo sind deshalb sozialpsychologische Prozesse und soziale Systeme das Fundament seiner »Psychologie des Bösen«. Im Vorwort seiner Monographie »Der Luzifer-Effekt« (2007) veranschaulicht er dies mit dem einfachen Bild von Äpfeln, die in einem mit Flüssigkeit gefüllten Fass schwimmen. Ist das Fass mit Wasser gefüllt, so bleiben die Äpfel gut und bekömmlich; handelt es sich allerdings um eine säuerliche Flüssigkeit, so werden die Äpfel schlussendlich faul: »Systematische Einflüsse auf menschliches Verhalten sind die Machtbasis, die soziale Umfelder schafft, legitimiert und aufrechterhält. Innerhalb von Systemen sind wirtschaftliche, historische, politische, religiöse und legislative Kräfte darin verwickelt, die guten oder schlechten Fässer zu schaffen, in die einzelne Äpfel gelegt werden und aus denen sie dann als gute oder faule Äpfel hervorgehen.«[194] Das bedeutet zugleich nicht, dass ein Soldat sich in einer entsprechenden Umgebung der Gewalt immer anpasst, aber es erfordert in jedem Fall Selbstbewusstsein und eine starke Persönlichkeit, sich der Dynamik von Gewalt zu entziehen.

Die Bundeswehr ist eine Armee, zu der Gewaltanwendung wesenhaft hinzugehört.[195] In den aktuellen Auslandseinsätzen sieht sie sich mit der Notwendigkeit konfrontiert, militärische Gewalt aktiv anzuwenden. Deshalb stehen Soldatinnen und Soldaten, vor allem in den Einsatzsituationen aber auch in den heimischen Standorten, in der Gefahr, von den Dynamiken des Luzifer-Effektes eingeholt zu werden. Dazu sind aber noch zwei wichtige Ergänzungen zu machen. *Erstens:* Nicht jede »böse« Tat ist auf sozialpsychologische Gruppenzwänge zurückzuführen und dadurch zugleich entschuldbar. *Zweitens:* Krisenhafte Umstände, denen sich Soldatinnen und Soldaten in Einsatzzeiten ausgesetzt sehen, führen nicht zwangsläufig zu unmenschlichem Verhalten. Dementsprechend darf hinsichtlich der Einsatzrealität keine Kausalgleichung aufgestellt

---

[193] Vgl. ZIMBARDO, Der Luzifer-Effekt, 191–224.
[194] A.a.O., xii.
[195] Siehe Kap. IV 3.2.2.

3.2 Soldatsein im Spannungsverhältnis

werden, nach der alle Soldatinnen und Soldaten unweigerlich zu »verrohten Kriegstreibern« werden. Die Realität der Einsatzpraxis zeigt, dass die Bundeswehrstrukturen gegenüber solchen Gefährdungen ungemein stabil sind. Trotzdem ist das Gefährdungspotenzial stets präsent und deshalb im Blick zu behalten.

Vereinzelte Beispiele für bedenkliche Gruppenbildungsprozesse hat es indes auch schon in der Bundeswehr gegeben. Im Frühjahr 2010 machte ein Hochgebirgsjägerzug (Gebirgsjäger-Bataillon 233) im oberbayerischen Mittenwald mit unwürdigen Aufnahmeritualen Schlagzeilen. Längerdienende Soldaten zwangen junge Kameraden zum extensiven Konsum von Alkohol und quälten sie mit unwürdigen Ritualen. Medial wurden diese Praktiken als »Hochzug-Kult« bekannt.[196] Solche »kameradschaftlichen« Gruppen greifen häufig auf stabilisierende Rituale zurück, die einerseits nach außen Abgrenzung kommunizieren und andererseits nach innen den Kreis der verschworenen Gemeinschaft festigen.[197] In der Organisationspsychologie wird diesbezüglich von einer gemeinschaftlichen »Inszenierung eines Geheimnisses«[198] gesprochen. Soldatinnen und Soldaten vergegenwärtigen sich durch die Wiederholung eines Rituals, dass sie eine eingeschworene Einheit bilden, zugleich aber gegen geltende Regeln der militärischen Lebenswelt verstoßen, was sie allesamt zu Mittätern und Mitwissern des Verstoßes macht. Das gemeinschaftliche Übertreten von Regeln dient der Stärkung der Gemeinschaft, weil sich die Soldatinnen und Soldaten dadurch weiter von der Bundeswehr abgrenzen. Parallel führen Wiederholungen solcher Rituale zur scheinbaren Legalisierung dieser informellen Praxis. Dadurch wird ein sozialpsychologischer Prozess in Gang gesetzt, der die Grenzen des Sag- und Machbaren immer weiter verschiebt. Aus ritualtheoretischer Sicht zeigen diese Praktiken, dass Soldatinnen und Soldaten in der Bundeswehr in besonderem Maße für rituelle Kommunikation empfänglich sind – teilweise aber mit hoch problematischen Auswüchsen und mitunter Perversionen.

An diesen Punkt kann die Militärseelsorge ansetzen, da sie eine spezifische Ritualkompetenz besitzt.[199] Sie wird dadurch mitnichten zum Mittäter an be-

---

[196] Vgl. Deutscher Bundestag (Hg.), Unterrichtung durch den Wehrbeauftragten. Jahresbericht 2010, 8.

[197] Gerade für die Polizei und das Militär kann festgestellt werden, dass es vielfach einen »Code of Silence« gibt. Diese strukturell eingeforderte Verschwiegenheit – nach dem Motto: »wir klären das lieber intern« – führt dazu, dass problematische Praktiken und Auswüchse lange unentdeckt bleiben und sich so erst als gefühlte Normalität im sozialen Miteinander etablieren können. Vgl. Behr, Warum Polizisten oft schweigen, wenn sie reden sollten, 32–39.

[198] Vgl. Angelika Dörfler-Dierken im Rückgriff auf Martin Elbe. Dies., Inszenierung des Tabubruchs, 52.

[199] Vgl. Evangelisches Kirchenamt für die Bundeswehr (Hg.), Begleitung im Licht des Evangeliums, 18–20.

denklichen Praktiken in der militärischen Lebenswelt. Auch werden problematische Rituale dadurch nicht restlos aus den Streitkräften verschwinden. Die Militärseelsorge kann durch eine rituelle Begleitung vielmehr die Statik einer verschworenen Gruppe punktuell aufweichen. Sie adressiert durch ihre religiösen Rituale die Soldaten nicht als Soldaten, sondern als Menschen vor Gott. Soldatinnen und Soldaten, die in einen Einsatz »verlegt« werden oder den Standort wechseln sollen, schätzen die rituelle Gestaltung dieser Übergangssituation. Sie empfangen den Segen Gottes und werden damit einerseits bestärkt, andererseits auch zu einer kritischen Perspektive vor Gott herausgefordert. »Im Segen stellt sich [...] ein Beziehungsgeschehen zwischen Gott und Mensch dar.«[200] Den Soldatinnen und Soldaten wird dadurch eine neue Sichtweise eröffnet. Ihnen wird vergegenwärtigt, dass sie als Christinnen und Christen nicht nur zu ihrer militärischen Einheit gehören, sondern religiös gesprochen zur *unio hominis cum Christo*. Aus diesem Grund sind Segnungen von Soldatinnen und Soldaten, die in einen Einsatz gehen, nicht als Stärkung der Kampftauglichkeit (Stichwort: *Fit-for-Fight*)[201] zu verstehen. Sie bringen vielmehr zum Ausdruck, dass die Gemeinschaft zwischen Gott und Mensch sämtliche Grenzen übersteigt. Denn auch für Soldatinnen und Soldaten gilt, dass sie im Segen einzig als Menschen mit all ihren Wünschen, Hoffnungen, und Ängsten vor Gott treten.

Mit Blick auf die informellen Ausprägungen von Kameradschaftlichkeit in der Bundeswehr ist zugleich zu betonen, dass die allermeisten Praktiken nicht problematisch sind. Dazu gehören beispielsweise Fahrgemeinschaften, die sich an manchen Standorten unter Soldatinnen und Soldaten bilden, die in ähnliche Regionen der Bundesrepublik zum Wochenende pendeln. Eine weitere Form der informellen Gruppenbildung kann gegenwärtig bei Fallschirmjägern beobachtet werden. Manche lassen sich als Zugehörigkeitszeichen den Erzengel Michael, zumeist in kriegerischer Pose, tätowieren.[202] Für Soldatinnen und Soldaten im Afghanistaneinsatz gehört wiederum das Tragen eines Kufiyas – bundeswehrintern Shemag genannt, auch bekannt als Palästinensertuch – als gemeinschaftsstiftendes Symbol zum Dienstalltag hinzu.[203] Offiziell ist diese Praxis vonseiten der Bundeswehr hinsichtlich der politischen und symbolischen Bedeutung dieses Kleidungsstückes nicht erlaubt. Nicht wenige Vorgesetzte tolerieren es trotzdem, weil ein Verbot die gemeinschaftliche Struktur in erheblichem Maß negativ beeinträchtigen und damit die gelebte Kameradschaft konterkarieren würde. Es handelt sich hier um Elemente einer »brauchbaren

---

[200] WAGNER-RAU, Segensraum, 17.

[201] Siehe Kap. II 3.1.

[202] Vgl. THIEL, Geteiltes Leben, 507; vgl. PEUCKMANN, Wenn Kameradschaft unter die Haut geht. Zur Bedeutung von Tattoos als soziales Zeichen der Gemeinschaft vgl. LOBSTÄDT, Die Tätowierung als Mittel der Selbstregulation, 163. Siehe auch Kap. IV 3.1.2.

[203] Vgl. KÜHL, Über Kameradschaft in der Bundeswehr – und ihre Erosion.

Illegalität«[204], womit deutlich wird, dass Organisationen von gewissen Regelüberschreitungen profitieren können, wenn daraus eine Stabilisierung des inneren Gefüges resultiert. Daran zeigt sich, dass die Bundeswehr trotz aller Formalisierungen auf ein Residuum informeller Kommunikation und sozialer Interaktion angewiesen bleibt.

Die Komplexität des Konzepts der Kameradschaft wird nicht angemessen erfasst, wenn es vorschnell idealisiert oder dämonisiert wird (Faszination versus Unbehagen). Kameradschaft kennt in der Bundeswehr sehr unterschiedliche Ausprägungen, die teils formal, teils informell determiniert sind. In den allermeisten Fällen äußert sich die Kameradschaft als eine Form des sozialen Miteinanders, die nicht zu problematisieren ist, selbst wenn sie nicht hundertprozentig dem Regelkodex der Bundeswehr entspricht. Manche Regelüberschreitungen übernehmen eine stabilisierende Funktion und können als *brauchbare Illegalität* toleriert werden. Problematisch werden solche Sozialstrukturen aber dann, wenn sie sich als geschlossene Einheit rigoros nach außen abgrenzen und für sich einen eigenen Regelkodex beanspruchen oder gar inhuman und repressiv werden.

Für die Arbeit der Militärseelsorge sind solche Befunde aufschlussreich. Dadurch wird verständlich, warum manche Seelsorgerinnen oder Seelsorger nur schwer einen Zugang zu den Soldatinnen und Soldaten finden. Sie begegnen einer sozialen Gemeinschaft, die sich durch Ausgrenzung konstituiert. Der Militärpfarrer kann dann kaum als Seelsorger in Erscheinung treten. Zugleich darf er nicht zum integralen Teil der verschworenen Gemeinschaft werden. Er wird im Rückgriff auf die *kritische Solidarität* immer ein Stück weit außerhalb der Truppe stehen.[205] Seelsorge kann sich nicht aufzwingen, sondern ereignet sich als zweckfreie Zuwendung zu den Menschen. Diese prinzipielle Haltung ist auch dann gefragt, wenn der Zugang zu einer kameradschaftlich verschworenen Einheit zunächst verschlossen ist. Entscheidend ist, dass die Militärseelsorge in solchen Momenten als Ort der freien und vertrauensvollen Aussprache erkennbar bleibt.

3.2.4 Tradition

Für die Weitergabe eines kulturellen Erbes übernehmen Traditionen eine wesentliche Funktion. Sie geben Verhaltens- und Orientierungssicherheit, sie ermöglichen eine Selbstdarstellung nach innen und außen und besitzen überdies einen didaktischen Wert, der Vergangenes, Gegenwärtiges und Zukünftiges

---

[204] LUHMANN, Funktionen und Folgen formaler Organisationen, 304.
[205] Siehe Kap. II 2.2.3.

konstruktiv miteinander verbindet. Traditionen stellen ein zentrales kulturanthropologisches Strukturelement für das soziale Miteinander dar.

Diese Grundlagen gelten auch für den Bereich der militärischen Tradition.[206] Die Basis dafür wird durch die Militärgeschichte gelegt, in deren Nachfolge die jeweilige Armee steht. Für die Bundeswehr ist dieser Aspekt herausfordernd, da ihr historisch die Wehrmacht voranging, die sich für den Vernichtungskrieg des nationalsozialistischen Regimes instrumentalisieren ließ und so millionenfach Tod, Leid und Verwüstung über große Teile Europas und Nordafrikas brachte. Deshalb besitzt der Aspekt der Tradition für die Bundeswehr eine besondere Brisanz. Gesellschaftlich werden die Diskussionen zur Tradition in der Bundeswehr häufig skeptisch beäugt. Vor dem Hintergrund der deutschen Militärgeschichte des 20. Jahrhunderts scheint eine »›Armee ohne Pathos‹«[207] nach wie vor erstrebenswert zu sein. Die Bundeswehr hat auf die historische Hypothek der deutschen Militärgeschichte reagiert und 1965 den ersten Traditionserlass vorgelegt, der durch eine zweite Fassung aus dem Jahr 1982 abgelöst wurde. In diesem Erlass wurde offiziell geregelt, was traditionswürdig ist und durch die Traditionspflege für die Bundeswehr bewahrt werden soll und was nicht. Die Militärgeschichte wird demnach nicht als Ganzes für die Traditionsbildung der Bundeswehr berücksichtigt, sondern findet vielmehr selektiv, ausgehend von einer abwägenden Prüfung, Verwendung. In dem mittlerweile leicht veralteten Standardwerk (1989) zur Tradition in der Bundeswehr kommt der US-amerikanische Militärhistoriker Donald Abenheim zu dem Fazit, dass sich die deutschen Streitkräfte »[e]in gültiges Erbe« geschaffen haben: »Die neue Armee hat Führungsgrundsätze und Respekt für den einzelnen Soldaten entwickelt, die nun zu einer Tradition moderner Menschen- und Truppenführung herangewachsen sind, die die Armeen der älteren Demokratien, insbesondere der Vereinigten Staaten, nicht in diesem Maße aufweisen können. Diese Traditionen sind die Grundlage eines gültigen Erbes der Bundeswehr.«[208]

Dieses Fazit hebt vor allem die Bezüge der militärischen Tradition zur Inneren Führung in der Bundeswehr hervor.[209] Dass dadurch das Verhältnis der Bundeswehr zur Wehrmacht gänzlich geklärt ist, kann allerdings nicht gesagt werden. In der jüngeren Vergangenheit rückte diese Thematik medial wieder in den Fokus. Es wurde von den Wehrmachtsdevotionalien in der Fürstenberg-Kaserne in Donaueschingen berichtet, auch wurde über ein Bild von Helmut

---

[206] Vgl. BIEHL/LEONHARD, Militär und Tradition, 318–321.
[207] ABENHEIM, Bundeswehr und Tradition, 218.
[208] A. a. O., 220.
[209] Für eine aktuelle Diskussion zum Verhältnis von Tradition und Innerer Führung vgl. VON ROSEN, Tradition und Innere Führung.

3.2 Soldatsein im Spannungsverhältnis 157

Schmidt in Wehrmachtsuniform kontrovers diskutiert.[210] Die Beispiele verdeutlichen, dass Tradition kein statisches Konzept der militärischen Lebenswelt darstellt, sondern vielmehr als dynamischer Prozess zu verstehen ist.[211] Organisatorisch hat die Bundeswehr seit den 1990er Jahren dieser Dynamik mehrfach Rechnung getragen und vor allem das Verhältnis zur Wehrmacht in enger Zusammenarbeit mit dem damaligen Militärgeschichtlichen Forschungsamt (MGFA, mittlerweile überführt in das ZMSBw) kritisch geprüft. In diesem Zuge wurden fehlerhafte Ausprägungen in der Traditionspflege korrigiert, auch wurden zahlreiche Kasernen umbenannt. Trotzdem sind Personen, die in der Wehrmacht als »verdienstvolle« Soldaten gewirkt haben, nicht vollständig aus dem Traditionsverständnis der Bundeswehr verschwunden. Exemplarisch kann auf den deutschen Generalfeldmarschall Erwin Rommel verwiesen werden, der im Zweiten Weltkrieg zunächst als erfolgreicher Kommandeur deutsche Soldaten vornehmlich in Nordafrika befehligte, ehe er mit dem militärischen Widerstand in Verbindung gebracht wurde, der das Attentat am 20. Juli 1944 auf Adolf Hitler plante und durchführte. In der historischen Forschung ist allerdings bis heute umstritten, inwieweit Rommel in die Vorbereitung und Durchführung der Umsturzpläne involviert war oder ob er davon im Vorfeld überhaupt wusste.[212] Rommel wurde trotzdem des Hochverrats beschuldigt und schließlich durch das nationalsozialistische Regime zum Suizid gedrängt. In der Bundeswehr wird Rommel als traditionswürdig eingestuft. Gegenwärtig sind zwei Kasernen nach ihm benannt (Standorte: Augustdorf und Dornstadt).

Im Zuge der kritischen Prüfung der Traditionspflege wurde der Traditionserlass von 1982 durch das Bundesministerium der Verteidigung überarbeitet und 2018 als Neufassung vorgelegt. Darin wird festgehalten, dass »die Wehrmacht als Institution nicht traditionswürdig« ist, »[d]ie Aufnahme einzelner Angehöriger der Wehrmacht in das Traditionsgut der Bundeswehr« allerdings »grundsätzlich möglich« sei.[213] Insgesamt wird deutlich, dass sich das Traditionsgut der Bundeswehr im Wesentlichen aus drei Traditionslinien speist. Dazu zählen die Preußische Heeresreform von 1807 bis 1814 (1),[214] der Widerstand im Nationalsozialismus (2) und die eigene Tradition der Bundeswehr als Armee in der Demokratie (3).[215]

---

[210] Zur Debatte um das Bild von Helmut Schmidt vgl. HAMMOUTI-REINKE, Ich diene Deutschland, 211 f.
[211] Vgl. VON ROSEN, Tradition und Innere Führung, 160.
[212] Vgl. LIEB, Erwin Rommel. Widerstandskämpfer oder Nationalsozialist?
[213] Vgl. Bundesministerium der Verteidigung (Hg.), Die Tradition der Bundeswehr. Richtlinien zum Traditionsverständnis und zur Traditionspflege, 3.4.1.
[214] Vgl. EPKENHANS, Säulen der Tradition, 28–35.
[215] Vgl. SCHLIE, Bundeswehr und Tradition, 22.

3. Soldatinnen, Soldaten und ihre Familien

Es stellt sich an diesem Punkt die Frage nach der Relevanz der Tradition für den Dienst als Soldatin oder Soldat in der Bundeswehr. In der Militärsoziologie wird darauf hingewiesen, dass die Tradition »Ausdruck und Element der Konstitution sozialer Identität, und zwar sowohl für die Militärorganisation als Ganzes als auch für die einzelnen Organisationsmitglieder[,]«[216] ist. Die Tradition ist insofern an der Entwicklung und Prägung einer militärischen Identität maßgeblich beteiligt. Dennoch drängt sich aus sozialpsychologischer Sicht die Frage auf, welchen Einfluss eine solche militärische Tradition auf die Identitätsbildung nehmen kann, wenn sie ausschließlich einer formalisierten Praxis, die der offiziellen Organisationslogik folgt, entspricht. »Identitätsbildung ist ein selbstreflexiver Prozess, Identität kann nicht oktroyiert werden. Deshalb kann auch ministerielle oder militärische Identitätspolitik nur begrenzten Erfolg haben.«[217]

Für die Bundeswehr ist beobachtbar, dass das »offizielle Traditionsverständnis« oftmals in einer »›gelebte[n]‹ Tradition« bzw. in »einer besonderen informellen Traditionspflege« realisiert wird.[218] Das betrifft beispielsweise den militärischen Gruß unter Soldatinnen und Soldaten oder das Fortführen militärischen Zeremoniells, dem mittlerweile keine funktionale Bedeutung für die Bundeswehr mehr zukommt.

In der Traditionspflege der Bundeswehr verbinden sich formale Vorgaben mit informellen Praktiken. Das lässt erkennen, dass die Bereiche der *Tradition* und der *Kameradschaft* in den deutschen Streitkräften eine große Schnittmenge aufweisen. Inhaltlich überrascht das keineswegs, gerade weil die Kameradschaft auch ein wesentliches Element der militärischen Tradition darstellt.[219] Darüber hinaus fällt jedoch auf, dass sowohl Kameradschaft (durch das Soldatengesetz) als auch Tradition (durch den Traditionserlass) erkennbar formalisiert werden. Im Bundeswehralltag bleiben sie wiederum auf informelle Praktiken angewiesen. Interessant ist, dass der Traditionserlass solche informellen Praktiken indirekt formalisiert, indem er die gelebte Tradition zur emotionalen Grundlage der Traditionspflege der Bundeswehr erklärt. Im Traditionserlass heißt es dazu: »Gelebte Tradition spricht nicht nur Kopf und Verstand an, sondern in besonderer Weise auch Herz und Gemüt.«[220]

Obwohl das Verhältnis der Bundeswehr zur Wehrmacht als »Dreh- und Angelpunkt«[221] für ihr Traditionsverständnis gilt, verlieren die militärhistorischen

---

[216] BIEHL/LEONHARD, Militär und Tradition, 320.
[217] DÖRFLER-DIERKEN, Identitätspolitik der Bundeswehr, 155.
[218] BIEHL/LEONHARD, Militär und Tradition, 318.
[219] Vgl. a. a. O., 325.
[220] Bundesministerium der Verteidigung (Hg.), Die Tradition der Bundeswehr. Richtlinien zum Traditionsverständnis und zur Traditionspflege, 1.2.
[221] BIEHL/LEONHARD, Militär und Tradition, 314.

3.2 Soldatsein im Spannungsverhältnis 159

Bezüge in der Gegenwart an Bedeutung. Die Bundeswehr blickt mittlerweile auf eine über 65-jährige Geschichte zurück, die genügend Anknüpfungspunkte für ein eigenes Traditionsverständnis bietet. Vor allem seitdem Soldatinnen und Soldaten in internationale Einsätze geschickt werden, ist zu beobachten, dass sich das Traditionsverständnis der Bundeswehr verstärkt aus der eigenen Geschichte speist. Diese Entwicklung ist als Ausdruck einer *gelebten Tradition* zu werten, die von den Soldatinnen und Soldaten gepflegt und kultiviert wird. Auf der Organisationsebene der Bundeswehr sind diese Entwicklungen insgesamt umsichtig aufgenommen und in traditionswürdige Formate überführt worden. Anhand von drei ausgewählten Beispielen lässt sich diese Entwicklung nachvollziehen:

1. *Die Rede von den »Gefallenen«:* In einer Ansprache anlässlich einer Trauerfeier für zwei Bundeswehrsoldaten, die infolge eines Selbstmordattentats in Afghanistan ihr Leben verloren, wählte der damalige Verteidigungsminister Franz Josef Jung (2005–2009) am 24. Oktober 2008 folgende Worte: »Ich verneige mich in Dankbarkeit und Anerkennung vor den Toten, die für unser Land im Einsatz für den Frieden *gefallen* sind.«[222] Seither gehört der Begriff der *gefallenen Soldaten* offiziell zur Lebenswelt der Bundeswehr. Aus völkerrechtlicher Sicht ist die Anwendung des Begriffs im Hinblick auf die beiden Bundeswehrsoldaten schwierig, weil juristisch gesehen nur Kombattanten »fallen« können – also Soldaten, die direkt in Kriegshandlungen involviert sind.[223] Das war bei den beiden Soldaten nicht der Fall. Dass sich die Bundesrepublik nicht im Krieg mit einer anderen Nation befindet, zeigt sich verfassungsrechtlich nicht zuletzt schon daran, dass der Oberbefehl der Streitkräfte gegenwärtig gemäß Artikel 65a des Grundgesetzes beim Bundesministerium der Verteidigung – das heißt beim zuständigen Minister bzw. bei der zuständigen Ministerin – liegt. Im Kriegs- bzw. Verteidigungsfall, wie es offiziell heißt (Art. 115a GG), würde der Oberbefehl an den Regierungschef, also an die Bundeskanzlerin bzw. den Bundeskanzler, übergehen. Die Bundeswehrsoldaten nehmen diese Sprachregelung dennoch positiv auf, weil sie den subjektiven Empfindungen der Einsatzrealität Rechnung trägt.

2. *Ehrenzeichen:* Mit dem Beginn der Einsatzrealität wurden in der Bundeswehr vermehrt Stimmen laut, die nach entsprechenden Auszeichnungen für den neuen Dienstalltag verlangen. Vergleichsweise große mediale Aufmerksamkeit wurde dem ehemaligen Generalinspekteur der Bundeswehr Klaus Naumann (1991–1996) zuteil, als er sich 1999 im Zuge des Jugoslawieneinsatzes für ein Tapferkeitsabzeichen nach dem Vorbild des Eisernen Kreuzes aussprach. »Dieser Vorstoß stieß damals in der Öffentlichkeit auf überwiegend ab-

---

[222] Franz Josef Jung zit. n. HAMMER, Die Rede des Verteidigungsministers im zivilreligiösen Ritual der Trauerfeier für die »gefallenen« Soldaten, 39 [Hervorhebung N. P.].
[223] Vgl. a. a. O., 40.

lehnende Reaktionen.«[224] Dies änderte sich erst im Zuge des Afghanistaneinsatzes (ISAF). »Erst als deutsche Soldaten im Sarg repatriiert [wurden] und im Jahr 2009 durch den TV-Film ›Willkommen zu Hause‹ die Bevölkerung zur besten Sendezeit durch die ARD über das Krankheitsbild der posttraumatischen Belastungsstörung informiert [wurde, kam] es zu einer Wahrnehmungswendung und zu einem Interesse an Einzelschicksalen von Soldaten.«[225] Auf dieser Basis wurde im Juli 2009, initiiert durch Verteidigungsminister Franz Josef Jung, erstmalig das neu geschaffene *Ehrenkreuz der Bundeswehr für Tapferkeit* an vier Soldaten verliehen.[226] Dieses Ehrenabzeichen für tapferes Handeln im Dienst steht in Relation zur Einsatzrealität, wobei es darauf nicht beschränkt ist.[227] Anders sieht das bei der *Einsatzmedaille Gefecht* aus, die im November 2010 erstmalig verliehen wurde.[228] Diese Auszeichnung ist als eine Nebenfolge der Auslandseinsätze zu werten. Erstmalig wurde sie einem Soldaten verliehen, der infolge eines bewaffneten Angriffes starb.[229] Damit wurde diese Auszeichnung indirekt mit archetypischen Bildern eines militärischen Kämpfers verknüpft.

3. *Das Ehrenmal der Bundeswehr:* Die Erfahrung mit Soldatinnen und Soldaten, die im internationalen Einsatz ihr Leben verloren, hat die Frage nach einem zentralen Erinnerungsort für die deutschen Streitkräfte relevant werden lassen. In diesem Zuge wurde am 8. September 2009 das Ehrenmal der Bundeswehr auf dem Gelände des Bendlerblocks in Berlin eingeweiht.[230] Kritikerinnen und Kritiker sprachen sich gegen diesen Standort aus, da ein öffentlicher

---

[224] BIEHL/LEONHARD, Militär und Tradition, 314.

[225] GMELCH, Der Umgang mit kognitiven Dissonanzen als Proprium einer praktischen Militärseelsorge, 143.

[226] Vgl. BIEHL/LEONHARD, Militär und Tradition, 314.

[227] Interessant ist dabei, dass die Bundeswehr mit diesem Ehrenabzeichen indirekt anerkennt, dass ihre formalen Vorgaben einer informellen Entsprechung bedürfen. Sie nimmt bei Gelöbnisfeiern von den Soldatinnen und Soldaten den Eid ab, dass sie »der Bundesrepublik Deutschland treu [...] dienen und das Recht und die Freiheit des deutschen Volkes *tapfer* [...] verteidigen«. Die Haltung zur Tapferkeit wird also bereits beim Eintritt in die Bundeswehr (formal) eingefordert. Wenn sie (informell) praktiziert wird, werden die entsprechenden Soldatinnen und Soldaten geehrt, was ihre Handlung dann wiederum in einen formalen Rahmen einbindet.

[228] Vgl. FRITZ, Die Einsatzkultur der Bundeswehr, 193.

[229] Eindrücklich werden die mittelbaren Erfahrungen mit dem Angriff auf den Patrouillen-Zug »Quebec«, bei dem der Soldat Sergej Motz sein Leben verlor, von dem Oberstabsarzt Jens Weimer in einem Feldpostbrief geschildert. Vgl. BAUMANN/LANGEDER/MUCH/OBERMAYER/ STORZ (Hg.), Feldpost, 147–151.

[230] Vgl. SCHIEDER, Kriegstote und Kirche.

Zugang nicht direkt möglich ist.[231] Zugleich wurde darüber diskutiert, ob eine Verortung im Sichtfeld des Reichstagsgebäudes nicht treffender die Verantwortung der Politik für die Soldatinnen und Soldaten herausgestellt hätte. Mit der Wahl für den Bendlerblock hat die Bundeswehr jedoch das Ehrenmal in eine unausgesprochene Verbindung zu ihrer eigenen Tradition gestellt. Die Widerstandsgruppe vom 20. Juli 1944 hatte von diesem Gelände aus den Umsturz des nationalsozialistischen Regimes geplant und durchgeführt. Nach dem Scheitern des Attentats im Führerhauptquartier Wolfsschanze wurden die Hauptverantwortlichen,[232] unter anderem Claus Schenk Graf von Stauffenberg, auf dem Hinterhof des Bendlerblocks hingerichtet. Der heutige Bau des Ehrenmals geht auf den Architekten Andreas Meck zurück und erinnert formsprachlich an einen antiken Tempel, der in eine Bronzefassade eingefasst ist.[233] Dieses »Bronzekleid«, wie es in der Sprache der Bundeswehr heißt, weist Performationen auf, die die Form von halbierten bzw. ganzen Erkennungsmarken von Bundeswehrsoldaten besitzen. Dadurch sind die verstorbenen Soldatinnen und Soldaten in der ästhetischen Sprache der Bundeswehr mit dem Ehrenmal architektonisch verbunden. Auffällig ist dabei allerdings, dass sie im eigentlichen Sinne nur durch eine Leerstelle in der Bronzewand zur Geltung kommen.[234] Namentlich werden sie ansonsten nicht erwähnt. Dies wird bei Bedarfsfall, also wenn Angehörige das Ehrenmal zur Erinnerung besuchen, durch eine Lichtprojektion an die Wände nachgeholt. Einzig eine Inschrift – »Den Toten unserer Bundeswehr / Für Frieden, Recht und Freiheit«[235] – ist fest in den Bau integriert. Dass solch ein Erinnerungsort gänzlich auf die namentliche Nennung der Personen verzichtet, derer dort gedacht werden soll, verwunderte und warf kritische Rückfragen auf. 2014 wurde das Ehrenmal um das »Buch des Gedenkens« erweitert, wodurch nun eine permanente namentliche Nennung gewährleistet wird.[236]

---

[231] Positiv würdigend spricht sich Gerald Kretzschmar für die Wahl dieses Standortes aus. Er weist darauf hin, dass über Schiebewandelemente ein öffentlicher Raum geschaffen werden könne. Vgl. Ders., Das Ehrenmal der Bundeswehr, 70 f.
[232] Neben Stauffenberg gehören dazu Werner von Haeften, Friedrich Olbricht und Albrecht Mertz von Quirnheim.
[233] Vgl. Schieder, Kriegstote und Kirche, 68; für eine detaillierte Darstellung des Ehrenmals vgl. Kretzschmar, Das Ehrenmal der Bundeswehr, 69–74.
[234] Vgl. Schieder, Kriegstote und Kirche, 69.
[235] Zit. n. ebd.
[236] Erwähnenswert ist, dass sich das Ehrenmal der Bundeswehr als zentraler Erinnerungsort für alle militärischen und zivilen Angehörige der Bundeswehr, die in der Ausübung ihres Dienstes ihr Leben verloren haben, versteht. Einen deutlicheren Bezug auf das Einsatzgeschehen weist demgegenüber der *Wald der Erinnerung* (seit 2014) in Geltow auf, an dem die Ehrenhaine aus den Einsatzgebieten – beispielsweise aus Kabul, Kundus oder Rajlovac – zusammengestellt wurden.

Die drei Beispiele verdeutlichen, dass das neue Traditionsverständnis in direkter Verbindung zum Einsatzparadigma steht. Es hat sich dadurch eine Art »einsatzbezogene Subkultur«[237] ausgebildet, die sowohl formale als auch informelle Ausprägungen kennt. Angesichts der vielen Erfahrungen, die die Bundeswehr in den letzten Jahren mit »gefallenen« Soldatinnen und Soldaten gemacht hat, ist diese Entwicklung nachvollziehbar. Allerdings ist zugleich erkennbar, dass die formale und informelle Pflege dieser neuen Traditionsgüter tendenziell auseinandergeht. Auf formaler Ebene wird das Traditionsverständnis konsequent an das Leitbild einer Armee für den Frieden geknüpft. Auffallend oft und zumeist an exponierter Stelle begegnet in diesem Zusammenhang das Wort »Frieden«.[238] Unter den Soldatinnen und Soldaten, denen sich in ihrem Dienst in den internationalen Einsätzen nicht selten ein anderes Bild zeigt, werden demgegenüber die neuen Traditionsgüter nach dem Vorbild des militärischen Kämpfers interpretiert. Die militärische Identität hat sich infolgedessen auch für Deutungen in Richtung einer »Kampfarmee«[239] geöffnet. Trotz dieser Entwicklung, die es friedensethisch aufmerksam zu verfolgen gilt,[240] ist hervorzuheben, dass sich die Traditionskultur der Bundeswehr größtenteils aus der eigenen Geschichte speist. Die militärische Identität der Soldatinnen und Soldaten greift heute weitgehend auf Traditionsgüter einer *Armee der Demokratie* zurück. Dies versteht sich nicht von selbst und ist als positive Entwicklung zu würdigen.

Trotzdem wird der Umgang mit der militärischen Tradition die Bundeswehr weiterhin beschäftigen. Gerade hinsichtlich des öffentlichen Raums, dem im Zuge der neuen Traditionspflege Einblicke in die militärische Lebenswelt gewährt wird,[241] scheinen sich weitere Schwierigkeiten aufzutun. Das Verständnis für die Bedeutung von militärischen Traditionen ist »Menschen in einer posttraditionalen Gesellschaft«[242] weithin abhandengekommen – auch weil die letzten Residuen einer paramilitärischen Kultur im gesellschaftlichen Raum (beispielsweise Schützenvereine oder Feuerwehrverbände) nach zivilen Strukturvorlagen umgestaltet wurden. Der *Große Zapfenstreich* gilt manchen heute als antiquiert und Gedenkfeiern für verstorbene Bundeswehrsoldaten werden als

---

[237] Fritz, Die Einsatzkultur der Bundeswehr, 193.
[238] Vgl. dazu das aufgeführte Zitat von Franz Josef Jung anlässlich der Trauerfeier vom 24. Oktober 2008 und die Inschrift des Ehrenmals der Bundeswehr. Vgl. auch Hammer, Die Rede des Verteidigungsministers im zivilreligiösen Ritual der Trauerfeier für die »gefallenen« Soldaten, 43.
[239] Wolffsohn, Die Bundeswehr ist eine Unterschichtenarmee.
[240] Siehe Kap. III 3.3.3.
[241] Am 12. November 2019 fand beispielsweise eine symbolträchtige und öffentlichkeitswirksame Gelöbnisfeier für Rekrutinnen und Rekruten auf dem Platz der Republik vor dem Reichstagsgebäude statt.
[242] Seiffert, Auslandseinsätze als identitätsstiftende Erfahrungen, 75.

Form einer Sakralisierung und Heroisierung des Soldatischen abgelehnt. Als eine Armee in der Demokratie und als eine militärische Organisation, die sich spiegelbildlich auf die Gesellschaft bezieht, ist es trotzdem unverzichtbar, die Traditionspflege nicht nur auf den Raum der Bundeswehr zu beschränken. Das Sichtbarmachen der Traditionspflege ist wichtig, weil sie zu Diskussionen[243] anregt und damit auch eine Demokratie lebendig hält.

An diesem Prozess ist auch die Militärseelsorge beteiligt. Sie kann sich mit den Soldatinnen und Soldaten im Rahmen des Lebenskundlichen Unterrichts über die Traditionspflege austauschen und im Rückgriff auf das Konzept der Inneren Führung informelle Praktiken der Gegenwart reflektieren.[244] Militärseelsorgerinnen und Militärseelsorger sind überdies in öffentlichen Ritualen wie Trauerfeiern eingebunden.[245] Diese Kontexte sind heikel, weil es zur Melange von militärischer, politischer und kirchlicher Symbolik kommen kann.[246] Gleichzeitig nimmt die Militärseelsorge in solchen Kontexten, ihre Verantwortung für eine freie und plural verfasste Zivilreligion wahr.[247] Sie tritt in Momenten offen in Erscheinung, die hochgradig religiös aufgeladen sind. Die dabei hervortretenden *religiösen Überschüsse* werden durch die Militärseelsorge auf das Religionssystem bezogen, sodass letztendlich »einer Sakralisierung der Welt und damit auch einer religiösen Aufladung gesellschaftlicher Entscheidungskonflikte sowie der gegebenen gesellschaftlichen Strukturen«[248] entgegengewirkt wird. Ein Balanceakt bleiben diese »riskanten Rituale«[249] allemal.

3.3 Aktuelle Entwicklungen und Herausforderungen

Die Bundeswehr hat sich in den letzten Jahrzehnten vielfach verändert und weiterentwickelt. Sie hat alle Bereiche des Heeres, der Marine und der Luftwaffe für Frauen geöffnet (3.3.1). Auch haben sich die deutschen Streitkräfte unter dem Sichtwort »Diversity« der gesellschaftlichen Vielfalt zugewandt mit dem Ziel, diese auch im militärischen Raum zu stärken (3.3.2). Durch die Erfahrungen mit

---

[243] Diesbezüglich ist beispielsweise auf die Diskussion zum Standort und zum Bau des Ehrenmals der Bundeswehr zu verweisen.

[244] Sigurd Rink und Klaus Beckmann deuten den LKU deshalb als »ein Exempel ›öffentlicher Theologie‹«. DIES., Superkonfessionell, 120. Zum Paradigma der Öffentlichen Theologie und seiner Bezüge zur Militärseelsorge siehe Kap. IV 2.1.1 und vor allem 3.3.3.

[245] Vgl. SCHÄFER, Sie haben ihr Leben riskiert.

[246] Vgl. HAMMER, Die Rede des Verteidigungsministers im zivilreligiösen Ritual der Trauerfeier für die »gefallenen« Soldaten, 41.

[247] Vgl. HERMS, Zivilreligion.

[248] ALBRECHT/ANSELM, Öffentlicher Protestantismus, 45.

[249] Vgl. SCHIEDER, Kriegstote und Kirche, 64.

aktiven Kampfhandlungen hat sich das Soldatenbild an die neue Einsatzrealität angepasst, sodass mittlerweile die Frage zu stellen ist, ob Bundeswehrsoldaten als *Athener*, im übertragenen Sinne als »Staatsbürger in Uniform« (miles protector), oder als *Spartaner*, als archetypische Kämpfer (miles bellicus), zu verstehen sind (3.3.3). Auch ist beobachtbar, dass im militärischen Raum die Digitalisierung mehr und mehr an Bedeutung gewinnt. Es ist zu erwarten, dass sich die Bundeswehr infolge dieser technologischen und soziokulturellen Umwandlung in den nächsten Jahren weitreichend verändern wird (3.3.4). Diese vier Entwicklungen haben die Bundeswehr in der jüngeren Vergangenheit mit unterschiedlichen Herausforderungen konfrontiert. Sie werden in den folgenden Abschnitten detailliert in den Blick genommen, um einerseits zentrifugale Dynamiken von Inklusion und Exklusion in der Lebenswelt Bundeswehr sichtbar zu machen und andererseits, um ethische Fragen zu berücksichtigen, die sich im Zuge einer militärischen Spezialisierung und Technisierung aufdrängen.

3.3.1 Frauen als Soldaten

Das Militär stellt einen klassisch androzentrisch geprägten Sozialraum dar. Seit den gesellschaftlichen Wandlungsprozessen hinsichtlich eines getrenntgeschlechtlichen Rollenverständnisses gilt das Militär sogar als *letzte Bastion der Männlichkeit*, die nun – dem Sprachbild folgend – zu »fallen« droht. Dass diese Etikettierung etwas irreführend ist, lässt sich bereits mit Blick auf die Geschichte des Militärs zeigen. Zwar ist das Militär erkennbar nach einer männlichen Idealtypik konzipiert, doch wurde das »Weibliche« nicht per se ausgeschlossen. »Unzählige, zumeist namenlos gebliebene Frauen kämpf(t)en beispielweise in revolutionären Gruppierungen, Partisanenverbänden, Befreiungsbewegungen und Unabhängigkeitskriegen in Afrika, Europa, Lateinamerika und im Nahen Osten.«[250] Auffällig ist dabei, dass die Gegenwart von Frauen im militärischen Raum damit zusammenhängt, dass diese Einheiten keine nationalstaatlich verfassten Armeen darstellen. Sobald »Rebellenarmeen nach ihrem siegreichen Kampf in reguläre Armeen umgewandelt werden«[251], setzen Exklusionsprozesse ein, die die Frauen aus dem militärischen Raum wieder verdrängen. Das Militär folgt offensichtlich einer Idealvorstellung, nach der lediglich Männer als Soldaten in offiziellen Armeen dienen dürfen. In revolutionären Umbruchzeiten wird das Idealbild des rein *männlichen Kriegers* allerdings häufig aufgegeben.[252] Ähnliche

---

[250] KÜMMEL, Frauen in militärischen Organisationen, 370.
[251] Ebd.
[252] Aktuell ist diesbezüglich die Entwicklung der *Peschmerga* interessant. Diese Milizverbände weisen eine lange Geschichte auf und werden seit den 1960er Jahren zumeist als Freiheitskämpfer und Beschützer der kurdischen Minderheit im Nordirak gedeutet. Auf-

Entdeckungen lassen sich auch in Texten der hebräischen Bibel machen, die einerseits an keiner Stelle explizit von Soldatinnen sprechen, andererseits wohl aber von kämpferischen Frauen berichten, die in Umbruchphasen gegnerische Heeresführer töteten (zum Beispiel Jael vgl. Ri 4,21 und Judit vgl. Jdt 13,8) oder sich in Zeiten der Bedrängnis aktiv in die Stadtverteidigung einbrachten (vgl. Ri 9,51.53; 2 Kön 6,26).

Das Militär tritt verzerrt in den Blick, wenn es ausschließlich als »reine Männerbastion« dargestellt wird. Einerseits übernahmen Frauen aktive Rollen als revolutionäre Kämpferinnen und Soldatinnen, andererseits sind stereotype Formen einer »fürsorglichen Weiblichkeit« auch in rein männlich besetzten Armeen stets nachgeahmt und inszeniert worden. Das Militär ist ein männlich dominierter Sozialraum, der historisch betrachtet in einer ambivalenten Abhängigkeit zum Konstrukt der Weiblichkeit steht. Mal ist er auf die aktive Mitarbeit von Frauen angewiesen, mal braucht er Frauen, um sich habituell zu profilieren[253] und mal braucht er die inszenierte Weiblichkeit als Fluchtpunkt, wenn es um Fürsorge geht und die »harte« Männlichkeit nicht aufgeweicht werden soll. Damit wird deutlich, dass im Militär die Dynamik der *hegemonialen Männlichkeit* (R. Connell)[254] wirkt.[255]

Dieser hermeneutische Rahmen ist wichtig, um die Rolle und Stellung von Frauen in der Bundeswehr angemessen reflektieren zu können. Der historische Startpunkt für Soldatinnen in der Bundeswehr fällt auf den 13. Oktober 1975. Seither dürfen Frauen in nichtkämpfenden Truppengattungen (zunächst nur im Sanitätsdienst, ab 1991 auch im Militärmusikdienst) als Soldatinnen in den

---

fallend ist, dass in den Milizverbänden Frauen als Kämpferinnen präsent sind. Im Nachgang des Dritten Golfkrieges wurden die Peschmerga-Einheiten in einen (noch laufenden) Prozess der Verstaatlichung eingebunden. Die *Autonome Region Kurdistan* wird seit 2005 in der irakischen Verfassung als »Region« begriffen, wodurch weitgehend ihre Autonomierechte anerkannt sind. Die Peschmerga erhielten in diesem Zuge »offiziell den Status als Regionalgarde, die dem Ministerium für Peschmerga-Angelegenheiten unterstellt« wurde. Der Prozess der Verstaatlichung hat nicht dazu geführt, dass Frauen aus diesem militärischen System gedrängt wurden. Doch ist noch nicht abzusehen, in welche Richtung sich die Peschmerga-Einheiten entwickeln und welche Rolle Frauen in Zukunft in diesen militärischen Einheiten übernehmen werden. Die lange Geschichte von Kämpferinnen in den Peschmergamilizen und ihre weitergehende Präsenz in Zeiten einer einsetzenden Verstaatlichung deuten darauf hin, dass dieses militärische System auch weiterhin für Frauen geöffnet bleiben könnte. Vgl. SCHNECKENER, Gegen Rebellen, Rivalen und Räuber?, 204–209, insb. 206.

[253] Der männliche Habitus, das hat der französische Soziologe Pierre Bourdieu herausgearbeitet, definiert sich in scharfer Differenz zum weiblichen Habitus. Er ist männlich, weil er nicht weiblich ist. Vgl. KARLE, »Da ist nicht mehr Mann noch Frau ...«, 66 f.

[254] Vgl. CONNELL, Der gemachte Mann.

[255] Vgl. KÜMMEL, Halb zog man sie, halb sank sie hin..., 292; vgl. BOTSCH, Soldatsein, 281.

Streitkräften dienen. Die vollständige Öffnung der Bundeswehr erfolgte zum 1. Januar 2001 infolge eines Urteils des Europäischen Gerichtshofes (EuGH). Dem Urteil ging ein Rechtstreit voraus. 1996 hatte sich die gelernte Elektronikerin Tanja Kreil freiwillig für den Dienst bei der Bundeswehr im Bereich der Instandsetzung beworben. Ihre Bewerbung wurde abgelehnt mit dem Verweis, dass Frauen gemäß dem Grundgesetz (Art. 12a Abs. 4 GG) der Waffendienst untersagt ist. Dagegen klagte Tanja Kreil beim Verwaltungsgericht Hannover, das diese Klage 1998 an den Europäischen Gerichtshof weiterreichte. Basierend auf dem Recht zur Gleichstellung der Geschlechter erließ der EuGH das Urteil – die sogenannte »Kreil-Entscheidung« –, das die Bundeswehr dazu veranlasste, zum 1. Januar 2001 alle Bereiche der Streitkräfte für Frauen zu öffnen.[256] Welche Folgewirkungen davon ausgehen, gilt es im nachfolgenden Abschnitt in militärsoziologischer (1), in gendertheoretischer (2) sowie in seelsorglicher (3) Hinsicht zu reflektieren und diskutieren.

1. *Militärsoziologisch:* In den 1970er Jahren hat die US-amerikanische Soziologin Rosabeth Moss Kanter Karriereverläufe von Frauen und Männern in Wirtschaftsunternehmen untersucht und dabei die organisationssoziologische Theorie des *Tokenismus* entwickelt.[257] Die Tokenismus-Theorie nimmt die Stellung von Minderheiten in sozialen Gemeinschaften in den Blick und fragt danach, wie Angehörige dieser Minderheiten (bezeichnet als *token*) integriert und wahrgenommen werden. Kanter ist dabei aufgefallen, dass Angehörige einer Minderheit ausschließlich als Vertreter ihrer Gruppe wahrgenommen werden, solange diese Gruppe zahlenmäßig unterrepräsentiert ist. Es ist in der Folge ermittelt worden, dass ab dem Überschreiten einer 15%-Quote ein *token* nicht mehr nur als repräsentativer Vertreter seiner Minderheit wahrgenommen wird, sondern als eigenständiger Akteur, der sich von andern Akteuren seiner Gruppe unterscheiden kann.

In der Militärsoziologie ist Kanter mit ihrem Modell vielfach rezipiert worden.[258] Auf empirischer Ebene zeigt sich, dass das Militär überproportional männlich dominiert ist, weswegen die Wahrnehmung von Frauen als kleiner Minderheit gewinnbringend mit der Theorie des Tokenismus reflektiert werden kann. Erst vor diesem Hintergrund wird verständlich, warum die Integration von Frauen in nationalstaatliche Armeen eine besondere Herausforderung darstellt. Mit wenigen Ausnahmen liegt der Frauenanteil in den meisten staatlichen Mi-

---

[256] KÜMMEL, Halb zog man sie, halb sank sie hin..., 281–289.
[257] Vgl. KANTER, Men and Women of the Corporation.
[258] Vgl. WERKNER, Warum geht Frau zur Bundeswehr?, 82f.; vgl. KÜMMEL, Truppenbild mit Dame, 25–30; vgl. KÜMMEL, Frauen in militärischen Organisationen, 379; vgl. KÜMMEL, Halb zog man sie, halb sank sie hin..., 290; vgl. KÜMMEL, Das Militär, die Frauen und die Militärseelsorge; vgl. BOTSCH, Soldatsein, 31f.

3.3 Aktuelle Entwicklungen und Herausforderungen 167

litärsystemen deutlich unter 15 %.[259] Ähnlich sieht es bei der Bundeswehr aus, in der gegenwärtig 23.066 Frauen als Soldatinnen (das entspricht 12,55 %) dienen.[260] Die Zahlen wachsen seit der vollständigen Öffnung aus dem Jahr 2001 kontinuierlich, trotzdem stellen Frauen in der Bundeswehr nach wie vor eine Minderheit dar.[261] Dieses Phänomen wird dadurch verstärkt, dass die Verteilung innerhalb der Streitkräfte eklatant ungleich ist, sodass Soldatinnen vor allem im Sanitätsdienst präsent sind, wohingegen in »kämpfenden« Truppengattungen der Frauenanteil verschwindend gering ist. Insgesamt verfolgt die Bundeswehr das Ziel, mittelfristig den Frauenanteil in den Streitkräften auf 15 % anzuheben, wobei gleichzeitig im Sanitätsdienst ein Frauenanteil von 50 % (aktuell: 45,16 %) anvisiert wird. Diese Ziele sind zunächst einmal begrüßenswert, greifen jedoch hinsichtlich einer flächendeckenden Integration von Frauen in den deutschen Streitkräften zu kurz.[262] Die hohen Zahlen von Frauen im Sanitätsdienst kaschieren, dass in der Breite der Frauenanteil in der Bundeswehr deutlich unter 15 % liegt. Aktuell beträgt der Frauenanteil gerade einmal 8,88 %, wenn der Sanitätsdienst herausgerechnet wird.[263]

Rein zahlenmäßig ist also zu vermuten, dass die Dynamik einer »Tokenisierung«[264] in der Bundeswehr wirksam ist. Demgegenüber geben Soldatinnen jedoch in sozialempirischen Untersuchungen an,[265] dass sie sich gut in der Bundeswehr integriert fühlen und dass sie in ihrem Frausein in Kontakt mit ihren männlichen Kameraden in aller Regel kein Problem sehen. In ähnlicher Weise wächst auch die Akzeptanz unter den Soldaten für die vollständige Öffnung der Bundeswehr. Diese Entwicklungen sind positiv zu würdigen, zugleich stellt sich

---

[259] Den weltweit höchsten Frauenanteil im Militär weist Israel aufgrund einer allgemeinen Wehrpflicht, die auch für Frauen gilt, auf (ca. 33 %). Darüber hinaus gibt es eine Reihe afrikanischer Staaten, in deren Militär der Frauenanteil über 20 % liegt (Angola, Namibia, Seychellen, Simbabwe, Südafrika, Tansania). In Europa ist der Frauenanteil in den Nationalen Streitkräften Lettlands aktuell am höchsten (ca. 22 %). Für einen detaillierten, wenngleich nicht ganz aktuellen, Überblick vgl. KÜMMEL, Frauen in militärischen Organisationen, 372–374.

[260] Vgl. Deutscher Bundestag (Hg.), Unterrichtung durch die Wehrbeauftragte. Jahresbericht 2020, 78.

[261] Vgl. HAMMOUTI-REINKE, Ich diene Deutschland, 182.

[262] Gerhard Kümmel empfiehlt diesbezüglich, dass ein Frauenanteil in den Streitkräften anvisiert werden sollte, der über 20 % liegt. Vgl. DERS., Halb zog man sie, halb sank sie hin…, 290.

[263] Deutscher Bundestag (Hg.), Unterrichtung durch die Wehrbeauftragte. Jahresbericht 2020, 78.

[264] KÜMMEL, Halb zog man sie, halb sank sie hin…, 290.

[265] Vgl. KÜMMEL/WERKNER (Hg.), Soldat, weiblich, Jahrgang 2001; vgl. KÜMMEL, Truppenbild mit Dame.

3. Soldatinnen, Soldaten und ihre Familien

die Frage, wie die Aussagen der Soldatinnen zu interpretieren sind. Kommt damit eine allgemeine Zufriedenheit der Soldatinnen zum Ausdruck oder wollen sie das Thema lediglich kleinreden, da sie besorgt sind, dass das Ansprechen von noch existenten Problemen negative Folgen für sie haben könnte?

Wesentliche Voraussetzungen der Tokenismus-Theorie sind in der Bundeswehr erfüllt. Das betrifft nicht nur die zahlenmäßige Unterpräsenz von Frauen in den deutschen Streitkräften, sondern auch den Aspekt der *Polarisierung*. Damit ist gemeint, dass klare Rollenbilder dominieren, die die Segregation von Mehrheit zu Minderheit organisieren und zementieren. In der Bundeswehr sind solche Polarisierungsprozesse gut erkennbar,[266] da das *Soldatsein* flächendeckend über ein körperlich starkes Männerbild definiert wird. Dabei ist »der Krieger nach wie vor ein Schlüsselsymbol, eine Chiffre für Maskulinität«.[267] Es gilt mitunter ein »masculine warrior paradigm«.[268] Ein ähnliches Soldatenbild wird von den Soldatinnen vertreten,[269] die sich diesem Ideal anzupassen versuchen. Weiblichkeit wird dabei in der Regel negativ konnotiert und zumeist als »schwach« abqualifiziert. Das hat zur Folge, dass Soldatinnen ihren männlichen Kameraden unter Beweis stellen wollen, dass auch Frauen »fähige« Soldaten sein können.[270] An diesem Punkt setzt die Theorie des Tokenismus wiederum an: Soldatinnen stehen in dem männlich dominierten Raum der Bundeswehr unter besonderer Beobachtung. Ein mögliches Fehlverhalten wird nicht auf individuelle Unzulänglichkeiten zurückgeführt, sondern darauf, dass die betreffende Soldatin eben eine Frau ist. Die Tokenismus-Theorie schärft den Blick dafür, dass die Integration von Frauen in die deutschen Streitkräfte weiterhin eine große Herausforderung darstellt und trotz positiver Entwicklungen noch keineswegs abgeschlossen ist.[271]

2. *Gendertheoretisch:* Die Befunde einer militärsoziologischen Betrachtung der aktuellen Stellung von Frauen in der Bundeswehr lassen sich aus gendertheoretischer Sicht bestätigen und zugleich präzisieren. Im Militär – und hier stellt die Bundeswehr keine Ausnahme dar – wird das Geschlecht in aller Regel als soziobiologische Determinante verstanden.[272] Die Gendertheorien weisen im Gegensatz dazu mit ihren konstruktivistischen Ansätzen darauf hin, dass das Geschlecht nicht einfach ontologisch zu verstehen ist, sondern Resultat eines sozial normierten Aushandlungsprozesses darstellt.[273] »Was es *heißt*, eine Frau

---

[266] Vgl. WERKNER, Warum geht Frau zur Bundeswehr?, 116.
[267] KÜMMEL, Frauen in militärischen Organisationen, 377.
[268] DUNIVIN, Military Culture. Change and Continuity, 534.
[269] Vgl. WERKNER, Warum geht Frau zur Bundeswehr?, 95.
[270] Vgl. BOTSCH, Soldatsein, 284.
[271] Vgl. KÜMMEL, Truppenbild mit Dame, 105.
[272] Vgl. KÜMMEL, Frauen in militärischen Organisationen, 375.
[273] Vgl. KARLE, »Da ist nicht mehr Mann noch Frau ...«, 51.

und/oder ein Mann zu sein, ist nicht biologisch vorherbestimmt, sondern eine gesellschaftliche Konstruktion.«[274] Die Gendertheorien unterscheiden vor diesem Hintergrund das Geschlecht in biologisch-körperlicher (*sex*) und in sozialnormierter (*gender*) Hinsicht.[275]

Im Militär spielen vor allem biologische Annahmen zum Geschlecht eine große Rolle. Das stärkt einerseits die Idealvorstellung eines maskulinen Kriegers, andererseits wird Weiblichkeit subtil abgewertet. Aus diesem Grund versuchen Soldatinnen »die unterstellte Geschlechterdifferenz abzuschwächen und ihr Geschlecht ›unsichtbar‹ zu machen.«[276] Das hat zur Folge, dass sich in der Bundeswehr ein betont maskuliner Soldatinnen-Typus ausgebildet hat. Gleichzeitig kann ein Soldatinnen-Typus beobachtet werden, der sich im Gegensatz dazu ostentativ über ein feminines Frauenbild konstituiert.[277] Auf diesen Punkt machen auch Gerhard Kümmel und Ines-Jacqueline Werkner mit einer empirischen Studie aus den frühen 2000er Jahren aufmerksam, die nicht nur Soldatinnen interviewt, sondern auch das Erscheinungsbild dokumentiert und typisiert. Es wird festgehalten, dass einerseits ein männlicher Habitus zu erkennen sei, der sich über eine »stabile« Statur, kurze Haare und den Verzicht auf Schmuck und Make-Up auszeichnet. Andererseits wird über das Erscheinungsbild auch ein femininer Habitus dokumentiert, für den eine »zierliche« Statur, figurbetonte Kleidung (im zivilen Alltag), längere Haare und weitere äußere feminine Merkmale wie Schmuck, Make-up und längere Fingernägel – dies auch während der Dienstzeit – charakteristisch sind.[278]

Auf die vorherrschende Geschlechterdifferenz und die damit einhergehende Abwertung von Weiblichkeit reagieren Soldatinnen in der Bundeswehr durch eine starke Polarisierung ihres Geschlechtes, sodass dieses entweder unsichtbar oder auffällig sichtbar gemacht wird.[279] Beide Extreme[280] stärken das geltende

---

[274] GUGUTZER, Soziologie des Körpers, 125 [Hervorhebung im Original].

[275] Richtig ist, dass das biologische Geschlecht in gendertheoretischen Modellen nicht nur ontologisch verstanden wird, sondern dass darin auch konstruktivistische Prozesse erkannt werden. Körper und das Geschlecht können nicht vorsozial betrachtet werden, sodass die vermeintlich objektive Wahrnehmung des biologischen Geschlechtes nicht von Vorstellungen einer sozialen Geschlechtlichkeit zu trennen ist. Vgl. a. a. O., 130; vgl. auch KARLE, »Da ist nicht mehr Mann noch Frau ...«, 87.

[276] BOTSCH, Soldatsein, 286.

[277] Vgl. STEUBE, Militär und Männlichkeit, 11.

[278] Vgl. KÜMMEL/WERKNER (Hg.), Soldat, weiblich, Jahrgang 2001, 112–114.

[279] Vgl. WERKNER, Warum geht Frau zur Bundeswehr?, 114.

[280] Der Vollständigkeit halber ist zu ergänzen, dass Frauen in der Bundeswehr nicht bloß diesen zwei Typen zuzuordnen sind, sondern dass abseits dieser soziologischen Typologie eine große Vielfalt beobachtbar ist. Ein analoges Fazit formuliert Ines-Jacqueline Werkner in ihrer sozialempirischen Studie zu den Erfahrungen von Frauen als Soldatinnen nach der

3. Soldatinnen, Soldaten und ihre Familien

Ideal des maskulinen Kriegers: Eine *unsichtbare Weiblichkeit* passt sich diesem Idealbild an, indem es ihm nacheifert; eine betont *sichtbare Weiblichkeit* stellt eine Kontrastfolie dar, vor deren Hintergrund das eigentliche Männlichkeitsbild umso besser zur Geltung kommt. Die bürgerliche, bipolare Geschlechtermetaphysik wird hier inszeniert und bestätigt.[281] Gegenüber einer explizit femininen Weiblichkeit können sich männliche Soldaten, entsprechend ihres Selbstbildes, als starke Beschützer profilieren und positionieren.[282] Die zwei Soldatinnen-Typen sind daher nicht als Nischenbesetzung in den Streitkräften zu verstehen, sondern vielmehr Resultat einer systembedingten Erwartungshaltung.

Dies macht zugleich deutlich, dass das Thema Geschlecht in der Bundeswehr offensichtlich höchst relevant ist, obwohl es grundsätzlich kontext- und situationsabhängig betrachtet werden muss.[283] Interessant ist ferner, dass sich unter den Soldatinnen und Soldaten ein anderer Umgang mit diesem Thema zeigt als vonseiten der Bundeswehr als Organisation. Das Thema Geschlecht wird in der Bundeswehr also sowohl formal als auch informell behandelt, für beide Logiksysteme ist es jedoch nach wie vor virulent. Dabei zeigt sich, dass innerhalb der Truppe (informeller Umgang) die Dynamik der hegemonialen Männlichkeit flächendeckend wirksam ist. Sämtliche Fragen zur Rolle und zur Bedeutung von Frauen in den Streitkräften werden ausgehend von diesem Deutungshorizont beantwortet.[284] Der Integrationsprozess von Frauen in die Bundeswehr wird dementsprechend als gelungen beurteilt. Parallel werden weitere Herausforderungen und Problemfelder negiert bzw. bagatellisiert. Formen des Chauvinismus und des Sexismus seien schließlich in fast allen Gesellschaftsbereichen anzutreffen und kein Alleinstellungsmerkmal der Bundeswehr. Ähnlich argumentiert die Soldatin Nariman Hammouti-Reinke in ihrem Plädoyer für eine Veränderung der deutschen Streitkräfte: »Ich meine nicht, dass die Bundeswehr ein *besonders* frauenfeindlicher Haufen ist. Es gibt natürlich ›Blöd‹männer‹, die einfach aufgrund ihres Geschlechts glauben, dass sie überlegen seien. Solche sind in der Bundeswehr und außerhalb zu finden, leider. Wenn viele Männer zusammenkommen, scheint das diese Art von falsch verstandener Männlichkeit zu fördern.«[285]

---

vollständigen Öffnung der Bundeswehr: »Zusammenfassend betrachtet ist eine breite Vielfalt im äußeren Erscheinungsbild der hier befragten Soldatinnen zu verzeichnen, wobei gleichzeitig zwei Pole erkennbar sind. Einmal gibt es einen Typ Soldatin, die durch ein eher maskulines Erscheinungsbild, geprägt ist. Zum anderen existiert ein Typ Soldatin mit ausgeprägt femininen Merkmalen.« Ebd.

[281] Vgl. KARLE, »Da ist nicht mehr Mann noch Frau...«, 25f.
[282] Vgl. DITTMER, Gendertrouble in der Bundeswehr, 242.
[283] Vgl. ebd.
[284] Vgl. HAMMOUTI-REINKE, Ich diene Deutschland, 183–190.
[285] A.a.O., 181 [Hervorhebung im Original].

3.3 Aktuelle Entwicklungen und Herausforderungen 171

Die *Me-Too*-Debatte aus dem Jahr 2017 hat demgegenüber den Blick dafür geschärft, dass sexuelle Übergriffe mit vorherrschenden Machtasymmetrien zusammenhängen. Daraus lässt sich allerdings kein Automatismus für die Bundeswehr ableiten: Nur, weil innerhalb der Truppe die Dynamik der hegemonialen Männlichkeit wirksam ist, heißt das nicht, dass Soldaten automatisch chauvinistisch bzw. sexistisch mit ihren Kameradinnen umgehen. Trotzdem kann das Thema »Sexismus in der Bundeswehr« nicht angemessen diskutiert werden, wenn es nicht auch als Ausdruck einer weithin männlich-militärischen Lebenswelt betrachtet wird. Dieser Ansicht folgt auch die Bundeswehr als Organisation (formaler Umgang), weswegen sie diesem Thema große Aufmerksamkeit widmet. Die militärsoziologische Forschung setzt sich bereits seit der vollständigen Öffnung der Bundeswehr intensiv mit den unterschiedlichen Formen des Sexismus und der sexualisierten Gewalt in den Streitkräften auseinander.[286] Dabei wird im internationalen Vergleich darauf hingewiesen, dass sexuelle Belästigung »ein bekanntes Phänomen sämtlicher Streitkräfte«[287] ist. In der Bundeswehr, das zeigen unter anderem die Meldungen von Übergriffen (2018: 288 Meldungen),[288] ist die Zahl an sexuellen Belästigungen nicht grundsätzlich höher als in vergleichbaren Einrichtungen und Unternehmen aus dem zivilen Bereich.[289] Das Thema wird infolgedessen nicht als akut, wohl aber als ernstzunehmend eingestuft. Gleichzeitig ist zu erwarten, dass die Sensibilität für dieses Thema innerhalb der Truppe entsprechend gesamtgesellschaftlicher Entwicklungen weiter zunehmen wird. Insgesamt zeichnet sich also eine positive Entwicklung ab. Dennoch ist es für die Bundeswehr verfehlt, selbstzufrieden zu sein, »da die Folgen sexueller Belästigung gleich welchen Umfanges weitreichend sind.«[290] Jeder Einzelfall kann enorme psychische Folgen nach sich ziehen und sogar zum Ausscheiden der betreffenden Soldatin oder des betreffenden Soldaten aus der Bundeswehr führen. Aus militärsoziologischer Sicht ist ergänzend darauf hinzuweisen, dass die unterschiedlichen Formen der sexuellen Belästigung und der sexualisierten Gewalt auch als »eine bewusst-unbewusste Strategie«[291] bzw. »als ein Instrument gegen die Integration von Frauen«[292] eingesetzt werden. Sexualisierte Äußerungen, Handlungen und Übergriffe sind zunächst einmal als individuelles Fehlverhalten zu verstehen; sie werden allerdings durch Machtasymmetrien und eine wahrnehmbare Tokenisierung von Einzelgruppen in den

---

[286] Vgl. KÜMMEL, Sexuelle Belästigung und sexuelle Gewalt im Militär.
[287] KÜMMEL, Frauen in militärischen Organisationen, 83.
[288] Vgl. Deutscher Bundestag (Hg.), Unterrichtung durch den Wehrbeauftragten. Jahresbericht 2018, 87.
[289] Vgl. KÜMMEL, Truppenbild ohne Dame?, 35–37.
[290] A.a.O., 39.
[291] Ebd.
[292] KÜMMEL, Halb zog man sie, halb sank sie hin..., 293.

Streitkräften begünstigt. Der laufende Integrationsprozess ist letztendlich durch die strikt binär gehandhabte Geschlechterdifferenz und durch den Minderheitenstatus von Frauen in der Bundeswehr weiterhin herausgefordert.

3. *Seelsorglich:* Für die seelsorgliche Begleitung von Soldatinnen und Soldaten sind diese Befunde relevant. Die Militärseelsorge wird in der Bundeswehr damit konfrontiert, dass dem Thema Geschlecht eine große Bedeutung zukommt. Gleichzeitig werden infolge der polaren Geschlechterdifferenz Strukturen ausgebildet, die mitunter zu Unfreiheiten führen. Das Thema Geschlecht fordert die Militärseelsorge zu einem paradoxen Umgang heraus. Einerseits geht es darum, die Binarität weiblich-männlicher Verhaltensmuster zu hinterfragen und zu dekonstruieren. Andererseits kommt die Militärseelsorge auch nicht umhin, die Geschlechtsidentität anzuerkennen und auf dieser Basis mit Soldatinnen und Soldaten ins Gespräch zu kommen. Soldatinnen und Soldaten, die den Weg in die Militärseelsorge suchen, werden dieses Thema mit in die seelsorgliche Begegnung eintragen. Sie werden über ihr Selbstbild sprechen, das in ganz unterschiedlicher Weise von Annahmen über das eigene Geschlecht geprägt ist. Das Thema Geschlecht konfrontiert die Seelsorge in der Lebenswelt Bundeswehr insofern mit einer paradoxen Strategie:[293] Seelsorge hat das Geschlecht und das Selbstbild des Seelsorgesuchenden ernst zu nehmen und wirkt zugleich – insbesondere dann, wenn Geschlechterstereotype zu repressiven Verhaltensmustern führen –, auf die Verflüssigung und Infragestellung von konventionellen und asymmetrisch gebauten Bildern von Männlichkeit und Weiblichkeit hin.[294]

In der Bundeswehr prägen traditionelle bipolare Muster von Weiblichkeit und Männlichkeit das Rollenverständnis.[295] Dass sich geschlechtliche Identitäten jedoch nicht strikt in ein zweidimensionales Koordinatensystem einzeichnen lassen, ist nicht erst seit den Diskussionen zu *Dritten Geschlechtern* bekannt. Geschlechtliche Identität ist keineswegs eindeutig, sondern kennt vielmehr pluriforme Ausprägungen. Die Militärseelsorge kann solchen Formen von beispielsweise »weicher Männlichkeit« oder »harter Weiblichkeit« einen Raum geben, in dem sie sich angenommen und gewürdigt fühlen. Vor allem Männer, die dem vorherrschenden Männlichkeitsideal der Bundeswehr nicht entsprechen, sehen sich kontinuierlich zu inneren Aushandlungs- und Anpassungsprozessen gezwungen. Auch sie wählen dabei zumeist ähnliche Strategien wie ihre weiblichen Kameraden und assimilieren sich an den vorgegebenen Rahmen. Mili-

---

[293] Vgl. KARLE, Seelsorge in der Moderne, 234.
[294] Vgl. KARLE, Praktische Theologie, 424–427.
[295] Seit den 2000er Jahren ist eine gestiegene Sensibilität in der Bundeswehr hinsichtlich der geschlechtlichen Identität festzustellen. Geschlechtsangleichende Operationen bei Transgendersoldaten werden beispielsweise von der Bundeswehr finanziell unterstützt.

tärseelsorge, verstanden als *Anderort* (Heterotopie) in der Bundeswehr,[296] kann diesen Soldatinnen und Soldaten Räume eröffnen, »in denen sie anders sein können und auf den Geschmack kommen ein Anderer [oder eine Andere] zu sein und zu werden.«[297] Dadurch setzt sich die Militärseelsorge indirekt kritisch mit den Entwicklungen des laufenden Integrationsprozesses von Frauen in die deutschen Streitkräfte auseinander. Sie macht mit ihren seelsorglichen Anderorten deutlich, dass das Geschlecht in der Bundeswehr nach wie vor stereotypisiert wird und damit nicht der Individualität von Individuen gerecht wird.

3.3.2 Diversity

Jeder Debatte zur gesellschaftlichen Diversität ist eine prinzipielle Frage vorweggeschaltet: Wer bestimmt eigentlich, was Diversität ist? Offen wird diese Frage nur selten gestellt, eine Antwort bleibt zudem in aller Regel aus, sie wird als evident vorausgesetzt. Über *Diversität* kann letztlich nur in Differenz[298] zu einem allgemeinen Konstrukt des *Normalen* gesprochen werden. Damit sind gesellschaftliche Mehrheiten gemeint, die für sich eine Deutungsmacht beanspruchen und zugleich festlegen, was »normal« ist und was demgegenüber eine Devianz darstellt. Das Konstrukt des »Normalen« definiert mithin zugleich das Konstrukt des »Anderen« und schafft dadurch Diversität.

In der Gegenwart sind die Grenzen zwischen diesen Konstrukten schrittweise aufgebrochen worden, weil in den scharfen Unterscheidungen ein diskriminierendes Potenzial erkannt wird. Vollständig aufgegeben werden diese Zuschreibungen allerdings nicht. Vielmehr ist eine Integration des »Anderen« im Raum des »Normalen« vorangetrieben worden. Dadurch ist Diversität aber im eigentlichen Sinne nicht gefördert worden; es wurden vielmehr Exklusionsmechanismen gegen Gruppen der Diversität abgebaut. Ein anschauliches Beispiel stellt dabei die *Ehe für alle* dar. Durch die Öffnung der Ehe für gleichgeschlechtliche Paare ist die Ehe als solche nicht »bunt« und vielfältig geworden. Richtig ist, dass auf rechtlicher Ebene eine Gleichstellung homosexueller und heterosexueller Paare vorangetrieben wurde. Es geht beim Thema Diversity insofern um das Zurückdrängen von Diskriminierung und Ausgrenzung. Damit wird eine Gesellschaft strenggenommen nicht »bunter« und vielfältiger, sondern freier und gerechter.

Dass es beim Thema Diversity nicht einfach um die Förderung von ausgegrenzten Gruppen geht, sondern dass damit ein Programm zur Steigerung von

---
[296] Vgl. Evangelisches Kirchenamt für die Bundeswehr (Hg.), Begleitung im Licht des Evangeliums, 20–23; siehe auch Kap. IV 1.
[297] KURATLE/MORGENTHALER, Männerseelsorge, 232 [Einfügung N. P.].
[298] Vgl. FUCHS, Diversity und Differenz.

Gerechtigkeit und Chancengleichheit verbunden ist, zeigt sich auch in der Bundeswehr. Seit dem Jahr 2016 wird dieses Thema eigens in der *Stabsstelle Chancengerechtigkeit, Vielfalt und Inklusion* bearbeitet. Im Folgejahr wurde die *Ansprechstelle für Diskriminierung und Gewalt* eingerichtet. Hinzu kommt die *Zentrale Ansprechstelle für Soldatinnen und Soldaten anderer Glaubensrichtungen* (ZASaG), die seit 2015 existiert und an das Zentrum Innere Führung (ZInFü) in Koblenz angebunden ist. Im Jahr 2020 wurde diese Ansprechstelle in die *Zentrale Ansprechstelle für den Umgang mit Vielfalt* (ZAVi) überführt. An der Helmut-Schmidt-Universität/Universität der Bundeswehr Hamburg wurde zudem 2016 der weiterbildende Master-Studiengang »Leading Diversity« (M. A.) eingerichtet, der einerseits Wissen zu Diversity und Intersektionalität und andererseits Kompetenzen im Bereich Diversity Management vermitteln soll.[299]

Diese Aufzählung, zu der noch die *Zentrale Koordinierungsstelle für Interkulturelle Kompetenz* (ZKIkK) hinzugezählt werden kann,[300] vermittelt den Eindruck, dass die Bundeswehr mittlerweile hinsichtlich des Themas Diversity breit und gut aufgestellt ist. Eine ähnliche Einschätzung formuliert der Wehrbeauftragte im Jahresbericht 2018 und resümiert, dass sich eine »[a]ußerordentlich fortschrittlich[e]«[301] Entwicklung abzeichne. Kritischer äußern sich demgegenüber verschiedene Verbände und Vereine, die sich für Diversität in den deutschen Streitkräften einsetzen.[302] Sie beklagen, dass das Thema angesichts der realen Relevanz bislang nur halbherzig bearbeitet wird.[303] Wie kommen sie zu dieser Einschätzung?

Es liegt in der Sache selbst begründet, dass der Begriff »Diversity« nicht letztgültig definiert werden kann, weil er auf eine sozial konstruierte Vielfalt bezogen bleibt. Er umfasst unterschiedliche Themen und Dimensionen. In der US-amerikanischen Forschung hat sich die Rede von den sogenannten »Big 8« etabliert, womit die quantitativ häufigsten Dimensionen von Diversity erfasst

---

[299] Vgl. SENGER/SIEBEN, Weiterbildender Masterstudiengang »Leading Diversity« (M.A.) an der Helmut Schmidt Universität/Universität der Bundeswehr Hamburg.

[300] Die Zentrale Koordinierungsstelle Interkulturelle Kompetenz wurde 2008 am Zentrum Innere Führung eingerichtet und ist um eine Sensibilisierung der Bundeswehrangehörigen hinsichtlich kultureller und religiöser Vielfalt bemüht. Die wesentliche Aufgabe besteht darin, Lehrgänge, Arbeitspapiere und Ausbildungshilfen zu den entsprechenden Themen zu erarbeiten und bereitzustellen.

[301] Deutscher Bundestag (Hg.), Unterrichtung durch den Wehrbeauftragten. Jahresbericht 2018, 66.

[302] Vgl. u. a. Arbeitskreis Homosexueller Angehöriger der Bundeswehr e.V. (AHsAB e.V.), Deutscher.Soldat. e. V., Völklinger Kreis.

[303] Vgl. HAMMOUTI-REINKE, Ich diene Deutschland, 107.

werden.[304] Die Bundeswehr nimmt sechs Diversitätsdimensionen in den Blick: Geschlecht (1), Alter (2), Behinderung (3), ethnische und kulturelle Zugehörigkeit (4), Religion und Weltanschauung (5) und Geschlechtsidentität und sexuelle Orientierung (6).

Die bloße Aufreihung dieser Diversitätsdimensionen verdeutlicht, mit was für einer enormen thematischen Komplexität sich die Bundeswehr auseinandersetzen muss. Die neueingerichtete Stabsstelle für Chancengerechtigkeit, Vielfalt und Inklusion wirkt vor diesem Hintergrund in der Tat »ein wenig wie ein Gemischtwarenladen.«[305] Und genau hier setzen die kritischen Stimmen der Verbände an, die einerseits ihre Interessensgruppe nicht priorisiert sehen und andererseits eine erratische Gesamtstrategie für die deutschen Streitkräfte kritisieren.[306] Vor allem der zuletzt genannte Kritikpunkt gewinnt hinsichtlich der Konzeption und der stetigen Umstrukturierung der Stabsstelle und der zentralen Ansprechstellen an Gewicht. Die Stabsstelle war ursprünglich mit der Förderung der Chancengerechtigkeit zwischen Männern und Frauen in der Bundeswehr betraut. Im Jahr 2016 wurde sie um das »Riesenthema«[307] Diversity erweitert. Personell scheint sie allerdings »für die Bedeutung dieses Themas zu schwach aufgestellt«.[308] Hinzu kommt noch die symbolträchtige Verortung der Stabsstelle an der Bonner Hardthöhe und nicht im Bendlerblock in Berlin. In den Augen der Kritikerinnen und Kritiker wird Diversity immer noch als »›weiches‹ Thema«[309] behandelt, was wiederum der Grund dafür sei, dass es politisch nicht in vorderster Reihe stehe.

In der Detailbetrachtung werden sich sicher Beispiele finden lassen, die diese kritische Beurteilung stützen. Richtig ist jedoch auch, dass die Bundeswehr als Organisation dieses Thema äußerst ernst nimmt und in den vergangenen Jahren erhebliche Ressourcen aufgebracht hat, um die Chancengleichheit und -gerechtigkeit zu steigern. Zu bedenken ist, dass das Thema Diversity gesellschaftlich ebenfalls erst in den letzten Jahren in den Vordergrund rückte. Ein wesentlicher Impuls dafür ist von dem *Verein Charta der Vielfalt*, der jährlich seit 2013 den Deutschen Diversity-Tag veranstaltet, ausgegangen.[310] Die zugrundeliegende Urkunde »Charta der Vielfalt« wurde 2012 von der Bundeswehr un-

---

[304] Dazu zählen Race, gender, ethnicity/ nationality, organizational role/ function, age, sexual orientation, mental/ physical ability, religion. Vgl. KRELL/REIDMÜLLER/SIEBEN/VINZ, Einleitung – Diversity Studies als integrierende Forschungsrichtung, 9.
[305] HAMMOUTI-REINKE, Ich diene Deutschland, 107.
[306] Vgl. a.a.O., 108–110.
[307] A.a.O., 111.
[308] WULLERS, Diversity Management, 2.
[309] HAMMOUTI-REINKE, Ich diene Deutschland, 111.
[310] Vgl. https://www.charta-der-vielfalt.de/ (Stand: 02. März 2021).

terzeichnet und zugleich programmatisch in die Streitkräfte eingebunden.[311] Seither wurden vier bundeswehrinterne Diversitätstage unter dem Slogan »Bunt beim Bund« veranstaltet. Seit 2017 beteiligt sich die Bundeswehr ebenfalls am Deutschen Diversity-Tag des Vereins. Dem ehemaligen Wehrbeauftragten des Deutschen Bundestages Hans-Peter Bartels (2015–2020) kann insofern zugestimmt werden, dass die Bundeswehr hinsichtlich des Themas Diversity eine fortschrittliche Haltung zeigt.

Trotzdem stellt das Thema nach wie vor eine große Herausforderung für die deutschen Streitkräfte dar. An dem Thema Diversity zeigt sich, dass in der Bundeswehr zum Teil gegenläufige Logiken präsent sind, die sich mitunter widersprechen. So fällt auf, dass sich die Bundeswehr als *Organisation* mit der Integration von Vielfalt auseinandergesetzt und zugleich die gewinnbringenden Potenziale einer »bunten« Armee in Zeiten des Einsatzparadigmas erkannt hat. Auf der Ebene der Bundeswehr als *militärischer Institution* zeigt sich demgegenüber jedoch teilweise ein anderes Bild. Unter den Soldatinnen und Soldaten macht sich bezüglich des Themas Diversity teilweise eine gewisse Ernüchterung breit. Sie fühlen sich übermäßig stark mit dem Thema konfrontiert. Auch zeigen sie sich aufgrund der stetigen Reformen irritiert, weil eine Gesamtstrategie zum Umgang mit Vielfalt in den Streitkräften nicht erkennbar ist. Schließlich erleben sie in ihrem Dienst, dass die Bundeswehr mit einem großen Personalmangel und gewaltigen Problemen hinsichtlich der Ausrüstung zu kämpfen hat. Dass angesichts solch enormer Herausforderungen vergleichbar viele Ressourcen auf Führungsebene für ein vermeintlich »weiches Thema« aufgebracht werden, ruft Unverständnis hervor. Die Logiksysteme der *militärischen Organisation* und der *militärischen Institution* pflegen mithin einen unterschiedlichen Umgang mit der Diversität in den Streitkräften.[312] Vor diesem Hintergrund lassen sich auch ge-

---

[311] Ersichtlich wird das beispielsweise anhand der sechs ausgewählten Diversitätsdimensionen, die die Bundeswehr vom Verein Charta der Vielfalt übernommen hat.

[312] Die Unterscheidung in militärische Institution einerseits und militärische Organisation andererseits ist für die Lebenswelt Bundeswehr gegenwärtig höchst relevant. In der Praktischen Theologie ist mit der Unterscheidung Institution/Organisation bislang vor allem in der Kirchentheorie gearbeitet worden. Dabei ist darauf hingewiesen worden, dass eine Institution als ein soziales Gebilde mit einer geprägten Tradition zu verstehen ist, das sich durch eine tendenzielle »Nichtänderbarkeit« seines Zwecks bzw. seiner Programmatik auszeichnet. Eine Organisation wiederum kann als ein stärker wandelbares Objekt verstanden werden, weil es Entscheidungen treffen kann, die auch Einfluss auf die zugrundeliegende Programmatik nehmen. Viele soziale Einrichtungen, die eine längere Geschichte besitzen, arbeiten in der Gegenwart mit beiden Logiksystemen. Sie weisen mithin intermediäre bzw. hybride Züge auf. Das trifft sowohl auf die Kirche als auch auf die Bundeswehr zu. Vgl. zur kirchentheoretischen Diskussion u. a. HERMELINK, Kirchliche Organisationen und das Jenseits des Glaubens, 89–123.

genwärtige Spannungen konkret benennen und erklären. Zwei Beispielen sollen das Problem verdeutlichen.

1. *Homosexuelle Soldatinnen und Soldaten:* Anhand des Umganges mit Homosexualität in den Streitkräften wird einerseits ersichtlich, dass die Bundeswehr als Organisation erkennbar von einer spiegelbildlichen Bezogenheit auf die Gesellschaft geprägt ist, andererseits gesellschaftlichen Entwicklungen zugleich häufig hinterherhinkt. Gemeint ist damit, dass in Deutschland bis in das Jahr 1994 sexuelle Handlungen zwischen Männern[313] nach dem Strafgesetzbuch (§ 175 StGB) unter Strafe gestellt waren. In den Jahren 1969 und 1973 wurde der Paragraph 175 jeweils novelliert und dadurch weitgehend liberalisiert, trotzdem blieb Homosexualität Gegenstand des Strafgesetzbuches, wodurch gleichgeschlechtliche Sexualität gesamtgesellschaftlich grundsätzlich stigmatisiert und kriminalisiert wurde. 1994 ist der Paragraph ersatzlos aufgehoben worden. In der Bundeswehr hat sich eine ähnliche, wenn auch zeitversetzte Entwicklung vollzogen. So ist Homosexualität erst seit der Jahrtausendwende offiziell akzeptiert, zuvor wurde sie pathologisiert.[314] Bis in das Jahr 2000 hinein war es homosexuellen Soldaten beispielsweise nicht möglich, in den Offiziersrang aufzusteigen. Neben Diskriminierungen durch Kameraden konnte ein Bekanntwerden der eigenen Homosexualität für betreffende Soldaten auch dienstrechtliche Konsequenzen haben. Die »Kießling-Affäre« (1984)[315] um den General Günter Kießling führt dies anschaulich vor Augen: Ihm wurde gerüchtehalber eine homosexuelle Lebensführung nachgesagt, die in Anbetracht seiner militärischen Stellung entsprechend der damaligen Meinung als Sicherheitsrisiko interpretiert wurde, weshalb er vorzeitig in den Ruhestand versetzt wurde. Die Gerüchte im Hinblick auf eine homosexuelle Orientierung von Kießling erwiesen sich als haltlos, sodass seine Freistellung rückgängig gemacht und er anschließend mit dem Großen Zapfenstreich ehrenvoll aus der Bundeswehr entlassen wurde. Die Rehabilitierung des Generals erfolgte also nur, weil die Anschuldigungen falsch waren. Homosexualität galt weiterhin grundsätzlich als Makel.

Im Jahr 2000 hat sich die Bundeswehr von dieser Sichtweise abgewendet und mit der »Führungshilfe für Vorgesetzte – ›Umgang mit Sexualität‹« einen neuen Kurs eingeschlagen, der die Gleichstellung von heterosexuellen und homosexuellen Soldaten vorsieht.[316] Durch den sogenannten *Kuschelerlass* aus dem Jahr 2004 ist diese Haltung bestätigt worden. Seither hat sich die Bundeswehr als *militärische Organisation* intensiv um die Gleichstellung von heterosexuellen und homosexuellen Soldatinnen und Soldaten bemüht. So sind vor allem die Rechte

---

[313] Homosexualität bei Frauen findet in dem Paragraphen keine Berücksichtigung.
[314] Vgl. BOTSCH, Soldatsein, 135.
[315] Im Detail vgl. MÖLLERS, Die Kießling-Affäre 1984.
[316] Vgl. Evangelisches Kirchenamt für die Bundeswehr (Hg.), Friedensethik im Einsatz, 326.

von Soldatinnen und Soldaten mit eingetragener Lebenspartnerschaft in den letzten Jahren sukzessive gestärkt worden. Die Bundeswehr hat dadurch einerseits der Idee der Spiegelbildlichkeit Rechnung getragen, indem sie gesamtgesellschaftlichen Liberalisierungsprozessen folgte. Andererseits hat sie ihr eigenes Selbstverständnis als eine *Armee der Demokratie* gestärkt, indem sie Freiheit und Gerechtigkeit förderte. Auch ist anzumerken, dass dieses Umdenken im Eigeninteresse der Streitkräfte sinnvoll war und ist, weil die Bundeswehr dadurch für homosexuelle Männer und Frauen als potenzieller Arbeitgeber deutlich attraktiver geworden ist. Aktuelle sozialwissenschaftliche Studien gehen davon aus, dass der Anteil an homosexuellen Soldatinnen und Soldaten in der Truppe bei ca. 7,5 % liegt und damit ungefähr dem bundesdeutschen Durchschnitt entspricht.[317]

Auffällig ist dabei die ungleiche Verteilung zwischen Männern und Frauen, wonach im relativen Verhältnis der Anteil homosexueller Soldatinnen den Anteil an homosexuellen Soldaten übersteigt. Erklärt wird dieses Ungleichgewicht im Rückgriff auf die Dynamik der hegemonialen Männlichkeit. Frauen, die in den männlich dominierten Raum des Militärs eintreten, begehen im Hinblick auf die ihrem Geschlecht zugeschriebenen Tugenden einen »Tabubruch«, der kaum visuell verschleiert werden kann. Auf dieser Folie verliert dann das Bekanntmachen der Homosexualität an Brisanz, weil der eigentliche Tabubruch bereits vollzogen wurde. Anders sieht das bei homosexuellen Soldaten aus, die den »Tabubruch« quasi sekundär nachholen müssen, indem sie ihre eigentlich unsichtbare sexuelle Orientierung sichtbar machen bzw. offenlegen.[318] Diese Deutung geht davon aus, dass homosexuelle Männer und Frauen im Raum des Militärs mit unterschiedlichen Herausforderungen konfrontiert werden. Männer begehen mit dem Offenlegen der eigenen Homosexualität einen Tabubruch, wohingegen homosexuelle Frauen den Tabubruch bereits dadurch begehen, dass sie überhaupt in den militärischen Raum eintreten. Es wird vor diesem Hintergrund gefolgert, dass die flächendeckende Wirkung des Musters hegemonialer Männlichkeit dazu führt, dass homosexuelle Männer seltener in das militärische System eintreten.[319] Analoge Begründungsfiguren werden für den Bereich des Leistungssportes – vor allem für den Fußball – diskutiert.[320]

Bei aller Plausibilität ist es dennoch fraglich, ob mit dieser theoretischen Beschreibung der reale Bundeswehralltag angemessen erfasst wird. Die empi-

---

[317] Vgl. BOTSCH, Soldatsein, 139.

[318] Vgl. a. a. O., 140.

[319] Denkbar ist auch, dass betreffende Soldaten aufgrund der Dynamik der hegemonialen Männlichkeit die eigene Homosexualität verbergen, möglicherweise leugnen und so quasi ein Doppelleben führen. Diese Konstellation kann für die Psyche der jeweiligen Soldaten äußerst belastend sein. *Kognitive Dissonanzen* (L. Festinger) können sich infolgedessen ausbilden.

[320] Vgl. BOTSCH, Soldatsein, 140 f.

rische Datenlage ist für eine abschließende Bewertung schlichtweg zu dünn. Allerdings wird deutlich, dass innerhalb der Truppe (*militärische Institution*) das Thema Homosexualität anders behandelt wird als auf der Ebene der *militärischen Organisation*. Homosexualität gilt schlechterdings als unmilitärisch, weil sie dem Idealbild des männlichen Kriegers, der sich letztlich als Beschützer schwacher Weiblichkeit versteht, nicht entspricht. Folglich haben homosexuelle Soldatinnen und Soldaten auch noch heute in der Bundeswehr mitunter einen schweren Stand. Richtig ist allerdings auch, dass sich das Gesamtklima in den Streitkräften gewandelt hat, sodass die Zahlen diskriminierender Handlungen und Äußerungen seit Jahren rückläufig sind. Allerdings ist dabei zu berücksichtigen, dass sich homosexuelle Soldatinnen und Soldaten im Falle von Diskriminierungserfahrungen weniger an bundeswehrinterne Melde- und Ansprechstellen wenden als an außenstehende Vereine wie den Arbeitskreis Homosexueller Angehöriger der Bundeswehr e.V. (AHSAB e.V.).[321] Homosexualität wird innerhalb der militärischen Institution, anders als auf der Ebene der militärischen Organisation, zumeist tabuisiert.[322] Der Gedanke des »don't ask, don't tell«[323], der als politisches Programm für knapp zwei Jahrzehnte (1993–2011) den Umgang mit Homosexualität im US-Militär regelte, ist vor diesem Hintergrund auch in der Bundeswehr auf der Ebene der militärischen Institution anzutreffen.

2. *Soldatinnen und Soldaten mit Migrationshintergrund:* Die Zahl an Menschen in Deutschland, die einen Migrationshintergrund aufweisen, ist seit der Wiedervereinigung kontinuierlich gewachsen. Das spiegelt sich auch in der Bundeswehr, in der Schätzungen zufolge aktuell 14,5 % der Soldatinnen und Soldaten einen Migrationshintergrund besitzen.[324] Damit fallen die Streitkräfte hinter den bundesdeutschen Durchschnitt (22,5 %) zurück.[325] Erklärt wird dies damit, dass die Bundeswehr wie keine zweite gesellschaftliche Institution die Nationalstaatlichkeit Deutschlands repräsentiere und so keinen adäquaten Raum für Menschen mit einer anderen kulturellen Prägung darstelle. Dass diese Deutung allerdings aus Sicht der Bundeswehr nicht trägt, zeigt sich anhand der Soldatinnen und Soldaten mit Migrationshintergrund, die bereits heute in den Streitkräften dienen. Umgekehrt stimmt jedoch auch, dass es »Communities« innerhalb der Gesellschaft gibt, die wenige bis gar keine Berührungspunkte mit der Bundeswehr aufweisen. Das trifft insbesondere auf Menschen mit »arabischen, türkischen, afrikanischen [und] nahöstlichen«[326] Wurzeln zu. Demont

---

[321] Vgl. Deutscher Bundestag (Hg.), Unterrichtung durch den Wehrbeauftragten. Jahresbericht 2018, 66.
[322] Vgl. STEUBE, Militär und Männlichkeit, 10.
[323] Vgl. STORKMANN, »Don't ask. Don't tell« – auf Deutsch?
[324] Vgl. Drucksache 19/10428 vom 23. Mai 2019.
[325] Vgl. HAMMOUTI-REINKE, Ich diene Deutschland, 111.
[326] A.a.O., 112.

sprechend sieht die aktuelle Situation der Bundeswehr so aus, dass der Großteil an Soldatinnen und Soldaten mit Migrationshintergrund familiäre Wurzeln in den Ländern der ehemaligen Sowjetunion besitzt. Trotzdem haben sich seit »der Zunahme der Einbürgerungen im Laufe der 1990er Jahre«[327] auch vermehrt junge Menschen mit familiärer Prägung aus der Türkei bzw. aus dem arabischen oder nordafrikanischen Kulturkreis für den Dienst in den Streitkräften entschieden. Vor allem hinsichtlich der Einsatzrealität waren diese Eintritte für die Bundeswehr bedeutsam, da sie so Soldatinnen und Soldaten hinzugewinnen konnte, die eine sprachliche Kompetenz – vor allem Arabisch – mitbrachten, die ansonsten oft fehlte.[328] Aus diesem Grund bemüht sich die *Bundeswehr als Organisation* auch erkennbar um die Förderung von Soldatinnen und Soldaten mit Migrationshintergrund.[329] Auf der Ebene der Organisation wird darin ein gewinnbringendes Potenzial für die Bundeswehr erkannt.

Ein Stück weit anders sieht das auf der Ebene der Bundeswehr als *militärischer Institution* aus. Patriotismus ist für nationalstaatliche Armeen ein wichtiges Thema. Das trifft auch auf die Bundeswehr zu, gleichwohl sie sich vor dem Hintergrund der deutschen Geschichte mit den Konstrukten »Nationalgefühl« oder »Nationalstolz« sichtlich schwertut. Die Bundeswehr lebt, anders als andere westliche Armeen, einen aufgeklärten und gemäßigten Patriotismus. Trotzdem ist sie als militärische Institution nicht davor gefeit, dass sich in ihr nationalistisches und rassistisches Gedankengut etabliert und verbreitet. Der »Fall Franco A.« hat dies gezeigt und zugleich deutlich gemacht, dass eine Kultur des Wegschauens auch in der Bundeswehr anzutreffen ist. Auf ein Gutachten, das in der Abschlussarbeit (Master-Arbeit) des Bundeswehroberleutnants einen »rassistischen Apell« erkannt hat,[330] folgten keine dienstrechtlichen Konsequenzen. »Franco A. schrieb nach einer Belehrung eine neue Arbeit und konnte sein Studium erfolgreich abschließen.«[331] Als im Jahr 2017 gegen den Soldaten Haftbefehl aufgrund des Verdachts der Vorbereitung einer schweren staatsgefährdenden Gewalttat (§ 89 StGB) erlassen wurde, war die mediale Resonanz enorm. Auch die Bundeswehr geriet ins Visier der Kritikerinnen und Kritiker. Der Wehrbeauftragte räumte in einem Interview mit der Zeitung DIE WELT ein, dass das Militär für Rechtsextremismus »gewiss strukturell anfälliger sei als andere Bereiche der Gesellschaft. Hierarchien, Waffen, Uniform – das zieht manchen Bewerber an, den die Bundeswehr nicht haben wollen kann.«[332] Rassismus ist folglich ein Thema, dass auf der Ebene der militärischen Institution auftreten und

---

[327] VIRCHOW, Gegen den Zivilismus, 410.
[328] Vgl. HAMMOUTI-REINKE, Ich diene Deutschland, 31 f.
[329] Vgl. FEDTKE/HELLMANN/HÖRMANN, Migration und Militär, 147.
[330] Vgl. SPREEN, Rechtspopulismus und Bundeswehr, 97.
[331] Ebd.
[332] HEIMBACH/STURM, »Hierarchien, Waffen, Uniform – das zieht manchen Bewerber an«.

3.3 Aktuelle Entwicklungen und Herausforderungen 181

sich auch gegen Soldatinnen und Soldaten mit Migrationshintergrund richten kann. Im Jahresbericht des Wehrbeauftragten werden dafür eindrückliche Beispiele genannt.[333] Gleichzeitig wird jedoch darauf aufmerksam gemacht, dass aufgrund der öffentlich diskutierten Vorfälle zum Rassismus und Rechtsextremismus in der Bundeswehr eine verstärkte Sensibilität unter den Soldatinnen und Soldaten für diese Themen festzustellen sei. Das lässt sich anhand der Meldungen beim Wehrbeauftragen nachvollziehen. So haben sich diese Meldungen im Jahr 2017 im Vergleich zum Vorjahr mehr als verdoppelt (2016: 63; 2017: 167).[334] Im Jahr 2018 sind dann wiederum nahezu gleich viele Meldungen (170) eingegangen, was die These der gestiegenen Sensibilität stützt.[335]

Insgesamt ist Diversity kein »Modethema« in den Streitkräften, es wird vielmehr als Ausdruck einer freien und gerechten Armee behandelt. Zwischen den Ebenen der militärischen Organisation und der militärischen Institution sind diesbezüglich allerdings Spannungen erkennbar. An diesem Punkt kann die Militärseelsorge mit ihrem brückenbauenden Potenzial anknüpfen, da sie in mehrfacher Hinsicht und auf unterschiedlichen Ebenen in das Themenfeld Diversity eingebunden ist. So ist die Militärseelsorge *erstens* auf *formaler* Ebene ein wichtiger Gesprächspartner im Diversity Management der Bundeswehr.[336] Ihre Kompetenzen im Bereich der Interkulturalität oder der interreligiösen

---

[333] Vgl. Deutscher Bundestag (Hg.), Unterrichtung durch den Wehrbeauftragten. Jahresbericht 2018, 66.

[334] Vgl. a.a.O., 8.

[335] Im Jahr 2019 wächst das Meldeaufkommen auf 178 Verdachtsfälle an. Im Jahr 2020 ist diese Zahl weiter auf 211 Meldungen gestiegen. In diese Zahlen fließen auch die Meldungen zu rechtsextremen Äußerungen und Handlungen aus dem Kreis der Kommando Spezialkräfte (KSK). Das KSK macht seit den 2010er Jahren immer wieder Schlagzeilen hinsichtlich extremistischer Vorkommnisse. Am 13. Mai 2020 konnten bei einem Portepeeunteroffizier der KSK Munition, Sprengstoff und ein Sturmgewehr in seinen Privaträumen sichergestellt werden. Infolgedessen wurde medial darüber spekuliert, ob es eine »Schattenarmee« in der Bundeswehr geben könnte. Der Militärische Abschirmdienst (MAD) geht nicht von derartig komplexen Strukturen aus, widmet diesem Thema allerdings eine große Aufmerksamkeit. Das KSK setzt sich infolge der jüngsten Vorkommnisse einer weitreichenden Reform aus, die der Verselbständigung der Spezialeinheit entgegenwirken soll. Vgl. Deutscher Bundestag (Hg.), Unterrichtung durch die Wehrbeauftragte. Jahresbericht 2020, 28f.; 32.

[336] Mit Blick auf das Thema Diversity wird deutlich, dass der Leitbegriff der *kritischen Solidarität* in der Tat dialektisch zu verstehen ist. Dadurch, dass die Militärseelsorge ihre Kompetenzen in den militärischen Raum einträgt und Prozesse des Diversity-Managements konstruktiv begleitet, begegnet sie auch der Bundeswehr als Organisation solidarisch, ohne sich jedoch verzwecken zu lassen. Kritische Solidarität meint, dass sich die Militärseelsorge sowohl kritisch als auch solidarisch zur Bundeswehr als militärischer Einrichtung verhält. Auch gegenüber den Soldatinnen und Soldaten verhält sie sich sowohl kritisch als auch solidarisch. Siehe Kap. II 2.2.3.

Seelsorge[337] kann sie in den militärischen Raum einbringen und zugleich an der Entwicklung von Strategien zur Förderung von Chancengleichheit und -gerechtigkeit beratend mitwirken.[338] Zweitens ist die Militärseelsorge auch *inhaltlich* in den Diversitätsprozess der Bundeswehr eingebunden. In der seelsorglichen Begleitung von Soldatinnen und Soldaten kann dieser Themenkomplex eine große Rolle spielen. Darüber hinaus wird Diversität auch in Einheiten des Lebenskundlichen Unterrichts behandelt. Neben der *formalen* und der *inhaltlichen* Ebene ist *drittens* anzumerken, dass sich die Militärseelsorge diesem Thema auch aufgrund ihres *geistlich-theologischen* Fundamentes zuwendet. Als Kirche mit und unter Soldatinnen und Soldaten sieht sie sich dem Evangelium verpflichtet. Ihr Engagement in der Bundeswehr ist von dem Glauben an die Gotteskindschaft getragen, in der nicht mehr die Konstrukte des »Normalen« und des »Anderen« diskriminierend unterschieden werden: »Denn ihr seid alle durch den Glauben Gottes Kinder in Christus Jesus. […] Hier ist nicht Jude noch Grieche, hier ist nicht Sklave noch Freier, hier ist nicht Mann noch Frau; denn ihr seid allesamt einer in Christus Jesus« (Gal 3,26.28).

3.3.3 »Athener« oder »Spartaner«?

In der Bundeswehr galt über Jahrzehnte hinweg die Direktive »kämpfen können, um nicht kämpfen zu müssen«[339]. In Zeiten des Kalten Krieges und der indirekten Gegenüberstellung der Supermächte im geteilten Deutschland konnte der Soldatenberuf nicht mehr über die Tätigkeit des Kämpfens bzw. des Kriegführens definiert werden. Seine Aufgabe bestand darin, »den Krieg zu verhindern.«[340]

Mit dem Fall des Eisernen Vorhanges wurde bekanntlich nicht das »Ende der Geschichte«[341] erreicht, sondern es etablierte sich weltweit eine neue sicherheitspolitische Lage. Daran haben sich staatliche Armeen angepasst und ein militärisches Strukturelement wiederentdeckt, das in Zeiten des nuklearen Wettrüstens in den Hintergrund getreten war. Gemeint ist der Prototyp einer militärischen Einheit, der *Infanterist*. Der Einsatz in internationalen Konfliktregionen, in denen sich immer häufiger seit den 1980er Jahren Formen der asymmetrischen Kriegsführung zeigen,[342] machte es notwendig, den klassi-

---

[337] Im Detail siehe Kap. IV 3.3.2.
[338] Vgl. LIERMANN, Gewalt ist kein Schicksal, 329.
[339] ZDv 10/1 Hilfen für die Innere Führung, Ziff. 235 (1).
[340] PICHT, Studien zur politischen und gesellschaftlichen Situation der Bundeswehr, 21.
[341] Vgl. FUKUYAMA, The End of History and the Last Man.
[342] Der Terminus »Krieg« bezieht sich in seiner heutigen Prägung vor allem auf zwischenstaatliche Konflikte, die dadurch charakterisiert sind, dass nationale Armeen gegeneinander kämpfen. »Heute folgen nur noch wenige Kriege diesem Muster. Viel häufiger ist es,

schen Fußsoldaten an die neuen sicherheitspolitischen Herausforderungen anzupassen. Von dieser Entwicklung war und ist auch die Bundeswehr betroffen, die sich seit den 1990er Jahren mit bewaffneten Einheiten in internationalen Krisengebieten engagiert. Das Leitbild des Bundeswehrsoldaten, der ursprünglich ausschließlich für die Landesverteidigung zuständig war, erweiterte sich Schritt für Schritt. Die Soldaten galten zunächst als bewaffnete Entwicklungshelfer in Uniform (während UNOSOM II), dann als Stabilisierungssoldaten (während KFOR) und schließlich als multifunktionale Soldaten (während ISAF).[343] Damit ging einher, dass das militärische Aufgabenspektrum ausgeweitet wurde. Das aktuelle Profil des multifunktionalen Soldaten schließt neben den bereits zuvor geltenden Aufgaben des *Helfens*, *Vermittelns* und *Schützens* den Bereich des *Kämpfens* mit ein. Damit ist ein vorläufiger Schlusspunkt einer schrittweisen Weiterentwicklung des Bundeswehrsoldaten im Zuge des Einsatzparadigmas erreicht. Diese Entwicklung fußt auf Überlegungen, die bereits seit Mitte der 1990er Jahre im Raum der Bundeswehr diskutiert wurden. Schon 1995 galt beispielsweise die Strategie »Schützen. Helfen. Kämpfen«.[344] In ähnlicher Weise forderte 2004 der damalige Inspekteur des Heeres, Hans-Otto Budde (2004–2010), einen »archaischen Kämpfer und Soldaten, der den High-Tech-Krieg führen kann«[345], als neues Soldatenleitbild.

Die Bundeswehr hat sich seit den 1990er Jahren von einer Verteidigungsarmee hin zu einer international agierenden Einsatzarmee transformiert. Dieser »Wesenswandel« hängt mit dem geltenden Einsatzparadigma zusammen. Für die Soldatinnen und Soldaten hat sich ihr Aufgabenbereich dadurch nicht nur enorm aufgefächert, er ist zugleich um eine existentielle Dimension erweitert worden. Der Aspekt des Kämpfens hat die Bundeswehr in vielfacher Hinsicht verändert.

Aus systematischer Sicht sind vor allem drei Ebenen zu nennen, die von dieser Entwicklung unmittelbar berührt wurden. So ist erstens festzuhalten, dass das neue Aufgabengebiet vor allem die Soldatinnen, Soldaten und ihre Familien mit einer Vielzahl an psychischen Belastungen konfrontiert. Zweitens ist anzuführen, dass durch die Ausweitung des Aufgabenspektrums das Leitbild des *Staatsbürgers in Uniform* infrage gestellt wurde. Deutliche Bedenken äußerte beispielsweise Reinhard Günzel, der ehemalige Kommandeur der Einheit *Kom-*

---

dass sich nichtstaatliche Gruppen an Kriegen beteiligen oder gar selbst Kriegspartei sind und ihren Kampf auf eine den staatlichen Truppen ganz unähnliche Weise führen, nämlich durch punktuelle – häufig ›terroristische‹ – Anschläge oder Angriffe aus dem Hinterhalt [...] Vielfach wird daher das Phänomen solcher Kriege mit dem Ausdruck ›asymmetrisch‹ umrissen.« Koch, Kombattantenstatus in asymmetrischen Konflikten, 844.

[343] Vgl. Schmitz, Das soldatische Selbstverständnis im Wandel, 201–213.
[344] Vgl. Gmelch, Der Umgang mit kognitiven Dissonanzen als Proprium einer praktischen Militärseelsorge, 130.
[345] Zit. n. Franke, Wie integriert ist die Bundeswehr?, 385.

mando Spezialkräfte (KSK), im Jahr 2004: »Heute muss der Soldat wieder kämpfen können und deshalb hätte der Staatsbürger in Uniform mit dem ersten Auslandseinsatz feierlich begraben werden müssen.«[346] Drittens ist anzumerken, dass in den Augen der Öffentlichkeit die Bundeswehr durch die neuen Aufgaben in ein anderes Licht gerückt wird.[347] Die Gesellschaft sieht sich mittlerweile damit konfrontiert, dass in ihrem Namen und Interesse deutsche Soldatinnen und Soldaten militärische Gewalt im Ausland anwenden und damit auch selbst gefährdet sind.

Umgekehrt lässt sich allerdings auch in mehrfacher Hinsicht eine *subtile Faszination* für das kriegerische Element im Militär beobachten. Unter Soldatinnen und Soldaten gilt der »Krieger«, der in den Einsatz zieht, oftmals als Ideal des prototypischen Soldaten. Auf diesen Bereich wurden sie vorbereitet, für den Einsatz wurden sie ausgebildet, dort ist ihr Dienst unverzichtbar. Eine entsprechende Sichtweise präsentiert Hauptmann Dominic Schellenberger, als er nach seiner Motivation für den Afghanistaneinsatz gefragt wird: »[I]ch wage mal den Vergleich zum Fußball –, dass wir lange trainiert haben. Dass wir viele Trainingsstunden hatten und jetzt eben auch spielen, jetzt eingewechselt werden und unseren Auftrag ausführen wollen. Wir haben lange auf der Bank gesessen, und jetzt geht es los. Und da sind wir heiß drauf. Das gehört dazu.«[348]

Auch die Bundeswehr als Organisation weiß das Ideal des militärischen Kriegers wirkungsvoll einzusetzen. Vor allem in Werbekampagnen spielt das Motiv des Kämpfens eine zentrale Rolle.[349] Auf Plakaten werden oftmals Soldatinnen und Soldaten in militärischer Ausrüstung samt Bewaffnung in Verbindung mit eindeutigen Botschaften gezeigt.[350] Die Bundeswehr zeichnet damit bewusst ein in gewisser Weise martialisches Selbstbild, das im Raum der Gesellschaft zum Teil auf fruchtbaren Boden fällt. In der Soziologie wird zwar häufig davon gesprochen, dass sich in der zweiten Hälfte des 20. Jahrhunderts die Kultur einer *postheroischen Gesellschaft* ausgebildet habe.[351] Trotzdem ist im gesellschaftlichen Raum nach wie vor eine subtile Faszination für das kriegerische Element im Militär beobachtbar. Verantwortlich dafür sind in erster Linie mediale und künstlerische Darstellungen aus dem Bereich der Populärkultur

---

[346] Zit. n. FRANKE, Wie integriert ist die Bundeswehr?, 386.
[347] Siehe dazu auch Kap. IV 3.2.2.
[348] SCHNITT, Foxtrott 4, 26.
[349] Auf der Kölner Videospielmesse »Gamescom« warb die Bundeswehr 2018 bewusst mit diesem Element. In der Sprache der Besucherinnen und Besucher wurde der Dienst in den Streitkräften als »Multiplayer at its best!« und »Mehr Open World geht nicht!« überschrieben. Die öffentliche Kritik an der gezielten Vermischung von militärischem Alltag und fiktiven Szenarien eines militärischen Videospiels war enorm.
[350] Beispielsweise »#kämpfen« oder »Gas, Wasser, Schiessen« u. v. a. m.
[351] Vgl. MÜNKLER, Militärisches Totengedenken in der postheroischen Gesellschaft.

(beispielswiese Kriegsfilme oder Kriegsspiele), aber auch journalistische und wissenschaftliche Arbeiten haben mit ihrem – zumeist kritischen – Fokus auf das Kriegerische im Militär einen Anteil daran.

Für die Bundeswehr stellt sich vor dem Hintergrund der neuen Einsatzanforderungen und der skizzierten Situation die Frage, ob das Element des Kämpfens identitätsstiftend für den Soldatenberuf geworden ist. Der Politikwissenschaftler Elmar Wiesendahl bringt zur Klärung dieser Frage eine weiterführende Unterscheidung aus der angloamerikanischen Militärsoziologie in den deutschsprachigen Diskurs ein. Er differenziert zwischen den geistigen Denkschulen der »Athener« und »Spartaner«.[352] In der Tradition der *Athener* wird der Soldat als Verantwortungsträger für die Sicherheit der Gesellschaft (miles protector) profiliert, sodass er als militärischer Ordnungshüter auftritt.[353] Entscheidend ist dabei die Frage, »wofür« gedient wird.[354] Der Athener ist »aus tiefster Überzeugung deshalb Soldat, weil er mit seiner Aufgabe für Menschenwürde, Freiheit, Gerechtigkeit, Gleichheit, Solidarität und Demokratie eintritt«.[355] Dementgegen wird ein Soldat in der Tradition der *Spartaner* ausschließlich über die Funktion des Kämpfens (miles bellicus) bestimmt.[356] Für diesen Soldatentyp ist es kaum relevant, »wofür« gekämpft wird; es gilt ausschließlich das Prinzip von »Befehl und Gehorsam«.

In der aktuellen Praxis der Bundeswehr ist die Denkschule der Athener weit verbreitet. Trotzdem stechen vereinzelt auch Vertreterinnen und Vertreter der Denkschule der Spartaner hervor,[357] für die in Zeiten des Einsatzparadigmas und einer fortschreitenden Abschottung des Militärs das Leitbild des Kämpfers identitätsstiftend geworden ist. Damit wird ein empfindliches Problem aufgeworfen, das an den Grundfesten der Bundeswehr rüttelt: Wenn der Bundeswehrsoldat heute tatsächlich über das Leitbild des Spartaners bestimmt werden könnte, hätten die demokratischen Konzepte der Spiegelbildlichkeit und des Staatsbürgers in Uniform ausgedient. Doch fasst die große Mehrheit der Soldatinnen und Soldaten in der Bundeswehr ihren Dienst in aller Regel nicht als Selbstzweck auf, sondern verbindet ihn mit einem weitergehenden »Wofür«. Die Diskussionen um die Grundsatzfrage »cui bono« – also wem nützen die Auslandseinsätze eigentlich – führen dies unmittelbar vor Augen.[358] Soldatinnen und Soldaten suchen nach sinnhaften Begründungen für ihren Dienst. Das zeigt sich

---

[352] Vgl. WIESENDAHL, Athen oder Sparta.
[353] Vgl. HALTINER, Vom Landesverteidiger zum militärischen Ordnungshüter.
[354] Vgl. BECKMANN, Treue. Bürgermut. Ungehorsam, 61.
[355] WIESENDAHL, Athen oder Sparta, 40.
[356] Vgl. a.a.O., 43–45.
[357] Vgl. a.a.O., 47.
[358] Vgl. GMELCH, Der Umgang mit kognitiven Dissonanzen als Proprium einer praktischen Militärseelsorge, 129–131.

unter anderem in den Feldpostbriefen oder in journalistischen bzw. autobiographischen Einsatzberichten.[359]

In der aktuellen Einsatzpraxis spielt der Aufgabenbereich des Kämpfens überdies eine deutlich untergeordnete Rolle. Bundeswehrsoldatinnen und -soldaten übernehmen mittlerweile verstärkt Aufgaben des Peacekeeping und der militärischen Polizeiarbeit. Sie sind nicht mehr proaktiv in die Befriedung krisenhafter Regionen involviert, wie das beispielsweise noch während des ISAF-Einsatzes (2001–2014) der Fall war. In der derzeitigen Einsatzpraxis ist vielmehr eine Konstabulisierung, also die vermehrte Übernahme von polizeilichen Aufgaben durch das Militär, zu beobachten.[360] Das Leitbild des Spartaners scheint unter diesen Vorzeichen für die Bundeswehr kaum tragfähig zu sein.

Völlig überraschend ist dieser Befund nicht, wenn man bedenkt, dass die Unterscheidung Athener/Spartaner ursprünglich für Diskussionen zum US-Militär entwickelt wurde. Aber auch für diesen Kontext scheint die Tragfähigkeit der Denkschule der Spartaner in der Detailbetrachtung durchaus begrenzt zu sein. Es ist einerseits offenkundig, dass das US-Militär in den internationalen Einsätzen in erheblichem Ausmaß militärische Gewalt anwendet, zum Teil geschieht das selbstermächtigt (Dritter Golfkrieg), zum Teil aber auch durch die Vereinten Nationen mandatiert (ISAF). Andererseits folgt dieser Waffengebrauch – ungeachtet der unzähligen individual-, rechts- und friedensethischen Schwierigkeiten – keinem Selbstzweck. Die Militäreinsätze der USA sind stets mit einem »Wofür« verbunden, wenngleich die zugrundeliegenden Narrative teilweise nicht haltbar sind (wie beim Dritten Golfkrieg).[361]

Es zeigt sich in der militärischen Praxis, dass das Leitbild des Spartaners nur begrenzt weiterführend ist. In den allermeisten westlichen Armeen ist ein Soldatenbild anzutreffen, das den militärischen Dienst nicht als Selbstzweck auffasst. Das gilt insbesondere auch für die Bundeswehr: In ihr ist das Leitbild des Atheners erkennbar, das sich im Konzept des Staatsbürgers in Uniform spiegelt. Trotzdem zeigt die Diskussion über Athener oder Spartaner, dass die Einsatzrealität mit großen Herausforderungen für die Bundeswehr einhergeht. Die Gefahr, dass die Auslandseinsätze »eine Remilitarisierungs- und Entzivilisierungstendenz«[362] mit sich bringen, wird aktuell diskutiert. Allgemein gilt es, diese Entwicklungen aufmerksam und wach weiterzuverfolgen.

Für Soldatinnen und Soldaten ist eine sinnhafte Begründung des Dienstes im Ausland unverzichtbar. In der realen Praxis bleiben hier allerdings häufig Fragen

---

[359] Vgl. BAUMANN/LANGEDER/MUCH/OBERMAYER/STORZ (Hg.), Feldpost; vgl. CLAIR, Vier Tage im November; vgl. SCHNITT, Foxtrott 4.
[360] Vgl. SCHIEWEK, Just Policing aus polizeiethischer Perspektive, 52.
[361] Ein oft bemühtes, aus völkerrechtlicher und nationalstaatlicher Sicht aber nicht tragfähiges Narrativ beschreibt die Rolle der USA als »Weltpolizei«.
[362] WIESENDAHL, Athen oder Sparta, 50.

offen. Sowohl Politik als auch Führungsstrukturen der Bundeswehr schaffen es nicht immer zufriedenstellend, eine Antwort auf die Frage *cui bono* zu geben. Dieser Punkt ist heikel, weil Soldatinnen und Soldaten dann nur schwer einen Sinn in ihrem Dienst erkennen können.[363] Die Diskussion um Athener oder Spartaner zeigt zugleich, dass der Aufgabenbereich des Kämpfens mittlerweile zum Soldatenberuf mehr oder wenig selbstverständlich hinzugehört. Aufgrund dieser Realität helfen theoretische Bestimmungen wie die Unterscheidung von legitimer Gewalt (*potestas*) und illegitimer Gewalt (*violentia*) den Soldatinnen und Soldaten im Einsatzgeschehen nur bedingt weiter.[364] Sie werden Zeugen von unmittelbarer Gewalt, die Leben schädigt oder gar tötet: »Staatsgewalt ist auf der juristischen Ebene seelen- und körperlos, sie hat keine Affekte, keine Gefühle, keine Angst, keine Wut, kennt keine Rachegelüste, hat keine Schmerzen, keine Wunden, keine Verletzungen, staatliche Gewalt fühlt nicht. Auf der Ausführungsebene aber ist Gewalt auch ein körperliches und psychisches Erlebnis, sie gleicht phänomenologisch (nicht juristisch!) ihrem Gegenstück, der verbotenen Gewaltanwendung mit Schädigungsabsicht.«[365] Aus diesem Grund ist es elementar, den Aspekt des Gewaltgebrauches bzw. der Gewalterfahrung nicht nur rechtlich, sondern auch seelsorglich zu reflektieren (Stichwort: *moral injury*).[366]

Der Aspekt der aktiven Gewaltanwendung ist für die Militärseelsorge besonders herausfordernd. Zum einen interagiert sie in der Bundeswehr mit Menschen, die von diesen Gewalterfahrungen und dem aktiven Gewaltgebrauch gezeichnet werden.[367] Nicht selten stellt sich traumatisierten Soldatinnen und Soldaten, die Gewalt angewandt oder erfahren haben, die Frage, wie sie über das Erlebte angemessen sprechen können. Sowohl im privaten Umfeld als auch in der Bundeswehr fällt es nicht leicht, die gesammelten Erfahrungen zu verbalisieren und mitzuteilen.[368] Die Militärseelsorge weiß um diese Schwierigkeit und orientiert ihr Betreuungsangebot an diesen neuen Herausforderungen. Vor allem das *Arbeitsfeld Seelsorge für unter Einsatz- und Dienstfolgen leidende Menschen* – kurz ASEM – legt darauf seinen Schwerpunkt.[369] Es geht darum, Räume zu schaffen, in denen das kommuniziert werden kann, was oftmals unausgesprochen bleibt.

Die Berichte von Gewaltanwendungen und -erfahrungen konfrontieren die Militärseelsorge mit ihrem friedensethischen Profil; Friedensethik in der Bun-

---

[363] Vgl. ROHDE, »Das ist doch sowieso sinnlos hier!«.
[364] Siehe Kap. II 2.2.3.
[365] BEHR, Polizei. Kultur. Gewalt, 83.
[366] Siehe Kap. IV 3.2.2; vgl. auch LOHMANN, Militärseelsorge aus ethischer Perspektive.
[367] Vgl. THIEL, »... geblendet wie von einem großen Auge«, 482.
[368] Vgl. THIEL, Blutrausch – Nachdenken über die Grenzen des (Un)sagbaren.
[369] Siehe Kap. IV 2.1.3.

deswehr ist »Ethik im Ernstfall des Lebens«.[370] Dabei kann es passieren, dass sich der komplexe Korridor der Friedensethik, der einerseits vom Gewaltverzicht (Ex 20,13; Dtn 5,17) und andererseits von der Beistandspflicht (Lk 10,25–37) flankiert wird,[371] auf einmal stark verengt. Als ultima ratio und im Sinne einer rechtswahrenden Gewalt halten die Mitgliedstaaten der Vereinten Nationen an dem Mittel der militärischen Gewalt fest.[372] Auch die evangelische Kirche hält die militärische Gewalt »[i]n einer nach wie vor friedlosen, unerlösten Welt«[373] als ultima ratio für vertretbar und in Teilen auch für geboten.[374] Sie kommt zum Einsatz, wenn alle Mittel der präventiven Konfliktbearbeitung, einschließlich internationaler Diplomatie und Sanktionspolitik, ausgeschöpft sind. Soldatinnen und Soldaten sollen Frieden stiften oder wahren, indem sie gezielt physische Gewalt anwenden. Militärische Gewalt ist in diesem Sinne stets paradox, weil sie Gewalt verhindern soll, dies jedoch nur erreichen kann (oder meint erreichen zu können), indem Gewalt angewendet wird. Diesem Dilemma sehen sich Soldatinnen und Soldaten der Bundeswehr in den internationalen Einsätzen ausgesetzt. Sozialpsychologisch ist dieses Spannungsfeld äußerst heikel, weil es in kognitive Dissonanzen hineinführen kann. Für die Militärseelsorge bedeutet das Dilemma der militärischen Gewalt, dass sie sich und ihr seelsorgliches Handeln konsequent friedensethisch zu reflektieren hat.[375]

---

[370] RINK, Können Kriege gerecht sein?, 10.

[371] Vgl. LOHMANN, Menschenrechte – Beistandspflicht – Gewaltverzicht.

[372] Zum Terminus der rechtswahrenden Gewalt vgl. MEIREIS, Der gerechte Frieden und die Ambivalenz rechtswahrender Gewalt.

[373] Evangelische Kirche in Deutschland (Hg.), Aus Gottes Frieden leben – für gerechten Frieden sorgen, 42.

[374] Die Beschlüsse der EKD Synode aus dem Jahr 2019 distanzieren sich wiederum vom Verständnis der militärischen Gewalt als rechtswahrendes Mittel. Der Einsatz von Gewalt wird grundsätzlich als Niederlage betrachtet. Ob diese »Niederlage« allerdings situativ in Kauf genommen werden kann oder vielleicht sogar punktuell unausweichlich ist, wird nicht klargestellt. Vgl. https://www.ekd.de/ekd_de/ds_doc/Kundgebung-Kirche-auf-dem-Weg-der-Gerechtigkeit-und-des-Friedens.pdf (Stand: 02. März 2021).

[375] Im Thesenpapier »Begleitung im Licht des Evangeliums« heißt es dazu: »Seelsorge ist friedensethisch reflektiert und dient der ethischen Orientierung. Sie geschieht auf dem Weg einer Kirche der Gerechtigkeit und des Friedens. Militärseelsorgerinnen und -seelsorger benötigen besonders im Auslandseinsatz eine gefestigte Persönlichkeit und eine hohe ethische Kompetenz.« Evangelisches Kirchenamt für die Bundeswehr (Hg.), Begleitung im Licht des Evangeliums, 26.

3.3.4 Bundeswehr 4.0

Digitalisierung gilt als zentrale Gesellschaftsherausforderung der Gegenwart. Viele Erwartungen, aber auch Befürchtungen sind an diese *technologische* und *soziokulturelle Umwandlung*, womit Digitalisierung im engsten (technologischen) und weitesten (soziokulturellen) Sinne beschrieben werden kann,[376] geknüpft. Der Diskurs ist vielfach von bedeutungsschweren Narrativen geprägt. Auf der einen Seite ist von einer »Revolution« die Rede,[377] auf der anderen Seite wird von einer »Disruption« gesprochen.[378] Gegenwärtig kann nicht genau abgesehen werden, wie die Digitalisierung die Gesellschaft verändern wird. Einig ist man sich jedoch, dass sie eine gesamtgesellschaftliche Veränderung zur Folge haben wird.[379] Der wesentliche Grund dafür ist darin zusehen, dass gesellschaftliche Ordnungssysteme durch die Digitalisierung zusehends poröser werden, weil sie miteinander verkoppelt und zugleich neu organisiert werden.[380] Das bringt hohe Unsicherheiten mit sich. Zugleich ist von einer Zunahme an gesellschaftlicher Komplexität auszugehen, die wiederum erst mit den neuen technologischen Kapazitäten und Möglichkeiten bewältigt werden kann. Eine Zunahme an Komplexität steigert aber auch das Gefühl von Unsicherheit,[381] da die parallel laufenden Prozesse nicht mehr beobachtet werden können. Trotzdem gilt, dass die Digitalisierung »keine Naturkatastrophe [ist], sondern eine politische, ökonomische und soziale Entwicklung.«[382]

Für das Militär bringt die Digitalisierung gleichermaßen Chancen wie Risiken mit sich. Im Jahr 2016 hat sich die Bundeswehr diesbezüglich professionell aufgestellt und in Bonn das Kommando Cyber- und Informationsraum (KdoCIR) eingerichtet.[383] Der Cyberbereich gilt mittlerweile »neben Land, Wasser, Luft und Weltraum [als] die ›fünfte Dimension der Kriegsführung‹«[384]. Folglich ist das Interesse groß, hier als militärischer Akteur handlungsfähig und wirkmächtig auftreten zu können. Dieses Bestreben umfasst viele Facetten, auch weil das Thema der Digitalisierung des Militärs mehrschichtig ist. Drei wichtige Themenkreise werden exemplarisch herausgenommen, um zu verdeutlichen, in-

---

[376] Vgl. HÖHNE, Darf ich vorstellen: Digitalisierung, 26–30.
[377] Vgl. beispielsweise ROSA, Beschleunigung, 246.
[378] Vgl. beispielsweise SCHLOTMANN, Digitalisierung auf mittelständisch, 1–5.
[379] Vgl. NASSEHI, Muster, 326.
[380] Der Soziologe Dirk Baecker sieht darin gar den Schritt in die »nächste Gesellschaft«. Vgl. DERS., Studien zur nächsten Gesellschaft, 7.
[381] Vgl. NASSEHI, Die letzte Stunde der Wahrheit, 150 f.
[382] HÖHNE, Darf ich vorstellen: Digitalisierung, 27.
[383] Vgl. ALTMANN, Der Cyber-Rüstungswettlauf, 87.
[384] WERKNER, Cyberwar – die Digitalisierung der Kriegsführung?, 1.

wiefern die Digitalisierung auch die deutschen Streitkräfte verändern wird und warum eine *Bundeswehr 4.0*[385] ebenso relevant für die Militärseelsorge ist.

1. *Automatisierte und autonome Waffensysteme:* In den Debatten zur technologischen Weiterentwicklung und Digitalisierung des Militärs wird kaum ein Thema so intensiv und mitunter auch emotional diskutiert wie die Frage nach automatisierten und vor allem autonomen Waffensystemen. Die Diskurssprache erinnert an die gesellschaftlichen Debatten zum Thema Digitalisierung. Ein Beispiel: »Die Entwicklung solcher autonomen Waffen gilt bereits als die dritte *Revolution* in der Kriegstechnik, nach der Erfindung des Schießpulvers und der Atomwaffen.«[386] Ethische Fragestellungen stehen dabei im Vordergrund: Kann es ethisch legitim sein, dass eine Maschine im Kriegs- oder Konfliktfall autonom agiert und entsprechend definierter Zielerkennungsparameter letale Gewalt gegen Menschen ausübt? Es zeichnet sich ein breiter Konsens ab, dass solche autonomen Waffensysteme völkerrechtlich geächtet werden sollen.[387] Die Einbeziehung des Menschen als verantwortlicher Handlungsakteur soll bei Waffen grundsätzlich nicht aufgeben werden.[388] Richtig ist aber auch, dass es bisher noch keine einsatzfähigen autonomen Waffensysteme gibt, auch wenn dazu intensiv geforscht wird.[389]

Anders sieht das bei automatisierten Waffensystemen aus, die heute bereits vielfach in internationalen Konfliktregionen zum Einsatz kommen. Sie zeichnen sich dadurch aus, dass sie »ohne unmittelbare menschliche Steuerung«[390] funktionieren. Autonom sind sie jedoch nicht, weil sie mittelbar einer menschlichen Kontrolle unterliegen. Der menschliche Faktor ist bei diesen Waffen zwar reduziert, aber immer noch vorhanden. Das hat auch Konsequenzen für den Einsatzbereich dieser Waffensysteme. Sie sind hinsichtlich der Mobilität zumeist auf weite und dreidimensionale Räume angewiesen. Bewegliche auto-

---

[385] Der Begriff der »Bundeswehr 4.0« wird seit der Einrichtung des Kommandos Cyber- und Informationsraum im Jahr 2016 vornehmlich in journalistischen Beiträgen zur Weiterentwicklung der deutschen Streitkräfte verwendet. Er ist als Anspielung auf den Begriff der »Industrie 4.0« gewählt worden. Damit kommt zum Ausdruck, dass analoge Geräte zunehmend digital eingebunden werden, sodass nicht mehr nur der soziale Bereich vernetzt wird (vgl. web 2.0), sondern ebenfalls die Alltagswelt. Dieser Gedanke lässt sich auf die Entwicklung des Militärs übertragen, sodass der Begriff »Bundeswehr 4.0« durchaus treffend gewählt ist.

[386] LENZEN, Künstliche Intelligenz, 212 [Hervorhebung N. P.].

[387] Vgl. WERKNER, Neue friedensethische Herausforderungen, 145.

[388] Vgl. DAHLMANN, Militärische Robotik als Herausforderung für das Verhältnis von menschlicher Kontrolle und maschineller Autonomie, 182.

[389] Vgl. IRRGANG, Drohnen und Kampfroboter, 147.

[390] ALTMANN, Zur ethischen Beurteilung automatisierter und autonomer Waffensysteme, 795.

3.3 Aktuelle Entwicklungen und Herausforderungen 191

matisierte Waffensysteme kommen hauptsächlich im maritimen Kontext (Unterwasserdrohnen) oder im Luftraum (Flugdrohnen) zum Einsatz. Vor allem Flugdrohnen – Unmanned Aerial Vehicle (UAV) – stehen seit dem sogenannten »Drohnenkrieg« der USA in Afghanistan, im Irak, in Libyen und auch im Norden Pakistans unter Kritik. Die Zahl an zivilen Opfern soll Schätzungen zufolge bei diesen Luft-Boden-Raketen-Angriffen bei nahezu 30 % liegen.[391] Auch über die Rolle Deutschlands innerhalb dieser Missionen wird mittlerweile kritisch diskutiert. Es geht um die Frage, ob von deutschem Boden aus, konkret von den US-Stützpunkten in Stuttgart und Ramstein, diese Missionen durchgeführt wurden oder ob diese Standorte lediglich bei der digitalen Signalübertragung mitgewirkt haben.[392]

In der Bundeswehr wiederum werden Drohnen bisher lediglich für Aufklärungsmissionen eingesetzt, gleichwohl wird über die Anschaffung von sogenannten Kampfdrohnen seit den 2010er Jahren ebenfalls diskutiert.[393] Die Gegenwart dieser Waffensysteme hat den Kontext internationaler Einsätze grundlegend verändert. Auf der einen Seite wird das Ideal eines »sauberen Krieges« bemüht, bei dem kein Soldat mehr auf dem Schlachtfeld »geopfert« werden muss. Auf der anderen Seite werden internationale Konfliktregionen für die ansässige Zivilbevölkerung immer mehr zu einem Raum der permanenten Bedrohung. »Unstrittig ist, dass das andauernde ›Leben unter Drohnen‹ – so der Titel einer Studie der Stanford University – die betroffene Zivilbevölkerung in Furcht und Schrecken versetzt oder traumatisiert.«[394] Damit werden schwerwiegende menschenrechtliche Probleme aufgeworfen. Auch werden militärische Missionen, die auf die Kooperation mit der Zivilbevölkerung angewiesen sind wie beispielsweise Resolute Support, durch den Einsatz solcher Waffensysteme in erheblichem Maße beeinträchtigt. Vertrauen kann kaum aufgebaut werden und die Ablehnung der ausländischen Soldatinnen und Soldaten wächst mit jedem Angriff.

Zum »Mythos vom sauberen Krieg«[395] sind zwei ergänzende Anmerkungen zu machen: Zum einen wurde vielfach über eine mögliche »Joystick-Mentalität« bei Soldatinnen und Soldaten spekuliert, die mit der mittelbaren Steuerung solcher Waffensysteme betraut sind.[396] Es wird die Sorge geäußert, dass Soldatinnen und Soldaten das Szenario eines Hightech-Krieges womöglich distanziert

---

[391] Vgl. REUTER, Wen schützen Kampfdrohnen?, 164.
[392] Vgl. ebd.; kritische Anfragen hinsichtlich des Grundgesetzes formuliert DREWERMANN, Von Krieg zu Frieden, 208 f.
[393] Vgl. RINK, Können Krieg gerecht sein?, 274.
[394] REUTER, Wen schützen Kampfdrohnen?, 164.
[395] Vgl. NEUNECK, Der Mythos vom sauberen Krieg.
[396] Vgl. DAHLMANN, Militärische Robotik als Herausforderung für das Verhältnis von menschlicher Kontrolle und maschineller Autonomie, 174.

als eine Art Videospiel wahrnehmen. Umfassende Belege liegen dazu bislang allerdings nicht vor.[397] Vielmehr zeichnet sich ab, dass die Distanz, die durch solche Waffensysteme vermittelt wird, psychisch äußerst belastend sein kann. Militärische Drohnenpilotinnen und -piloten sind vielfach mit der Herausforderung konfrontiert, dass sie unmittelbar zwischen dem militärischen und dem privaten Raum hin und her wechseln müssen. Es kommt in diesem Zusammenhang mitunter zu einer unheilvollen »Verschmelzung militärischer und ziviler Räume«.[398] Die betreffenden Soldatinnen und Soldaten nehmen die Diensterfahrungen ungefiltert mit in ihr Privatleben. Durch das ständige Oszillieren zwischen den Lebensbereichen verschwimmen zuvor gültige Grenzen. Es wird zunehmend schwieriger zu sagen, wann ein Einsatz endet und wann der private Alltag beginnt. Von ähnlichen Erfahrungen berichten Soldatinnen und Soldaten, die aus einem Einsatz zurückkehren. Sie erfahren diesen Wechsel jedoch zumeist als einen bewusst markierten Übergang, indem sie zum Beispiel von einer Militärmaschine aus dem Einsatzgebiet in die Heimat repatriiert werden. Militärische Drohnenpilotinnen und -piloten sind insofern in hohem Maße gefährdet, *moral injuries* zu erleiden, weil für sie die Grenzen zwischen militärischem Dienst und ihrem Privatleben immer poröser werden.[399] Zum anderen steht mit dem vermeintlichen Ideal eines »sauberen Krieges« auch die Befürchtung im Raum, dass die »politische Hemmschwelle«[400] für solch einen Einsatz erheblich gesenkt wird. Dieser Punkt wird unter Expertinnen und Experten als durchaus relevant eingestuft. Dementsprechend wird gefordert, dass die technologische Weiterentwicklung solcher Waffensysteme stets hinsichtlich ihrer ethischen Folgefragen und Herausforderungen bedacht werden muss.

2. Hybride Kriegsführung: Dem sogenannten Hybridkrieg bzw. der hybriden Kriegsführung liegt die Idee zugrunde, dass militärische und nichtmilitärische Mittel in einem Einsatzgebiet gezielt vermischt werden. Das hat zur Folge, dass es zunehmend undurchsichtig wird, was als genuin militärische Handlung identifiziert werden kann. Dadurch lassen sich Fragen nach der Attribution solcher Handlungen kaum mehr verlässlich beantworten.[401] Bei der hybriden Kriegsführung ergänzen sich konventionelle Militärstrategien mit modernen Formen verdeckter Operationen – zumeist Kampfeinheiten ohne Hoheitszeichen – und mit Elementen des Guerillakrieges. Wichtig ist darüber hinaus, dass

---

[397] Vgl. ebd.
[398] WERKNER, Cyberwar – die Digitalisierung der Kriegsführung?, 6 [Hervorhebungen aufgehoben].
[399] Vgl. SINGER, Wired for War.
[400] Vgl. DAHLMANN, Militärische Robotik als Herausforderung für das Verhältnis von menschlicher Kontrolle und maschineller Autonomie, 174.
[401] Vgl. WERKNER, Cyberwar – die Digitalisierung der Kriegsführung?, 6.

Informationen im Sinne von militärischer Propaganda gezielt gestreut und manipuliert werden, um psychisch destabilisierend auf den »Gegner« einzuwirken.

Zwar ist das Mittel der militärischen Propaganda vermutlich so alt wie der Krieg selbst – auch die Bibel berichtet bereits von dieser Strategie (vgl. 2 Kön 19,7; Jes 37,7).[402] Neu sind jedoch die technologischen Mittel und die globale Reichweite. Vor allem Smartphones stellen mittlerweile eine besondere Herausforderung dar. So können mit diesen Endgeräten militärische Handlungen weltweit dokumentiert und nahezu in Echtzeit mit der Öffentlichkeit über Plattformen der sozialen Netzwerke geteilt werden. Diesem demokratisierenden Potenzial wohnt aber gleichzeitig eine Gefährdung inne. Informationen wie Videos oder Fotos können verfälscht oder in einen fremden Kontext gerückt werden. Solche Desinformationen sind zumeist sehr effektiv, da sie sich kaum als solche entlarven lassen und zugleich mit rasanter Geschwindigkeit verbreiten. Für militärische Propaganda im Sinne einer hybriden Kriegsführung spiele diese Kanäle und Endgeräte inzwischen eine große Rolle.

Auch für die Bundeswehr gehört es mittlerweile zum Alltag, dass viele Soldatinnen und Soldaten in die Einsätze ihre Privathandys mitnehmen. Ähnliches gilt für Militärseelsorgerinnen und Militärseelsorger. Mit den Geräten wird der Kontakt in die Heimat gehalten, über Onlineversandhändler werden bisweilen sogar Lieferbestellungen aufgegeben, auch wird der Einsatz vor Ort darüber dokumentiert. Diese Geräte stellen aber zugleich ein Sicherheitsrisiko dar. Auf der einen Seite können Soldatinnen und Soldaten mithilfe dieser Endgeräte über die Kanäle der sozialen Netzwerke unmittelbar mit militärischer Propaganda konfrontiert werden. Auf der anderen Seite können diese Geräte selbst Ziel militärischer Cyberangriffe sein.

3. *Cyberwar:* Das Phänomen des Cyberwars wird seit gut einem Vierteljahrhundert hinsichtlich seiner ethischen und militärstrategischen Relevanz reflektiert und diskutiert.[403] Die Meinungen über diese neue Form der Kriegsführung gehen im Diskurs weit auseinander. »Sie reichen vom Mythos bis zur real existierenden Bedrohung und virtuellen Gefahr.«[404] Vor allem in den letzten Jahren wird das Gefahrenpotenzial deutlich ernster genommen. Das hängt damit zusammen, dass seither gezielte Cyberangriffe identifiziert werden konnten, die

---

[402] Beide Verse geben eine literarische Erklärung dafür, warum der assyrische König Sanherib (ca. 705–680 v. Chr.) trotz deutlicher militärischer Überlegenheit nicht gegen Jerusalem zieht: »Siehe, ich gebe in ihn (Sanherib) einen Geist, dass er ein Gerücht hören und in sein Land zurückziehen wird« (2 Kön 19,7).

[403] Der Begriff »Cyberwar« wird erstmalig 1993 von John Arquilla und David Ronfeldt in den Diskurs eingespielt. Vgl. DIES., Cyberwar is coming!

[404] WERKNER, Cyberwar – die Digitalisierung der Kriegsführung?, 5.

im weitesten Sinne staatlich initiiert waren.[405] Da diese Angriffe nur sehr schwer nachverfolgt werden können, ist eine konkrete Zuordnung aber kaum möglich. Es zeigt sich, dass bei Cyberangriffen die Frage nach der Attribution in den seltensten Fällen mit Gewissheit beantwortet werden kann. Hinzu kommt, dass diese Kriegsführung »durch eine hohe Wirkasymmetrie gekennzeichnet«[406] ist. Im Cyberraum verliert die reale militärische Stärke an Bedeutung. Mit kleinen gezielten Angriffen kann eine verheerende Wirkung erreicht werden. Einzelne *Cyberangriffe* müssen nicht ausschließlich von Staaten ausgehen, sondern können auch von substaatlichen Systemen gestartet werden. Expertinnen und Experten sind sich allerdings darin einig, dass für einen *Cyberwar* weiterhin enorme Ressourcen gebraucht werden, sodass dieser letztendlich nur in staatlicher Verantwortung bzw. im staatlichen Auftrag geführt werden kann. Zum Schutz gegen Cyberangriffe und gegen Formen eines Cyberwars haben die allermeisten Armeen mittlerweile spezialisierte militärische Cybereinheiten eingerichtet.[407] Das gilt seit 2016 auch für die Bundeswehr.

In Zeiten der Digitalisierung wird sich das Gesicht des Krieges ändern. Ob Schlachtfelder dadurch entsprechend der Vision vom »sauberen Krieg« wirklich leerer werden und sich dafür verstärkt in den Cyberraum verlagern, bleibt abzuwarten. Erkennbar ist jedoch, dass mit dieser technologischen und soziokulturellen Umwandlung eine flächendeckende Entgrenzung des militärischen Raums einhergeht.[408] Dies gilt für Waffensysteme, für Militärstrategien und auch

---

[405] Zu erinnern ist an die *Internetangriffe auf Estland* im Jahr 2007, bei denen die digitale Infrastruktur des Landes (Parlament, Ministerien, Medien, Banken) nahezu flächendeckend attackiert wurde. Bis heute lässt sich nicht mit letzter Gewissheit sagen, ob diese Angriffe durch den Kreml bzw. durch kremlnahe Kreise initiiert wurden. Vieles spricht jedoch für eine maßgebliche Beteiligung Russlands. Vgl. auch die Cyberangriffe der USA und Israels mit dem Computerwurm *Stuxnet* auf das iranische Atomprogramm aus dem Jahr 2010, bei denen wesentliche Industrieanlagen und sogar die Uranzentrifugen nachhaltig gestört wurden. Vgl. a. a. O., 7 f.

[406] A. a. O., 6.

[407] Vgl. ALTMANN, Der Cyber-Rüstungswettlauf, 87.

[408] Die vorliegende Studie arbeitet mit der systemtheoretischen Unterscheidung *militärisch/ zivil*. Die Digitalisierung der Streitkräfte stellt diese Codierung in gewisser Weise infrage, weil sich eine Entgrenzung des militärischen Raums abzeichnet. Interessant ist aber, wie das System »Militär« auf diese Veränderung reagiert. Die westlichen Armeen haben allesamt professionelle militärische Einheiten eingerichtet, die sich mit den Folgen der technologisch-soziokulturellen Umwandlung auseinandersetzen und eigene abgegrenzte digitale Räume schaffen. Das Bundeswehrintranet ist dafür ein Beispiel. Auch wurden unlängst eigene virtuelle Sozialräume für Soldatinnen und Soldaten eingerichtet, da den herkömmlichen sozialen Netzwerken hinsichtlich des Datenschutzes kein Vertrauen geschenkt wird. Es ist also richtig, dass die Digitalisierung eine Entgrenzung der militärischen Lebenswelt anstößt.

für den Einsatzbereich. Damit deutet sich an, dass dieses gesamte Thema für die Militärseelsorge äußerst relevant ist. Aufgrund der Entgrenzung der militärischen Lebenswelt werden Fragen nach Freiheit und Verantwortung in einen neuen Horizont gerückt. Wenn der menschliche Faktor in den neuen Technologien immer geringer wird, steigt eine technologische Abhängigkeit, die auch zu Unfreiheiten führen kann. Gleichzeitig stellt sich mit Nachdruck die Frage nach der Verantwortung, wenn es kaum mehr ein greifbares gegnerisches Gegenüber gibt und die Attribution militärischer Handlungen nicht mehr mit letzter Gewissheit zu bestimmen ist. Die Digitalisierung des Militärs verdeutlicht, dass in der Militärseelsorge *Ethik* und *Seelsorge* unmittelbar aufeinander bezogen sind.

Die Digitalisierung der Streitkräfte entgrenzt aber nicht nur das Militär, auch für die Identität der Soldatinnen und Soldaten stellt sich in diesem Zuge eine zentrale Frage: Wer ist heute eigentlich noch Soldat – ein Panzergrenadier im internationalen Einsatz oder doch ein ziviler IT-Angestellter im Cyberkommando in der Heimat? Wenn moderne Kriege eher mit Computern als mit Panzern geführt werden, wird verständlich, dass sich die Digitalisierung tiefgreifend auf das traditionelle Verständnis einer militärischen Identität auswirkt. All dies zieht Fragen nach sich, die sowohl ethische als auch seelsorgliche Implikationen mitführen. Die Militärseelsorge, die selbst durch die Digitalisierung herausgefordert ist und sich demgemäß auch verändern wird,[409] kann diesen Fragen Raum geben. Sie kann die Entwicklung zu einer *Bundeswehr 4.0* beispielsweise in Einheiten des Lebenskundlichen Unterrichts thematisieren und kritisch reflektieren. Im persönlichen Seelsorgegespräch kann sie sich wiederum mit Fragen nach einer militärischen Identität in Zeiten einer Entgrenzung der Lebenswelt Bundeswehr auseinandersetzen.

Das Militär selbst reagiert darauf mit Ab- und Eingrenzung, sodass die binäre Unterscheidung *militärisch/zivil* nach wie vor aussagekräftig ist.

[409] Die COVID-19-Pandemie hat im Frühjahr 2020 den Stand der bisherigen Digitalisierung der Militärseelsorge auf die Probe gestellt und offengelegt, dass die digitale Infrastruktur vielerorts noch ausbaufähig ist. Hinzu kommt, dass den digitalen Kanälen nicht immer getraut wird, auch weil die Militärseelsorge mit militärischen Sicherheitsinformationen zu tun hat. In diesem Zuge wurden Diskussionsrunden, Gottesdienste und Einheiten des Lebenskundlichen Unterrichts ersatzlos gestrichen. Auch die jährliche Gesamtkonferenz Evangelischer Militärgeistlicher wurde abgesagt und nicht durch eine digitale Alternative ersetzt, aber zu einem späteren Zeitpunkt nachgeholt.

3.4 Zwischenfazit: Soldatsein unter der Voraussetzung der Multirationalität

Die Lebenswelt Bundeswehr ist von der binären Leitunterscheidung militärisch/ zivil geprägt. Die Soziologie weist in diesem Zusammenhang auf die Distanzierung zwischen Militär und Gesellschaft hin, unter Soldatinnen und Soldaten ist von einem »Drinnen« und »Draußen« die Rede. In der Lebenswelt Bundeswehr treten der Gesellschafts- und der Militärbereich erkennbar auseinander. Auch die demokratischen Konzepte der Spiegelbildlichkeit oder der Inneren Führung ändern dies nicht grundsätzlich. Ihnen gelingt es lediglich, diese Distanzierung ein Stück weit abzufedern. In der Militärsoziologie ist auf diesen Befund mehrfach hingewiesen worden. Die Trennung zwischen dem militärischen und gesellschaftlichen Bereich, die sich bereits seit den frühen 1980er Jahren abzeichnet,[410] wird durch die Einsatzrealität noch verstärkt.

Wenn der Blick genauer auf den Militärbereich fällt, lässt sich jedoch erkennen, dass auch in diesem Kontext unterschiedliche Logiksysteme präsent sind. Es lässt sich beobachten, dass in der Bundeswehr die Logiken der militärischen *Organisation* und der militärischen *Institution* parallel laufen, sich manchmal auch diametral gegenüberstehen. Das Mit- und Gegeneinander dieser Logiken lässt sich anhand der Aspekte von Kameradschaftlichkeit, Tradition, Gender und Diversity in den Streitkräften nachzeichnen. Zum Teil ergänzen sich beide Logiksysteme, wenn beispielsweise die gelebte Tradition von der Organisation in traditionswürdige Formate überführt wird oder informelle Ausprägungen von Kameradschaftlichkeit den formalen Rahmen (§ 12 SG) – zum Teil mit Formen einer *brauchbaren Illegalität* – ausfüllen und so im gelebten Alltag realisieren. Darüber hinaus sind aber auch erhebliche Spannungen beobachtbar. Der Integrationsprozess von Frauen in die Streitkräfte oder der Umgang mit dem Thema Diversity führt dies vor Augen.

Die Bundeswehr stellt einen einmaligen Sozialraum dar. Das liegt daran, dass in ihr Elemente der bundesbehördlichen Politik, einer gesellschaftlichen und einer genuin militärischen Kultur zusammenwirken. Gerade der Aspekt der militärischen Kultur hat seit der Einsatzrealität neuen Aufschwung erfahren. Gleichzeitig gilt, dass Deutschland prinzipiell eine postheroische Gesellschaft ist, weswegen militärische Elemente zumeist kritisch wahrgenommen werden, auch wenn sie vielerorts eine *subtile Faszination* ausüben. Dieser besondere Sozialraum ist also grundsätzlich von Spannungen geprägt – vor dem Hintergrund der Konzeption der Inneren Führung ließe sich sogar sagen, dass er auf Spannungen hin angelegt ist. Soldatinnen und Soldaten, die heute in der Bundeswehr ihren

---

[410] Vgl. DÖRFLER-DIERKEN, Die Bedeutung der Jahre 1968 und 1981 für die Bundeswehr, 81 f.

Dienst leisten, sind deshalb nicht nur Reisende »zwischen parallelen Welten«[411]; sie leisten ihren Dienst auch unter der Voraussetzung der *Multirationalität*.

Der Begriff der Multirationalität stammt ursprünglich aus dem Bereich der Organisationstheorie. Es geht dabei um die Frage, wie plural verfasste Unternehmen und Einrichtungen von innen (hybride Binnenstrukturen) und von außen (Erwartungshaltungen) dargestellt und reflektiert werden können. In der Theologie wurden mit diesem Konzept bislang vor allem diakonische Einrichtungen in den Blick genommen.[412] Diakonische Einrichtungen wirken heute auf Grundlage der christlichen Tradition der Nächstenliebe (Lk 10,25–37) in verschiedene Gesellschaftsbereiche hinein. Dabei gilt, dass die dort geleistete Hilfe und das dort aufgebrachte Engagement refinanziert werden muss.[413] Diakonische Einrichtungen sehen sich folglich dazu herausgefordert, auch wirtschaftlich zu denken. Sie sind plural verfasst und bewegen sich in einem spannungsreichen Komplex aus Staat (1), Markt (2), Zivilgesellschaft (3) und Kirche (4). Gerade das Miteinander von Religionslogik und Wirtschaftslogik ist dabei für diakonische Einrichtungen herausfordernd. Diakonische Hilfe ist nicht bedingungslos, sondern durchaus an finanzielle Voraussetzungen geknüpft.

Der Begriff der Multirationalität lässt sich auf die Lebenswelt Bundeswehr anwenden. Einerseits können damit systeminterne Spannungen aufgedeckt werden, andererseits wird verständlich, warum manche Handlungen und Praktiken unerlässlich für das System sind. Für die Bundeswehr sind diesbezüglich vor allem die Logiksysteme der *militärischen Organisation* und der *militärischen Institution* entscheidend. Es wird deutlich, dass beide Logiken aufeinander angewiesen sind und gleichzeitig manchmal in Opposition zueinander stehen.

Die Lebenswelt Bundeswehr lässt sich in ein Dreieck aus Gesellschaft (1), militärische Organisation (2) und militärische Institution (3) einordnen. Insbesondere für die Soldatinnen und Soldaten eröffnet sich damit ein komplexes und spannungsreiches Feld, in dem sie sich bewegen. Sie werden mit verschiedenen Logiken konfrontiert, die teilweise erkennbar unterschiedliche Anforderungen an sie richten.[414] Je nach Situation tritt dann zumeist ein Logiksystem in den Vordergrund. Wenn Soldatinnen und Soldaten beispielsweise eine Familie gründen, gewinnt die gesellschaftliche Perspektive in aller Regel an Gewicht. Damit geht einher, dass Strukturen und Dynamiken des Militärs problematisiert werden. In manchen Fällen scheint eine Harmonisierung dieser

---

[411] GMELCH, Der Umgang mit kognitiven Dissonanzen als Proprium einer praktischen Militärseelsorge, 123.
[412] Vgl. HOFMANN/BÜSCHER (Hg.), Diakonische Unternehmen multirational führen.
[413] Vgl. KARLE, Praktische Theologie, 605.
[414] Abermals wird deutlich, dass der Soldatenberuf im Besonderen gefährdet ist, kognitive Dissonanzen auszubilden. Vgl. GMELCH, Der Umgang mit kognitiven Dissonanzen als Proprium einer praktischen Militärseelsorge.

3. Soldatinnen, Soldaten und ihre Familien

Bereiche nicht mehr möglich zu sein, sodass der betreffende Soldat bzw. die betreffende Soldatin aus dem Dienst der Bundeswehr ausscheidet.[415] Wenn Soldatinnen oder Soldaten wiederum eine steile Karriere in der Bundeswehr durchlaufen, dominiert zumeist das Logiksystem der militärischen Organisation. Dabei treten die Perspektiven des gesellschaftlichen Bereiches, der vor allem durch die eigene Soldatenfamilie repräsentiert wird, in den Hintergrund. Das Logiksystem der militärischen Institution verliert gleichzeitig an Bedeutung, zum Teil wird es auch problematisiert, da es den formalen Rahmen der Organisationslogik mit informellen Praktiken irritiert oder infrage stellt. In der Einsatzsituation schließlich dominiert das Logiksystem der militärischen Institution, da hier Praktiken wie die gelebte Kameradschaft und Elemente einer genuin militärischen Kultur tragend sind.

Spezifische Erwartungshaltungen stärken überdies die situative Dominanz eines bestimmten Logiksystems. Das heißt, dass sich Soldatinnen und Soldaten unabhängig von ihren subjektiven Präferenzen dem dominierenden Logiksystem je nach Situation kaum entziehen können. Falls sie den jeweiligen Erwartungen nicht entsprechen, folgen in aller Regel Sanktionen. Wenn ein Soldat oder eine Soldatin im Einsatz beispielsweise die Kameradschaftlichkeit geringschätzt und nur an sich denkt, wird dies mit großer Wahrscheinlichkeit zur sozialen Ausgrenzung führen. Ebenso stellen sich Schwierigkeiten ein, wenn ein Soldat oder eine Soldatin konsequent die Interessen der eigenen Familie der Berufsbiographie unterordnet. Umgekehrt werden Handlungen, die den Erwartungen entsprechen, in der Regel positiv verstärkt. Die Lebenswelt Bundeswehr bringt insofern systemimmanente Konditionierungen hervor, die insgesamt zur Systemstärkung beitragen. Damit unterscheidet sich die Bundeswehr kaum von anderen Systemen; ihre Konditionierungen gewinnen jedoch an Gewicht, da sie in gewisser Weise einen tendenziell allumfassenderen Zugriff auf die involvierten Personen ausüben kann.

Aus dem Befund, dass Soldatinnen und Soldaten heute ihren Dienst in der Bundeswehr unter der Voraussetzung der Multirationalität leisten, lässt sich eine Konsequenz für die Einbindung der Militärseelsorge in die deutschen Streitkräfte ableiten: Eine adäquate seelsorgliche Begleitung der Soldatinnen, Soldaten und ihrer Familien in der Lebenswelt Bundeswehr kann nur durch eine hauptamtliche Militärseelsorge gewährleistet werden, die *nicht* integraler Bestandteil der deutschen Streifkräfte ist. *Professionelle Nähe bei struktureller Distanz* ist für

---

[415] Dieser Aspekt wird vielfach in Feldpostbriefen angesprochen. Auch in qualitativen Studien zur Vereinbarkeit von Beruf und Familie in der Bundeswehr tritt diese Schwierigkeit offen zutage: »Ich sag mir eigentlich immer, Familie und Bundeswehr passen nicht zusammen. Und deswegen ist für mich mehr oder weniger so der Punkt, wo ich sag […] ja, vier Jahre noch mal ranhängen und dann vielleicht sehen, ob man dann 'ne Familie will«. Zit. n. APELT, Militär, Kameradschaft und Familie, 163.

die Seelsorge in der Lebenswelt Bundeswehr konstitutiv. Dafür sprechen zwei Gründe: Zum einen ist die Bedeutung einer professionellen Militärseelsorge in Zeiten der Einsatzrealität hervorzuheben. Da sich die Bundeswehr seit den 1990er Jahren stetig spezialisiert und gleichzeitig professionalisiert hat, ist es nur konsequent, dass auch die Militärseelsorge nicht hinter ihre bisherigen Professionalitätsstandards zurücktritt. Es scheint sogar sinnvoll zu sein, diese Standards weiter auszubauen. Die evangelische Kirche hat diesem Aspekt Rechnung getragen und 2014 erstmalig einen hauptamtlichen Militärbischof ernannt.[416] Professionalität ist für die Militärseelsorge deshalb unverzichtbar, weil sie sich in einem komplexen System bewegt, in dem unterschiedliche Logiken wirksam sind. Diese Logiken gilt es wahrzunehmen und zu reflektieren, um adäquat als Seelsorgerin oder Seelsorger aktiv werden zu können. Von außen lassen sich diese Logiksysteme kaum trennscharf auseinanderhalten, weswegen eine professionelle Nähe für die Praxis der Militärseelsorge hoch bedeutsam ist. Dadurch eröffnet sich ein Zugang zu den Soldatinnen und Soldaten. Zugleich hilft der distanzierende Aspekt der Professionalität dabei, die wirksamen Dynamiken im System Bundeswehr auch erkennen und verstehen zu können. Der Aspekt der *professionellen Nähe* setzt die Grundhaltung der *kritischen Solidarität* insofern praktisch um. Eine hauptamtliche Militärseelsorge führt durch ein wachsendes Maß an Professionalität nicht zu einer Militärkirche, sondern immunisiert sich gegen mögliche Instrumentalisierungstendenzen des Bezugssystems und wahrt dadurch ihre Selbstständigkeit und Unabhängigkeit (Art. 4 u. Art. 16 MSV).

Zum anderen sieht sich die Militärseelsorge als religiös motivierte Zuwendung zu Soldatinnen und Soldaten nicht als Gegenüber zum Militär, sondern versucht, Soldatinnen und Soldaten empathisch zu begleiten und in den Einsätzen sogar das Leben vor Ort mit ihnen zu teilen.[417] Aus diesem Grund greift es zu kurz, die Militärseelsorge ausschließlich im Gesellschaftsbereich zu verorten. Auch die Militärseelsorge arbeitet insofern unter der Voraussetzung der Multirationalität.

---

[416] Vgl. PEUCKMANN, Kirche(n) unter Soldaten, 289. Eine gelungene Darstellung der Pro- und Kontraargumente für diese Entwicklung bietet ENNUSCHAT, Militärseelsorge in Deutschland, 110f. Kritisch äußert sich THONAK, Ecclesiola extra ecclesiam?, 633f.

[417] Vgl. THIEL, Geteiltes Leben; vgl. VON KYMMEL, Als Pfarrer im Militäreinsatz in Afghanistan; vgl. WALTER, Als Seelsorger in Afghanistan.

4. Kirche in der Lebenswelt Bundeswehr

4.1 Militärseelsorge als Organisation

Die Militärseelsorge ist als *Kirche in der Lebenswelt Bundeswehr* organisatorisch verfasst.[418] Das liegt zum einen an rechtlichen Vorgaben, die zwischen der Evangelischen Kirche in Deutschland und der Bundesrepublik in den Gründungsjahren der Bundeswehr vereinbart wurden.[419] Zum anderen hängt das mit den Dynamiken des militärischen Raums zusammen, der selbst strukturell umfänglich organisiert und auf Erwartungssicherheiten in der Kooperation mit außenstehenden Einrichtungen angewiesen ist. Die Militärseelsorge hat deshalb eine bürokratische Organisationsstruktur ausgebildet, die dem Vorbild des Militärs folgt und die zugleich einmalig für Seelsorgebereiche der evangelischen Kirche ist. Diese »Angleichung« an die militärische Organisationsstruktur führt zu Spannungen, da die Militärseelsorge als Teil der Kirche stets ein Fremdkörper in der Lebenswelt Bundeswehr bleibt bzw. bleiben möchte. Die Militärseelsorge ist damit strukturell auf Spannungen hin angelegt.[420]

Die Organisation der Militärseelsorge lässt sich schematisch mit einem *Ypsilon-Modell* veranschaulichen.[421] Dieses Modell bringt zum Ausdruck, dass die Militärseelsorge auf Leitungsebene sowohl einen *kirchennahen* als auch einen *staatsnahen* Flügel besitzt. Das bedeutet allerdings nicht, dass in ihr Kirche und Staat zusammenwirken. Die Militärseelsorge ist konsequent Teil der Kirche, sie unternimmt mit diesen zwei Flügeln vielmehr einen Brückenschlag zwischen dem staatlichen Hoheitsgebiet und dem kirchlichen Auftrag. Der Buchstabe Ypsilon, mit dem die Militärseelsorge ihre organisatorische Struktur beschreibt, ist dabei nicht zufällig gewählt. Die Bundeswehrfahrzeuge sind beispielsweise

---

[418] Zur Sozialgestalt der Kirche als Organisation vgl. u. a. BRAUER-NOSS, Unter Druck, 26–28.
[419] Siehe Kap. II 2.1.2.
[420] Vgl. RINK, Auf Spannung angelegt.
[421] Siehe Abb. 2.

4. Kirche in der Lebenswelt Bundeswehr

unter dem Kfz-Kennzeichen »Y« angemeldet.[422] Seit 2001 wird vom Bundesministerium der Verteidigung alle zwei Monate die Zeitschrift »Y - Das Magazin der Bundeswehr« herausgegeben. Die Militärseelsorge schließt mit ihrer Arbeit an die weite Verbreitung des Ypsilonmotivs in den Streitkräften an: Die Neuauflage des evangelischen Gesang- und Gebetbuches für Soldatinnen und Soldaten steht unter dem Titel »LebensrhYthmen«.[423] Aus diesem Grund wird auch die Selbstbeschreibung innerhalb der Bundeswehr anhand des Ypsilonmotivs veranschaulicht.

Die grundsätzliche Struktur der Militärseelsorge wird durch den Militärseelsorgevertrag (1957) geregelt. Wesentliche Skizzen wurden dafür bereits in den frühen 1950er Jahren im Amt Blank, der Vorgängerinstitution des Bundesministeriums der Verteidigung, ausgearbeitet.[424] Die organisatorische Struktur der Militärseelsorge geht in ihren Ursprüngen auf einen staatlichen Entwurf zurück, der in den Gesprächen mit der evangelischen Kirche noch abgeändert wurde.

Die kirchliche Leitung der Militärseelsorge obliegt dem Militärbischof,[425] der durch den Rat der EKD in das Amt berufen wird.[426] Das Amt des Militärbischofs repräsentiert den *kirchennahen Flügel* der Militärseelsorge und steht deshalb in keinem Dienstverhältnis zum Staat. Trotzdem behält sich der Staat bei der Besetzung dieses Amtes das Mitwirkungsrecht im Sinne eines Einvernehmens vor (Art. 11 Abs. 1 MSV).[427] Was damit gemeint ist, bleibt latent unbestimmt, weil sowohl eine aktive als auch eine passive Auslegung dieses Rechtes möglich wäre. Die bisherige Praxis deutet auf ein passives Verständnis des Mitwirkungsrechtes hin. Das heißt, dass der Staat über das Vorhaben der Ernennung eines Kandidaten bzw. einer Kandidatin für das Amt des Militärbischofs vonseiten der Kirche informiert werden muss. Dass mit dem Mitwirkungsrecht gegebenenfalls auch ein aktives Vetorecht verbunden sein könnte,[428] kann aus der bisherigen Praxis nicht

---

[422] Das Ypsilon-Kennzeichen wurde für die Bundeswehr in den Gründungsjahren gewählt, weil alle anderen Buchstabenkombinationen, die sich angeboten hätten - beispielsweise BW -, bereits vergeben waren.
[423] Vgl. Evangelisches Kirchenamt für die Bundeswehr (Hg.), LebensrhYthmen. Evangelisches Gesang- und Gebetbuch für Soldatinnen und Soldaten.
[424] Vgl. BLASCHKE/OBERHEM, Militärseelsorge, 5; vgl. DÖRFLER-DIERKEN, Militärseelsorge in der Bundeswehr, 146-149.
[425] Vgl. WERKNER, Soldatenseelsorge versus Militärseelsorge, 35.
[426] Auf katholischer Seite erfolgt die Ernennung durch den Heiligen Stuhl. Vgl. ENNUSCHAT, Militärseelsorge in Deutschland, 109.
[427] Vgl. ebd.
[428] Ähnlich beurteilt dies der Rechtswissenschaftler Jörg Ennuschat, der den Art. 11 Abs. 1 in Verbindung mit der »Freundschaftsklausel« in Art. 27, nach der die Vertragspartner »in Zukunft zwischen ihnen entstehende Meinungsverschiedenheit über die Auslegung einer

geschlossen werden.⁴²⁹ Trotzdem verdeutlicht der kurze Absatz im Militärseelsorgevertrag, dass auch der kirchennahe Flügel der Militärseelsorge in einer rechtlichen Beziehung zum staatlichen Vertragspartner steht.

Der Militärbischof wird in seiner Arbeit unterstützt und beraten vom *Beirat für die Evangelische Militärseelsorge.*⁴³⁰ Dieses Beratungsorgan steht in keiner direkten Verbindung zum staatlichen Vertragspartner und ist auch nicht Gegenstand des Militärseelsorgevertrages. Zu gleichen Teilen werden die Mitglieder des Beirates durch die Landeskirchen und durch den Militärbischof vorgeschlagen und anschließend vom Rat der EKD berufen.⁴³¹ Vom Militärbischof sollen dabei Kandidatinnen und Kandidaten aus dem Seelsorgebereich der Militärseelsorge vorgeschlagen werden, wodurch gewährleistet wird, dass im Beirat stets Angehörige der Bundeswehr zugegen sind. Darüber hinaus verdeutlicht die Besetzung des Beirates, dass auch die Landeskirchen Einfluss auf die Gestalt der Militärseelsorge nehmen. Die Militärseelsorge konstituiert sich also nicht nur über die vertragliche Partnerschaft zwischen der EKD und der Bundesrepublik, sie geschieht auch in der Verantwortung und unter der Beteiligung der Landeskirchen.

Die organisatorische Scharnierstelle zwischen dem staatlichen Hoheitsgebiet und dem kirchlichen Auftrag bildet das *Evangelische Kirchenamt für die Bundeswehr* (EKA). Das Kirchenamt ist als eine Bundesoberbehörde konzipiert, die dem Bundesministerium der Verteidigung unmittelbar nachgeordnet ist (Art. 14 MSV).⁴³² Das Kirchenamt weist einen staatlich-kirchlichen Doppelstatus auf,⁴³³

Bestimmung dieses Vertrages auf freundschaftliche Weise beseitigen« sollen, interpretiert. Vgl. DERS., Militärseelsorge, 284.

⁴²⁹ Einen besonderen Fall stellt die Ernennung Sigo Lehmings zum Militärbischof im Jahr 1972 dar. Die Ernennung war im Vorfeld nicht mit dem staatlichen Vertragspartner abgestimmt, sodass der damalige Verteidigungsminister Helmut Schmidt die Wahl Lehmings nicht direkt bestätigte. Auf staatlicher Seite sah man sich in dieser Personalfrage übergangen. Außerdem wurde Unmut darüber geäußert, dass Lehming in der kirchlichen Hierarchie keine exponierte Rolle innehatte, sondern »nur« das Amt des Propstes von Pinneberg bekleidete. Es wurde ein »Gewichtsverlust« der evangelischen Militärseelsorge befürchtet. Lehming konnte schlussendlich dennoch zum Ende des Jahres in das Amt des Militärbischofs berufen werden. Vgl. Der Spiegel Nr. 27/1972, 26. Kritisch beurteilt Sigurd Rink das Mitwirkungsrecht im Sinne des Einvernehmens. Vgl. DERS., Auf Spannung angelegt, 216.

⁴³⁰ Vgl. BLASCHKE/OBERHEM, Militärseelsorge, 70 f.

⁴³¹ Sylvie Thonak mahnt diesbezüglich kritisch an, dass der Beirat aufgrund des Berufungsprinzips kein synodales Vertretungsorgan darstellt. Vgl. DIES., Ecclesiola extra ecclesiam?, 633.

⁴³² Hierarchisch lässt sich davon eine klare Struktur ableiten: Das Bundesministerium der Verteidigung stellt eine *Oberste Bundesbehörde* (1) dar. Dem Ministerium ist das Kirchenamt für die Bundeswehr als *Bundesoberbehörde* (2) nachgeordnet. Dem Kirchenamt sind die vier

ebendort laufen »der bischöflich-kirchliche und der staatlich-ministerielle Weisungsstrang«[434] zusammen. Diese Doppelstruktur ist auch in das Amt des *Militärgeneraldekans* eingezeichnet, der als Behördenleiter das Kirchenamt führt. Artikel 15 des MSV (Abs. 2) hält fest, dass der Militärgeneraldekan in kirchlichen Angelegenheiten dem Militärbischof unterstellt ist, bezüglich staatlicher Verwaltungsaufgaben wiederum dem Bundesminister bzw. der Bundesministerin der Verteidigung. Dass diese zwei Weisungsstränge im Amt des Militärgeneraldekans zusammenlaufen, kann einerseits als gelungener Brückenschlag zwischen dem staatlichen Hoheitsgebiet und dem kirchlichen Auftrag gedeutet werden, andererseits birgt diese Doppelstruktur auch die Gefahr, dass sich Staat und Kirche im Falle von konträren Interessen gegenseitig blockieren und es zu Spannungen kommt.

Dem Amt des Militärgeneraldekans kommt in der Struktur der Militärseelsorge eine exponierte Bedeutung zu. Im Einzelfall kann dieses Amt auch Aufgaben des Militärbischofs übernehmen, sofern eine entsprechende Beauftragung durch den Bischof erfolgt (Art. 15 Abs. 3 MSV). In gewisser Weise ist die Militärseelsorge also von einer Doppelspitze – einer bikephalen Leitungsstruktur – geprägt,[435] wenngleich das Amt des Militärbischofs dem Militärgeneraldekan kirchenrechtlich eindeutig vorgeordnet ist.[436] Mittlerweile wird aufgrund dieser Doppelspitze die Frage diskutiert, ob das Amt des Militärgeneraldekans notwendigerweise als ein geistliches Amt ausgewiesen und demgemäß mit einem Theologen bzw. einer Theologin besetzt werden muss. »Eine gemeinsame Protokollnotiz vom Bundesministerium der Verteidigung und der EKD zur Auslegung des Militärseelsorgevertrages vom 22.2.1957 vom 13.6.2002 sieht mittlerweile [...] vor, dass auch ein Jurist Leiter des Kirchenamtes sein könnte.«[437] Damit soll dem Bedürfnis nach einer distinkten Unterscheidung von kirchlicher Leitung und staatlicher Verwaltung Rechnung getragen werden. Die bisherige Praxis hat von dieser Möglichkeit allerdings noch keinen Gebrauch gemacht,

---

Militärdekanate, die jeweils eine *Bundesmittelbehörde* (3) darstellen, zugeteilt. Die Militärdekanate haben wiederum die Aufsicht über die ansässigen Militärpfarrämter, die den Rang einer *Bundesunterbehörde* (4) aufweisen.

[433] Vgl. ENNUSCHAT, Militärseelsorge in Deutschland, 111.

[434] WERKNER, Soldatenseelsorge versus Militärseelsorge, 36.

[435] Vgl. PEUCKMANN, Kirche(n) unter Soldaten, 290; vgl. THONAK, Ecclesiola extra ecclesiam?, 633.

[436] Zu bedenken ist, dass diese »hierarchische Ordnung« dadurch konterkariert wird, dass das Amt des Militärbischofs zeitlich befristet besetzt wird, wohingegen das Amt des Militärgeneraldekans unbefristet ist. Das bedeutet, dass der Aspekt der zeitlichen Kontinuität in der Regel dem Amt des Militärgeneraldekans anhaftet, wodurch dieses Amt gegenüber dem Amt des Militärbischofs an Bedeutung gewinnt.

[437] ENNUSCHAT, Militärseelsorge in Deutschland, 112.

sodass das Amt des Militärgeneraldekans weiterhin ausschließlich von Theologen besetzt wurde. Dieser Weg scheint sinnvoll zu sein, weil damit die kirchliche Verantwortung für die Militärseelsorge akzentuiert wird. Auch bleibt dadurch die Unterscheidung zwischen dem Kirchenamt und dem Verteidigungsministerium weiterhin deutlich erkennbar.[438]

Das Amt des Militärgeneraldekans ist von einem staatlich-kirchlichen Doppelstatus geprägt. Es sieht mit der Leitung einer Bundesoberbehörde eine Verbeamtung auf Lebenszeit vor. Das Amt des Militärgeneraldekans symbolisiert die spannungsreiche Struktur der evangelischen Militärseelsorge bereits in seiner Bezeichnung, die einen militärischen Dienstgrad (General) mit einem kirchlichen Leitungsamt (Dekan) verbindet. Der Versuch, diese Spannungen dadurch zu lösen, dass der kirchliche Verantwortungsbereich reduziert wird, erscheint wenig überzeugend. Vielmehr geht es darum, diese Spannungen anzuerkennen und auszuhalten, um nicht zuletzt auch dem kirchlichen Verantwortungsauftrag gerecht werden zu können.

Dem Kirchenamt für die Bundeswehr sind auf der sogenannten »mittleren Ebene« die *Militärdekanate*, die interessanterweise im Militärseelsorgevertrag nicht aufgeführt werden, nachgeordnet. In der gegenwärtigen Struktur teilt sich die mittlere Ebene in vier Dekanate auf, die nach der territorialen Ordnung der ehemaligen Wehrbereichskommandos der Bundeswehr (bis zur Auflösung 2013) konzipiert sind: Berlin, Kiel, Köln und München. Die Leitung der Dekanate wird von einem *leitenden Militärdekan* bzw. einer *leitenden Militärdekanin* übernommen.

Den Militärdekanaten sind die *Militärpfarrämter* an den jeweiligen Bundeswehrstandorten zugeordnet. Aktuell gibt es in der evangelischen Militärseelsorge rund 100 Militärpfarrämter im Gebiet der Bundesrepublik Deutschland (katholisch ca. 80). Die vier Militärpfarrämter im Ausland unterliegen der Zuständigkeit des Evangelischen Kirchenamtes für die Bundeswehr. Sie befinden sich am Hauptquartier der NATO in Shape (Belgien), am Militärflugplatz Sigonella (Italien), in Washington (USA) und in Fort Bliss in El Paso (USA).

Seit 1993 sind auch Pfarrinnen in der Militärseelsorge präsent.[439] Gegenwärtig sind 72 Militärpfarrstellen mit Militärseelsorgern und 17 mit Militär-

---

[438] Im Bundesministerium der Verteidigung arbeiten als zivile Angestellte vielfach Juristinnen und Juristen. Auch die unmittelbar nachgeordneten Dienststellen werden in der Regel entweder von Soldatinnen und Soldaten oder von Juristinnen und Juristen geleitet. Ein aktuelles Beispiel dafür stellt die Besetzung des Militärischen Abschirmdienstes (MAD) dar, dessen Präsident zwischen 2015 und 2020 der habilitierte Jurist Christof Gramm war. Seit dem 1. November 2020 ist die Juristin Martina Rosenberg Präsidentin des MAD.
[439] Vgl. DÖRFLER-DIERKEN, Militärseelsorge und Friedensethik, 281.

seelsorgerinnen besetzt, 10 Stellen sind aktuell vakant.[440] Damit entspricht die aktuelle Verteilung von Militärpfarrerinnen zu Militärpfarrern ziemlich genau einer 15 Prozentquote. Auf der Ebene der Militärdekane (aktuell 23 Dekane und 3 Dekaninnen) ist die Quote niedriger (ca. 11 %). Insgesamt ist erkennbar, dass das Thema »Geschlecht« in der Praxis der Militärseelsorge für die tätigen Pfarrerinnen und Pfarrer wenig relevant ist.[441] Militärseelsorgerinnen und Militärseelsorger werden gleichermaßen, in aller Regel wohlwollend, von der Bundeswehr adressiert. Die Dynamiken des Tokenismus, die unter Soldatinnen und Soldaten flächendeckend wirksam sind,[442] lassen sich in der Militärseelsorge nicht in dieser Form wiederfinden. Daran zeigt sich erneut, dass zwischen Militärseelsorge und Bundeswehr prinzipielle Unterschiede existieren: Militärseelsorgerinnen und Militärseelsorger sind keine Soldatinnen oder Soldaten.

Auch das Amt des Militärpfarrers ist auf Spannungen hin angelegt. Pfarrerinnen oder Pfarrer, die in die Militärseelsorge wechseln, werden als Bundesbeamte auf Zeit angestellt.[443] Sie gehen folglich ein Dienstverhältnis – in der Regel für sechs bis maximal zwölf Jahre – mit der Bundesrepublik Deutschland ein. Die Rolle des unmittelbaren Dienstvorgesetzten übernimmt dabei der Militärgeneraldekan, wobei das Bundesministerium der Verteidigung als Oberste Dienstbehörde zuständig ist (Art. 22 Abs. 2 MSV). In kirchlichen Angelegenheiten wiederum unterstehen die Militärseelsorgerinnen und Militärseelsorger der Leitung und Dienstaufsicht des Militärbischofs. In theologischen Lehrfragen gilt für sie das Bekenntnis der Ordination, wodurch abermals betont wird, dass die Militärseelsorge auch in den Verantwortungsbereich der Landeskirchen fällt.

---

[440] Die Zahlen sind entsprechend der Homepage der Militärseelsorge ermittelt worden (Stand: Februar 2020).

[441] Für die Soldatinnen und Soldaten ist das Thema Geschlecht wiederum oftmals höchst relevant. Ob aber nun das seelsorgliche Gegenüber ein Mann oder eine Frau ist, spielt nur in selten Fällen eine Rolle. Bedeutsam kann das Geschlecht werden, wenn die seelsorgliche Begegnung mit einer spezifisch körperlichen Interaktion wie einer Umarmung einhergeht oder wenn es um spezifische Genderprobleme geht wie sexuelle Übergriffe oder Diskriminierung aufgrund von Geschlecht.

[442] Siehe Kap. III 3.3.1.

[443] Einzig Militärseelsorgerinnen und Militärseelsorger, die eine dauerhafte Leitungsfunktion in der Militärseelsorge übernehmen, werden in der Regel in ein Beamtenverhältnis auf Lebenszeit berufen. Diese Funktion erfüllen der Militärgeneraldekan, die Referatsleiterinnen und Referatsleiter im EKA und die Leiterinnen und Leiter der vier Militärdekanate. Vgl. WERKNER, Soldatenseelsorge versus Militärseelsorge, 37. In der Protokollnotiz vom Bundesministerium der Verteidigung und der EKD zur Auslegung des Militärseelsorgevertrages vom 22.2.1957 vom 13.6.2002 ist jedoch explizit genannt, dass Leitungsämter nach Art. 19 Abs. 1 auch befristet vergeben werden können.

4.1 Militärseelsorge als Organisation 207

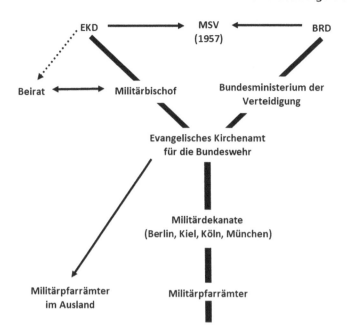

Abb. 2: Darstellung der Struktur der Evangelischen Militärseelsorge (eigene Darstellung)

In der Militärseelsorge treffen auf organisatorischer Ebene verschiedene Akteure aufeinander, die mit unterschiedlichen Interessen das Handlungsfeld der Seelsorge in der Lebenswelt Bundeswehr gestalten. Staatliche Weisungsstränge stehen neben kirchlichen Leitungssträngen. Überdies wirken die Landeskirchen über die Pfarrerinnen und Pfarrer, die sie für die Arbeit in der Militärseelsorge befristet freistellen, indirekt in diesen Seelsorgebereich mit hinein. Vor dem Hintergrund dieser besonderen – und für Seelsorgebereiche einzigartigen – Konstellation ist es verständlich, dass die Organisation der Militärseelsorge auch kritisch wahrgenommen wird. Die Hauptkritik gilt dabei der bürokratischen und rechtlichen Nähe zum Staat, die sich zuvörderst im Beamtenstatus der Militärgeistlichen niederschlägt. Nach dem Motto »wes Brot ich ess', des Lied ich sing« wird bezweifelt,[444] dass sich die Militärseelsorge wirklich unabhängig in der Bundeswehr bewegen kann, wenn sie finanziell abhängig vom Bund ist.[445]

Diese kritische Perspektive ist einerseits plausibel – gerade auch dann, wenn die Privilegien der Militärseelsorgerinnen und Militärseelsorger mitbe-

---

[444] Für eine kritische Dekonstruktion dieses Argumentes vgl. BECKMANN, »... dass sie noch einen anderen Herrn haben«, 170 f.
[445] Vgl. THONAK, Ecclesiola extra ecclesiam?, 642 f.

rücksichtigt werden.⁴⁴⁶ Andererseits gerät dabei konzeptionell außer Acht, dass Militärseelsorgerinnen und Militärseelsorger nicht bei der Bundeswehr angestellt sind. Sie gewährleisten die ungestörte Religionsausübung der Soldatinnen und Soldaten, die durch das Grundgesetz prinzipiell geschützt ist (Art. 140 GG i. V. m. Art. 141 WRV). Der Beamtenstatus zielt darauf ab, dass sich die Pfarrerinnen und Pfarrer abgesichert und ungestört im System der Bundeswehr bewegen können.⁴⁴⁷ Nun könnte eingewandt werden, dass solch eine Sicherheit und Freiheit auch durch eine kirchliche Verbeamtung gewährleistet werden könnte. Hiergegen spricht zum einen die bisherige Erfahrung, nach der die geltende Regelung als äußerst »zweckmäßig«⁴⁴⁸ eingestuft wird. Zum anderen spricht die gegenwärtige Einsatzrealität der Bundeswehr gegen eine kirchliche Verbeamtung. Im Abgleich mit Militärseelsorgemodellen anderer Nationen wird deutlich,⁴⁴⁹ dass eine dienstrechtliche Anbindung an das Militär respektive dem dafür verantwortlichen Staat unaufgebbar für die Begleitung im Einsatz ist. Ohne eine solche Anbindung könnten die Militärseelsorgerinnen und Militärseelsorger nicht in den Einsatz gehen. Begründet wird dies auf juristischer Ebene mit versorgungsrechtlichen Ansprüchen, die im Schadensfalls nicht geltend gemacht werden könnten.⁴⁵⁰ Die Bundeswehr ordnet ihren zivilen Angestellten aus diesem Grund auch einen entsprechenden militärischen Rang zu, wenn diese Angestellten in einen Einsatz »verlegt« werden. Es findet folglich in den Einsatzphasen ein Statuswechsel vom Zivilisten zum Soldaten statt. Bei Militärseelsorgerinnen und Militärseelsorgern kann auf einen entsprechenden Statuswechsel verzichtet werden, da über das Beamtenverhältnis bereits eine dienstrechtliche Anbindung existiert. Der Beamtenstatus der Militärgeistlichen schützt mithin geradezu vor einer militärischen Vereinnahmung.⁴⁵¹

Für die Militärseelsorge ergäbe sich aus der kirchlichen Verbeamtung ein weitreichendes Problem: Sie könnte ihre seelsorgliche Begleitung nicht auf jenen Raum ausweiten, in dem sie ungemein wichtig ist.⁴⁵² Auch ist zu be-

---

⁴⁴⁶ Dazu zählen ein Pfarrhelfer bzw. eine Pfarrhelferin, der oder die in administrativen Fragen die Militärseelsorgerinnen und Militärseelsorger unterstützt. Auch werden jedem Militärpfarrer bzw. jeder Militärpfarrerin ein Dienstwagen, ein Dienstlaptop und ein Diensthandy von der Bundeswehr zur Verfügung gestellt.
⁴⁴⁷ Vgl. ENNUSCHAT, Militärseelsorge, 96f.
⁴⁴⁸ JASPER, Religiös und politisch gebundene öffentliche Ämter, 301.
⁴⁴⁹ Siehe Kap. III 4.2.
⁴⁵⁰ Vgl. JASPER, Religiös und politisch gebundene öffentliche Ämter, 302.
⁴⁵¹ Weiterhin ist der Status von Militärgeistlichen als Zivilisten auch durch die Genfer Konvention geschützt. Vgl. Genfer Abkommen I, Art. 24.
⁴⁵² Mit diesem Fazit kommt aber auch zum Ausdruck, dass der Beamtenstatus von Militärseelsorgerinnen und Militärseelsorger nicht theologisch zu begründen ist, sondern le-

rücksichtigen, dass die Militärseelsorge im Einsatz zunehmend mit Militärseelsorgenden anderer Nationen zusammenarbeitet.[453] Solch eine internationale Kooperation ist nur vor dem Hintergrund eines gewissen gemeinsamen Fundamentes, das unter anderem auch darin besteht, dass die Militärseelsorge dienstrechtlich an die Bundeswehr angebunden ist, denkbar.

Die Organisation der Militärseelsorge ist insofern komplex und nicht frei von Konflikten und Problemen. Trotzdem ermöglicht die bisherige Regelung sowohl Planungssicherheit als auch eine große Freiheit für die Ausgestaltung der Militärseelsorge.

4.2 Zwischen Identifikation und Abgrenzung – Bezugssysteme der Militärseelsorge

Überall dort, wo unterschiedliche Akteure mit je eigenen Interessen kooperativ zusammenarbeiten, prägen Spannungen das alltägliche Miteinander. Das gilt auch für die Militärseelsorge. Sie versteht sich als kirchliche Praxis in einem staatlichen Hoheitsgebiet.[454] Ihre organisatorische Struktur ist durch die EKD, die Landeskirchen und durch Verwaltungselemente der Bundesrepublik Deutschland geprägt. Aus diesem Grund fühlt sie sich nicht selten zwischen zwei oder mehrere Stühle gesetzt. Deshalb stellt sich für die Militärseelsorge in ganz besonderer Weise die Frage nach *Identifikation* und *Abgrenzung*.

Dass Bezugssysteme auf institutionalisierte Seelsorgebereiche häufig eine besondere Faszination und dabei auch einen Sog ausüben, wird seit längerem in der Poimenik kritisch beobachtet. Diesem »Gefährdungspotenzial« setzt sich auch die Militärseelsorge aus,[455] da die Dynamiken des Bezugssystems Bundeswehr tendenziell allumfassend wirken.[456] In dieser Studie sind Beispiele solcher Vereinnahmungen bereits kritisch diskutiert worden.[457] Im Folgenden fällt der Blick daher nicht erneut auf das System Bundeswehr, sondern auf die Anbindung der Militärseelsorge an die EKD und an die Landeskirchen.

---

diglich pragmatisch. Dabei ist aber zu berücksichtigen, dass ohne solch eine »pragmatische« Lösung, eine theologisch unabhängige Seelsorge kaum in den Streitkräften realisierbar wäre.
[453] Vgl. ACKERMANN, Das deutsche evangelische Militärseelsorgemodell im internationalen Praxistest, 117 f.
[454] Vgl. KARLE, Praktische Theologie, 450.
[455] Vgl. KARLE/PEUCKMANN, Seelsorge in der Lebenswelt Bundeswehr, 34.
[456] Siehe Kap. III 2.1.
[457] Siehe Kap. II 2.1.1. Als Beispiele für Vereinnahmungsversuche vonseiten der Bundeswehr vgl. ACKERMANN, Das deutsche evangelische Militärseelsorgemodell im internationalen Praxistext, 121; BECKMANN, Treue. Bürgermut. Ungehorsam, 43 f.

4. Kirche in der Lebenswelt Bundeswehr

Die Evangelische Kirche in Deutschland hegt eine formale Wertschätzung für die Arbeit der Militärseelsorge. Das zeigt sich unter anderem daran, dass sie die Militärseelsorge mit einem eigenen Finanzhaushalt in der Größenordnung von etwa 26 Millionen Euro (2018) ausstattet.[458] Ebenso gehört die wechselseitige Mitarbeit in Gremien und Arbeitskreisen mittlerweile zur etablierten Praxis in der Vernetzung von EKD und Militärseelsorge.[459] Ein weiteres Signal dieser Wertschätzung wurde 2014 gesendet: Das Amt des Militärbischofs wurde erstmals hauptamtlich besetzt.[460] Trotzdem ist weiterhin eine schwer greifbare *Distanz* zwischen EKD und Militärseelsorge beobachtbar. Vor allem das friedenstheologische Fundament der EKD spielt dafür eine ausschlaggebende Rolle.[461] Militärseelsorgerinnen und Militärseelsorger fühlen sich vor dem Hintergrund dieses Schwerpunktes an den Rand der Kirche gedrängt.[462]

Die schwer greifbare Distanz, die das Miteinander von EKD und Militärseelsorge wechselseitig belastet, resultiert insofern nicht aus einer faktischen Abgrenzung, sondern aus einer empfundenen Zuschreibung. Diese ist einerseits aus der historischen Entwicklung von EKD und Militärseelsorge erklärbar.[463] Andererseits – und dieser Punkt wiegt aktuell schwerer – hat sich die empfundene Distanz infolge des Professionalisierungsprozesses der Militärseelsorge verschärft. Sie hat sich infolge der Einsatzpraxis der Bundeswehr weiter professionalisiert, Organisationsstrukturen umgestaltet bzw. neu geschaffen (beispielsweise das Amt des Auslands- und Einsatzdekans) sowie das Ausbil-

---

[458] Knapp 600.000 Euro sind von diesem Haushalt nicht verwendet worden, sodass aktuell die jährliche Haushaltsplanung bis 2023 mit einem Durchschnittswert von 25,5 Millionen Euro berechnet ist. Vgl. Evangelische Kirche in Deutschland (Hg.), Haushalt 2020 mit mittelfristiger Finanzplanung 2021 bis 2023, 175.

[459] Beispielsweise ist einerseits auf die »Ständige Konferenz für Seelsorge in der EKD« und andererseits auf die »Theologisch-Ethische Arbeitsgemeinschaft« (ThEA) im Evangelischen Kirchenamt für die Bundeswehr hinzuweisen.

[460] Auch Jörg Ennuschat interpretiert die Hauptamtlichkeit des Militärbischofs als kirchliche Aufwertung. Vgl. Ders., Militärseelsorge in Deutschland, 111.

[461] Vgl. Karle/Peuckmann, Seelsorge in der Lebenswelt Bundeswehr, 34.

[462] In der Einleitung des Buches »Pflugscharen und Schwerter« vom ehemaligen Militärpfarrer Hartwig von Schubert scheint diese empfundene nichtgreifbare Distanz deutlich durch. Von Schubert umreißt den friedensethischen Diskurs der EKD der letzten 40 Jahre und reichert diesen mit aktuellen Stimmen verschiedener landeskirchlicher Vertreterinnen und Vertreter an. Seine Bilanz fällt verheerend aus: »Die beiden zitierten Positionen, die badische und mehr noch die rheinische, sind friedensethisch inakzeptabel, denn sie legen die Axt an die Wurzel des modernen Staates, sie schwächen das staatliche Gewaltmonopol, sie diffamieren mit dem militärischen Teil der bewaffneten Sicherheitsorgane alle Organe des staatlichen Rechtsvollzugs.« von Schubert, Pflugscharen und Schwerter, 13. Vgl. auch Thiel, »... geblendet wie von großen Augen«, 488–490.

[463] Siehe Kap. I 2.2 insb. 2.2.1 und 2.2.2.

dungsprogramm überarbeitet, wodurch sich insgesamt eine immer autonomer werdende organisatorische Struktur ausgebildet hat. Durch diese Professionalisierungs- und Autonomisierungsprozesse wächst die Distanz zur Kirche, die die Arbeit der Militärseelsorge nun vor allem noch durch finanzielle Mittel (beispielsweise einen vergleichsweise großen Finanzhaushalt[464]) unterstützt. Es gerät dadurch in den Hintergrund, dass die Seelsorge in der Bundeswehr nach wie vor eine durch und durch kirchliche Handlung darstellt und sie sowohl inhaltlich der Kirche bzw. ihrer Botschaft verpflichtet ist als auch personell von ordinierten Pfarrerinnen und Pfarrern der Landeskirchen getragen wird.

Die Landeskirchen stellen die Pfarrerinnen und Pfarrer für den Dienst in der Militärseelsorge lediglich befristet frei, doch geht damit nicht selten eine latente Distanzierung einher. Insgesamt kann eine professionelle Distanz zwischen Kirche und Militärseelsorge beobachtet werden. Damit wird einerseits die Professionalität der Militärseelsorge anerkannt, zugleich wird die Militärseelsorge damit tendenziell als »ausgelagert« (»Outsourcing«) und zu wenig als seelsorgliche Hinwendung der Kirche zu den Streitkräften begriffen. Die seelsorgliche Begleitung der Soldatinnen und Soldaten gehört als »Muttersprache der Kirche«[465] in ihr Zentrum, deshalb ist die kirchliche Einbindung der Militärseelsorge nach wie vor unaufgebbar. Doch versteht sich die Kirchlichkeit der Militärseelsorge nicht mehr von selbst, sie muss vielmehr in einem inhaltlich orientierten Dialog zwischen Kirche und Militärseelsorge immer wieder neu deutlich gemacht und weitergedacht werden.[466]

Eine Distanzierung zur Kirche ist aber auch im Hinblick auf die Militärseelsorge selbst zu erkennen. Professionalisierungsentwicklungen verleiten nicht selten dazu, dass sich Organisationen nach außen abgrenzen und in einen Prozess der Selbstreferenzialität eintauchen.[467] Sylvie Thonak macht auf dieses Gefährdungspotenzial aufmerksam und mahnt an, dass sich die Militärseelsorge

---

[464] Kritikerinnen und Kritiker der Militärseelsorge weisen diesbezüglich immer wieder darauf hin, dass der EKD-Haushalt für Friedensarbeit deutlich knapper bemessen ist (vgl. THONAK/THEIßEN, Militärseelsorge, 195). Er liegt mit leicht wachsender Tendenz bei 1,4 Millionen Euro (vgl. Evangelische Kirche in Deutschland (Hg.), Haushalt 2020 mit mittelfristiger Finanzplanung 2021 bis 2023, 117). Richtig ist aber, dass sich der Finanzhaushalt der Militärseelsorge aus dem Kirchensteueraufkommen der Soldatinnen und Soldaten ergibt und insofern nicht mit dem Haushalt der kirchlichen Friedensarbeit verglichen werden kann.
[465] Vgl. Evangelische Kirche in Deutschland (Hg.), Seelsorge – Muttersprache der Kirche.
[466] Ein kontinuierlicher Dialog ist auch deshalb wichtig, da die Pfarrerinnen und Pfarrer nach ihrer Zeit bei der Militärseelsorge idealerweise wieder in den Dienst ihrer Landeskirche zurückkehren. Damit sich diese Übergänge harmonisch gestalten lassen, ist das Aufrechterhalten und die Pflege der bestehenden Beziehungen hilfreich.
[467] Vgl. u. a. PEUCKMANN, Orte der Komplexität und der Kontingenz.

im Zuge ihrer Professionalisierung zu einer »ecclesiola extra ecclesiam«[468] – einer (kleinen) Kirche außerhalb der Kirche – transformieren würde. In der Theorie ist diese sorgenvolle Beobachtung nachvollziehbar, in der Praxis greift sie jedoch zu kurz. Thonak sieht in der allgemeinen Professionalisierung das zentrale Problem für die mangelnde Einbindung der Militärseelsorge in die Kirche. Die Professionalisierung der Militärseelsorge ist aber zwingend erforderlich für die seelsorgliche Begleitung in der Bundeswehr und zugleich hilft sie dabei, die notwendigen Distanzen gegenüber dem Bezugssystem aufrechtzuerhalten. Die eigentliche Schwierigkeit resultiert nicht aus der bloßen Professionalisierung, sondern aus dem Umgang mit dieser Entwicklung. Daraus ergibt sich eine Herausforderung, die gleichermaßen für die EKD, die Landeskirchen und die Militärseelsorge besteht: Wie kann mit der notwendigen Professionalisierung konstruktiv und wertschätzend umgegangen werden? Trotz Professionalität ist die Militärseelsorge kein ausgelagerter Organisationsbereich der Bundeswehr, sondern sie ist und bleibt Teil der Kirche.

Die Militärseelsorge besitzt eine komplexe und mitunter auch ambivalente Struktur, die auf Spannungen hin angelegt ist. Seit Mitte der 1990er Jahren haben sich diese Spannungen weiter verstärkt. Es stellt sich die Frage, ob mit einem alternativen Militärseelsorgemodell ein Ausweg aus der Konstellation grundsätzlicher Spannungen gefunden werden kann. Diese Frage lässt sich im Abgleich mit Militärseelsorgemodellen anderer Nationen beantworten:

1. *USA:* Das US-amerikanische Militärseelsorgemodell stellt einen Prototyp für die seelsorgliche Präsenz in einer nationalstaatlichen Armee dar. Einerseits lassen sich historische Linien bis in die Zeit des Unabhängigkeitskrieges (1775–1783) ziehen, andererseits ist dort die Praxis etabliert, dass *Military Chaplains* (Militärgeistliche) im Rang eines Offiziers integraler Bestandteil des Militärs sind.[469] Diese Regelung findet in den allermeisten nationalen Armeen Anwendung.[470] Die feste Integration der Seelsorge in das Militär sorgt für Beständigkeit und Klarheit in den Zuständigkeiten. Trotzdem wird diese Praxis auch kritisiert, da sie kaum mehr eine Distanz zum Militär erlaubt. Die Sorgen, dass damit der militärische Raum und vor allem auch militärische Handlungen religiös aufgeladen oder sogar legitimiert werden, sind groß. Gleichzeitig geht durch die unmittelbare Nähe zum System Transparenz verloren. Es bleibt von außen betrachtet opak, mit welchen Intentionen die militärseelsorgliche Begleitung verknüpft ist. So ist die Frage zu stellen, ob es den unterschiedlichen Denominationen der US-Militärseelsorge um Seelsorge, um eine moralische Erbauung oder um Mission geht.

---

[468] Vgl. THONAK, Ecclesiola extra ecclesiam.
[469] Vgl. BASTIAN, Art. Militärseelsorge, 751.
[470] Vgl. ACKERMANN, Das deutsche evangelische Militärseelsorgemodell im internationalen Praxistest, 117.

So gewichtig all diese kritischen Argumente zunächst einmal sind, so ist aus Sicht der Seelsorge auf ein ganz anderes Problem hinzuweisen: Militärpfarrer des US-Militärs besitzen einen militärischen Rang, sie sind fest in die Hierarchie eingebunden. Das hat Auswirkungen auf die seelsorglichen Gespräche, weil diese kaum »auf Augenhöhe« stattfinden können. Von Soldatinnen und Soldaten niedrigen Ranges wird erwartet, dass sie sich einem potenziellen Vorgesetzten anvertrauen. Soldatinnen und Soldaten höheren Ranges müssen sich der Gefahr aussetzen, systemintern ihr Ansehen preiszugeben, da sie sich gegenüber einem untergebenen Soldaten öffnen. Die Einbindung in die militärische Hierarchie beeinflusst grundsätzlich das Kommunikationsgeschehen. Dies ist problematisch.

2. *Dänemark:* Das dänische Militärseelsorgemodell, das einer breiten Öffentlichkeit 2018 durch die Serie »Die Wege des Herrn« (orig. Herrens Veje 2017) präsentiert wurde,[471] zeichnet sich dadurch aus, dass die Militärpfarrerinnen und Militärpfarrer weder beim Militär noch beim Staat angestellt sind. Sie bleiben in einem Beschäftigungsverhältnis mit der dänischen Volkskirche. Dadurch lassen sich Spannungen vermeiden, die möglicherweise vor allem aus kirchlicher Richtung an die Militärseelsorge herangetragen werden. Trotzdem steht auch die dänische Militärseelsorge in einer besonderen Verbindung zum Staat, ohne die eine Einsatzbegleitung kaum vorstellbar wäre. Die dänische Volkskirche weist eine große Nähe zum Staat auf und ist vielfach durch staatskirchliche Elemente geprägt, sodass sie zum Teil auch als *Staatskirche*, obwohl sie lehrautonom ist, gilt.[472] Auf Basis dieser besonderen Rechtsgrundlage müssen keine komplexen Vereinbarungen zwischen Kirche und Staat hinsichtlich der Militärseelsorge getroffen werden – eine Konstellation, die sich in dieser Form nicht auf den deutschen Raum übertragen lässt. Die Staatsnähe der dänischen Militärseelsorge spiegelt sich überdies im besonderen Verhältnis zur nationalen Armee. Dänische Militärseelsorgende tragen, obwohl sie nicht Teil der militärischen Hierarchiekette sind, Uniform und im Einsatz sogar eine Seitenwaffe (Pistole) zur Selbstverteidigung.

Es ist zu bilanzieren, dass weder das US-amerikanische noch das dänische Modell frei von Fallstricken sind. Damit ist keine grundsätzliche Kritik an diesen Modellen verbunden, da sie in ihrem jeweiligen nationalen Kontext durchaus erprobt und insofern auch »zweckmäßig« sind.[473] Für den deutschen Kontext

---

[471] Vgl. KARLE/PEUCKMANN, Seelsorge in der Lebenswelt Bundeswehr, 24 f. Siehe auch Kap. II 3.1.

[472] Zur Diskussion, ob die evangelisch-lutherische Kirche in Dänemark als Volkskirche oder als Staatskirche zu verstehen ist vgl. BÖHNE, Religionsfreiheit in Schweden und Dänemark, 28–30.

[473] In diesem Zusammenhang ist auf die konstruktive und langjährig erprobte Zusammenarbeit zwischen den Militärseelsorgen verschiedener Nationen hinzuweisen. Ein gutes

wäre es allerdings nicht wünschenswert bzw. verfassungsrechtlich nicht möglich, die Militärseelsorge in der Bundeswehr nach diesen Vorlagen auszugestalten. »Es ist ein locus communis, dass sich die deutsche Militärseelsorge im Vergleich zu Militärseelsorgen anderer Nationen unterscheidet.«[474] Für die deutsche Militärseelsorge ist ein Mittelweg gewählt worden, der eine Verortung zwischen Staat, Militär und Kirche vorsieht, wobei der Primat auf der kirchlichen Seite liegt. Dieser Mittelweg ist grundsätzlich von Spannungen geprägt. Daher ist es verständlich, dass sich die Militärseelsorge als organisierter Seelsorgebereich stetig weiter professionalisiert, um sich in diesen vielfältigen Spannungen behaupten zu können. Die Professionalisierung resultiert insofern, mindestens teilweise, auch aus der besonderen spannungsreichen Verortung der Militärseelsorge in Deutschland. Eine flächendeckend nebenamtliche Militärseelsorge, die vereinzelt gefordert wird,[475] ist vor dem Hintergrund des aktuellen Einsatzparadigmas kaum realisierbar und hinsichtlich der notwendigen Professionalisierung auch alles andere als wünschenswert.

Das deutsche Militärseelsorgemodell folgt einem ausgewogenen Mittelweg, der vielfach von Spannungen geprägt ist, darüber hinaus aber auch große Freiheiten mit sich bringt. Die komplexe Struktur und die schwer greifbaren Distanzen, die teilweise eine Abgrenzung gegenüber der Kirche zur Folge haben, sind kritisch in den Blick zu nehmen. Trotzdem lässt sich dieses mitunter ambivalente Modell auch als große Chance für die seelsorgliche Begleitung von Soldatinnen und Soldaten in der Lebenswelt Bundeswehr begreifen. Damit geht einher, dass die Identifikation der Militärseelsorge primär der Kirche gilt und erst sekundär – in kritischer Solidarität – ihrem Bezugssystem.[476]

Beispiel dafür stellt die *International Military Chief of Chaplains Conference* dar, die seit 1990 jährlich eine Austauschmöglichkeit zwischen den nationalen Militärseelsorgen bietet. Auch trifft sich regelmäßig das *NATO Air Force Chaplains Consultative Committee* mit dem Ziel, einen thematischen Austausch zwischen den nationalen Militärseelsorgen zu ermöglichen.

[474] ACKERMANN, Das deutsche evangelische Militärseelsorgemodell im internationalen Praxistest, 116.

[475] Vgl. die ökumenische Initiative zur Abschaffung der Militärseelsorge: https://www.militaerseelsorge-abschaffen.de/ (Stand: 02. März 2021). Ähnliche Forderungen finden sich in dem Magdeburger Friedensmanifest 2017: https://www.friedenskreis-halle.de/hintergruende/1582-magdeburger-friedensmanifest-2017.html (Stand: 02. März 2021). Eine kritische Auseinandersetzung mit den zugrundeliegenden Argumenten der Initiative und des Friedensmanifest bietet ANSELM, Sensibilisieren, nicht legitimieren, 224–227.

[476] Nachvollziehbare Gründe für solch eine »sekundäre Identifikation« bietet HEIMER, »Heilsame Irritationen«.

4.3 Militärseelsorge als professionalisierter Seelsorgebereich

Die Professionalisierung der Militärseelsorge bildet sich nicht nur in den organisatorischen Strukturen ab, sondern auch in der inhaltlichen Arbeit. Die Militärseelsorge forciert die eigene Professionalisierung durch ein breites Aus-, Fort- und Weiterbildungsangebot.

Beginnende Pfarrerinnen und Pfarrer in der Militärseelsorge werden in den ersten beiden Dienstjahren mit unterschiedlichen Lehrgängen und Seminaren hinsichtlich der Anforderungen einer seelsorglichen Begleitung von Soldatinnen und Soldaten in der Lebenswelt Bundeswehr geschult.[477] Einen wichtigen Baustein stellt dafür die sogenannte »Grüne Woche« dar, die obligatorisch beim Ausbildungszentrum Infanterie (AusbZInf) in Hammelburg veranstaltet und von der Bundeswehr verantwortet wird. Während dieses Einweisungslehrganges begleiten die beginnenden Pfarrerinnen und Pfarrer Soldatinnen und Soldaten in ihrem alltäglichen Dienst. Ziel ist es, ihnen ein Gespür für die Lebenswelt Bundeswehr zu vermitteln. Sie werden mit alltäglichen Praktiken wie dem Marschieren oder dem militärischen Gruß vertraut gemacht.

Neben der Grünen Woche besuchen die beginnenden Militärpfarrerinnen und Militärpfarrer Einweisungslehrgänge im Bereich des Lebenskundlichen Unterrichts, der Inneren Führung, der Einsatzbegleitung,[478] der Verwaltung und

---

[477] Vgl. BR. Aus-, Fort- und Weiterbildung der Evangelischen Militärseelsorge.

[478] Von dem Einweisungslehrgang »Einsatzbegleitung« ist noch die Vorbereitungsphase vor einem konkreten Einsatz zu unterscheiden, die die Militärpfarrerinnen und Militärpfarrer in der Regel gemeinsam mit einem Unterstützungssoldaten absolvieren. Klaus Beckmann formuliert hinsichtlich dieser Praxis allerdings kritische Anfragen. Die Militärpfarrerinnen und Militärpfarrer werden gegenwärtig in diesen Vorbereitungsphasen den Soldatinnen und Soldaten, die in einen Einsatz »verlegt« werden sollen, schlichtweg beigestellt. Sie trainieren also kaum Szenarien, die für sie relevant sind, also wie man sich als Zivilist im Einsatz auch im Falle eines Feuergefechtes zu verhalten hat. Beckmann spricht sich daher dafür aus, dass die katholische und evangelische Militärseelsorge gemeinsam mit den Unterstützungssoldaten (Pfarrunterstützungsfeldwebel) eigene Lehrgänge veranstalten sollte, um die Pfarrerinnen und Pfarrer auf die Einsatzpraxis vorzubereiten. Auch ist kritisch zu bedenken, dass die Militärseelsorgerinnen und Militärseelsorger gegenwärtig im Rahmen der Einsatzvorbereitung in gewisser Weise in die militärische Hierarchie eingebunden werden, da sie den Ausbilderinnen und Ausbildern unterstellt werden und deren Befehlen Folge zu leisten haben. Dieser Punkt ist insofern schwierig, weil sie den Lehrgang mit den Soldatinnen und Soldaten besuchen, die sie im Einsatz seelsorglich begleiten sollen, die in dieser Phase also ein Bild davon vermittelt bekommen, dass der Pfarrer oder die Pfarrerin doch ein Stück weit in die militärische Hierarchie eingebunden ist. Für die Praxis eines eigenen Einsatzvorbereitungslehrganges sprechen also sowohl pragmatische als auch seelsorgeorientierte Gründe. Vgl. BECKMANN, »... dass sie noch einen anderen Herrn haben«, 171 f.

des Rechts sowie einen zweiteiligen Kurs zum *Critical Incident Stress Management* (CISM). Beim CISM handelt es sich um eine erprobte und methodisch standardisierte Technik aus dem Bereich des Krisenmanagements bzw. der Krisenintervention, die aktuell vor allem im Bereich der Notfallseelsorge Anwendung findet.[479] Im Kontext der Bundeswehr sind seit der Einsatzbegleitung elaborierte Kenntnisse im Krisenmanagement und der Krisenintervention für die Militärseelsorge unverzichtbar. Aus diesem Grund haben viele Pfarrerinnen und Pfarrer auch schon, bevor sie in die Militärseelsorge wechseln, eine weiterführende Seelsorgeausbildung abgeschlossen.[480] Eine Voraussetzung für den Eintritt in die Militärseelsorge sind solche Zusatzausbildungen nicht, doch werden sie gerne gesehen. Pfarrstellen an Bundeswehrkrankenhäusern werden in der Regel nur mit Pfarrerinnen und Pfarrern besetzt, die eine solche Zusatzausbildung – zumeist KSA – vorweisen können.

Zu den Aus-, Fort- und Weiterbildungsprogrammen der Militärseelsorge gehören neben den Einweisungslehrgängen, die zur Hälfte ökumenisch verantwortet und veranstaltet werden,[481] noch eine Reihe weiterer Fortbildungsangebote, die zumeist einen spezifischen Bereich der Militärseelsorge adressieren. So gibt es jährlich eine spezielle Fortbildung für Militärseelsorgerinnen und Militärseelsorger, die die Schulstandorte der Bundeswehr (*Schulpfarrstellen der Militärseelsorge*) betreuen. In ganz ähnlicher Weise gibt es eine eigene Fortbildungseinheit für die sogenannten *Krankenhauspfarrstellen der Militärseelsorge*.[482] Mittlerweile wird dieser jährlich einwöchige »Krankenhausseelsorgelehrgang« auch von Militärseelsorgerinnen und Militärseelsorgern besucht, die im *Arbeitsfeld Seelsorge für unter Einsatz- und Dienstfolgen leidende Menschen* (ASEM) mitarbeiten.[483] Darüber hinaus kooperiert die evangelische Militärseelsorge im Hinblick auf Ethikfortbildungen mit der Seelsorge in der Bundespolizei. Breitflächige Fort- und Weiterbildungsformate sind zudem in die jährlich stattfindende *Gesamtkonferenz Evangelischer Militärgeistlicher* (GeKo) und die Konvente der einzelnen Militärdekanate integriert.

---

[479] Vgl. MÜLLER-LANGE/RIESKE/UNRUH, Handbuch Notfallseelsorge, 351–368.

[480] In erster Linie betrifft dies eine Klinische Seelsorgeausbildung (KSA). Darüber hinaus bringen nicht wenige Pfarrerinnen und Pfarrer, die zur Militärseelsorge kommen, Kenntnisse aus dem Bereich der Systemischen Seelsorge oder der Psychosozialen Notfallversorgung (PSNV) mit.

[481] Zur Ökumene in der Militärseelsorge siehe Kap. IV 3.3.1.

[482] Gegenwärtig gibt es fünf Bundeswehrkrankenhausstandorte: Berlin, Hamburg, Westerstede, Koblenz und Ulm. Diese werden allesamt seelsorglich mit eigenen bzw. kombinierten Militärpfarrstellen betreut: Berlin II, Hamburg I, Leer (für Westerstede), Koblenz II und Ulm II.

[483] Siehe Kap. IV 2.1.3.

4.3 Militärseelsorge als professionalisierter Seelsorgebereich

Insgesamt wird deutlich, dass die Militärseelsorge ein umfangreiches Aus-, Fort- und Weiterbildungsprogramm entwickelt hat.[484] Zwei Aspekte treten dabei besonders hervor: Zum einen fällt auf, dass das Programm einen theologischen Schwerpunkt besitzt. Dies wird auch explizit in der Bereichsvorschrift (BR) zur Fort- und Weiterbildung betont: »Das Fortbildungsangebot orientiert sich an dem Bedarf der EMilSeels (Evangelische Militärseelsorge) und leitet sich aus standort- und aufgabenbezogenen Gegebenheiten ab. Besonders die Themen Seelsorge, Homiletik und theologisch-ethische Fragestellungen werden bei der Planung berücksichtigt.«[485] Zum anderen ist erkennbar, dass der lebensweltliche Fokus bei den Aus- und Fortbildungen auf den Raum der Bundeswehr beschränkt ist. Aus diesem Grund werden die Lehrgänge auch nur mit den kirchlichen Kooperationspartnern geplant und durchgeführt, die einen ähnlichen Erfahrungshorizont teilen wie beispielsweise die katholische Militärseelsorge oder die Bundespolizeiseelsorge. Der theologische Schwerpunkt und der Fokus auf dem seelsorglichen »Wirkungsraum« zeigen, dass die Aus-, Fort- und Weiterbildungsmaßnahmen die Professionalisierung der Militärseelsorge in hohem Maße vorantreiben.

Bei Professionalisierungsentwicklungen lässt sich in den allermeisten Bereichen des sozialen Lebens die Beobachtung machen, dass sie weitere Professionalisierungsentwicklungen nach sich ziehen. Professionalisierung verstärkt grundsätzlich die Dynamik von Professionalisierung. Diese Entwicklung führt in der Konsequenz zu einer funktionalen Differenzierung und damit zu einer Dynamik, die für das gesellschaftliche Miteinander heute insgesamt konstitutiv ist. Interessant ist dabei, dass Funktionssysteme wie beispielsweise das Rechtssystem oder das Medizinsystem nicht von hochspezialisierten Fachleuten bestimmt werden, sondern immer noch von der Idee eines *Generalisten* bzw. einer *Generalistin* getragen sind. Die Soziologie beschreibt dieses Phänomen mit dem Begriff der »Profession«.[486] Es stellt sich die Frage, ob auch die Militärseelsorge in Zeiten einer hochspezialisierten Einsatzarmee als eine Profession in der Lebenswelt Bundeswehr beschrieben werden kann.

Zu den Professionen werden im Allgemeinen Berufsgruppen gezählt, die »existentiell und kulturell relevante Sachthematiken und Probleme bearbeiten.«[487] In der Professionssoziologie gehört der Pfarrberuf »neben Medizin, Ju-

---

[484] Dieses Programm schließt auch explizit die Pfarrerhelferinnen und Pfarrhelfer mit ein, für die es eine Reihe eigener Aus- und Fortbildungseinheiten gibt.
[485] BR. Aus-, Fort- und Weiterbildung der Evangelischen Militärseelsorge, Ziff. 305.
[486] Vgl. STICHWEH, Professionen im System der modernen Gesellschaft. Vgl. dazu die praktisch-theologische Rezeption bei KARLE, Der Pfarrberuf als Profession.
[487] KARLE, Praktische Theologie, 142 [Hervorhebungen aufgehoben].

risprudenz [...] zu den klassischen Professionen.«[488] Die Professionen zeichnen sich »durch einen Bezug zu zentralen Themenstellungen und Werten der Gesellschaft wie Krankheit, Bildung, Recht und Religion aus.«[489] Folglich setzen sie sich mit komplexen und nicht selten heiklen Fragen auseinander. Aus diesem Grund ist es für Professionen wichtig, dass sie eine relative Autonomie gegenüber dem Staat und der Gesellschaft genießen. Erst aus der Distanz einer Unabhängigkeit heraus lassen sich »Fragen der Schuld, der Krankheit und des Seelenheils«[490] verantwortungsvoll bearbeiten. Für Professionen ist neben der Vermittlung einer Sachthematik eine ausgeprägte Sozialkompetenz notwendig. Diesbezüglich weist Isolde Karle auf die hohe Bedeutung des *Vertrauens* hin: »Vertrauen ist grundlegend für das soziale Leben. Ohne Vertrauen gäbe es keine Sozialität. Das persönliche Vertrauen spielt beim Arzt oder bei der Pfarrerin aber noch eine weitaus zentralere Rolle als beim Brötcheneinkauf beim Bäcker oder bei Verwaltungsaufgaben im Rathaus. Das liegt an der Existentialität der Inhalte und der Komplexität der Situationen, die in den Professionsberufen im Mittelpunkt stehen.«[491]

Vertrauen wird den Professionen für gewöhnlich in beachtlichem Ausmaß entgegengebracht. Aus diesem Grund fallen Reaktionen auf einen Missbrauch dieses Vertrauens in der Regel extrem aus. Um Formen der Enttäuschung oder des Missbrauchs entgegenzuwirken, zeichnen sich alle Professionen durch eine spezifische *Berufsethik* aus. Damit ist sogleich der letzte wesentliche Gesichtspunkt eines Professionsberufes genannt: In ihm »werden Wissen, Kompetenz und eine individuelle, berufsethisch reflektierte Handlungsführung zusammengefasst.«[492]

Inwiefern lässt sich dieser theoretische Rahmen auf die Militärseelsorge übertragen? Zunächst einmal kann die Militärseelsorge als ein Professionsberuf beschrieben werden, da in ihr Pfarrerinnen und Pfarrer mitarbeiten, die für diesen besonderen Seelsorgedienst von ihren Landeskirchen freigestellt werden. Gerade der »besondere Seelsorgedienst« rückt dann aber die Frage in den Vordergrund, ob die Militärseelsorgerinnen und Militärseelsorger nicht eher *Spezialisten* als *Generalisten* sind. Im Rückgriff auf die bisherigen Befunde zum Aus-, Fort- und Weiterbildungsprogramm lässt sich festhalten, dass Militärpfarrerinnen und Militärpfarrer für ihre Arbeit in der Militärseelsorge umfänglich geschult werden und insofern tatsächlich als »Spezialisten« gelten können.

---

[488] KLESSMANN, Seelsorge und Professionalität, 284; vgl. KARLE, Der Pfarrberuf als Profession, 31.
[489] KLESSMANN, Seelsorge und Professionalität, 284.
[490] KARLE, Praktische Theologie, 142.
[491] KARLE, Pfarrerinnen und Pfarrer in der Spannung zwischen Professionalisierung und Professionalität, 630.
[492] KARLE, Praktische Theologie, 143.

4.3 Militärseelsorge als professionalisierter Seelsorgebereich

Zugleich bewegen sie sich in einer Lebenswelt, die sich im Zuge ihrer kontinuierlichen Transformation immer weiter spezialisiert. Trotzdem lässt sich die Militärseelsorge weiterhin als eine Profession beschreiben. Dafür sprechen zwei Gründe: Zum einen erfüllt die Militärseelsorge inhaltlich alle Ansprüche eines Professionsberufes. Soldatinnen und Soldaten adressieren die Seelsorgerinnen und Seelsorger selbstverständlich als Pfarrerinnen und Pfarrer.[493] Zum anderen wird die berufliche Praxis von Militärseelsorgerinnen und Militärseelsorger berufsethisch reflektiert.[494] Mit Blick auf die Praxis deuten sich zwar vereinzelt Schwierigkeiten im Hinblick auf das Ideal der Autonomie an, wenn Pfarrerinnen und Pfarrer beispielsweise in Flecktarn über ein Kasernengelände marschieren, wenn sie sich mit der Bundeswehr vollumfänglich identifizieren und die Distanz zum Militärapparat verlieren. Damit dies aber nicht passiert, ist ein berufsethisch reflektierter Habitus gerade für die Militärseelsorge unverzichtbar.

Professionen befassen sich klassischerweise »mit der Bewältigung kritischer Schwellen und Gefährdungen menschlicher Lebensführung«[495]. Genau diese Schwellenphasen prägen die seelsorgliche Begleitung der Soldatinnen und Soldaten in der Bundeswehr. Militärseelsorgerinnen und Militärseelsorger gestalten Übergänge, wenn Soldatinnen und Soldatinnen innerhalb der Bundesrepublik versetzt oder in einen Auslandseinsatz »verlegt« werden. Für die betreffenden Soldatinnen und Soldaten kann die Erfahrung eines rituell gestalteten Überganges ungemein entlastend sein.[496] Gleichzeitig bieten solche Rituale auch eine Orientierung nach außen – in Richtung der Kameraden oder der eigenen Soldatenfamilie. »Für sie wird die Veränderung durch diese Rituale sichtbar und spürbar gegenwärtig. Sie erfahren, dass ihre Angehörigen in ihrem Dienst in der Bundeswehr von der Kirche nicht allein gelassen werden.«[497] Zugleich begleiten Militärseelsorgerinnen und -seelsorger die Soldatinnen und Soldaten in den Gefährdungen menschlicher Lebensführung in den Auslandseinsätzen, in denen nicht weniger als deren Leben auf dem Spiel steht.

Insgesamt fällt auf, dass sich die Militärseelsorge einem kontinuierlichen Professionalisierungsprozess aussetzt. Dieser Prozess ist notwendig, um mit den aktuellen Anforderungen der Lebenswelt Bundeswehr angemessen umgehen zu können. Gleichzeitig führt der Professionalisierungsprozess dazu, dass sich die Militärseelsorge immer stärker spezialisiert. Doch verstehen sich Militärpfarrerinnen und Militärpfarrer ungeachtet ihrer speziellen Aus- und Fortbildungen in

---

[493] Siehe Kap. II 2.1.1.
[494] Vgl. Evangelisches Kirchenamt für die Bundeswehr (Hg.), Begleitung im Licht des Evangeliums, 26–28.
[495] STICHWEH, Professionen und Disziplinen, 296.
[496] Vgl. LAMMER, Wie Seelsorge wirkt, 325.
[497] Evangelisches Kirchenamt für die Bundeswehr (Hg.), Begleitung im Licht des Evangeliums, 14.

erster Linie als Seelsorgerinnen und Seelsorger. Sie sind keine Militärfachleute, sondern Pfarrerinnen und Pfarrer, die die Lebenswelt Bundeswehr reflektiert von innen kennen. Sie üben die pastorale Profession im Raum der Bundeswehr aus. Damit nehmen sie keinen Sonderstatus ein, denn auch Ärztinnen und Ärzte in der Bundeswehr sind, obwohl sie umfassend in das Militärsystem inkludiert sind, weiterhin Ärzte und damit eine eigenständige Profession innerhalb der Streitkräfte.

4.4 Militärseelsorge in multifunktionalen Teams – Psychosoziale Netzwerke (PSN)

Für manche Seelsorgebereiche gehört es mittlerweile zur bewährten Praxis, dass Pfarrerinnen und Pfarrer in multifunktionalen, teilweise auch multiprofessionellen Teams mitarbeiten.[498] Vor allem mit dem Medizinsystem kommt es vielfach und in den unterschiedlichsten Kontexten zu Kooperationen.[499] So arbeiten Seelsorger mit Ärztinnen in Krankenhäusern, mit Notärzten in der Notfallseelsorge oder mit Anstaltsärztinnen im Gefängnis zusammen. Die Idee, die diesen Kooperationen zugrunde liegt, geht im weitesten Sinne von einem »ganzheitlichen Menschenbild« aus. Es geht darum zu verstehen, dass der Mensch auf körperliche, psychische und seelische Einschnitte im Leben mehrdimensional reagiert. Damit gewinnen multifunktionale und multiprofessionelle Perspektiven und Ansätze an Relevanz. Viele existentielle Probleme sind mehrdimensional und bedürfen einer »ganzheitlichen« Begleitung.

In der Palliativmedizin ist dieses Verständnis systematisch ausgearbeitet worden. Cicely Saunders, die als Begründerin der modernen Hospizbewegung gilt, entwickelte dafür in den 1960er Jahren das Modell des *total pain*.[500] Saunders

---

[498] Diese Studie arbeitet mit den Begriffen der *multifunktionalen* bzw. *multiprofessionellen Teams*. Im Forschungsdiskurs tauchen zur Beschreibung solcher Teams eine Reihe weiterer Begriffe auf, die teilweise synonym verwendet werden. Häufig begegnet der Begriff der *interprofessionellen Teams*, der vor allem in gesundheitswissenschaftlichen Forschungsarbeiten dominiert. Darüber hinaus ist noch vereinzelt von *transprofessionellen Teams* die Rede. Inwieweit diese Begriffe unterschiedlich akzentuiert sind, wird gegenwärtig diskutiert. Es zeichnet sich ab, dass mit dem Begriff der multiprofessionellen Teams eine stärkere Eigenständigkeit der einzelnen Akteure gegenüber interprofessionellen und auch transprofessionellen Teams verbunden ist. Dieser Aspekt ist für die kooperative Arbeit der Militärseelsorge aufgrund ihrer Unabhängigkeit in der Lebenswelt Bundeswehr relevant. Vgl. NAUER, Seelsorge, 366 f.

[499] Vgl. KUHN-FLAMMENSFELD/FRICK/GOUDINOUDIS/LABITZKE/BAUSEWEIN, Seelsorge in neuen Kontexten.

[500] Vgl. FRICK/ANNESER, Total Pain.

begreift den Schmerz nicht als rein medizinisches Phänomen, sodass der total pain auch nicht einfach therapiert werden kann: »We are not there to take away or explain, or even to understand but simply to ›Watch with me‹«.[501] Saunders geht davon aus, dass es unterschiedliche Formen des Schmerzes geben kann. So können Menschen unter *körperlichen* Schmerzen, *psychischen* Schmerzen, *sozialen* Schmerzen und *spirituellen* Schmerzen leiden. Kommen diese vier Formen des Schmerzes zusammen, so spricht Saunders von »total pain«. Saunders schließt mit ihrer »›holistische[n]‹ Zugangsweise«[502] an Überlegungen der Weltgesundheitsorganisation (WHO) an, die Gesundheit 1948 als Zustand des körperlichen, seelischen und sozialen Wohlbefindens definierte.[503] Aus dem Modell des »total pain« leitet sich ein multifunktionaler (Behandlungs-)Ansatz ab: Die Vieldimensionalität der Schmerzerfahrung erfordert mitunter eine medizinische, eine psychologische, eine sozialpädagogische und eine seelsorglich-spirituelle Begleitung.

Auch im Kontext der Bundeswehr kann es zu Erfahrungen des »total pain« kommen. Soldatinnen und Soldaten können während eines Auslandseinsatzes körperlich verwundet werden. Zugleich stehen sie in Gefahr, psychische Verletzungen – »hidden wounds of war«[504] – davonzutragen. Ihre körperlichen Wunden sind sichtbar und werden deshalb behandelt, ihre psychischen und seelischen Verletzungen bleiben zumeist verborgen. Aus den psychischen Verletzungen können soziale Verletzungen werden. Die Familien werden weggestoßen oder finden keinen rechten Zugang mehr zu der betreffenden Soldatin oder dem betreffenden Soldaten. Auch können spirituelle und moralische Verletzungen (»moral injuries«) auftreten,[505] weil die gesammelten Einsatzerfahrungen das jeweilige Wertegerüst nachhaltig erschüttern.[506]

Soldatinnen und Soldaten sind im Kontext eines Auslandseinsatzes in besonderer Weise gefährdet, Verletzungen zu erleiden. Sie können körperliche, psychische, soziale oder auch seelische Verletzungen davontragen. Manchmal kommen alle Verletzungen in der Erfahrung des »total pain« zusammen – einem akut bedrohlichen Krisenzustand. Im US-Militär wird die Brisanz dieser Krisen anhand der überdurchschnittlich hohen Suizidzahlen deutlich. Alle 18 Minuten tötet sich ein aktiver bzw. ehemaliger Soldat des US-Militärs.[507] Damit entfallen 20 % der nationalen Suizide in den USA auf Angehörige des Militärs. Als Reaktion

---

[501] SAUNDERS, Spiritual Pain, 219.
[502] A. a. O., 349.
[503] Vgl. NAUER, Seelsorge, 334.
[504] NAKASHIMA BROCK/LETTINI, Soul Repair, 93.
[505] Für einen Überblick zu den Diskussionen um den Begriff »moral injury« vgl. GRIMELL, Veterans, the hidden wounds of war, an soul repair, 355 f. Siehe auch Kap. IV 3.2.2.
[506] Vgl. THIEL, Blutrausch, 74.
[507] Vgl. NAKASHIMA BROCK/LETTINI, Soul Repair, xii.

darauf wurden multifunktionale Teams eingerichtet, die in der präventiven Arbeit, in der Akut- und Nachbegleitung zum Einsatz kommen. Es soll im Idealfall der Zustand der *total fitness* erreicht werden.[508] Dafür arbeiten neben Ärzten, Psychologinnen und Sozialarbeiterinnen auch Militärseelsorger des US-Militärs engverzahnt zusammen.[509]

In der Bundeswehr gibt es seit den ersten Auslandseinsätzen mit bewaffneten Einheiten ähnliche Betreuungs- und Begleitungsnetzwerke. In den frühen 2000er Jahren sind diese losen Zusammenschlüsse professionalisiert worden, sodass »ab 2004 an den ersten Standorten ›Psychosoziale Netzwerke‹«[510] – kurz: PSN – eingerichtet wurden. Mit den Psychosozialen Netzwerken reagiert die Bundeswehr auf die wachsenden psychischen Belastungen für die Soldatinnen und Soldaten in Zeiten der Einsatzrealität. Vom Bundesministerium der Verteidigung ist dafür bereits eine Zentrale Dienstvorschrift (ZDv) erarbeitet worden, die Rahmenvorgaben für die Zusammensetzung, die Organisation und die Arbeit der Psychosozialen Netzwerke benennt.[511] Teil dieser Netzwerke sind der Sozialdienst, der Psychologische Dienst, der Sanitätsdienst (allesamt von der Bundeswehr) und die Militärseelsorge.[512] Die Psychosozialen Netzwerke sind regional standortbezogen organisiert.[513] Im Einsatz können vergleichbare Netzwerke aufgebaut werden, wobei »der Sozialdienst nicht in den Einsatzgebieten vertreten«[514] ist. Ziel der Psychosozialen Netzwerke ist eine »interdisziplinäre und umfassende psychosoziale Unterstützung für Bundeswehrangehörige und ihre Familienangehörigen, die aufgrund von psychischen oder sozialen Belastungen dieser Unterstützung bedürfen.«[515]

Militärpfarrerinnen und Militärpfarrer, die Teil eines Psychosozialen Netzwerkes sind, treten in ein multifunktionales und zugleich multiprofessionelles Team ein. Damit verbinden sich gleichermaßen Chancen wie Risiken. Einerseits bieten solche Netzwerke neue Möglichkeiten für die seelsorgliche Begleitung. Andererseits bergen sie auch die Gefahr, dass Seelsorgende vom System Bundeswehr absorbiert und gegebenenfalls sogar instrumentalisiert werden. Die Integration von Seelsorgenden in die Psychosozialen Netzwerke der Bundeswehr

---

[508] Vgl. MEREDITH/SHERBOURNE/GAILLOT/HANSELL/RITSCHARD/PARKER/WRENN, Promoting Psychological Resilience in the U.S. Army, 71.
[509] Vgl. a.a.O., 123.
[510] HAMMANN, Netzwerke zur psychosozialen Unterstützung für SoldatInnen, VeteranInnen, deren Familien und Hinterbliebene, 200.
[511] Vgl. ZDv Psychosoziale Unterstützung.
[512] Vgl. a.a.O., Ziff. 102.
[513] Vgl. a.a.O., Ziff. 204.
[514] HAMMANN, Netzwerke zur psychosozialen Unterstützung für SoldatInnen, VeteranInnen, deren Familien und Hinterbliebene, 201.
[515] ZDv Psychosoziale Unterstützung, Ziff. 6.1.2.

wirft erneut die Frage nach Identifikation und Abgrenzung, konkret nach Fremd- und Selbstbestimmung auf. Ähnliche Diskussionen werden aktuell in der Poimenik hinsichtlich der *Spiritual Care* geführt. Die Idee der Spiritual Care ist, dass sich alle in einem Krankenhaus Tätigen an Spiritual Care beteiligen sollen und Seelsorgende damit zugleich eingebunden sind in multiprofessionelle Behandlungsteams.[516] Auch hier stellt sich die Frage, ob mit dem Konzept von Spiritual Care die Unabhängigkeit der Krankenhausseelsorge gegenüber dem Medizinsystem verloren geht oder ob und wie mit Spiritual Care ein zukunftsweisender Ansatz für eine spirituelle Begleitung von Menschen an vulnerablen Punkten ihres Lebens in säkularen Räumen wie dem Krankenhaus gewährleistet werden kann.[517] Mit Blick auf konzeptionelle Fragen gibt es insofern Schnittmengen zwischen Spiritual Care und den Psychosozialen Netzwerken in der Bundeswehr: Die Seelsorge wird jeweils als integraler Bestandteil eines multiprofessionellen Teams aufgefasst.[518] Mit dieser Konzeption stellt sich zugleich die Frage, ob die Seelsorge ihre Unabhängigkeit wahren kann.

Die Psychosozialen Netzwerke leisten unzweifelhaft eine wichtige und sinnvolle Arbeit. Sie helfen Soldatinnen und Soldaten in psychisch belasteten Lebenslagen. Sie bieten Orientierung und stellen Kontakte zu spezialisierten Betreuungs- und Behandlungseinrichtungen her. Doch bleiben die Psychosozialen Netzwerke der Systemrationalität der Bundeswehr verbunden und folgen damit zugleich einem systembedingten Zweck. In der Zentralen Dienstvorschrift heißt es dazu: »Das PSN unterstützt die Betreuung Einsatzgeschädigter im Betreuungskontinuum gemäß dem Konzept ›Kontinuierliche, fachübergreifende, medizinische Betreuung von Bundeswehrangehörigen nach Einsatzschädigung zur Wiederherstellung, zum Erhalt und zur Verbesserung der psychophysischen

---

[516] Für einen Überblick zum Diskurs zur Spiritual Care vgl. KARLE, Praktische Theologie, 442–450; vgl. auch NAUER, Seelsorge, 350–360.

[517] Für eine Diskussion der Chancen und Risiken des Konzepts der Spiritual Care vgl. KARLE, Chancen und Risiken differenter Systemlogiken im Krankenhaus; vgl. ROSER, Krankenhausseelsorge und Spiritual Care. Einen vielversprechenden Brückenschlag bietet eine Handreichung der Ständigen Konferenz für Seelsorge in der EKD aus dem Jahr 2020, die seelsorgliche Spiritual Care von gesundheitsberuflicher Spiritual Care unterscheidet. Die Handreichung entwickelt vor diesem Hintergrund die Formulierung der »Spiritual Care *durch* Seelsorge«. Vgl. Evangelische Kirche in Deutschland (Hg.), Spiritual Care durch Seelsorge, 9 f.

[518] In der Theorie geht der Ansatz der Spiritual Care noch über diese »Engführung« hinaus. Spiritual Care soll zur »vierten Säule« im Gesundheitswesen werden. Sie wird damit, in Reaktion auf die WHO-Definition von Gesundheit, fest in das Behandlungskonzept integriert. Darüber hinaus soll sie im Idealfall zur Aufgabe aller Behandelnden werden, die dann als sogenannte »Caregiver« bezeichnet werden. Vgl. ROSER, Vierte Säule im Gesundheitswesen?

Leistungsfähigkeit.«[519] Für die Militärseelsorge ist solch eine Zielbestimmung problematisch. Seelsorge ist zunächst einmal *zweckfrei*, jedenfalls im Hinblick auf die beruflichen Erwartungen des Systems, in dem sich die Betroffenen bewegen.

Die Psychosozialen Netzwerke verstehen sich als kooperative Orte, an denen wechselseitig Informationen ausgetauscht werden können. Dies birgt die Gefahr, dass das Seelsorgegeheimnis zur Disposition gestellt werden könnte. Die Zentrale Dienstvorschrift weist ausdrücklich auf die Verschwiegenheitspflicht und die berufsbezogenen Schweigepflichten hin. Informationen, die ausgetauscht werden, müssen »vollständig anonymisiert«[520] sein. Auch wird explizit darauf hingewiesen, dass alle handelnden Akteure der Netzwerke gleichberechtigt sind und dass sie zusammen eine offene und nicht hierarchisch strukturierte Gruppe bilden.[521] In der Theorie werden die Psychosozialen Netzwerke insofern als vertrauensvolle Orte beschrieben, an denen die Unabhängigkeit aller Akteure gewahrt wird. Inwieweit sich diese theoretischen Bestimmungen jedoch in der Praxis abbilden, ist schwer zu sagen. »Für ein hierarchisches und durch Befehl und Gehorsam gekennzeichnetes System wie die Bundeswehr [ist] die Einführung der ›offenen‹, interdisziplinären PSN, in denen die Mitglieder ›gleichberechtigt‹ sind, ein ungewöhnlicher Schritt.«[522] Womöglich ist dieser Schritt sogar so ungewöhnlich, dass ein vollständig hierarchiefreier Raum in den Psychosozialen Netzwerken gar nicht möglich ist. So bleiben die Vorgesetztenverhältnisse in den Netzwerken bestehen.[523] Das gilt auch für das militärische Rangsystem. Damit deutet sich an, dass sich die Psychosozialen Netzwerke nicht vollständig von der Dynamik der militärischen Hierarchie lösen können. Dieser Punkt ist dann wiederum relevant für die Frage nach der Unabhängigkeit der einzelnen Akteure. Wenn es Hierarchien gibt, dann gibt es auch Abhängigkeiten. Die Militärseelsorge ist davon nur mittelbar betroffen, weil sie außerhalb jeglicher Hierarchieketten in der Bundeswehr steht. Trotzdem wird sie sich von der Gruppendynamik der PSN kaum lösen können. Will die Militärseelsorge konstruktiv in den multifunktionalen Teams mitarbeiten, wird sie sich an die vorherrschenden Dynamiken anpassen müssen. Damit droht die Unabhängigkeit der Seelsorge ausgehöhlt zu werden.[524]

---

[519] ZDv Psychosoziale Unterstützung, Ziff. 306.
[520] A. a. O., Ziff. 109.
[521] Vgl. a. a. O., Ziff. 6.1.3.
[522] HAMMANN, Netzwerke zur psychosozialen Unterstützung für SoldatInnen, VeteranInnen, deren Familien und Hinterbliebene, 201.
[523] Vgl. ebd.
[524] Auf dieses Risiko weist auch Klaus Beckmann hin. Vgl. DERS., »... dass sie noch einen anderen Herrn haben«, 182.

Psychosoziale Netzwerke sind als Zeichen der Zeit in der Bundeswehr zu verstehen. Sie stellen eine Nebenfolge[525] der Einsatzrealität dar und sind ein anschauliches Beispiel für die fortlaufenden Professionalisierungsentwicklungen in den Streitkräften. Die Ziele, die mit den Netzwerken verbunden sind, sind positiv zu würdigen. Die Psychosozialen Netzwerke wollen eine Unterstützung und Begleitung für Soldatinnen und Soldaten und teilweise auch für deren Familien bieten, die sich in psychisch belasteten Lebenslagen befinden. Dass die Militärseelsorge in diesen Netzwerken mitarbeitet und dadurch in multifunktionale Teams eintritt, ist nachvollziehbar und sinnvoll. Durch die Mitarbeit in den multifunktionalen Teams eröffnen sich vielfältige Chancen für seelsorgliches Handeln in den Streitkräften. Umgekehrt profitieren die Psychosozialen Netzwerken auch von der Kooperation mit der Militärseelsorge, weil sie dadurch eine »Fremdperspektive« hinzugewinnen, die ihren Wahrnehmungsfokus weitet. Auch für die Soldatinnen und Soldaten, die Unterstützung von diesen Netzwerken erhalten, stellt die Perspektive der Militärseelsorge eine Bereicherung dar. Ihnen bietet sich dadurch die Möglichkeit, mit einer außenstehenden Person über ihre Belastungen, Sorgen und Nöte zu sprechen. Die Militärseelsorge ist insofern ein niedrigschwelliger Gesprächspartner, da sie nicht unmittelbar zur Bundeswehr hinzugehört, wohl aber deren Lebenswelt kennt.

Die Psychosozialen Netzwerke sind nicht als medizinisch-psychologische Behandlungsteams zu verstehen, obwohl von außen betrachtet ein *klinischer Imperativ* (Wiederherstellung der psychophysischen Leistungsfähigkeit)[526] dominiert.[527] Die Kooperationen mit dem Sozialdienst der Bundeswehr und der Militärseelsorge verdeutlichen, dass die Psychosozialen Netzwerke den Versuch unternehmen, Hilfe in einem komplexen, in gewisser Hinsicht ganzheitlichen Sinne zu bieten. Trotzdem bleiben sie unzweifelhaft Einrichtungen des Militärs und insofern sind auch sie von der Systemlogik der Bundeswehr geprägt. Für die Militärseelsorge heißt das, dass sie immer wieder kritisch prüfen muss, ob und inwiefern durch die Mitarbeit in den multifunktionalen Teams die Unabhängigkeit der Seelsorge verletzt wird. Die Psychosozialen Netzwerke bieten vielfältige Chancen für seelsorgliches Handeln, gleichzeitig fordern sie die Militärseelsorge zur kritischen Selbstreflexion in der Bundeswehr heraus.

---

[525] Zum Begriff der »Nebenfolge« vgl. BECK, Die Metamorphose der Welt, 18; 35.
[526] Vgl. ZDv Psychosoziale Unterstützung, Ziff. 306.
[527] Siehe hinsichtlich konkreter Schwierigkeiten Kap. IV 2.1.3.

5. Reflektieren: Die Lebenswelt Bundeswehr und ihre Multirationalität

Die Bundeswehr stellt einen einmaligen Sozialraum dar, der unterschiedliche Dynamiken und Einflüsse auf und in sich vereint. Diese Dynamiken und Einflüsse stammen nicht nur aus militärischen, sondern auch aus gesellschaftlichen Bereichen. Gleichzeitig wirkt die Bundeswehr vielfach – beispielsweise mit Programmen zur Sport-, Kultur- und Wissenschaftsförderung – in die Räume der Gesellschaft hinein. Die Bundeswehr ist insofern nicht eine reine Militärarmee, sie ist eine *Armee in der Demokratie*. Zur Gründungszeit der Bundeswehr wurde dafür der Grundstein in mehrerlei Hinsicht gelegt: Für die Bundeswehr gilt das Konzept der *Inneren Führung*, der Soldatenberuf folgt dem Leitbild des *Staatsbürgers in Uniform*, das Amt des oder der *Wehrbeauftragten des Deutschen Bundestages* ist als Melde- und Kontrollinstanz eingerichtet worden und nicht zuletzt ist auch die *Militärseelsorge* – katholisch wie evangelisch – als bewusst unabhängiger Akteur in den deutschen Streitkräften präsent. Durch diese und weitere Elemente entwickelte die Bundeswehr im internationalen Vergleich ein einzigartiges Profil,[528] das vielerorts positiv gewürdigt wird. Zugleich führt die Integration dieser »Fremdelemente« prinzipiell zu Spannungen.

Aus phänomenologischer Sicht lassen sich diese (militär-)soziologischen Beobachtungen bestätigen. Die Bundeswehr ist ein sehr spezieller Sozialraum, sie stellt eine ganz besondere Lebenswelt dar.[529] Im Zuge der Einsatzrealität hat sich die *Lebenswelt Bundeswehr* allerdings in den letzten Jahrzehnten vielfach geändert. Militärischen Elementen kommt heute wieder eine größere Bedeutung zu.

---

[528] Vgl. MÖLLERS/SCHLAFFER (Hg.), Sonderfall Bundeswehr?
[529] Die Einzigartigkeit der Lebenswelt Bundeswehr wird auch hinsichtlich ihres mehrschichtigen Sprachsystems deutlich. Sie weist eine formale Sprache auf, deren Begriffen außerhalb der Bundeswehr in vielen Fällen unbekannt sind. Innerhalb der Bundeswehr ist zudem eine informelle Sprache präsent, die ebenfalls von außen nicht unmittelbar zugänglich ist. Darüber hinaus hat sich in der Bundeswehr die Praxis etabliert, die meisten Inhalte und Sachverhalte abzukürzen. Diese militärischen Abkürzungen prägen sowohl die Schrift- als auch die Lautsprache. Vgl. SLATER, Militärsprache.

Das betrifft beispielsweise das Traditionsverständnis oder das soldatische Selbstbild. Gleichzeitig sind Soldatenfamilien sukzessive aus dem militärischen Nahbereich verdrängt worden. Infolge dieser Entwicklung gewinnen auch Tendenzen einer »totalen Institution« an Einfluss. Dennoch hat die grundsätzliche Verortung der Bundeswehr als Armee in der Demokratie weiterhin Bestand. Die Balance zwischen Militär und Gesellschaft ist im Zuge des Einsatzparadigmas neu austariert worden.

Was genau bedeutet das für die Militärseelsorge? Der Handlungsraum, in dem die seelsorgliche Begleitung stattfindet, ist hochkomplex. Komplexität, verstanden als Zustand parallel laufender Strukturen,[530] führt oftmals dazu, dass Detailstrukturen nicht mehr exakt beobachtet werden können. Deshalb bedarf es eines geschulten Blickes, um mit Komplexität angemessen umgehen zu können. Für die Militärseelsorge wäre es fatal, wenn sie innerhalb der Lebenswelt Bundeswehr den Überblick über parallel laufende Strukturen verlieren würde. Daher ist eine *professionelle Nähe bei struktureller Distanz* für ihre seelsorgliche Begleitung unerlässlich. Damit ist gemeint, dass die Militärseelsorge hauptamtlich eingerichtet sein muss, jedoch nicht als integraler Bestandteil der deutschen Streitkräfte. Erst mit einer professionellen Nähe zur Lebenswelt Bundeswehr lassen sich unterschiedliche Logiksysteme (zum Beispiel die Logik der *militärischen Organisation* oder die Logik der *militärischen Institution*) erkennen und voneinander unterscheiden. Um diese Beobachtungen angemessen einordnen zu können, ist der Aspekt des *Reflektierens* für die Arbeit der Militärseelsorge zentral. Dafür braucht es wiederum eine strukturelle Distanz. Es geht darum, das Wahrgenommene einzuordnen und es zu verstehen, um schließlich seelsorglich aktiv werden zu können. Eine solche Reflexion sollte immer vor dem Hintergrund christlicher Grundüberzeugungen erfolgen, denn Militärseelsorge ist Teil der Kirche. Aus diesem Grund stehen militärseelsorgliche Reflexionen der Bundeswehr stets in Relation zu religiösen Deutungsperspektiven. Die Militärseelsorge bringt damit zugleich Deutungen und Perspektiven in die Streitkräfte ein, die die Bundeswehr nicht aus sich heraus hervorbringen kann.

---

[530] Vgl. NASSEHI, Die letzte Stunde der Wahrheit, 51–113; insb. 64.

IV. Räume und Vollzüge der Militärseelsorge

1. Überlegungen zum Raumbegriff

Seelsorge findet als *räumliches Geschehen* statt. Das meint zumeist konkrete Räume wie beispielsweise das Amtszimmer im Pfarrhaus oder die Pforte zum Kirchenraum. Darüber hinaus kann sich Seelsorge auch in abstrakten bzw. virtuellen Räumen vollziehen wie beispielsweise bei der Telefon- oder Internetseelsorge. Räume der Seelsorge können sich auch in der Rezeption biblischer Schriften, im Singen von Liedtexten, im Vollzug von Ritualen oder im Lesen von Briefen erschließen. Die Kategorie des Raums lässt sich unterschiedlich weit fassen, sodass Seelsorge prinzipiell auch immer von dieser Kategorie aus betrachtet werden kann.

In der Geistesgeschichte ist die Kategorie des Raums lange Zeit vernachlässigt worden. Im euklidischen Sinne verstand man den Raum als statischen Container, der lediglich die Dimensionen Länge, Höhe und Breite umfasst. In der zweiten Hälfte des 20. Jahrhunderts hinterfragten vor allem die Sozialwissenschaften diese Lesart, sodass seit Mitte der 1980er Jahre »von einer Renaissance des Raumbegriffs in den Kultur- und Sozialwissenschaften«[1] gesprochen werden kann.[2] Das Verständnis vom statischen Container ist zugunsten eines dynamischen Raumbegriffs aufgegeben worden. Der französische Ethnologe Marc Augé stellt diesbezüglich fest: »Wir müssen neu lernen, den Raum zudenken.«[3] Damit verbindet sich ein Paradigmenwechsel: Der US-amerikanische Geograph Edward Soja hat im Rückgriff auf den französischen Philosophen Henri Lefebvre[4] in diesem Zusammenhang den *spatial turn* ausgerufen. Im deutschsprachigen Raum schließt die Literaturwissenschaftlerin Sigrid Weigel daran an, indem sie vom *topographical turn* spricht.[5] Mit dieser »Wende zum Raum« verbindet sich die

---

[1] BACHMANN-MEDICK, Cultural Turns, 287.
[2] Zur »Renaissance des Raums« vgl. auch JAHNEL, Interkulturelle Theologie und Kulturwissenschaft, 199–203.
[3] AUGÉ, Orte und Nicht-Orte, 46.
[4] Vgl. LEFEBVRE, Die Produktion des Raums.
[5] Vgl. WEIGEL, Zum »topographical turn«.

1. Überlegungen zum Raumbegriff

Einsicht, den Raum nicht mehr statisch zu verstehen, sondern ihn als Teil und Folge gesellschaftlicher sowie kultureller Sozialität zu deuten. Damit weitet sich der Fokus hin zu einem dynamischen Verständnis: Ein Raum *ist* nicht einfach ein Raum; ein Raum *wird* zum Raum. Eine ähnliche Bilanz zieht Doris Bachmann-Medick in ihrer Zusammenstellung verschiedener Formen des *cultural turn:* »Raum meint soziale Produktion von Raum als einem vielschichtigen und oft widersprüchlichen gesellschaftlichen Prozess, eine spezifische Verortung kultureller Praktiken, eine Dynamik sozialer Beziehungen, die auf die Veränderbarkeit von Raum hindeuten.«[6]

In den Geistes-, Kultur- und Sozialwissenschaften hat sich dieses dynamische Verständnis der Kategorie des Raums mittlerweile etabliert. Auch die Theologie arbeitet seit der Jahrtausendwende verstärkt mit der Kategorie des Raums im dynamisch-prozessualen Sinne.[7] In der Poimenik haben Traugott Roser und Isolde Karle Überlegungen formuliert, wie der Raumbegriff konstruktiv in die Theoriebildung einbezogen werden kann.[8] Diesen Weg gilt es fortzuführen.

Für eine raumsensible Reflexion der Seelsorge bieten sich vor allem zwei Konzeptionen an: dies sind der Ansatz der *Heterotopien* von Michel Foucault und die *Raumsoziologie* von Martina Löw. Im Rückgriff auf diese beiden Ansätze lässt sich der Raum einerseits als eine zu gestaltende und andererseits als eine hermeneutische Kategorie für die Seelsorge begreifen.

1. *Heterotopien:* Michel Foucault, der neben Henri Lefebvre als wesentlicher »Vordenker des ›spatial turn‹«[9] gilt, hat 1967 in einem Vortrag mit dem Titel »Des espaces autres«, der erst 1984 publiziert wurde,[10] sein Konzept der *Heterotopien* – der Anderorte – entwickelt. Foucault versteht Heterotopien als »wirkliche Orte, wirksame Orte, die in die Einrichtung der Gesellschaft hineingezeichnet sind, sozusagen Gegenplatzierungen oder Widerlager, tatsächlich realisierte Utopien, in denen die wirklichen Plätze innerhalb der Kultur gleichzeitig repräsentiert, bestritten und gewendet sind, gewissermaßen Orte außerhalb aller Orte, wiewohl sie tatsächlich geortet werden können.«[11] Anderorte sind demnach reale

---

[6] BACHMANN-MEDICK, Cultural Turns, 290.

[7] Vgl. FRETTLÖH, Theologie des Segens; vgl. WAGNER-RAU, Segensraum; vgl. WÜTHRICH, Raum Gottes. Aktuell vgl. WUSTMANS (Hg.), Öffentlicher Raum; WUSTMANS/PEUCKMANN (Hg.), Räume der Mensch-Tier-Beziehung(en).

[8] Vgl. ROSER, Spiritual Care, 486–509; vgl. KARLE, Praktische Theologie, 448; vgl. KARLE/PEUCKMANN, Seelsorge in der Lebenswelt Bundeswehr, 27 f.; vgl. auch Evangelische Kirche in Deutschland (Hg.), Spiritual Care durch Seelsorge, 13.

[9] WÜTHRICH, Raumtheoretische Erwägungen zum Kirchenraum, 79.

[10] Vgl. BAUER, Pastorale Andersorte?, 136.

[11] FOUCAULT, Andere Räume, 39.

Orte, die die reine Funktionalität von konkreten Räumen (Realräume[12]) durchbrechen und damit ein neues Verstehen dieser Räume ermöglichen.[13] Das bedeutet, dass Anderorte vielfach mit konkreten Räumen verbunden sind. Foucault veranschaulicht diese Verwobenheit anhand des Theaters: »So bringt das Theater auf dem Rechteck der Bühne nacheinander eine ganze Reihe von Orten zur Darstellung, die sich gänzlich fremd sind.«[14] Weiterhin zeichnen sich Anderorte durch ein besonderes Verhältnis zur Zeit (1), durch ritualisierte Öffnungs- und Schließungsprozesse (2) und durch spezielle Deutungspotenziale (3) aus.

Beim Verhältnis zwischen Raum und Zeit weist Foucault darauf hin, dass »Heterotopien oft in Verbindung mit besonderen zeitlichen Brüchen stehen.«[15] Mal können sie Zeit im Modus der Ewigkeit repräsentieren (beispielsweise Museen); ein anderes Mal heben sie punktuell das Verständnis einer zeitlichen Linearität auf (beispielsweise bei Festen). Heterotopien stehen folglich in einer engen Verbindung zu *Heterochronien* – zu Anderzeiten. Die ritualisierten Öffnungs- und Schließungsprozesse verdeutlichen zudem, dass ein Eintreten in Anderorte grundsätzlich an Voraussetzungen geknüpft ist. Dies geht zum Teil mit Machtasymmetrien einher, sodass ein Eintreten nicht immer freiwillig erfolgen muss (beispielsweise beim Eintritt in ein Gefängnis). Hinsichtlich der Deutungspotenziale unterscheidet Foucault Illusionsräume einerseits und Kompensationsräume andererseits. Illusionsräume schaffen »Wirklichkeit allein durch die Kraft der Illusion«[16]. Damit beschreibt Foucault Räume, die Wünsche und Sehnsüchte in der Form einer Illusion verorten und somit eine tatsächlich realisierte Utopie darstellen. Der Illusionsraum steht dabei in einem besonderen Verhältnis zum Realraum, da er selbst als vollkommene Illusion den Realraum imitiert, wodurch der umgebende Realraum zugleich als Illusion erscheint. Foucault nennt als Beispiel für einen solchen Illusionsraum das Bordell, das versucht, Realität durch die Kraft der Illusion zu zerstreuen.[17] Kompensationsräume sind demgegenüber Räume, die den umgebenden Realraum nicht verändern. Sie zeichnen sich durch eine spezifische Ordnungsstruktur aus, die einen »Gegensatz zur wirren Unordnung«[18] des umgebenden Realraums bilden. Kleingärten können als Beispiel für Kompensationsräume verstanden werden.

---

[12] Vgl. BÖHME, Einleitung: Raum – Bewegung – Topographie, XIX.
[13] Michel Foucault bezeichnet mit dem Begriff der Heterotopie sowohl Räume als auch Orte. Soziologisch werden diese Begriffe zumeist dahingehend unterschieden, dass Räume funktional aufgefasst werden, wohingegen Orte mit spezifischen Identitätsbildern verknüpft sind.
[14] FOUCAULT, Die Heterotopien, 14.
[15] A. a. O., 16.
[16] A. a. O., 21.
[17] Vgl. ebd.
[18] A. a. O., 20.

1. Überlegungen zum Raumbegriff

Sie sind Heterotopien, da sie aufgrund ihrer Ordnungsstruktur eine tatsächlich realisierte Utopie symbolisieren.

Dieser raumtheoretische Ansatz lässt sich auf die Militärseelsorge applizieren. Sie ist als Kirche in der Lebenswelt Bundeswehr vielfach in konkrete, nichtreligiöse Räume eingebunden. Sie symbolisiert in ihrer Andersartigkeit eine realisierte Utopie im Kontext des Militärs als ein Ort des Glaubens, der Liebe und der Hoffnung (1 Kor 13,13).[19] Auch anhand der Kriteriologie, die Foucault für sein Konzept der Heterotopien entwirft, kann die Militärseelsorge als ein Anderort beschrieben werden. Gottesdienste sind Beispiele dafür, dass die Militärseelsorge ein heterochrones Potenzial in die Lebenswelt Bundeswehr einträgt. Die liturgische Sprache und die biblischen Schriften mit ihren alten und poetischen Texten vermitteln ein Gefühl von Überzeitlichkeit. Sie stiften Gemeinschaft in einem zeitübergreifenden Horizont. Gleichzeitig unterbrechen sie die zeitliche Linearität des Dienstalltags und bieten so Raum zum Innehalten und zur Reflexion.

Öffnungs- und Schließungsprozesse, die einer ritualisierten Ordnung folgen, können bei fast allen Religionen beobachtet werden. Für das Christentum ist dabei der Ritus der Taufe entscheidend – hierüber konstituiert sich die *communio sanctorum*. Auch dienen religiöse Anderorte häufig dazu, die Unterscheidung zwischen »weltlicher« und »geistlicher« Macht deutlich zu machen. Waffen sind aus diesem Grund in Gottesdiensten in aller Regel nicht präsent.[20] Bei der Militärseelsorge sieht das anders aus. Für sie ist es charakteristisch, dass der »weltliche« und der »geistliche« Machtbereich nicht strikt voneinander getrennt

---

[19] Für die Bundeswehr lässt sich aus der motivischen Triade von *Glaube, Liebe, Hoffnung* in der Tat eine Utopie ableiten, die verwirklicht werden soll. Dazu gehört auch die Idee eines freiheitlichen, gerechten und friedvollen Zusammenlebens. Dafür setzen sich die deutschen Streitkräfte mit ihren Missionen ein. Aus diesem Grund stellt eine Kirche, die ekklesiologisch auf diesem Fundament gründet, für die Bundeswehr eine tatsächlich realisierte Utopie dar.

[20] In diesem Zusammenhang wird vereinzelt kritisch darüber diskutiert, ob und inwieweit Kirchen Waffen gesegnet haben bzw. segnen. Für die zwei Weltkriege des vergangenen Jahrhunderts kann insgesamt davon ausgegangen werden, dass weder die evangelische noch die katholische Kirche offiziell Waffen gesegnet haben. Dagegen sprechen zahlreiche Dokumente von kirchenleitender Seite sowie aus dem Bereich der Feldseelsorge. Für die russisch-orthodoxe Kirche gehört diese liturgische Praxis aber bis heute noch nicht der Vergangenheit an, was sich unter anderem während der Krimkrise zeigte. Mittlerweile überlegt die Russisch-Orthodoxe Kirche, ob sie in Zukunft von der Segnung von Gewehren, Raketen oder Panzern absehen sollte. Dieser Entwicklungsprozess ist auch für die hiesige Militärseelsorge relevant, da über die Einrichtung einer *orthodoxen Militärseelsorge* diskutiert wird. Siehe dazu Kap. IV 3.3.1. Zur liturgischen Praxis der Waffensegnung vgl. HEINZ, »Waffensegen« und Friedensgebet; vgl. auch MIXA, »Die Waffen segnen?«, 25.

werden. Diese Konstellation wird aber kritisiert, weil eine unheilvolle Verschmelzung beider Machtbereiche befürchtet wird.[21]

Anhand des Konzepts der Heterotopien lässt sich das Nebeneinanderstehen zweier Machtbereiche neu in den Blick nehmen. Die Militärseelsorge als Anderort in der Bundeswehr verschmilzt nicht mit dem sie umgebenden Raum. Sie repräsentiert vielmehr einen eigenen Realraum, der allerdings die Autonomie des umgebenden Raums nicht aufhebt, sondern anerkennt. Begegnungen der zwei Machtbereiche sind im Kontext der Militärseelsorge dabei unausweichlich. Im Einsatz ist es beispielsweise üblich, dass Soldatinnen und Soldaten auch teilbewaffnet Gottesdienste besuchen. Eine mögliche Gefahrenlage macht es erforderlich, dass sie jederzeit und unverzüglich einsatzbereit sind. Von außen wirken solche Konstellationen befremdlich, weil die Wahrnehmung des Gottesdienstes durch die Präsenz der Waffen irritiert wird. Versteht man den Gottesdienst allerdings als Heterotopie, so verliert die Präsenz der Waffen an Bedeutung. Sie sind für den eigentlichen Anderort irrelevant. Sie erinnern lediglich daran, in welchem Kontext der Anderort verortet ist. Die Militärseelsorge geht mit diesen Irritationsmomenten pragmatisch um: In begründeten Ausnahmefällen ist die Präsenz von Waffen in Gottesdiensten – vor allem im Einsatz – zulässig.

Die Militärseelsorge ist grundsätzlich offen für alle und nimmt keine Exklusionen vor.[22] Hinsichtlich des Ansatzes der Heterotopien ist dieser Befund beachtlich, da sich Anderorte für gewöhnlich über konkrete Öffnungs- und Schließungsprozesse konstituieren. Mit Blick auf den umgebenden Realraum ist dieser Befund allerdings erklärbar: Die Bundeswehr weist nämlich selbst Tendenzen einer Heterotopie gegenüber der Gesellschaft auf. Auch Foucault spricht in seiner Theorie den Militärsystemen ein heterotopes Potenzial zu.[23] Damit wird verständlich, warum die Militärseelsorge als ein Anderort *in* einem Anderort auf exkludierende Eintrittsrituale verzichten kann. Die Bundeswehr hat diese Aufgabe bereits »stellvertretend« übernommen, indem sie sich und den Zugang zu ihrem System nach der Leitunterscheidung *militärisch/zivil* organisiert. Solche Eintrittsrituale gehen zugleich mit Exklusionsdynamiken einher. In der Lebenswelt Bundeswehr betrifft das zuvörderst die Soldatenfamilien. Die Militärseelsorge kann mit ihrem brückenbauenden Potenzial daran anknüpfen und so »Begegnungs- und Ermöglichungsräume«[24] eröffnen, zu denen die gesamte Le-

---

[21] Vgl. THONAK, Evangelische Militärseelsorge und Friedensethik.
[22] Damit ist gemeint, dass sich Seelsorgerinnen und Seelsorger auch um Soldatinnen und Soldaten kümmern, die nicht getauft bzw. nicht der eigenen Konfession angehören. Die Militärseelsorge beschreibt ihren Auftrag aus diesem Grund mittlerweile als *superkonfessionell*. Vgl. RINK, Über den Kultus hinaus, 77.
[23] Vgl. FOUCAULT, Die Heterotopien, 17.
[24] Evangelisches Kirchenamt für die Bundeswehr (Hg.), Begleitung im Licht des Evangeliums, 20.

1. Überlegungen zum Raumbegriff

benswelt Bundeswehr Zugang hat. Insofern ist die Militärseelsorge als ein Anderort in einem Anderort grundsätzlich inklusiv ausgerichtet.

Aus diesem Grund sind die Anderorte, die von der Militärseelsorge gestaltet werden, auch als *Kompensationsräume* zu verstehen: Sie transformieren nicht den umgebenden Raum, sondern realisieren in ihm eine tatsächliche Utopie. Dabei macht Foucault darauf aufmerksam, dass von den Kompensationsräumen eine neue und spezifische Ordnungsstruktur ausgeht.[25] Gottesdienste im Einsatz führen das unmittelbar vor Augen, da sie den scheinbar nie enden wollenden Dienstalltag durchbrechen und so ein externes Strukturelement bieten, das eine zeitliche Verortung im Wochenrhythmus ermöglicht. Von dieser besonderen Ordnungsstruktur berichten auch Soldatinnen und Soldaten: »›Der Gottesdienst ist für mich wichtig. Hier merke ich jedenfalls, dass es Sonntag ist.‹«[26]

Die Militärseelsorge kann grundsätzlich als Heterotopie in der Lebenswelt Bundeswehr beschrieben werden. Von ihr geht ein besonderes Potenzial aus, andersartige Räume zu eröffnen und zu gestalten. Um zu verstehen, wie dieses gestaltende Potenzial konkret umgesetzt werden kann, ist der Rekurs auf die Raumsoziologie weiterführend. Es gilt zu klären, was ein Raum ist, wie er entsteht, wie er interpretiert und gedeutet werden kann.

2. *Raumsoziologie:* Der Ansatz der *Raumsoziologie*,[27] der zur Jahrtausendwende von der Soziologin Martina Löw entwickelt wurde, greift wesentliche Einsichten des *spatial turn* auf und versucht dabei Antworten auf die Frage zu geben, wie die dynamische Konstitution von Räumen organisiert wird. Löw unterscheidet dafür zwei Elemente, die für die Beschaffenheit von Räumen maßgebend sind: Das sind zum einen *Lebewesen* (zuvörderst Menschen)[28] und zum anderen *soziale Güter* (materielle Objekte). Darüber hinaus sind noch zwei dynamische Prozesse, die analytisch voneinander zu trennen sind, für die Raumkonstitution entscheidend: Das *Spacing* und die *Syntheseleistung*. Mit der Dynamik des Spacing ist gemeint, dass sowohl soziale Güter als auch Lebewesen an einem Ort platziert werden können und diesem Ort so eine materielle Gestalt geben. Die Syntheseleistung macht wiederum deutlich, dass die Lebewesen und die sozialen Güter in ganz unterschiedliche Relationen zueinander treten können und damit die materielle Gestalt stetig wandeln und die funktionale Nutzung des Ortes auch immer wieder neu bestimmen, sodass sich der unspezifische Ort zu einem spezifischen Raum wandelt. Martina Löw bilanziert, dass ein Raum »eine

---

[25] Vgl. FOUCAULT, Die Heterotopien, 20.

[26] Zit. n. ACKERMANN, Einsatz – Auf der Suche nach Religion?, 52.

[27] Für einen pointierten Überblick zum Ansatz vgl. WÜTHRICH, Raumtheoretische Erwägungen zum Kirchenraum, 82–85.

[28] Aber auch Tiere lassen sich unter diesen Begriff fassen und mit der Raumsoziologie in den Blick nehmen. Martina Löw spricht diesbezüglich von »anderen Lebewesen«. DIES., Raumsoziologie, 224.

relationale (An)Ordnung sozialer Güter und Menschen (Lebewesen) an Orten«[29] ist.

Der Ansatz der Raumsoziologie verdeutlicht im Einklang mit den Annahmen des *spatial turn*, dass ein Raum nicht vorfindlich gegeben ist, sondern prozessual durch relationale Nutzung entsteht. Ein Raum ist das Produkt gesellschaftlicher sowie sozialer Interaktion. Diese Einsicht ist für die Arbeit der Militärseelsorge elementar. Sie bewegt sich in einer Lebenswelt, die vor allem militärische Räume hervorbringt und kultiviert. Diese Räume stellen jedoch keine statischen Container dar, sie sind wandelbar und auch für andere Nutzungen offen. Aus diesem Grund kann die Militärseelsorge temporäre Seelsorgeräume in der Bundeswehr eröffnen, die in den Ort des Militärs eingebunden sind. Während eines sogenannten *Feldgottesdienstes* kann »zum Beispiel ein Fahrzeug des Typs ›Wolf‹ zum Gottesdiensttisch«[30] umfunktioniert werden. Die Motorhaube des Geländejeeps wandelt sich temporär zum Altar für einen Gottesdienst unter freiem Himmel. Wenige sozial aufgeladene Gegenstände wie eine Bibel, ein Altartuch und vielleicht noch zwei Kerzen genügen, um die neue Nutzung des Raums sichtbar zu machen. Soldatinnen und Soldaten versammeln sich davor, singen und beten gemeinsam und verdeutlichen damit, dass hier vorübergehend ein besonderer Raum – ein Anderort – entstanden ist.[31]

Seelsorge findet als *räumliches Geschehen* statt – das gilt insbesondere für die Militärseelsorge. Im Folgenden werden Beispiele solcher Räume in der Militärseelsorge reflektiert und hinsichtlich ihres seelsorglichen Potenzials diskutiert. Dafür werden zunächst Seelsorgeräume im »Normalbetrieb« (2.1) in den Blick genommen, ehe Seelsorgeräume im Einsatzgeschehen (2.2) betrachtet werden. Der Fokus richtet sich sodann auf die Vollzüge (3) innerhalb der Seelsorgeräume, weil diese im Anschluss an die Raumsoziologie für die prozessuale Konstitution von Räumen entscheidend sind.

---

[29] Ebd. [Hervorhebung aufgehoben].
[30] Evangelisches Kirchenamt für die Bundeswehr (Hg.), Begleitung im Licht des Evangeliums, 22 f.
[31] Um Missverständnissen vorzubeugen, sei darauf hingewiesen, dass Feldgottesdienste in ganz unterschiedlichen Formaten stattfinden und dass das Einbeziehen von militärischem Gerät lediglich eine spezifische Variante dieser liturgischen Feiern darstellt. Vgl. auch KARLE/PEUCKMANN, Seelsorge in der Lebenswelt Bundeswehr, 27.

2. Räume der Militärseelsorge

2.1 Seelsorgeräume im »Normalbetrieb«

Die Militärseelsorge kann als Anderort in einem Anderort beschrieben werden. Die Bundeswehr generiert als militärisches System eine Vielzahl an unterschiedlichen Räumen, die sowohl militärspezifisch als auch militärunspezifisch sein können. In diesem besonderen Raum ist die Militärseelsorge als *Kirche in der Lebenswelt Bundeswehr* verortet. Ihr stehen für ihre seelsorgliche Begleitung der Soldatinnen und Soldaten eigene Räume zur Verfügung. Diese können zum Militärpfarramt gehören. Sie können aber auch als Kapelle, Gottesdienstraum oder Raum der Stille abseits der eigentlichen Diensträume liegen. Die Militärseelsorge weist zudem eine *Geh-Struktur* auf, sodass sie nicht nur auf ihre eigenen Räume beschränkt bleibt. Sie sucht vielfach den Weg in die militärischen Räume. Sie geht mit auf den Truppenübungsplatz, begleitet Soldatinnen und Soldaten auf einem Manöver oder in einem Einsatz.

Im »Normalbetrieb« der Bundeswehr, also im direkten bzw. indirekten Umfeld der hiesigen Standorte, tritt die Militärseelsorge in unterschiedlichen Räumen in Erscheinung. Für die nachfolgende Darstellung sind drei Räume exemplarisch ausgewählt worden. Der Lebenskundliche Unterricht (2.1.1) stellt einen Schwerpunkt in der Arbeit der Militärseelsorge dar. Gleichzeitig verdeutlicht er, was es heißt, ein Anderort in einem Anderort zu sein, weil er für gewöhnlich in den Unterrichts- und Seminarräumen auf dem Kasernengelände stattfindet. Die Rüstzeiten (2.1.2) zeigen indes, dass die Militärseelsorge nicht auf militärische Räume beschränkt ist, sondern auch Räume außerhalb der Kaserne eröffnen und für die seelsorgliche Begleitung nutzbar machen kann. Mit dem Blick auf die Familienarbeit (2.1.3) wird nicht zuletzt deutlich, dass die Militärseelsorge grundsätzlich inklusive Räume eröffnen kann.

2.1.1 Lebenskundlicher Unterricht

Der Lebenskundliche Unterricht (LKU) stellt den *alltäglichen Sonderfall* in der Arbeit der Militärseelsorge dar. Er wird einerseits »in staatlichem Auftrag erteilt«[32] und gehört damit nicht zum originären Aufgabenbereich der Militärseelsorge, was sich auch daran zeigt, dass er nicht eigens im Militärseelsorgevertrag thematisiert wird. Andererseits nimmt der Lebenskundliche Unterricht in der alltäglichen Praxis der Militärseelsorge einen großen Raum ein,[33] sodass er als schwerpunktmäßiger Arbeitsbereich zu sehen ist.[34] Der Lebenskundliche Unterricht ist »nicht mit dem Religionsunterricht gleichzusetzen, [... sondern] vielmehr eine berufsethische Unterrichtung«[35]. Für die Umsetzung dieses Unterrichts gibt es seit den späten 1950er Jahren Kooperationen zwischen der Bundeswehr und der Militärseelsorge. Konzeptionell sind mit dem Lebenskundlichen Unterricht militärische Zielvorgaben verbunden. So steht der Unterricht »im Zusammenhang mit der Gesamterziehung der Soldaten«.[36] Dieser Umstand verdeutlicht, dass der Lebenskundliche Unterricht ein besonderes Aufgabenfeld darstellt. Er führt die grundsätzlichen Spannungen von Seelsorge in der Bundeswehr vor Augen, weil die Grenzen zwischen staatlichem Auftrag und kirchlichem Handeln ebendort verschwimmen.

Zur Gestalt des Lebenskundlichen Unterrichts wurden bereits sehr früh, noch vor der eigentlichen Aufstellung der Bundeswehr, erste orientierende Gespräche (1952) zwischen den kirchlichen und staatlichen Vertretern geführt.[37] Ein Konsens konnte nicht unmittelbar gefunden werden, vielmehr erwiesen

---

[32] Evangelisches Kirchenamt für die Bundeswehr (Hg.), Friedensethik im Einsatz, 345.
[33] Eine nicht mehr aktuelle quantitative Studie (1987) beziffert den zeitlichen Umfang des Lebenskundlichen Unterrichts im Verhältnis zur sonstigen Arbeit der Militärseelsorge mit mehr als 50 %. Die befragten Militärpfarrer gaben an, dass diese Aufteilung mit Blick auf ihre eigentlichen seelsorglichen Tätigkeiten durchaus vertretbar sei. Vgl. KLEIN/SCHEFFLER, Der Lebenskundliche Unterricht in der Bundeswehr im Urteil von Militärpfarrer und Soldaten, 13 f. Eine neuere, aber ebenfalls nicht aktuelle quantitative Studie (2001) hat erhoben, dass die Militärpfarrer ungefähr ein Drittel ihrer Dienstzeit für die Vorbereitung und Durchführung des Lebenskundlichen Unterrichts aufwenden. Mit Blick auf die Gesamtzahl der durchgeführten Unterrichtseinheiten wird allerdings vermutet, dass der tatsächliche Arbeitsaufwand höher anzusetzen ist. Vgl. WERKNER, Soldatenseelsorge versus Militärseelsorge, 182.
[34] Vgl. VON SCHUBERT, Wie werden Soldaten im Umgang mit Schuld und Ohnmacht begleitet?, 165.
[35] Evangelisches Kirchenamt für die Bundeswehr (Hg.), Friedensethik im Einsatz, 346.
[36] ZDv 66/2, Ziff. 1.
[37] Vgl. BLASCHKE/OBERHEM, Militärseelsorge, 60. Zum gesamten Entstehungsprozess des Lebenskundlichen Unterrichts vgl. DÖRFLER-DIERKEN, Zur Entstehung der Militärseelsorge und zur Aufgabe der Militärgeistlichen in der Bundeswehr, 63–77.

sich die Gespräche als mühsam, dies auch deshalb, weil die katholische und die evangelische Kirche die Chancen und Risiken eines Lebenskundlichen Unterrichts unter ihrer Mitverantwortung unterschiedlich bewerteten. Zur Diskussion standen zwei Grundsatzkonzeptionen:[38]

1. Der Lebenskundliche Unterricht sollte als Ergänzung zur seelsorglichen Begleitung unter der Verantwortung der Militärseelsorge auf freiwilliger Basis der Soldaten erfolgen.
2. Der Lebenskundliche Unterricht sollte als Teil der Gesamterziehung der Soldaten verpflichtend und überkonfessionell unter alleiniger Verantwortung der militärischen Disziplinarvorgesetzten im Zusammenspiel mit den Militärpfarrern (als Hilfskräfte) stattfinden.

Die staatliche Seite präferierte letztere Variante. Gegen den überkonfessionellen Charakter des Lebenskundlichen Unterrichts sprachen sich die katholischen Vertreter jedoch entschieden aus. Diese Kritik wurde von der evangelischen Kirche geteilt, gleichwohl wurden die Chancen insgesamt stärker gewichtet,[39] sodass man grundsätzlich eine Kompromissbereitschaft auch hinsichtlich der Fragen eines überkonfessionellen Unterrichts signalisierte. Die Kritik der katholischen Vertreter führte allerdings dazu, dass die Konzeptionen überarbeitet und in der Zentralen Dienstvorschrift 66/2 aus dem Jahr 1959 zusammengeführt wurden. Der Lebenskundliche Unterricht wurde demnach als freiwilliger Unterricht auf konfessioneller Basis definiert, der im Zusammenhang mit der Gesamterziehung der Soldaten steht und nicht als Ergänzung der seelsorglichen Begleitung zu verstehen ist.

Mit der Zentralen Dienstvorschrift 66/2 wurde ein Mittelweg zwischen staatlicher und kirchlicher Prägung des Lebenskundlichen Unterrichts gefunden. Diese mitunter ambivalente Konstellation wurde allerdings vielfach kritisiert. Wolfgang Huber sah in dieser Praxis eine Amtshilfe für den Staat, wodurch Militärseelsorger zu Funktionären des Staates würden.[40] Juristisch wurde vor allem in den 1990er Jahren darüber debattiert, ob die vereinbarte Praxis des Lebenskundlichen Unterrichts verfassungskonform oder verfassungswidrig sei.[41] Markus Kleine beispielsweise bilanziert, dass der Lebenskundliche Unterricht »ein unzulässiges staatskirchliches Mischgebilde«[42] darstelle. Diese Bewertung passt zu einer Beobachtung, die bereits in den 1970er Jahren gemacht wurde. In einem internen Papier schrieb der Militärpfarrer Hartmut Heinrici

---

[38] Vgl. BLASCHKE/OBERHEM, Militärseelsorge, 60.
[39] Vgl. a.a.O., 64.
[40] Vgl. HUBER, Kirche und Öffentlichkeit, 277.
[41] Für einen Überblick zum Diskurs vgl. WERKNER, Soldatenseelsorge versus Militärseelsorge, 80–82.
[42] KLEINE, Institutionalisierte Verfassungswidrigkeiten, 179.

dem Lebenskundlichen Unterricht chamäleonhafte Züge zu.⁴³ Die These vom Lebenskundlichen Unterricht als Chamäleon wurde in der Forschung daraufhin immer wieder diskutiert.⁴⁴ Jörg Ennuschat sprach sich mit seiner staatskirchenrechtlichen Abhandlung aus dem Jahr 1996 entschieden gegen diese These aus. Er hebt hervor, dass die Zielvorgaben des Lebenskundlichen Unterrichts eindeutig staatlich orientiert seien. Darüber hinaus kann der Staat sogar strukturellen Einfluss auf den Unterricht ausüben, indem ausgewählte Militärseelsorger von der Erteilung des Lebenskundlichen Unterrichts entbunden werden.⁴⁵ Ennuschat bilanziert: »Der Lebenskundliche Unterricht ist ungeachtet seiner faktischen Verkirchlichung damit eine staatliche Veranstaltung – und kein Chamäleon.«⁴⁶ Aufgrund des Beamtenstatus der Militärseelsorger bewertet Ennuschat den Lebenskundlichen Unterricht als verfassungskonform.⁴⁷ Es tritt deutlich hervor, dass der Lebenskundliche Unterricht im Wesentlichen von Spannungen geprägt ist. Das rührt daher, dass kirchliche und staatliche Einflüsse in diesem Aufgabenbereich offenkundig vermischt werden.

Im Jahr 2011 ist nach dreijähriger Erprobungszeit (Beginn: 2009) eine neue Zentrale Dienstvorschrift, die ZDv 10/4 »Lebenskundlicher Unterricht. Selbstverantwortlich leben – Verantwortung für andere übernehmen können«, in Kraft getreten.⁴⁸ Die Bundeswehr reagierte damit auf die veränderten Rahmenbedingungen des militärischen Dienstes in Zeiten der Einsatzrealität. Es wurde erkannt, dass die Soldatinnen und Soldaten Orientierung und Unterstützung in ihrer berufsethischen Persönlichkeitsbildung benötigen. Gerade mit Blick auf die Einsatzerfahrungen wird deutlich, dass eine wertevermittelnde und kompetenzorientierte Persönlichkeitsbildung in der Bundeswehr nach wie vor unverzichtbar ist. Die sogenannte *Totenkopfaffäre*⁴⁹ aus dem Jahr 2006 hat laut dem ehemaligen Verteidigungsminister Franz Josef Jung gezeigt, dass es in der soldatischen Gesamterziehung noch eklatante Lücken gebe. Jung betonte in einer Rede in der Julius-Leber-Kaserne (Berlin) wenige Wochen nach der Veröffentli-

---

[43] Vgl. HEINRICI, Lebenskundlicher Unterricht – ein Chamäleon?, 1.

[44] Die quantitative Studie von Klein und Scheffler schließt sich beispielsweise der These von Heinrici an. Vgl. DIES., Der Lebenskundliche Unterricht in der Bundeswehr im Urteil von Militärpfarrer und Soldaten, 137.

[45] Vgl. ENNUSCHAT, Militärseelsorge, 101.

[46] A. a. O., 100.

[47] Vgl. a. a. O., 96.

[48] Vgl. HÄMMERLE, Der Lebenskundliche Unterricht in der Bundeswehr, 38.

[49] Mit diesem Schlagwort wurden im Boulevardjournalismus Fotografien von deutschen Bundeswehrsoldaten überschrieben, die im Rahmen des Afghanistaneinsatzes mit Totenschädeln posierten. Die Bilder entstanden 2004, wurden allerdings öffentlichkeitswirksam erst im Jahr 2006 publiziert. Vgl. SCHMITZ, Das soldatische Selbstverständnis im Wandel, 224. Siehe auch Kap. II 2.2.2.

2.1 Seelsorgeräume im »Normalbetrieb«

chung der entsprechenden Bilder zur Totenkopfaffäre, dass er insbesondere in der »Weiterentwicklung des Lebenskundlichen Unterrichts in der Bundeswehr«[50] wesentliche Chancen sehe, um diese Lücken zu schließen. Die Neuausrichtung des Lebenskundlichen Unterrichts steht folglich im direkten Zusammenhang mit der Einsatzrealität der Bundeswehr.

In der neuen Zentralen Dienstvorschrift (ZDv 10/4)[51] wird der Lebenskundliche Unterricht folgendermaßen definiert: »Der Lebenskundliche Unterricht ist ein Ort freier und vertrauensvoller Aussprache und lebt von der engagierten Mitarbeit der Soldatinnen und Soldaten. Er ist kein Religionsunterricht und auch keine Form der Religionsausübung im Sinne von § 36 des Soldatengesetzes, sondern eine berufsethische Qualifizierungsmaßnahme und damit verpflichtend. Er wird in der Regel von Militärseelsorgerinnen und Militärseelsorgern und im Bedarfsfall auch von anderen berufsethisch besonders qualifizierten Lehrkräften erteilt.«[52] Im Vergleich zur Zentralen Dienstvorschrift 66/2 aus dem Jahr 1959 wird der Lebenskundliche Unterricht in dreifacher Hinsicht neu ausgerichtet. Er wird als eine berufsethische Qualifizierungsmaßnahme (1) bestimmt,[53] die Teilnahme ist verpflichtend (2) und sie erfolgt unabhängig von einer konfessionellen Bindung (3). Die Möglichkeit zur kirchlichen Einflussnahme – das, was Jörg Ennuschat zuvor noch als »Verkirchlichung«[54] beschreibt – wird deutlich reduziert. Die Militärseelsorge wird mit der Zentralen Dienstvorschrift 10/4 aus der Verantwortungsrolle genommen, aber weiterhin zu einem verlässlichen Kooperationspartner erklärt. Damit wird einmal mehr der durchweg staatliche Charakter des Lebenskundlichen Unterrichts hervorgehoben.

---

[50] JUNG, Rede im Rahmen der »Politikergespräche« der Gemeinschaft Katholischer Soldaten (GKS) am 9. November 2006 in der Julius-Leber-Kaserne in Berlin, 98.
[51] 2018 ist die ZDv 10/4 durch die ZDv A-2620/3 abgelöst worden. Die wesentlichen Eckpunkte der Reform des Lebenskundlichen Unterrichts durch die ZDv 10/4 sind in der neuen Dienstvorschrift weiterhin enthalten.
[52] ZDv 10/4 Lebenskundlicher Unterricht, Ziff. 107.
[53] Dazu passt, dass 2010 das *Zentrum für ethische Bildung in den Streitkräften* (zebis) auf Initiative der katholischen Militärseelsorge gegründet wurde, das neben inhaltlichen Impulsen zur ethischen Kompetenz in der Bundeswehr auch den Lebenskundlichen Unterricht materiell und methodisch unterstützt. Dafür wird ein eigenes Didaktik-Portal betrieben, das Unterrichtsentwürfe und Material bereitstellt. Das zebis ist angebunden an das *Institut für Theologie und Frieden* (ithf) in Hamburg, was sich auch anhand der ähnlichen Logos zeigt. Seit 2014 wird zweimal jährlich das internationale E-Journal »Ethik und Militär – Kontroversen der Militärethik und Sicherheitskultur« veröffentlicht, das sich mit Themen zur Militärethik, Sicherheitspolitik und zum Völkerrecht auseinandersetzt. Vgl. https://www.zebis.eu/home/ (Stand: 02. März 2021).
[54] Vgl. ENNUSCHAT, Militärseelsorge, 97 f.

Aus Sicht der Militärseelsorge sind mit der Neuausrichtung des Lebenskundlichen Unterrichts zwei interessante Entwicklungen verbunden. Zum einen sind unter der Hand die staatskirchenrechtlichen Spannungen entschärft worden. Der Lebenskundliche Unterricht ist nunmehr unzweifelhaft eine staatliche Veranstaltung, die der alleinigen Verantwortung des Staates unterliegt. Insofern ist der Lebenskundliche Unterricht in der neuaufgelegten Fassung verfassungskonform.[55] Zum anderen hat die Zentrale Dienstvorschrift 10/4 im gewissen Sinne die ursprüngliche Grundkonzeption des Lebenskundlichen Unterrichts umgesetzt, die man in den 1950er Jahren auf staatlicher Seite präferierte. Damit hat sich 50 Jahre nach seiner Einführung die Variante etabliert, gegen die sich damals vor allem die katholische Kirche verwehrt hatte. Als ein Problem oder gar als eine »Niederlage« ist diese Entwicklung aber keineswegs zu werten. Die Voraussetzungen für den Lebenskundlichen Unterricht waren in den 1950er Jahren gegenüber der heutigen Praxis grundverschieden. Das betrifft zuvörderst die konfessionelle Bindung: »Bei Gründung der Bundeswehr waren noch über 90 % der Bundeswehrangehörigen Mitglieder in einer der beiden großen Kirchen. Heute gilt in der Bundeswehr wie generell in der Gesellschaft eine Aufteilung von circa 30 % evangelischen, 30 % katholischen Kirchenmitgliedern und 40 % konfessionell nicht gebundenen Soldatinnen und Soldaten.«[56] Ein Lebenskundlicher Unterricht auf konfessioneller Basis ergebe vor dem Hintergrund der aktuellen Zahlen keinen Sinn. Darüber hinaus ist die Praxis eines überkonfessionellen Unterrichts nicht erst seit der Zentralen Dienstvorschrift 10/4 verbreitet. Eine quantitative Studie von Paul Klein und Horst Scheffler weist bereits im Jahr 1987 darauf hin, dass »der Lebenskundliche Unterricht für viele Soldaten den Charakter einer überkonfessionellen Veranstaltung angenommen hat. Dies belegen nicht nur die weitgehend zwischen den Konfessionen gleichen Einschätzungen und Erwartungen, sondern vor allem auch das Ergebnis, daß die Soldaten aller Dienstgrade nicht selten den Unterricht des Pfarrers der nicht-eigenen Konfession besuchen«.[57] Für die überkonfessionelle Ausrichtung des Lebenskundlichen Unterrichts sprechen also sowohl strukturelle als auch praktische Gründe.

Die Betonung der staatlichen Prägung des Lebenskundlichen Unterrichts durch die Zentrale Dienstvorschrift 10/4 warf auf Seiten der Militärseelsorge wiederum die Frage auf, in welcher Rolle und Funktion die Militärseelsorgerinnen und Militärseelsorger in diesem Unterricht aktiv werden. Teilweise wurde versucht, die Frage mit dem Verweis auf den Beamtenstatus der Militärpfarrerinnen und -pfarrer zu beantworten. In diesem Kontext begegnet vereinzelt das

---

[55] Vgl. HEIMANN, Zukunftsperspektiven der Militärseelsorge, 130.
[56] VON SCHUBERT, Militärseelsorge, 681.
[57] KLEIN/SCHEFFLER, Der Lebenskundliche Unterricht in der Bundeswehr im Urteil von Militärpfarrer und Soldaten, 135.

Bild von den »zwei Hüten«. Demnach seien die Militärseelsorger das eine Mal Pfarrer und das andere Mal Staatsdiener. Während des Lebenskundlichen Unterrichts würden sie dann den einen »Hut« tragen; sie würden ausschließlich als Staatsdiener agieren. Doch ist dieses Bild nicht haltbar: Militärseelsorgerinnen und Militärseelsorger können nicht einfach zwischen grundverschiedenen Rollen hin und her wechseln. Zum einen entspricht das nicht den Erwartungen der Soldatinnen und Soldaten, die in ihnen immer den Pfarrer oder die Pfarrerin sehen. Hier existiert eine spezifische Erwartungshaltung, die nicht selten mit einem professionstypischen Vertrauensvorschuss einhergeht. Militärpfarrerinnen und Militärpfarrer werden aus diesem Grund in spezifischer Weise adressiert – als Expertinnen und Experten für religiöse Kommunikation und als Vertrauenspersonen, auf deren Verschwiegenheit zu hundert Prozent Verlass ist. Zum anderen deckt sich die Rede von den zwei Hüten nicht mit dem Selbstbild der evangelischen Militärseelsorge. Sie hat sich dem Bibelwort aus Röm 14,8 – Domini sumus – verschrieben.[58] Sie ist nicht »Diener zweier Herren«[59] (Mt 6,24), sondern ausschließlich dem Evangelium verpflichtet. Drittens ist darauf hinzuweisen, dass der Lebenskundliche Unterricht als ein vertrauensvoller *Freiraum* in der Bundeswehr konzipiert ist. »Die staatlichen Vorgaben hinsichtlich der Unterrichtsziele und -gestaltung sind auf die Eröffnung eines Freiraumes gerichtet. Der Freiraum kommt einmal den Soldaten zu, denen eine Plattform freier Diskussion geschaffen wird, ferner den Militärgeistlichen und vor allem den Kirchen: Die Militärgeistlichen werden eben nicht nur als Staatsbeamte tätig, sondern zuvörderst als Militär*geistliche*, d.h. als Geistliche ihrer Kirche«.[60] Dieses freiheitsstiftende Potenzial ist auch in der aktuellen Zentralen Dienstvorschrift (ZDv 10/4 bzw. seit 2018 ZDv A-2620/3) enthalten, sodass sich der Lebenskundliche Unterricht nach wie vor als vertrauensvoller Freiraum interpretieren lässt.

Das Curriculum des Lebenskundlichen Unterrichts besitzt einen gesellschaftspolitischen und sozialethischen Schwerpunkt.[61] Von der Militärseelsorge wird dieser Fokus im eigenen Verständnis des Lebenskundlichen Unterrichts aufgenommen. Er gilt als »einer der Orte für eine intensive und auf die militärische Praxis bezogene ethische Bildung.«[62] Mit diesem Verständnis stärkt die

---

[58] Siehe Kap. II 2.2.1.
[59] Kritisch setzt sich damit auch Sigurd Rink auseinander. Vgl. DERS., Diener zweier Herren?
[60] ENNUSCHAT, Militärseelsorge, 96 [Hervorhebung im Original].
[61] Als übergeordnete Themenfelder werden »Individuum und Gesellschaft« (1), »Persönliche Lebensführung und soldatischer Dienst« (2) und »Moralische und psychische Herausforderungen des soldatischen Dienstes« (3) genannt. Vgl. ZDv 10/4 Lebenskundlicher Unterricht, Ziff. 407; vgl. auch Deutscher Bundestag (Hg.), Drucksache 19/21437, 15 f.
[62] Evangelisches Kirchenamt für die Bundeswehr (Hg.), Friedensethik im Einsatz, 345.

Militärseelsorge das eigene (friedens-)ethische Selbstverständnis. Mittlerweile gibt es in der Bundeswehr auch Überlegungen für einen »eigenen« Ethikunterricht. Eine entsprechende Vorschrift zur ethischen Bildung in der Bundeswehr wurde bislang noch nicht erlassen, wenngleich hieran im Verteidigungsministerium intensiv gearbeitet wird. Ob solch eine Vorschrift in absehbarer Zeit erlassen wird, ist unklar. Unklar ist auch, inwieweit sich dieser Ethikunterricht vom Lebenskundlichen Unterricht unterscheiden wird und welche Rolle die Militärseelsorge darin übernehmen soll.[63] Es steht zu befürchten, dass sich die Bundeswehr mit diesem Unterricht selbstständig und ohne äußere Einflüsse um ihre ethische Bildung kümmern möchte. Dies stünde aber im Widerspruch zum Konzept der Inneren Führung, das nicht von einer isolierten Militärethik ausgeht, sondern die Ethik viel allgemeiner als Lebensführung im gesamtgesellschaftlichen Sinne versteht. Zugleich zeigt die Diskussion um einen möglichen Ethikunterricht, dass der Lebenskundliche Unterricht *mehr* als nur eine berufsethische Qualifizierungsmaßnahme ist. Ließe er sich ausschließlich auf die ethische Bildung verengen, wäre ein bundeswehrinterner Ethikunterricht obsolet. Der Lebenskundliche Unterricht ist und bleibt »ein Ort freier und vertrauensvoller Aussprache«.[64] Das schließt mit ein, dass auch über Religion, Kirche oder den Glauben gesprochen werden kann.[65] Der katholische Militärpfarrer Ulrich Witte beispielsweise hebt in einem Interview hervor, dass diese Dimension im Lebenskundlichen Unterricht immer mal wieder, zumeist indirekt, gestreift wird: »Viele wollen in den Seminaren zunächst nicht über religiöse Themen sprechen [...]. Über kurz oder lang kommt man dann aber doch bei religiösen oder ethischen Aspekten an.«[66]

Der Lebenskundliche Unterricht stellt den *alltäglichen Sonderfall* in der Arbeit der Militärseelsorge dar. Er konfrontiert Militärseelsorgerinnen und Militärseelsorger aufgrund der besonderen Konzeption als staatliche Veranstaltung mit einer Vielzahl an Herausforderungen. Trotzdem bietet er große Chancen für die militärseelsorgliche Arbeit, weil er einerseits Zugänge zu den Soldatinnen

---

[63] Kritisch äußert sich die Wehrbeauftrage des Deutschen Bundestages Eva Högl (seit 2020) in dem Jahresbericht 2020 (Bericht 62), dass in der bisherigen Planung die Militärseelsorge nicht in den angedachten Ethikunterricht miteinbezogen werden soll, sondern dass dieser Unterricht durch die Disziplinarvorgesetzten erteilt werden soll. Vgl. Deutscher Bundestag (Hg.), Unterrichtung durch die Wehrbeauftragte. Jahresbericht 2020, 123.
[64] ZDv 10/4 Lebenskundlicher Unterricht, Ziff. 107.
[65] Das Curriculum des Lebenskundlichen Unterrichts lässt auffälliger Weise dafür einen erkennbaren Spielraum. Das Thema »Religion« wird auch inhaltlich aufgeführt – hinsichtlich seiner gesellschaftlichen Bedeutung für den bundesdeutschen Kontext und für Gesellschaften, in denen die Bundeswehr ihre Einsätze leistet. Vgl. a. a. O., Ziff. 407 (insb. 1.4 und 1.5).
[66] Zit. n. KAPPEL, Im Einsatz für den Frieden, 57.

und Soldaten ermöglicht und andererseits von dem Gedanken eines vertrauensvollen Freiraums geprägt ist. Auch die Bundeswehr als Institution und Organisation profitiert von einem Lebenskundlichen Unterricht, der sich als Freiraum im militärischen Alltag versteht. Die bereits erwähnte Studie von Klein und Scheffler bilanziert: »Die Soldaten aller Dienstgrade sehen im Lebenskundlichen Unterricht im starken Maß eine willkommene Abwechslung vom Alltag ihres militärischen Dienstes.«[67] Ähnlich fallen gegenwärtige Beurteilungen von Soldatinnen und Soldaten aus, die den Lebenskundlichen Unterricht mittlerweile verpflichtend im Rahmen ihrer Dienstzeit besuchen.[68] Sie sehen in ihm eine willkommene Unterbrechung des militärischen Alltags.[69]

Darüber hinaus soll der Lebenskundliche Unterricht einen Beitrag zur Inneren Führung leisten[70] – einerseits durch den unmittelbaren Austausch zwischen dem militärischen und dem zivilgesellschaftlichen Bereich, andererseits durch die Chance, die eigene Persönlichkeitsbildung im Sinne eines selbstverantwortlichen *Staatsbürgers in Uniform* voranzutreiben.[71] In der Praxis zeigen sich jedoch Schwierigkeiten. Zum einen steht der Aspekt, dass der Lebenskundliche Unterricht mittlerweile verpflichtend ist, in Spannung zum Konzept der Inneren Führung. Der Lebenskundliche Unterricht »ist seiner Konzeption nach ein Unterricht, der in geistiger und menschlicher Freiheit, ohne Befehl und Gehorsam, in hierarchiefreien Räumen ohne Denkverbote und Fragehemmnisse erfolgt. [... Die] Teilnahme am Lebenskundlichen Unterricht kann also nicht erzwungen werden«.[72] Zum anderen deuten Zahlen aus der Praxis der Bundeswehr an, dass der Lebenskundliche Unterricht kaum flächendeckend erteilt wird.[73] Die zwei obligatorischen Stunden pro Monat werden »aus personellen und prakti-

---

[67] KLEIN/SCHEFFLER, Der Lebenskundliche Unterricht in der Bundeswehr im Urteil von Militärpfarrer und Soldaten, 136.
[68] Vgl. KAPPEL, Im Einsatz für den Frieden, 61.
[69] Das arbeitet auch eine empirische Studie des Sozialwissenschaftlichen Instituts der Bundeswehr heraus. Demnach gaben über 60 % der befragten Soldatinnen und Soldaten an, dass sie den Lebenskundlichen Unterricht auch auf freiwilliger Basis besuchen würden. Vgl. WANNER, Lebenskundlicher Unterricht in der Bundeswehr, 249 f.
[70] Vgl. ZDv 10/4 Lebenskundlicher Unterricht, Ziff. 108.
[71] Vgl. dazu u. a. ACKERMANN, Ethische Bildung in der Bundeswehr auf neuen Wegen?, 237–242.
[72] DÖRFLER-DIERKEN, Zur Entstehung der Militärseelsorge und zur Aufgabe der Militärgeistlichen in der Bundeswehr, 86.
[73] Ein Antwortschreiben der Bundesregierung auf eine Kleine Anfrage der Fraktion DIE LINKE führt im Rückgriff auf eine »unvollständige Statistik« des Evangelischen Kirchenamtes für die Bundeswehr auf, dass von der evangelischen Militärseelsorge im Jahr 2009 619 Seminare veranstaltet wurden, wodurch mit dem Lebenskundlichen Unterricht in der Fläche ca. 15.000 Soldatinnen und Soldaten erreicht wurden. Vgl. Drucksache 17/4640, 3.

schen Gründen gar nicht immer und überall durchgeführt.«[74] Der theoretischen Wertschätzung des Lebenskundlichen Unterrichts vonseiten der Bundeswehr steht in der Praxis insofern eine »faktische Geringschätzung«[75] gegenüber.[76] Dafür gibt es eine Reihe von Gründen, ausschlaggebend sind aber vor allem die begrenzten Ressourcen.[77] An diesem Punkt wird deutlich, dass die verlässliche Kooperation zwischen der Bundeswehr und der Militärseelsorge hinsichtlich der Durchführung des Lebenskundlichen Unterrichts elementar ist. Daran zeigt sich, dass das Konzept der *kritischen Solidarität* in der Tat auch die Bundeswehr als Institution und Organisation miteinschließt.[78] Der Lebenskundliche Unterricht ist ein anschauliches Beispiel dafür, dass die Militärseelsorge sich nicht nur auf die Soldatinnen und Soldaten, sondern auch auf die Bundeswehr bezieht.

Mit der Nähe zur Inneren Führung deutet sich an, dass im Lebenskundlichen Unterricht ein besonderer Raum der Öffentlichkeit geschaffen wird. Es kann über aktuelle Entwicklungen in der Politik, den Streitkräften und der Gesellschaft diskutiert werden. Die Militärseelsorge ist in die Konstitution und teilweise auch in die Deutung dieser Öffentlichkeitsräume involviert. Sie sorgt dafür, dass der Lebenskundliche Unterricht auch dann noch ein Ort der freien und vertrauensvollen Aussprache bleibt, wenn über polarisierende oder politisch brisante

---

[74] DÖRFLER-DIERKEN, Zur Entstehung der Militärseelsorge und zur Aufgabe der Militärgeistlichen in der Bundeswehr, 86.

[75] Ebd.

[76] Das zeigt sich beispielsweise daran, dass im Frühjahr 2020 in Reaktion auf die Maßnahmen zur Bekämpfung der Ausbreitung der COVID-19-Pandemie sämtliche Einheiten des Lebenskundlichen Unterrichts zeitweise ausgesetzt wurden. Alternative Unterrichtsformate (z. B. als Fernunterricht oder über digitale Kanäle) wurden zum Ausgleich nicht genutzt. Der Lebenskundliche Unterricht fiel ersatzlos aus.

[77] Die ZDv 10/4 führt die Passage auf, dass der Lebenskundliche Unterricht nicht zwangsläufig von einem Militärseelsorger bzw. einer Militärseelsorgerin durchgeführt werden muss, sondern »im Bedarfsfall auch von anderen berufsethisch besonders qualifizierten Lehrkräften erteilt« (ZDv 10/4, Ziff. 107) werden kann. Diese Erweiterungsregelung findet in der Praxis der Bundeswehr kaum Anwendung. Im Rahmen einer Umfrage des Sozialwissenschaftlichen Instituts der Bundeswehr (SOWI; mittlerweile Teil des ZMSBw) konnte erhoben werden, dass 4 % der Unterrichtseinheiten von Expertinnen und Experten, die nicht Teil der Bundeswehr sind, verantwortet werden (Vgl. WANNER, Lebenskundlicher Unterricht in der Bundeswehr, 249). Mit Blick auf den ungedeckten Personalbedarf an Lehrkräften überrascht diese vergleichsweise geringe Zahl. Es steht zu vermuten, dass sich die Bundeswehr bewusst auf ihre bisherigen Kooperationspartner verlassen möchte, weil damit auch eine institutionelle Absicherung verbunden ist. Aus diesem Grund überrascht es auch nicht, dass von der jüdischen Militärseelsorge zukünftig ein Beitrag zum Lebenskundlichen Unterricht erwartet wird. Ähnliches gilt für die muslimische Militärseelsorge, an deren Umsetzung noch gearbeitet wird. Vgl. RINK/BECKMANN, Fenster ins Zivile.

[78] Siehe Kap. II 2.2.3.

Themen gesprochen wird. Sie bemüht sich um einladende Gesprächssituationen, die nicht exkludierend sind, sondern der Idee eines hierarchiefreien Raums Rechnung tragen. Aus diesem Grund wird der Unterricht in der Regel nach Dienstgradgruppen (Mannschaften, Unteroffiziere, Offiziere) getrennt durchgeführt.[79] Auch die spezifisch religiösen Deutungsperspektiven der Militärseelsorge können in diesem Öffentlichkeitsraum unmittelbar gefragt sein: »Herr Pfarrer, wie sehen Sie das?« oder »kann ich als Christ wirklich Soldat sein?« Solche Fragen verdeutlichen, dass Theologie in der Militärseelsorge kontextgebunden zu verstehen ist und plausibel und verständlich kommuniziert werden will. In der akademischen Theologie sind diese Herausforderungen in den letzten Jahren unter dem Schlagwort der *Öffentlichen Theologie*, die an die Debatten zur Civil Religion aus dem angloamerikanischen Raum anschließt,[80] bearbeitet worden.[81] Das »Paradigma« der Öffentlichen Theologie[82] geht davon aus, dass eine kontextgebundene bzw. kontextsensible Theologie mit spezifischen Übersetzungsleistungen Deutungen und Impulse in die Räume der Öffentlichkeiten eintragen kann. Genau in diesem Sinne lässt sich der Lebenskundliche Unterricht verstehen: Er stellt »ein Exempel ›öffentlicher Theologie‹«[83] dar.

Zum Abschluss gilt es noch den Lebenskundlichen Unterricht aus seelsorglicher Perspektive zu betrachten. Bislang wird auf solch eine Perspektive in den kirchlichen und theologischen Diskussionen verzichtet. Das hängt zum einen damit zusammen, dass der Lebenskundliche Unterricht im weitesten Sinne von Lehr- und Lernstrukturen geprägt ist.[84] Zum anderen birgt eine seelsorgliche Qualifizierung auch die Gefahr, dass die mittlerweile trennscharfen Grenzen zwischen staatlicher und kirchlicher Prägung des Unterrichts erneut verwischt werden. Im Rückgriff auf die Kategorie des Raums ist eine seelsorgliche Reflexion des Lebenskundlichen Unterrichts dennoch möglich und geboten.

Der Lebenskundliche Unterricht ist keine originäre Seelsorgeveranstaltung, bietet aber Raum *für* Seelsorge. Der Praktische Theologe und frühere Militärpfarrer Rolf Bick skizziert in einer Studie aus dem Jahr 1979: »Der Lebenskundliche Unterricht will in kritischer Solidarität im Rahmen eines partnerschaftlichen Gesprächs einen konkreten theologischen Beitrag leisten zur

---

[79] Vgl. ZDv 10/4 Lebenskundlicher Unterricht, Ziff. 202.
[80] Vgl. Jähnichen, »Öffentliches Christentum«, 171.
[81] Zur Öffentlichen Theologie vgl. vor allem Höhne, Öffentliche Theologie. Zur Verbindung von Militärseelsorge und Öffentlicher Theologie vgl. Peuckmann, Militärseelsorge und Öffentliche Theologie. Siehe auch Kap. IV 3.3.3.
[82] Vgl. Bedford-Strohm, Politik und Religion – Öffentliche Theologie, 51–54.
[83] Rink/Beckmann, Superkonfessionell, 120.
[84] Dabei ist zu bedenken, dass der Lebenskundliche Unterricht nicht beurteilungsrelevant ist und dass es ebendort keine Prüfungen oder Zensuren gibt. Vgl. Wanner, Lebenskundlicher Unterricht in der Bundeswehr, 248.

Klärung und Herausbildung privater, bundeswehrspezifischer und gesamtgesellschaftlicher Wert-, Normen- und Zielvorstellungen. Das heißt, er bemüht sich um individuelle Klärung und soziale Übereinkünfte über das, was uns wichtig und unwichtig ist, was unter uns gelten soll und wie wir morgen leben wollen. Er ist ein *Raum seelsorgerlicher Begleitung.*«[85] Bick zeigt in seiner Studie, dass der Lebenskundliche Unterricht als Reflexions- und Diskussionsraum einen Beitrag zur allgemeinen Lebensführung leistet.[86] Damit wird der Lebenskundliche Unterricht einerseits implizit in Anlehnung an das Konzept der Inneren Führung gedeutet. Andererseits tritt im Hinblick auf die Lebensführung die Verflechtung von (Sozial-)Ethik und Seelsorge im Unterrichtsgeschehen hervor. Diese Verbindung gilt es wahrzunehmen: Der Lebenskundliche Unterricht ist für seelsorgliche Fragen und Themen sensibel. In Zeiten der Einsatzrealität bietet der Lebenskundliche Unterricht einen geschützten Raum, um Einsatzerfahrungen mitzuteilen. Das kann seelsorglich bedeutsam für den einzelnen Soldaten bzw. die einzelne Soldatin, aber auch für eine gesamte Gruppe sein. Der oder die Einzelne erfährt einen (Resonanz-)Raum, in dem er oder sie sich vertrauensvoll mitteilen kann. Den Soldatinnen und Soldaten, die der Kameradin oder dem Kameraden zuhören, eröffnet sich dabei nicht selten ein neuer Wahrnehmungshorizont. Sie hören von Erfahrungen, die sie womöglich selbst gemacht haben, vor denen sie sich aber fürchten, sie zu kommunizieren, und die sie belasten. Sie erfahren im Hören dieser Berichte, dass sie mit ihren Eindrücken, Sorgen und Nöten nicht allein sind. Sie gewinnen in der Sprache des Anderen womöglich eine eigene Sprache, sodass sie selbst ermutigt werden, sich (wieder) mitzuteilen.[87]

Der Lebenskundliche Unterricht kann durch die Präsenz der Militärseelsorgerinnen und Militärseelsorger situativ einen Seelsorgeraum eröffnen. Dieser kann für einzelne Soldatinnen oder Soldaten aber auch für eine Gruppe sehr bedeutsam werden.[88] Die Dimension der Seelsorge wohnt dem Lebenskundlichen Unterricht nicht per se inne, sie ist aber mit der Militärseelsorge verknüpft und gehört insofern zum Lebenskundlichen Unterricht hinzu.[89] Soldatinnen und

---

[85] BICK, Der Lebenskundliche Unterricht der Evangelischen Militärseelsorge als Arbeitsfeld christlicher Ethik und kirchlicher Erwachsenenbildung, 220 [Hervorhebung N. P.].
[86] Grundlegende Skizzen dazu finden sich schon in einem Aufsatz aus dem Jahr 1975. Vgl. BICK, Gedanken zum Lebenskundlichen Unterricht, 88.
[87] Passend dazu geht Friedrich Lohmann von verschiedenen ethischen Dimensionen aus, die in der Militärseelsorge präsent sind. Er definiert vor diesem Hintergrund die Seelsorge als »assistierte Selbsterklärung«, der sich im Lebenskundlichen Unterricht ein besonderer Raum zur Entfaltung bieten kann. Vgl. DERS., Militärseelsorge aus ethischer Perspektive, 286.
[88] Siehe Kap. IV 3.1.1 und 3.1.2.
[89] Vgl. VON SCHUBERT, Wie werden Soldaten im Umgang mit Schuld und Ohnmacht begleitet?, 165.

Soldaten können je nach Thema und Gesprächsverlauf signalisieren, dass eine seelsorgliche Perspektive für sie relevant ist. Sie können zudem über den Unterricht einen vertrauensvollen Zugang zum Militärseelsorger bzw. der Militärseelsorgerin gewinnen, aus dem sich im Nachgang ein seelsorgliches Gespräch ergibt.[90] Der Lebenskundliche Unterricht ist insofern – trotz seiner unbestreitbaren staatlichen Prägung – auch ein Raum *für* Seelsorge.

2.1.2 Rüstzeiten

Rüstzeiten sind ein »weiteres wesentliches Aufgabenfeld der Militärgeistlichen«[91]. Sie weisen gewisse Parallelen zum Lebenskundlichen Unterricht auf, doch gehören sie unzweifelhaft in den Zuständigkeitsbereich der Militärseelsorge. Sie leisten einerseits einen wesentlichen Beitrag zum Bildungsprogramm der Militärseelsorge, andererseits dienen sie dazu, »Glaubens-, Lebens- und Handlungskonzepte zu entwickeln und zu diskutieren.«[92] Rüstzeiten führen in gewisser Hinsicht die Arbeit des Lebenskundlichen Unterrichts unter anderen Vorzeichen und unter alleiniger Verantwortung der Militärseelsorge fort.

Rüstzeiten finden in der Regel außerhalb des Kasernengeländes statt. Sie bieten Möglichkeiten, über Themen des öffentlichen Lebens zu diskutieren, Freizeit zu teilen und auch das eigene Leben im Horizont des christlichen Glaubens zu reflektieren. Der bewusst gewählte Weg raus aus den Kasernen verdeutlicht, dass diese Veranstaltungen nicht Teil der militärischen Erziehung oder des militärischen Dienstes sind, sondern durchweg von der Kirche verantwortet werden. Der zeitliche Umfang der Rüstzeiten ist dabei relativ variabel. Sie können als »Standardrüstzeiten« eine Dauer von einem bis fünf Kalendertage umfassen, als eine »Langzeitrüstzeit« können sie sogar bis zu 14 Kalendertage dauern.[93] Vor allem, wenn sie als Bildungs(fern)reise gestaltet werden – beliebt ist zum Beispiel die sogenannte Israel-Rüstzeit –, wird die Dauer einer Stan-

---

[90] Für das Zustandekommen von Seelsorgegesprächen ist der persönliche Kontakt zwischen Soldatinnen und Soldaten und den Militärpfarrerinnen und Militärpfarrern nach wie vor elementar. Der Lebenskundliche Unterricht ist im »Normalbetrieb« der Bundeswehr einer jener Orte, an denen die Soldatinnen und Soldaten in unmittelbaren Kontakt zur Militärseelsorge treten. Ähnlich beurteilt das Ines-Jacqueline Werkner in ihrer Vergleichsstudie zur Soldaten- und Militärseelsorge: »Allgemein läßt sich feststellen, daß Pfarrer, die überdurchschnittlich viele Seelsorgegespräche führten, nicht nur im Bereich des Lebenskundlichen Unterrichts, sondern auch auf allen anderen Feldern (Rüstzeiten, Gottesdienste) eine hohe Intensität aufwiesen.« WERKNER, Soldatenseelsorge versus Militärseelsorge, 182.
[91] A.a.O., 44.
[92] Ebd.
[93] Vgl. ebd.

dardrüstzeit schnell überschritten. Neben den klassischen Bildungsveranstaltungen werden unterschiedliche Familienfreizeiten, »zu denen auch Frauenrüstzeiten und Vater-Kind-Rüstzeiten zählen«[94], angeboten. Auch spirituelle Angebote wie Einkehrtage oder Pilgerreisen sind möglich und populär. Mittlerweile nehmen auch evangelische Soldatinnen und Soldaten an den Wallfahrten der katholischen Militärseelsorge teil.[95] Vor allem die internationale Soldatenwallfahrt zur Grotte im südfranzösischen Lourdes, an der Soldatinnen und Soldaten aus über 40 Nationen teilnehmen, erfreut sich wachsender Beliebtheit.[96] Die Bundeswehr als Organisation nimmt indirekt Einfluss auf die Rüstzeiten, obwohl diese nicht in ihren Zuständigkeitsbereich fallen. Die Zentrale Dienstvorschrift »Ausführung der Soldatinnen- und Soldatenurlaubsverordnung« regelt, wann und in welchem Umfang Soldatinnen und Soldaten »Sonderurlaub« für die Teilnahme an evangelischen Rüstzeiten und katholischen Exerzitien bzw. Werkwochen nehmen dürfen.[97] Insgesamt deutet der Umfang der Rüstzeitveranstaltungen darauf hin, dass Sonderurlaubsanträge wohlwollend von der Bundeswehr bewilligt werden.

Rüstzeiten zielen darauf ab, temporäre Räume außerhalb des originär militärischen Raums zu eröffnen. Das wiederum stellt die Militärseelsorge in der Gegenwart vor neue Herausforderungen, weil im Zuge der gesamtkirchlichen Reformprozesse, die wesentlich mit Sparmaßnahmen einhergehen, eigene Räumlichkeiten außerhalb der Kasernenliegenschaften aufgegeben wurden. Vor allem seit der Jahrtausendwende wurden viele Tagungshäuser und Rüstzeitheime verkauft. Das Karl-Eberth-Haus im bayrischen Steingaden, das 1959 als erstes Rüstzeitheim genutzt wurde und aufgrund dieser langen Geschichte als »Wohnzimmer der evangelischen Militärseelsorge« gilt, konnte aufgrund einer rechtlichen Sonderregel erhalten werden. Es gehört nicht mehr zum Bestand der Evangelischen Kirche in Deutschland, sondern zur Landesarbeitsgemeinschaft Bayern. Durch die Veräußerung von symbolträchtigen Räumen und Einrichtungen sind Verletzungen bei der Militärseelsorge entstanden, die die Distanzen zwischen Kirche und Militärseelsorge verstärken dürften.

Für die Durchführung der Rüstzeiten gibt es mittlerweile vertragliche Kooperationen mit ausgewählten evangelischen Tagungshäusern und Tagungsstätten. Beim Handlungsbereich Evangelische Seelsorge in der Bundeswehr (HESB) wird eine entsprechende Liste gepflegt, die im Internet eingesehen werden kann.[98] Von den 113 gelisteten Tagungshäusern sind elf als Vertragshäuser der evangelischen Militärseelsorge markiert.

---

[94] Vgl. Deutscher Bundestag (Hg.), Petitionsabschlusserklärung, 2.
[95] Vgl. PEUCKMANN, Kirche(n) unter Soldaten, 293.
[96] Vgl. KAPPEL, Im Einsatz für den Frieden, 99–112.
[97] Vgl. ZDv Ausführung der Soldatinnen- und Soldatenurlaubsverordnung, Ziff. 314.
[98] https://evangelische-militaerseelsorge.org/index.html (Stand: 02. März 2021).

2.1 Seelsorgeräume im »Normalbetrieb« 253

Die Gesamtsituation für Rüstzeiten ist durch die kirchlichen Reformprozesse unterm Strich komplizierter geworden. Trotzdem steckt in den neuen Herausforderungen auch die Chance, Rüstzeiten dynamischer zu gestalten. Sie sind in der Gegenwart nicht mehr an »feste« Orte gebunden, sondern können auch als temporäre und wandelbare Räume an unterschiedlichen Orten immer wieder neu konstituiert werden. So ist einerseits festzustellen, dass Rüstzeiten weiterhin in einem beachtlichen Umfang angeboten und durchgeführt werden. »Allein im evangelischen Bereich bieten die Standortpfarrämter pro Jahr fünfzigtausend Rüstzeittage an«.[99] Andererseits ist beobachtbar, dass die Pluralität an Rüstzeitformaten weiter anwächst. Das klassische Spektrum aus den Gründungsjahren der Bundeswehr, das die Rüstzeiten entweder als Freizeit- oder als Bildungsangebot verstand, ist mittlerweile zielgruppenorientiert aufgefächert worden. Neben den genannten Varianten sind vor allem dynamisch ausgerichtete Rüstzeiten sehr beliebt wie Motorrad- oder Skirüstzeiten.

Auch hinsichtlich der Familienrüstzeiten sind in den letzten Jahren signifikante Professionalisierungsmaßnahmen ergriffen worden. Eine verlässliche und zugleich wichtige Kooperationsgröße stellt dafür auf evangelischer Seite die *Evangelische Arbeitsgemeinschaft für Soldatenbetreuung* (EAS) dar.[100] Sie wurde 1957 als selbstständiger und gemeinnütziger Verein gegründet, der als eigenständige Institution zwischen Bundeswehr und Militärseelsorge steht.[101] Seit 1981 ist die Arbeitsgemeinschaft Mitglied des Diakonischen Werkes der Evangelischen Kirche in Deutschland.[102] Aus diesem Grund wird sie auch als »diakonischer Arm« der Militärseelsorge bezeichnet. Die Evangelische Arbeitsgemeinschaft für Soldatenbetreuung unterstützt weitreichend die Arbeit der Militärseelsorge, vor allem hinsichtlich der Rüstzeiten und des Lebenskundlichen Unterrichts.[103] Darüber hinaus unterhält sie eigene Räumlichkeiten, die einerseits einen kasernennahen Rückzugsort für die Soldatinnen und Soldaten bieten, andererseits sind diese Räume als Begegnungsstätten zwischen dem Militär und der Zivilgesellschaft gedacht. Aber auch diese Liegenschaften durchliefen einen Reformprozess. In den 1980er Jahren gab es bis zu 40 solcher

---

[99] RINK, Können Kriege gerecht sein?, 269.
[100] Auf katholischer Seite gibt es die *Katholische Arbeitsgemeinschaft für Soldatenbetreuung* (KAS), die sich ebenso kooperativ in die Begleitung der Werktage der Militärseelsorge einbringt. Vgl. KAPPEL, im Einsatz für den Frieden, 35 f.
[101] Vgl. ZUNKE, An der Seite der Soldaten, 164.
[102] Vgl. BLASCHKE/OBERHEM, Militärseelsorge, 125.
[103] Dies leistet sie sowohl mit geschultem Personal als auch mit materieller Unterstützung. Vor allem für die Familienbetreuung sind innovative Projekte entwickelt und umgesetzt worden. Exemplarisch ist auf die *EASy-Trucks* hinzuweisen, die als Kinderspielmobil Betreuungsveranstaltungen mit Sportgeräten, einer Hüpfburg, Bastelutensilien u. a. m. unterstützen.

Soldatenheime.[104] Mittlerweile hat sich nicht nur die Nomenklatur geändert – die Heime heißen nunmehr Oasen –, auch wurde ihre Anzahl auf zehn Einrichtungen im Raum der Bundesrepublik reduziert, hinzu kommen gegenwärtig noch zwei »Einsatz-Oasen« (Irak/Mali).

Die Veräußerung von Räumlichkeiten der Militärseelsorge führt zu Reduktionen. So kann die »klassische« Familienrüstzeit, die für gewöhnlich während der Sommerferien veranstaltet wurde, seit 2017 nicht mehr angeboten werden, weil damit finanzielle und vor allem räumliche Kapazitäten seitens der Militärseelsorge überschritten werden. Soldatenfamilien haben auf diesen Wegfall mit Bedauern reagiert und eine entsprechende Petition beim Deutschen Bundestag eingereicht. Dem Petitionsantrag konnte unter Wahrung der staatskirchenrechtlichen Vereinbarungen (Art. 2 MSV) nicht entsprochen werden.[105] Der Antrag zeigt, dass die Familienbetreuungs- und Familienunterstützungsangebote der Militärseelsorge von Bundeswehrangehörigen ausgesprochen geschätzt werden. Auf diesen Befund haben bereits sozialempirische Studien zur Familienarbeit in der Bundeswehr aufmerksam gemacht.[106]

Die Militärseelsorge schafft durch ihre Rüstzeiten außerhalb der Bundeswehr *reale Anderorte*, weil sie damit nicht nur aus dem militärischen Nahbereich heraustritt, sondern auch den eigenen religiösen Horizont sichtbar macht. Damit erschließen sich den Soldatinnen, Soldaten und ihren Familien nicht nur vordergründig neue Räume, sondern auch inhaltlich neue Kontexte, die zum Nachdenken, Innehalten und Durchatmen anregen.

2.1.3 Familienarbeit am Beispiel des ASEM-Projekts

Die Familienarbeit bildet einen weiteren wesentlichen Schwerpunkt in der Praxis der Militärseelsorge.[107] Dieses Arbeitsfeld ist vielgestaltig und durch die aktuelle Einsatzrealität der Bundeswehr in besonderer Weise herausgefordert. Soldatenfamilien sind heute weitgehend exkludiert aus dem unmittelbaren Nahbereich des Militärs.[108] Ihre Situation ist mitunter prekär. Hinzu kommt, dass sie oftmals kaum auf Verständnis und Unterstützung für ihre Belange im zivilgesellschaftlichen Kontext hoffen können. Soldatenfamilien werden nicht selten mit der Aussage konfrontiert, dass sie sich doch für dieses Leben – ein Leben an

---

[104] Vgl. ZUNKE, An der Seite der Soldaten, 164.
[105] Vgl. Deutscher Bundestag (Hg.), Petitionsabschlusserklärung.
[106] Vgl. SEIFFERT/HEß, Afghanistanrückkehrer, 10; vgl. GMELCH/HARTMANN, Soldatenfamilien im Stress, 34.
[107] Vgl. WENDL, Militärseelsorge: »Ernstfall der Familienpastoral«.
[108] Siehe Kap. III 3.2.1.

der Heimatfront – bewusst entschieden hätten.[109] Auch sehen sie sich nicht selten einem Rechtfertigungsdruck ausgesetzt und müssen sich für den Dienst ihres Partners oder ihrer Partnerin erklären. Soldatenfamilien fühlen sich deshalb oftmals nicht nur von der Bundeswehr, sondern auch von der Gesellschaft missverstanden und teilweise ausgegrenzt.[110] Die Militärseelsorge hat diese Probleme erkannt und ihre Familienarbeit an den spezifischen Herausforderungen eines Lebens im Kontext der Bundeswehr orientiert. Gerade weil die Militärseelsorge die Lebenswelt Bundeswehr aus einer Innensicht kennt und zugleich nicht integraler Bestandteil des Militärs ist, kann sie auf die Bedürfnisse und Anliegen der Soldatenfamilien sensibel eingehen. Die auffallend positiven Rückmeldungen zu den Angeboten zeigen, dass das brückenbauende Potenzial der Militärseelsorge von den Soldatenfamilien vielfach als hilfreich und entlastend empfunden wird.

Die katholische Militärseelsorge legte traditionell schon immer einen Schwerpunkt auf die Familienarbeit. In der evangelischen Militärseelsorge sah dies längere Zeit anders aus. Die Soldatenfamilien wurden zumeist »nebenher« mitbetreut. Seit einigen Jahren ist jedoch zu beobachten, dass auch auf evangelischer Seite diesem Aufgabenbereich mehr Aufmerksamkeit gewidmet wird. Aus makroskopischer Sicht sind allerdings feine Unterschiede in der Familienbetreuung der beiden Zweige der Militärseelsorge erkennbar, wenngleich viele Angebote der Familienarbeit ökumenisch verantwortet und durchgeführt werden. Die katholische Militärseelsorge schließt mit ihren Angeboten nahtlos an die Familienarbeit der katholischen Kirche an. Das zeigt sich unter anderem daran, dass die katholische Militärseelsorge eng mit dem *Zentralinstitut für Ehe und Familie in der Gesellschaft* (ZFG) zusammenarbeitet.[111] Im Zuge dieser festen Kooperation (seit 2002) sind vielfältige Angebote entwickelt, umgesetzt und auch wissenschaftlich evaluiert worden. Der Fokus dieser Arbeit richtet sich primär auf die Familie im Hinblick auf eine katholisch gestaltete Lebensführung. In den Blick geraten dabei vor allem die normativ-biographischen Anforderungen, die in der Gegenwart an ein partnerschaftliches bzw. familiäres Zusammenleben gestellt werden. Erst sekundär wird die Lebenswelt Bundeswehr mit ihren Einflüssen auf das Leben der Soldatenfamilien reflektiert. Die evangelische Militärseelsorge hat demgegenüber ihren primären Fokus auf die Lebenswelt Bundeswehr gerichtet. Es geht ihr nicht um die Familie *und* die Lebenswelt Bundeswehr (katholischer Ansatz), sondern um die Familie *in* der Lebenswelt

---

[109] Vgl. GMELCH, Der Umgang mit kognitiven Dissonanzen als Proprium einer praktischen Militärseelsorge, 122–128.
[110] Vgl. MEYER, Soldatenfamilien, 558 f.; vgl. auch GMELCH, »Afghanistan – hier gibt es schon lange keinen Gott mehr«, 93.
[111] Vgl. https://www.ku.de/forschungseinr/zfg/ (Stand: 02. März 2021).

Bundeswehr.[112] Der lebensweltliche Fokus in der Familienarbeit der evangelischen Militärseelsorge wird auch anhand des *Arbeitsfelds Seelsorge für unter Einsatz- und Dienstfolgen leidende Menschen* (ASEM) deutlich.

Das Seelsorgeprojekt ASEM wurde 2012 von der evangelischen Militärseelsorge ins Leben gerufen.[113] »2017 ist daraus ein eigenständiges Arbeitsfeld geworden.«[114] Es stellt eine Reaktion auf die wachsenden Belastungen für Soldatinnen, Soldaten und ihre Familien in Zeiten der Einsatzrealität der Bundeswehr dar. Viele Soldatinnen und Soldaten kommen verändert aus ihren Einsatzzeiten zurück. Zum Teil stellt sich rasch wieder eine Art von Normalität ein, zum Teil können die einsatzbedingten Belastungen aber auch zu psychischen Erkrankungen führen, die medizinisch oder psychologisch behandelt werden müssen. »Die häufigste Behandlungsdiagnose ist die posttraumatische Belastungsstörung (PTBS). Zudem ist das Risiko für andere psychische Symptomkomplexe im militärischen Kontext erhöht, beispielsweise für Alkoholabhängigkeit oder Angststörungen.«[115] Der Einsatz hinterlässt Spuren an den Soldatinnen und Soldaten. Das kann auch zur Belastung für das Zusammenleben mit der Partnerin bzw. dem Partner und den eigenen Kindern werden. In der Bundeswehr werden diese »Sekundärbelastungen«, denen sich die Soldatenfamilien aussetzen müssen, wenig berücksichtigt. Soldatenfamilien müssen sich mit ihren Alltagssorgen und ihren Problemen infolge einer Belastungsstörung ihres Partners oder ihrer Partnerin in der Regel an zivile Hilfe- und Beratungsstellen wenden.

Das Arbeitsfeld Seelsorge für unter Einsatz- und Dienstfolgen leidende Menschen folgt demgegenüber einem anderen Ansatz. Es sollen *inklusive Räume* geschaffen werden, in denen nicht nur die Soldatinnen und Soldaten, sondern auch deren Familien einen festen Platz finden. Die Resonanz, die dieses Arbeitsfeld bei den betreffenden Soldatenfamilien auslöst, ist beachtlich. Seit 2012 wurden über 400 Seminare und Veranstaltungen durchgeführt. Aktuell können bis zu 60 Veranstaltungen jährlich angeboten und realisiert werden. Der Bedarf

---

[112] Diese Unterscheidung, die aus einer systematischen Gesamtbetrachtung der Familienarbeit beider Zweige der Militärseelsorge resultiert, stellt keine Wertung dar. Damit kommt vielmehr zum Ausdruck, dass es konzeptionell im Ansatz der beiden Zweige der Militärseelsorge einen Unterschied gibt. Im Einzelfall wiederum gibt es auch Konzepte aufseiten der katholischen Militärseelsorge, die die Soldatenfamilien eingebettet in der Lebenswelt Bundeswehr betrachten. Vgl. u. a. WENDL, Militärseelsorge: »Ernstfall der Familienpastoral«.

[113] Dieses Seelsorgeprojekt versteht sich als ökumenisches Arbeitsfeld, das von der katholischen Militärseelsorge mitverantwortet wird. Die Leitung und administrative Verantwortung liegt jedoch auf Seiten der evangelischen Militärseelsorge. Vgl. FISCHER, Bericht ASEM zur 65. Gesamtkonferenz 2020 in Wittenberg, 1.

[114] THIEL, Geteiltes Leben, 503.

[115] ZIMMERMANN, Einsatz, Werte und psychische Gesundheit bei Bundeswehrsoldaten, 173.

auf Seiten der Soldatenfamilien ist jedoch weitaus größer.[116] In der Summe haben 2.897 Menschen, darunter 856 Kinder, bislang an den Maßnahmen und Programmen dieses besonderen Arbeitsfeldes teilgenommen (Stand: Frühjahr 2020).[117]

Das Arbeitsfeld Seelsorge für unter Einsatz- und Dienstfolgen leidende Menschen wird aber nicht nur von Soldatinnen, Soldaten und ihren Familien geschätzt. Auch vonseiten der Bundeswehr, der Kirche und der Leitung der Militärseelsorge wird dieses Projekt auffallend positiv hervorgehoben.[118] Auf dieser Grundlage wurde das Seelsorgeprojekt 2017 als ein eigenständiges Arbeitsfeld perpetuiert. Damit gehen strukturelle Zusicherungen und eine finanzielle Unterstützung einher. Von staatlicher Seite aus wurden drei Dienstposten als Dauerstellen für die Leitung und Administration eingerichtet.[119] Auf kirchlicher Seite wurde dieses Arbeitsfeld mit in den ordentlichen Haushalt der Militärseelsorge aufgenommen und dem »Handlungsobjekt Rüstzeiten« zugeordnet. Aktuell ist der jährliche Etat für diesen Teilbereich mit 3,8 Millionen Euro veranschlagt.[120] Zwischen den Jahren 2014 und 2017 ist das Arbeitsfeld zudem wissenschaftlich in einer EKD-Seelsorge-Studie zur empirischen Evaluation von vier ausgewählten Seelsorge-Modellprojekten[121] durch das Institut für interdisziplinäre Theologie und Beratungsforschung an der Evangelischen Hochschule Freiburg unter der Leitung von Kerstin Lammer untersucht worden. Die Ergebnisse der Studie wurden 2020 veröffentlicht. Als wesentlicher Befund konnte erhoben werden, dass die »Zufriedenheit mit der Seelsorge [...] bei allen Beteiligten außerordentlich hoch«[122] ist.

In der Summe fällt auf, dass die Rückmeldungen zu diesem Arbeitsfeld über alle Grenzen hinweg durchweg positiv ausfallen. Damit wird honoriert, dass ASEM ein wichtiges, sinnvolles und vor allem professionelles Betreuungs- und Unterstützungsangebot bietet. Aus poimenischer Sicht kann dieser positiven Gesamtbilanz zugestimmt werden, doch gibt es auch kritische Gesichtspunkte – beides soll im Folgenden zur Sprache kommen.

---

[116] Vgl. FISCHER, Bericht ASEM zur 65. Gesamtkonferenz 2020 in Wittenberg, 2.
[117] Vgl. a.a.O., 4.
[118] Vgl. u.a. HEIMER, »Heilsame Irritationen«, 194.
[119] Vgl. FISCHER, Bericht ASEM zur 65. Gesamtkonferenz 2020 in Wittenberg, 1.
[120] Vgl. Evangelische Kirche in Deutschland (Hg.), Haushalt 2020 mit mittelfristiger Finanzplanung 2021 bis 2023, 185.
[121] Zu den weiteren Seelsorge-Modellprojekten gehören: 1. Pilgern an Lebensübergängen und in Krisensituationen (München) 2. Innovative Seelsorge mit Menschen mit Depressionserkrankungen (Tübingen) 3. »Wurzeln stärken« – aufsuchende Seelsorge an von Umsiedlung und Devastation betroffenen Menschen im ländlichen Raum (Leipzig). Vgl. LAMMER, Wie Seelsorge wirkt, 34–48.
[122] A.a.O., 321 [Hervorhebung aufgehoben].

1. *Klinischer Imperativ:* ASEM versteht sich grundsätzlich als ein multifunktionales und multiprofessionelles Betreuungsangebot und -konzept. Folglich stellt es einen Teil des Psychosozialen Netzwerks der Bundeswehr dar.[123] Diese Kooperation bietet viele Chancen, doch birgt sie zugleich gewisse Risiken für die Seelsorge, die Gefahr läuft, ihre Eigenständigkeit und Unabhängigkeit zugunsten der interdisziplinären Zusammenarbeit aufzugeben. Die Psychosozialen Netzwerke sind latent von einem *klinischen Imperativ*, der einer medizinischen Codierung (gesund/krank) folgt, geprägt. Im ASEM-Projekt gewinnt diese Leitperspektive noch mehr Gewicht, da die Menschen, die dorthin kommen, mitunter klinisch anerkannte psychophysische Krankheitsbilder aufweisen (beispielsweise PTBS). Aus diesem Grund ist die latente Dominanz des Medizinsystems an diesem Ort in gewisser Weise auch unerlässlich. Eine solche Dominanz übt aber auch einen Sog auf die anderen Professionen aus, die infolgedessen dazu tendieren, sich der Logik des Medizinsystems anzuschließen. Für die Seelsorge ist das nicht unproblematisch. Ihre Zuwendung zum Menschen erfolgt prinzipiell zweckfrei. Der Mensch wird in der Seelsorge nicht primär als krank betrachtet, sondern als Geschöpf Gottes, als Mensch, der auch spirituelle und religiöse Bedürfnisse kennt. Selbstverständlich kann die Seelsorge zur Gesundung eines Menschen beitragen,[124] doch gehört die Seelsorge nicht zu den Heilberufen, sondern repräsentiert das Religionssystem. Die Seelsorge hat dennoch sinnvollerweise Anleihen an der Psychologie und Medizin genommen, seit den 1960er Jahren ist sie intensiv mit der Psychologie sowie der Psychotherapie im Gespräch. Gerade die Pastoralpsychologie hat vielfach, vor allem in methodischer Hinsicht, zeigen können, dass eine reflektierte Auseinandersetzung mit diesen Disziplinen für die Praxis der Seelsorge ausgesprochen fruchtbar ist.[125] Wichtig bleibt jedoch, dass die Grenzen des eigenen Systems erkannt und gewahrt werden.

Das ASEM-Projekt scheint insgesamt mit dem latenten Sog des klinischen Imperativs reflektiert und konstruktiv umzugehen. Soldatinnen, Soldaten und ihre Familien werden nicht funktional in den Blick genommen. Es geht nicht darum, Soldatinnen und Soldaten wieder einsatztauglich und damit »fit for fight« zu machen. Dies kommt deutlich in den Interviews der Evaluationsstudie zum Ausdruck. So hält ein Militärpfarrer fest: »Und insgesamt [...] find ich es total wichtig, dass hier die Soldaten, die erkrankt sind, eben nicht als Patienten sind,

---

[123] Siehe Kap. III 4.4.
[124] So macht die Evaluationsstudie »auf die gesundheitsfördernde Relevanz von Seelsorge aufmerksam«, LAMMER, Wie Seelsorge wirkt, 188.
[125] Vgl. ZIEMER, Seelsorgelehre, 161–175. Katja Dubiski fordert, dass dabei auch der wissenschaftlichen Psychologie, namentlich der kognitiven Verhaltenstherapie, mehr als bislang Rechnung getragen wird. Die Pastoralpsychologie scheut sich mit zum Teil ideologischen Vorbehalten bislang, den Kontakt zu dieser wissenschaftlichen Richtung der Psychologie zu suchen. Vgl. DIES., Seelsorge und Kognitive Verhaltenstherapie.

wie sie sich oft fühlen und erleben. Eigentlich nur noch in diesem Patientenkontext. Sondern eben Teilnehmer eines kirchlichen Angebots sind. Und ich finde DAMIT schon einfach nur mal wieder einen anderen Status kriegen, als dieses Krankheitslabel auf der Stirn gehabt zu haben.«[126]

2. *Seismographenfunktion:* Im Arbeitsfeld Seelsorge für unter Einsatz- und Dienstfolgen leidende Menschen tritt die solidarische Haltung der Militärseelsorge offen hervor. Sie eröffnet inklusive Räume für die Soldatinnen, Soldaten und deren Familien. Sie teilt (Lebens-) Zeit und nimmt sich der belastenden Erfahrungen des Dienstes und des Lebens im Schatten der Einsatzrealität an. In diesen Räumen agiert die Militärseelsorge im Sinne Henning Luthers als *solidarische Seelsorge*.[127] Wichtig ist für Luther, dass solch eine solidarische Haltung mit einer kritischen Reflexion einhergeht. Ähnlich argumentiert Georg Picht mit seinem Konzept der kritischen Solidarität. Auch die makroskopischen Zusammenhänge einer solidarischen Seelsorge sind kritisch auf den Prüfstand zu stellen. Im Arbeitsfeld Seelsorge für unter Einsatz- und Dienstfolgen leidende Menschen wird deutlich, dass die Einsatzrealität der Bundeswehr vielfach schwerwiegende Folgen für die betreffenden Soldatinnen, Soldaten und vor allem auch für deren Familien haben kann. Die Wahrscheinlichkeit, an psychischen Belastungsstörungen zu erkranken, ist bei Soldatinnen und Soldaten mit Einsatzerfahrung signifikant erhöht.[128] ASEM besitzt vor diesem Hintergrund für die Militärseelsorge auch eine Art *Seismographenfunktion*. Das Arbeitsfeld zeigt, dass die Einsatzrealität eine nicht geringe Belastung für nicht wenige Soldatinnen und Soldaten darstellt. Daraus folgt für die Militärseelsorge, dass sie selbstbewusst Partei für die Betroffenen ergreifen sollte, dass sie Schwierigkeiten öffentlich auch gegenüber politischen und militärischen Verantwortungsträgern ansprechen[129] und ein Bewusstsein dafür schaffen sollte, dass die Einsätze der Bundeswehr mit erheblichen Belastungen einhergehen. Die Militärseelsorge bliebe zahnlos, sofern sie nicht kritisch auf die Gesamtzusammenhänge ihrer Arbeit

---

[126] Zit. n. LAMMER, Wie Seelsorge wirkt, 308.
[127] Vgl. LUTHER, Religion und Alltag, 237 f. Siehe dazu ausführlich Kap. II 2.2.3.
[128] Im Jahr 2012 wurde eine repräsentative Studie zur Dunkelziffer an einsatzbezogenen PTBS-Erkrankungen in der Bundeswehr veröffentlicht. Die Studie hält fest, dass 2,9 % der Soldatinnen und Soldaten mit Einsatzerfahrung klinisch bedeutsame Posttraumatische Belastungsstörungen ausbilden und damit deutlich gefährdeter sind als Soldatinnen und Soldaten ohne Einsatzerfahrung. Die Studie bilanziert, dass die Bundeswehr vergleichsweise niedrigere PTBS-Raten (z. B. gegenüber den PTBS-Raten im US-Militär) aufweist. In absoluten Zahlen betrachtet kann dennoch von mehreren tausend Erkrankungen in der Bundeswehr ausgegangen werden. Vgl. WITTCHEN/SCHÖNFELD/KIRSCHBAUM/THURAU/TRAUTMANN/ STEUDTE/KLOTSCHE/HÖFLER/HAUFFA/ZIMMERMANN, Traumatische Ereignisse und posttraumatische Belastungsstörungen bei im Ausland eingesetzten Soldaten.
[129] Siehe dazu Kap. IV 3.3.3.

hinweisen würde. Mit Blick auf die Praxis ist allerdings zu sagen, dass sie diesem Auftrag hinsichtlich des ASEM-Projekts bislang nicht gerecht wird.

3. *Exploratives Handlungsfeld:* Das Arbeitsfeld Seelsorge für unter Einsatz- und Dienstfolgen leidende Menschen lebt davon, dass stetig neue Perspektiven und »heilsame Irritationen«[130] in die Lebenswelt Bundeswehr eingetragen werden. ASEM stellt insofern ein exploratives Handlungsfeld dar. Das zeigt sich *konzeptionell* daran, dass inklusive Räume eröffnet werden, die die Soldatinnen und Soldaten mit ihren Familien zusammenbringen. Auch *inhaltlich* stellt sich ASEM immer wieder neuen Herausforderungen. Insbesondere in der Arbeit mit Kindern zeigt sich das innovative Potenzial dieses Arbeitsfeldes. In enger Kooperation mit dem Psychotraumazentrum des Bundeswehrkrankenhauses in Berlin wurde beispielsweise ein didaktisch hochwertiger Comic erarbeitet, der umsichtig und illustrativ ansprechend erklärt, was Posttraumatische Belastungsstörungen sind und wie diese das familiäre Zusammenleben verändern können. Unter dem Titel »Schattige Plätzchen. Mein Papa hat PTBS!«[131] werden auch sperrige Themen wie Antriebslosigkeit, Alkoholismus, emotionale Entfremdung oder »Flashbacks«[132] dargestellt und kindgerecht erklärt.

Auch *methodisch* ist beim ASEM-Projekt eine große Bereitschaft erkennbar, neue Konzepte auszuprobieren und diese in die eigene Arbeit zu integrieren. Seit einigen Jahren werden beispielsweise tiergestützte Angebote durchgeführt.[133] Tiere können niedrigschwellige Beziehungen ermöglichen und dadurch auch einen Resonanzraum bieten, der im gemeinschaftlichen Streicheln und Sich-Kümmern zu einem neuen Begegnungsort für eine belastete Soldatenfamilie werden kann.[134] Die Arbeit mit Tieren – vorzugsweise Pferden – bietet sich in diesem Arbeitsfeld an, sie kann eine entlastende Wirkung auf die betreffenden Soldatinnen und Soldaten haben. Für Kinder ist die Begegnung mit Tieren und die sich mit ihnen aufbauende Beziehung ebenfalls eine Bereicherung. Sie schaffen eine positive und allgemein beruhigende Atmosphäre. Trotzdem sind diese Angebote nicht mit Seelsorge im Sinne von religiöser Kommunikation zu verwechseln. Sie sind eher als eine Form tiergestützter Therapie im seelsorglichen

---

[130] Vgl. HEIMER, »Heilsame Irritationen«, 194.
[131] SCHROCKE/L'ARRONGE, Schattige Plätzchen. Mein Papa hat PTBS!
[132] Ein Flashback ist ein psychologisches Phänomen, das durch einen Schlüsselreiz (Trigger) ausgelöst wird und die betroffene Person in den Zustand eines früheren Erlebnisses – zumeist ein emotionaler Ausnahmezustand – versetzt. Flashbacks treten häufig als Symptom von Posttraumatischen Belastungsstörungen auf. Die Soldatinnen und Soldaten sehen sich dann schlagartig in eine zumeist traumatische Einsatzsituation zurückversetzt.
[133] Vgl. FISCHER, Bericht ASEM zur 65. Gesamtkonferenz 2020 in Wittenberg, 2.
[134] Zum Gedanken der Mensch-Tier-Beziehungen als Resonanzraum vgl. WELL, Vom Streicheln und Schnurren. Zur Frage von Tieren in der Seelsorge vgl. PEUCKMANN, Tiere im Wahrnehmungshorizont von Seelsorge.

Rahmen zu verstehen.[135] Die Bundeswehr hat interessanterweise diesen Impuls vom ASEM-Projekt aufgenommen und wissenschaftliche Studien in Koblenz und Berlin in Auftrag gegeben, die den therapeutischen Mehrwert von tiergestützten Angeboten in der Betreuung von einsatzgeschädigten Soldatinnen und Soldaten erheben sollen.[136] Der explorative Charakter des ASEM-Projekts wirkt sich also nicht nur auf die Arbeit der Militärseelsorge, sondern auf die Lebenswelt Bundeswehr insgesamt aus.

4. *Raumgestaltung:* Die Kategorie des Raums spielt in der Praxis des ASEM-Projekts eine bedeutende Rolle. Es geht darum, inklusive Räume zu schaffen, die einerseits Gemeinschaft stiften, andererseits der Autonomie des und der Einzelnen dienen wollen. Einsatzbelastungen überschatten das Leben der betreffenden Soldatinnen, Soldaten und deren Familien. Nicht selten wird dabei die eigene Handlungsfähigkeit eingeschränkt. Angststörungen oder Suchterkrankungen dominieren dann das alltägliche Leben. Das ASEM-Projekt geht sensibel auf die Situationen eines Lebens in Abhängigkeiten ein und versucht Räume zu eröffnen, die Autonomie wieder ermöglichen. Die bereits erwähnte Arbeit mit Tieren ist diesbezüglich weiterführend, da die betreffenden Soldatinnen und Soldaten eine Verantwortung für ein fremdes Gegenüber übernehmen und damit auch wieder stärkende Erfahrungen von Selbstverantwortung machen können. Im ASEM-Projekt realisiert sich Seelsorge als *Förderung von Freiheit*. Aus raumtheoretischer Sicht kommt dabei zwei Aspekten eine besondere Bedeutung zu:

Erstens sind die Angebote von ASEM rituell klar strukturiert. Jeweils morgens und abends gibt es einen geistlichen Impuls, der einen seelsorglichen Gesamtrahmen bietet. Dabei zeigt das ASEM-Projekt einerseits, wie die interdisziplinäre Zusammenarbeit in einem Psychosozialen Netzwerk konstruktiv gelingen kann, ohne dass Professionsgrenzen aufgegeben werden. Die rituelle Rahmung eröffnet Freiräume, innerhalb derer die anderen Professionen und Funktionen eigenständig arbeiten können. Andererseits lassen sich die Angebote dieses Arbeitsfeldes im Anschluss an Foucaults Konzept der Heterotopien als *Kompensationsräume* verstehen. Von ihnen geht eine spezifische Ordnungsstruktur aus, die zeitliche Orientierung bietet und die zugleich als eine kraftgebende Ressource wahrgenommen wird. Davon berichten die Teilnehmerinnen und Teilnehmer der Seminare: »Auch diese ganz, ganz kurzen Andachten, [...] diese kurzen paar Worte, die bringen SO viel Kraft. Das ist einfach Wahnsinn, weil sie immer den Punkt erwischen.«[137] Auch heben diese Kompensationsräume den umgebenden Realraum nicht auf, sondern erkennen diesen an. Dieser Aspekt ist

---

[135] Vgl. a. a. O., 225 f.
[136] Vgl. ZIMMERMANN/ALLIGER-HORN/WESEMANN/WILLMUND, Psychische Erkrankungen in der Bundeswehr.
[137] LAMMER, Wie Seelsorge wirkt, 315.

wichtig, da die Soldatinnen, Soldaten und ihre Familien nach den Seminaren und Veranstaltungen wieder in ihr alltägliches Leben zurückkehren – ein Leben, das weiterhin von den Herausforderungen einer einsatzbedingten Belastungsreaktion überschattet ist. ASEM suggeriert also nicht, dass sich die Gesamtsituation einer Soldatenfamilie nach den Seminaren schlagartig wandelt und »verbessert«. Die Angebote bieten als Kompensationsräume vielmehr eine erste Möglichkeit zum Durchatmen und Innehalten. Gleichzeitig werden neue Perspektiven auf das eigene Leben eröffnet. Einige Soldatenfamilien besuchen genau aus diesem Grund mehrfach und über einen längeren Zeitraum hinweg Angebote dieses Arbeitsfeldes.

Zweitens ist beobachtbar, dass die ASEM-Angebote sensibel mit der Kategorie des Raums umgehen. Ein Raum wird nicht als statischer Container verstanden, sondern als ein Ort, der situativ gestaltet werden will. Das Arbeitsfeld Seelsorge für unter Einsatz- und Dienstfolgen leidende Menschen besitzt eine besondere Kompetenz in der Raumwahrnehmung und Raumgestaltung. Ziel ist es, den Soldatinnen, Soldaten und ihren Familien durch ausgewählte Symbole und Handlungen einen Schutzraum zu eröffnen. Davon berichtet auch ein Militärpfarrer: »[D]er Schutzraum entsteht im Miteinander in dem Raum, in dem wir jetzt zum Beispiel sind und den wir jetzt gestalten.«[138] Zugleich wird darauf hingewiesen, dass Kirchenräume teilweise nicht den Anforderungen eines Schutzraums genügen. Ein Kreuz mit Christustorso kann bei den Soldatinnen und Soldaten mitunter traumatische Erinnerungen wecken.[139]

Das Arbeitsfeld Seelsorge für unter Einsatz- und Dienstfolgen leidende Menschen ist in der Summe ein äußerst innovatives und zugleich vielschichtiges Projekt in der Familienarbeit der Militärseelsorge, das aufgrund seines explorativen Charakters weiterführende Impulse in die gesamte Lebenswelt Bundeswehr eintragen kann.

2.2 Seelsorgeräume im Einsatz

Der Einsatz stellt den Sonderfall in der Lebenswelt Bundeswehr dar. Für alle Beteiligten ist er mit besonderen Belastungen verbunden, bisweilen geht von ihm aber auch eine eigentümliche Faszination aus. Die Bundeswehr entsendet permanent im Durchschnitt über 4000 Soldatinnen und Soldaten in unterschiedliche Auslandseinsätze. In der Regel bleiben die Soldatinnen und Soldaten für vier bis sechs Monate vor Ort stationiert. Die Gesamtanzahl an Einsatzmonaten variiert je nach Ausbildung und Laufbahn. Manche Soldatinnen und Soldaten absolvieren während ihrer Zeit bei der Bundeswehr keinen einzigen Einsatz, andere werden

---

[138] A.a.O., 311.
[139] Vgl. a.a.O., 312.

in einen oder zwei Einsätze »verlegt«, wieder andere gelten als besonders »einsatzprobt«. Sie weisen eine über 24-monatige Auslandseinsatzerfahrung auf.[140] Bei der Militärseelsorge sieht es ähnlich aus. Von den Militärpfarrerinnen und Militärpfarrern wird erwartet, dass sie in der Regel alle zwei Jahre einen Auslandseinsatz für die Dauer von vier Monaten begleiten. Bei Pfarrerinnen und Pfarrern, die Marinestützpunkte betreuen, ist die Einsatzintensität auffallend hoch, was damit zusammenhängt, dass die meisten Bundeswehreinsätze und »einsatzgleichen Verpflichtungen«[141] von der Marine geschultert werden. Infolgedessen kann es vorkommen, dass ein Militärseelsorger im Laufe seiner Maximaldienstzeit von zwölf Jahren über 1000 Tage auf See verbringt.[142]

Der Einsatz beansprucht die Beteiligten allerdings nicht nur in zeitlicher, sondern auch in *räumlicher* Hinsicht. Die geographischen Distanzen zwischen dem Einsatzort und der Heimat sind enorm. Gleichzeitig findet im Einsatzgeschehen eine *radikale Verdichtung von Räumen* statt. Soldatinnen und Soldaten sind permanent in einen militärischen Kontext eingebunden, ohne die Möglichkeit zu haben, aus diesem »totalen« Raum auszutreten. Aus seelsorglicher Sicht kommt der Kategorie des Raums im Einsatz eine exponierte Bedeutung zu. In den nachfolgenden Abschnitten wird dieser Sonderfall eigens reflektiert. Dabei tritt zunächst das Leben im Feldlager in den Blick (2.2.1). Anschließend wird ein genuin religiöser Raum, nämlich der Gottesdienst im Einsatz (2.2.2), fokussiert. Als »Sonderfall« der Einsatzrealität der Bundeswehr wird schließlich die Marine respektive die Marineseelsorge (2.2.3) betrachtet.

2.2.1 Den »richtigen« Raum finden: Seelsorge im Einsatz

Autobiographische sowie journalistische Berichte über das Einsatzgeschehen der Bundeswehr beginnen häufig mit literarisch anmutenden Schilderungen einer fernen und unwirklichen Landschaft. Zeile für Zeile wird man immer weiter in das Einsatzgeschehen mit hineingenommen; man gewinnt schrittweise eine vage Ahnung von der Weite eines gänzlich fernen Landes.[143] Betrachtet man den Einsatz aus seelsorglicher Sicht, ist der Fokus anders zu setzen: Es geht nicht um die Weite eines Raums, sondern um dessen Dichte und Enge. Im Einsatz findet

---

[140] Vgl. GMELCH/HARTMANN, Soldatenfamilien im Stress, 56.
[141] Mit den einsatzgleichen Verpflichtungen ist aktuell vor allem die militärische Zusammenarbeit im Rahmen der NATO und der Europäischen Union (EU) gemeint. Vgl. dazu GUTMANN, Fortschreitende Militärkooperationen, 38–50.
[142] In der Marine ist in der Regel von »*in* See« die Rede. Zur Marineseelsorge siehe Kap. IV 2.2.3; vgl. auch SOMMER, Seelsorge an Bord einer seegehenden Einheit der Deutschen Marine, 109.
[143] Vgl. beispielsweise CLAIR, Vier Tage im November, 7–13.

eine radikale Verdichtung des Raums statt. Diese Voraussetzung gilt es im Blick zu behalten, wenn man die Seelsorge im Einsatzgeschehen reflektiert.

Die Einsatzrealität der Bundeswehr verändert sich stetig. Neue Mandate kommen hinzu, andere werden konzeptionell umgewandelt, wieder andere laufen ersatzlos aus. Insgesamt scheint sich die Einsatzpraxis der Bundeswehr aktuell verstärkt auf »kleinere« Missionen zu fokussieren. Die Zeiten der »großen« Einsätze wie im Kosovo oder in Afghanistan scheinen erst einmal vorüber zu sein, wobei das Engagement der Bundeswehr in Mali (seit 2013) vereinzelt mit der Gesamtentwicklung des Afghanistaneinsatzes verglichen wird.[144] Der Afghanistaneinsatz, das meint vor allem die ISAF-Zeit (2001–2014), steht in vielfacher Hinsicht symbolisch für das neue Gesicht der Bundeswehr. An ihm sind die Konsequenzen der Einsatzarmee sichtbar geworden. Aus diesem Grund stellt der Afghanistaneinsatz auch hier die wesentliche Referenz für die Reflexion von Seelsorge im Einsatzgeschehen dar.

Wenn medial über das Einsatzgeschehen der Bundeswehr berichtet wird, werden häufig Bilder von hochgerüsteten Soldatinnen und Soldaten gezeigt, die durch eine karge und staubige Landschaft patrouillieren. Die Einsatzrealität wird folglich mit der Präsenz deutscher Streitkräfte in der weiten Fläche des jeweiligen Einsatzlandes assoziiert. Die Realität vieler Soldatinnen und Soldaten, die in einen Auslandseinsatz »verlegt« werden, sieht allerdings anders aus. Sie gehen in einen Einsatz und bleiben dort die meiste Zeit über im jeweiligen Feldlager stationiert. Ihre Lebenswelt verdichtet sich damit vollständig auf den militärischen Raum. Aus soziologischer Sicht sind die Soldatinnen und Soldaten für die Einsatzzeit in eine »totale Institution« inkludiert,[145] weil dort alle »Angelegenheiten des Lebens« wie »schlafen, spielen und arbeiten« auf den Raum des Feldlagers zentriert werden.[146] Damit gehen Entbehrungen einher, die für den normalen Alltag in einer funktional differenzierten Gesellschaft weithin unüblich sind. Die Privatsphäre schrumpft beispielsweise sprichwörtlich auf die Größe des eigenen Feldbettes zusammen.[147] Trotzdem gilt es, den Raum des Feldlagers differenziert wahrzunehmen, da auch er Bereiche umfasst, die nicht einer rein militärischen Logik folgen.

Im Afghanistaneinsatz wurden von der Bundeswehr mehrere militärische Anlagen aufgebaut und unterhalten. Vor allem das *Camp Marmal* bei Masar-e Scharif am Fuße des Hindukusch, das *Camp Warehouse* in Kabul und das *Feld-*

---

[144] Vgl. BECKMANN, Ein zweites Afghanistan?
[145] Vgl. VOM HAGEN, Homo militaris, 279; zur kritischen Diskussion zu diesem Begriff siehe auch Kap. III 2.1.
[146] Vgl. GOFFMAN, Asyle, 17.
[147] Vgl. SCHNITT, Foxtrott 4, 64.

lager Kundus stellten für den Einsatz wichtige Stützpunkte dar.[148] Die Stützpunkte bei Masar-e Scharif und in Kabul wurden bis zum Ende der Resolute Support Mission (11.09.2021) im Sommer 2021 genutzt. Das Feldlager Kundus wurde bereits im Oktober 2013 an die afghanische Armee übergeben. In dem Einsatzbericht des Fallschirmjägers Johannes Clair findet sich eine Passage, die einen unmittelbaren Eindruck von der Gestalt dieses Feldlagers vermittelt: »Als wir ins Lager einfuhren, tat sich eine vollkommen andere Welt auf: Saubere geschotterte Straßen in bestem Zustand wurden von betonierten Abwasserrinnen eingerahmt. An den Rändern waren akkurat Rosenbüsche gepflanzt worden und junge Bäume wuchsen zwischen den Gebäuden und den Wegen. Das Lager war fast schachbrettartig angelegt und staubig, wirkte aber sehr aufgeräumt. Ich sah Zelte in verschiedenen Größen sowie feste Gebäude, dazwischen Container, überall Container.«[149] Das Feldlager ist ein komplexer Raum, der ein »alltägliches Leben« im Einsatz ermöglichen soll. Das lässt sich beispielsweise auch an dem Camp Marmal, dem größten Feldlager der Bundeswehr außerhalb Deutschlands,[150] veranschaulichen. In das Camp sind unter anderem Freizeiträume wie Bars, Sportanlagen (zum Beispiel Beachvolleyballfelder), ein Supermarkt oder auch ein Friseur integriert.

Das Feldlager im Auslandseinsatz weist insofern viele Besonderheiten auf. Es kann als *hybrider Raum* beschrieben werden. Damit ist gemeint, dass dieser Raum in gewissem Sinne die Struktur einer funktional differenzierten Gesellschaft imitiert. Das Feldlager bietet Möglichkeiten, einzukaufen, Sport zu betreiben oder Freizeit zu gestalten. Sogar Räumlichkeiten, um Gottesdienste zu feiern, sind in die meisten Anlagen integriert.[151] Am Beispiel des Camp Marmal tritt der hybride Charakter dieses besonderen Raums deutlich hervor. Unter den Soldatinnen und Soldaten wird das Camp aufgrund seiner Größe auch als »›Kleinstadt in der Wüste‹«[152] bezeichnet. Trotzdem ist das Feldlager prinzipiell an einer militärischen Leitlogik ausgerichtet, die wiederum die anderen Logiken überlagert. Aus diesem Grund weist das Feldlager durchaus allumfassende Tendenzen auf.

Die räumliche Vielfalt des Feldlagers dient dem funktionalen Auftrag der militärischen Mission. Darüber hinaus soll sie aber auch den Soldatinnen und

---

[148] Weitere Stützpunkte gab es in Faizabad, in Taloqan, bei Pol-e Chomri und Maimana. Bis 2015 gab es zudem noch den Luftstützpunkt Termez im Süden Usbekistans, der als Drehscheibe für die Flüge von und nach Afghanistan diente. Vgl. BAUMANN/LANGEDER/MUCH/OBERMAYER/STORZ (Hg.), Feldpost, 6.
[149] CLAIR, Vier Tage im November, 34.
[150] Zu dem Camp Marmal gehörte noch der militärische Teil des Flughafens Masar-e Scharif. Auch war das norwegische Camp Nidaros in den Raum des Feldlagers eingebunden.
[151] Siehe Kap. IV 2.2.2.
[152] SCHWITALLA, Afghanistan, jetzt weiß ich erst..., 17.

Soldaten Annehmlichkeiten bieten, um die unterschiedlichen Entbehrungen der Einsatzzeit besser ertragen zu können. Die grundsätzlichen Schwierigkeiten eines radikal verdichteten Raums bleiben dennoch bestehen. Vielfach kommt dies in Feldpostbriefen zum Ausdruck: »Unser Problem hier ist die Enge. Das Lager (damit ist hier das Camp Warehouse gemeint) ist für 800 Mann konzipiert, jetzt sind wir 1800, es erfordert viel Toleranz in den Waschräumen und beim Essen, weil einfach jede Menge Leute hier rumlaufen und man nie für sich ist.«[153] Gleichzeitig stellt das Feldlager aufgrund seiner statischen Verortung ein exponiertes Ziel für Angriffe dar. Das Leben im Feldlager steht deshalb häufig im Zeichen einer mehr oder minder akuten Bedrohungslage.[154] All diese Probleme sind bekannt. Vonseiten der Bundeswehr als Organisation werden die Einsatzzeiten deshalb auch gesondert vergütet: An die Soldatinnen und Soldaten wird ein gestaffelter *Auslandsverwendungszuschlag* (AVZ) gezahlt.[155] Die Abrechnung des Zuschlages bemisst sich an der für den Einsatz festgelegten Belastungsstufe (Stufe 1 bis 6) und den absolvierten Einsatztagen. In der höchsten Stufe liegt der Auslandsverwendungszuschlag gegenwärtig bei 145 Euro pro Einsatztag, die dem Soldaten bzw. der Soldatin nach der Einsatzzeit steuerfrei ausgezahlt werden.

Auch Militärseelsorgerinnen und Militärseelsorger erhalten für ihre Einsatzbegleitung den Auslandsverwendungszuschlag.[156] Diese Regelung ist beachtlich, da im militärischen Kontext der Auslandsverwendungszuschlag nur an Militärangehörige, also an Soldatinnen und Soldaten oder an zivile Angestellte, die für die Einsatzzeit einen entsprechenden militärischen Rang zugewiesen bekommen, gezahlt wird. Juristisch ist diese Regelung jedoch einwandfrei, weil der Auslandsverwendungszuschlag über das Bundesbesoldungsgesetz (BBesG § 56) geregelt wird. Darin werden Beamte explizit als Empfänger des entsprechenden Zuschlages aufgeführt. Dies zeigt, dass der Beamtenstatus der Militärpfarrerinnen und Militärpfarrer während der Einsatzzeit in formaler Hinsicht

---

[153] BAUMANN/LANGEDER/MUCH/OBERMAYER/STORZ (Hg.), Feldpost, 60 [Erklärende Einfügung N. P.].

[154] Vgl. a. a. O., 145.

[155] Vgl. SCHNITT, Foxtrott 4, 130.

[156] Das gilt bislang nur für mandatierte Einsätze und nicht für Manöverübungen oder einsatzgleiche Verpflichtungen, was wiederum vor allem für Militärseelsorgerinnen und Militärseelsorger im Kontext der Marine einen Nachteil darstellt, weil ihre Seefahrtzeiten damit nicht durch den AVZ gesondert vergütet werden. Hier tut sich in der Praxis eine Schwierigkeit auf, da den Soldatinnen und Soldaten der Deutschen Marine mittlerweile der AVZ für einsatzgleiche Verpflichtungen zugestanden wird. Mit Blick auf die konkreten Missionen, beispielsweise die Seeraumüberwachung im Ägäischen Meer, ist dieser Schritt zugleich folgerichtig, da die Belastungsanforderungen in diesen einsatzgleichen Verpflichtungen durchaus beachtlich sind.

eine nicht zu unterschätzende Bedeutung hat. In praktischer Hinsicht treten die Pfarrerinnen und Pfarrer jedoch vor allem als Seelsorgerinnen und Seelsorger auf. Es bleibt insofern wichtig zu klären, inwieweit der formale Rahmen (Beamtenverhältnis) den Freiraum für die praktische Arbeit (unabhängige Seelsorge) schafft und erhält. Das Beamtenverhältnis sorgt beispielsweise dafür, dass Pfarrerinnen und Pfarrern während der Einsatzbegleitung kein militärischer Rang zugeordnet werden muss. Das Beamtenverhältnis schützt insofern vor einer militärischen Vereinnahmung. Gleichzeitig kann von diesem formalen Rahmen auch eine neue »soziale Einbindung«[157] ausgehen. Der Auslandsverwendungszuschlag könnte im negativen Fall zu einem eigenen Anreiz für die seelsorgliche Einsatzbegleitung werden. Wenn Militärpfarrerinnen oder Militärpfarrer vornehmlich wegen der finanziellen Sondervergütung einer Einsatzbegleitung zustimmten, würde dies die Unabhängigkeit der Militärseelsorge in gewisser Weise zur Disposition stellen. Die seelsorgliche Begleitung würde dann nicht mehr dem christlichen Selbstverständnis der Pfarrerinnen und Pfarrer folgen, sondern schlichtweg dem Ziel, mehr Geld »zu verdienen«.

Der Auslandsverwendungszuschlag für Militärpfarrerinnen und Militärpfarrer stellt ein heikles Thema dar, das im Diskurs zur Militärseelsorge bislang nicht auftaucht. Dass die Militärseelsorge diese Leerstelle nicht bearbeitet, ist in gewisser Weise nachvollziehbar, weil sich an dieser Praxis mit großer Wahrscheinlichkeit eine kritische Diskussion entzünden würde. Dass die Pfarrerinnen und Pfarrer für ihre seelsorgliche Begleitung von Soldatinnen und Soldaten im Einsatz zusätzliche Gelder erhalten, würde von Kritikerinnen und Kritikern der Militärseelsorge aller Wahrscheinlichkeit nach als ein weiterer Schritt hin zu einer distanzlosen und totalidentifizierten Militärkirche gedeutet. Doch ist der Auslandsverwendungszuschlag gerade nicht als Bezahlung gedacht ist, sondern als ein Gefahrenzuschlag, der eine gewisse Kompensation für die besonderen Belastungen des Einsatzgeschehens leisten soll. In diesem Licht betrachtet hebt der Auslandsverwendungszuschlag dann aber vor allem ein Phänomen hervor, das für die Seelsorge bedeutsam ist: Die Militärpfarrerinnen und Militärpfarrer teilen im Einsatzgeschehen die grundlegenden Lebensbedingungen mit den Soldatinnen und Soldaten, die sie begleiten.[158] Das meint die alltäglichen Entbehrungen eines Lebens im Feldlager und damit auch fern der Familie, aber auch die permanente Gefährdung von Leib und Seele.

Auch die seelsorgliche Begleitung von Soldatinnen und Soldaten im Einsatz steht folglich im Zeichen eines radikal verdichteten Raums. Daraus folgt eine zentrale Aufgabe für die Pfarrerinnen und Pfarrer: Sie müssen innerhalb dieses dichten Raums nach einem geschützten Raum für seelsorgliche Gespräche suchen. Der Militärseelsorge werden im Einsatz von der Bundeswehr zwar eigene

---

[157] BECK, Risikogesellschaft, 206 [Hervorhebung aufgehoben].
[158] Vgl. WALTER, Als Seelsorger in Afghanistan, 68; vgl. auch THIEL, Geteiltes Leben, 500.

Räumlichkeiten zur Verfügung gestellt. Ob diese aber dem Bedürfnis nach einem geschützten Raum Rechnung tragen, ist damit keineswegs geklärt. Institutionalisierte Seelsorge lebt von Diskretion. Das gilt insbesondere für die Militärseelsorge. Nicht jede oder jeder soll unmittelbar sehen können, ob der Kamerad oder die Kameradin zur Militärseelsorge geht. Daher stellt es für die Seelsorge im Einsatz eine große Herausforderung dar, wenn die Räumlichkeiten der Militärseelsorge an exponierter Stelle im Feldlager verortet sind. Doch ist dies im Einsatz häufig der Fall. Die Militärseelsorge ist nicht selten im näheren Umfeld oder gar direkt auf dem Flur des Kommandostabs untergebracht.[159] Diese Verortung ist in zweifacher Hinsicht problematisch. Zum einen könnte durch die räumliche Nähe zum Kommandostab der Eindruck erweckt werden, dass die Militärseelsorge zur Führungsriege im Feldlager gehört. Solch ein Missverständnis wäre fatal, weil damit die Unabhängigkeit der Militärseelsorge infrage gestellt würde. Diese Unabhängigkeit ist für alle Soldatinnen und Soldaten, auch für Kommandeure im Feldlager höchst relevant: »Soldaten, gerade auch Führungskräfte, brauchen den unabhängigen Seelsorger, das Beichtgeheimnis, die seelsorgerliche Schweigepflicht. Und gerade ein guter Kommandeur braucht einen Querdenker, jemand, der nicht in seiner Linie steht, der sein Ohr bei den Menschen hat, der einen anderen Blick auf die innere Lage hat.«[160] Zum anderen kann durch eine solche räumliche Nähe die Diskretion verloren gehen, wenn der Gang zur Militärseelsorge an den Büros und Arbeitszimmern im Stabsgebäude vorbeiführt. Kommandeure, die allerdings den Sinn und die Notwendigkeit einer unabhängigen Seelsorge sehen und schätzen, können die praktische Arbeit der Militärseelsorge im Feldlager wesentlich unterstützen. Es zeigt sich im militärischen Alltag – und vor allem im Einsatz –, dass die Militärseelsorge in der Praxis trotz rechtlicher Zusicherungen (Art. 4 u. Art. 16 MSV) auf eine wohlwollende Haltung der verantwortlichen Führungskräfte der Bundeswehr angewiesen ist.[161]

Für die Militärseelsorge ist es insgesamt wichtig zu reflektieren, wo sie im Feldlager räumlich verortet ist und welche Konsequenzen sich aus dieser Verortung ergeben. Eine exponierte Stelle im Camp schafft Sichtbarkeit, eine abgelegene Stelle schafft Diskretion. Eine Ideallösung wird sich nicht finden lassen. Es wird darum gehen, die räumliche Verortung im Blick zu behalten und diese situativ, entsprechend der jeweiligen Anforderungen, anzupassen. Der Raum ist folglich nicht statisch zu begreifen, er ist vielmehr dynamisch zu gestalten. Diese dynamische Gestaltung leisten Militärpfarrerinnen und Militärpfarrer vielfach auf kreative Weise. Sie eröffnen beispielsweise temporäre Räume, die sich nicht selten abseits der eigenen Diensträume befinden. Damit wird zugleich deutlich,

---

[159] Vgl. WALTER, Als Seelsorger in Afghanistan, 71.
[160] RINK, Auf Spannung angelegt, 213.
[161] Vgl. PEUCKMANN, Militärseelsorge und Öffentliche Theologie, 257 f.

dass sich die räumliche Präsenz der Militärseelsorge auf das ganze Feldlager erstreckt. »Eine Seelsorge ›der offenen Türen‹ allein, also ›gut erreichbar zu sein‹, reicht in der Militärseelsorge nicht aus.«¹⁶² Sie hat »neben der Komm-Struktur auch eine Geh-Struktur«¹⁶³ und teilt in der Einsatzbegleitung die Lebensbedingungen mit den Soldatinnen und Soldaten.

2.2.2 Gottesdienst im Einsatz

Der Gottesdienst ist für die gemeinschaftliche Praxis des christlichen Glaubens konstitutiv.¹⁶⁴ Er ereignet sich »in der Spannung zwischen Erinnerung und Erwartung«¹⁶⁵. Auch in den Feldlagern der Bundeswehr im Auslandseinsatz finden regelmäßig Gottesdienste statt.¹⁶⁶ Das Spannungsverhältnis zwischen Erinnerung und Erwartung spielt für die Soldatinnen und Soldaten dabei eine besondere Rolle. Das hängt damit zusammen, dass sie sich während des Einsatzes in gewisser Weise in einer Schwellenphase befinden. Die Strukturen ihres normalen Lebens werden vom Rhythmus der militärischen »Einsatzwelt« überschattet. Gleichzeitig blicken sie in eine ungewisse Zukunft: Was wird morgen sein? Wie wird sich das Leben zurück in der Heimat mit der Familie, den Freunden und Bekannten verändern? Welchen Einfluss wird der Einsatz auf die Karriere in der Bundeswehr nehmen?

Schwellenphasen sind häufig von Unsicherheiten geprägt, da sie Veränderungen in der jeweiligen Biographie mit sich bringen. Aus diesem Grund sind sie in besonderer Weise für eine rituelle Begleitung offen. Diese Erfahrung macht auch die Militärseelsorge mit ihren Einsatzgottesdiensten. Militärpfarrerinnen und Militärpfarrer haben mit Beginn der großen Einsätze der Bundeswehr – um die Jahrtausendwende herum – vielfach von einer beachtlichen Resonanz unter den Soldatinnen und Soldaten auf die gottesdienstlichen Angebote berichtet.¹⁶⁷ In diesem Zug ist die Einsatzphase als »Gemeinde auf Zeit« profiliert worden.¹⁶⁸

---

[162] WENDL, Lebenswirklichkeiten von Soldatenfamilien, 46.
[163] Evangelisches Kirchenamt für die Bundeswehr (Hg.), Begleitung im Licht des Evangeliums, 13.
[164] Vgl. u. a. RÖSSLER, Grundriß der Praktischen Theologie, 407 f.
[165] CORNEHL, Vision und Gedächtnis, 11.
[166] Vgl. PATBERG, Nicht jeder Tag ist Mittwoch, 81.
[167] Vgl. a. a. O., 82. Auch der katholische Militärseelsorger Joachim Simon berichtet in einem Feldpostbrief aus Kabul aus dem Jahr 2002, dass durchschnittlich hundert Soldatinnen und Soldaten seine Gottesdienste besucht haben. Vgl. BAUMANN/LANGEDER/MUCH/OBERMAYER/STORZ (Hg.), 166 f.
[168] Vgl. WIECZOREK, »Feldlager Rajlovac« – Gemeinde auf Zeit; vgl. auch WAHLE, Einladende Kirche, 112.

Mittlerweile hat sich die erste Begeisterung für diese Form der religiösen Gemeinschaft in der Bundeswehr gelegt. Die Erwartungen, die durch die Berichte von vollbesuchten Gottesdiensten evoziert wurden,[169] haben sich bei den Militärpfarrerinnen und Militärpfarrern in den nachfolgen Jahren nicht immer erfüllt. Das zeigt sich auch daran, dass das Thema »Gottesdienst im Einsatz« seit Mitte der 2000er Jahre nicht mehr in den Publikationen der Militärseelsorge thematisiert wird.[170]

Der Gottesdienst spielt in der gegenwärtigen Einsatzpraxis trotzdem eine wichtige Rolle. Zeitlich wird er zumeist am Baseday gefeiert – jenem Vormittag in der Woche, an dem alle Soldatinnen und Soldaten bis 13:00 Uhr dienstfrei haben.[171] Damit tritt der Gottesdienst in Konkurrenz zu den übrigen Freizeitaktivitäten, für die die Soldatinnen und Soldaten ansonsten im Regelbetrieb der durchstrukturierten Einsatzwoche kaum Zeit finden. Manche nutzen diesen freien Vormittag schlicht dazu, das angestaute Schlafdefizit auszugleichen: »Am *Base Day* habe ich gemütlich bis halb 10 Uhr schlafen können«.[172] Trotzdem berichten Soldatinnen und Soldaten in Feldpostbriefen auch von Gottesdienstbesuchen und dass sie diese ausgesprochen schätzen: »Der deutsche Pfarrer ist engagiert und zieht ein beträchtliches Publikum an. Den Rekordbesuch habe ich auf 100 Teilnehmer geschätzt.«[173] Belastbare Zahlen über die Gottesdienstbesuche im Einsatz liegen bisher nicht vor. Trotzdem deutet vieles darauf hin, dass die Gottesdienste durchschnittlich stärker frequentiert werden als der »normale« Sonntagsgottesdienst in Kirchengemeinden.

Welche Bedeutung kommt dem Gottesdienst im Einsatz konkret zu? Nimmt man ernst, dass sich der Gottesdienst in der Spannung *zwischen Erinnerung* und *Erwartung* vollzieht, lassen sich drei Bedeutungsdimensionen identifizieren.

1. *Zwischen:* Vom Gottesdienst geht eine besondere *zeitliche* Ordnungsstruktur aus. Der Militärpfarrer Gotthold Patberg bilanziert in seinem Einsatzbericht: Der Gottesdienst »ist der Ort, wo die militärische Struktur von Befehl und

---

[169] So schreiben Peter Michaelis und Walter Theis um die Jahrtausendwende, dass der Sonntagsgottesdienst im Feldlager Rajlovac (Bosnien und Herzegowina) von durchschnittlich hundert bis zweihundert Soldatinnen und Soldaten besucht wird. Vgl. Dies., Seelsorgerliche Begleitung bei Auslandseinsätzen deutscher Soldaten, 73.

[170] So geht beispielsweise das Handbuch »Friedensethik im Einsatz« (2009; hrsg. v. Evangelischen Kirchenamt für die Bundeswehr) nicht auf das Handlungsfeld des Gottesdienstes im Einsatz ein, wohl aber auf den Lebenskundlichen Unterricht. Auch die Berichte aus der Praxis in dem Sammelband »Seelsorge in der Bundeswehr« (2020; hrsg. v. Karle/Peuckmann) sparen dieses Thema aus.

[171] Vgl. Clair, Vier Tage im November, 35.

[172] Baumann/Langeder/Much/Obermayer/Storz (Hg.), Feldpost, 67 [Hervorhebung im Original].

[173] A. a. O., 167.

Gehorsam, die das Leben und Arbeiten der Soldaten rund um die Uhr bestimmt, aufgehoben ist.«[174] Im Gottesdienst findet eine heilsame Unterbrechung des Einsatzalltags statt. Dadurch wird den Soldatinnen und Soldaten, die den Einsatz häufig als Dauerdienst empfinden, eine externe Orientierungsgröße geboten, um sich und ihr Tun im Wochenrhythmus zu verorten. Im Bundeswehrjargon heißt es, dass im Einsatz jeder Tag Mittwoch sei. Damit ist gemeint, dass der Dienst quasi nie endet.[175] Der Gottesdienst wiederum stellt eine zeitliche Unterbrechung dar; er macht im übertragenen Sinne deutlich, dass im Einsatz auch einmal in der Woche Sonntag ist. Deshalb sind Diskussionen über die tatsächliche Höhe der Besucherzahlen nur bedingt weiterführend. Auch für die Soldatinnen und Soldaten, die nicht am Gottesdienst teilnehmen, ist es bedeutsam, dass der Einsatzgottesdienst stattfindet. Der Gottesdienst wird zu einer Option, die in ihrer wöchentlichen Beständigkeit eine zeitliche Verortung im Rhythmus des militärischen Alltags ermöglicht. Damit deutet sich an, »dass der Gottesdienst weit über den unmittelbaren Teilnehmerkreis hinaus seine Ausstrahlung«[176] hat. Aus raumtheoretischer Sicht lässt sich der Gottesdienst im Rückgriff auf Foucaults Ansatz der Heterotopien als »Kompensationsraum« deuten. Von ihm geht eine spezifische Ordnungsstruktur aus,[177] die für das gesamte Leben im Feldlager relevant ist. Der Einsatzgottesdienst besitzt mithin sowohl ein *heterotopes* als auch ein *heterochrones* Potenzial.

2. *Erinnerung:* Der Gottesdienst im Einsatz ist vielfach mit Erinnerungen an die Heimat, an kulturelle Traditionen[178] und eventuell sogar an Kindheits- und Jugenderfahrungen der Soldatinnen und Soldaten geknüpft. Der Gottesdienst eröffnet folglich einen besonderen *Erinnerungsraum*. Für Soldatinnen und Soldaten ist es zum Beispiel bedeutsam, dass der Rhythmus des Kirchenjahres gefeiert wird.[179] Gotthold Patberg stellt fest, dass die »Bedeutung von Gottesdiensten an den hohen Feiertagen [...] wohl gar nicht überschätzt werden«[180] kann. Ähnliches berichten Soldatinnen und Soldaten in Feldpostbriefen über das Weihnachtsfest im Einsatz.[181] Die Trennung von der Familie ist an diesen Fei-

---

[174] PATBERG, Nicht jeder Tag ist Mittwoch, 83. Ähnlich beurteilt dies Dirck Ackermann. Vgl. DERS., Einsatz – Auf der Suche nach Religion?, 52.
[175] »Ich kämpfe in den letzten drei Wochen damit, dass ich irgendwo in meiner 130-Stunden-Woche auch noch etwas Schlaf einplanen muss, daran hapert es zurzeit gewaltig.« BAUMANN/LANGEDER/MUCH/OBERMAYER/STORZ (Hg.), Feldpost, 66.
[176] PATBERG, Nicht jeder Tag ist Mittwoch, 82.
[177] Vgl. FOUCAULT, Die Heterotopien, 20.
[178] Zum Verständnis des Gottesdienstes als kulturelles Gedächtnis vgl. KARLE, Praktische Theologie, 304–308.
[179] Vgl. FECHTNER, Im Rhythmus des Kirchenjahres.
[180] PATBERG, Nicht jeder Tag ist Mittwoch, 84.
[181] Vgl. BAUMANN/LANGEDER/MUCH/OBERMAYER/STORZ (Hg.), Feldpost, 177–185.

ertagen besonders schmerzlich spürbar. Daher wird das Angebot eines Einsatzgottesdienstes dankbar angenommen, es vermittelt ein Gefühl von Nähe zur Heimat, zugleich eröffnet sich ein individueller Erinnerungsraum. Die bekannten biblischen Geschichten (an Weihnachten Lk 2,1-20) und die liturgische Sprache vermitteln ein Gefühl von Überzeitlichkeit, wodurch das heterochrone Potenzial des Gottesdienstes einmal mehr deutlich wird.[182] Die Soldatinnen und Soldaten kommen mit fremdgewordenen und doch vertrauten Elementen in Berührung. Der Gottesdienst wird damit auch zum Raum für Emotionen, die ansonsten im Einsatz unterdrückt werden. Gerade der gottesdienstlichen Musik und dem gemeinschaftlichen Singen kommt dabei eine große Bedeutung zu,[183] weil sie in ästhetischer Form die Soldatinnen und Soldaten affiziert und damit tief adressiert.[184] »Als dann noch das [...] Lied ›Stille Nacht, Heilige Nacht‹ auf Englisch erklang, unterdrückten viele Soldaten nicht länger ihre Gefühle, sondern ließen ihren Tränen freien Lauf, ohne dass irgendjemand sich in dieser Atmosphäre vor dem anderen geschämt hätte.«[185]

3. *Erwartung:* An den Gottesdienst im Einsatz sind konkrete Erwartungen gerichtet. Er soll »nicht nur einen kulturellen und zugleich außerhalb des militärischen Alltags stehenden Raum [eröffnen], sondern auch einen religiösen.«[186] Es wird erwartet, dass im Gottesdienst religiöse Kommunikation explizit zum Ausdruck gebracht wird. Dieser Punkt ist keineswegs selbstverständlich, weil ansonsten die religiöse Kommunikation in der seelsorglichen Begleitung im Einsatz zumeist nur implizit mitläuft. In den seelsorglichen Begegnungen dominieren alltagsweltliche Themen und Probleme, die die Soldatinnen und Soldaten an die Militärseelsorge herantragen. Es kann in diesen Kontexten auch zu Formen der direkten religiösen Kommunikation kommen. Sie sind allerdings keine Conditio sine qua non für diese Begegnungen. Anders sieht das beim Gottesdienst im Einsatz aus – hier herrscht die Erwartung, dass religiös kommuniziert wird. Das gilt auch für niedrigschwellige Angebote wie dem Bibelfrühstück, das mancherorts im Einsatz neben dem Gottesdienst wöchentlich angeboten wird.[187] Auch wenn es bei diesen Angeboten darum geht, dass sie grundsätzlich für alle einladend gestaltet werden, »so dass man sich auch als Atheist dort wohl fühlt«[188], kann auf eine liturgische Gestaltung nicht verzichtet

---

[182] Vgl. PEUCKMANN, Orte der Komplexität und der Kontingenz, 15.
[183] Vgl. BAUMANN/LANGEDER/MUCH/OBERMAYER/STORZ (Hg.), Feldpost, 167 f.
[184] Vgl. MITTELSTÄDT, Zivile Saiten – Was Musik im Einsatz leisten kann, 93–97; zum Begriff der tiefen Adressierung vgl. KARLE, Tiefe Adressierung; vgl. FUCHS, Das Maß aller Dinge, 163–168.
[185] PATBERG, Nicht jeder Tag ist Mittwoch, 84.
[186] A.a.O., 83.
[187] Vgl. VON KYMMEL, Als Pfarrer im Militäreinsatz in Afghanistan, 314.
[188] BAUMANN/LANGEDER/MUCH/OBERMAYER/STORZ (Hg.), Feldpost, 168.

werden. Für die Soldatinnen und Soldaten ist es wichtig, erkennen zu können, dass dort »Kirche« stattfindet.

Die Sichtbarkeit von Kirche bzw. von Religion wird auch dadurch gewährleistet, dass es in den allermeisten Feldlagern spezielle Räumlichkeiten für die gottesdienstliche Feier gibt. Im Camp Warehouse in Kabul wurde beispielsweise die sogenannte »Gottesburg« errichtet und im Camp Marmal bei Masar-e Scharif steht die Kapelle »Haus Benedikt« – ein siebeneckiger Bau, der formsprachlich an ein Zelt erinnert.[189] Das Bedürfnis nach solch einem »sakralen« Raum im Feldlager geht von den Soldatinnen und Soldaten aus. »Die Bundeswehr kümmert sich dann nach inhaltlich-gestalterischer Absprache um den Bau, die kirchliche Seite um die sakrale Ausstattung.«[190] In der Folge entstehen Räume, die formsprachlich in die militärische Lebenswelt hineinpassen und sich zugleich durch ihre *zweckfreie Andersartigkeit* vom übrigen Feldlager abheben. Sie stellen bleibende Kompensationsräume dar, die sich in den umgebenden Realraum einpassen, ihn aber zugleich verfremden. Die Türen der Gottesdiensträume im Feldlager bleiben rund um die Uhr geöffnet. Den Soldatinnen und Soldaten bietet sich so die Möglichkeit, auch individuell einmal kurz aus dem Rhythmus der durchgetakteten Einsatzwoche herauszutreten, innezuhalten und für einen kurzen Moment einen anderen Ort zu besuchen. »Für die Soldatinnen und Soldaten ist es ein besonderer, ein heiliger Ort. Nicht wenige zünden hier zwischen den Dienstzeiten schnell eine Kerze an, sprechen ein Gebet, spielen ein Lied auf dem Klavier.«[191]

Der Gottesdienst im Einsatz eröffnet den Soldatinnen und Soldaten einen Anderort, in dem die Spannung zwischen Erinnerung und Erwartung vergegenwärtigt wird, ein Ort, in dem sie durch den Bezug zur Transzendenz Entlastung erfahren. Folglich geht es beim Gottesdienst nicht nur um eine allgemeine Erfahrung von Gemeinschaft, gleichwohl dieser Aspekt für die Soldatinnen und Soldaten relevant ist, vor allem in ihrem hierarchieübergreifenden Sinn. Der Einsatzgottesdienst bietet vor allem auch eine »Begegnung mit dem *Unverfügbaren*«[192]. Er erinnert in seiner Andersartigkeit und Überzeitlichkeit daran, dass Unverfügbarkeit trotz aller Bemühungen, »die Welt in Reichweite zu bringen«[193], zum Leben und zur menschlichen Grunderfahrung hinzugehören. Die Erfahrung von Unverfügbarkeit ist in der militärischen Lebenswelt in der Regel negativ konnotiert.[194] Alles, was sich der Verfügbarkeit entzieht, kann

---

[189] Vgl. HEIMER, »Heilsame Irritationen«, 197.
[190] Ebd.
[191] Ebd.
[192] ROSA, Unverfügbarkeit, 8 [Hervorhebung im Original].
[193] A.a.O., 17 [Hervorhebung aufgehoben].
[194] Vgl. LIERMANN, Seelsorge und Spiritualität in offenem Gelände, 494.

potenziell gefährlich sein.[195] Im Gottesdienst geht es deshalb darum, eine neue, positive »Erfahrung *mit* der Erfahrung«[196] von Unverfügbarkeit zu ermöglichen.

Der Gottesdienst im Einsatz eröffnet einen besonderen *Erfahrungsraum*, der liturgisch sensibel gestaltet werden sollte. Neben ansprechenden und zumeist kurzen Predigten[197] mit Bezug zum militärischen Alltag spielen vor allem das Abendmahl und die Kasualien eine wichtige Rolle. Im Normalfall wird das Abendmahl im Einsatz regelmäßig, wenn nicht sogar in jedem Gottesdienst gefeiert. Im Abendmahl wird der Zuspruch des Evangeliums in leiblicher Form erfahren. Die Soldatinnen und Soldaten machen in der gemeinschaftlichen Feier des Abendmahls die Erfahrung der Gottesnähe. Dabei spielt die sinnliche Qualität des Abendmahls eine zentrale Rolle, denn das Abendmahl ist »eine eigene Form leiblicher Evangeliumskommunikation, die Menschen im Geben und Nehmen, Essen und Trinken auf andere Weise anspricht, involviert und affiziert als das rein sprachliche Wort.«[198]

Bei einigen Soldatinnen und Soldaten kann aus diesen neuen Erfahrungen auch der Wunsch nach einer kirchlichen Kasualie erwachsen. Das kann bedeuten, dass die Militärpfarrerinnen oder Militärpfarrer zurück in der Heimat für eine Taufe oder eine Trauung angefragt werden. Das kann aber auch bedeuten, dass der Soldat mit dem Wunsch nach einer Taufe im Einsatz an den Militärpfarrer herantritt. Kasualien im Kontext des Einsatzes stellen keine Seltenheit dar. Der Militärpfarrer Reinhard Wahle berichtet von elf Soldatentaufen und einer Konfirmation, die er während seines Einsatzes feierte.[199] Das Teilen von Lebenszeit und von Erfahrungsräumen schafft eine Verbindung zwischen den Soldatinnen, Soldaten und den Militärseelsorgerinnen und -seelsorgern, die in manchen Fällen weit über die Einsatzzeit hinausreicht. Insgesamt deutet sich an, dass unter Soldatinnen und Soldaten im Einsatz das Bedürfnis nach einer spürbaren Erfahrung mit der Erfahrung von Unverfügbarkeit vorhanden ist. Deshalb werden Gottesdienste, das gemeinschaftliche Singen, das Abendmahl oder die Kasualien an diesem (Ander-)Ort sehr geschätzt.

---

[195] Siehe Kap. IV 3.2.3.

[196] Eberhard Jüngel macht mit dieser Formulierung darauf aufmerksam, dass eine religiöse Erfahrung nicht unmittelbar gemacht oder hergestellt werden kann. Als eine Erfahrung *mit* der Erfahrung stellt sie folglich eine Erfahrung zweiter Ordnung dar, die aus einem lebensweltlichen Erlebnis und aus dessen Deutung und Darstellung erwachsen kann. Dies gilt auch für die Erfahrung mit der Erfahrung von Unverfügbarkeit. Unverfügbarkeit kann nicht direkt erfahren werden. Sie stellt eine Erfahrung zweiter Ordnung dar. JÜNGEL, Das Dilemma der natürlichen Theologie, 176 [Hervorhebung im Original].

[197] Vgl. BAUMANN/LANGEDER/MUCH/OBERMAYER/STORZ (Hg.), Feldpost, 167.

[198] KARLE, Praktische Theologie, 286.

[199] Vgl. WAHLE, Einladende Kirche – Die Erwachsenentaufe im Auslandseinsatz, 122.

2.2.3 Marineseelsorge

Die Seelsorge in der Deutschen Marine – kurz *Marineseelsorge* – bildet einen integralen Bestandteil der Militärseelsorge und ist mit der seelsorglichen Begleitung der anderen Teilstreitkräfte, dem Heer oder der Luftwaffe, vergleichbar. Dennoch gibt es Eigenarten in der Marine, die die Seelsorge auf hoher See vor besondere Herausforderungen stellen. Das betrifft zuvörderst die signifikant erhöhte Einsatzdichte (1), die begrenzten Kommunikationsmöglichkeiten (2) und die politische Dimension des Raums (3), mit der die »grauen Schiffe« der Deutschen Marine immer wieder konfrontiert werden.

Wissenschaftlich ist die Marineseelsorge, mit Ausnahme von wenigen historisch orientierten Studien,[200] noch nicht reflektiert worden. Berichte aus der Praxis liegen ebenfalls nur in kleiner Stückzahl vor.[201] Die Marineseelsorge stellt ein äußerst empfindliches Forschungsdesiderat dar, sodass es notwendig erscheint, diesen »Sonderfall« der Militärseelsorge auch einmal eigens zu untersuchen. Eine derart systematische Bearbeitung kann in diesem Abschnitt nicht geboten werden. Die nachfolgende Reflexion der Marineseelsorge orientiert sich an den drei eingangs genannten Herausforderungen.

---

[200] Vgl. ZIENERT, »Laß ihren Dienst gesegnet sein...«. Interessant sind vor allem die Entwicklungen der Marineseelsorge in der ersten Hälfte des 20. Jahrhunderts, die sich als Emanzipationsbewegung gegenüber der »übrigen« Feldseelsorge deuten lassen. 1903 wurde bereits eine eigene »Evangelische Marine-Kirchenordnung« erlassen. Diese Eigendynamik wurde durch die Hochwertung der Kaiserlichen Marine in der Wilhelminischen Zeit (1890–1914) weiter verstärkt. Indirekt hat diese Dynamik sogar bis in die Zeit des Zweiten Weltkriegs fortgewirkt. Die Marineseelsorge emanzipierte sich in dieser Phase gänzlich von der Feldseelsorge in der Wehrmacht. Das hängt mit dem indirekten Fortbestehen der wilhelminischen Strukturen in der Kriegsmarine zusammen. Auch spielt der Einfluss des nationalsozialistischen Regimes auf das Heer und vor allem auf die Luftwaffe, in der es ab Mitte der 1930er Jahre de facto keine Seelsorge mehr gab, eine große Rolle. Zu guter Letzt ist die Trennung von Marineseelsorge und Feldseelsorge auch auf die persönlichen Spannungen zwischen dem Feldbischof Franz Dohrmann und dem Marinedekan Friedrich Ronneberger zurückzuführen. Ronneberger war mit der Admiralität der Kriegsmarine bestens vernetzt und ebendort geschätzt und anerkannt. Dohrmann wiederum war bemüht, eine Neutralitätsstrategie zu fahren, die den kirchlichen Charakter der Seelsorge und Verkündigung in der Wehrmacht wahren sollte. Gegen Ende der 1930er Jahre waren diese beiden Zweige der Seelsorge mehr oder weniger unabhängig voneinander, was sich an den vielen Mitteilungsblättern und Verordnungen nachvollziehen lässt. Vgl. BEESE, Seelsorger in Uniform, 170–175.

[201] Vgl. LEMKE-PAETZNICK, Sechs Monate an Bord; vgl. GMELCH, »Ich werde euch zu Menschenfischern machen«; vgl. KAPPEL, Im Einsatz für den Frieden, 178–192; vgl. SOMMER, Seelsorge an Bord einer seegehenden Einheit der Deutschen Marine.

2. Räume der Militärseelsorge

1. *Einsatzdichte:* Die Deutsche Marine ist auffallend stark von der Einsatzrealität der Bundeswehr betroffen. Im Durchschnitt fallen knapp zwei Drittel der (mandatierten) Einsätze in ihren Zuständigkeitsbereich. Hinzu kommen einsatzgleiche Verpflichtungen und eine Reihe an Manöverübungen. Auch der erste »out-of-area«-Einsatz der Bundeswehr wurde von der Marine geleistet. In Folge des Zweiten Golfkrieges (1990–1991) wurde im Frühjahr 1991 der Minenabwehrverband Südflanke aus dem Mittelmeer vor die Küste Kuwaits verlegt, um dort irakische Seeminen zu bergen und zu entschärfen.[202] Seither beteiligte sich die Deutsche Marine an einer Vielzahl an Missionen vor allem im Atlantischen Ozean, im Indischen Ozean und im Mittelmeerraum. Gleichzeitig ist diese Teilstreitkraft kontinuierlich verkleinert worden. Gegenwärtig liegt ihre Truppenstärke bei nahezu 17.000 Soldatinnen und Soldaten, womit die Marine die kleinste Teilstreitkraft der Bundeswehr stellt.[203] Der Jahresbericht des Wehrbeauftragten des Deutschen Bundestages macht diesbezüglich auf einen »massive[n] Personalmangel«[204] aufmerksam. Auch kämpft die Marine seit Jahren mit der Modernisierung der Ausrüstung und vor allem der Schiffe und Boote.[205] Insofern stellt die Einsatzrealität der Bundeswehr nicht nur eine Herausforderung für diese Teilstreitkraft dar, sie ist vielmehr zu einer kontinuierlichen Belastungsprobe geworden.

Die evangelische Militärseelsorge betreut die Standorte der Deutschen Marine und deren Einsätze aktuell mit 13 Pfarrerinnen und Pfarrern.[206] Die hohe Einsatzdichte spielt auch hier eine zentrale Rolle. Das obligatorische Aus- und Fortbildungsprogramm der Militärseelsorge ist für Pfarrerinnen und Pfarrer im Marinekontext etwas anders zugeschnitten. Der Einweisungslehrgang »Einsatzbegleitung«, der für gewöhnlich im zweiten Amtsjahr besucht wird, wird für Marineseelsorgerinnen und Marineseelsorger in das erste Amtsjahr vorgezogen, damit eine zeitnahe Seefahrtbegleitung[207] erfolgen kann. Eine weitere Besonderheit besteht darin, dass der Lebenskundliche Unterricht anders als beim

---

[202] Vgl. CHIARI, Von der Escort Navy zur Expeditionary Navy, 98.
[203] Vgl. RAHN, Einführung, 11.
[204] Deutscher Bundestag (Hg.), Unterrichtung durch den Wehrbeauftragten. Jahresbericht 2019, 24.
[205] Im Zuge der Neuaufstellung der Bundeswehr (siehe dazu Kap. III 2.3) ist auch die Führung der Marine neu strukturiert worden. Der Führungsstab der Marine, das Flottenkommando und das Marineamt wurden 2012 aufgelöst und durch das Marinekommando ersetzt. Damit ist auch die Bezeichnung der »Flotte« für die deutschen Streitkräfte weggefallen.
[206] Vgl. SOMMER, Seelsorge an Bord einer seegehenden Einheit der Deutschen Marine, 101.
[207] Der Begriff der Seefahrtbegleitung schließt sowohl mandatierte Einsätze als auch einsatzgleiche Verpflichtungen und Manöverübungen mit ein.

Heer oder der Luftwaffe auch während der Einsatzzeiten auf See erteilt wird.[208] Der Fokus der Marineseelsorge liegt offensichtlich auf der Einsatzbegleitung, was angesichts der signifikant erhöhten Einsatzdichte nachvollziehbar ist. Dies spiegelt sich auch in der ökumenischen Zusammenarbeit, die weniger inhaltlich als vielmehr pragmatisch ausgerichtet ist.[209] In der Marineseelsorge ist man sowohl auf evangelischer als auch auf katholischer Seite darum bemüht, den Bedarf an seelsorglicher Begleitung der seegehenden Einheiten zu decken.

In den Einsätzen werden die Militärseelsorgerinnen und Militärseelsorger vornehmlich mit alltagsweltlichen Themen konfrontiert. Existenzielle Sorgen hinsichtlich der militärischen Mission spielen im Kontext der Marine zumeist eine untergeordnete Rolle. Das hängt damit zusammen, dass die unmittelbare Gefahrenlage auf See im Vergleich zu Landeinsätzen geringer einzuschätzen ist.[210] Die weitaus größere Belastung für die Soldatinnen und Soldaten stellt die lange Trennungszeit von der Familie, den Freunden und Bekannten dar. In der Marine spielt die Kategorie *Zeit* folglich eine wichtige Rolle. Die Soldatinnen und Soldaten werden in der Regel mit Stehzeiten von vier bis sechs Monaten »an Bord eines Schiffes kommandiert«[211]. Sie treten für diesen Zeitraum aus ihrem Alltags- und Familienleben heraus, das in der Heimat aber nicht einfriert, sondern ohne sie weiterläuft.[212] Das führt dazu, dass manchmal sogar biographisch einschneidende Ereignisse wie die Geburt oder die Einschulung eines Kindes,[213] ein runder Geburtstag oder das Sterben und die Bestattung eines nahen Verwandten verpasst werden. Stehzeiten sind *Anderzeiten*, die nicht nur die Soldatinnen und Soldaten, sondern auch die Familien in der Heimat enorm belasten. Die Soldatinnen und Soldaten erleben im Einsatz einen mehrmonatigen Zeithorizont, der immer wieder neu auf den gegenwärtigen Moment verdichtet wird. Während der Seefahrt zählt das »Hier und Jetzt«. In der Heimat wiederum läuft das alltägliche Leben weiter, das vielfach an konkreten aber auch vagen Zukunftsplänen orientiert ist. Die Kategorie Zeit wird im Einsatz neu akzentuiert: »Ein Schiff, das einen längeren Transit auf hoher See zurückleg[t], das [ist] wie ein Kino, in dem jeden Tag der gleiche Film«[214] läuft. Das Leben an Bord findet in einer »Zeit-

---

[208] Vgl. SOMMER, Seelsorge an Bord einer seegehenden Einheit der Deutschen Marine, 101.
[209] Siehe dazu Kap. IV 3.3.1; vgl. auch PEUCKMANN, Kirche(n) unter Soldaten, 291–293.
[210] Anders sieht das für Zeiten des Landganges aus. Hier sehen sich Soldatinnen und Soldaten der Marine, abhängig vom jeweiligen Einsatzland, zum Teil auch einer erhöhten Gefahrenlage ausgesetzt. Vgl. LEMKE-PAETZNICK, Sechs Monate an Bord, 112.
[211] SOMMER, Seelsorge an Bord einer seegehenden Einheit der Deutschen Marine, 100.
[212] Vgl. KAPPEL, Im Einsatz für den Frieden, 186.
[213] Dieses enorme Problem, von dem die gesamte Bundeswehr betroffen ist, wird auch in Feldpostbriefen thematisiert. Vgl. SCHWARZ (Hg.), Ich kämpf' mich zu dir durch, mein Schatz, 134–136.
[214] KAPPEL, Im Einsatz für den Frieden, 186.

blase«[215] statt. Das stellt eine Herausforderung für alle Beteiligten dar – auch für die Seelsorgerinnen und Seelsorger, die mit an Bord gehen.

2. *Begrenzte Kommunikation:* Eine weitere Belastung für die langen Trennungszeiten stellen die begrenzten Kommunikationsmöglichkeiten auf den seegehenden Einheiten dar. Mobile Endgeräte dürfen anders als bei Landeinsätzen auf See in der Regel nicht benutzt werden.[216] Stattdessen läuft die Kommunikation in die Heimat größtenteils über E-Mail-Nachrichten, die im reduzierten Umfang, zumeist ohne Anhänge, versendet und empfangen werden können. Darüber hinaus gibt es die Möglichkeit, in unregelmäßigen Abständen Gespräche über das Betreuungstelefon zu führen. Die private Kommunikation nach außen wird in der technisierten und auf Funktionalität ausgerichteten Welt der Marineschiffe »auf ein Minimum reduziert«[217]. Der Fokus ist nach innen gerichtet, er gilt der seegehenden Einheit, einem »auf See 24/7 funktionierende[n] Organismus, der niemals schläft und für sich genommen zeitlich begrenzt sogar ein autarkes System darstellt.«[218]

Die Begrenzung von Kommunikation ist ein allgemeines Signum der Seefahrt. Schon immer galt für die Männer, die an Bord eines Schiffes gingen, dass sie in eine Sonderwelt eintreten, die sich hermetisch nach außen abgrenzt. Schiffe und Boote sind bewegliche Räume in einem dem Menschen entzogenen Lebensraum. Davon berichten bereits die Autoren der hebräischen Bibel (vgl. Ps 104,25–26); das gilt aber auch heute noch. Sie sind »Orte ohne Ort, ganz auf sich selbst angewiesen, in sich geschlossen und zugleich dem endlosen Meer ausgeliefert«[219]. Dass die Kommunikation nach außen begrenzt wird, stellt eine Nebenfolge der Fokussierung der Schiffe und Boote auf den eigenen Raum dar. Sie grenzen sich hermetisch von dem umgebenden Raum ab, um überhaupt einen Raum zu schaffen, in dem Menschen (über)leben können. Über Jahrtausende hinweg war es unmöglich, die »natürliche« Grenze des Wassers für eine Echtzeitkommunikation zu überbrücken. Erst mit der Entwicklung der Funktechnik zu Beginn des 20. Jahrhunderts konnte auch der maritime Raum für eine in (nahezu) Echtzeit erfolgende Kommunikation (Morsetelegrafie) erschlossen werden. Heute erfolgt die globale Kommunikation auf See sowohl über Seefunkverbindungen als auch über Satellitentechnik. Die kommunikative Isolation der Schiffe und Boote ist durch die technischen Entwicklungen des 20. Jahrhunderts sukzessive aufgehoben worden. Trotzdem gilt für die Seefahrt immer noch, dass dieser besondere Raum nur begrenzt für die Kommunikation genutzt werden kann. In Zeiten, in denen die ständige Erreichbarkeit zum Normalfall

---

[215] Ebd.
[216] Vgl. Sommer, Seelsorge an Bord einer seegehenden Einheit der Deutschen Marine, 104.
[217] Lemke-Paetznick, Sechs Monate an Bord, 112.
[218] Sommer, Seelsorge an Bord einer seegehenden Einheit der Deutschen Marine, 102.
[219] Foucault, Die Heterotopien, 21.

geworden ist, stellt dies eine Besonderheit dar. Die Soldatinnen und Soldaten der Deutschen Marine treten für die Einsatzzeit aus der Gleichzeitigkeit der digitalen Kommunikation aus. Sie können kaum mehr in Echtzeit auf Nachrichten reagieren oder antworten. Gerade für jüngere Soldatinnen und Soldaten bedeutet dies oftmals eine große Umstellung in ihrem Kommunikationsverhalten.[220] Die Kommunikationsbegrenzung auf See führt insgesamt vor Augen, dass mit dem Auslaufen der grauen Schiffe tatsächlich eine unüberbrückbare Trennung von der Familie und dem gewohnten Umfeld erfolgt. Stehzeiten sind Anderzeiten, das gilt auch und nicht zuletzt hinsichtlich der begrenzten Kommunikationsmöglichkeiten.

3. *Politische Dimension des Raums:* Neben der Kategorie Zeit spielt in der Marine auch die Kategorie *Raum* eine entscheidende Rolle. Ähnlich wie im Feldlager im Auslandseinsatz steht das Leben auf den Schiffen und Booten der Marine im Zeichen eines radikal verdichteten Raums.[221] Besonders ist dabei, dass dieser Raum den Soldatinnen und Soldaten aus ihrem Dienst in der Heimat häufig bereits bekannt ist. Sie fahren »[i]m Rahmen der Verlegung [...] gewissermaßen mit ihrer kompletten Kaserne zum Einsatzort.«[222] Neu ist demgegenüber, dass ein Austreten aus diesem Raum kaum mehr möglich ist. Nur wenn die Schiffe oder Boote in einen Hafen zum Auftanken einlaufen, bietet sich den Soldatinnen und Soldaten die Möglichkeit zum Landgang. Ansonsten findet das Leben im Einsatz dauerhaft auf der seegehenden Einheit statt. In der Marine sind also alle Beteiligten ständig mit der Dynamik der Verdichtung des Raums konfrontiert. Das stellt hohe Anforderungen an die Soldatinnen und Soldaten, die teilweise in beachtlicher Zahl auf diesem beengten Raum über Monate hinweg zusammenleben müssen.[223] Der Raum wird zu einer begrenzten Ressource. Das ist auch für die Seelsorge relevant, da ihr keine festen Räume für die seelsorglichen Gespräche oder die gottesdienstlichen Feiern zugeteilt werden. Die Marineseelsorge ist an Bord dazu herausgefordert, eigene Räume zu finden und entsprechend der Anforderungen situativ zu gestalten. Der wöchentliche Gottesdienst kann so beispielsweise bei gutem Wetter und ruhiger See an Deck gefeiert werden. Ansonsten findet er in den Messen – den Ess- und Aufenthaltsräumen der unterschiedlichen Dienstgradgruppen – statt. Bei der Suche nach geeigneten Seelsorgeräumen ist Kreativität gefragt. Diskrete Räume für vertrauliche Gespräche lassen sich an Bord kaum finden, weil überall und zu jeder Zeit Soldatinnen und Soldaten ihren Dienst verrichten. Ein Ausweichen auf die Schlafräume ist auch nicht ohne weiteres möglich, weil diese aufgrund des getakteten Schichtdienstes

---

[220] Vgl. KAPPEL, Im Einsatz für den Frieden, 187f.
[221] Siehe Kap. IV 2.2.1.
[222] LEMKE-PAETZNICK, Sechs Monate an Bord, 113.
[223] Die Fregatten Sachsen (F 219) oder Hessen (F 221) sind beispielsweise für eine Besatzung von bis zu 255 Soldatinnen und Soldaten ausgelegt.

in der Regel rund um die Uhr belegt sind. So kann es vorkommen, dass ausgerechnet der Torpedoraum[224] zum Ort für ein Seelsorgegespräch wird. Für die Marineseelsorge bedeutet die Verdichtung des Raums, dass sie sich ähnlich wie die Seelsorge im Feldlager temporäre Räume für das seelsorgliche Handeln erschließen und diese entsprechend der jeweiligen Anforderungen gestalten muss.

Für die Marine ist der Raum nicht nur eine begrenzte Ressource, er stellt auch hinsichtlich seiner politischen Dimension eine besondere Herausforderung dar. Die politische Dimension des Raums ist in den Geistes- und Kulturwissenschaften erst zu Beginn 21. Jahrhunderts wiederentdeckt worden. Zuvor dominierte für ein knappes Jahrzehnt das Paradigma der Globalisierung, das den politischen Raum zu einer zu überwindenden Kategorie erklärte.[225] Der Terroranschlag vom 11. September 2001 hat die bleibende Verwundbarkeit des politischen Raums im traditionell-territorialen Verständnis allerdings wieder sichtbar gemacht und setzt der Dynamik der *Deterritorialisierung* die Dynamik der *Reterritorialisierung* entgegen.[226] Der 11. September 2001 und seine Folgen haben »das ortlose Weltbild zum Einsturz gebracht und jegliche Illusionen kulturenüberspannender Raumbezüge zerstört. Indem sie alte Tiefenstrukturen wieder aufgebrochen haben, wurden ›Permanenzen des Raums‹ bestätigt: territoriale Zuordnungen und Differenzen wie Nord versus Süd, Zentrum versus Peripherie. Chauvinismus, Nationalismus, Fundamentalismus verschaffen sich weiterhin Geltung und wurden, vor allem von den USA, deutlicher als bisher ›verortet‹ – für eine gezielte geo- und sicherheitspolitische Raumstrategie der weltweiten, hegemonialen Kontrolle des Raums ebenso wie für die Sicherung von Rohstoffquellen und den grenzüberschreitenden Krieg gegen Terrorismus. Damit wird freilich eher die Rückkehr zu einem traditionellen Raumbegriff eingeschlagen.«[227] Diese Diagnose aus dem Jahr 2006 hat ihre Gültigkeit bis heute nicht verloren. Der Raum wurde im Sinne einer politischen Restauration mit nationalstaatlichen, ökono-

---

[224] Der Torpedoraum gehört an Bord zu den sogenannten »Betriebsräumen«, die nicht einfach so betreten werden dürfen, sie sind für nichtautorisiertes Personal in der Regel gesperrt. Es kann sein, dass die Militärgeistlichen mit Zutrittsrechten für diese Betriebsräume ausgestattet werden, sodass sie diese etwas »geschützteren Räume« auch für ein seelsorgliches Gespräch nutzen können.

[225] Eine differenzierte Darstellung davon bietet Ulrich Beck, der in diesem Zusammenhang von den »*kosmopolitisierten Handlungsräumen*« spricht, die er als Voraussetzung für seine Theorie der Metamorphose der Welt begreift, womit »kein ›gesellschaftlicher Wandlungsprozess‹, keine ›Transformation‹, weder Evolution noch Revolution, noch ›Krise‹ [gemeint ist]. Sie ist eine Form der Veränderung der Formen menschlichen Daseins. Sie läutet das Zeitalter der Nebenfolgen ein.« DERS., Die Metamorphose der Welt, 35. Zu den kosmopolitisierten Handlungsräumen vgl. a. a. O., 26–30.

[226] Vgl. dazu auch JAHNEL, Interkulturelle Theologie und Kulturwissenschaft, 200 f.

[227] BACHMANN-MEDICK, Cultural Turns, 290.

mischen aber auch kulturellen Interessen, die man zumeist militärisch versuchte durchzusetzen,[228] verknüpft. In der Folge verstärken sich die Dynamiken der Deterritorialisierung und der Reterritorialisierung wechselseitig. Im globalen Norden ist der Raum in Zeiten eines erstarkten (Rechts-)Populismus zu einem Streitbegriff des politischen Diskurses geworden. Begriffe wie die »Festung Europa« oder »Abschottungspolitik« verdeutlichen, dass der politische Raum wieder wirkmächtig im Sinne der Reterritorialisierung gedacht und gestaltet wird. Die Migrations- und Fluchtbewegungen aus dem globalen Süden, die in den allermeisten Fällen mehr oder weniger direkt mit einer Fremdkontrolle oder Fremdnutzung des Raums zusammenhängen,[229] stellen diese Tendenzen gleichzeitig massiv infrage. Mittelfristig ist zudem davon auszugehen, dass die Folgen des Klimawandels das Gegeneinander dieser Dynamiken weiter forcieren werden.[230]

Mit dem Spannungsverhältnis von Be- und Entgrenzung sieht sich auch die Deutsche Marine in ihren Missionen konfrontiert. Zum einen patrouilliert sie in einem Raum, der durch das internationale Seerecht politisch feinsäuberlich systematisiert wurde: Es gibt verschiedene Meereszonen, die Gebiete des hoheitlichen Gewässers und des internationalen Gewässers. Auf See wiederum sind diese systematisch gezogenen Raumgrenzen mit bloßem Auge nicht erkennbar. Zum anderen stehen die Missionen der Deutschen Marine heute immer häufiger im Zeichen der Reterritorialisierung des Raums. Im Rahmen der »Operation Sophia«[231] (2015–2020) beteiligten sich deutsche Marineverbände an der Aufklärung und Überwachung von Menschenschmuggel- und Menschenhandelsnetzen im südlichen Mittelmeer – vor allem vor der Küste Libyens. Auch kam es im Rahmen dieser Mission zur Rettung von in Seenot geratenen Schutz- und Asylsuchenden. Die Pflicht zur Seenotrettung gilt gemäß dem Seerechtsübereinkommen der Vereinten Nationen unterschiedslos gegenüber jeder Person überall auf See und für alle Schiffe gleichermaßen. Die Deutsche Marine versteht sich daher auch nicht als »Flüchtlingshelfer«. »Sie rettet Menschen aus Seenot, so ist der offizielle Sprachgebrauch.«[232] Die Operation Sophia findet aktuell in der »Operation Irini« ihre Fortsetzung. Seit 2016 beteiligt sich die Deutsche Marine

---

[228] Beispielsweise Syrienkrieg (seit 2011), Annexion der Krim (2014), die Proteste in Honkong (2019/2020) oder in Weißrussland (2020).
[229] Damit sind vor allem Spätfolgen des Kolonialismus, Stellvertreterkriege, Diktaturen oder das großflächige Aufkaufen von Landflächen durch ausländische Investoren, was mittlerweile als eine Form des Neokolonialismus gedeutet wird (vgl. BENDIX, Migration und globale Ungleichheit, 253), gemeint.
[230] Vgl. RAHMSTORF/SCHELLNHUBER, Der Klimawandel, 75.
[231] Zur Mission Sophia vgl. GMELCH, »Ich werde euch zu Menschenfischern machen«, 537 f.
[232] KAPPEL, Im Einsatz für den Frieden, 191.

zudem an der Seeraumüberwachung im Ägäischen Meer, um dort Informationen im Kampf gegen Schleppernetzwerke zu sammeln.

Die Soldatinnen und Soldaten werden dabei Zeuge der Konsequenzen der Be- und Entgrenzung des politischen Raums. Sie machen Erfahrungen mit der Seenotrettung von schutzsuchenden Menschen und werden dabei »in ungeahnter Intensität mit Leid und Notlagen konfrontiert«[233]. Den Soldatinnen und Soldaten stellen sich dabei mitunter grundsätzliche Fragen, die das eigene Wertegerüst auf den Prüfstand stellen. Sie machen Erfahrungen mit Menschen, die für den Traum von einer besseren und sicheren Zukunft alles riskieren. Gleichzeitig leisten sie ihren Dienst an den territorialen Außengrenzen Europas, dessen politische Großwetterlage immer vehementer nach einer Eingrenzung verlangt. Der politische Raum wandelt sich in diesem Lichte betrachtet zu einer ethischen Kategorie.[234] Es stellen sich prinzipielle Fragen nach der Würde eines jeden Menschen, nach der Teilhabegerechtigkeit und nach multilateraler Verantwortung. All dies wird den einen oder anderen Soldaten auf See beschäftigen und womöglich sogar belasten. Deshalb ist die politische Dimension des Raums auch für die Militärseelsorge zunehmend relevant. Es ist wichtig, dass diese Dynamiken wahrgenommen und verstanden werden, um darauf sowohl ethisch als auch seelsorglich angemessen eingehen zu können. An Bord der seegehenden Einheiten ist insofern »[e]ine *ethisch sensible Seelsorge* [...] gefragt und gefordert«.[235]

Die Marineseelsorge ist in gewisser Hinsicht ein »Sonderfall« der Militärseelsorge. Vor allem der Kategorie des Raums, der auf den Schiffen äußerst begrenzt ist, kommt in diesen Kontexten eine besondere Bedeutung zu. Die Marineseelsorge schärft den Blick dafür, dass der Raum als Kategorie für die Seelsorge nicht nur erschlossen und gestaltet werden will, er muss zugleich in seiner Vielschichtigkeit wahrgenommen und verstanden werden. Das heißt, dass die Militärseelsorge auch inhaltlich mit den unterschiedlichen Dimensionen des Raums, seien sie politisch oder ethisch, konfrontiert werden kann und dass sie dann in der Lage sein muss, darauf angemessen und reflektiert einzugehen.

---

[233] Evangelisches Kirchenamt für die Bundeswehr (Hg.), Begleitung im Licht des Evangeliums, 16.
[234] Zum Raum als Kategorie für die theologische Ethik vgl. WUSTMANS, Gerechtigkeit als Gestaltungsbild öffentlichen Raums, 152–155.
[235] SOMMER, Seelsorge an Bord einer seegehenden Einheit der Deutschen Marine, 113 [Hervorhebung im Original].

2.3 Zwischenfazit: Räume erkennen, verstehen und gestalten

Der Raum ist eine zentrale Bezugsgröße, um die Seelsorge in der Lebenswelt Bundeswehr zu reflektieren. Damit ist eine Einsicht formuliert, die über ein rein metaphorisches Verständnis des Raums für die Seelsorge hinausgeht.[236] Auch die Struktur des vorfindlichen »Realraums« spielt für die Seelsorge in der Praxis eine entscheidende Rolle. Es macht einen Unterschied, ob die Seelsorge in Einheiten eines Lebenskundlichen Unterrichts, im Feldlager oder auf einem Schiff der Deutschen Marine verortet ist. Die Strukturen des jeweiligen Realraums werden stets in der einen oder anderen Form Einfluss auf das Seelsorgegeschehen nehmen. Manchmal werden die Strukturen als begrenzende Ressource auf das Gespräch einwirken, ein anderes Mal können sie selbst zum Thema werden. Der Raum stellt dabei keine absolute Kategorie dar, er ist mehrdeutig und wandelbar. Genau dieser Aspekt, auf den die *topologische Wende* mit Nachdruck aufmerksam machte,[237] ist für die Seelsorge in der Lebenswelt Bundeswehr entscheidend. Sie kann die vermeintliche Eindeutigkeit und Permanenz des militärischen Raums temporär durchbrechen und so einen anderen Horizont eröffnen, der dann wiederum den Soldatinnen, Soldaten und ihren Familien eine neue Verortung innerhalb und auch außerhalb der Lebenswelt Bundeswehr ermöglicht. Für solch eine *raumsensible Seelsorge* ist es wichtig, dass die vorhandenen Realräume erkannt und verstanden werden,[238] um sie entsprechend der seelsorglichen Situation gestalten zu können.

Raumtheoretisch betrachtet kann die Militärseelsorge als ein Anderort in einem Anderort beschrieben werden. Diese Konstellation lässt sich auch bei anderen Bereichsseelsorgen wie beispielsweise der Gefängnisseelsorge oder der Kreuzfahrtseelsorge beobachten.[239] Gemein ist diesen Räumen, dass sie sich nach

---

[236] In der Poimenik ist man bislang über diesen Schritt nicht hinausgegangen. Der Raum ist lediglich als Metapher für seelsorgliches Handeln gedeutet worden. Dabei sind ansprechende Bilder wie die Rede von der Krankenhausseelsorge als »Zwischenraum« entstanden. In der Theorie sind diese Beschreibungen jedoch unterkomplex, weil sie nicht auf die Wechselwirkungen mit dem umgebenden Realraum eingehen. Vgl. u.a. KLESSMANN, Seelsorge im Zwischenraum / im Möglichkeitsraum, 420–426.
[237] Vgl. GÜNZEL, Spatial Turn – Topographical Turn – Topological Turn, 221 f.
[238] Um die Räume der Lebenswelt Bundeswehr erkennen und verstehen zu können, ist eine professionelle Nähe zum »Feld« unerlässlich. Aus raumtheoretischer Sicht bestätigt sich also der organisationstheoretische Befund, dass die Militärseelsorge unter der Voraussetzung der Multirationalität in der Bundeswehr präsent ist. Auch raumtheoretisch betrachtet ist eine professionelle Nähe bei struktureller Distanz für die Seelsorge in der Lebenswelt Bundeswehr konstitutiv. Siehe dazu Kap. III 3.4.
[239] Vgl. PEUCKMANN, Orte der Komplexität und der Kontingenz, 14–16.

außen abgrenzen und dass sie den Zugang zu diesen Orten strukturell organisieren und reglementieren. Damit ist zugleich ein wesentlicher Auftrag an die Seelsorge formuliert. Sie bemüht sich darum, inklusionsorientierte Räume zu schaffen, da Anderorte immer auch mit Exklusionen verbunden sind. In der Lebenswelt Bundeswehr betrifft dies zuvörderst die Soldatenfamilien, die in Zeiten der Einsatzrealität sukzessive aus dem militärischen Nahbereich verdrängt werden. Aber auch die Verbindungen zwischen Gesellschaft und Militär sind schrittweise verloren gegangen, auch weil gegensteuernde Maßnahmen aufgegeben wurden (z. B. durch das Aussetzen der Wehrpflicht 2011). Das brückenbauende Potenzial der Militärseelsorge gewinnt aus diesem Grund an Bedeutung. Es ermöglicht ein situatives Durchbrechen der systembedingten Exklusionsdynamiken.[240] Dies gilt auch für Kontexte innerhalb der Bundeswehr. So kann ein Gottesdienst in der heimischen Kaserne oder im Auslandseinsatz einen inklusionsorientierten Raum eröffnen, weil sich dort zeitlich befristet eine hierarchieübergreifende Gemeinschaft konstituiert.

Für einen Anderort in einem Anderort stellt sich in besonderer Weise die Frage, in welcher Beziehung er zum umgebenden Raum steht. Für die Militärseelsorge heißt das, dass sie sich und ihr heterotopes Potenzial gegenüber der Bundeswehr reflektieren muss. Dabei gilt es zu klären, wie die Prozesse des *Verortet-werdens* und des eigenständigen *Verortens* einander bedingen bzw. einander irritieren. Gerade im Kontext des Einsatzes können dabei Spannungen entstehen, wenn beispielsweise die Militärseelsorge – womöglich mit bester Absicht – im Stabsgebäude im Feldlager verortet wird. Sie kann dann kaum mehr einen geschützten Raum für ein diskretes Seelsorgegespräch bieten. Die Prozesse des Verortet-werdens und des eigenständigen Verortens müssen umsichtig reflektiert werden, um als Seelsorge in der Lebenswelt Bundeswehr unabhängig und selbstständig auftreten zu können. Eine raumsensible Seelsorge muss deshalb die vorhandenen Realräume *erkennen* und *verstehen*, um die seelsorgliche Situation dementsprechend *gestalten* zu können.

---

[240] Vgl. Evangelisches Kirchenamt für die Bundeswehr (Hg.), Begleitung im Licht des Evangeliums, 24 f.

3. Vollzüge der Militärseelsorge

3.1 Kommunikationskontexte

Kommunikation ist ein vielschichtiger und komplexer Prozess. Dass er »gelingt«, ist in Anbetracht aller denkbaren Einflüsse, Selektionen und Störfaktoren alles andere als selbstverständlich. Niklas Luhmann, der die Gesellschaft als Summe aller Kommunikationen begreift, hält fest, dass »Kommunikation [...] unwahrscheinlich [ist]. Sie ist unwahrscheinlich, obwohl wir sie jeden Tag erleben, praktizieren und ohne sie nicht leben würden.«[241] Sie ist unwahrscheinlich, da bei einer Kommunikation nicht nur eine Information mitgeteilt wird, sondern sie auch von einem Adressaten verstanden und akzeptiert werden muss, um auf dieser Basis Anschlüsse für weitere Kommunikationen zu ermöglichen.

In der Bundeswehr spielt Kommunikation eine wichtige Rolle, gerade im Einsatzgeschehen. Für ihr »Gelingen« gibt es im Heer sowie in der Streitkräftebasis eine eigene Truppengattung: die Fernmeldetruppe, die für den Aufbau und die Instandhaltung der Kommunikationsverbindungen verantwortlich ist. Dadurch wird gewährleistet, dass die Übermittlung von Meldungen, Informationen und Befehlen auch in die Einsatzgebiete erfolgen kann. Die Fernmeldetruppe ist insofern ein Beispiel dafür, dass die Kommunikation in der Bundeswehr im Sinne ihrer Organisationslogik größtenteils formalisiert wird.[242] Sie ist funktional an

---

[241] LUHMANN, Aufsätze und Reden, 78.

[242] Ein weiteres Beispiel für diese formalisierte Kommunikationskultur ist das Zentrum Operative Kommunikation der Bundeswehr (ZOpKomBw), das unter anderem den Soldatensender »Andernach« und den Fernsehsender »Bundeswehr TV« als Truppenbetreuungssender für Soldatinnen und Soldaten im Auslandseinsatz betreibt. Darüber hinaus gehört die psychologische Kampfführung zu den Aufgaben des Zentrums Operative Kommunikation der Bundeswehr. Die Operative Kommunikation ist seit 2017 dem Kommando Cyber- und Informationsraum (KdoCIR) unterstellt (siehe Kap. III 3.3.4) und versucht durch verschiedene Kommunikationswege (Massenmedien aller Art), feindliche Streitkräfte und die betreffende inländische Zivilbevölkerung im Sinne der eigenen Missionsziele zu beeinflussen.

den militärischen Zielen orientiert. Darüber hinaus gibt es unter den Soldatinnen und Soldaten aber auch Formen der informellen Kommunikation, die für das soziale Miteinander und Vertrauen untereinander unverzichtbar sind.

Seelsorge stellt ein Kommunikationsgeschehen dar. Das gilt auch für die Militärseelsorge, die täglich mit den unterschiedlichen Formen formeller und informeller Kommunikation in der Bundeswehr konfrontiert und in diese involviert wird. Die unterschiedlichen Kommunikationsformen wollen nicht nur wahrgenommen und verstanden werden, sie sind zugleich in spezifische Kontexte eingebunden, die auch für die Seelsorge relevant sind. Im nachfolgenden Abschnitt werden diese Kommunikationskontexte hinsichtlich ihrer Bedeutung für die Seelsorge in der Bundeswehr fokussiert. Dabei treten sowohl Kontexte, die sich über die »Kommunikation unter körperlich Anwesenden«[243] erschließen (3.1.1 und 3.1.2), als auch medial gestützte Kommunikationskontexte (3.1.3) in den Blick.

3.1.1 Individualseelsorge

Die Poimenik richtete in der zweiten Hälfte des 20. Jahrhunderts ihre Konzepte und Theorien zusehends am Einzelnen – am Individuum – aus. Die gegenwärtig dominierenden Seelsorgeansätze stehen in dieser Traditionslinie, obwohl sie mittlerweile verstärkt auch das Individuum in seinen sozialen Kontexten in den Blick nehmen. Dabei wird auch die »Gruppe« als Bezugsgröße für seelsorgliches Handeln mitberücksichtigt.[244]

In der Militärseelsorge hielt man an der »Gruppe« als entscheidender Bezugsgröße für den seelsorglichen Auftrag fest, bot sie doch über lange Zeit hinweg »ein Beispiel für [...] die Gestaltung der Anstaltsseelsorge«[245] in der frühen

---

[243] Zur Bedeutung der Face-to-Face-Kommunikation vgl. KARLE, Der Pfarrberuf als Profession, 59–64.

[244] Dabei ist auf die verschiedenen Ansätze der *Systemischen Seelsorge* hinzuweisen, vgl. FRITZ, Seelsorge mit System; vgl. MORGENTHALER, Systemische Seelsorge. Ebenfalls ist auf die *systemtheoretisch informierte Seelsorge* von Isolde Karle hinzuweisen (vgl. DIES., Praktische Theologie, 401–409; konkret: 408), die schon in ihrer Dissertation die Individuumszentrierung der Seelsorge kritisierte und eine soziologische Aufklärung hinsichtlich der sozialen Bezüge und organisatorischen Abhängigkeiten individuellen Lebens einforderte, vgl. DIES., Seelsorge in der Moderne, insb. 206–244. Auch Seelsorgeansätze, die sich dezidiert am Individuum orientieren, berücksichtigen mittlerweile die soziale Gemeinschaft. Vgl. MOSER, Personzentrierte Seelsorge in und durch Gruppen.

[245] DÖRFLER-DIERKEN, Zur Entstehung der Militärseelsorge und zur Aufgabe der Militärgeistlichen in der Bundeswehr, 89; vgl. auch BECKMANN, »... dass sie noch einen anderen Herrn haben«, 170.

Bundesrepublik. Erst gegen Ende des 20. Jahrhunderts verflüssigte sich dieser Orientierungsrahmen, sodass sich seither auch die *Individualseelsorge* im Kontext der Bundeswehr etablierte. Dass in den deutschen Streitkräften zuvor die *Gruppenseelsorge* dominierte, liegt nicht nur daran, dass man im Militär der Gruppe und dem Kollektiv per se eine höhere Bedeutung zuschreibt. Auch historische Entwicklungen und kirchenpolitische Entschlüsse führten dazu, dass die Militärseelsorge im Vergleich zu anderen Seelsorgefeldern in poimenischer Hinsicht eine eigene Entwicklungsgeschichte durchlief. Großen Einfluss nahmen darauf die ersten beiden Militärbischöfe Hermann Kunst (1957–1972) und Sigo Lehming (1972–1985), die sich in Abgrenzung zu den gesamtkirchlichen Seelsorgeentwicklungen explizit für die Gruppenseelsorge aussprachen.[246] Hermann Kunst sah darin unter anderem die Chance, das Konzept der *kritischen Solidarität* umzusetzen, da gegenüber der Gruppe sowohl eine solidarische als auch eine kritische Position zielführender zum Ausdruck gebracht werden könne als in der Einzelseelsorge.[247] Insgeheim präferierte Kunst die Gruppenseelsorge vor allem deshalb, weil er befürchtete, dass die Individualseelsorge die »Zurückdrängung der Militärseelsorge auf den privaten Bereich«[248] nach sich ziehen könnte. Kunst war es wichtig zu betonen, dass die Kirche in der Bundeswehr nicht nur für die einzelnen Gläubigen zuständig sei, sondern für die gesamten Streitkräfte. Einen ähnlichen Ansatz verfolgte Sigo Lehming, der sich mit Reinhard Gramm im Amt des Militärgeneraldekans einen Mitstreiter für sein Verständnis der Militärseelsorge als Gruppenseelsorge zur Seite holte. Sowohl Lehming als auch Gramm betonten allerdings in Differenz zu Kunst vor allem die Solidarität und weniger die Kritik gegenüber den Streitkräften.[249]

Mit dem Militärbischof Heinz-Georg Binder (1985–1992) kamen neue Impulse in die Militärseelsorge, die auch das Seelsorgeverständnis neu akzentuieren sollten. Binder bemühte sich darum, die Seelsorge am Einzelnen zu orientieren. »Seelsorge ist in meinem Verständnis zunächst einmal Sorge am Einzelnen. Es gibt keine Gruppenseelsorge, um die man sich sorgen könnte. Darum wird im Mittelpunkt meines Interesses – die Militärseelsorge wird sich

---

[246] Vgl. MULLER-KENT, Militärseelsorge im Spannungsfeld zwischen kirchlichem Auftrag und militärischer Einbindung, 233–239.

[247] Hermann Kunst hält das folgendermaßen fest: »Militärseelsorge ist nicht nur Individualseelsorge, sondern als Gruppenseelsorge ebenso mitverantwortlich für die Grundfragen soldatischer Existenz in einer gewandelten Zeit.« Zit. n. BASTIAN, Art. Militärseelsorge, 750, Sp. 8–9.

[248] MÜLLER-KENT, Militärseelsorge im Spannungsfeld zwischen kirchlichem Auftrag und militärischer Einbindung 234.

[249] Vgl. a. a. O., 236; vgl. auch GRAMM, Der Friede ist ein ernster Fall.

daran gewöhnen müssen – immer die Individualseelsorge stehen.«[250] Wirklich erfolgreich war Binder mit dieser neuen Schwerpunktsetzung allerdings nicht. Das lag vor allem daran, dass Reinhard Gramm sowie etablierte Militärdekane weiterhin die traditionelle Gestalt der Militärseelsorge in der Praxis prägten.

Heute ist die Individualseelsorge allerdings weit verbreitet in der Militärseelsorge. Dafür sind zwei Entwicklungen verantwortlich. Zum einen sind in den letzten Jahren vielfach Pfarrerinnen und Pfarrer zur Militärseelsorge gekommen, die im Studium und in der praktischen Ausbildung Erfahrungen mit aktuellen Ansätzen der Poimenik gesammelt haben. Vor allem pastoralpsychologische Ansätze fanden auf diese Weise Einzug in die Militärseelsorge, was sich auch anhand der wenigen seelsorgeorientierten Publikationen aus dem Bereich der Militärseelsorge zeigt.[251] Die Seelsorge hat sich konzeptionell seit den 2000er Jahren allerdings breit aufgefächert, sodass von einem zentralen Leitparadigma nicht mehr die Rede sein kann.[252] Diese Auffächerung spiegelt sich bereits in der praktischen Ausbildung von Pfarrerinnen und Pfarrern. Es ist deshalb davon auszugehen, dass sich die »seelsorgliche Pluralität« in der künftigen Militärseelsorge spiegeln wird. Die Militärseelsorge stellt in poimenischer Hinsicht gewissermaßen ein »Fenster in die Vergangenheit« dar, was nicht zuletzt auch damit zusammenhängt, dass Pfarrerinnen und Pfarrer die Militärseelsorge zumeist als letzte Etappe ihrer Berufsbiographie wählen. Dennoch haben die pastoralpsychologischen Einflüsse dazu geführt, dass der oder die Einzelne in der Seelsorge deutlich bewusster in den Blick genommen wird. Diese Entwicklung ist eine wichtige Bereicherung in der seelsorglichen Begleitung der Soldatinnen und Soldaten.

Die zweite Entwicklung bezieht sich auf den veränderten Kontext der Seelsorge in der Bundeswehr. Sie ist mittlerweile eine Einsatzarmee, die Soldatinnen und Soldaten im »Einsatz für den Frieden«[253] in internationale Krisengebiete entsendet. Vom Einsatzparadigma gehen neue Herausforderungen aus, die auch die Militärseelsorge dazu veranlassen, neue Wege in der seelsorglichen Begleitung zu suchen und zu gehen. Soldatinnen und Soldaten kommen oftmals verändert, in manchen Fällen auch nachhaltig belastet aus ihren Einsätzen zurück. Obwohl sich dieses Phänomen aufgrund der empirischen Datenlage als allgemeiner Trend für die Streitkräfte beschreiben lässt,[254] stellen die Belastungser-

---

[250] Heinz-Georg Binder zit. n. MÜLLER-KENT, Militärseelsorge im Spannungsfeld zwischen kirchlichem Auftrag und militärischer Einbindung, 240.
[251] Vgl. GMELCH, Der Umgang mit kognitiven Dissonanzen als Proprium einer praktischen Militärseelsorge; vgl. THIEL, Geteiltes Leben.
[252] Vgl. KLESSMANN, Kirchliche Seelsorge – seelsorgliche Kirche, 250.
[253] Vgl. KAPPEL, Im Einsatz für den Frieden.
[254] Vgl. u. a. ZIMMERMANN, Einsatz, Werte und psychische Gesundheit bei Bundeswehrsoldaten.

3.1 Kommunikationskontexte 289

fahrungen selbstverständlich immer auch ein individuelles Problem dar. Das Einsatzparadigma bringt die Truppe und damit auch den einzelnen Soldaten/die einzelne Soldatin an eine Belastungsgrenze. Wenn diese Grenze überschritten wird, reichen gruppenbezogene Betreuungs- und Nachsorgeangebote in der Regel nicht mehr aus. Ein allgemeines Problem der Bundeswehr ist dann zu einem gravierenden Problem eines Individuums und seines sozialen Umfeldes geworden.

Die Militärseelsorge orientiert an dieser spezifischen (einsatzbezogenen) Herausforderung mittlerweile viele ihrer Angebote. Das *Arbeitsfeld Seelsorge für unter Einsatz- und Dienstfolgen leidende Menschen* ist Ausweis dieser neuen Orientierung.[255] Insgesamt eröffnet die Militärseelsorge vielfach seelsorgliche Räume, die sich am Individuum orientieren. Die Individualseelsorge hat infolge der Einsatzrealität insofern erkennbar an Bedeutung gewonnen. Die Themen, die in diesen vertraulichen Kontexten zur Sprache kommen, sind vielfältig. Sie beziehen sich zum Teil direkt auf die Bundeswehr und die Einsatzanforderungen, manchmal sind sie aber auch religiöser Art. In den meisten Fällen liegt der Fokus der Seelsorgegespräche auf familiären Themen, die die Soldatinnen und Soldaten aus ihrem Umfeld mitbringen.[256] Erfahrungen von Einsatzbelastungen können dennoch sowohl implizit als auch explizit in die jeweilige Seelsorgesituation einfließen. Die Einsatzerfahrungen stehen dabei mitunter im Zusammenhang mit Posttraumatischen Belastungsstörungen (PTBS). Daran wird wiederum deutlich, dass die Militärseelsorge mittlerweile »die Erkenntnisse der Traumaforschung ernst nehmen und theologisch fruchtbar machen«[257] muss, um auf diese spezifischen Herausforderungen angemessen reagieren und eingehen zu können.[258] Wichtig ist und bleibt dafür das Gespräch mit dem Psychotraumazentrum des Bundeswehrkrankenhauses in Berlin.[259]

Individualseelsorge meint Beziehungsarbeit. Sie ist am Einzelnen orientiert und versucht geschützte Räume zu eröffnen, die eine neue Selbsterfahrung ermöglichen sollen. Im Vordergrund steht dabei das Erleben von Resonanz und damit das *nicht mehr Alleinsein*, sondern *in Beziehung-Sein*. Das Erleben von Resonanz und die Möglichkeit zur Selbsterfahrung sollen im Idealfall Autonomie und Selbstverantwortung fördern, damit das Leben in der sozialen Gemeinschaft

---

[255] Siehe Kap. IV 2.1.3.
[256] Siehe dazu im Detail Kap. IV 3.2 (3.2.1 bis 3.2.3).
[257] THIEL, Blutrausch, 78.
[258] Diese Perspektive scheint auch deshalb weiterführend zu sein, da Angehörige des Militärs überdurchschnittlich stark gefährdet sind, im Dienst traumatische Erfahrungen zu machen. Vgl. SEIDLER, Psychotraumatologie, 169 f. In der Poimenik wird der der Dialog zwischen Seelsorge und Traumaforschung mittlerweile intensiv bearbeitet. Vgl. u. a. STAHL, Traumasensible Seelsorge.
[259] Sie Kap. IV 2.1.3.

wieder weitgehend funktionieren kann. Individualseelsorge bemüht sich mithin im Anschluss an Schleiermacher um die Förderung von Freiheit des und der Einzelnen.

3.1.2 Gruppenseelsorge

Die Gruppenseelsorge wurde durch die pastoralpsychologische Fokussierung auf den Einzelnen in der Bundeswehr nicht abgeschafft. Sie gewinnt unter Einsatzbedingungen jüngst sogar wieder an Bedeutung. Das Einsatzgeschehen hat insgesamt offengelegt, dass die »Gruppe« als Bezugsgröße für die Bundeswehr nach wie vor relevant ist.[260] Soldatinnen und Soldaten treten während der Einsatzzeit in einen beengten Raum ein, den sie sich über Monate hinweg mit ihren Kameradinnen und Kameraden teilen. Rücksichtnahme, Empathie und eine wechselseitige Hilfsbereitschaft werden an diesem Ort praktiziert. An die Stelle des »Ichs« tritt im Einsatz das »Wir«.[261] Das gilt nicht nur hinsichtlich der sozialen Gemeinschaft im Feldlager oder an Bord der Marineschiffe. Auch für den Erfolg der Missionen spielt eine reibungslose Zusammenarbeit unter den Soldatinnen und Soldaten eine entscheidende Rolle. Es ist wichtig, dass sich die Soldatinnen und Soldaten im Einsatzgeschehen aufeinander verlassen können, dass sie ihre jeweiligen Funktionen gewissenhaft ausüben und aufeinander abgestimmt agieren, um so ein handlungsfähiges sowie leistungsstarkes Team zu sein. Die Bundeswehr ordnet die beiden Facetten des gemeinschaftlichen Miteinanders – also die *soziale* sowie die *einsatzpraktische* Ebene – dem formalen Konzept der Kameradschaft (vgl. § 12 SG) zu. Unter den Soldatinnen und Soldaten realisiert sich das Konzept der Kameradschaft allerdings meist im Rückgriff auf informelle Praktiken und Handlungen.[262] Genau dieser Aspekt ist auch für das *Gruppengefühl* – die Militärsoziologie spricht von der Gruppenkohäsion – im Einsatz entscheidend: Soldatinnen und Soldaten treten in einen gemeinschaftsstiftenden Erfahrungsraum ein, der sich grundsätzlich von ihrer Alltagswelt unterscheidet. Sie erleben im Einsatz eine Gemeinschaft, die die gefühlte Trennung zwischen »Drinnen« und »Draußen« noch deutlicher akzentuiert.

Der soziologischen Kategorie der Gruppe kommt im Einsatz in dreifacher Hinsicht eine besondere Bedeutung zu: Sie bietet den Soldatinnen und Soldaten eine *soziale* (1), eine *einsatzpraktische* (2) und eine *emotionale* (3) Orientierung.[263]

---

[260] Vgl. PIETSCH, Zur Motivation deutscher Soldatinnen und Soldaten für den Afghanistaneinsatz, 102 f.
[261] Vgl. SCHNITT, Foxtrott 4, 160 f.
[262] Siehe Kap. III 3.2.3.
[263] In der Militärsoziologie wird das Gruppengefühl (Gruppenkohäsion) auch in dreifacher Hinsicht unterschieden: Es ist von der *sozialen Kohäsion*, der *aufgabenorientierten Kohäsion*

Gruppenbildungen sind aufgrund dieser drei Strukturebenen in der Bundeswehr ungemein stabil. Sie entfalten eine Wirkung, die oftmals weit über die jeweilige Einsatzsituation hinausreicht. Das Thema der Gruppenkohäsion spielt insofern auch für den »Normalbetrieb« der Bundeswehr eine große Rolle.

Aus diesem Grund sieht sich auch die Militärseelsorge in der Praxis dazu herausgefordert, sensibel auf den Kommunikationskontext der Gruppe einzugehen und diesen in der seelsorglichen Begleitung zu berücksichtigen. Zum einen bieten Gruppenkontexte wie der Lebenskundliche Unterricht, ein Bibelfrühstück im Einsatz oder ein Feldgottesdienst im Rahmen eines Manövers Möglichkeiten, um mit den Soldatinnen und Soldaten in Kontakt zu treten. Solche ersten Kontakte können Vertrauen schaffen, aus denen sich weitere Seelsorgesituationen und -begegnungen ergeben.[264] Zum anderen können solche Gruppenkontexte selbst als Raum für die seelsorgliche Begleitung begriffen werden.[265] Dabei ist entscheidend, dass die Militärseelsorgerin oder der Militärseelsorger sensibel auf die Situation eingeht und das Bedürfnis der Soldatinnen und Soldaten nach einer seelsorglichen Kommunikation erspürt. In manchen Einheiten des Lebenskundlichen Unterrichts kann solch ein Bedürfnis unmittelbar zum Ausdruck gebracht werden, wenn beispielsweise Sanitätssoldatinnen und -soldaten das Thema »Tod und Verwundung« bearbeiten.

Die Bundeswehr ist ein vielfältiger Sozialraum. Demgemäß sind auch die Gruppenbildungen in den Streitkräften höchst unterschiedlich. Sie orientieren sich an Traditionen, Ritualen, truppengattungsspezifischen Selbstbildern oder an spezifisch geprägten Motiven. Von außen betrachtet sind diese Prozesse nicht immer nachvollziehbar, zum Teil wirken sie befremdlich. Für die Soldatinnen und Soldaten bieten sie dennoch Anlass zur Identifikation und genau deshalb ist es wichtig, dass sich die Militärseelsorge mit diesen Strukturelementen differenziert auseinandersetzt. Teilweise treten dabei Anknüpfungspunkte zutage, sofern die verwendeten Motive einen religiösen Hintergrund aufweisen. Dies lässt sich beispielsweise bei den Fallschirmjägern der Bundeswehr beobachten, die vor allem seit dem ISAF-Einsatz in Afghanistan auf die *Michaelstradition*

---

und der *instrumentellen Kohäsion* die Rede. Damit kommt zum Ausdruck, dass sich Gruppen im militärischen Kontext über kameradschaftliche, emotionale und funktionale Relationen konstituieren und dadurch eine große Stabilität ausbilden. Vgl. BIEHL, Kampfmoral und Kohäsion als Forschungsgegenstand, 144–148.

[264] Vgl. WERKNER, Soldatenseelsorge versus Militärseelsorge, 182.
[265] Hinsichtlich des Lebenskundlichen Unterrichts vgl. BICK, Der Lebenskundliche Unterricht der Evangelischen Militärseelsorge als Arbeitsfeld christlicher Ethik und kirchlicher Erwachsenenbildung, 220. Bezüglich der seelsorglichen Dimension des Einsatzgottesdienstes vgl. LIERMANN, Seelsorge und Spiritualität im offenen Gelände, 496.

292   3. Vollzüge der Militärseelsorge

Bezug nehmen.[266] Der Militärpfarrer Thomas Thiel berichtet in diesem Zusammenhang von einer eindrücklichen Begegnung mit einem Soldaten: »›Wollen [S]ie mal sehen, wen ich immer dabeihabe?‹ Der Soldat schiebt den Ärmel seines T-Shirts weit nach oben. Sichtbar wird der Erzengel Michael, den Drachen tötend. Der Soldat ist Fallschirmjäger – Michael ist eine Art Schutzengel der gesamten Truppengattung. Er erzählt von schwierigen Situationen, von Todesangst. ›Er hat mich beschützt, sonst wäre ich nicht hier‹«.[267]

Das Tattoo des Erzengels Michael in kriegerischer Pose erfreut sich unter den Soldatinnen und Soldaten der Fallschirmjägerregimenter einer nicht genau verifizierbaren aber doch erkennbaren Beliebtheit. Wenn man dieses Phänomen reflektiert, drängt sich die Idee einer Amalgamierung auf: Man könnte meinen, dass sich die Soldatinnen und Soldaten mit dem Erzengel Michael identifizieren, da auch sie aus dem Himmel kommen, um auf der Erde tapfer gegen das »Böse« zu kämpfen. Dieses Bild ist allerdings unscharf und es hält einer genaueren Betrachtung nicht stand. Fallschirmjäger werden heute nicht mehr über einem Einsatzgebiet »abgeworfen«, um dann hinter den Linien zu kämpfen. Sie agieren vielmehr als Infanterieeinheiten. Auch lässt sich das Bild vom Erzengel Michael nicht bloß auf einen kriegerischen Habitus reduzieren. Die biblischen Schriften zeichnen unter Berücksichtigung der Apokryphen ein komplexes Bild, das Michael sowohl als *Kriegsengel* (vgl. Dan 10,13.21; Offb 12,7–9) als auch als *Schutzengel* (vgl. äthHen 1,20; die sog. Kriegsrolle aus Qumran 1QM) darstellt.[268] Auffallend ist dabei, dass Michael als aktiv Handelnder das transzendente Gottesbild der frühjüdischen Apokalyptik entlastet: Er kämpft, nicht Gott. Darüber hinaus ist sein Verantwortungsbereich nicht auf einen Menschen begrenzt, so wie es beispielsweise bei den Engeln Gabriel (für den Seher Daniel) oder Raphael (für den Beter Tobit)[269] der Fall ist. Michael übernimmt kollektive Verantwortung für das Volk bzw. die Völker.

Unter den Fallschirmjägern spielt vor allem das Schutzmotiv in der Michaelstradition eine zentrale Rolle. Dies zeigt sich auch an der Schilderung von Thomas Thiel. Sehr wahrscheinlich steht diese Form der Verwendung des Michaelsmotivs in Verbindung mit den Erfahrungen, die die Fallschirmjäger im Afghanistaneinsatz sammelten. Dort wurden sie als Spezialeinheiten in heiklen Missionen eingesetzt. Gemeinsam mit den Truppengattungen der Jäger und der Panzergrenadiere hatten sie die meisten »gefallenen« Soldaten während des ISAF-Einsatzes zu beklagen. Im Zuge dieser Missionen kam es zu Begegnungen

---

[266] Vgl. zu dem gesamten Abschnitt ausführlich PEUCKMANN, Wenn Kameradschaft unter die Haut geht.
[267] THIEL, Geteiltes Leben, 507.
[268] Vgl. ausführlich dazu GRÜNINGER, Die Engel und der Krieg, 98–105.
[269] Vgl. EGO, The Figure of the Angel Raphael According to his Farewell Address in Tob 12:6–20, 251 f.

mit Einheiten des US-Militärs, bei denen das Michaelsmotiv – weil Michael allgemein als Patron der Soldaten verehrt wird – eine große Rolle spielt. Einzelne Soldatinnen und Soldaten des US-Militärs tragen an ihren Uniformen einen speziellen Patch, der auf Michael verweist und zugleich als Zugehörigkeitszeichen einer konkreten Einheit fungiert. Der Patch steht unter dem Slogan »Saint Michael Protect Us«. Vom Michaelsmotiv gehen mithin unterschiedliche Impulse aus, die einerseits gruppendynamische Prozesse berühren, andererseits ein individuelles Bedürfnis nach Schutz und Unversehrtheit zum Ausdruck bringen. Bei den deutschen Fallschirmjägern stößt diese Form der Verwendung des Michaelsmotivs auf Resonanz, da diese Truppengattung seit jeher eine besondere Verbindung zu dieser Engelsfigur pflegt. Der alljährliche »Tag der Fallschirmjäger« liegt beispielsweise immer in der Woche rund um den Michaelistag.[270] Die Fallschirmjäger der Bundeswehr haben im ISAF-Einsatz den Erzengel Michael nicht zufällig erneut als ihren Schutzpatron entdeckt und über dieses Motiv ihre Gruppenzugehörigkeit organisiert. Das rezente Phänomen der Michaelstattoos ist Ausweis dieser Entwicklung.

Gruppenbildungsprozesse in der Bundeswehr sind vielschichtig, teilweise nehmen sie direkt Bezug auf religiöse Traditionen, Symbole oder Motive. Dies macht deutlich, dass sich auch die Militärseelsorge mit diesen Prozessen differenziert auseinandersetzen und sie wahrnehmen muss. Das Beispiel von den Fallschirmjägern führt zugleich vor Augen, dass im Rückgriff auf solche Motive auch ein *religiöser Überschuss* zu erkennen ist. Im Michaelsmotiv ist nicht nur eine Zugehörigkeit zu einer konkreten Einheit angelegt, es wird damit *mehr* ausgedrückt. Dieses Motiv verspricht Schutz, es wird zu einem Talisman, den die Soldatinnen und Soldaten jederzeit bei sich tragen, den sie sich deshalb auch als »subkutane Rüstung« auf ihrem Köper einzeichnen lassen. Damit wird ein existentielles Bedürfnis zum Ausdruck gebracht: Der Wunsch nach Schutz und Unversehrtheit.

Ein religiöser Überschuss stellt immer auch ein Thema für das Religionssystem dar. Es muss diesen Überschuss verstehen, sich zu ihm verhalten und gegebenenfalls auf ihn eingehen.[271] Genau dies leistet die Militärseelsorge in der Bundeswehr. So ist das Michaelsmotiv und seine Rezeption unter den Fallschirmjägern intensiv vom katholischen und evangelischen Militärpfarramt Seedorf bearbeitet worden. Dort liegt die »Fallschirmjägerkaserne«, die neben der Kaserne in Zweibrücken zu den wichtigsten Standorten dieser Truppengattung zählt. Die Militärseelsorge Seedorf greift das Michaelsmotiv umsichtig auf. Wenn Soldatinnen oder Soldaten in einen Einsatz »verlegt« werden, bekommen sie die *St. Michael-Medaille* überreicht – eine gut zwei Zentimeter breite Münze, die in

---

[270] Auch die Kasernenkapelle der Fallschirmjägerkaserne in Seedorf trägt den Namen »Sankt Michaels Kapelle«.
[271] Vgl. ANSELM, Notwendige Abschiede, 11.

der bekannten Darstellung des Malers Raffael (1518) Michael im Kampf mit dem Satan zeigt. Auf dem Revers ist ein Soldat während eines Fallschirmsprungs abgebildet. Die Medaille ist mit einer Öse versehen, sodass sich die Soldatinnen und Soldaten diese an ihre Kette mit der Erkennungsmarke heften und sie so in den Einsatz mitnehmen können. Der Medaille liegt eine Broschüre bei, die Informationen zur biblischen Figur des Erzengels Michael und zu seiner kirchengeschichtlichen Rezeption liefert.[272] Die letzten Zeilen der Broschüre richten sich direkt an die Soldatinnen und Soldaten: »Die St. Michael-Medaille wird Ihnen vom Team der evangelischen und der katholischen Militärseelsorge Seedorf überreicht. Sie möge Sie vergewissern, in wessen Obhut Sie leben. Sie möge Sie daran erinnern, wohin Sie gehören und wo Sie ein Zuhause haben. Wir wünschen Ihnen Gottes Segen!«

Seelsorge in der Bundeswehr sieht sich dazu herausgefordert, sowohl auf die Gruppe als auch auf das Individuum sensibel einzugehen. Die Militärseelsorge ist also weder nur Individualseelsorge noch ausschließlich Gruppenseelsorge – sie ist als Seelsorge in der Lebenswelt Bundeswehr immer beides.

3.1.3 Feldpostbriefe: Brücken in die Heimat

Die Gegenwart steht im Zeichen der Medienkommunikation, sodass mit Fug und Recht diagnostiziert werden kann: »Wir leben in einer Mediengesellschaft.«[273] Dass gerade in dieser Zeit, die stetig neue Möglichkeiten zur medialen Kommunikation hervorbringt, ausgerechnet handschriftliche bzw. computergetippte Briefe ein zentrales Kommunikationsmittel einer Berufsgruppe darstellen, mutet schon etwas verwunderlich an. In der Bundeswehr ist das Kommunikationsmittel der *Feldpostbriefe* während der Einsatzphasen ausgesprochen beliebt. Ein Kompaniefeldwebel aus dem SFOR-Einsatz in Bosnien und Herzegowina bringt dies auf den Punkt: »Die Feldpost ist hier im Einsatz das Wichtigste für den Soldaten. Die Stimmung ist gut, an Tagen, wenn Post kommt. An Wochenenden oder Feiertagen spüre ich bei meinen Soldaten eine gewisse Anspannung. Ein Brief ist eben etwas Besonderes. Man kann ihn mehrmals lesen, sieht die Handschrift des Partners und schnuppert vielleicht sogar ein wenig den Duft der Partnerin.«[274] Diese Worte stammen aus den frühen 2000er Jahren, sie sind wohlgemerkt mittlerweile über 15 Jahre alt, was in Zeiten der Mediengesellschaft durchaus

---

[272] Die Broschüre ist nicht offen zugänglich, kann aber bei der Militärseelsorge Seedorf angefragt werden.
[273] KARLE, Praktische Theologie, 609.
[274] Zit. n. BIEHL/KELLER/TOMFORDE, »Den eigentlichen Einsatz fährt meine Frau zu Hause...«, 101.

einer halben Ewigkeit gleicht, trotzdem gilt ihre Kernaussage nach wie vor.[275] Was ist damit gemeint? Warum ist die Feldpost, die bundeswehrintern wertschätzend als »Brücke in die Heimat« bezeichnet wird, auch in Zeiten von WhatsApp, Skype, Zoom oder Facebook-Messenger derart beliebt?

In den 1960er Jahren wurden erste Überlegungen für eine Feldpostversorgung in der Bundeswehr entwickelt. Dies geschah noch größtenteils unter Ausschluss der Öffentlichkeit, da diese logistischen Vorbereitungen mit einer möglichen Mobilmachung im Verteidigungsfall verknüpft waren. »So wurden zum Beispiel spezielle Feldpostkarten, die den Angehörigen die eigene Feldpostnummer mitteilen sollten, in den Tresoren bei den Alarmunterlagen der Dienststellen aufbewahrt.«[276] 1972 wurde dann erstmals eine offizielle Feldpostvorschrift erlassen. Eine wirklich aktive Rolle übernahm die Feldpost erst 20 Jahre später im Rahmen des Kambodschaeinsatzes. Seither ist das System der Feldpostversorgung ausgebaut und professionalisiert worden. Die Bundeswehr pflegt feste Kooperationen mit der Deutschen Post AG, sodass Briefe, Postkarten oder Pakete zum inlandsüblichen Porto an jedem Postamt der Bundesrepublik aufgegeben werden können und von dort an die Feldpostleitstelle in Darmstadt weitergeleitet werden, von wo aus sie dann dem jeweiligen Einsatzgebiet zugeteilt werden. Im Durchschnitt transportiert die Feldpost der Bundeswehr jährlich rund 1,3 Millionen Sendungen.[277]

Was macht aber nun den konkreten Reiz von Feldpostbriefen aus? Zum einen bietet dieses Medium eine vergleichsweise *verlässliche* Form der Kommunikation in die Heimat. Denn bei allen technologischen Möglichkeiten darf man nicht vergessen, dass Einsatzzeiten sehr spezifischen Bedingungen unterliegen. Nicht immer finden Soldatinnen und Soldaten alle erforderlichen logistischen Voraussetzungen im Einsatzgebiet vor, um permanent den Kontakt in die Heimat halten zu können.[278] Teilweise werden digitale oder telefonische Kanäle aus Sicherheitsgründen überwacht und reguliert, wenn beispielsweise eine akute Gefahrenlage vorliegt oder interne Ermittlungen aufgrund eines Unfalls oder eines Suizides aufgenommen werden müssen.[279] Gleichzeitig machen viele Soldatinnen und Soldaten die Erfahrung, dass vermeintlich »direkte« Kommunikationsformate während der Einsatzzeit nicht immer die erwünschte Nähe bieten, sondern gefühlte Distanzen sogar verstärken. Das gilt beispielsweise für Telefongespräche. Momente der vermeintlich direkten Kommunikation sind

---

[275] Davon berichten vielfach aktuelle journalistische und autobiographische Einsatzberichte. Vgl. u. a. SCHNITT, Foxtrott 4, 130.
[276] GMELCH, »Afghanistan – hier gibt es schon lange keinen Gott mehr«, 74 f.
[277] Vgl. a. a. O., 77.
[278] Dies kommt auch in Feldpostbriefen zur Sprache. Vgl. BAUMANN/LANGEDER/MUCH/OBERMAYER/STORZ (Hg.), Feldpost, 29.
[279] Vgl. a. a. O., 146.

hochgradig mit Erwartungen sowie Emotionen aufgeladen, da der Eindruck vermittelt wird, dass der Partner, um den man sich sorgt oder den man vermisst, zum Greifen nahe ist. Zugleich klafft zwischen der Alltagswelt an der »Heimatfront« und dem Leben im Feldlager oftmals ein großer Graben, weswegen ein wechselseitiges Verstehen nicht immer leichtfällt. Erwartungen können rasch enttäuscht werden, sodass die Gespräche im Nachhinein eher ein Gefühl der Entfremdung als der Nähe zurücklassen. Das Telefon gilt »als ›Medium der Missverständnisse‹«[280]. Von dieser Erfahrung können viele Menschen berichten, die sich schon einmal auf das Wagnis einer zeitweisen Fernbeziehung eingelassen haben. Für die Einsatzzeit gilt dies im Besonderen. Davon berichten auch Feldpostbriefe aus der Heimat: »Ich bin grad ein bisschen down, weil heute wieder einer der Tage ist, an denen wir ein komisches Telefonat hatten.«[281]

Zum anderen bieten Feldpostbriefe eine *vertraute* Form der Kommunikation, weil sie fest in das Militärsystem intergiert sind. Soldatinnen und Soldaten können systemintern auf dieses Kommunikationsmittel zugreifen und sich zugleich sicher sein, dass die Übermittlung und Zustellung der Briefe über das Militärsystem organisiert wird. Der Feldpost haftet überdies in gewisser Weise eine historische Patina an. Feldpostbriefe bilden eine eigene Literaturgattung,[282] sie blicken auf eine lange und literarisch stark aufgearbeitete Tradition zurück,[283] mit der sich Bundeswehrsoldatinnen und -soldaten identifizieren können. Im Medium der Feldpostbriefe greifen formelle Strukturen und informelle Praktiken der Bundeswehr konstruktiv ineinander. Gerade deshalb, weil diese Form der Kommunikation die Organisationslogik sowie die Institutionslogik der Bundeswehr gleichermaßen bedient, wird die Feldpost in den Streitkräften derart geschätzt. Ein wenig anders sieht das bei der Deutschen Marine aus, die dieser Kommunikation weder auf organisatorischer noch auf institutioneller Ebene eine besonders hohe Bedeutung zuschreibt. Die *Marinepost* wird nicht über das System der Feldpostversorgung verwaltet, sondern von den Marinestandorten. Die Übermittlung der Post kann teilweise länger dauern, da die Sendungen zu den Auslandshäfen transportiert werden müssen und in der Regel nur im Fall eines Einlaufens zugestellt werden können. Diese Schwierigkeit zieht sich wie ein roter Faden durch die Geschichte der Marine, weswegen die Marinepost bei den meisten Seestreitkräften keinen elementaren Bestandteil der Traditionsbildung darstellt. Das zeigt sich auch unter Soldatinnen und Soldaten der Deutschen Marine, die im Vergleich mit ihren Kameradinnen und Kameraden im Heer oder

---

[280] WENDL, Soldat im Einsatz – Partnerschaft im Einsatz, 13.
[281] SCHWARZ (Hg.), Ich kämpf' mich zu dir durch, mein Schatz, 68.
[282] Vgl. dazu ausführlich KILIAN, Das Medium Feldpost als Gegenstand interdisziplinärer Forschung.
[283] Gerade in der deutschsprachigen Literatur zum Ende des 20. Jahrhunderts finden sich dafür zahlreiche Beispiele. Vgl. u. a. BINTIG, Lieber Hanno.

bei der Luftwaffe seltener auf dieses Kommunikationsmittel zurückgreifen.[284] Für die Feldpost ist es entscheidend, dass sie in den organisatorischen Rahmen des Militärs eingebunden ist und zugleich den Soldatinnen und Soldaten einen Raum bietet, der Elemente der institutionellen Logik wertschätzend aufnimmt. Feldpostbriefe sind also nicht einfach Briefe, sie sind Ausdruck und Zeichen der militärischen Lebenswelt.

Nicht zuletzt bieten Feldpostbriefe auch eine Form der »*tiefen*« Kommunikation. Ihre Inhalte sind in der Regel konsistent und überlegt, weil sich die Verfasserinnen und Verfasser Zeit für den Prozess des Schreibens nehmen können. Damit bieten Briefe im Allgemeinen und Feldpostbriefe im Speziellen einen Raum zur Selbstreflexion. Sie müssen nicht am Stück geschrieben werden, sondern können Gedanke für Gedanke wachsen, sie können zugleich korrigiert, überarbeitet oder sogar in Gänze verworfen werden. Wenn sie dann versendet sind, eröffnet sich ein neuer Zeitkorridor. Sie treffen nicht direkt beim Empfänger ein, sondern gehen durch viele Hände, ehe sie schlussendlich im Einsatzland oder in der Heimat zugestellt werden. Feldpostbriefe weisen also immer auch eine eigene Geschichte auf, die man teilweise anhand der Stempel und Marken, die sie auf ihrem Weg sammeln, nachvollziehen kann. Mit diesen zeitlichen Distanzen kommt zugleich zum Ausdruck, dass Feldpostbriefe keine direkte Kommunikation darstellen. Der bloße Informationsgehalt steht bei ihnen im Hintergrund. Feldpostbriefe sind Zeugnisse einer emotional codierten Kommunikation, die eine »tiefe Adressierung« des Empfängers bzw. der Empfängerin zum Ziel hat.[285] Aus diesem Grund spielt auch die Haptik der Briefe eine zentrale Rolle. Sie werden nicht nur gelesen und dann zur Seite gelegt, sondern in Händen gehalten und als Begleiter die gesamte Einsatzzeit hindurch in Griffweite aufbewahrt.[286]

Feldpostbriefe schlagen für die Soldatinnen und Soldaten Brücken in die Heimat. Sie bieten Raum zur Selbstreflexion und vermitteln ein Gefühl von Nähe und Geborgenheit. Gleichzeitig klammern sie die Schwierigkeiten des militärischen Alltags nicht aus. Sie entstehen in Kontexten, die für alle Beteiligten herausfordernd, belastend und auch strapaziös sein können. Sie berichten von »der Trostlosigkeit des Krieges, indem sie Erzählungen daraus destillieren, selbst wenn diese oft von Pleiten, Pech und Pannen handeln, von schnarchenden Nachbarn, kaltem Duschwasser oder vergessenen Gewehren. Es sind Briefe voll Trauer und Wut, Hoffnung und Hilflosigkeit, Angst und Adrenalin.«[287]

---

[284] Vgl. SOMMER, Seelsorge an Bord einer seegehenden Einheit der Deutschen Marine, 104.
[285] Zum Terminus der tiefen Adressierung vgl. KARLE, Tiefe Adressierung; vgl. FUCHS, Das Maß aller Dinge, 163–168.
[286] Vgl. SCHWARZ (Hg.), Ich kämpf' mich zu dir durch, mein Schatz, 79; vgl. BAUMANN/ LANGEDER/MUCH/ OBERMAYER/STORZ (Hg.), Feldpost, 100.
[287] GMELCH, »Afghanistan – hier gibt es schon lange keinen Gott mehr«, 82.

3. Vollzüge der Militärseelsorge

Feldpostbriefe sind Miniaturen, ungeschminkte Momentaufnahmen einer hochkomplexen Lebenswelt, die für gewöhnlich einer außenstehenden Betrachtung entzogen bleibt. Sie enthalten ein großes heuristisches Potenzial, das die Diskussionen zur Bundeswehr in Wissenschaft, Politik und Gesellschaft anregen und weiterführen kann. Deshalb ist die Beschäftigung mit diesen Dokumenten ausgesprochen wichtig. Das gilt auch für die Militärseelsorge. Der katholische Militärdekan Michael Gmelch fordert die Militärseelsorge dementsprechend dazu auf, »sich mit diesem literarischen Genuss näher zu beschäftigen und [es] für die seelsorgliche Arbeit fruchtbar zu machen.«[288] Im Hinblick auf die Frage, wie dieses Kommunikationsmittel in die Praxis der seelsorglichen Begleitung der Soldatinnen und Soldaten integriert werden könnte, sind unterschiedliche Antworten denkbar.[289] Zum einen könnten die Feldpostbriefe thematisch beispielsweise für die Vorbereitung von Einheiten des Lebenskundlichen Unterrichts genutzt werden.[290] Sie könnten aber auch direkt in solche Gesprächskontexte einfließen, da sie Themen sowie Schwierigkeiten des militärischen Alltags behandeln. Dies kann bei den Soldatinnen und Soldaten Diskussionen anstoßen, zu einer Perspektivweitung führen oder auch das Gefühl vermitteln, dass sie mit ihren Sorgen und Befürchtungen nicht allein sind. Feldpostbriefe bieten die Möglichkeit, den Lebenskundlichen Unterricht auch als seelsorglichen Raum zu gestalten. Zum anderen kann die Militärseelsorge die Feldpost auch direkt als Kommunikationsmittel in der seelsorglichen Begleitung nutzen.[291] Nicht immer gehen Seelsorgerinnen oder Seelsorger mit der Einheit ihres jeweiligen Standortes in einen Einsatz. Teilweise versuchen Standortpfarrerinnen oder Standortpfarrer dem Abbruch des Kontakts entgegenzusteuern, indem sie Mails in die Einsatzgebiete schicken.[292] Die Freude über solche

---

[288] A.a.O., 97.

[289] Michael Gmelch spricht sich beispielsweise für einen militärhistorischen Zugang zu diesen Dokumenten aus, sodass anhand der Feldpostbriefe eine neue »Militärgeschichte von unten« rekonstruiert werden kann. Vgl. a.a.O., 100–107.

[290] Erfreulicherweise sind mittlerweile ein paar Sammlungen an aktuellen Feldpostbriefen publiziert worden, auf die die Militärseelsorge in ihrer Arbeit zurückgreifen kann. Für die Soldatinnen und Soldaten wäre es zudem wichtig zu erfahren, dass es sich bei den verwendeten Briefen um veröffentlichte Texte handelt, damit nicht der Eindruck entsteht, dass von der Militärseelsorge persönliche Briefe für die eigene Arbeit genutzt werden. Zu den Sammlungen vgl. BAUMANN/LANGEDER/MUCH/OBERMAYER/STORZ (Hg.), Feldpost; vgl. SCHWARZ (Hg.), Ich kämpf' mich zu dir durch, mein Schatz; vgl. KARASEK (Hg.), Briefe bewegen die Welt.

[291] Wertschätzend und differenziert zugleich diskutiert Christoph Morgenthaler die Chancen und Grenzen von Briefen in der Seelsorge. Vgl. DERS., Seelsorge, 351 f.

[292] Die Mailadresse der Soldatinnen und Soldaten gilt aufgrund der hohen Mobilitätsanforderungen in den Streitkräften als »stabiler Erreichbarkeitsanker«, auf den Pfarrerinnen

Nachrichten ist unter den Soldatinnen und Soldaten groß. Auf Grundlage der Reflexion der Feldpost könnte man darüber hinaus überlegen, ob Briefe – vor allem im Umfeld hoher Feiertage – diesen Effekt nicht noch deutlich verstärken würden.

3.2 Themenfelder

Die Gesprächsanlässe für Seelsorge sind so vielfältig wie das Leben insgesamt. Das gilt nicht nur für Begegnungen im Alltag, sondern auch für die Lebenswelt Bundeswehr. Pfarrerinnen und Pfarrer kommen dabei mit ganz unterschiedlichen Biographien, Sorgen und Nöten in Kontakt. Die thematische Vielfalt, die in der Seelsorge zur Sprache kommt, ist groß. Systematisch betrachtet lassen sich dennoch schwerpunktmäßige Themenfelder identifizieren. So spielen in der Militärseelsorge vor allem alltagsweltliche Themen (3.2.1) wie die Beziehung zur Familie oder zu Freunden eine große Rolle. Auch lebensweltliche Themen (3.2.2) wie Erfahrungen mit Gewalt kommen in den Gesprächen mit der Militärseelsorge explizit zum Ausdruck. Ferner wenden sich Soldatinnen und Soldaten auch an die Militärseelsorge, um über Religion, den eigenen Glauben oder Kontingenzerfahrungen zu sprechen (3.2.3). Der nachfolgende Abschnitt nimmt diese drei exemplarischen Themenfelder genauer in den Blick, um zu verstehen, welchen inhaltlichen Herausforderungen sich Seelsorge in der Bundeswehr zu stellen hat.

3.2.1 Alltagsweltlich: Beziehungen

»Ein sehr großer Anteil von Problemen, mit dem Seelsorgerinnen und Seelsorger zu tun bekommen, betreffen Fragen der persönlichen Beziehungsgestaltung und Beziehungskultur.«[293] Diese allgemeine Einschätzung von Jürgen Ziemer lässt sich auf die Militärseelsorge übertragen, obwohl in der Außendarstellung häufig Themen wie Gewalt, Leid oder Traumatisierung dominieren.[294] Die empirische

---

und Pfarrer in der seelsorglichen Begleitung und Kontaktpflege zurückgreifen können. Vgl. Evangelisches Kirchenamt für die Bundeswehr (Hg.), Begleitung im Licht des Evangeliums, 9.
[293] ZIEMER, Seelsorgelehre, 253.
[294] Dieser Fokus scheint vor allem in journalistischen Berichten über die Arbeit der Militärseelsorge durch. Vgl. u.a. JÜTTNER, Militärpfarrer in Afghanistan. Die weiter oben beschriebene *subtile Faszination* für das Kriegerische im Militär (siehe Kap. III 3.3.3) prägt in gewisser Weise auch die Berichterstattung über die Seelsorge in der Bundeswehr. Die Einsatzberichte der Militärpfarrerinnen und Militärpfarrer betonen demgegenüber, dass in den Seelsorgegesprächen in erster Linie Alltags- und Beziehungsprobleme zur Sprache kommen.

3. Vollzüge der Militärseelsorge

Datenlage zeigt allerdings, dass sich Soldatinnen und Soldaten vornehmlich mit alltagsweltlichen Fragen und Problemen an die Militärseelsorge wenden.[295] Dabei kann es um Ehe und Familie, aber auch um Sucht, Schulden, Depressionen und anderes gehen. Häufig berühren die Themen in der einen oder anderen Weise die Sozialbeziehungen der Soldatinnen und Soldaten, die durch die jeweilige Konstellation belastet werden. Das Thema »Beziehung« nimmt insgesamt eine zentrale Rolle in den Gesprächen mit der Militärseelsorge ein. Die Bundeswehr ist zwar in letzter Konsequenz kein Spiegelbild der Gesellschaft,[296] doch spiegeln sich in ihr gesamtgesellschaftliche Entwicklungen wider. Die sozialen Probleme und Herausforderungen der Gegenwart machen nicht am Kasernentor Halt. Das, was »Draußen« gilt, gilt auch »Drinnen« in der Bundeswehr.

Das Thema »Beziehung« besitzt im militärischen Kontext eine eigene Brisanz. Das hängt mit den Besonderheiten der Bundeswehr zusammen, die trotz ihrer demokratischen Verankerung eine »Sonderwelt« darstellt. So fällt auf, dass die Bundeswehr einen ziemlich umfassenden Zugriff auf die Soldatinnen und Soldaten ausübt. Bundesweite Versetzungen sind keine Seltenheit, hinzu kommen mehrtägige oder sogar mehrwöchige Fortbildungen, Seminare und Manöver. Die Mobilitätsansprüche an die Soldatinnen und Soldaten sind deshalb hoch.[297] Die Trennungsphasen werden durch die Einsatzzeiten noch verschärft. Es gehört zum Profil des modernen Soldatenberufes, dass sich sein Dienstort und sein Arbeitsumfeld ständig verändern.[298]

Vom sozialen Umfeld der Soldatinnen und Soldaten wird implizit verlangt, dass es die Veränderungen mitträgt. Dabei ist festzustellen, dass »[d]ie Bereitschaft oder die Unwilligkeit, mit der Familie umzuziehen, [...] stark an den Le-

---

Vgl. u. a. VON DEN STEINEN, Unzufrieden mit dem Frieden?, 176 f.; vgl. SOMMER, Seelsorge an Bord einer seegehenden Einheit der Deutschen Marine, 111.

[295] Vgl. GMELCH/HARTMANN, Soldatenfamilien im Stress; vgl. auch LAMMER, Wie Seelsorge wirkt, 155–157.

[296] Dass die Bundeswehr nicht vollends ein Spiegelbild der Gesellschaft ist, zeigt sich daran, dass nicht alle Bildungsschichten den Weg in die Streitkräfte suchen oder finden. Vgl. HAß, Der Freiwillige Wehrdienst in der Bundeswehr, 43. Auch sind manche kulturellen Milieus in der Bundeswehr offenkundig unterrepräsentiert. Vgl. HAMMOUTI-REINKE, Ich diene Deutschland, 112. Ebenso entspricht die politische Einstellung der Soldatinnen und Soldaten, die größtenteils dem liberal-konservativen Spektrum zuzurechnen ist, nicht dem gesamtgesellschaftlichen Meinungsbild. Vgl. SPREEN, Rechtspopulismus und Bundeswehr, 102. Nicht zuletzt ist die Bundeswehr überproportional männlich geprägt, wohingegen sich das Geschlechterverhältnis im gesellschaftlichen Kontext die Waage hält. Vgl. KÜMMEL, Das Militär, die Frauen und die Militärseelsorge.

[297] Vgl. Evangelisches Kirchenamt für die Bundeswehr (Hg.), Begleitung im Licht des Evangeliums, 8.

[298] Vgl. WENDL, Lebenswirklichkeiten von Soldatenfamilien, 47.

bensbedingungen jeder und jedes Einzelnen«[299] hängt. In der Tendenz nimmt die Unwilligkeit mit dem Alter zu. Das liegt daran, dass der Partner oder die Partnerin bereits sozial und beruflich gut am bisherigen Wohnort vernetzt ist. Auch ist es relevant, ob Kinder vom Wohnortwechsel betroffen sind und gegebenenfalls einen neuen Kindergartenplatz benötigen oder die Schule wechseln müssen. Die Soldatenfamilien tragen die Mobilitätsansprüche der Bundeswehr in den Phasen noch unproblematisch mit, in denen sie selbst noch vergleichsweise flexibel sind. Diese Flexibilität geht mit zunehmendem Alter allerdings verloren, da die sozialen und materiellen Verpflichtungen (beispielsweise Eigenheim) an Gewicht gewinnen. Für die Soldatinnen und Soldaten stellt sich dann die Frage, wie sie mit den konkurrierenden Ansprüchen von Familie und Bundeswehr umgehen können.[300] Wenige verlassen die Bundeswehr, die meisten lassen sich auf das »offene Experiment« einer Fernbeziehung ein, auch weil dieser Schritt systemintern durch Karriereversprechen in den Streitkräften bestärkt wird.[301]

Bei Fernbeziehungen kommt den Zeiten der Begegnung und des Kontakts eine besondere Bedeutung zu, da das Zusammensein nicht mehr selbstverständlich ist, sondern eine Unterbrechung eines getrenntgelebten Alltags darstellt. Das kann die Partnerschaft belasten, das kann sie auch bereichern. In vielen Fällen geht von dem wiederkehrenden Rhythmus dieser Unterbrechungen eine neue zeitliche Struktur aus, sodass sich Fernbeziehungen auch einen neuen gemeinsamen Alltag schaffen können. Dieser Alltag steht jedoch im Zeichen der *Diskontinuität*. Es ist ein Alltag, der sich über das Wechselspiel von Nähe und Distanz konstituiert.

Das Phänomen der Diskontinuität prägt viele Beziehungen der Soldatinnen und Soldaten. Das gilt nicht nur für das partnerschaftliche Zusammenleben, sondern auch für Freundschaften und Bekanntschaften.[302] Selbst die Beziehungen innerhalb der Bundeswehr stehen aufgrund von Versetzungen und Abordnungen häufig im Zeichen der Diskontinuität. Das stellt auch eine Herausforderung für die Militärpfarrerinnen und Militärpfarrer dar, die aufgrund dieser Flexibilität nicht immer kontinuierliche Beziehungen zu den Soldatinnen und Soldaten aufbauen können.

---

[299] A. a. O., 42.
[300] Siehe Kap. III 3.2.1.
[301] Um Berufssoldat zu werden, also um in ein Beschäftigungsverhältnis auf Lebenszeit eintreten zu können, muss ein Antrag gestellt werden. Darin werden die Anwärterinnen und Anwärter auch zu ihrer Flexibilität hinsichtlich des Dienstortes befragt. Belastbare Daten zu den Auswahlverfahren sind, sofern es sie überhaupt gibt, nicht frei zugänglich. Unter den Soldatinnen und Soldaten wird aber vermutet, dass nur die Anträge berücksichtigt werden, die eine schrankenlose Flexibilität angeben und damit einer bundesweiten Verwendung zustimmen.
[302] Vgl. WENDL, Gelingende Fern-Beziehung, 87–93.

3. Vollzüge der Militärseelsorge

Mit dieser Beobachtung verbindet sich keine Wertung; es geht lediglich darum zu verstehen, wie die strukturellen Voraussetzungen des Soldatenberufs Einfluss auf die persönliche Beziehungsgestaltung und Beziehungskultur nehmen. Dass sie die Partnerschaften und Ehen herausfordern, zeigt sich an den überdurchschnittlich hohen Trennungsquoten innerhalb der Streitkräfte.[303] Trennungsphasen qua Beruf können heute über mediale Kommunikationsformen in gewisser Weise kompensiert werden. Doch manchmal fällt selbst diese Möglichkeit weg, wenn der Partner oder die Partnerin mit Stehzeiten von mehreren Wochen an Bord eines Marineschiffs kommandiert oder in einen Auslandseinsatz »verlegt« wird.

Es wird deutlich, dass das Phänomen der Diskontinuität eine große Herausforderung für die Beziehungen der Soldatinnen und Soldaten darstellt. Zum einen werden die Trennungszeiten nicht freiwillig gewählt, sondern folgen einer vorgegebenen Struktur. Zum anderen leben Soldatinnen und Soldaten und ihre Familien in parallelen Alltagswelten. Der Soldat erlebt einen Dienstalltag, der vollständig von militärischen Strukturen geprägt ist.»Die familiäre Situation zu Hause entwickelt sich weiter [...]. Die Kinder wachsen, das Haar des Partners wird grauer, Dinge im Haushalt gehen kaputt und werden ersetzt – und der Soldat ist nicht dabei, kann nicht unterstützen bzw. erlebt es nicht mit.«[304] Nach Ablauf der Trennungszeit gilt es dann, die parallelen Alltagswelten wieder miteinander zu verbinden, wobei es größtenteils um eine Reintegration des Soldaten bzw. der Soldatin in das gewohnte Umfeld geht. Die parallelen Alltagswelten begegnen sich insofern nicht auf Augenhöhe; es geht vor allem darum, dass der Soldat oder die Soldatin sich wieder in die familiäre Struktur einfügt. Dieser Schritt fällt nicht immer leicht, da die Soldatinnen und Soldaten zum Teil belastende Erfahrungen gemacht haben.[305] Gleichzeitig ist das Leben in der Heimat während ihrer Abwesenheit weitergegangen. Das kann zur Folge haben, dass die Soldatinnen und Soldaten aus vielen Zusammenhängen des familiären Alltags herausgefallen sind und sich erst wieder neu in den Rollenkonstellationen zurechtfinden müssen. Die Trennungszeiten können einen Prozess der Marginalisierung nach sich ziehen. Insbesondere bei Soldatenfamilien mit Kindern kann dieser Prozess beobachtet werden, da die Kinder nach der Trennungszeit mit dem zurückkehrenden Elternteil möglicherweise anders, vielleicht auch distanzierter, umgehen. Auf diese

---

[303] Belastbare Zahlen über die tatsächliche Höhe der Trennungsquote innerhalb der Streitkräfte liegen bislang nicht vor. Die im Diskurs kursierenden Zahlen (ca. 50 % bis 90 %) sind nicht empirisch erhoben worden und damit nur bedingt aussagekräftig. Insgesamt ist jedoch von einer überdurchschnittlich hohen Trennungsquote auszugehen. Siehe Kap. III 3.2.1.
[304] SOMMER, Seelsorge an Bord einer seegehenden Einheit der Deutschen Marine, 111.
[305] Vgl. HAUTMANN, Sechs Monate sind eine lange Zeit – Erfahrungen von Soldatenfrauen, 141.

Schwierigkeit macht Peter Wendl, der sich intensiv mit dem Thema der einsatzbedingten Fernbeziehungen beschäftigt, aufmerksam: »Gerade Heimkehrenden muss klar sein, dass sich das Leben des Kindes zuhause weiterentwickelt hat. Auch wird eine Zeit der Wiedereingewöhnung notwendig sein. Es kann also nicht davon ausgegangen werden, dass wie selbstverständlich der ›gewohnte Elternplatz‹ eingenommen werden kann.«[306]

Während einer Trennungsphase, zum Beispiel in einem Einsatz, sind Soldatinnen und Soldaten auf sich selbst zurückgeworfen – ähnliches gilt für die Partnerinnen und Partner zu Hause. Das kann zu neuen Distanzen in der Partnerschaft führen, sodass die Beziehung schrittweise aus dem Fokus gerät. Das ständige Changieren zwischen Nähe und Distanz, zwischen Präsenz und Trennung macht es schwer, die Perspektive zu wechseln und sich auf die Bedürfnisse von Partnerschaft und Familie einzustellen. Davon berichten Soldatinnen und Soldaten, die sich an die Militärseelsorge wenden. Sie fühlen sich missverstanden, verstehen aber zugleich nicht, warum die Partnerin oder der Partner mit der Konstellation der Fernbeziehung unzufrieden oder sogar unglücklich ist.[307] Die Militärseelsorge kann in solchen Momenten einen *Reflexionsraum* bieten. Sie kann Impulse geben, die einen Perspektivwechsel anstoßen. Sie kann zugleich den Gedanken und Gefühlen der Soldatinnen und Soldaten Raum geben, denen sich dadurch womöglich bereits eine neue Sicht auf ihre Situation und ihre Beziehung eröffnet.

»In Beziehung zu leben, dafür bedarf es immer auch eines *Schrittes über sich selbst hinaus.*«[308] Solch ein Schritt fällt in der Bundeswehr nicht immer leicht. Soldatinnen und Soldaten leben vielfach in Beziehungen, die im Zeichen der Diskontinuität stehen. Die Militärseelsorge kann auf diese Herausforderung eingehen, indem sie einen Reflexionsraum anbietet, der von einer Selbstfixierung befreit und einen Perspektivwechsel ermöglicht.

3.2.2 Lebensweltlich: Gewalt

Gewalt kennt viele Gesichter und Ausdrucksformen. Wissenschaftlich hat man sich intensiv und über Disziplingrenzen hinweg mit den Fragen beschäftigt, was Gewalt ist, wie sie definiert werden kann und welche Gründe es für gewaltvolles Handeln gibt.[309] Dabei kristallisiert sich vor allem seit dem Ende des 20. Jahr-

---

[306] WENDL, Gelingende Fern-Beziehung, 76.
[307] Diese Spannung wird auch in den Feldpostbriefen thematisiert. Vgl. SCHWARZ (Hg.), Ich kämpf' mich zu dir durch, mein Schatz, 39; 69; 94 f.; 111; 134–137; 144 f.
[308] ZIEMER, Seelsorgelehre, 255 [Hervorhebung im Original].
[309] Einen knappen Überblick dazu bietet KUHLMANN, Gewalt denken – eine Aufgabe der Theologie über Seelsorge und Ethik hinaus?, 458 f.

hunderts ein neuer Zugang zum Phänomen der Gewalt heraus. Man folgt heute nicht mehr der These Norbert Elias', dass mit dem Fortschreiten des Zivilisationsprozesses ein signifikant feststellbarer Rückgang an Gewalt einhergeht.[310] Vielmehr ist nüchtern zu konstatieren, dass eine »der großen Hoffnungen der westlichen Moderne«[311] bis in die Gegenwart hinein unerfüllt geblieben ist: die Überwindung von Gewalt.

Heute gilt das Interesse der Gewaltforschung nicht mehr nur den Ursachen sowie den Folgen von Gewalt, sondern auch der Wahrnehmung von Gewaltdimensionen und ihrer Beschreibung.[312] Dieser deskriptive Zugang greift die Arbeiten der neueren Friedensforschung – konkret von Johan Galtung – auf. Gewalt wird demnach nicht mehr nur physisch (*direkte Gewalt*) verstanden, sondern auch als Teil und Folge struktureller Bedingungen bzw. kultureller Normen (*indirekte Gewalt*).[313] Damit weitet sich das Verständnis von dem, was als Gewalt beschrieben werden kann, sodass neue Dynamiken dieses Phänomens in den Blick treten. Gleichzeitig wird »aber deutlich, dass weder die wissenschaftliche Diskussion darüber, was als Gewalt zu bezeichnen ist, endgültig abgeschlossen, noch die Ambivalenzen des Phänomens aufgelöst werden können.«[314]

Die Bundeswehr ist eine gewaltausübende und gewalterlebende Organisation. Sie ist funktional dazu bestimmt, das staatliche Gewaltmonopol nach außen zu vertreten.[315] Systematisch betrachtet lassen sich unterschiedliche Gewaltdimensionen innerhalb der Organisation identifizieren. So können Formen der strukturellen sowie kulturellen Gewalt in den Streitkräften beobachtet werden. Damit sind strukturelle Zwänge und Abhängigkeiten sowie Diskriminierungs- und Ausgrenzungserfahrungen und -mechanismen gemeint. Die Bundeswehr hat sich mit diesen Gewaltdimensionen immer wieder kritisch auseinandergesetzt und Konzepte entwickelt, diese Dynamiken zu minieren.[316] Seit den Auslandseinsätzen gehören Formen der direkten Gewalt ebenfalls dazu. Soldatinnen und Soldaten wenden im Auftrag der Gesellschaft militärische Gewalt an – damit ist eine legitime Gewaltanwendung (*potestas*) gemeint. Gleichzeitig gehen sie das

---

[310] Vgl. ELIAS, Über den Prozeß der Zivilisation (Bd. 2), 302.
[311] ENDREß/RAMPP, Die friedensethische Bedeutung der Kategorie Gewalt, 164.
[312] Vgl. a. a. O., 167.
[313] Für einen Überblick vgl. WERKNER, Zum Friedensbegriff in der Friedensforschung, 21–23.
[314] ENDREß/RAMPP, Die friedensethische Bedeutung der Kategorie Gewalt, 171.
[315] Vgl. SCHIEWEK, Heroismus in der Seelsorge, 86–90.
[316] Positive Beispiele dafür stellen die Überarbeitung der Kommunikationskultur in den 1970er Jahren (siehe Kap. I 2.2.1) oder das breite Engagement hinsichtlich des Themas »Diversity« seit den 2010er Jahren dar (siehe Kap. III 3.3.2). Trotzdem wird sich die Bundeswehr nicht vollständig von den Dynamiken der strukturellen Gewalt lösen können. Das liegt vor allem daran, dass in ihr unterschiedliche Logiksysteme präsent sind.

Risiko ein, Ziel von militärischen Gewaltanwendungen zu werden. Sie agieren als »Gewaltspezialisten«[317], die physische Gewalt sowohl androhen und ausüben als auch gegebenenfalls selbst erleben.

Formen der (direkten) Gewalt ereignen sich nicht in einem luftleeren Raum, sie sind in einen »Referenzrahmen«[318] eingebunden. Das meint, dass es soziohistorische, soziokulturelle sowie sozialpsychologische Bedingungen gibt, die einen Kontext schaffen, innerhalb dessen sich Gewalt ereignet. Dies gilt vor allem für Formen illegitimer Gewaltanwendungen (*violentia*). Auf diese »Umstände«[319] weist die Sozialpsychologie schon seit den 1960er Jahren hin. Damit wird die Verantwortung für solche Handlungen keineswegs nivelliert. Eine Gewalthandlung ist nicht durch äußere Umstände entschuldbar, doch ist es wichtig, die äußeren Bedingungen einer gewaltvollen Handlung zu berücksichtigen, um Gewaltdynamiken zu verstehen und auch unterbrechen zu können. Und genau diese äußeren Bedingungen können auch Einfluss auf legitime Gewaltanwendungen nehmen. Ein »toxischer Referenzrahmen« kann auch legitime Gewalt beeinflussen oder sogar kontaminieren.[320] Er fordert die Akteure zur ethischen Reflexion sowie zum verantwortungsvollen Handeln heraus, damit sich die legitime Gewalt nicht von den Dynamiken illegitimer Gewalt verleiten lässt. Davon berichten auch Soldatinnen und Soldaten in Feldpostbriefen: »Spätestens nach dem zweiten Bunkeralarm entwickelt auch der größte Philanthrop blutige Rachegelüste. Die militärisch einfachste Lösung, die hier von den Soldaten auch favorisiert wird, ist der groß angelegte Artillerie-Gegenschlag. Technisch kein großes Problem: Abschussstelle orten, Kanone ausrichten und zurückschießen – dauert weniger als eine Minute. Die ersten feindlichen Raketenschützen hätten wohl auch Pech, aber die Taliban sind nicht blöd. Schon die Nächsten hätten ein langes Kabel und würden die Raketen neben einem Kindergarten starten.«[321] Auch für legitime Gewaltanwendungen ist es wichtig, den jeweiligen Referenzrahmen zu berücksichtigen.

Gesellschaftlich und politisch tat man sich mit den einsatzbedingten Gewaltanwendungen der Bundeswehr wie beispielsweise beim ISAF-Einsatz in Afghanistan lange Zeit schwer. Erst der damalige Verteidigungsminister Karl-Theodor zu Guttenberg (2009–2011) sprach 2010 nach einem Besuch bei den

---

[317] SCHIEWEK, Heroismus in der Seelsorge, 89 [Hervorhebung aufgehoben].
[318] Zum Konzept des Referenzrahmens vgl. NEITZEL/WELZER, Soldaten, 16–19.
[319] Der US-amerikanische Sozialpsychologe Philip Zimbardo hat diese Bedingungen bzw. »Umstände«, wie er sie nennt, intensiv untersucht und beschrieben. Vgl. DERS., Der Luzifer-Effekt.
[320] Auf die besonderen »moralischen Überhänge« von legitimer Gewalt macht Werner Schiewek aufmerksam, der dabei auch auf die Kontaminationsgefahr dieser Gewaltanwendungen hinweist. Vgl. DERS., »Kritische Solidarität«, 495.
[321] BAUMANN/LANGEDER/MUCH/OBERMAYER/STORZ (Hg.), Feldpost, 77 f.

stationierten Soldatinnen und Soldaten diese Leerstelle offen an. Mit Blick auf die »Realität in Afghanistan könne man ›umgangssprachlich von Krieg‹ sprechen«[322]. Die militärische Gewalt, die die Bundeswehr in Afghanistan anwendete, steht damit in einem »kriegsähnlichen« Referenzrahmen.[323] Das hat Konsequenzen, unter anderem in juristischer Hinsicht, da auf militärische Handlungen das humanitäre Völkerrecht und nicht mehr nur das deutsche Strafrecht anzuwenden ist. Bedeutsam sind aber vor allem die Auswirkungen dieses besonderen Referenzrahmens auf die Soldatinnen, Soldaten, deren Familien und auf die Gesellschaft.

Gewalt ist ein mehrdimensionales und zugleich ambivalentes Phänomen in den Streitkräften, das gerade deshalb auch ein Thema für die Militärseelsorge ist. Bei genauerer Betrachtung dieses weiten Themenkomplexes drängen sich unterschiedliche Fragen auf:[324] 1. Welche Auswirkungen hat militärische Gewalt auf eine Gesellschaft? 2. Inwieweit können Gewalterfahrungen die moralische Wertorientierung der Soldatinnen und Soldaten erschüttern bzw. verletzen? 3. Was für einen Raum kann Seelsorge in solchen Kontexten bieten? 4. Wie sieht es mit der Selbstsorge der Seelsorgerinnen und Seelsorger aus?

1. *Außenwirkung:* Es mutet in der Gegenwart beinahe schon befremdlich an, dass sich Menschen dazu bereiterklären, bewaffnet in einen Auslandseinsatz zu gehen, um dort unter Einsatz des eigenen Lebens die Interessen der Gesellschaft, der Nation oder des »deutschen Volkes«, wie es im Soldatengesetz (§ 9) heißt, »tapfer« zu verteidigen bzw. durchzusetzen. Intuitiv drängt sich die Frage nach dem »Warum« auf: Warum gehen Menschen solch ein Risiko ein? Welchen (persönlichen) Nutzen haben sie davon, wenn noch nicht einmal die Frage nach dem »cui bono« der Einsätze zufriedenstellend geklärt ist? Gehen sie womöglich »nur des Geldes wegen nach Afghanistan«[325] – immerhin wird dort der Auslandsverwendungszuschlag gezahlt – oder schlichtweg deshalb, weil sie gewaltaffin sind? Dass diese Erklärungsversuche zu simpel sind, liegt auf der Hand. Die Frage nach dem »Warum« kann nur dann geklärt werden, wenn der soziokulturelle Hintergrund, also der gesamtgesellschaftliche Referenzrahmen, mit-

---

[322] A.a.O., 17.

[323] Vgl. SCHNITT, Foxtrott 4, 110.

[324] Das Thema der militärischen Gewalt wird dabei nicht explizit in ethischer Perspektive bearbeitet, da dieser Zuschnitt vom eigentlichen Schwerpunkt der Studie zu weit wegführen würde. Dass die ethische Dimension der Gewaltanwendungen aber auch für die Seelsorge relevant ist, zeigt sich beispielsweise an den »moralischen Verletzungen«, die Soldatinnen und Soldaten infolge einer Gewaltanwendung oder Gewalterfahrung erleiden können. Für einen Überblick zur ethischen Diskussion militärischer Gewalt aus Sicht der Theologie vgl. u.a. WOLBERT, Du sollst nicht töten, insb. 75–90.

[325] Mit diesem häufig genannten Vorwurf setzt sich auch Thomas Thiel kritisch auseinander. DERS., Geteiltes Leben, 504 [Hervorhebung aufgehoben].

bedacht wird. Und hier zeigt sich ein Problem: Die deutsche Gesellschaft wird gemeinhin als *postheroische Gesellschaft* beschrieben. Der Kategorie des *Heroischen*, also des Heldenhaften, kommt aber dennoch im Militär und in reduzierter Form auch bei der Polizei nach wie vor eine identitätsstiftende Bedeutung zu.[326] Dabei weist der Politologe Herfried Münkler, der sich intensiv mit der Gestalt postheroischer Gesellschaften beschäftigt hat, ausdrücklich auf die Verknüpfung zwischen der Kategorie des Heroischen und der Opferbereitschaft hin. Münkler schreibt: »Nicht das Blut, das an seinen Waffen klebt, macht den Krieger zum Helden, sondern seine Bereitschaft zum Selbstopfer, durch das andere gerettet werden. Demgemäß ist der Held nicht durch seine Kampfkraft, sondern durch seine Opferbereitschaft definiert.«[327]

Die Bundeswehr verzichtet auf derart deutliche Bekenntnisse zur Opferbereitschaft.[328] Trotzdem ist seit Mitte der 2000er Jahre beobachtbar, dass der Kategorie des Heroischen wieder mehr Raum im Militär zugestanden wird. Das Ehrenmal der Bundeswehr in Berlin, das Rolf Schieder kritisch als »Altar des Vaterlandes«[329] bezeichnet, ist Ausweis dieser Entwicklung. Noch deutlicher kommt die Verbindung zwischen der Kategorie des Heroischen und der Opferbereitschaft in den Ansprachen der Verteidigungsminister anlässlich »der Trauerfeiern für die ›gefallenen‹ Soldaten«[330] zum Ausdruck. In einer Studie von Stefanie Hammer aus dem Jahr 2014 wird dieser Zusammenhang augenfällig.[331] Dabei fällt auf, dass die Phänomene der Opferbereitschaft und des Heldenhaften über die Jahre hinweg immer stärker in den Ansprachen miteinander verschränkt wurden, obwohl gleichzeitig penibel darauf geachtet wurde, die Worte des »Gefallenen« und des »Opfers« wenn möglich zu vermeiden.[332] Dies kommt deutlich in einer Traueransprache von Karl-Theodor zu Guttenberg aus dem Jahr 2009 zum Ausdruck: »[Florian Pauli] hat sein Leben im Dienste seines Vaterlandes, der Bundesrepublik Deutschland, verloren. Er hat es verloren. Er hat es *für uns* verloren, weil er tapfer und mutig seine Pflicht in Afghanistan erfüllt hat.«[333]

---

[326] Vgl. SCHIEWEK, Heroismus in der Seelsorge, 86.
[327] MÜNKLER, Kriegssplitter, 170.
[328] Vgl. SCHIEWEK, Heroismus in der Seelsorge, 88.
[329] SCHIEDER, Kriegstote und Kirche, 64.
[330] HAMMER, Die Rede des Verteidigungsministers im zivilreligiösen Ritual der Trauerfeier für die »gefallenen« Soldaten, 36.
[331] Vgl. HAMMER, Wie der Staat trauert, 162–168.
[332] Sehr bewusst hat demgegenüber der ehemalige Verteidigungsminister Franz Josef Jung den Begriff der »Gefallenen« in einer Traueransprache verwendet. Vgl. HAMMER, Die Rede des Verteidigungsministers im zivilreligiösen Ritual der Trauerfeier für die »gefallenen« Soldaten, 39.
[333] Zit. n. a. a. O., 44 [Hervorhebung N. P.].

3. Vollzüge der Militärseelsorge

Seit dem Afghanistaneinsatz lässt sich in der Bundeswehr eine neue *Kultur des Heroischen* beobachten. Sie gründet in der Tapferkeit, die gemäß der Gelöbnis- bzw. Eidesformel von den Soldatinnen und Soldaten eingefordert wird und die in einer über die Normalerwartung hinausgehenden Erfüllung[334] – ihrer Supererogation[335] – in eine Verlust- bzw. Opferbereitschaft führen kann. Diese neue Kultur des Heroischen ist von der Bundeswehr bereitwillig aufgenommen und mit zuvor etablierten Narrativen (zum Beispiel: »Die reden – Wir sterben«[336]) verknüpft worden. Vor allem in den Einsatzberichten der Soldatinnen und Soldaten tritt diese Verbindung und das Bekenntnis zu einer Kultur des Heroischen hervor.[337]

Es gibt in der Bundeswehr insofern eine Kultur des Heroischen, die auch Soldatinnen und Soldaten dazu veranlassen kann, im Extremfall ihr Leben zu riskieren. Damit wird deutlich, dass sich auch postheroische Gesellschaften nicht gänzlich von der Kategorie des Heroischen verabschieden. Sie verschieben den Heroismus vielmehr in bestimmte Funktionssysteme, indem sie ihn dort professionalisieren und institutionalisieren. Dieser Schritt ist nicht frei von Fallstricken, da heroische Handlungen nicht auf einen Teilbereich beschränkt bleiben, sondern immer auch eine kollektive Wirkung besitzen. Sie führen einer Gesellschaft vor Augen, dass es Momente geben kann, in denen die gewohnten Strukturen von Eigennützlichkeit, Selbstbestimmung und Identifikation überschritten werden. In gewisser Weise halten heroische Handlungen also einer postheroischen Gesellschaft den Spiegel vor: Sie fordern zu einer Selbstreflexion heraus. Es stellt sich einmal mehr die Frage nach dem Wesen und der Funktion der Bundeswehr: Ist sie eine Einsatzarmee oder doch eher ein »bewaffnetes Technisches Hilfswerk«?[338] Dass die Bundeswehr militärische Gewalt in inter-

---

[334] Seit 2009 wird an Soldatinnen und Soldaten das *Ehrenkreuz der Bundeswehr für Tapferkeit* verliehen. Entscheidend für die Auszeichnung ist, dass das »normale Maß« an Tapferkeit, die das Soldatengesetz von jedem Soldaten und jeder Soldatin einfordert, deutlich überschritten wird.

[335] Mit dem Begriff der Supererogation werden in der Ethik Handlungen beschrieben, die weit über das verpflichtende Maß hinausgehen. Zur Verbindung von Heroismus und Supererogation vgl. SCHIEWEK, Heroismus in der Seelsorge, 90.

[336] Vgl. TIMMERMANN-LEVANAS/RICHTER, Die reden – Wir sterben.

[337] Vgl. u. a. CLAIR, Vier Tage im November.

[338] Diese Formulierung stammt vom ehemaligen Heeresinspektor Hans-Otto Budde, der mit dem Vergleich zum Technischen Hilfswerk deutlich machen wollte, dass die Bundeswehr – auch wenn sie in Katastrophenfällen wie der Hochwasserkatastrophe von 2002 mit ungefähr 46.600 Soldatinnen und Soldaten Nothilfe leisten konnte – in erster Linie eine Armee darstellt. Das heißt, dass sie auch in letzter Konsequenz genuin militärische Handlungen ausführen muss.

nationalen Einsätzen anwendet und auch erfährt, hat Auswirkungen auf die Gesellschaft, weil diese Handlungen in ihrem Namen stattfinden.

2. *Moralische Verletzungen:* Von militärischer Gewalt sind am deutlichsten die Menschen betroffen, die die Gewalt ausüben, erleiden und erfahren. Das schließt die Soldatinnen und Soldaten mit ein. Sie machen Erfahrungen mit Extremsituationen, die ausgesprochen belastend sein können. Sie erleben die unmittelbaren Konsequenzen militärischer Gewalt, die schädigt und sogar tötet.[339] Daher spielt die wichtige juristische Unterscheidung von legitimer und illegitimer Gewalt in der Einsatzwahrnehmung eine untergeordnete Rolle. Phänomenologisch gleichen sich beide Formen der Gewalthandlung.[340] Das zeigt sich auch anhand der Reaktionen auf diese Gewalterfahrungen und Gewaltanwendungen. Auch die Anwendung von legitimer Gewalt kann bei den Soldatinnen und Soldaten psychische Belastungsstörungen auslösen. Gemeinhin ist dann von einer Erschütterung des jeweiligen Wertekompasses die Rede. Die Soldatinnen und Soldaten erleiden im Kontext einer Gewalterfahrung oder Gewaltanwendung eine *moralische Verletzung.*

Der Begriff der moralischen Verletzung (orig. *moral injury*) ist vergleichsweise jung (1998) und wurde erstmals von Jonathan Shay und James Munroe als eigenständiger Symptomkomplex beschrieben und definiert.[341] Seither ist der Begriff intensiv, fast ausschließlich im angloamerikanischen Raum, diskutiert worden.[342] Zum einen galt das Interesse einer präzisen Definition des Begriffs, zum anderen stand die Frage im Raum, inwieweit sich moralische Verletzungen von Posttraumatischen Belastungsstörungen (PTBS) unterscheiden lassen oder ob sie womöglich eher eine spezifische Variante dieses Symptomkomplexes darstellen.[343] Mittlerweile deutet vieles darauf hin, dass moralische Verletzungen von PTBS zu unterscheiden sind,[344] wenngleich es Parallelen und in Einzelfällen auch Interdependenzen zwischen beiden Belastungsreaktionen gibt.[345]

---

[339] Von entsprechenden Beispielen berichtet Thomas Thiel. Vgl. DERS., Geteiltes Leben, 497f.

[340] Vgl. BEHR, Polizei. Kultur. Gewalt, 83.

[341] Vgl. SHAY/MUNROE, Group and milieu therapy for veterans with complex posttraumatic stress disorder.

[342] Eine systematische Zusammenstellung der bisher publizierten Literatur zum Thema »moral injury« bieten CAREY/HODGSON/KRIKHELI/SOH/ARMOUR/SINGH/IMPIOMBATO, Moral Injury, Spiritual Care and the Role of Chaplains.

[343] Vgl. a.a.O., 1220.

[344] Vgl. BRYAN/BRYAN/ROBERGE/LEIFKER/ROZEK, Moral injury.

[345] Auf derartige Interdependenzen macht eine Studie, die am Bundeswehrkrankenhaus in Berlin durchgeführt wurde, aufmerksam. Vgl. ALLIGER-HORN/HESSENBRUCH/FISCHER/THIEL/VARN/WILLMUND/ZIMMERMANN, »Moral injury« bei kriegstraumatisierten deutschen Bundeswehrsoldaten.

Moralische Verletzungen lassen sich auf eine nachhaltige Erschütterung der moralischen Wertorientierung zurückführen, wohingegen Posttraumatische Belastungsstörungen zunächst einmal eine physiologische Reaktion auf eine Extremsituation darstellen.[346] Demgemäß unterscheiden sich auch die Symptome. Posttraumatische Belastungsstörungen gehen oft mit Flashbacks, Intrusionen und Angstattacken einher. Vergleichbare somatische Reaktionen sind bei moralischen Verletzungen hingegen nicht feststellbar. Sie nehmen vielmehr Einfluss auf das emotive Erleben und Empfinden der Betroffenen. So kann verkürzt gesagt werden, dass bei PTBS *Angstzustände* im Vordergrund stehen, wohingegen bei moralischen Verletzungen *Scham-* und *Schuldgefühle* dominieren.[347]

Scham- und Schuldgefühle spielen in der christlichen Anthropologie eine wichtige Rolle (Gen 3,7; 4,14; 9,22-25).[348] Vor diesem Hintergrund ist es wenig überraschend, dass der Symptomkomplex der moralischen Verletzungen auch bereits hinsichtlich seiner religiösen Implikationen reflektiert wurde. In diesem Zusammenhang wurde der Begriff der spirituellen Verletzung (orig. *spiritual injury*) entwickelt. Mit dem Begriff der spirituellen Verletzung wird die Wertorientierung, die bei den moralischen Verletzungen erschüttert wird, religiös interpretiert. Die moralische bzw. spirituelle Verletzung wird dann im Sinne einer Beschädigung der Beziehung zwischen Mensch und Schöpfung bzw. zwischen Mensch und Gott gedeutet.[349] Den Ankerpunkt für diese Beziehung bietet die *Seele*: »Spiritual injury also closely relates to terms such as ›soul wound‹, ›soul injury‹ and ›soul repair‹«.[350]

Die noch laufenden Diskussionen zu den spirituellen Verletzungen helfen, den Begriff der moralischen Verletzung zu schärfen. Gleichzeitig führen sie zu neuen Ungenauigkeiten, da die verwendeten Begriffe kaum konkret bestimmt werden. So stellt sich die Frage, wie die Containerbegriffe der »Spiritualität« oder der »Seele« zu verstehen sind. Auch zeichnet sich unter der Hand eine medizinische Vereinnahmung der Religion ab.[351] Trotzdem gehen von dieser Debatte auch wichtige Impulse aus. Mit dem Begriff der spirituellen Verletzung tritt

---

[346] Vgl. NAKASHIMA BROCK/LETTINI, Soul Repair, xiii.
[347] Vgl. THIEL, Geteiltes Leben, 503-506.
[348] Vgl. KLESSMANN, »Ich armer, elender, sündiger Mensch...«, 154-160.
[349] Diese Definition arbeitet Jan Grimell heraus: »From a theological point of view, a spiritual injury can be understood as a violation of a sacred nexus within a person, which can damage a person's sense of strong connectedness with the whole of creation, God and/or a transcendent dimension.« DERS., Veterans, the hidden wounds of war, and soul repair, 356.
[350] A.a.O., 355.
[351] Der Religionswissenschaftler Ron Hassner sieht in der Religion beispielsweise das Potenzial einer Copingstrategie (Bewältigungsstrategie), die dabei helfen kann, mit Posttraumatischen Belastungsstörungen umgehen zu können. Vgl. DERS., Hypotheses on Religion in the Military, 323.

deutlich in den Blick, dass die Erschütterung der Wertorientierung auch eine *Störung der Beziehungsfähigkeit* zur Folge hat. Moralische Verletzungen belasten die Beziehungen der Soldatinnen und Soldaten – sowohl ihre Beziehungen zu sich selbst als auch zu ihrer sozialen Umwelt. Das hängt mit der Dominanz der Scham- und Schuldgefühle zusammen. Gerade Schamgefühle können aggressives Verhalten nach sich ziehen, das sich sowohl nach innen als auch nach außen richtet. Für die Militärseelsorge sind moralische und spirituelle Verletzungen in jedem Fall ein wichtiges Thema. Sie sind zugleich ein herausforderndes Thema, da die Wertorientierungen, die infolge der belastenden und mitunter traumatisierenden Erfahrungen erschüttert wurden, nicht selten auf religiösen Überzeugungen zum sozialen Miteinander (beispielsweise: »Du sollst nicht töten«) aufbauen. Da die Militärseelsorge nicht der Logik der militärischen Institution folgt, kann sie ein Refugium bieten, in dem scham- und schuldbesetze Erfahrungen zur Sprache kommen können. Dies kann den Grundstein legen, um Anschlusskommunikationen zu ermöglichen, die möglicherweise die betreffende Familie des Soldaten oder der Soldatin einbezieht oder die sich Unterstützung von therapeutischen Fachkräften hinzuholt.

3. *Resonanzraum:* Moralische Verletzungen reichen tief, manchmal so tief, dass die Sprache versagt und keine Worte mehr gefunden werden können, um sich und seine Erfahrungen mitzuteilen. Das hängt zum einen mit dem gänzlich anderen Referenzrahmen zusammen, den die Soldatinnen und Soldaten in Einsätzen wie im Kosovo, in Afghanistan oder auch in Mali erleben. Sie werden »sich immer fragen: Was erzähle ich davon [zurück in der Heimat]?«[352] Zum anderen können sie Zeugen extremer Gewaltanwendungen werden, die die eigene Wertorientierung derart erschüttern, dass bewährte sprachliche Ordnungskategorien nicht mehr greifen und nur noch eine ohnmächtige Sprachlosigkeit zurückbleibt. *Sprachlosigkeit* ist ein Phänomen, das häufig als Nebenfolge von moralischen Verletzungen, Posttraumatischen Belastungsstörungen oder kognitiven Dissonanzen auftritt. Dass sich Soldatinnen und Soldaten dann nur noch auf eine Haltung des Schweigens verstehen, kann missverstanden werden. Ihre Unfähigkeit, in Worte zu fassen, was sie er- und durchlebt haben, kann als Gesprächsunwilligkeit interpretiert werden. Man lässt sie in Ruhe in der Hoffnung, dass sich mit der Zeit alles fügt. In manchen Fällen geht die Strategie auf, da mit der zeitlichen Distanz auch die eigene Sprache schrittweise zurückgewonnen wird. In anderen Fällen hallt die Sprachlosigkeit lange nach, da sich den Soldatinnen und Soldaten keine geeigneten Räume bieten, in denen sie wenigstens den Versuch unternehmen könnten, sich mitzuteilen. Die eigene Sprachfähigkeit ist wichtig, auch wenn es große Überwindung kostet, »das scheinbar Unaussprechliche [zu] sagen und ins Wort [zu]bringen«[353], weil damit ein Gewinn an

---

[352] THIEL, Blutrausch, 73 [Einfügung N. P.].
[353] A. a. O., 80.

Handlungsfähigkeit und Eigenverantwortlichkeit einhergehen kann. Die eigene Sprache kann für die Reflexion, das Verstehen und die moralische Einordnung des Erlebten bedeutsam sein.[354]

Gerade die Seelsorge kann Räume bieten, in denen sich eine neue Sprachfähigkeit entwickeln kann. Militärpfarrerinnen und Militärpfarrer kennen die Bundeswehr, eventuell kennen sie sogar den konkreten Referenzrahmen des jeweiligen Einsatzes, weil sie auch schon einmal dort waren. Sie haben also – zurückhaltend formuliert – eine Ahnung davon, was der Soldat oder die Soldatin erlebt hat und was ihm oder ihr auf der Seele lastet. Die Militärseelsorge umschreibt diese Ahnung mit dem Begriff der »Feldkompetenz«.[355] Die hohe Bedeutung dieser Feldkompetenz wird auch in der empirischen Studie von Kerstin Lammer zum ASEM-Projekt betont. Eindrücklich berichtet davon eine Frau eines einsatzgeschädigten Bundeswehrsoldaten: »Die Seelsorge ist SEHR wichtig. [...] Wir haben seit Jahren versucht Therapeuten zu finden. Mein Mann hat über vierzig Therapeuten angeschrieben und gefragt, ob sie ihm helfen können. Es kamen NUR Absagen. Wir haben jetzt eine gefunden, die Flüchtlinge therapiert und sagt, ›Ich versuche dir zu helfen‹. Aber es gibt keine Therapeuten, die genau das, was mein Mann erlebt hat, und wir mitkriegen, [kennt]. Es gibt keine. Und deshalb ist die Bundeswehrseelsorge sehr, sehr wichtig, weil die wissen ja, was vor Ort passiert ist.«[356]

Auf der Grundlage dieser Feldkompetenz kann sich ein Gespräch entwickeln, das einen Resonanzraum eröffnet, der dabei helfen kann, das Durchlebte in Worte zu fassen. Davon berichtet auch Militärpfarrer Thomas Thiel: »Wir teilen Erlebtes. Hören einander zu. Ohne die Rollen zu vertauschen, ist das *beiderseitige* Hören und Erzählen elementar. Distanz ist nur in einer empathischen Grundhaltung professionell. Mitfühlen können heißt hier: wenigstens in Ansätzen ähnliche Erfahrungen gemacht und reflektiert zu haben. Und selbst erlebt zu haben, was

---

[354] Wichtig ist zugleich, dass die betroffenen Soldatinnen und Soldaten nicht in ein zwanghaftes Korsett der Aufarbeitung gezwängt werden. Sprachlosigkeit lässt sich nicht dadurch überwinden, dass eine neue Sprache oktroyiert wird. Auch kann die Sprachlosigkeit auf ein Trauma hindeuten, das nicht einfach von Seelsorgerinnen, Seelsorgern oder dem sozialen Umfeld bearbeitet werden kann. In solchen Fällen können die falschen Worte oder das ständige Umkreisen der traumatischen Erfahrung mehr schaden als helfen. Hier gilt es – in Wahrnehmung und Anerkennung der psychosozialen Netzwerke der Bundeswehr –, die eigenen Professionsgrenzen zu erkennen, um den Betroffenen die bestmögliche Unterstützung bieten zu können.

[355] Vgl. Evangelisches Kirchenamt für die Bundeswehr (Hg.), Begleitung im Licht des Evangeliums, 17.

[356] LAMMER, Wie Seelsorge wirkt, 198.

hilft und was es braucht. Es ist die Not vieler Soldaten und Soldatinnen, die nicht wissen wohin mit dem Rucksack ihrer Eindrücke.«[357]

Die Militärseelsorge ist insofern ein wichtiger Ansprechpartner für die Soldatinnen und Soldaten im Kontext ihrer Sprachlosigkeit. Die Soldatinnen und Soldaten können sich mit einer Person austauschen, die ihre Lebenswelt kennt, die zur Verschwiegenheit verpflichtet ist und sie nicht therapieren möchte. Es muss nichts gesagt werden, gleichzeitig kann alles gesagt werden. Häufig eröffnet sich der eigentliche Resonanzraum im wechselseitigen Erzählen und Zuhören, sodass die Sprachlosigkeit Wort für Wort überwunden wird.

4. *Selbstsorge:* Dass die Bundeswehr eine gewaltausübende sowie gewalterlebende Organisation ist, hat auch Auswirkungen auf die Militärseelsorge. Gerade im Einsatz können Militärpfarrerinnen und Militärpfarrer mit den Konsequenzen und Ambivalenzen militärischer Gewalt auf ganz unterschiedliche Weise konfrontiert werden. Sie erleben, wie das Camp von Raketen beschossen wird, wie ein Konvoi auf dem Weg zum Militärflugplatz stoppen muss, weil Sprengfallen auf dem Weg vermutet werden oder wie schwerverwundete Zivilisten nicht für eine medizinische Behandlung im Feldlager aufgenommen werden können, weil die Gefahrenlage als zu hoch eingestuft wird. Militärpfarrerinnen und Militärpfarrer können aber auch zu sekundären Zeugen von Extremsituationen werden, wenn ihnen die Soldatinnen und Soldaten von jenen Bildern und Erlebnissen berichten. Die Dimension der militärischen Gewalt wird daher über kurz oder lang auch Spuren an den Seelsorgerinnen und Seelsorgern selbst hinterlassen. Dieses Phänomen lässt sich bei allen Bereichsseelsorgen beobachten, weil die Seelsorgerinnen und Seelsorger immer auch als Menschen in die Gespräche involviert sind. Die Geschichten und Schilderungen werden deshalb auch etwas in ihnen auslösen. Häufig verbinden sich damit »unspektakuläre« Reaktionen, manchmal kann ein Gespräch aber auch lange nachwirken. Aus diesem Grund spielt das Thema »Selbstsorge« in der Seelsorge im Allgemeinen und in der Militärseelsorge im Speziellen eine wichtige Rolle.

Im poimenischen und pastoraltheologischen Diskurs ist das Thema der Selbstsorge in den letzten Jahren mit unterschiedlichen Begriffen wie Resilienz, Salutogenese oder Psychohygiene und entsprechenden Konzepten bearbeitet worden. Im Detail sind erhebliche Unterschiede in den Theorien erkennbar. »Gemeinsam ist den Analysen [jedoch] ein Paradigmenwechsel von der Defizit- zur Ressourcenorientierung.«[358] Der Fokus gilt nicht mehr einem etwaigen Problem, das anhand einer zeitlichen Rückschau rekonstruiert wird, sondern der Frage, was konkret in der jeweiligen Situation – im »Hier und Jetzt« – helfen kann. Welche Ressourcen lassen sich wie nutzen, um die Anforderung der gegenwärtigen Situation zu meistern?

---

[357] THIEL, Geteiltes Leben, 502 [Hervorhebung im Original].
[358] VOGT/SCHNEIDER, Zauberwort Resilienz, 180.

314   3. Vollzüge der Militärseelsorge

Selbstsorge ist ein individueller Prozess. Dem einen hilft ein Spaziergang, dem anderen Sport oder Zeit mit der Familie. In manchen Fällen ist aber auch ein »Schritt über sich hinaus« notwendig. Dann bedarf es einer außenstehenden Wahrnehmung, einer *Supervision*.[359] Pfarrerinnen und Pfarrern der Militärseelsorge steht auf freiwilliger Basis die Möglichkeit zur Supervision offen. Vor und nach einem Einsatz wird zudem ein Gespräch mit dem zuständigen Einsatzdekan geführt,[360] der auch während der Einsatzzeit als Ansprechpartner in der Heimat dient. Vonseiten der katholischen Militärseelsorge ist überdies in Zusammenarbeit mit dem Zentralinstitut für Ehe und Familie in der Gesellschaft der »›Resilienz-Routenplaner‹ – Spiritualität und psychische Widerstandsfähigkeit im Kontext von Auslandseinsätzen«[361] erarbeitet worden, der den Militärpfarrern mit Reflexionsübungen durch die Vor- und Nachbereitung sowie durch die eigentliche Einsatzphase hindurch helfen soll.

In Kontexten, in denen Geschichten von Gewalt und Brutalität, von Leid und Verzweiflung erzählt und bearbeitet werden, ist es wichtig, die Selbstsorge nicht aus dem Blick zu verlieren. Die Militärseelsorge als Organisation pflegt Strukturen, die die Pfarrerinnen und Pfarrer auf freiwilliger Basis im Prozess der Selbstsorge unterstützen. Im Kern – und genau darauf hebt der Begriff der *Selbst*sorge ab – obliegt dieser Prozess aber letztendlich der persönlichen Verantwortung der Seelsorgerinnen und Seelsorger. Eine professionsethische Grundhaltung kann dabei helfen, diese persönliche Verantwortung im Blick zu behalten. Gerade Geschichten von Gewalt, die im Kontext der Militärseelsorge thematisiert werden, können nicht »nur« empathisch begleitet werden. Gewalt ist und bleibt ambivalent, das gilt auch für den militärischen Kontext. Daher sind die Geschichten und Erfahrungen von militärischer Gewalt auch differenziert und reflektiert wahrzunehmen. Es sind Geschichten, die sich teilweise auf eine neue Kultur des Heroismus stützen. Dann ist es wichtig, nicht den Sogwirkungen dieser Schilderungen zu erliegen, sondern die Rollenklarheit zu behalten und nicht christlicher Kamerad sein zu wollen, sondern Seelsorger zu bleiben.

Werner Schiewek hat diese Herausforderung für die Profession der Polizeiseelsorge beschrieben und dazu den weiterführenden Gedanken des »›Heroismus zweiter Ordnung‹« entwickelt: »Dieser bewahrt sich einerseits eine anerkennend-kritische Distanz zum Heroismus des unmittelbaren beruflichen Umfeldes. Andererseits erarbeitet er sich eine ebenso kritische Distanz zu den eigenen heroischen Anteilen samt ihrer ›Versuchungen‹. Wo Heroismus als selbstver-

---

[359] Zum Thema Supervision für Seelsorgerinnen und Seelsorger vgl. ZIEMER, Seelsorgelehre, 230 f.
[360] Im Einsatznachgang werden die Militärseelsorgerinnen und Militärseelsorger zu einem einwöchigen Seminar eingeladen, um mit genügend Zeit, die Erfahrungen und Erlebnisse des Einsatzes zu reflektieren.
[361] Vgl. WENDL, Psychohygiene von Militärseelsorgern.

ständlich und alltäglich-normal erlebt wird – sei es der umgebende, sei es der eigene – ist Gefahr im Verzug. Dies gilt für die eigene Person und besonders für das eigene seelsorgliche Handeln. Es ist das Spezifikum eines Heroismus zweiter Ordnung, die Distanz zum Heroismus erster Ordnung nicht nur abstrakt einzunehmen. Vielmehr geht es darum, diese Distanz in Bezügen großer sozialer Nähe aufrechtzuerhalten und diese Distanz als seelsorgliche Ressource zu nutzen.«[362] Der Prozess der Selbstsorge kann in diesem Lichte betrachtet werden und in Erinnerung rufen, sich und sein Tun in der Lebenswelt Bundeswehr zu reflektieren, um die seelsorgliche Grundhaltung immer wieder neu an dem Leitbegriff der kritischen Solidarität auszurichten.

3.2.3 Religiös: Kontingenz

Die Bundeswehr bewegt sich in einer auf Technik und Funktionalität hin ausgerichteten Welt. Überall geht es um Messbarkeit und Überprüfbarkeit von Reichweiten, um Präzision, Durchschlagskraft, Geschwindigkeit, Leistungsstärke und anderes mehr. Das gilt nicht nur für die materielle Ausstattung, deren Defizite aufgrund der Messbarkeitsfixierung immer wieder hohe Wellen schlagen. Auch die Soldatinnen und Soldaten werden durch die Brille der Messbarkeit und Funktionalität wahrgenommen. Sie müssen eine körperliche und mentale Leistungsfähigkeit vorweisen, die je nach Auftrag und Situation neu eingefordert und überprüft wird. Die Bundeswehr verortet sich damit auf der messbaren Seite der Welt. Der Philosoph Martin Seel weist diesbezüglich darauf hin, dass »[d]ie messbare Seite der Welt [...] nicht die Welt [ist]; sie ist die messbare Seite der Welt.«[363] Es gibt ein »Mehr«, das sich dem Zugang der Messbarkeit und damit auch der Kontrollierbarkeit entzieht. Dieses »Mehr« hält die Erinnerung dafür wach, dass sich das Leben trotz allem Bestreben, die Welt kontrollieren zu wollen, immer auch dem Horizont der Unverfügbarkeit aussetzt. Es transzendiert die messbare Seite der Welt, sodass die Welt nicht mehr nur eindimensional-kausallogisch in den Blick tritt, sondern subjektiv erfahrbar wird und sich so zu einem Ort der Mehrdeutigkeit und nicht zuletzt der Lebendigkeit wandelt.[364]

»Die Welt, wie sie ist und dem Menschen begegnet, ist nicht notwendigerweise so, wie sie ist. Sie ist das Produkt von Optionen, die einzelne Menschen gewählt haben, und damit kontingent.«[365] *Kontingenz* ist ein schillernder Begriff der Religionsphilosophie und Soziologie, der vor allem seit der zweiten Hälfte des

---

[362] Schiewek, Heroismus in der Seelsorge, 95 f.
[363] Seel, Theorien, 63.
[364] Vgl. Rosa, Unverfügbarkeit.
[365] Karle, Praktische Theologie, 57.

20. Jahrhunderts intensiv reflektiert und bearbeitet wurde.[366] Er lässt sich im Anschluss an Hans Joas[367] oder Niklas Luhmann als *Möglichkeitsbegriff* verstehen, der aussagt, dass das, was ist, »weder notwendig ist noch unmöglich ist; was also so, wie es ist (war, sein wird), sein kann, aber auch anders möglich ist.«[368] Dem Begriff der Kontingenz im Sinne eines Möglichkeitsbegriffs kommt in der Moderne signifikant mehr Bedeutung zu, sodass sich die Gegenwart als Zeit der »Kontingenzforcierung«[369] beschreiben lässt. Das hängt damit zusammen, dass Lebens- und Wirklichkeitsdeutungen, wie sie vom Religionssystem hervorgebracht wurden und werden, an Selbstverständlichkeit und Verbindlichkeit verloren haben. Das, was man früher noch einer göttlichen Fügung zurechnen konnte, wird gegenwärtig als kontingent erfahren. Doch stehen sich Religion und Kontingenz nicht als Antagonismen gegenüber.[370] Sie sind vielmehr aufeinander zu beziehen.

Einen vielbeachteten Versuch solch einer Verbindung hat der Religionsphilosoph Hermann Lübbe vorgelegt, indem er Religion als »Kontingenzbewältigungspraxis«[371] deutet. »Die Religion bietet nach Lübbe in Kontingenzerfahrungen Handlungsmöglichkeiten an, die das Umgehen mit schwer fassbaren Erfahrungen erleichtern bzw. erst erlauben.«[372] Lübbe schärft den Blick dafür, dass das Religionssystem nicht nur das Problem der Kontingenz bearbeitet, sondern auch eine eigene Sprachfähigkeit im Umgang mit Kontingenzerfahrungen anzubieten hat.

Trotz dieser wichtigen Perspektiverweiterung wurde von Theologinnen und Theologen auch Kritik an der Deutung der Religion als Kontingenzbewältigungspraxis formuliert. So fällt auf, dass Lübbe mit seinem Ansatz »primär negative Kontingenzen wie katastrophale Einbrüche ins Leben durch Krankheit und Tod«[373] fokussiert. »Der implizite Wirklichkeitsbegriff ist tendenziell tragisch, der Kontingenzbegriff vornehmlich der des Unglücks und die Religion daher eine Stabilisierung gegen die Gefährdung, etwa als sozialer Ordnungs-

---

[366] Einen systematischen Überblick bieten DALFERTH/STOELLGER, Religion als Kontingenzkultur und die Kontingenz Gottes.
[367] Vgl. JOAS, Glaube als Option, 121–128.
[368] LUHMANN, Soziale Systeme, 152.
[369] DALFERTH/STOELLGER, Religion als Kontingenzkultur und die Kontingenz Gottes, 11.
[370] Zur Beschreibung der Religion mittels des Kontingenzbegriffs formuliert Michael Welker kritische Anfragen. Er sieht im Kontingenzbegriff – vor allem bei Luhmann infolge von Talcott Parsons – lediglich eine »Minimalbedingung« zur Beschreibung von Religion. Eine systematische, gar substantielle Aussage über Religion ließe sich mit dem Kontingenzbegriff nicht machen. Vgl. DERS., Einfache oder multiple doppelte Kontingenz?
[371] LÜBBE, Kontingenzerfahrung und Kontingenzbewältigung, 43.
[372] KARLE, Praktische Theologie, 58.
[373] Ebd.

und Integrationsfaktor.«[374] Dieser negative Fokus führt einerseits dazu, dass positive Kontingenzerfahrungen tendenziell aus dem Blick geraten. Lübbe erklärt dazu: »Der schlimme Zufall spielt freilich in den Lebensrechnungen vernünftiger Menschen stets eine ungleich größere Rolle als der glückhafte Zufall.«[375] Zum anderen wird das Phänomen der Kontingenz mit diesem Fokus ausschließlich auf die existentiell einschneidenden Ereignisse im Leben, auf die »Major-life-events«[376] verdichtet. Damit verlieren »kleine« bzw. alltägliche Kontingenzen nicht nur an Bedeutung, sie lassen sich aus Sicht der Religion auch kaum mehr beschreiben oder deuten. Zu guter Letzt liest sich der Gedanke der Bewältigungspraxis wie ein technischer Begriff. Lübbe schreibt, dass dieser Prozess auf die »Anerkennung unserer schlechthinnigen Abhängigkeiten«[377] hinauslaufe. Kontingenz wird als ein weitgehend negatives Widerfahrnis verstanden, das im Rekurs auf die Religion verstehbar und akzeptierbar gemacht werden soll.

Jüngere Ansätze wie beispielsweise von Ingolf Dalferth, Philipp Stoellger oder auch Isolde Karle betonen demgegenüber, dass die Religion Kontingenz nicht einfach bearbeiten muss, sondern Kontingenz selbst zum Thema machen und eine kontingente Erfahrung als eine solche aushalten kann. Dalferth und Stoellger sprechen diesbezüglich von der *Religion als Kontingenzkultur:* »Statt Kontingenz zu bewältigen, bloß anzuerkennen oder zu reduzieren, vermag die Religion [...] die konkreten Daseins- und Soseinskontingenzen des Lebens im Glauben zu kultivieren«.[378] Auf dieser Basis lässt sich der Glaube als »kontingenzsensibel« beschreiben, als kontingenzsensibel auch in dem Sinne, dass er »um die Kontingenz seiner eigenen Entstehung«[379] weiß.

Dieser geweitete Horizont ist wichtig, um die Bedeutung des Themas »Religion« für die Seelsorge mit den Soldatinnen und Soldaten angemessen reflektieren zu können.[380] Für gewöhnlich wird diesem Thema eine untergeordnete

---

[374] DALFERTH/STOELLGER, Religion als Kontingenzkultur und die Kontingenz Gottes, 17.
[375] LÜBBE, Religion nach der Aufklärung, 152.
[376] WEYEL, Religion als Suchbewegung der Bewältigung von Kontingenz, 37 [Hervorhebung aufgehoben].
[377] LÜBBE, Kontingenzerfahrung und Kontingenzbewältigung, 43. Damit nimmt Lübbe Formulierungen Friedrich Schleiermachers auf. Vgl. SCHLEIERMACHER, Der christliche Glaube (1830/31), I, 38.
[378] DALFERTH/STOELLGER, Religion als Kontingenzkultur und die Kontingenz Gottes, 18.
[379] KARLE, Praktische Theologie, 58.
[380] Religion spielt in der Militärseelsorge nicht nur hinsichtlich von Kontingenzerfahrungen eine Rolle. Soldatinnen und Soldaten können sich auch mit konkreten Fragen zum Glauben und zu ihrer Religiosität an die Militärseelsorge wenden. Ferner kann das Seelsorgegespräch auch Raum für ein gemeinsames Gebet, die Lesung eines Bibelwortes oder für eine Segenshandlung bieten.

3. Vollzüge der Militärseelsorge

Rolle zugeschrieben, was sich auch mit den Praxisberichten der Militärpfarrerinnen und Militärpfarrer deckt.[381] Doch ist Religion zugleich kein unbedeutendes Thema für die Soldatinnen und Soldaten. Der Rückgang an konfessionell gebundenen Soldatinnen und Soldaten, der in den Streitkräften einen gesamtgesellschaftlichen Trend fortsetzt, kann nicht mit einer Religionsdistanzierung gleichgesetzt werden. Auch greift es zu kurz, das Thema »Religion« in der Bundeswehr nur deshalb kleinzureden, weil dort weitüberwiegend Männer im jüngeren bzw. mittleren Alter dienen und diese Kohorte – im sozialwissenschaftlichen Sinne – eher als kirchlich distanziert gilt. Wichtig ist, dass Religion in der Bundeswehr, mehr noch als anderswo, als »Privatsache« behandelt wird. So werden feste »religiöse Überzeugungen […] innerhalb der Truppe selten geäußert, denn das gefährdet die reibungslose Zusammenarbeit unterschiedlich geprägter Menschen, wie sie in der Bundeswehr ihren Dienst tun«[382].

Religion steht in den Streitkräften unter einem schwierigen Vorzeichen, symbolisiert sie doch das Unverfügbare und das Mehrdeutige. Das Mehrdeutige irritiert eine auf Technik und Messbarkeit hin ausgerichtete Welt wie die Bundeswehr. Es verwundert daher nicht, dass sich in Zeiten der Messbarkeitsfixierung ein Soldatentypus entwickelt, »der dem Unverfügbaren, dem Kontingenten, nicht nur im Privatleben, sondern auch im Dienst keinen Raum lassen will.«[383] Kontingenz ist allerdings eine Grunderfahrung menschlicher Existenz; sie kann abgelehnt, dämonisiert oder verdrängt werden, trotzdem gehört sie zum Leben. Genau davon berichten auch Soldatinnen und Soldaten der Bundeswehr. Trotz aller Bemühungen, Kontrollierbarkeit herzustellen, sehen auch sie sich, vor allem im Einsatz, Situationen ausgesetzt, in denen die Messbarkeit an ihre Grenzen stößt und sich Kontexte der Unverfügbarkeit eröffnen. Diese Momente sind bedrohlich, da Leib und Seele gefährdet sind. Daher ist es verständlich, dass Kontingenz in der Lebenswelt Bundeswehr zunächst einmal negativ konnotiert ist. Diese Einschätzung teilt auch die Militärseelsorge. »Im Einsatz kann man als Militärseelsorger erfahren, was H. Lübbe gemeint hat, wenn er Religion als Kontingenzbewältigungspraxis beschreibt. Denn für den Soldaten im Einsatz kann aus unterschiedlichen Gründen die Existenz brüchig werden.«[384] Es gibt viele Berichte und Feldpostbriefe aus den Einsatzgebieten, die dies zeigen. Die auffällig hohe Präsenz des Themenfeldes verdeutlicht, dass hier etwas Unbegreifliches hervortritt und in der Logik der messbaren Seite der Welt in etwas Verstehbares überführt werden will.

---

[381] Die Praxisberichte betonen, dass vor allem alltagsweltliche Themen in den Seelsorgegesprächen dominieren. Siehe Kap. IV 3.2.1.
[382] LIERMANN, Seelsorge und Spiritualität in offenem Gelände, 494.
[383] Ebd.
[384] ACKERMANN, Einsatz – Auf der Suche nach Religion?, 56.

In einem Einsatztagebuch eines Kompaniechefs der Quick Reaction Force (QRF) aus dem Afghanistaneinsatz wird eine solche Erfahrung geschildert: »Wir stehen schon wieder im Feuerkampf, diesmal im Zuge der LOC PLUTO (eine Verbindungsstraße im Süden von Kunduz), auf der sich die andere Kompanie befindet, um uns den Rücken freizuhalten. Der Feind hat einen Folgehinterhalt angelegt und irgendwie scheint es, als gehe dieser Tag nicht zu Ende. Er soll uns weit mehr als 16 Stunden mit Feuerkämpfen, Hinterhalten und Suchen nach IED (Improvise Explosive Device = unkonventionellen Spreng- und Brandvorrichtungen) beschäftigen, aber auch danach ist für die meisten dieser Tag noch nicht beendet. Einige durchleben oder denken immer noch an diese Stunden. Viele feiern ihren zweiten Geburtstag an diesem Tag oder haben sich das Datum auf den Körper tätowiert, um daran erinnert zu werden, dass das Leben kostbar ist und man keine Sekunde verschenken sollte. Es kann schneller zu Ende sein, als man denkt.«[385] Der Tagebucheintrag geht noch weiter. Der Kompaniechef berichtet davon, dass ein Militärpfarrer zwei Tage nach den schweren Feuergefechten einen Feldgottesdienst für den Patrouillenzug feiert und an die Soldatinnen und Soldaten die *Christophorus-Plakette*[386] austeilt, die dankbar angenommen wird. Der Tagebucheintrag endet mit einem kurzen Nachwort: »Auch ich habe meine Plakette noch und gerade heute erscheint sie mir wichtiger denn je – erinnert sie mich doch an diesen Tag und daran, dass das Leben endlich ist. ›Alles wird gut‹, sagte ich immer zu meinen Männern und Frauen, bevor wir aus dem Lager fuhren, und am Ende sollte tatsächlich alles gut werden.«[387]

Religion spielt in der Lebenswirklichkeit der Soldatinnen und Soldaten eine Rolle, da sie Kontingenzerfahrungen aufnimmt und deutet. Im Rückgriff auf die religiöse Symbolik, Sprache und Handlungen lassen sich diese Erfahrungen »mehrdeutig machen und die Widersprüchlichkeiten, Spannungen und Ambivalenzen überhaupt erst zum Ausdruck bringen«[388]. Martin Bock deutet vor diesem Hintergrund in seiner empirischen Studie zur seelsorglichen Begleitung des Bosnieneinsatzes die »Religion als Lebensbewältigungsstrategie für die Soldaten«[389]. Bock hebt hervor, dass Religion vor allem für die Soldatinnen und Soldaten, die religiös sozialisiert sind und einer Konfession angehören, eine wichtige Deutungskategorie bereitstellt. Aber auch für religiös distanzierte bzw. säkulare Soldaten spielen Deutungsmuster, die auf einen transzendenten Horizont verweisen, eine Rolle. Es geht in der Seelsorge nicht unbedingt um explizit religiöse Kommunikation, sondern darum, dass Grunderfahrungen des

---

[385] ZIMMERMANN, Hinterhalt am Baghlan River in Afghanistan, 37 [Erklärende Einfügung N. P.].
[386] Siehe Kap. IV 3.1.2.
[387] ZIMMERMANN, Hinterhalt am Baghlan River in Afghanistan, 38.
[388] KARLE, Praktische Theologie, 60.
[389] BOCK, Religion als Lebensbewältigungsstrategie von Soldaten, 32.

menschlichen Lebens zur Sprache kommen können – dabei kann christliches Lebenswissen ins Spiel gebracht werden. Gleichzeitig bietet die Militärseelsorge aber auch einen Raum, in dem das, was für gewöhnlich als »Privatsache« behandelt wird – also die eigene Religiosität –, explizit zum Ausdruck gebracht werden darf. Die Militärseelsorge ist ein Ort, an dem die Messbarkeitsfixierung und deren Logik nicht zählen. Sie bietet ein Refugium, in dem das religiöse Bewusstsein der Soldatinnen und Soldaten adressiert wird und sich mitteilen kann. Und gerade mit solch einer religiösen Kommunikation, die auch ein gesprochenes Bibelwort, das gemeinsame Entzünden einer Kerze oder ein Gebet miteinschließt, eröffnet sich womöglich eine neue Perspektive hinsichtlich der Erfahrung von Kontingenz, denn »[d]as religiöse Bewusstsein ist dadurch qualifiziert, dass es den Menschen auf eine seinem Wissen und Handeln offen stehende Welt zugehen lässt, ihn zugleich aber dahin bringt, eben diese ihm erschlossene Welt in ihrer Unendlichkeit, ihrer Unverfügbarkeit und Kontingenz anzuerkennen.«[390]

Die Militärseelsorge kann Kontingenzerfahrungen Raum geben und sie mit religiösen Symbolen und rituellen Handlungen bearbeiten und deuten. Dadurch erfahren Soldatinnen und Soldaten einen Freiraum, in dem das zur Sprache kommen kann, was sich ihrer Kontrolle entzieht. Der Militärpfarrer gilt deshalb als »Repräsentant einer Gegenwelt – der Welt dessen, was nicht verifizierbar oder falsifizierbar ist und dennoch Relevanz hat.«[391]

3.3 Dialoge

Seelsorgegespräche sind in der Regel dialogisch ausgerichtet. Auch auf organisatorischer Ebene prägen Dialoge mit unterschiedlichen Kooperations- und Gesprächspartnern die Praxis der Militärseelsorger und -seelsorgerinnen. Es geht darum, Themen, Herausforderungen, Entwicklungspotenziale und Verantwortungsbereiche für das seelsorgliche Handeln zu identifizieren und zu diskutieren. Bislang fanden solche Dialoge vor allem im Rahmen der christlichen *Ökumene* statt (3.3.1). In der Bundeswehr werden künftig *neue Zweige* eingerichtet wie die jüdische und gegebenenfalls auch die muslimische Militärseelsorge (3.3.2), sodass sich das Begegnungsfeld für die Dialogpraxis weiter auffächern wird. Nicht zuletzt steht die Militärseelsorge auch im Austausch mit den *Räumen der Öffentlichkeit* (3.3.3), was hinsichtlich des politisch-öffentlich Handelns Fragen aufwirft. Diese Dialogfelder eröffnen dynamische Räume der Begegnung und des Austauschs. Es gilt zu klären, inwieweit von ihnen strukturelle und inhaltliche Impulse für das seelsorgliche Handeln der Militärseelsorge ausgehen.

---

[390] GRÄB, Vom Menschsein und der Religion, 101.
[391] LIERMANN, Seelsorge und Spiritualität in offenem Gelände, 494.

3.3.1 Ökumene

»Loyale und partnerschaftliche, offene und notfalls konfliktbereite praktische Zusammenarbeit auf allen Ebenen muß der erste Maßstab für die Ernsthaftigkeit und Glaubwürdigkeit ökumenischer Gesinnung in der Militärseelsorge sein.«[392] Mit diesem »Merksatz«[393] steckt Harald Oberhem, langjähriger Referatsleiter im Katholischen Militärbischofsamt, den Rahmen für die ökumenische Zusammenarbeit in der Militärseelsorge ab. Es gilt zu klären, ob die ökumenische Praxis dieser ambitionierten Vorgabe gerecht wird.

Ökumene spielt in der Militärseelsorge eine große Rolle. Schon in der Geschichte der Feldseelsorge lassen sich dafür eindrückliche Beispiele finden. So schreibt Johannes Evangelist Göser in seinem »Entwurf einer Pastoral-Instruction für katholische Feldgeistliche« aus dem Jahr 1870, dass auch Protestanten nicht von der »Absolution in communi«[394] ausgeschlossen werden sollen. Auch hält Göser fest, dass die Bestattung nichtkatholischer Soldaten im Ausnahmefall möglich ist: »Das Begräbnis der auf dem Schlachtfeld oder in Lazarethen und Spitälern gestorbener Soldaten durch ihren Konfessionsgeistlichen bildet die Regel. Wird abweichend hievon an den katholischen Feldgeistlichen das Ansinnen gestellt, die Beerdigung mehrerer Soldaten vorzunehmen, so wird er sich dessen nicht weigern, auch wenn er weiß, daß nicht alle seiner Konfession angehörten.«[395] Die Öffnung der pastoralen Handlungen über die Konfessionsgrenzen hinaus ist beachtlich, bedenkt man, dass die katholische Feldseelsorge erst 1848, also ziemlich genau 200 Jahre nach der evangelischen Militärseelsorge, als ständige Einrichtung in der Königlich Preußischen Armee installiert wurde.[396] Die katholische Militärseelsorge verstand ihren Dienst an den Soldaten inklusiv. Das Terrain des Preußischen Heeres muss sich ihr aber weitgehend als Diaspora präsentiert haben. Damit gingen ungleiche Verhältnisse gegenüber der evangelischen Militärseelsorge einher. Dieses »Ungleichgewicht« zieht sich wie ein roter Faden durch die Geschichte der deutschen Armeen. Auch in der Bundeswehr ist die evangelische Militärseelsorge personell breiter als die katholische Militärseelsorge aufgestellt, was auf die konfessionsgebundene Verteilung der Soldatinnen und Soldaten zurückzuführen ist. Die katholische Militärseelsorge verstand vor dem Hintergrund ihres Minderheitsstatus ihren Dienst nicht abgrenzend, sondern suchte von Beginn an nach Wegen der konstruktiven Zusammenarbeit. Diese Haltung stieß weitgehend auf positive Resonanz bei der

---

[392] OBERHEM, Ökumene in der Militärseelsorge, 67.
[393] Vgl. ELßNER, Die Bedeutung der Ökumene für die Militärseelsorge, 142.
[394] GÖSER, Entwurf einer Pastoral-Instruction für katholische Feldgeistliche, 491.
[395] A. a. O., 494.
[396] Vgl. WERKNER, Soldatenseelsorge versus Militärseelsorge, 21–25.

evangelischen Militärseelsorge, sodass die Zusammenarbeit beider Konfessionen, vor allem in Kriegszeiten, zu einer festen Größe wurde.[397]

Die ökumenische Zusammenarbeit setzte sich in der Bundeswehr fort. 1967 wurden gemeinsame Richtlinien – die sogenannten »Würzburger Richtlinien«[398] – erarbeitet, die eine Klärung für die Bereiche des Gottesdienstes und des Lebenskundlichen Unterrichts boten.[399] Im Zuge der deutschen Wiedervereinigung gewann die praktische Zusammenarbeit an den Standorten an Bedeutung, da die katholische Militärseelsorge, auf Grundlage der bestehenden Verträge, ihren Zuständigkeitsbereich auf die neuen Bundesländer nahezu problemlos ausweiten konnte, wohingegen auf evangelischer Seite zunächst eine Grundsatzdiskussion über die Gestalt der Militärseelsorge geführt wurde. So gab es bis 1996 evangelischerseits lediglich eine nebenamtliche Soldatenseelsorge in den neuen Bundesländern. Danach einigte man sich auf eine »Rahmenvereinbarung«,[400] ehe 2004 der Militärseelsorgevertrag auch im Bereich der neuen Bundesländer in Kraft treten konnte.[401] In dieser Zwischenzeit – vor allem in der ersten Hälfte der 1990er Jahre – bot die katholische Militärseelsorge eine verlässliche Stütze für die kontinuierliche Betreuung der Soldaten.[402] Die fast zeitgleich beginnende Einsatzrealität der Bundeswehr trug dann weiter zur Stärkung der »praktizierte[n] Zusammenarbeit«[403] bei, da man sowohl auf evangelischer als auch auf katholischer Seite sah, dass man eine flächendeckende Einsatzbegleitung nur im kooperativen Miteinander gewährleisten konnte. Zwar versuchte man anfangs noch die konfessionelle Doppelbesetzung in den Einsatzgebieten, sogar auf den Marineschiffen,[404] aufrechtzuerhalten. Von solch einer Praxis sieht man inzwischen aber ab. In der Gegenwart werden die Einsätze und die einsatzgleichen Verpflichtungen in der Regel nur noch abwechselnd von einem

---

[397] Vgl. OTTEMEYER, Ökumene in der Militärseelsorge, 269.
[398] Vgl. a.a.O., 272.
[399] Die Richtlinien heben die Achtung und Rücksichtnahme in der ökumenischen Zusammenarbeit hervor. Das meint, dass im Regelfall Gottesdienste konfessionsgebunden und damit getrennt stattfinden sollen. Für parallel an einem Standort stattfindende Gottesdienste wird empfohlen, dass die andere Konfession im Fürbittgebet berücksichtigt werden soll. Auch wird zu einem gemeinsamen Bibeltext für die Predigt geraten. Bei entsprechenden Gelegenheiten und Anlässen soll zudem ein ökumenischer Wortgottesdienst möglich sein. Zum Lebenskundlichen Unterricht wird festgehalten, dass er konfessionsgebunden erteilt werden soll. Inhaltlich sollen die Gruppen jedoch dieselben Themen bearbeiten. Vgl. BLASCHKE/OBERHEM, Militärseelsorge, 121.
[400] Vgl. WERKNER, Soldatenseelsorge versus Militärseelsorge, 130–142.
[401] Siehe Kap. I 2.3.
[402] Vgl. OTTEMEYER, Ökumene in der Militärseelsorge, 269.
[403] OBERHEM, Ökumene in der Militärseelsorge, 65.
[404] Vgl. OTTEMEYER, Ökumene in der Militärseelsorge, 273.

katholischen oder einem evangelischen Seelsorger bzw. einer Seelsorgerin begleitet.

Die Ökumene blickt in der Militärseelsorge auf eine lange, facettenreiche und weitgehend positive Tradition zurück. Sie bildet mittlerweile einen festen Bestandteil des Profils dieser Bereichsseelsorge. Das liegt nicht nur an der gemeinsamen Geschichte, sondern auch an der jüngeren Entwicklung der deutschen Streitkräfte. Unter den Soldatinnen und Soldaten spielt die konfessionelle Bindung nur noch in Ausnahmefällen eine Rolle. Auf diesen Punkt macht schon Harald Oberhem um die Jahrtausendwende herum aufmerksam: »›Man‹ ist, wenn überhaupt über Religion gesprochen wird, Christ – nicht Protestant oder Katholik.«[405] Für die Soldatinnen und Soldaten ist es entscheidend, dass sie sich dem Militärpfarrer oder der Militärpfarrerin anvertrauen können. Für sie zählt Vertrauen mehr als die konfessionelle Bindung. Das kommt auch in einer quantitativen Studie des Zentrums für Militärgeschichte und Sozialwissenschaften der Bundeswehr (ZMSBw) zum Ausdruck. Dort wurden Soldatinnen und Soldaten befragt, welche seelsorgliche Begleitung sie potenziell in Anspruch nehmen würden bzw. für sich als zuständig erachten. Die breiteste Zustimmung (67 %) entfiel auf Seelsorgerinnen und Seelsorger der evangelischen Konfession. Dahinter folgten mit 53 % die katholische Seelsorge, mit 18 % die orthodoxe Seelsorge, mit 15 % die jüdische Seelsorge und mit 11 % die muslimische Seelsorge.[406] Die Zahlenwerte liegen allesamt deutlich über der tatsächlichen Religionsbindung der Soldatinnen und Soldaten in den Streitkräften, was als ein ausgesprochen positives Signal – auch in Richtung der Pluralisierung der Militärseelsorge – gedeutet werden kann.

In der Summe ließe sich also ein positives Fazit für die ökumenische Gemeinschaft in der Militärseelsorge ziehen. Bei genauerer Betrachtung stellt sich jedoch die Frage, ob solch »eine kollegiale Zusammenarbeit [...] unbedingt den Namen Ökumene verdient«[407]. Sagt der Begriff der Ökumene nicht eigentlich mehr aus? »Kann man schon dann von Ökumene sprechen, wenn Militärseelsorger beider christlichen Konfessionen eine gemeinsame Aktion an einem Standort starten?«[408]

Das, was als Ökumene beschrieben wird, betrifft in der Militärseelsorge in erster Linie die soziale Praxis. Etwas zugespitzt ließe sich diese Form der Öku-

---

[405] OBERHEM, Ökumene in der Militärseelsorge, 62.
[406] Diesen Zahlen ist noch hinzuzufügen, dass auch »keine Angabe« gemacht werden konnte, sodass die Werte für die Ablehnung der Seelsorge insgesamt sehr niedrig ausfallen. Vgl. DÖRFLER-DIERKEN, Politische, historische, ethische Bildung in der Bundeswehr und der Lebenskundliche Unterricht, 160.
[407] OTTEMEYER, Ökumene in der Militärseelsorge, 269. Eine ähnliche Kritik formulieren BLASCHKE/OBERHEM, Militärseelsorge, 120.
[408] Vgl. ELßNER, Die Bedeutung der Ökumene für die Militärseelsorge, 133.

mene als »Erlebnisökumene« beschreiben.[409] Um zu verstehen, dass mit dieser Beschreibung keine Wertung gemeint ist, ist es wichtig darauf hinzuweisen, dass die Ökumene in den allermeisten kirchlichen bzw. kirchennahen Handlungsfeldern den Charakter einer Erlebnisökumene besitzt. So findet beispielsweise die Ökumene in der Bahnhofsmission, die sich seit jeher als älteste ökumenische Einrichtung Deutschlands profiliert, ebenfalls in erster Linie als soziale Praxis statt.[410]

Die ökumenische Bewegung weist allerdings darauf hin, dass neben der sozialen Praxis auch der dialogische Austausch für den Prozess der Ökumene wichtig ist.[411] Ökumene zielt also nicht nur darauf ab, Praxis gemeinsam zu gestalten. Ökumene heißt auch, die Gemeinsamkeiten und Differenzen zu identifizieren und zu reflektieren. Programmatisch wird diese Form der Ökumene mit den Begriffen der Dialog- und Konsensökumene beschrieben, die sich dem Ziel der *Einheit in versöhnter Verschiedenheit* verbunden fühlt. Für die Militärseelsorge stellt sich vor diesem Hintergrund die Frage, ob sie die Ökumene auch als einen inhaltlichen und dialogisch ausgerichteten Prozess versteht.

Mit Blick auf die Geschichte der Militärseelsorge ist zu erkennen, dass der inhaltliche Austausch und die themenbezogene Zusammenarbeit zwischen der katholischen und der evangelischen Militärseelsorge mehr und mehr an Bedeutung gewinnt. »So halten etwa die beiden Kirchenämter seit vielen Jahren gemeinsame monatliche Referatsleiterbesprechungen ab, die sinnigerweise – und sehr bewußt – ›Routinesitzungen‹ genannt werden. Hier werden jedoch nicht nur Verwaltungsprobleme erörtert, sondern auch ökumenisch relevante Grundsatzfragen.«[412] Neben diesen Routinesitzungen, die auch heute noch stattfinden, werden viele Aus- und Fortbildungen ökumenisch verantwortet und durchgeführt.

All dies kann aber nicht darüber hinwegtäuschen, dass gerade die besonders brisanten inhaltlichen Felder der Militärseelsorge kaum ökumenisch bearbeitet werden. Das betrifft zuvörderst die Friedensethik und die Seelsorge. So fällt auf, dass die evangelische Militärseelsorge ihre größeren Projekte zur Friedensethik wie das Handbuch »Friedensethik im Einsatz«[413] oder den »Konsultationsprozess

---

[409] Vgl. WEINRICH, Ökumene am Ende?, 28.
[410] Vgl. SATTLER, Ökumene beispielhaft leben. In einem anderen Beitrag schreibt Dorothea Sattler, dass die Bahnhofsmission »zusammen mit der Militärseelsorge als eine der ersten Einrichtungen, die vor mehr als 100 Jahren auch auf der organisatorischen Ebene zu ökumenischen Kooperationen bereit waren«, gilt. Vgl. DIES., Die Bahnhofsmission – Ort gelebter Ökumene, 287.
[411] Vgl. u. a. PEUCKMANN, Kirche(n) unter Soldaten, 291 f.
[412] BLASCHKE/OBERHEM, Militärseelsorge, 122.
[413] Vgl. Evangelisches Kirchenamt für die Bundeswehr (Hg.), Friedensethik im Einsatz.

Gerechter Frieden«[414] ohne die Beteiligung der katholischen Militärseelsorge durchgeführt hat.[415] Bei der Seelsorge sieht es ähnlich aus, was allerdings auch damit zusammenhängt, dass dieses Thema insgesamt bislang kaum bearbeitet ist. Wenn überhaupt das Thema Seelsorge ökumenisch in den Blick gerät, so geht es fast ausschließlich um kirchenrechtliche Fragen. Immer wieder wird betont, dass in der katholischen Praxis die Beichte von der Seelsorge zu unterscheiden sei, wohingegen in der evangelischen Tradition die »Beichte im Rechtssinn als bloße Variante des Seelsorgegeheimnisses«[416] gilt.

Bislang gibt es in der Militärseelsorge keine ökumenische Diskussion über das jeweilige Seelsorgeverständnis.[417] Eine solche ökumenische Verständigung wäre wünschenswert, da die konfessionelle Bindung im Ausnahmefall auch für die Soldatinnen und Soldaten bedeutsam ist und sich dann die Frage stellt, wie damit umzugehen ist, wenn ein Militärseelsorger der eigenen Konfession nicht zur Verfügung steht. Das Zauberwort, das in diesem Fall bemüht wird, lautet *konfessionsübergreifende* bzw. *interreligiöse Seelsorge*.[418] Was damit aber konkret

---

[414] Der Konsultationsprozess »Orientierungswissen zum gerechten Frieden – Im Spannungsfeld zwischen ziviler gewaltfreier Konfliktprävention und rechtserhaltender Gewalt« wurde zwischen den Jahren 2016 bis 2019 von der Forschungsstätte der Evangelischen Studiengemeinschaft e.V. (FEST) durchgeführt und hat mit insgesamt 24 Konsultationen das Leitbild des gerechten Friedens, wie es in der Friedensdenkschrift der Evangelischen Kirchen in Deutschland (»Aus Gottes Frieden leben – für gerechten Frieden sorgen«, 2007) entworfen wird, geprüft und hinsichtlich der gegenwärtigen Herausforderungen der Friedensethik weitergedacht. Der Konsultationsprozess wurde vom Rat der EKD unterstützt und von der evangelischen Militärseelsorge gefördert. Der Konsultationsprozess fokussiert zunächst einen evangelischen Binnendiskurs. Dennoch haben in den Arbeitsgruppen auch katholische Theologinnen und Theologen mitgearbeitet, was angesichts des ökumenischen Leitbildes nachvollziehbar ist. Die evangelische Militärseelsorge hat sich mit insgesamt drei Vertretern in den Prozess inhaltlich eingebracht. Die katholische Militärseelsorge wiederum war weder inhaltlich noch personell in den Prozess eingebunden. Vgl. http://www.konsultationsprozess-gerechter-frieden.de/index.php (Stand: 02. März 2021).

[415] Dazu passt auch, dass die Ethikfortbildung der evangelischen Militärseelsorge nicht mit der katholischen Militärseelsorge erfolgt, sondern mit der evangelischen Bundespolizeiseelsorge veranstaltet wird.

[416] Rink, Über den Kultus hinaus, 75.

[417] Ein positives Zeichen wird diesbezüglich mit dem Thesenpapier zum Seelsorgeverständnis der evangelischen Militärseelsorge gesetzt, das auch unter Beteiligung der katholischen Militärseelsorge erarbeitet wurde. Vgl. Evangelisches Kirchenamt für die Bundeswehr (Hg.), Begleitung im Licht des Evangeliums, 36.

[418] Im Forschungsdiskurs werden die Bereiche der konfessionsübergreifenden und interreligiösen Seelsorge in der Regel getrennt bearbeitet. In der kirchlichen Praxis zeigt sich demgegenüber oftmals ein anderes Bild, nach dem beide Bereiche vor allem hinsichtlich praktischer Herausforderungen miteinander verbunden werden. Das gilt auch für die Mili-

gemeint ist, bleibt offen. Die Praxis zeigt, dass in interreligiösen Seelsorgegesprächen vor allem Anerkennung, Wertschätzung und Solidarität wichtig sind, aber auch religiöse Sensibilität. Aus Sicht eines Seelsorgers oder einer Seelsorgerin geht es »darum, die eigene religiöse Prägung so weit zu fassen, dass die religiösen Vorstellungen Andersgläubiger wertschätzend mit ihr vermittelt werden können.«[419] Das gilt sowohl religions- als auch konfessionsübergreifend. Insgesamt ist zu beobachten – das legen auch die erhobenen Daten des Zentrums für Militärgeschichte und Sozialwissenschaften der Bundeswehr nahe –, dass die konfessionsübergreifende bzw. interreligiöse Seelsorge in der Bundeswehr weitgehend gut funktioniert. Das liegt zum einen an der großen Wertschätzung, die die Soldatinnen und Soldaten der Militärseelsorge insgesamt entgegenbringen, und zum anderen an der interreligiösen und interkulturellen Kompetenz, die die Militärseelsorgerinnen und Militärseelsorger – katholisch wie evangelisch – mitbringen und in die Bundeswehr eintragen. Trotz dieser positiven Signale bleibt es wichtig, den Dialog über die ökumenische Seelsorge und ihre praktischen Herausforderungen zu vertiefen und die Ökumene noch deutlicher als Raum für eine inhaltliche Reflexion und eines wechselseitigen Austausches zu verstehen.

In der Summe ist ein positives Fazit für die Ökumene in der Militärseelsorge zu ziehen. Die ökumenische Zusammenarbeit ist für beide Zweige, die evangelische und katholische Militärseelsorge, elementar, da beide Einrichtungen auch rechtlich voneinander abhängig sind. Das Bundestagsgesetz vom 26. Juli 1957 hält im zweiten Artikel fest, dass auf katholische Militärseelsorger die beamtenrechtlichen Bestimmungen des evangelischen Militärseelsorgevertrages sinngemäß anzuwenden sind.[420] »Dieser Tatsachenbestand bindet die katholische Militärseelsorge auch rechtlich in bestimmter Hinsicht an das Schicksal ihrer evangelischen Amtsbrüder.«[421] Das heißt, dass strukturelle Änderungen in der Militärseelsorge, die viel häufiger im evangelischen Diskurs eingefordert wurden und werden, auch unmittelbare Konsequenzen für die katholische Militärseelsorge haben. Insofern ist es verständlich, dass sich die katholische Militärseelsorge überrascht zeigte, als in der evangelischen Militärseelsorge das Militärbischofsamt als Hauptamt eingerichtet wurde.[422] Solche strukturellen Veränderungen können weitreiche Konsequenzen nach sich ziehen, sodass es wichtig erscheint, derartige Neuerungen im Vorfeld mit der jeweils anderen

---

tärseelsorge. Vgl. Evangelisches Kirchenamt für die Bundeswehr (Hg.), Begleitung im Licht des Evangeliums, 31 f.
[419] KARLE, Praktische Theologie, 421.
[420] Vgl. das »Gesetz über die Militärseelsorge vom 26. Juli 1957«. Abgedruckt in: BLASCHKE/OBERHEM, Militärseelsorge, 168.
[421] OTTEMEYER, Ökumene in der Militärseelsorge, 271.
[422] Vgl. ELßNER, Die Bedeutung der Ökumene für die Militärseelsorge, 136 f.

Konfession abzustimmen. Dies war bei der Neuausrichtung des Militärbischofsamtes nicht der Fall. Die Ökumene in der Militärseelsorge erstreckt sich folglich nicht nur auf die soziale Praxis und den inhaltlichen Austausch, sondern auch auf die Strukturen militärseelsorglicher Arbeit.

Ökumenische Beziehungen existieren aber nicht nur zwischen der evangelischen und der katholischen Militärseelsorge. Auch über Ländergrenzen hinweg werden ökumenische Kontakte geknüpft und gepflegt. Vor allem die evangelische Militärseelsorge hat »von Anbeginn die Beziehungen zu den protestantischen Militärseelsorgen der deutschsprachigen Nachbarländer, der NATO-Verbündeten und darüber hinaus der europäischen Länder überhaupt«[423] gesucht. Im Kontext der Einsatzrealität sind diese bestehenden Kontakte weiter ausgebaut worden, vor allem zur US-amerikanischen Militärseelsorge. Prospektiv wird sich möglicherweise das Begegnungsfeld der Ökumene auch innerhalb der deutschen Militärseelsorge weiter auffächern. Über die Einrichtung einer *Orthodoxen Militärseelsorge* wird gegenwärtig diskutiert, wobei bislang noch ungeklärt ist, wer als Gesprächspartner für die vertraglichen Vereinbarungen dienen kann. Das liegt vor allem an internen Konflikten zwischen der russisch-orthodoxen Kirche und dem ökumenischen Patriarchat von Konstantinopel. Zwar gäbe es mit der Orthodoxen Bischofskonferenz in Deutschland (OBKD) eigentlich einen geeigneten Ansprechpartner für die Einrichtung einer orthodoxen Militärseelsorge, 2018 haben sich jedoch »drei russisch-orthodoxe Bischöfe aus jener Orthodoxen Bischofskonferenz zurückgezogen. Ihre Mitgliedschaft ruht seitdem.«[424] Diesem Schritt ging voran, dass das Ökumenische Patriarchat von Konstantinopel die Bildung einer eigenständigen und von Russland unabhängigen orthodoxen Kirche in der Ukraine unterstützt.[425] Hinter der Einrichtung einer orthodoxen Militärseelsorge stehen insofern noch Fragezeichen. Dennoch zeigt diese Entwicklung, dass sich das Feld der Militärseelsorge in Zukunft weiter pluralisieren wird. Mit der Unterzeichnung des jüdischen Militärseelsorgevertrages im Jahr 2019 und dessen gesetzlicher Ratifizierung im Jahr 2020 wurde dafür bereits ein wichtiger Grundstein gelegt.

3.3.2 Neue Zweige der Militärseelsorge

»In der Bundeswehr sollen in Zukunft Militärrabbiner und muslimische Militärseelsorger Aufgaben übernehmen wie unsere christlichen Seelsorger. Sie sollen hier in der Heimat wirken. Sie sollen in den Einsätzen unserer Truppe

---

[423] BLASCHKE/OBERHEM, Militärseelsorge, 122.
[424] ELßNER, Orthodoxe Militärseelsorge in der Bundeswehr, 27.
[425] Vgl. ebd.

Beistand geben. Sie werden den Lebenskundlichen Unterricht mitgestalten.«[426] Mit diesen Worten skizzierte 2019 die damalige Verteidigungsministerin Ursula von der Leyen (2013–2019) das Bild einer pluriformen Militärseelsorge in der Bundeswehr.

Für die Einrichtung der jüdischen Militärseelsorge wurde 2019 der Militärseelsorgevertrag zwischen der Bundesrepublik Deutschland und dem Zentralrat der Juden in Deutschland geschlossen. Für eine muslimische Militärseelsorge steht ein derartiger Kontrakt noch aus, obwohl man sich auf staatlicher Seite grundsätzlich darüber einig ist, dass es eine muslimische Militärseelsorge geben soll. Es stellt sich bislang nur die Frage, wie und in welcher Form die vertraglichen Vereinbarungen geschlossen werden können.[427] Die katholische und die evangelische Militärseelsorge begrüßen die Einrichtung der jüdischen Militärseelsorge sowie das Bestreben, eine muslimische Militärseelsorge ins Leben zu rufen.[428] Die Militärseelsorge beschreibt diesbezüglich ihr Profil als konfessionsübergreifend bzw. als superkonfessionell: »Die Pluralisierung der Militärseelsorge in der Bundeswehr ist von diesem Ausgangspunkt her als ›superkonfessionell‹ zu denken, nicht jedoch als ›konfessionsneutral‹ oder ›konfessionsindifferent‹«.[429] Auf dieser Grundlage stellt sich die Frage, welche Impulse von den neuen Zweigen der Militärseelsorge ausgehen werden.

1. *Jüdische Militärseelsorge:* Dass Militärrabbiner in der deutschen Armee präsent sind, stellt historisch gesehen kein Novum dar.[430] »Feldrabbiner gab es schon einmal, im Ersten Weltkrieg. Damals kämpften auf deutscher Seite rund 100.000 jüdische Männer, wovon 78.000 ihren Militärdienst an der Front leisteten. 12.000 Juden bezahlten ihren Einsatz mit dem Leben, 30.000 wurden mit Tapferkeitsmedaillen ausgezeichnet, 19.000 befördert, 2000 in den Offiziersrang erhoben.«[431] Dieser beachtlichen Personenzahl standen insgesamt etwa dreißig deutsche Feldrabbiner zur Seite. Mit dem Ende des Kaiserreiches endete das Militärrabbinat. Durch die Machtübernahme der Nationalsozialisten im Jahr 1933 wurden jüdische Soldaten aus dem deutschen Militär verdrängt.

---

[426] Von der Leyen, Ansprache anlässlich der Konferenz »Militärrabbiner in der Bundeswehr«, 27.
[427] Zu den rechtlichen Schwierigkeiten und laufenden Diskussionen vgl. Schulten, Neue Akteure, neue Regeln?, 21–23.
[428] Vgl. Bartmann, Der Beistand der Militärseelsorge für Soldatinnen und Soldaten; vgl. Rink, Über den Kultus hinaus; vgl. Rink, Können Kriege gerecht sein?, 271–274; vgl. Hammouti-Reinke, Ich diene Deutschland, 160.
[429] Rink, Über den Kultus hinaus, 77.
[430] Vgl. ausführlich dazu Hank/Simon/Hank, Feldrabbiner in den deutschen Streitkräften des Ersten Weltkrieges.
[431] Rink, Über den Kultus hinaus, 73.

Mit der Neuaufstellung der Bundeswehr wurde eine Sonderregel für die Wehrpflicht jüdischer Männer beschlossen. Diese durften nicht gegen ihren Willen eingezogen werden, wenn ihre Eltern oder Großeltern zu den Verfolgten des Naziregimes gehörten. Trotz dieser Regelung haben sich immer wieder jüdische Bundesbürger bewusst für den Dienst in der Bundeswehr entschieden wie beispielsweise der jüdische Theologe Walter Homolka, der 2003 zum Major der Reserve und Verbindungsoffizier ernannt wurde und zugleich im Zivilberuf als Rabbiner tätig war. Homolka gilt aufgrund dieser »Doppelrolle« als erster »Fast-Militärrabbiner der Bundeswehr.«[432] Heute dienen schätzungsweise 300 jüdische Soldatinnen und Soldaten in den deutschen Streitkräften.[433]

Der Gesetzesentwurf zur jüdischen Militärseelsorge,[434] der an den jüdischen Militärseelsorgevertrag anschließt, sieht vor, dass es in der Bundeswehr zunächst zehn Dienstposten für Militärrabbinerinnen und Militärrabbiner geben wird.[435] Hinzu kommen noch acht Dienstposten für Referentinnen und Referenten und ein Dienstposten für einen Militärrabbinatsleiter bzw. für eine Militärrabbinatsleiterin. Diese Aufstellung macht deutlich, dass die jüdische Militärseelsorge einerseits verhältnismäßig gleichwertig zur evangelischen und katholischen Militärseelsorge eingerichtet werden soll.[436] Andererseits verdeutlicht die personelle Aufstellung, dass der klassische Verteilungsschlüssel von 1:1500 – also ein Geistlicher auf 1500 Angehörige seiner Religionsgemeinschaft – nicht berücksichtigt wird. Dies zeigt sich auch im jüdischen Militärseelsorgevertrag, da dort, anders als im evangelischen Militärseelsorgevertrag, der entsprechende Passus nicht aufgeführt wird. Von staatlicher Seite aus wird die Militärseelsorge offensichtlich insgesamt »superkonfessionell« begriffen. Das gilt ebenfalls für die evangelische und die katholische Militärseelsorge, die personell deutlich großzügiger als es der Verteilungsschlüssel eigentlich erlaubt in den Streitkräften aufgestellt sind.[437]

---

[432] WOLFFSOHN, »Die Antithese zur Wehrmacht«, 17.

[433] Diese »offiziellen« Zahlen sind nicht statistisch erfasst. Verschiedentlich wird angemerkt, dass die Zahlen wahrscheinlich zu hoch angesetzt seien. Teilweise ist von »wohlwollenden Schätzungen« die Rede. Vgl. SCHULTEN, Neue Akteure, neue Regeln?, 23.

[434] Das Gesetz über die jüdische Militärseelsorge in der Bundeswehr stimmt dem zuvor geschlossenen Vertrag zu. Dadurch wird die jüdische Militärseelsorge auch gesetzlich anerkannt. Dieses Vorgehen fand so auch bei der evangelischen Militärseelsorge Anwendung. So wurde zuerst am 22. Februar 1957 der Militärseelsorgevertrag geschlossen, ehe diesem Kontrakt mit dem Gesetz über die Militärseelsorge vom 26. Juli 1957 zugestimmt wurde.

[435] Vgl. Bundesrat (Hg.), Drucksache 50/20.

[436] Das zeigt sich auch daran, dass die Militärrabbinerinnen und Militärrabbiner *Hilfskräfte*, die als Tarifbeschäftigte angestellt werden (bei der evangelischen Militärseelsorge können die Hilfskräfte in ein Beamtenverhältnis übernommen werden), zur Seite gestellt bekommen.

[437] Vgl. THONAK/THEIßEN, Militärseelsorge, 118.

3. Vollzüge der Militärseelsorge

Es ist begrüßenswert, dass die jüdische Militärseelsorge nicht als »zweitklassige« Seelsorge in den Streitkräften eingerichtet wird,[438] sondern sich strukturell auf Augenhöhe mit der evangelischen und der katholischen Militärseelsorge bewegt. Dafür ist es wichtig, dass sich die jüdische Militärseelsorge wenigstens ansatzweise über die Fläche der Bundeswehr verteilen kann, was mit zehn Dienstposten eine Herausforderung darstellt.[439] Zugleich ist es wichtig, dass die jüdische Militärseelsorge in struktureller Ähnlichkeit zu den beiden christlichen Zweigen der Militärseelsorge organisiert sein wird. Das heißt, dass auch für die jüdische Militärseelsorge eine »organisatorische Scharnierstelle«, in der der religiöse und der staatlich-ministerielle Weisungsstrang zusammenlaufen, eingerichtet wird. Diese Aufgabe wird in Zukunft das neu einzurichtende Militärrabbinat in Berlin übernehmen. Die religiöse Leitung der jüdischen Militärseelsorge obliegt dem Militärbundesrabbiner.

All diese Details sind im jüdischen Militärseelsorgevertrag verankert. In weiten Teilen stimmt das Dokument mit dem evangelischen Militärseelsorgevertrag überein. Allerdings gibt es auch feine Unterschiede, die nicht auf religiösen Unterschieden beruhen, sondern strukturelle Elemente der Militärseelsorge neu akzentuieren. Sigurd Rink weist diesbezüglich auf »Webfehler« hin, die im evangelischen Militärseelsorgevertrag noch enthalten seien,[440] im jüdischen Militärseelsorgevertrag nun aber beseitigt wurden. Aus diesem Grund plädiert er »für eine Re-Vision des Vertrages, weil er in vielen Elementen veraltet ist und der neue Vertrag der jüdischen Militärseelsorge, obschon er sich am evangelischen Modell orientiert, in den entscheidenden Passagen signifikant besser, d. h. klarer geworden ist.«[441]

Wo zeigen sich diese »Webfehler« bzw. welche Präzisierungen bietet der jüdische Militärseelsorgevertrag? Beim synoptischen Vergleich beider Verträge wird deutlich, dass der jüdische Militärseelsorgevertrag die Belange der Militärseelsorge zeitgemäßer benennt. So wird auf den klassischen Verteilungsschlüssel verzichtet; dafür ist implizit von einer Bedarfsorientierung die Rede (vgl. Art. 3 Abs. 2). Auch wird der Zuständigkeitsbereich der Militärrabbinerinnen und Militärrabbiner *superkonfessionell* bestimmt. Sie sollen, wenn gewünscht, auch Seelsorge an Soldatinnen und Soldaten, die nicht dem jüdischen

---

[438] Vgl. RÜHLE, Die Religionsgemeinschaften in der Bundeswehr, 36.

[439] Diesbezüglich kann man über einen markanten Satz im Gesetzentwurf zur jüdischen Militärseelsorge stolpern. Dort heißt es: »Es ist vorgesehen, dass die Militärrabbiner/-innen von Berlin aus die Truppen-Standorte bereisen.« Logistisch ist dieser Schritt vermutlich sinnvoll. Faktisch wird es damit aber nur zu punktuellen Kontakten kommen. Eine kontinuierliche jüdische Militärseelsorge an den Standorten wird es so erst einmal nicht geben. Vgl. Bundesrat (Hg.), Drucksache 50/20.

[440] Siehe dazu auch Kap. II 2.1.2.

[441] RINK, Auf Spannung angelegt, 218.

Glauben angehören, leisten (vgl. Art. 7 Abs. 1).[442] Auffallend ist auch, dass der Familienbegriff weitaus weniger einengend verwendet wird. So umfasst die jüdische Militärseelsorge »auch die Familienangehörigen der jüdischen Soldatinnen und Soldaten« (Art. 7 Abs. 2).[443]

In den vermeintlich »strittigen« Punkten weicht der jüdische Militärseelsorgevertrag jedoch kaum von der evangelischen »Vorlage« ab. Dabei geht es um das *Mitwirkungsrecht im Sinne eines Einvernehmens* bei der Bestimmung eines Militärbundesrabbiners (Art. 9 Abs. 1) bzw. bei der Ernennung eines Militärbischofs (Art. 11 Abs. 1). Beide Verträge beinhalten diesen aus staatlicher Sicht wichtigen Passus, der sich allerdings sowohl passiv – im Sinne einer einzuholenden Zustimmung – als auch aktiv – im Sinne eines Vetorechts – auslegen lässt. Die bisherige Praxis in der evangelischen Militärseelsorge legt nahe, dass dieses Mitwirkungsrecht eher im passiven Sinne zu verstehen ist.[444] Auch das Verhältnis zwischen religiöser Leitung (Militärbundesrabbiner/Militärbischof) und administrativer Leitung (Militärrabbinatsleitung/Militärgeneraldekan) wird nahezu identisch bestimmt.[445]

Der jüdische Militärseelsorgevertrag weist insgesamt eine große strukturelle sowie inhaltliche Nähe zum evangelischen Militärseelsorgevertrag auf. Einige Details sind mit Blick auf die geänderte Praxis neu akzentuiert worden. Ob diese Änderungen als Präzisierungen zu verstehen sind, hängt vom Standpunkt der Betrachtung ab. So ließe sich beispielsweise hinsichtlich der Bedarfsorientierung fragen, wie konkret festgestellt werden soll, dass es einen erhöhten oder verringerten Bedarf an Militärrabbinerinnen und Militärrabbiner gibt.[446] Dass der jüdische Militärseelsorgevertrag insgesamt das Bild einer zeitgemäßen Militärseelsorge entwirft, liegt nicht zuletzt daran, dass er sich sprachlich vom evangelischen Militärseelsorgevertrag der 1950er Jahre abhebt. Das wird vor allem daran deutlich, dass die weibliche Form immer explizit mitgenannt wird. So

---

[442] Der evangelische Militärseelsorgevertrag bestimmt den personalen Seelsorgebereich (Art. 7) weitaus weniger offen. Der Fokus liegt auf den Soldaten der eigenen Konfession. Explizit wird aufgeführt, dass »Personen, die ihren Kirchenaustritt rechtswirksam erklärt haben« (Art. 7 Abs. 2 (1)), aus dem personalen Seelsorgebereich ausscheiden. Diese exklusive Haltung ist vor dem zeithistorischen Hintergrund der Entstehung des Vertrages erklärbar. Damals gehörten noch über 90% der Soldaten zu einer der beiden Großkirchen.

[443] Im evangelischen Militärseelsorgevertrag zählen zu den Soldatenfamilien lediglich »die Ehefrauen und die unter elterlicher Gewalt stehenden Kinder«. (Art. 7 Abs. 1 (6)).

[444] Siehe zu dieser Deutung und zu den Einwänden Kap. III 4.1.

[445] Ähnlich beurteilen dies THONAK/THEIßEN, Militärseelsorge, 112.

[446] Der Gesetzesentwurf spricht diesbezüglich von einer Evaluation. Nach fünf Jahren soll geprüft werden, ob der Bedarf an Militärrabbinerinnen und Militärrabbiner zufriedenstellend gedeckt ist. An der Evaluation sind beide Vertragspartner beteiligt. Nach welchen Kriterien der Bedarf ermittelt werden soll, bleibt jedoch offen. Vgl. Bundesrat (Hg.), Drucksache 50/20.

spricht der Vertrag von Soldatinnen und Soldaten, von Militärrabbinerinnen und Militärrabbiner und einer Militärrabbinatsleiterin oder einem Militärrabbinatsleiter. Einzig das Amt des Militärbundesrabbiners wird nicht in der weiblichen Form mitaufgeführt, woraus sich schließen lässt, dass dieses Amt lediglich mit einem Rabbiner besetzt werden kann. Welchen Grund es für diese Regelung gibt, lässt sich aus den Dokumenten zur jüdischen Militärseelsorge jedoch nicht entnehmen.

Die jüdische Militärseelsorge wird nach dem bewährten Vorbild der katholischen und der evangelischen Militärseelsorge in der Bundeswehr eingerichtet.[447] Dieser Schritt ist überzeugend, weil sie so seelsorglich – im weitesten Sinne – in den Streitkräften aktiv werden kann. Sie wird Auslandseinsätze begleiten, Seelsorgegespräche an den Standorten führen, jüdische Gottesdienste feiern und auch den Lebenskundlichen Unterricht mitgestalten. Damit wird deutlich, dass die jüdische Militärseelsorge nicht bloß »ein starkes politisches Signal der Gleichstellung und Akzeptanz der jüdischen Gemeinschaft in Deutschland«[448] darstellt. Die jüdische Militärseelsorge wird für sich betrachtet ernst genommen und als ein wichtiger und verlässlicher Partner in der seelsorglichen Begleitung der Soldatinnen und Soldaten begriffen. Obwohl solch eine Neueinrichtung immer auch ein Politikum darstellt, wurde mit der jüdischen Militärseelsorge kein politisches Feigenblatt entworfen, sondern eine handlungsfähige und zukunftsweisende Militärseelsorge. Es wird sich allerdings noch erweisen müssen, ob diese strukturellen Grundlagen in der Praxis sinnvoll umgesetzt werden.

2. *Muslimische Militärseelsorge:* In der Bundeswehr werden seit den 2010er Jahren Diskussionen geführt, wie und in welcher Form in Zukunft eine muslimische Militärseelsorge in den Streitkräften eingerichtet werden kann. Wie-

---

[447] Die Zentralisierung der jüdischen Militärseelsorge auf Berlin gilt es diesbezüglich zu hinterfragen. Mit dieser »pendelnden« Seelsorge wird es in absehbarer Zukunft keine kontinuierliche jüdische Seelsorge an den Standorten geben. Dass eine Verteilung auf die Fläche der Bundeswehr schwierig ist, liegt auf der Hand. Dennoch könnte man überlegen, ob eine bundesweite Verteilung nicht eher eine standortorientierte Seelsorge ermöglichen würde. Denkbar wären feste Dienstposten außerhalb von Berlin, beispielsweise in Kiel, Köln oder Bonn und in München. Damit würde man sich an den Dekanaten der christlichen Militärseelsorge orientieren. Bezüglich der Außenstelle in Westdeutschland könnte man überlegen, ob man nicht von dieser Systematik abweicht und Bonn auswählt. In Bonn liegt mit der Hardthöhe immer noch der erste Dienstsitz des Verteidigungsministeriums. Seit 2017 ist dort auch das Kommando Cyber- und Informationsraum (KdoCIR) stationiert. Für Köln spräche hingegen, dass man eine Außenstelle bei der Luftwaffe hätte und so in allen Teilstreitkräften (Kiel: Marine, Köln: Luftwaffe, München: Heer) präsent wäre.

[448] BOTMANN, Wir wünschen uns eine Bundeswehr, in der jüdische Militärseelsorge eine Selbstverständlichkeit ist, 20.

terführende Ergebnisse gibt es bislang noch nicht, was vor allem bei den muslimischen Soldatinnen und Soldaten auf Unverständnis stößt.[449] Auch der Jahresbericht (2017) des Wehrbeauftragen spricht diesen Punkt kritisch an: »Auch wenn es – anders als in vorangegangenen Jahren – keine Eingaben beim Wehrbeauftragten gab, die ausdrücklich die Einrichtung einer muslimischen Betreuungsorganisation in der Bundeswehr forderten, so macht sich nach mehr als sechs Jahren des ergebnislosen Prüfens langsam Ernüchterung breit.«[450]

Woran liegt es aber, dass eine muslimische Militärseelsorge bislang noch nicht eingerichtet werden konnte? Dominierten in den ersten Jahren Argumente, die den Bedarf innerhalb der Streitkräfte an einer muslimischen Militärseelsorge infrage stellten, so konzentriert sich die gegenwärtige Diskussion fast ausschließlich auf strukturelle Fragen. Bis in die Mitte der 2010er Jahre wurde die offizielle Zahl an muslimischen Soldatinnen und Soldaten in der Bundeswehr mit etwa 1400 bis 1600 angegeben. Angesichts dieser Zahlen drängte sich die Frage auf, ob eine muslimische Militärseelsorge nach dem klassischen Verteilungsschlüssel (1:1500) überhaupt eingerichtet werden kann. Zur Klärung dieser Frage wurde im Jahr 2015 die Zentrale Ansprechstelle für Soldatinnen und Soldaten anderer Glaubensrichtungen (ZASaG) in Koblenz installiert. Diese Ansprechstelle sollte Daten über den tatsächlichen Bedarf an nichtchristlicher Seelsorge erheben, gleichzeitig sollte sie im Bedarfsfall Seelsorgekontakte für nichtchristliche Soldatinnen und Soldaten vermitteln.[451] Die Resonanz auf diese Ansprechstelle war innerhalb der Bundeswehrtruppe positiv, zugleich ist das Bedürfnis nach einer »richtigen« muslimischen Militärseelsorge damit nicht verschwunden.

Mittlerweile sprechen die offiziellen Zahlen der Bundeswehr von ca. 3000 muslimischen Soldatinnen und Soldaten. Auch diese Zahlen beruhen auf Schätzungen, das Gros der Diskussionsbeiträge geht von tatsächlich höheren Zahlen aus. Aber auch dieser Zahlenwert ist nicht ausschlaggebend. Der klassische Verteilungsschlüssel dient heute nicht mehr als verbindliche Richtschnur, sondern nur noch als Orientierung. Dementsprechend ist man sich darüber einig, dass es einen erkennbaren Bedarf an einer muslimischen Militärseelsorge gibt und dass diese den muslimischen Soldatinnen und Soldaten auch zusteht.

Die Frage, *ob* eine muslimische Militärseelsorge eingerichtet werden soll, stellt sich insofern nicht mehr, sondern nur noch die Frage, *wie* dies gelingen kann.[452] Dabei ist ein Punkt besonders hervorzuheben: In Deutschland gibt es keine zentrale muslimische Institution, »der ein gewisser Grad an Repräsentanz

---
[449] Vgl. HAMMOUTI-REINKE, Ich diene Deutschland, 162.
[450] Deutscher Bundestag (Hg.), Unterrichtung durch den Wehrbeauftragten. Jahresbericht 2017, 56.
[451] Vgl. HAMMOUTI-REINKE, Ich diene Deutschland, 170.
[452] Vgl. ELßNER, Militärseelsorge für Muslime in der Bundeswehr, 170.

für die muslimischen Glaubensrichtungen zukommt«[453]. Es gibt auf muslimischer Seite mithin keinen repräsentativen Gesprächspartner für einen Staatsvertrag über die muslimische Militärseelsorge. Das liegt daran, dass die islamischen Vereine, Verbände und Dachverbände in Deutschland keine »hinreichende organisatorische Verfestigung«[454] aufweisen, um gemäß Artikel 141 der Weimarer Reichsverfassung als Religionsgesellschaft bzw. als Religionsgemeinschaft gelten zu können.[455] Dass sich dies in absehbarer Zeit ändert, ist unwahrscheinlich, da derartige Organisationsstrukturen im Islam untypisch sind. Damit kann die künftige muslimische Militärseelsorge nicht nach dem Vorbild der evangelischen, katholischen und jüdischen Militärseelsorge entworfen werden. Die Lösung für eine muslimische Militärseelsorge »soll über Gestellungsverträge führen, die zwischen der Bundeswehr und [den] entsendenden islamischen Verbänden abzuschließen sein werden.«[456]

Doch auch diese Lösung ist nicht frei von Fallstricken. Es stellt sich die Frage, mit welchen Vereinen oder Verbänden solche Gestellungsverträge geschlossen werden sollen. Auch ist nicht klar, ob die Vereinbarungen dann von der Mehrheit der muslimischen Gemeinschaft und vor allem von den muslimischen Soldatinnen und Soldaten selbst akzeptiert werden. Dass es eine harmonische Einigkeit zwischen den verschiedenen Vereinen, Verbänden und Dachverbänden gibt, kann nämlich nicht konstatiert werden. Das hat sich auch bei der Gründung des Instituts für Islamische Theologie an der Humboldt-Universität zu Berlin gezeigt. »Ursprünglich waren fünf islamische Verbände im Beirat vertreten, dann nur noch drei. Ditib, der von der Türkei gesteuerte Moscheeverband, sowie der sehr konservative Verband Islamischer Kulturzentren schieden aus, weil sie ihre Forderungen, etwa nach einer Sperrminorität bei der Besetzung von Professorenstellen, nicht durchsetzen konnten.«[457]

Neben diesen Organisationsfragen wäre zudem ein offener Dialog über das islamische Seelsorgeverständnis weiterführend. Solch eine inhaltlich orientierte Diskussion findet aber bislang nicht statt. Das liegt nicht zuletzt daran, dass der Forschungsdiskurs zur islamischen Seelsorge hierzulande erst in seinen Anfängen steht.[458] Trotzdem ist solch eine Diskussion wichtig, auch um klären zu

---

[453] SCHULTEN, Neue Akteure, neue Regeln?, 22.
[454] A.a.O., 14.
[455] Vgl. SCHULTEN, Anstaltsseelsorge für Muslime, 52 f.; vgl. HEIMANN, Zukunftsperspektiven der Militärseelsorge, 138.
[456] SCHULTEN, Neue Akteure, neue Regeln?, 22.
[457] HAMMOUTI-REINKE, Ich diene Deutschland, 168.
[458] Der bisherige Diskurs arbeitet heraus, dass im Islam das zunächst einmal christlich geprägte Konzept der Seelsorge nicht verwurzelt ist. Trotzdem werden inhaltliche Parallelen aufgezeigt, die als Grundlage für ein islamisches Seelsorgeverständnis herangezogen werden können. Theologisch orientiert sich der Diskurs am Koran, an der Sunna des Propheten

können, wer überhaupt als Seelsorger in Frage käme. Die Annahme, dass diese Aufgabe prinzipiell von Imamen übernommen werden kann, verkennt, dass Imame im herkömmlichen Sinne nicht mit seelsorglichen Aufgaben in den Gemeinden betraut sind.[459] Seelsorge wird im Islam als eine Aufgabe der Familie und des nahestehenden sozialen Umfeldes begriffen. Aus diesem Grund werden Imame nicht per se als Militärseelsorger tätig werden können; ihnen fehlt eine seelsorgliche Kompetenz. Daher deutet momentan vieles darauf hin, dass sich eine künftige muslimische Militärseelsorge mittels eigens dafür akademisch und praktisch ausgebildeten Seelsorgerinnen und Seelsorgern aufstellen wird. Die Hoffnungen, auf solch ein Personal in Zukunft zugreifen zu können, richten sich derweil auf die neueingerichteten universitären Zentren für Islamische Theologie in Osnabrück, Münster, Tübingen, Frankfurt und Erlangen-Nürnberg. Teilweise gehört die islamische Seelsorge dort zu den Curricula, sodass zu erwarten ist, dass in einigen Jahren auch islamische Theologinnen und Theologen ausgebildet sein werden, die über seelsorgliche Kompetenzen verfügen.[460] Es wird sich aber noch erweisen müssen, ob diese neuausgebildeten Theologinnen und Theologen auch in den Verbänden und Vereinen der muslimischen Gemeinschaft Fuß fassen können. Damit wären wichtige Grundlagen gelegt, um das Projekt einer muslimischen Militärseelsorge für alle Seiten zufriedenstellend realisieren zu können.

Die neuen Zweige der Militärseelsorge bieten ein großes Potenzial für die seelsorgliche Begleitung der Soldatinnen und Soldaten. Obschon es neben

---

Mohammed, an der islamischen Rezeption der Philosophie Aristoteles' sowie am Sufismus. Als Begründung für eine Institutionalisierung und Professionalisierung der islamischen Seelsorge werden jedoch vor allem soziologische Argumente genannt. Das führt dazu, dass beim Diskurs theologische Positionen in den Hintergrund treten. Einen ersten Überblick bietet ŞAHINÖZ, Seelsorge im Islam.

[459] Vgl. a.a.O., 50f. Die Idee, den Imam auch als Seelsorger zu begreifen, beruht auf der Annahme, dass dieses geistliche Amt mit christlichen Ämtern vergleichbar ist. Ein Imam wird dann wie ein Priester oder eine Pfarrerin verstanden. Dieser Vergleich ist jedoch in vielerlei Hinsicht irreführend, da er das Amt des Imams in gewisser Weise »pastoraltheologisch überhöht« und ihm so Kompetenzen und Aufgaben zuschreibt, die in andere Zuständigkeitsbereiche – vor allem in diejenigen, die von der Gemeinde übernommen werden – fallen. Dies spiegelt sich in der Islamischen Theologie, die nunmehr auch Leitlinien für eine Praktische Theologie entwickelt. Eine eigene Pastoraltheologie ist darin bislang noch nicht enthalten. Systematisch ausgearbeitete Publikationen zu einer Islamischen Praktischen Theologie liegen bislang noch nicht vor. Geforscht wird hierzu an den Zentren für Islamische Theologie, vor allem in Osnabrück und in Tübingen.

[460] Diesbezüglich ist auch auf das Pilotprojekt des *Islamkollegs* in Osnabrück hinzuweisen, das quasi wie ein Predigerseminar examinierte Theologinnen und Theologen für die praktische Arbeit in den Gemeinden ausbilden soll. Das Projekt lief im April 2021 an und ist als ein weiteres Zeichen der Professionalisierung und Institutionalisierung der islamisch-theologischen Ausbildung in Deutschland zu werten.

Ähnlichkeiten auch strukturelle Differenzen[461] geben wird, wird es wichtig sein, dass man auch in einen inhaltlichen Dialog eintritt, um Fragen des Lebenskundlichen Unterrichts, der Einsatzbegleitung und des jeweiligen Seelsorgeverständnisses[462] diskutieren zu können. Auch wird die Pluralisierung dazu führen, dass die Militärseelsorge nicht mehr nur kompetenter Gesprächspartner für Fragen der Interkulturalität und Interreligiosität sein wird, sie wird vielmehr selbst zu einem Ort der Interkulturalität und Interreligiosität.

3.3.3 Räume der Öffentlichkeit(en)

Die politischen Dimensionen von Religion werden vor allem in säkularen Demokratien als Gefährdung der öffentlichen Ordnung begriffen und dementsprechend kritisiert. Dies hängt zum einen damit zusammen, dass man sich darum sorgt, dass mit dem politischen Auftreten und Handeln von Vertreterinnen und Vertretern der Religionsgemeinschaften die für die Moderne charakteristische Trennung zwischen der *staatlichen* und der *religiösen* Sphäre aufgehoben wird.[463] Zum anderen werden die politischen Dimensionen der Religion selbst zum gesellschaftlichen sowie politischen Streitbegriff, weil sie teilweise mit fundamentalistischen und extremistischen Bewegungen assoziiert werden. Der sozialwissenschaftliche Begriff des *Islamismus* ist Ausweis dieser Entwick-

---

[461] Gerade die muslimische Militärseelsorge wird sich aller Wahrscheinlichkeit nach nur in struktureller Differenz zu den bisherigen Zweigen der Militärseelsorge in der Bundeswehr einrichten lassen. Dann gilt es, diese Differenzen wertschätzend wahrzunehmen und ihr bei der Integration in den Organisationsbereich der deutschen Streitkräfte unterstützend zur Seite zu stehen. Große Organisationen – das gilt auch für die beiden christlichen Militärseelsorgen – neigen dazu, strukturelle Differenzen zu problematisieren, weil gewohnte Abläufe geändert werden müssen und damit Sicherheiten verloren gehen. Organisatorische Strukturen erfüllen jedoch keinen Selbstzweck; sie sind »Mittel zum Zweck«. Und dieser lautet bei der Militärseelsorge: Seelsorgliche Begleitung der Soldatinnen und Soldaten in der Bundeswehr aus der Haltung einer kritischen Solidarität heraus. Gerade die Differenzerfahrung kann dazu führen, dass sich eine künftige muslimische Militärseelsorge einseitig – entweder nur kritisch oder nur solidarisch – positioniert. Die etablierten Zweige der Militärseelsorge können, wenn sie wertschätzend den Dialog suchen, mit ihren Erfahrungen dabei helfen, dass die muslimische Militärseelsorge eine ausgewogene Positionierung in der Lebenswelt Bundeswehr einnimmt.

[462] Gerade der Austausch mit dem jüdischen Seelsorgeverständnis verspricht weiterführende Anregungen. Der jüdische Theologe Leo Baeck, der auch als Feldrabbiner im Ersten Weltkrieg deutsche Soldaten begleitete, entwarf eine Seelsorge, die sich direkt an ethischen Überlegungen orientiert. Die Nähe der Seelsorge zur Ethik ist für die Militärseelsorge konstitutiv. Vgl. BUDDE, Seelsorge bei Leo Baeck, 46–50.

[463] Vgl. FECHTNER, Öffentlichkeit, 293.

lung, zugleich verstärkt er das eigentliche Spannungsfeld, da Handlungen eines ideologischen Terrorismus damit sowohl religiös (Islam) als auch politisch (-ismus) qualifiziert werden. Solche Kategorisierungen sind für den politischen Diskurs wichtig, weil sie dabei helfen, Strategien zu entwickeln, dem Terrorismus zu begegnen und ihn zu verhindern. Sie führen aber auch zu unscharfen Assoziationen, was sich an den Diskussionen im Nachgang jeder islamistischen Tat zeigt. Immer wieder wird dann betont, dass der Islamismus nicht mit »dem« Islam gleichgesetzt werden dürfe.

Die politischen Dimensionen von Religion stehen unter schwierigen Vorzeichen, stehen sie doch im Verdacht, selbst Politik zu betreiben und den demokratischen Staat zu beeinflussen. Insofern ist es wenig überraschend, dass bezüglich dieser Dimensionen lebhafte Diskussionen geführt werden. Das gilt auch für den Raum der evangelischen Kirche. So wird das kirchliche Engagement in der sogenannten »Flüchtlingskrise«[464] oder bezüglich des Klimawandels[465] als latente Parteipolitik kritisiert. Gleichzeitig weisen Theologinnen und Theologen darauf hin, dass das politische Potenzial nicht vom Christentum suspendiert werden kann. Christian Albrecht und Reiner Anselm betonen diesen Punkt in besonderer Weise in ihrem Konzept des *Öffentlichen Protestantismus*[466]: »Der christliche Glaube ist immer politisch. Er entfaltet schon im biblischen Zeugnis seine Kraft nur, weil er sich mit einer politischen Metaphorik verbindet. Begriffe wie Reich Gottes, Gerechtigkeit, Gnade lassen sich als religiöse Begriffe nur verstehen und deuten, weil sie an entsprechende Erfahrungen im Raum des Politischen anknüpfen können. Das Christentum ist von seinen Anfängen her keine Religion der Innerlichkeit, sondern der Weltgestaltung.«[467] Die politischen Potenziale des Christentums lassen sich nur angemessen in den Blick nehmen, wenn sie nicht im partei- oder machtpolitischen Sinn gedeutet werden,[468] sondern als Kommunikationsformen im öffentlichen Raum. Die politischen Dimensionen von Religion ergeben sich aus dem Auftreten und Wirken von Kirche im Raum der Öffentlichkeit.

Politik und Öffentlichkeit sind schwierige Themen für die Militärseelsorge, weil sie sich in einem repräsentativen Raum des Rechtsstaats, in einem Ho-

---

[464] Eine diskursanalytische Betrachtung hinsichtlich der politischen Predigt bietet dazu WELL, Political Dissent as Challenge.

[465] Unter dem Schlagwort der »grünen Ersatzreligion« wird vor allem seit dem öffentlichkeitswirksamen Auftreten der *Fridays-for-Future-Bewegung* das kirchliche Engagement im Klima-, Umwelt-, und Tierschutz kritisiert. Vgl. als Beispiele dieser Kritik u. a. BOLZ, Die grüne Ersatzreligion; vgl. auch KÖRTNER, Religion und Klimaschutz.

[466] Für einen pointierten Überblick zum Konzept des Öffentlichen Protestantismus vgl. ALBRECHT/ANSELM, Verantwortung für das Gemeinsame, 59–62.

[467] ALBRECHT/ANSELM, Öffentlicher Protestantismus, 30.

[468] Vgl. a. a. O., 43.

heitsbereich der staatlichen Gewalt (Exekutive) bewegt. Die Einschränkungen und Sorgen, die für zivilgesellschaftliche Kontexte gelten, gelten für diesen Hoheitsbereich in spezifischer Weise, weil er selbst eine Funktions- und Ausdrucksform des Rechtsstaats darstellt. Das heißt, dass politisches Handeln an diesem Ort nicht nur als Beitrag zu einer deliberativen Demokratie gedeutet werden kann, sondern zugleich als direkter Beitrag zum Rechtsstaat.

Die Militärseelsorge kann aber dennoch *nicht nicht politisch* sein, denn ihrer Existenz liegt immer auch ein (kirchen-)politischer Entschluss zur seelsorglichen Begleitung der Streitkräfte zugrunde. Diese Feststellung behielte auch ihre Gültigkeit, sofern sich in den 1950er Jahren die Kritikerinnen und Kritiker der Militärseelsorge durchgesetzt hätten. Auch der Entschluss gegen eine (hauptamtliche) Militärseelsorge ist in der letzten Konsequenz auf eine politische Haltung zurückzuführen. Das zeigt sich besonders deutlich daran, dass die Argumente gegen eine hauptamtliche Militärseelsorge nicht theologisch qualifiziert sind, sondern vielmehr auf fragwürdigen Annahmen einer Staatsmetaphysik beruhen.[469] Die Kritikerinnen und Kritiker gehen davon aus, dass eine hauptamtliche Militärseelsorge dem Staat bei der Legitimation[470] seines militärischen Handelns hilft, was dann in einem zweiten Schritt als Bruch mit der jesuanischen Friedensethik interpretiert wird (Mk 12,17).[471] Die Argumente schließen indirekt an das bekannte Diktum von Ernst-Wolfgang Böckenförde an, nach dem der moderne Rechtsstaat von Voraussetzungen lebt, die er aus sich heraus nicht selbst schaffen kann.[472] Zwar ist es richtig, dass der Rechtsstaat in seinem politischen Handeln auf lückenlose Legitimationsketten angewiesen ist. Dass allerdings lediglich das Religionssystem solch eine Legitimationsgrundlage bereitstellen könne, stellt ein »legitimatorisches Missverständnis«[473] dar. »Denn hier steht ja stets der Gedanke im Hintergrund, dass dieser Staat seine Legitimationsgrundlage sich eben nicht selbst zusprechen kann – sondern sie erst durch die Religion und damit durch die Kirche erhalten kann. Das bedeutet aber auch, dass mit dieser Argumentation die Grenzen zwischen dem Politischen und dem Religiösen verwischen.«[474] Präzisierend könnte man sogar sagen, dass hier

---

[469] Vgl. ALBRECHT/ANSELM, Differenzierung und Integration, 61.

[470] Diese Deutung entfaltet Wolfgang Huber in den 1970er Jahren. Er beschreibt die Kirche als »eine Agentur zur Legitimation politischer Herrschaft«. Diese Beschreibung ist vor dem Hintergrund des zeithistorischen Kontextes zu verstehen, der sich in der Gegenwart anders darstellt. Demgemäß lässt sich diese kritische Beobachtung nicht auf das politisch-öffentliche Handeln der Kirche im 21. Jahrhundert übertragen. DERS., Kirche und Militarismus, 178.

[471] Vgl. u. a. THONAK, Evangelische Militärseelsorge und Friedensethik, 224–226.

[472] Diese argumentative Anlehnung arbeitet Reiner Anselm beim Magdeburger Friedensmanifestes heraus. Vgl. DERS., Notwendige Abschiede, 9.

[473] ANSELM, Sensibilisieren, nicht legitimieren, 225 [Hervorhebung aufgehoben].

[474] ALBRECHT/ANSELM, Differenzierung und Integration, 61.

eine Leerstelle des politischen Raums offenkundig mit einer religiösen Deutung gefüllt werden soll. Damit käme es freilich aber überhaupt erst zu jener Allianz aus Thron und Altar, die immer wieder kritisiert wird. Das Legitimationsargument der Kritikerinnen und Kritiker ist damit im Kern ein politisches Argument, das unsauber religiös interpretiert wird.

In einem Rechtsstaat hängen die Legitimationsgrundlagen des staatlichen Handelns vom demokratischen Diskurs ab. Sie sind nicht vorfindlich gegeben, sondern treten in der politischen Debatte zutage, die eine Konsensbildung im Rahmen der geltenden Rechtsgrundlage zum Ziel hat. Der moderne Rechtsstaat ist insofern nicht von einem sakralen Überbau abhängig, sondern von der Freiheit und Lebendigkeit der Demokratie, deren Voraussetzungen durch das Prinzip der Rechtsstaatlichkeit geschaffen und erhalten werden. Diese Abhängigkeit vom politischen Diskurs zeigt sich auch bei der Bundeswehr, die bewusst als *Parlamentsarmee* konzipiert ist. Für ihr militärisches Handeln im Ausland sind in der Regel Mandate erforderlich, die im Parlament diskutiert und verabschiedet werden. Das Parlament schafft mit diesen Mandaten die Legitimationsgrundlage – eine Grundlage, die nicht hierarchisch oder religiös oktroyiert wird, sondern das Produkt eines sich permanent erneuernden demokratischen Diskursprozesses darstellt. Aus diesem Grund gelten für die Mandate befristete Laufzeiten; sie werden nicht für »alle Ewigkeit« beschlossen, sondern immer wieder neu bewertet und diskutiert, ehe man sie verlängert, abändert oder auch auslaufen lässt.

Die Militärseelsorge kann in diesem Sinne keinen religiösen Beitrag leisten, um das wehrhafte Handeln des Staates zu legitimieren.[475] Dies stünde auch im Widerspruch zu ihren eigenen Rechtsgrundlagen, denn die Existenz der Militärseelsorge wird nicht durch einen religiösen Überbau, sondern durch das Grundgesetz gewährleistet. Die Militärseelsorge kann insofern als ein gelungenes Beispiel der Rechtsstaatlichkeit gedeutet werden. Dass dieses Prinzip noch immer funktioniert, zeigt sich nicht zuletzt daran, dass mittlerweile neue Zweige der Militärseelsorge eingerichtet werden.

Damit treten erste Konturen des politischen Handelns der Militärseelsorge in den Blick. Anstatt von ihr einen Beitrag zur religiösen Legitimation staatlichen Handelns zu erwarten, besteht die Pointe gerade darin, dass sie innerhalb des hoheitlichen Bereichs *Räume der Öffentlichkeit* schafft, die sich als Beitrag zu einer deliberativen Demokratie verstehen. Die Militärseelsorge eröffnet Räume, die Partizipation[476] ermöglichen sowie zum Dialog und zum Diskurs einladen, die

---

[475] Diese Einschätzung teilt der Rechtswissenschaftler Hans Markus Heimann. Vgl. DERS., Zukunftsperspektiven der Militärseelsorge, 127 f.
[476] Zur Kontinuität der Mitbestimmung in der protestantischen Sozialethik und der Bedeutung des Prinzips der Partizipation für die Stabilität einer demokratischen Grundordnung

sich mit Legitimationsfiguren auseinandersetzen, diese diskutieren und reflektieren. Damit wird der politische Diskurs in den Streitkräften fortgesetzt, wodurch das Ideal einer »Armee in der Demokratie« gestärkt wird. Im Einklang mit dem Konzept der Inneren Führung[477] lässt sich insofern festhalten, dass die Militärseelsorge entgegen ihren Kritikerinnen und Kritikern einen Beitrag zur Demokratisierung der Streitkräfte leistet. Christian Albrecht und Reiner Anselm gehen über diese Deutung noch hinaus.[478] Sie machen darauf aufmerksam, dass die Seelsorge Sakralisierungstendenzen im Militär entgegenwirkt. So besteht das Ziel der Militärseelsorge nicht darin, »das Handeln des Staates mit einer theologischen Legitimität auszustatten. Ihre Aufgabe besteht vielmehr darin, den religiösen Überschuss, den militärische Gewaltanwendung und die damit immer auch verbundene Faszination, aber auch die Kontingenz- und Leiderfahrungen, die mit dem Beruf der Soldatin und des Soldaten immer auch verbunden sind, auf sich zu ziehen und so den weltlichen Charakter militärischen Handelns sicherzustellen.«[479] Gerade in Situationen, die emotional aber auch symbolisch enorm aufgeladen sind, kann ein solcher religiöser Überschuss hervortreten – beispielsweise im Rahmen einer Trauerfeier anlässlich im Dienst gestorbener Soldatinnen und Soldaten. Es kann passieren, dass Vertreterinnen und Vertreter des Staates oder des Militärs dabei auf religiöse Deutungsfiguren Bezug nehmen. Dies ist weitgehend unproblematisch, solange die Militärseelsorge einem solchen Staatsakt einen religiösen Bezugsrahmen bietet. Die religiösen Deutungen sind in das Religionssystem eingebettet, sodass weder das Militär noch der Staat Gefahr läuft, seine weltliche Verantwortung aufzugeben. Erst wenn solch ein religiöser Bezugsrahmen wegfallen würde, bestünde die Gefahr, dass hier eine Grenze staatlichen Handelns überschritten würde.[480] Der Staat würde sich dann auf das spannungsreiche Terrain einer Staatsreligion wagen.

---

vgl. JÄHNICHEN, Patriarchalismus – Partnerschaft – Partizipation; vgl. auch JÄHNICHEN/PEUCKMANN, Ohne Demokraten keine Demokratie.
[477] Siehe Kap. III 2.2.
[478] Vgl. ausführlich ALBRECHT/ANSELM, Differenzierung und Integration, 59–74.
[479] ANSELM, Notwendige Abschiede, 11.
[480] Vor diesem Hintergrund ist ein Reformvorschlag von Sylvie Thonak zur Militärseelsorge, dass »[z]entrale kirchliche Trauergottesdienste für getötete Soldaten [...] zeitlich, räumlich und liturgisch klar von zentralen Staatsakten getrennt werden« sollen, kritisch zu sehen. Es besteht die Gefahr, dass so ein Vakuum entsteht, innerhalb dessen es zu einer unheilvollen Melange von militärischer, politischer und kirchlicher Symbolik kommen kann. Die eingeforderte Trennung wird höchstwahrscheinlich nicht dazu führen, dass Staat und Kirche als unterscheidbare »Sphären« wahrgenommen werden, sondern dass sie unabhängig voneinander ihren Zuständigkeitsbereich auf die je andere Sphäre ausweiten und so die Codierung ihres Handelns ändern. THONAK/THEIßEN, Militärseelsorge, 158.

Nimmt man diese Beobachtungen ernst, so lässt sich ein zentraler Kritikpunkt an der Militärseelsorge entkräften: Die Militärseelsorge dient nicht der Legitimierung und Sakralisierung staatlichen Handelns;[481] sie leistet vielmehr einen Beitrag zur *Demokratisierung* und *Säkularisierung* der Streitkräfte, indem sie unabhängige Räume der Öffentlichkeit[482] schafft und gleichzeitig religiöse Überschüsse an sich bindet.

Nun sind diese Räume der Öffentlichkeit nicht per se neutrale Räume, was die Frage nach den Chancen und Grenzen des politischen Handelns der Militärseelsorge aufwirft. Denn wenn die Militärseelsorge Räume der Öffentlichkeit schafft, so geschieht dies immer vor dem Hintergrund der eigenen christlichen Prägung. Die Militärseelsorge stellt insofern keine neutralen Container bereit; sie eröffnet Räume, die sich an den Inhalten des Evangeliums orientieren. Das bedeutet, dass mit den Räumen der Öffentlichkeit eine spezifische Öffentlichkeit, mitunter auch *Gegenöffentlichkeit*, gemeint sein kann.[483] Dieser Aspekt kommt auch in den Diskussionen zum Programm der Öffentlichen Theologie zur Sprache: »Wird die Rolle der Kirche als Herstellerin von Öffentlichkeit und als exemplarisches Gemeinwesen betont, kann sie leicht zur Herstellerin von Gegenöffentlichkeit, zum nicht mehr nur exemplarischen, sondern alternativen Gemeinwesen und also zur Kontrastgesellschaft werden.«[484]

Dieses Potenzial birgt Chancen wie Risiken. Es wird deutlich, dass das politisch-öffentliche Handeln der Militärseelsorge inhaltlich am christlichen Glauben ausgerichtet sein sollte und dass sie im Sinne der kritischen Solidarität auch ihre Stimme erheben darf. Zugleich deutet sich an, dass mit dem politisch-öffentlichen Handeln der Militärseelsorge eine besondere Verantwortung einhergeht. Sie muss sich vergegenwärtigen, in welche Räume der Öffentlichkeit sie hinein kommuniziert, inwieweit sie selbst diese Räume konstituiert oder ledig-

---

[481] Diese Sichtweise, dass die Militärseelsorge eine Sakralisierungsfunktion erfülle, vertritt Eugen Drewermann. Vgl. DERS., Von Krieg zu Frieden, 303.

[482] Sylvie Thonak mahnt in diesem Zusammenhang kritisch an, dass der Einführungsgottesdienst von Militärbischof Sigurd Rink nicht den Anforderungen eines öffentlichen Gottesdienstes entsprochen habe. Lediglich geladenen Gästen wurde der Zugang gewährt. Gleicht man diese Beobachtung mit der Praxis der Militärseelsorge ab, so ist von einem Ausnahmefall auszugehen. Gottesdienste im Vorfeld einer Gelöbnisfeier entsprechen den Anforderungen eines öffentlichen Gottesdienstes, weil daran auch die Familien der Soldatinnen und Soldaten teilnehmen können. Vgl. a. a. O., 181–189.

[483] Ähnlich beschreibt dies Isolde Karle: »Die Kirche ist Teil der Gesellschaft und zugleich Gegenhorizont zu einer durchrationalisierten, leistungsorientierten Welt. Sie symbolisiert das Unverfügbare, nicht Mess- und Berechenbare und darin das Angewiesen sein auf Gottes Güte, Gnade und Erbarmen.« DIES., Kirche im Reformstress, 261.

[484] HÖHNE, Öffentliche Theologie, 113 f.

lich an ihnen partizipiert und welche Themen sie in die Debatte einträgt.[485] Dabei zeigt sich, dass inhaltlich bisher vor allem friedensethische Themen dominieren. Die Seelsorge wird noch nicht im Sinne eines öffentlich-politischen Handelns begriffen,[486] was jedoch ein Versäumnis darstellt. Gerade Projekte wie das Arbeitsfeld Seelsorge für unter Einsatz- und Dienstfolgen leidende Menschen (ASEM) schärfen den Blick dafür, dass die Einsatzrealität der Bundeswehr auch auf Kosten der seelischen Unversehrtheit der Soldatinnen und Soldaten geht.[487] In solchen Kontexten kann die Seelsorge nicht bei einer mitfühlenden Begleitung stehen bleiben, sie muss sich zugleich der Verantwortung ihrer kritischen Anwaltschaft stellen und auf die strukturellen Bedingungen dieser Belastungsreaktionen in der Öffentlichkeit aufmerksam machen.

Da sich mit dem politisch-öffentlichen Handeln der Militärseelsorge nicht zuletzt auch ein normativer Anspruch verbindet, ist es wichtig, die Frage, welche Öffentlichkeiten überhaupt adressiert werden sollen, umsichtig zu reflektieren. Es deutet sich an, dass für die Klärung dieser Frage das Gespräch mit der Öffentlichen Theologie weiterführende Impulse liefern kann, da hier der Öffentlichkeitsbegriff differenziert in den Blick kommt.[488] Anstatt von *der* Öffentlichkeit zu sprechen, scheint die Rede von den »Wirkungen des Christentums in die Öffentlichkeiten der Gesellschaft hinein«[489] passender zu sein. Die Militärseelsorge tritt vor diesem Hintergrund also nicht mit der einen Öffentlichkeit in einen Dialog, um über Entwicklungen der Bundeswehr zu sprechen. Sie wendet sich vielmehr partikularen Öffentlichkeitsbereichen zu. Dies geschieht beim Gesprächsabend in der Ortsgemeinde, in der medialen und journalistischen Öffentlichkeitsarbeit, in den Unterredungen mit politischen Vertreterinnen und

---

[485] Für die Klärung dieser weitreichenden Fragen scheint das Konzept der *Öffentlichen Theologie* weiterführend zu sein, weil sich damit das Wirken und die Wirkungen des Christentums in die Räume der Öffentlichkeiten beschreiben, reflektieren und bewerten lassen. Insofern ist es begrüßenswert, dass in der jüngsten Zeit der Dialog zwischen der Militärseelsorge und der Öffentlichen Theologie aufgenommen wurde. Vgl. u. a. RINK/ BECKMANN, Superkonfessionell, 120; RINK, Über den Kultus hinaus, 82; PEUCKMANN, Militärseelsorge und Öffentliche Theologie, insb. 266–270.

[486] Zum öffentlichkeitspolitischen Potenzial von Seelsorge vgl. MORGENTHALER, 303–305; vgl. NAUER, Seelsorge, 256–259. Hinsichtlich der kirchentheoretischen Verankerung einer öffentlichkeitswirkenden Seelsorge vgl. SCHLAG, Öffentliche Kirche.

[487] Siehe im Detail Kap. IV 2.1.3.

[488] Für eine kritische Auseinandersetzung mit dieser Frage vgl. WUSTMANS, Plain Language as Empowerment beyond a Faithful Middle-class Public, 150–152.

[489] VÖGELE, Zivilreligion in der Bundesrepublik Deutschland, 421.

Vertretern,[490] in den Debatten mit der EKD und den Landeskirchen und nicht zuletzt in Gesprächen mit Soldatinnen und Soldaten.

Insgesamt bleiben Politik und Öffentlichkeit schwierige und herausfordernde Themen für die Militärseelsorge. Gleichzeitig wird sie diesen Themen nicht aus dem Weg gehen können, denn auch der Versuch unpolitisch oder nichtöffentlichkeitswirksam zu sein, ist letztlich auf eine politische Haltung zurückzuführen, auf eine Haltung, die die Seelsorge als Teil einer Nichtöffentlichkeit versteht und die das kirchliche Handeln außerhalb der Gesellschaft verortet. Damit würde man sich von Georg Pichts Konzept der kritischen Solidarität allerdings verabschieden, da dieses gerade von der kritischen Mitverantwortung der Kirche in der Welt, »in der sie steht«[491], ausgeht. Festzuhalten bleibt, dass die Militärseelsorge mit ihrem politisch-öffentlichen Handeln selbst keine Politik im Sinne von Partei- oder Machtpolitik betreibt, sondern den politischen Diskurs an jenem Ort (mit)ermöglicht, der als Funktions- und Ausdrucksform des Rechtsstaats die Freiheit und Lebendigkeit einer rechtsstaatlichen Demokratie zu wahren und erhalten versucht.

---

[490] Begegnungen für solche Gespräche mit politischen Vertreterinnen und Vertretern finden nicht nur auf der Leitungsebene der Militärseelsorge statt. Auch an den Standorten kann das Gespräch mit Vertreterinnen und Vertretern der Kommunal- oder Landespolitik zur Praxis gehören. Im Einsatz wird die Militärseelsorge überdies häufig in die politischen Besuche von Abgeordneten des Parlaments oder von Repräsentanten des Verteidigungsministeriums einbezogen. So kann es zu direkten Gespräche mit den Staatssekretären bzw. mit der Verteidigungsministerin kommen. Das politisch-öffentliche Handeln der Militärseelsorge ist insofern nicht nur auf die Leitungsebene begrenzt.

[491] PICHT, Studien zur politischen und gesellschaftlichen Situation der Bundeswehr, 8.

4. Gestalten: Militärseelsorge und der Raum in der Bundeswehr

Die Militärseelsorge gibt der Seelsorge Raum. Damit ist nicht bloß eine metaphorische Beschreibung des seelsorglichen Handelns in der Bundeswehr gemeint. Der Raumbegriff spielt auch eine wesentliche Rolle in der täglichen Praxis der Militärseelsorge, sodass sich an ihm ein Programm für eine *raumsensible Seelsorge* entwickeln lässt. Es geht darum, Räume *wahrzunehmen*, sie zu *verstehen* und sie zu *gestalten*.

In der Theorie zeigt sich, dass für solch einen Dreischritt der Rekurs auf die Ansätze von Michel Foucault und Martina Löw, die beide im weitesten Sinne dem spatial turn zugerechnet werden können, weiterführend ist.[492] Der Raum lässt sich als hermeneutische und als zu gestaltende Kategorie der Seelsorge begreifen. Foucault weist mit seinem Ansatz der Heterotopien darauf hin, dass Räume mit Deutungen verknüpft sind, dass sich diese Deutungen aber auch hinterfragen lassen und dass sie als Anderorte erlebt und gestaltet werden können. Martina Löws Ansatz der Raumsoziologie hilft wiederum dabei, diese Prozesse genauer zu verstehen, um das relationale und dynamische Potenzial von Räumen freizulegen: Ein Raum *ist* nicht einfach ein Raum; ein Raum *wird* zum Raum.

Die Theorien von Foucault und Löw sind hilfreich, um hinter die Fassade von vermeintlich eindeutigen, permanenten und statischen Räumen zu blicken. Und gerade diese Räume sind charakteristisch für die Bundeswehr: Ein Feldlager im Einsatz oder ein seefahrendes Marineschiff symbolisieren Funktionalität und Effizienz. Diese Funktionalität ist wiederum Garant dafür, dass die militärischen Aufträge erfüllt werden und dass die Soldatinnen und Soldaten unversehrt in die Heimat zurückkehren können. Trotz dieser wichtigen Ziele sind die vermeintlich absoluten Räume nicht frei von relativen bzw. relativierenden Räumen. Die Militärseelsorge ist als *Grenzgänger*[493] zwischen dem »Drinnen« und »Draußen« in diese Räume eingebunden. Sie schärft als ein Anderort in einem Anderort den Blick dafür, dass die Bundeswehr auch in raumtheoretischer Hinsicht keine

---
[492] Siehe dazu ausführlich Kap. IV 1.
[493] Vgl. THIEL, Blutrausch, 81–83.

absolute, sondern eine *relationale Armee* – eine Armee in der Demokratie – ist. Ihre Bezugsgröße ist und bleibt die Gesellschaft, die sich über das Zusammenspiel von hybriden und relationalen Räumen konstituiert. Nun bleibt noch zu fragen, welche Räume die Militärseelsorge in der Bundeswehr eröffnet.

1. *Anderorte:* Die Militärseelsorge eröffnet Anderorte, zugleich ist sie selbst ein Anderort im Militär und damit ein Anderort in einem Anderort. Mit dieser theoretischen Beschreibung lassen sich sowohl Spannungen als auch Potenziale, die von den Räumen der Militärseelsorge ausgehen, identifizieren und reflektieren. Es sind Räume, die in den umgebenden Realraum (Bundeswehr) eingepasst sind und ihn anerkennen, die ihn zugleich relativieren, verfremden und damit neu perspektiveren. Sie weisen eigene Ordnungsstrukturen auf, die auch in zeitlicher Hinsicht neue Orientierungen bieten können (beispielsweise Gottesdienste). Sie sind religiös imprägniert, sodass der Blick über den Horizont der »messbaren Seite der Welt« möglich wird. Sie sind inklusiv gedacht, sodass Kategorien wie »Drinnen« und »Draußen«, Rang und Hierarchie, Freund und Feind eine Relativierung erfahren. Die Anderorte der Militärseelsorge entfalten ihr *heilsam irritierendes Potenzial* gerade dadurch,[494] dass sie die Spannungen von Verfremdung und Anerkennung, von Andersartigkeit und Vertrautheit, von Kritik und Solidarität, von Transzendenz und Immanenz räumlich aufnehmen, aushalten und sie im Rückgriff auf die eigene Tradition und den christlichen Glauben anhand von Symbolen, Handlungen, Deutungsperspektiven und einer allgemein zugewandten Haltung gestalten.

2. *Relationale Räume:* Anderorte der Militärseelsorge sind gleichzeitig relationale Räume. Sie konstituieren sich in der Begegnung mit einem Gegenüber. Meist sind damit die Soldatinnen und Soldaten gemeint, manchmal kann dies die Soldatenfamilien miteinschließen. Aber auch in der ökumenischen oder interreligiösen Begegnung eröffnen sich relationale Räume. Selbst mit ihrem politisch-öffentlichen Handeln tritt sie in relationale Begegnungsräume ein. Seelsorge ist ein Beziehungsgeschehen; dies zeigt sich auch in raumtheoretischer Hinsicht. Die Räume, die die Militärseelsorge eröffnet und gestaltet, wirken sich auf die Beziehungen aus, die in ihnen verortet werden. Gleichzeitig prägen diese Beziehungen den jeweiligen Raum. Martina Löw spricht von Syntheseleistungen, die die Raumkonstitution überhaupt erst ermöglichen.[495] Räume sind demnach keine starren Gebilde, sondern Orte der Relation, der Begegnung und Interaktion. Dies gilt insbesondere für Seelsorgeräume in der Bundeswehr.

3. *Dynamische Räume:* Die Räume, die von der Militärseelsorge eröffnet werden, sind nicht zuletzt dynamische Räume. Sie konstituieren sich über Beziehungen, die nach Lebendigkeit streben, über Inhalte, denen oftmals eine

---

[494] Vgl. Evangelisches Kirchenamt für die Bundeswehr (Hg.), Begleitung im Licht des Evangeliums, 9; vgl. HEIMER, »Heilsame Irritationen«.

[495] Vgl. Löw, Raumsoziologie, 159.

4. Gestalten: Militärseelsorge und der Raum in der Bundeswehr 347

Mehrdeutigkeit anhaftet, und über Dialoge, die prozesshaft zu gestalten sind. Es sind dynamische Räume, die den umgebenden Realraum spiegeln, da auch dieser sich stetig wandelt. Die Bundeswehr selbst unterliegt einem *kontinuierlichen Transformationssog*. An die Soldatinnen und Soldaten werden ungemein hohe Ansprüche hinsichtlich der Mobilität gestellt. Diese Dynamik nimmt die Militärseelsorge in ihre Seelsorgeräume mit auf. Es sind Räume, die für einen kurzen Moment eine Unterbrechung des nie enden wollenden Dienstalltags ermöglichen. Zugleich sind es zeitlich begrenzte Räume (beispielsweise Rüstzeiten). Das gilt auch für Räume, die in gewisser Weise die Idee von Kontinuität in der Diskontinuität repräsentieren. So werden die Gottesdiensthäuser in den Feldlagern irgendwann zurückgebaut werden bzw. einer anderen Nutzung zugeführt. Ihre Symbole und Elemente werden jedoch nicht »zurückgelassen«, sondern »repatriiert« und anderswo neu verortet. Ein Symbol für die Neuverortung von bleibenden Anderorten findet sich auch im Evangelischen Kirchenamt für die Bundeswehr in Berlin. Dort hat das gusseiserne Eingangstor des früheren Bonner Kirchenamtes einen neuen und symbolischen Platz gefunden.

Dass die Räume der Militärseelsorge *anders*, *relational* und nicht zuletzt *dynamisch* sind, deutet an, dass von ihnen ein großes seelsorgliches Potenzial ausgeht. Dies zeigt sich auch in zeitlicher Hinsicht. Foucault weist diesbezüglich darauf hin, dass Heterotopien oft in Verbindung mit zeitlichen Brüchen stehen und daher auch mit einer *Heterochronie* (Anderzeit) zusammenhängen. In Gottesdiensten, Rüstzeiten, in der Familienarbeit oder im Seelsorgegespräch können Soldatinnen, Soldaten und ihre Familien Erfahrungen mit einer Anderzeit machen. Gleichzeitig symbolisiert die Militärseelsorge in der Bundeswehr selbst die Idee einer Anderzeit. Dass in den internationalen Einsätzen, auf den hochtechnischen Schiffen der Deutschen Marine oder auf den Truppenübungsplätzen Theologinnen und Theologen präsent sind, wirkt ein Stück weit wie aus der Zeit gefallen. Wenn man jedoch eine andere Perspektive einnimmt, tritt das seelsorgliche Potenzial der Militärseelsorge deutlich hervor. Die Seelsorgerinnen und Seelsorger sind da, wo sie gebraucht werden: an der Seite der Soldatinnen und Soldaten. Das galt schon für die 1950er Jahre, für die Phasen des nuklearen Wettrüstens, für das wiedervereinte Deutschland und seit nunmehr 25 Jahren gilt dies auch für die Einsatzrealität. In all der Dynamik und all den Veränderungen zeigt sich eine wesentliche Konstante der Militärseelsorge, es zeigt sich ihre Kontinuität in der systembedingten Diskontinuität. Sie hat immer Wege zu den Soldatinnen und Soldaten gesucht. Dass diese Wege nicht frei von Spannungen sind, verdeutlicht die Geschichte und Gegenwart der Militärseelsorge. Es sind Spannungen, die wesenhaft zur Seelsorge in den deutschen Streitkräften hinzugehören. Davon ausgehend lässt sich die zentrale Aufgabe einer raumsensiblen Seelsorge formulieren: Es geht darum, diese Spannungen räumlich aufzunehmen, sie auszuhalten und sie auf der Grundlage des christlichen Glaubens konstruktiv zu gestalten.

V. Schlussüberlegungen

Die Militärseelsorge stellt einen besonderen Seelsorgebereich in der Landschaft kirchlicher Handlungsfelder dar. Für sie scheint, mehr noch als für andere Seelsorgefelder, ein *ethischer Sonderauftrag* zu gelten. Kirchliche sowie theologische Debatten profilieren die Militärseelsorge größtenteils friedensethisch. Vonseiten der Politik und der Bundeswehr wird darüber hinaus ihr Beitrag zur ethischen Bildung in den Streitkräften hervorgehoben. Der ethische Sonderauftrag mag auch ein Grund dafür sein, warum die Militärseelsorge bislang in der Praktischen Theologie bzw. der Poimenik nur wenig Aufmerksamkeit erfahren hat. Mit Blick auf die Praxis zeigt sich aber, wie wichtig eine seelsorgetheoretische Reflexion dieses kirchlichen Handlungsfeldes ist. Soldatinnen und Soldaten treten nur selten an Militärpfarrerinnen und Militärpfarrer heran, um ethische Grundsatzfragen zu diskutieren. Für sie ist vielmehr wichtig, dass sie sich vertrauensvoll an eine Person wenden können, die die Bundeswehr kennt und zugleich nicht Teil des militärischen Apparats ist, die außerhalb jeglicher Hierarchieketten steht und nicht meldepflichtig ist. In der Praxis spielt damit das, was man im weitesten Sinne als *Seelsorge* beschreiben kann, die entscheidende Rolle. Die vorliegende Studie nimmt diesen Schwerpunkt ernst und macht ihn zum Ausgangpunkt ihrer theoretischen Überlegungen. Die Militärseelsorge wird dabei als *Seelsorge in der Lebenswelt Bundeswehr* verstanden.

Der Begriff der Lebenswelt ist hilfreich, um den Seelsorgebereich genauer fassen zu können. An ihm wird deutlich, dass das seelsorgliche Handeln nicht auf die Soldatinnen und Soldaten beschränkt bleibt, sondern deren Familien und darüber hinaus auch die Bundeswehr insgesamt miteinschließt. Die Militärseelsorge ist deshalb weder nur Individualseelsorge noch ausschließlich Gruppenseelsorge. Ferner hilft der Lebensweltbegriff, die Bundeswehr differenzierter in den Blick zu nehmen. In öffentlichen, medialen und auch politischen Debatten dominieren oftmals einseitige Darstellungen der Streitkräfte, die entweder in einer Grundsatzkritik münden oder jegliche Kritik vermissen lassen. Eine solch Schwarzweißsicht wird der Bundeswehr nicht gerecht. Die Lebenswelt Bundeswehr ist hochkomplex, da in ihr unterschiedliche Dynamiken, Logiken und Teilsysteme wirksam sind.

Wenn man die Bundeswehr als komplexe Lebenswelt begreift, wird erkennbar, dass sie grundsätzlich von Spannungen geprägt ist. Sie ist eine militärische Sonderwelt und zugleich als »Armee in der Demokratie« auf die Gesellschaft bezogen. Sie definiert sich über das einmalige Konzept der Inneren Führung, das durch die gegenwärtige Einsatzrealität gleichzeitig infrage gestellt wird. Sie versteht sich als Teil einer postheroischen Gesellschaft, bleibt in ihrem Dienst aber auf ein Residuum einer neuen Kultur des Heroischen angewiesen. Sie möchte familienfreundlicher werden, »verlegt« aber parallel tausende Soldatinnen und Soldaten in die unterschiedlichen Einsatzgebiete weit entfernt von der Heimat. Sie möchte Gewalt verhindern, setzt dafür allerdings Gewalt auch aktiv ein.

Die Bundeswehr ist prinzipiell auf Spannungen hin angelegt – auf Spannungen, die nicht gelöst werden können, sondern ausgehalten und ausbalanciert werden müssen. Dies zeigt sich besonders deutlich, wenn man die Lebenswelt Bundeswehr aus organisationstheoretischer Sicht betrachtet. Aus dieser Perspektive zeigt sich, dass in der Bundeswehr unterschiedliche Logiksysteme aufeinandertreffen, die zum Teil einander stützen, zum Teil aber auch in Konkurrenz zueinanderstehen. Die militärische Organisation verfolgt mitunter andere Ziele als die militärische Institution. In ähnlicher Weise kann das Aufeinandertreffen unterschiedlicher Logiksysteme das spannungsreiche Verhältnis zwischen Beruf und Familie belasten.

Auch die Militärseelsorge ist mit diesen unterschiedlichen Logiksystemen konfrontiert. Dabei ist es wichtig, die Dynamiken und Spannungen wahrzunehmen und zu reflektieren, um Seelsorgeräume eröffnen und gestalten zu können. Dies gelingt am ehesten mit einer hauptamtlichen Militärseelsorge, die die Lebenswelt Bundeswehr kennt und gleichzeitig unabhängig vom Militär und seiner Rationalität ist. Gefragt ist insofern eine professionelle Nähe bei struktureller Distanz. Genau mit solch einem Zuschnitt kann die Militärseelsorge eine Kontextsensibilität für die Bundeswehr ausbilden, die dabei hilft, ihrem seelsorglichen Auftrag gerecht zu werden, ohne den Sogwirkungen des Militärs unreflektiert nachzugeben. Es gehört mithin zu den zentralen Aufgaben der Militärseelsorge, dass sie den Spagat zwischen Nähe und Distanz, zwischen kritischer Reflexion und solidarischer Begleitung aufrechterhält und konstruktiv gestaltet.

Wenn man den Blick auf die strukturellen Voraussetzungen der Militärseelsorge richtet, wird erkennbar, dass Militärpfarrerinnen und Militärpfarrer mit großen Freiheiten ausgestattet werden, die es ihnen ermöglichen, den Spagat der *kritischen Solidarität* auszuhalten. Dies betrifft zuvörderst das Beamtenverhältnis, das einen freien Zugang zu den Soldatinnen und Soldaten im In- und

Ausland gewährleistet.¹ Gleichzeitig wird den Seelsorgerinnen und Seelsorgern durch den Militärseelsorgevertrag eine prinzipielle Selbstständigkeit und Unabhängigkeit (MSV Art. 4 u. 16) zugesichert. Für die Praxis ist es wichtig, diese Freiheiten selbstbewusst wahrzunehmen, sie – wo immer nötig – einzufordern und zu verteidigen und sie nicht zuletzt auch mit Inhalten zu füllen. Deshalb ist und bleibt eine inhaltlich-orientierte Debatte über die Militärseelsorge unverzichtbar. Die Fragen zu ihrer Struktur lassen sich nicht abstrahierend von ihren inhaltlichen Aufgaben und Anforderungen diskutieren.

Interessanterweise bietet gerade der Militärseelsorgevertrag für die Verknüpfung von Inhalt und Struktur eine erste Orientierung. Der zweite Artikel, der als »wichtigste Bestimmung im gesamten Vertrag«² gilt, skizziert zunächst im weitesten Sinne einen inhaltlichen Auftrag, ehe die strukturellen Grundlagen der Militärseelsorge bestimmt werden: »(1) Die Militärseelsorge als Teil der kirchlichen Arbeit wird im *Auftrag* und unter Aufsicht der Kirche ausgeübt. (2) Der Staat sorgt für den *organisatorischen Aufbau* und trägt ihre Kosten.« Der Militärseelsorgevertrag gibt damit indirekt eine Denkrichtung vor: Es geht zuerst um Inhalte, dann um Strukturen. Die vorliegende Studie greift diese Bestimmung auf und deutet die Seelsorge als inhaltliches Zentrum der Militärseelsorge. Dabei spielen vor allem die Begriffe des *Wahrnehmens*, *Reflektierens* und *Gestaltens* eine zentrale Rolle. Für Seelsorgerinnen und Seelsorger ist es unverzichtbar, die Beziehungen, die thematischen Anlässe und Kontexte der jeweiligen Gesprächssituationen sensibel wahrzunehmen. Dabei ist es entscheidend, eine Rollenklarheit zu haben, um professionsethisch reflektiert seelsorglich aktiv werden zu können. Für Militärpfarrerinnen und Militärpfarrer heißt das, dass ihre Wahrnehmung aus einer Haltung der kritischen Solidarität erfolgen sollte. Eine solche Wahrnehmung geht mit Reflexion und Wissen einher. Die Voraussetzungen und institutionellen Rahmungen eines Seelsorgegesprächs müssen verstanden werden. Dies ist wiederum nur dann möglich, wenn Seelsorgerinnen und Seelsorger elaborierte Kenntnisse über den jeweiligen Kontext ihres seelsorglichen »Wirkungsraums« haben. Das heißt zugleich, dass ein Schritt hinter die Hauptamtlichkeit der Militärseelsorge zurück aus poimenischer Sicht alles andere als wünschenswert wäre. Eine hauptamtliche Militärseelsorge wird deutlich leichter ein reflektiertes Verständnis der Bundeswehr entwickeln, das davor schützen kann, sich zu stark mit der gastgebenden Institution zu identifizieren oder sich zu vehement von ihr abzugrenzen. Auf der Grundlage einer kritisch solidarischen Wahrnehmung und der damit verbundenen Reflexion der besonderen Einflüsse und Dynamiken können Seelsorgerinnen und Seelsorger aktiv werden und die jeweiligen Situationen umsichtig und vor allem kontextsensibel gestalten. Die Militärseelsorge erschließt sich auf diese Weise Freiräume

---

[1] Vgl. dazu vor allem ENNUSCHAT, Militärseelsorge, 343; 357.
[2] WERKNER, Soldatenseelsorge versus Militärseelsorge, 34.

in der Lebenswelt Bundeswehr, die sie als seelsorgliche Anderorte gestalten kann.

Nun gilt es zum Schluss den Blick nach vorne zu richten. Die Bundeswehr wird sich auch in Zukunft weiterentwickeln und verändern. Es ist davon auszugehen, dass der bisher eingeschlagene Weg der Spezialisierung und Professionalisierung der Streitkräfte weiter beschritten wird. Es erscheint insofern unwahrscheinlich, dass die Wehrpflicht trotz des unbestreitbar akuten Personalmangels wieder eingeführt wird. Die Bundeswehr hat angesichts ihrer vielfältigen und zum Teil hochkomplexen Aufgaben kaum eine Verwendung für Soldatinnen und Soldaten, die nach nur wenigen Monaten die Streitkräfte wieder verlassen. Das Aussetzen der Wehrpflicht führt zugleich dazu, dass die Einbindung der Bundeswehr in die Zivilgesellschaft nicht mehr selbstverständlich ist. Ob sich dies in Zukunft ändert, bleibt abzuwarten. Der politische Wille, die Bundeswehr wieder sichtbarer im gesellschaftlichen Raum zu verorten, ist durchaus erkennbar.

Die Bundeswehr wird sich auch künftig an internationalen Einsätzen beteiligen. Die große Hoffnung der Moderne, dass mit dem Fortschreiten des Zivilisationsprozesses ein Rückgang an Gewalt einhergeht, diese gar überwunden werden könne, hat sich nicht erfüllt. In der Gegenwart werden Menschen tausendfach zu Opfern von Bürgerkriegen, von bewaffneten Konflikten oder in zwischenstaatlichen Auseinandersetzungen. Diese internationalen Konflikte und Krisen machen überdies deutlich, wie wichtig die Bündnisarbeit im Rahmen der NATO und auch der EU mittlerweile ist. Es steht zu vermuten, dass sich die Bundeswehr in diesem Aufgabengebiet in Zukunft noch stärker engagieren wird.[3]

Auch wird sich das Aufgaben- und Einsatzspektrum der Bundeswehr weiter verändern. Der Cyberraum wird in Zukunft an Gewicht gewinnen. Ob im Zuge der Digitalisierung Schlachtfelder künftig wirklich leerer werden, ist indes fraglich. Die neuen Technologien werden althergebrachte Selbstbilder und Identitätsmarker der Streitkräfte auf den Prüfstand stellen. Mit ihnen stellen sich zugleich eine Reihe ethischer Fragen, die gegenwärtig bereits intensiv diskutiert werden. Auch ist davon auszugehen, dass die Bundeswehr weiterhin bei künftigen Katastrophenfällen zum Einsatz kommen wird wie zum Beispiel bei Naturkatastrophen infolge des Klimawandels. Im Rahmen der Covid-19-Pandemie halfen Soldatinnen und Soldaten sogar in Gesundheitsämtern, Impfzentren und Pflegeeinrichtungen aus.

---

[3] Die Relevanz dieses Aufgabengebietes kommt auch in einem auf die Zukunft gerichteten Positionspapier von Verteidigungsministerin Annegret Kramp-Karrenbauer (2019–2021) und Generalinspekteur Eberhard Zorn aus dem Frühjahr 2021 deutlich zum Ausdruck. Vgl. Bundesministerium der Verteidigung (Hg.), Positionspapier: Gedanken zur Bundeswehr der Zukunft.

Die Bundeswehr sieht sich auch in Zukunft mit großen Herausforderungen konfrontiert, die ein kompetentes, nachhaltiges, verlässliches und damit verantwortungsvolles Handeln erforderlich machen. All dies wird auch Einfluss auf die Arbeit der Militärseelsorge nehmen, die sich dementsprechend weiterentwickeln und verändern wird. Durch neue Zweige der Militärseelsorge – also zunächst einmal die jüdische Militärseelsorge, in Zukunft dann wahrscheinlich die muslimische und gegebenenfalls auch die orthodoxe Militärseelsorge – werden sich neue Chancen für einen inhaltlichen Austausch und für die seelsorgliche Begleitung ergeben. Gleichzeitig wird sich die Militärseelsorge mit einer Reihe prinzipieller Herausforderungen auseinandersetzen müssen. Die gegenwärtigen Vakanzen deuten beispielsweise an, dass nicht alle Stellen unmittelbar nachbesetzt werden können. Diese Situation wird sich im Zuge der demographischen Entwicklung und der nachlassenden Ressourcen der beiden großen Kirchen noch deutlich verschärfen.

Das Thema der Nachwuchsgewinnung spielt eine bislang eher unterschätzte Rolle. Auf Seiten der Militärseelsorge ist dazu bisher wenig Bewegung erkennbar. Zukunftsweisende Konzepte zur Nachwuchsgewinnung fehlen bislang. Das mag auch daran liegen, dass die Landeskirchen zunächst einmal für den theologischen Nachwuchs verantwortlich sind und die ausgebildeten Pfarrerinnen und Pfarrer auf eigenen Wunsch hin für den Dienst in der Militärseelsorge freistellen. Der künftige Pfarrermangel betrifft aber auch die Landeskirchen selbst, sodass hier eigennützige Interessen erkennbar sind, die vorhandenen Pfarrerinnen und Pfarrer auf den Stellen der jeweiligen Landeskirche zu halten. Trotzdem ist die Frage zu stellen, warum sich die Militärseelsorge in Absprache mit der EKD und den Landeskirchen nicht deutlicher um ihre Sichtbarkeit beim theologischen Nachwuchs bemüht. Das könnte zum Beispiel bedeuten, dass die Militärseelsorge den Weg an die theologischen Fakultäten oder in die Predigerseminare sucht. Unter Studierenden der Theologie sowie Vikarinnen und Vikaren ist das Handlungsfeld der Militärseelsorge nur wenig bekannt. Gleichzeitig ist davon auszugehen, dass der Austausch mit dem theologischen Nachwuchs auch in inhaltlicher Hinsicht die Arbeit der Militärseelsorge bereichern würde.

Das, was man in der Kirchentheorie als quantitative »Verflüchtigung der Volkskirche«[4] beschreibt, lässt sich nicht zuletzt auch in der Bundeswehr beobachten. Die Zahl der konfessionell gebundenen Soldatinnen und Soldaten ist rückläufig. In den nächsten Jahren wird die symbolträchtige Fünfzigprozentmarke unterschritten, was höchstwahrscheinlich neue Grundsatzfragen über die Notwendigkeit einer institutionell verfassten Militärseelsorge nach sich ziehen wird. Gleichzeitig nimmt die religiöse Pluralität in den Streitkräften weiter zu. All das heißt nicht, dass die Arbeit der Militärseelsorge an Bedeutung verlöre oder nur noch für einen eingegrenzten Teilbereich der Streitkräfte relevant wäre. Auch

---

[4] ALBRECHT/ANSELM, Öffentlicher Protestantismus, 35.

konfessionslose Soldatinnen und Soldaten bzw. Soldatinnen und Soldaten anderer Glaubensrichtungen wenden sich für vertrauensvolle Gespräche an die Militärseelsorge, besuchen den Lebenskundlichen Unterricht, im Einsatz manchmal sogar einen Gottesdienst.[5] Das kirchliche Handeln der Militärseelsorge ist nicht mehr *quantitativ* zu bestimmen, sondern vielmehr *qualitativ* und zwar als Seelsorge in der Lebenswelt Bundeswehr. Sigurd Rink schreibt: »Militärseelsorge ist wirklich so etwas wie ein ›Zukunftslabor der Kirche‹. Da geht es nicht nur um eine Kerngemeinde, sondern um viele Interessierte, zuweilen auch Distanzierte, die bislang mit der Kirche nicht viel zu tun hatten.«[6]

Die Labormetapher ist durchaus sinnvoll gewählt, da die Militärseelsorge in der Bundeswehr günstige Strukturen sowohl in finanzieller als auch in logistischer Hinsicht vorfindet, weswegen sie sich nicht primär quantitativ absichern muss, sondern den Fokus auf das qualitative Handeln richten kann. Vergleichbare Strukturen existieren in der übrigen kirchlichen Landschaft kaum. Die Kirche der Zukunft wird also nicht umhinkommen, das eigene Handeln auch an quantitativen Voraussetzungen und Ressourcen zu orientieren. Darüber hinaus kann die Militärseelsorge als ermutigendes Beispiel betrachtet werden, wie sich kirchliche Seelsorge in einer fremden Organisation kritisch solidarisch Menschen, die aufgrund ihres Berufes in existentielle Nöte kommen, zuwendet. An der Militärseelsorge wird mithin sichtbar, wie sich kirchliches Handeln auch qualitativ darstellen kann. Die Qualität der Militärseelsorge besteht dabei darin, den Soldatinnen, Soldaten und ihren Familien zweck- und vorurteilsfrei im Horizont des Evangeliums zu begegnen. Seelsorge möchte nicht missionieren, belehren oder therapieren. Sie möchte die Freiheit der oder des Einzelnen fördern, zur ethischen Reflexion ermutigen und Freiräume in Kontexten eröffnen, die nicht selten als unfrei oder fremdbestimmt empfunden werden. All dies leistet eine *ethisch-* sowie *raumsensible Militärseelsorge*, indem sie die Lebenswelt Bundeswehr wahrnimmt, reflektiert und im Sinne ihres christlichen Auftrages gestaltet.

---

[5] Dies belegen die empirisch erhobenen Zahlen des Zentrums für Militärgeschichte und Sozialwissenschaften der Bundeswehr. Vgl. DÖRFLER-DIERKEN, Politische, historische und ethische Bildung in der Bundeswehr und der Lebenskundliche Unterricht (LKU), 160.

[6] RINK, Können Kriege gerecht sein?, 137.

Abkürzungsverzeichnis

AHSAB e.V.	Arbeitskreis Homosexueller Angehöriger der Bundeswehr e.V.
APO	Außerparlamentarische Opposition
ASEM	Arbeitsfeld Seelsorge für unter Einsatz- und Dienstfolgen leidende Menschen
AusbZInf	Ausbildungszentrum Infanterie
AVZ	Auslandsverwendungszuschlag
BbesG	Bundesbesoldungsgesetz
BMVg	Bundesministerium der Verteidigung
BR	Bereichsvorschrift
BRD	Bundesrepublik Deutschland
BVerfG	Bundesverfassungsgericht
CISM	Critical Incident Stress Management
CoV	Cornelius-Vereinigung e.V.
DDR	Deutsche Demokratische Republik
DEKT	Deutscher Evangelischer Kirchentag
DtPfrBl	Deutsches Pfarrerblatt
EAK	Evangelische Arbeitsgemeinschaft für Kriegsdienstverweigerung und Frieden
EAS	Evangelische Arbeitsgemeinschaft für Soldatenbetreuung
EKA	Evangelisches Kirchenamt für die Bundeswehr
EKD	Evangelische Kirche in Deutschland
EuGH	Europäischer Gerichtshof
EvTh	Zeitschrift für Evangelische Theologie
FEST	Forschungsstätte der Evangelischen Studiengemeinschaft e.V.
FüSK	Führungsstab der Streitkräfte
FWD	Freiwilliger Wehrdienst
FWDL	Freiwillig Wehrdienstleistende
GA	Grundausbildung
GG	Grundgesetz
GeKo	Gesamtkonferenz Evangelischer Militärgeistlicher

356 Abkürzungsverzeichnis

HESB	Handlungsbereich Evangelische Seelsorge in der Bundeswehr
IED	Improvised Explosive Device
ISAF	International Security Assistance Force
ITHF	Institut für Theologie und Frieden
KAS	Katholische Arbeitsgemeinschaft für Soldatenbetreuung
KDV	Kriegsdienstverweigerung
KFOR	Kosovo Forces
KdoCIR	Kommando Cyber- und Informationsraum
KSA	Klinische Seelsorgeausbildung
KSK	Kommando Spezialkräfte
KWEA	Kreiswehrersatzamt
LKU	Lebenskundlicher Unterricht
LS	Lebendige Seelsorge
MAD	Militärischer Abschirmdienst
MD	Materialdienst des Konfessionskundlichen Instituts in Bensheim
MGFA	Militärgeschichtliches Forschungsamt
MSV	Militärseelsorgevertrag
NATO	North Atlantic Treaty Organization
NVA	Nationale Volksarmee
OBKD	Orthodoxen Bischofskonferenz in Deutschland
ÖRK	Ökumenischer Rat der Kirchen
PSN	Psychosoziales Netzwerk
PSNV	Psychosoziale Notfallversorgung
PTBS	Posttraumatische Belastungsstörung
SFOR	Stabilisation Forces
SG	Soldatengesetz
SOWI	Sozialwissenschaftliches Institut der Bundeswehr
SPD	Sozialdemokratische Partei Deutschlands
SS	Schutzstaffel
StGB	Strafgesetzbuch
ThEA	Theologisch-Ethische Arbeitsgemeinschaft
UAV	Unmanned Aerial Vehicle
UNOSOM II	United Nations Operation in Somalia II
UNTAC	United Nations Transitional Authority in Cambodia
WRV	Weimarer Reichsverfassung
WStG	Wehrstrafgesetz
WzM	Wege zum Menschen
ZASaG	Zentrale Ansprechstelle für Soldatinnen und Soldaten anderer Glaubensrichtungen
ZAVi	Zentrale Ansprechstelle für den Umgang mit Vielfalt
ZDv	Zentrale Dienstvorschrift
zebis	Zentrum für ethische Bildung in den Streitkräften

ZevKR	Zeitschrift für evangelisches Kirchenrecht
ZFG	Zentralinstitut für Ehe und Familie in der Gesellschaft
ZInFü	Zentrum Innere Führung
ZKG	Zeitschrift für Kirchengeschichte
ZKIkK	Zentrale Koordinierungsstelle Interkulturelle Kompetenz
ZMilMusBw	Zentrum Militärmusik der Bundeswehr
ZMSBw	Zentrum für Militärgeschichte und Sozialwissenschaften der Bundeswehr
ZOpKomBw	Zentrum Operative Kommunikation der Bundeswehr

Literaturverzeichnis

ABENHEIM, DONALD: Bundeswehr und Tradition. Die Suche nach dem gültigen Erbe des deutschen Soldaten (Beiträge zur Militärgeschichte 27), München 1989.
ACKERMANN, DIRCK: Das deutsche evangelische Militärseelsorgemodell im internationalen Praxistest, in: Peter Michaelis (Hg.), Für Ruhe in der Seele sorgen. Evangelische Militärpfarrer im Auslandseinsatz der Bundeswehr, Leipzig 2003, 116-121.
— Das Leitbild vom gerechten Frieden - auch ein säkulares Konzept?, in: Sarah Jäger/Reiner Anselm (Hg.), Ethik in pluralen Gesellschaften (Grundsatzfragen 3), Wiesbaden 2019, 33-45.
— Einsatz - Auf der Suche nach Religion?, in: Peter Michaelis (Hg.), Für Ruhe in der Seele sorgen. Evangelische Militärpfarrer im Auslandseinsatz der Bundeswehr, Leipzig 2003, 51-56.
— Ethische Bildung in der Bundeswehr auf neuen Wegen? Militärseelsorge als Gesprächs- und Kooperationspartner in der Persönlichkeitsbildung von Soldatinnen und Soldaten, in: Isolde Karle/Niklas Peuckmann (Hg.), Seelsorge in der Bundeswehr. Perspektiven aus Theorie und Praxis, Leipzig 2020, 235-243.
— Kontroversen um die deutsche Wiederbewaffnung nach 1949. Impulse der Evangelischen Kirche für die Friedensethik im 20. Jahrhundert, in: Volker Stümke/Matthias Gillner (Hg.), Friedensethik im 20. Jahrhundert (Theologie und Frieden 42), Stuttgart 2011, 29-47.
— Wie viel Kritik, wie viel Solidarität?, in: zur sache.bw 20 (2011), 30-35.
ALBRECHT, CHRISTIAN: Systemische Seelsorge. Therapie und Beratung im Horizont der Seelsorgekonzeption Friedrich Schleiermachers, in: IJPT 4 (2/2000), 213-252.
ALBRECHT, CHRISTIAN/ANSELM, REINER: Differenzierung und Integration. Fallstudien zu Präsenzen und Praktiken eines Öffentlichen Protestantismus, Tübingen 2020.
— Öffentlicher Protestantismus. Zur aktuellen Debatte um gesellschaftliche Präsenz und politische Aufgaben des evangelischen Christentums (ThSt 4), Zürich 2017.
— Verantwortung für das Gemeinsame. Die Aufgaben eines Öffentlichen Protestantismus, in: Ulrich H. J. Körtner/Dies. (Hg.), Konzepte und Räume Öffentlicher Theologie. Wissenschaft - Kirche - Diakonie (ÖTh 39), Leipzig 2020, 57-65.
ALLIGER-HORN, CHRISTINA/HESSENBRUCH, ISABEL/FISCHER, CHRISTIAN/THIEL, THOMAS/VARN, ALEXANDER/WILLMUND, GERD/ZIMMERMANN, PETER: »Moral injury« bei kriegs-

traumatisierten deutschen Bundeswehrsoldaten. Wirksamkeit der wertebasierten kognitiv-behavioralen Gruppentherapie, in: Psychotherapeut 63 (4/2018), 322–328.

ALTMANN, JÜRGEN: Der Cyber-Rüstungswettlauf. Gefahren und mögliche Begrenzungen, in: Ines-Jacqueline Werkner/Niklas Schörnig (Hg.), Cyberwar – die Digitalisierung der Kriegsführung (Fragen zur Gewalt 6), Wiesbaden 2019, 87–103.

– Zur ethischen Beurteilung automatisierter und autonomer Waffensysteme, in: Ines-Jacqueline Werkner/Klaus Ebeling (Hg.), Handbuch Friedensethik, Wiesbaden 2017, 793–804.

ANSELM, REINER: Notwendige Abschiede. Zur evangelischen Diskussion um Friedensethik und Militärseelsorge, in: Zeitzeichen 20 (7/2019), 8–12.

– Sensibilisieren, nicht legitimieren. Die bleibende Aufgabe der Militärseelsorge in der Perspektive der evangelischen Ethik, in: Isolde Karle/Niklas Peuckmann (Hg.), Seelsorge in der Bundeswehr. Perspektiven aus Theorie und Praxis, Leipzig 2020, 223–233.

ANSELM, REINER/KARLE, ISOLDE/LILIE, ULRICH: Den assistierten professionellen Suizid ermöglichen, in: FAZ vom 11. Januar (8/2021), 6.

APELT, MAJA: Militär, Kameradschaft und Familie, in: Gerhard Kümmel (Hg.), Diener zweier Herren. Soldaten zwischen Bundeswehr und Familie, Frankfurt a. M. 2005, 149–167.

– Militärische Sozialisation, in: Nina Leonhard/Ines-Jacqueline Werkner (Hg.), Militärsoziologie – Eine Einführung, Wiesbaden ²2012 (2005), 428–446.

– Militärische Sozialisation, in: Sven Gareis/Paul Klein (Hg.), Handbuch Militär und Sozialwissenschaft, Wiesbaden 2004, 26–39.

ARQUILLA JOHN/RONFELDT, DAVID: Cyberwar is coming!, in: Comparative Strategy 12 (2/1993), 141–165.

AUGÉ, MARC: Orte und Nicht-Orte. Vorüberlegungen zu einer Ethnologie der Einsamkeit, Frankfurt a. M. 1994.

BACHMANN-MEDICK, DORIS: Cultural Turns. Neuorientierung in den Kulturwissenschaften, Hamburg ⁴2014 (2005).

BAECKER, DIRK: Studien zur nächsten Gesellschaft, Frankfurt a. M. 2007.

BAIER, HELMUT (Hg.): Als evangelischer Feldgeistlicher im Ersten Weltkrieg: Wilhelm Stählins Tagebücher 1914–1917, Stuttgart 2016.

BAMBERG, HANS-DIETER: Militärseelsorge in der Bundeswehr. Schule der Anpassung und des Unfriedens, Köln 1970.

BARTH, FRIEDERIKE: Die Wirklichkeit des Guten. Dietrich Bonhoeffers »Ethik« und ihr philosophischer Hintergrund (BHTh 156), Tübingen 2011.

BARTMANN, REINHOLD: Der Beistand der Militärseelsorge für Soldatinnen und Soldaten, in: Zentralrat der Juden in Deutschland (Hg.), Militärrabbiner in der Bundeswehr. Zwischen Tradition und Herausforderung, Leipzig 2019, 65–72.

BASTIAN, HANS-DIETER: Art. Militärseelsorge, in: TRE, Bd. 22, Berlin/New York 1992, 747–752.

– Seelsorge in Extremsituationen, in: Evangelisches Kirchenamt für die Bundeswehr (Hg.), Kirche unter Soldaten. Beiträge aus der Militärseelsorge I/95, Bonn 1995, 50–71.

BAUER, CHRISTIAN: Pastorale Andersorte? Eine kleine theologische Sprachkritik, in: LS 66 (2/2015), 136–141.
BAUMANN, MARC/LANGEDER, MARTIN/MUCH, MAURITIUS/OBERMAYER, BASTIAN/STORZ, FRANZISKA (Hg.): Feldpost. Briefe deutscher Soldaten aus Afghanistan, Hamburg 2011.
BECK, ULRICH: Die Metamorphose der Welt, orig. Cambridge 2016, übers. v. Frank Jakubzik, Berlin ²2017.
– Risikogesellschaft. Auf dem Weg in eine anderen Moderne, Frankfurt a. M. ²³2016 (1986).
BECKMANN, KLAUS: »... dass sie noch einen anderen Herrn haben«. Seelsorge in der Bundeswehr zwischen Autonomie und Abhängigkeit, in: Isolde Karle/Niklas Peuckmann (Hg.), Seelsorge in der Bundeswehr. Perspektiven aus Theorie und Praxis, Leipzig 2020, 167–185.
– Ein zweites Afghanistan? Persönliche Erfahrungen eines Militärpfarrers aus dem westafrikanischen Mail, in: Evangelische Aspekte 27 (1/2017), 27–29.
– Treue. Bürgertum. Ungehorsam. Anstöße zur Führungskultur und zum beruflichen Selbstverständnis in der Bundeswehr (Standpunkte und Orientierungen 7), Berlin 2015.
BEDFORD-STROHM, HEINRICH: Politik und Religion – Öffentliche Theologie, in: VF 54 (2/2009), 42–55.
BEESE, DIETER: Seelsorger in Uniform. Evangelische Militärseelsorge im Zweiten Weltkrieg: Aufgabe – Leitung – Predigt, Hannover 1995.
BEHR, RAFAEL: Polizei. Kultur. Gewalt. Die Bedeutung von Organisationskultur für den Gewaltdiskurs und die Menschenrechtsfrage in der Polizei, in: SIAK 10 (1/2013), 81–93.
– Warum Polizisten oft schweigen, wenn sie reden sollten. Ein Essay zur Frage des Korpsgeistes in der deutschen Polizei, in: Thomas Feltes (Hg.), Neue Wege, neue Ziele. Polizieren und Polizeiwissenschaft im Diskurs (Polizieren: Polizei, Wissenschaft und Gesellschaft 1), Frankfurt a. M. 2009, 25–43.
BENDER, CHRISTIANE: Geschlechterdifferenz und Partnerschaft in der Bundeswehr, in: Thomas Bohrmann/Karl-Heinz Lather/Friedrich Lohmann (Hg.), Handbuch Militärische Berufsethik – Band 2: Anwendungsfelder, Wiesbaden 2014, 357–377.
BENDIX, DANIEL: Migration und globale Ungleichheit – Perspektiven aus dem Geflüchtetenaktivismus in der BRD, in: Nivedita Prasad (Hg.), Soziale Arbeit mit Geflüchteten: Rassismuskritisch, professionell, menschenrechtsorientiert, Opladen/Toronto 2018, 247–259.
BICK, ROLF: Der Lebenskundliche Unterricht der Evangelischen Militärseelsorge als Arbeitsfeld christlicher Ethik und kirchlicher Erwachsenbild, Diss. FB Ev. Theologie, Münster 1979.
– Gedanken zum Lebenskundlichen Unterricht, in: Hans Wolfgang Heßler (Hg.), Militärseelsorge im Dialog. Ein Dienst der Kirche in der Bundeswehr – Dokumente und andere Texte zu Geschichte und Situation der evangelischen Militärseelsorge, Bielefeld/Frankfurt a. M. 1975, 80–89.

BIEBER, ALFRED: Ist die Truppe noch zu retten? Oder: Kriegsdienstverweigerung und Militärseelsorge. Analyse, Diskussion, Dokumente zum Thema Kriegsdienstverweigerung in der Truppe Berlin 1971.
BIEHL, HEIKO: Einsatzmotivation zwischen Landesverteidigung und Intervention. Wie relevant ist die Innere Führung für Soldaten im Einsatz?, in: Michael Staack (Hg.), Im Ziel? Zur Aktualität der Inneren Führung. Baudissin Memorial Lecture (WIFIS-Aktuell 49), Opladen 2014, 31-42.
- Kampfmoral und Kohäsion als Forschungsgegenstand, militärische Praxis und Organisationsideologie, in: Maja Apelt (Hg.), Forschungsthema: Militär. Militärische Organisationen im Spannungsfeld von Krieg, Gesellschaften und soldatischen Subjekten, Wiesbaden 2010, 139-162.
- Militärseelsorge out of area - Hochgeschätzt und ungenutzt?, in: Ines-Jacqueline Werkner/Nina Leonhard (Hg.), Aufschwung oder Niedergang? Religion und Glauben in Militär und Gesellschaft zu Beginn des 21. Jahrhunderts, Frankfurt a. M. 2003, 323-348.
- Von der Verteidigungs- zur Interventionsarmee. Konturen eines gehemmten Wandels, in: Gerhard Kümmel (Hg.), Streitkräfte im Einsatz. Zur Soziologie militärischer Interventionen (AMS 42), Baden-Baden 2008, 9-20.
- Zustimmung unter Vorbehalt. Die deutsche Gesellschaft und ihre Streitkräfte, in: Elmar Wiesendahl (Hg.), Innere Führung für das 21. Jahrhundert. Die Bundeswehr und das Erbe Baudissins, Paderborn/München/Wien/Zürich 2007, 103-116.
BIEHL, HEIKO/HÖFIG, CHARIKLIA/WANNER, MEIKE (Hg.): Sicherheits- und verteidigungspolitisches Meinungsklima in der Bundesrepublik Deutschland. Ergebnisse der Bevölkerungsfrage 2014 (Forschungsbericht 111), Potsdam 2015.
BIEHL, HEIKO/KELLER, JÖRG/TOMFORDE, MAREN: »Den eigentlichen Einsatz fährt meine Frau zu Hause...«: Belastungen von Bundeswehr-Soldaten und ihre Familien während des Auslandseinsatzes, in: Gerhard Kümmel (Hg.), Diener zweier Herren. Soldaten zwischen Bundeswehr und Familie, Frankfurt a. M. 2005, 79-107.
BIEHL, HEIKO/LEONHARD, NINA: Militär und Tradition, in: Nina Leonhard/Ines-Jacqueline Werkner (Hg.), Militärsoziologie - Eine Einführung, Wiesbaden ²2012 (2005), 315-341.
BINDSEIL, CHRISTIANE: Ja zum Glück. Ein theologischer Entwurf im Gespräch mit Bonhoeffer und Adorno (Theologische Anstöße 2), Neukirchen-Vluyn 2011.
BINTIG, ILSE: Lieber Hanno. Eine Jugendliebe im Zweiten Weltkrieg, Hamm 1999.
BLASCHKE, PETER H.: Soldaten unter dem Kreuz, in: Evangelisches Kirchenamt für die Bundeswehr (Hg.), Domini sumus - Wir sind des Herrn: 30 Jahre Militärseelsorgevertrag, Hannover 1987, 110-116.
BLASCHKE, PETER H./OBERHEM, HARALD: Militärseelsorge - Grundlagen, Aufgaben, Probleme, Regensburg 1985.
BLEESE, JÖRN: Die Militärseelsorge und die Trennung von Staat und Kirche, Hamburg 1969.
BOCK, MARTIN: Religion als Lebensbewältigungsstrategie von Soldaten. Die Einstellung von Soldaten zu Glaube, Werten und Seelsorge und ihre Veränderung im Bosnieneinsatz der Bundeswehr, Leipzig 2003.
- Religion im Militär. Soldatenseelsorge im internationalen Vergleich, München 1994.

BÖHME, HARTMUT: Einleitung: Raum – Bewegung – Topographie, in: Ders. (Hg.), Topographien der Literatur. Deutsche Literatur im transnationalen Kontext, Stuttgart/Weimar 2005, IX–XXIII.

BÖHNE, SIMONE: Religionsfreiheit in Schweden und Dänemark. Eine rechtsvergleichende Betrachtung aus deutscher Sicht (Rechtsvergleichung und Rechtsvereinheitlichung 39), Tübingen 2016.

BOHNERT, MARCEL: Innere Führung auf dem Prüfstand. Lehren aus dem Afghanistan-Einsatz der Bundeswehr, Norderstedt 2017.

BOHNERT, MARCEL/SCHREIBER, BJÖRN (Hg.): Die unsichtbaren Veteranen. Kriegsheimkehrer in der deutschen Gesellschaft, Norderstedt 2016.

BOLZ, NORBERT: Die grüne Ersatzreligion, in: LS 70 (1/2019), 10–15.

BONHOEFFER, DIETRICH: Ethik, hrsg. von Ilse Tödt u.a. (Dietrich Bonhoeffer Werke, Bd. 6, hrsg. von Eberhard Bethge u.a.), Gütersloh ³2010 (1992).

– Nachfolge, hrsg. von Ilse Tödt u.a. (Dietrich Bonhoeffer Werke, Bd. 4, hrsg. von Eberhard Bethge u.a.), Gütersloh (1989), Sonderdruck 2015.

– Schöpfung und Fall – Versuchung, München 1968.

BOTMANN, DANIEL: Wir wünschen uns eine Bundeswehr, in der jüdische Militärseelsorge eine Selbstverständlichkeit ist, in: Zentralrat der Juden in Deutschland (Hg.), Militärrabbiner in der Bundeswehr. Zwischen Tradition und Herausforderung, Leipzig 2019, 16–21.

BOTSCH, KERSTIN: Soldatsein. Zur sozialen Konstruktion von Geschlecht und sexueller Orientierung in der Bundeswehr, Wiesbaden 2016.

BRAUER-NOSS, STEFANIE: Unter Druck: Kirchenreform aus der Leitungsperspektive. Eine empirische Studie zu drei evangelischen Landeskirchen, Leipzig 2017.

BRANDT, HANS-JÜRGEN/HÄGER, PETER (Hg.): Biographisches Lexikon der Katholischen Militärseelsorge Deutschland 1848 bis 1945, Paderborn 2002.

BRAUN, MICHAEL: Totale Institution und Primärgruppen, in: Ders. (Hg.), Rationale Akteure und institutionelle Regelungen in Militärorganisationen (SOWI-Bericht 39), München 1985, 46–69.

VON BREDOW, WILFRIED: Global street workers? War and the armed forces in a globalizing world, in: Defense & Security Analysis 13 (2/1997), 169–180.

BRINKMANN, SASCHA/HOPPE, JOACHIM (Hg.): Generation Einsatz. Fallschirmjäger berichten ihre Erfahrungen aus Afghanistan, Norderstedt 2010.

BRÜSKE, MARTIN: Was ist Innere Führung? Eine Entfaltung ihres Begriffes anhand programmatischer Texte Wolf von Baudissins, in: Militärseelsorge – Dokumentation 41 (2003), 175–207.

BRYAN, CRAIG J./BRYAN, ANNABELLE O./ROBERGE, ERIKA/LEIFKER, FEEA R./ROZEK, DAVID C.: Moral injury, posttraumatic stress disorder, and suicidal behavior among National Guard personnel, in: Psychological Trauma 10 (1/2018), 36–45.

BUCHNA, KRISTIAN: Ein klerikales Jahrzehnt? Kirche, Konfession und Politik in der Bundesrepublik während der 1950er Jahre, Baden-Baden 2014.

BUDDE, GERDA: Seelsorge bei Leo Baeck. Ein Beitrag zum jüdischen Seelsorgeverständnis, in: WzM 59 (1/2007), 39–52.

Bundesministerium der Verteidigung (Hg.): Positionspapier: Gedanken zur Bundeswehr der Zukunft, Berlin 2021.

- ZDv. Ausführung der Soldatinnen- und Soldatenurlaubsverordnung, Berlin 2015.
- ZDv. Psychosoziale Unterstützung, Berlin 2018.
- ZDv. Vereinbarkeit von Familie und Beruf/Dienst, Berlin 2018.
- ZDv 10/1. Hilfen für die Innere Führung, Bonn 1972.
- ZDv 10/1. Innere Führung. Selbstverständnis und Führungskultur, Berlin 2008.
- ZDv 10/4. Lebenskundlicher Unterricht. Selbstverantwortlich leben – Verantwortung für andere übernehmen können, Berlin 2009.
- ZDv 66/2. Lebenskundlicher Unterricht, Bonn 1959.

Bundesrat (Hg.): Gesetzentwurf der Bundesregierung, Drucksache 50/20, Berlin 2020.

BULMAHN, THOMAS/HENNIG, JANA/HÖFIG, CARIKLIA/WANNER, MEIKE: Ergebnisse der repräsentativen Bundeswehrumfrage zur Vereinbarkeit von Dienst und Privat- bzw. Familienleben (ZMSBw Forschungsbericht 107), Potsdam 2014.

BURGSMÜLLER, ALFRED/WETH, RUDOLF (Hg.): Die Barmer Theologische Erklärung. Einführung und Dokumentation, Neukirchen-Vluyn 1983.

BURO, ANDREAS: Friedensbewegung, in: Roland Roth/Dieter Rucht (Hg.), Die sozialen Bewegungen in Deutschland seit 1945. Ein Handbuch, Frankfurt a. M./New York 2008, 267–292.

CAREY, LINDSAY B./HODGSON, TIMOTHY J./KRIKHELI, LILIAN/SOH, RACHEL Y./ARMOUR, ANNIE-ROSE/SINGH, TARANJEET K./IMPIOMBATO, CASSANDRA G.: Moral Injury, Spiritual Care and the Role of Chaplains: An Exploraty Scoping Review of Literature and Resources, in: Journal of Religion and Helth 55 (4/2016), 1218–1245.

CHIARI, BERNHARD: Agadir 1960. Der Erdbebeneinsatz in Marokko, in: Ders./Magnus Pahl (Hg.), Auslandseinsätze der Bundeswehr, Paderborn/München/Wien/Zürich 2010, 25–31.

- Von der Escort Navy zur Expeditionary Navy. Die Deutsche Marine, UNOSOM und Enduring Freedom, in: Ders./Magnus Pahl (Hg.), Auslandseinsätze der Bundeswehr, Paderborn/München/Wien/Zürich 2010, 97–107.

CLAIR, JOHANNES: Vier Tage im November. Mein Kampfeinsatz in Afghanistan, Berlin ^{5}2017 (2014).

CONNELL, RAEWYN: Der gemachte Mann. Konstruktion und Krise von Männlichkeiten (Geschlecht und Gesellschaft 8), orig. Cambridge 1995, übers. v. Ursula Müller, Opladen ^{3}2006 (1999).

CORNEHL, PETER: Vision und Gedächtnis. Herausforderungen für den Gottesdienst (Praktische Theologie heute 150), Stuttgart 2016.

COSER, LEWIS A.: Gierige Institutionen. Soziologische Studien über totales Engagement, orig. New York 1974, übers. v. Marianne Egger de Campo, Berlin 2015.

DALFERTH, INGOLF U./STOELLGER, PHILIPP: Religion als Kontingenzkultur und die Kontingenz Gottes, in: Dies. (Hg.), Vernunft, Kontingenz und Gott. Konstellationen eines offenen Problems, Tübingen 2000, 1–44.

DAHLMANN, ANJA: Militärische Robotik als Herausforderung für das Verhältnis von menschlicher Kontrolle und maschineller Autonomie, in: ZEE 61 (3/2017), 171–183.

Deutscher Bundestag (Hg.): Antwort der Bundesregierung, Drucksache 17/4640, Berlin 2011.

- Antwort der Bundesregierung. Drucksache 19/10428, Berlin 2019.
- Antwort der Bundesregierung. Drucksache 19/21437, Berlin 2020.

- Antwort der Bundesregierung. Drucksache 19/4253, Berlin 2018.
- Kleine Anfrage. Drucksache 19/3997, Berlin 2018.
- Petitionsabschlusserklärung (Pet 1-18-14-5313-037638), Berlin 2016, unter: https://epetitionen.bundestag.de/petitionen/_2016/_11/_16/Petition_68534.nc. html (Stand: 02. März 2021).
- Unterrichtung durch den Wehrbeauftragten. Jahresbericht 2008 (50. Bericht), Berlin 2009.
- Unterrichtung durch den Wehrbeauftragten. Jahresbericht 2010 (52. Bericht), Berlin 2011.
- Unterrichtung durch den Wehrbeauftragten. Jahresbericht 2011 (53. Bericht), Berlin 2012.
- Unterrichtung durch den Wehrbeauftragten. Jahresbericht 2017 (59. Bericht), Berlin 2018.
- Unterrichtung durch den Wehrbeauftragten. Jahresbericht 2018 (60. Bericht), Berlin 2019.
- Unterrichtung durch den Wehrbeauftragten. Jahresbericht 2019 (61. Bericht), Berlin 2020.
- Unterrichtung durch die Wehrbeauftragte. Jahresbericht 2020 (62. Bericht), Berlin 2021.

Deutscher Evangelischer Kirchentag (Hg.): Dokumente / 13 Hannover 1967. Der Frieden ist unter uns, Stuttgart 1967.
- Dokumente / 14 Stuttgart. Hunger nach Gerechtigkeit, Stuttgart 1969.
- Dokumente / 19 Hamburg. Fürchte Dich nicht, Stuttgart 1981.

DIETZ, ANDREAS: Erweiterte Einsatzmöglichkeiten der Bundeswehr im Innern zur Terrorabwehr, in: ZG 32 (4/2017), 325-346.

DILLKOFER, HEIDELORE/MEYER, GEORG-MARIA/SCHNEIDER, SIEGFRIED: Soziale Probleme von Soldatenfamilien der Bundeswehr (Studien zur Sozialwissenschaft 64), Opladen 1986.

DITTMER, CORDULA: Gender Trouble in der Bundeswehr. Eine Studie zu Identitätskonstruktionen und Geschlechterordnungen unter besonderer Berücksichtigung von Auslandseinsätzen, Bielefeld 2009.

DÖRFLER-DIERKEN, ANGELIKA: Die Bedeutung der Jahre 1968 und 1981 für die Bundeswehr. Gesellschaft und Bundeswehr: Integration oder Abschottung? (AMS 44), Baden-Baden 2010.
- Entrüstet Euch! Die deutsch-deutsche Friedensbewegung im Konflikt der Systeme, in: Friedemann Stengel/Jörg Ulrich (Hg.), Kirche und Krieg. Ambivalenzen in der Theologie, Leipzig 2015, 161-180.
- Ethische Fundamente der Inneren Führung. Baudissins Leitgedanken: Gewissensgeleitetes Individuum – Verantwortlicher Gehorsam – Konflikts- und friedensfähige Mitmenschlichkeit (SOWI-Berichte 77), Strausberg 2005.
- Führung in der Bundeswehr. Soldatisches Selbstverständnis und Führungskultur nach der ZDv 10/1 Innere Führung. Mit einem Geleitwort des Ev. Militärbischofs Martin Dutzmann, Norderstedt 2013.
- Identitätspolitik der Bundeswehr, in: Dies./Gerhard Kümmel (Hg.), Identität, Selbstverständnis, Berufsbild. Implikationen der neuen Einsatzrealität für die Bun-

deswehr (Schriftenreihe des Sozialwissenschaftlichen Instituts der Bundeswehr 10), Wiesbaden 2010, 137-160.
- Innere Führung am Anfang der 1990er Jahre. Der sicherheitspolitische Umbruch im Spiegel der ZDv 10/1 Innere Führung von 1993, in: Hans-Christian Beck/Christian Singer (Hg.), Entscheiden - Führen - Verantworten. Soldatsein im 21. Jahrhundert, Norderstedt 2011, 37-54.
- Innere Führung - Innere Lage, in: Dies./Gerhard Kümmel (Hg.), Am Puls der Bundeswehr. Militärsoziologie in Deutschland zwischen Wissenschaft, Politik, Bundeswehr und Gesellschaft (Schriftenreihe des ZMSBw 16), Wiesbaden 2016, 258-275.
- Inszenierung des Tabubruchs. Was sind die Ursachen für unethisches Verhalten in der Kameradengruppe? Fünf Deutungsansätze, in: zur sache.bw 32 (2017), 50-53.
- Militärseelsorge in der Bundeswehr, in: Isolde Karle/Niklas Peuckmann (Hg.), Seelsorge in der Bundeswehr. Perspektiven aus Theorie und Praxis, Leipzig 2020, 145-165.
- Militärseelsorge und Friedensethik, in: EvTh 70 (4/2010), 278-292.
- Politische, historische, ethische Bildung in der Bundeswehr und der Lebenskundliche Unterricht LKU, in: Zentralrat der Juden in Deutschland (Hg.), Militärrabbiner in der Bundeswehr. Zwischen Tradition und Herausforderung, Leipzig 2019, 134-163.
- als Hg.: Reformation und Militär. Wege und Irrwege in fünf Jahrhunderten, Göttingen 2019.
- Zur Entstehung der Militärseelsorge und zur Aufgabe der Militärgeistlichen in der Bundeswehr (Forschungsbericht 83), Strausberg 2008.

DREWERMANN, EUGEN: Von Krieg zu Frieden (Kapital & Christentum 3), Ostfildern 2017.
DUBISKI, KATJA: Seelsorge und Kognitive Verhaltenstherapie. Plädoyer für eine psychologisch informierte Seelsorge (APrTh 69), Leipzig 2017.
DUNIVIN, KAREN O.: Military Culture. Change and Continuity, in: Armed Forces & Society 20 (4/1994), 531-547.
EBLING, KLAUS/SEIFFERT, ANJA/SENGER, RAINER: Ethische Fundamente der Inneren Führung (SOWI-Arbeitspapier 132), Strausberg 2002.
EGO, BEATE: The Figure of the Angel Raphael According to his Farewell Address in Tob 12:6-20, in: Friedrich Reiterer/Tobias Nicklas/Karin Schöpflin (Hg.), Angels: The Concept of Celestial Beings - Origins, Development and Reception (Deuterocanonical and Cognate Literature: Yearbook 2007), Berlin/New York 2007, 239-253.
EHLERT, HANS: Interessensausgleich zwischen Staat und Kirche - Zu den Anfängen der Militärseelsorge in der Bundesrepublik Deutschland, in: MGM 49 (1991), 39-72.
EICHENER, ELIS: Seele und Seelsorge. Eine emergenztheoretische Reformulierung des Seelenbegriffs, in: EvTh 79 (6/2019), 437-449.
ELBE, MARTIN/LANGE, KLAUS GÜNTER: Ansätze des Change Managements zur Neuausrichtung der Bundeswehr, in: Gregor Richter (Hg.), Neuausrichtung der Bundeswehr. Beiträge zur professionellen Führung und Steuerung (Schriftenreihe des SOWI 12), Wiesbaden 2012, 243-260.
ELIAS, NORBERT: Über den Prozeß der Zivilisation. Soziogenetische und psychogenetische Untersuchungen, Bd. 2: Wandlungen der Gesellschaft: Entwurf zu einer Theorie der Zivilisation, Basel 1939.

ELßNER, THOMAS R.: Das lange Nachleben der längst überholten Theorie vom Gerechten Krieg – oder: Wann endet endlich die Rede vom Gerechten Krieg, in: Militärseelsorge – Dokumentation 55 (2017), 121–122.
– Die Bedeutung der Ökumene für die Militärseelsorge, in: Isolde Karle/Niklas Peuckmann (Hg.), Seelsorge in der Bundeswehr. Perspektiven aus Theorie und Praxis, Leipzig 2020, 133–143.
– Josua und seine Kriege in jüdischer und christlicher Rezeptionsgeschichte (Theologie und Frieden 37), Stuttgart 2008.
– Militärseelsorge für Muslime in der Bundeswehr. Eine Skizze, in: CIBEDO-Beiträge (4/2018), 170–175.
– Orthodoxe Militärseelsorge in der Bundeswehr. Ja, aber welche?, in: Kompass 4 (07-08/2020), 26–27.
– Selbst- und Fremdwahrnehmung deutscher Bundeswehrsoldaten durch Kampfeinsätze und nach Aussetzung der Wehrpflicht im Umbruch?, in: Republik Österreich/ Bundesminister für Landesverteidigung und Sport (Hg.), Ethica 2016. Enquete des Instituts für Religion und Frieden, Wien 2016, 63–77.
EMLEIN, GÜNTHER: Die Eigenheiten der Seelsorge. Systemtheoretische Überlegungen, in: Familiendynamik 31 (2006), 216–239.
– Die Seelsorge und die Theorie – eine Replik, in: PTh 106 (4/2017), 173–183.
ENDREß, MARTIN/RAMPP, BENJAMIN: Die friedensethische Bedeutung der Kategorie Gewalt, in: Ines-Jacqueline Werkner/Klaus Ebeling (Hg.), Handbuch Friedensethik, Wiesbaden 2017, 163–173.
ENNUSCHAT, JÖRG: Militärseelsorge. Verfassungs- und beamtenrechtliche Fragen der Kooperation von Staat und Kirche (SKA 27), Berlin 1996.
– Militärseelsorge in Deutschland: Verfassungsrechtliche und rechtspolitische Perspektiven, in: ZevKR 64 (2/2019), 107–124.
EPKENHANS, MICHAEL: Säulen der Tradition. Preußische Reformer und Bürgersoldaten bleiben traditionsstiftend, in: IF. Zeitschrift für Innere Führung 12 (2/2018), 28–35.
Evangelische Kirche in Deutschland (Hg.): Aus Gottes Frieden leben – für gerechten Frieden sorgen. Eine Denkschrift des Rates der Evangelischen Kirche in Deutschland, Gütersloh ²2007.
– Haushalt 2020 mit mittelfristiger Finanzplanung 2021 bis 2023, unter: https://www.kirchenfinanzen.de/download/haushaltsplan_2020_ekd.pdf (Stand: 02. März 2021).
– Seelsorge – Muttersprache der Kirche. Dokumentation eines Workshops der Evangelischen Kirche in Deutschland (Hannover, 16. November 2009), epd-Dokumentation 10/2010.
– »Selig sind die Friedfertigen«. Der Einsatz in Afghanistan: Aufgaben Evangelischer Friedensethik. Eine Stellungnahme der Kammer für Öffentliche Verantwortung der EKD (EKD Texte 116), Hannover 2013.
– Spiritual Care durch Seelsorge: Zum Beitrag der evangelischen Kirche im Gesundheitswesen. Eine Handreichung der Ständigen Konferenz für Seelsorge in der EKD, Hannover 2020.
Evangelisches Kirchenamt für die Bundeswehr (Hg.): ... und wage es, Soldat zu sein. Vom Friedensdienst mit der Waffe, Bonn 1980.

- Begleitung im Licht des Evangeliums. 10 Thesen zum Seelsorgeverständnis, Berlin 2019.
- BR. Aus-, Fort- und Weiterbildung der Evangelischen Militärgeistlichen, Berlin 2019.
- De officio. Zu den ethischen Herausforderungen des Offizierberufs, Leipzig ²2000 (1985).
- Friedensethik im Einsatz. Ein Handbuch der Evangelischen Seelsorge in der Bundeswehr, Gütersloh 2009.
- LebensrhYthmen. Evangelisches Gesang- und Gebetbuch für Soldatinnen und Soldaten, Berlin 2013.
- Soldatinnen und Soldaten in christlicher Perspektive. 20 Thesen im Anschluss an das Leitbild des Gerechten Friedens, Berlin 2014.
- Tut niemand Gewalt noch Unrecht... Predigten aus der evangelischen Militärseelsorge, Bonn 1980.

FAILING, WOLF-ECKHART/HANS-GÜNTER HEIMBROCK: Gelebte Religion wahrnehmen. Lebenswelt – Alltagskultur – Religionspraxis, Stuttgart 1998.

FAULKNER ROSSI, LAUREN: Wehrmacht Priests: Catholicism and the Nazi War of Annihilation, Cambridge 2015.

FECHTNER, KRISTIAN: Im Rhythmus des Kirchenjahres. Vom Sinn der Feste und Zeiten, Gütersloh 2007.
- Öffentlichkeit. Praktisch-theologische Erwägungen zu einer Dimension der Kirche, in: Konrad Merzyn/Ricarda Schnelle/Christian Stäblein (Hg.), Reflektierte Kirche. Beiträge zur Kirchentheorie (APrTh 73), Leipzig 2018, 291–302.

FEDTKE, CORNELIA/HELLMANN, KAI-UWE/HÖRMANN, JAN: Migration und Militär. Zur Integration deutscher Soldaten mit Migrationshintergrund in der Bundeswehr, Norderstedt 2013.

FINGER, EVELYN: »Mein Großvater war ein fantastischer Zuhörer«, Interview mit Sigurd Rink in: ZEIT-MAGAZIN, unter: https://www.zeit.de/zeit-magazin/2018/01/sigurd-rink-militaerbischof-rettung (Stand: 02. März 2021).

FISCHER, CHRISTIAN: Bericht ASEM zur 65. Gesamtkonferenz 2020 in Wittenberg, Berlin 2020, unter: https://www.bundeswehr.de/resource/blob/252260/42ead811b91d437d1dd0270b791af624/bericht-asem-zur-gesamtkonferenz-2020-data.pdf (Stand: 02. März 2021).

FISCHER, ERWIN: Volkskirche ade! Trennung von Staat und Kirche. Die Gefährdung der Religions- und Weltanschauungsfreiheit in der Bundesrepublik, Berlin/Aschaffenburg 1993.

FISCHER, JOHANNES: Ethische Dimensionen der Spitalseelsorge, in: WzM 58 (3/2006), 207–224.

FLETCHER, JOSEPH: Moral ohne Normen?, orig. Philadelphia 1966, übers. v. Hans Weissgerber, Gütersloh 1967.

FOUCAULT, MICHEL: Andere Räume, in: Karlheinz Barck (Hg.): Aisthesis: Wahrnehmung heute oder Perspektiven einer anderen Ästhetik, Leipzig ⁵1993 (1990), 34–46.
- Die Heterotopien. Der utopische Körper. Zwei Radiovorträge, übers. v. Michael Bischoff, Berlin 2013.
- Überwachen und Strafen. Die Geburt des Gefängnisses, orig. Paris 1975, übers. v. Walter Seitter, Frankfurt a. M. ¹⁷2019 (1994).

FRANKE, JÜRGEN: Wie integriert ist die Bundeswehr? Eine Untersuchung zur Integrationssituation der Bundeswehr als Verteidigung- und Einsatzarmee (Forum Innere Führung 36), Baden-Baden 2012.
FRETTLÖH, MAGDALENE: Theologie des Segens. Biblische und dogmatische Wahrnehmungen, Gütersloh ⁵2005 (1998).
FRICK, ECKHARD/ANNESER, JOHANNA: Total Pain, in: Spiritual Care 6 (3/2017), 349-350.
FRITZ, PHILIPP: Die Einsatzkultur der Bundeswehr. Deutsche Militärangehörige und das einsatzbezogene Selbstverständnis, in: Angelika Dörfler-Dierken (Hg.), Hinschauen! Geschlecht, Rechtspopulismus, Rituale. Systemische Probleme oder individuelles Fehlverhalten?, Norderstedt 2019, 185-196.
FRITZ, REGINA: Seelsorge mit System. Zum Stand systemischer Seelsorgelehre, in: WzM 65 (1/2013), 77-84.
FUCHS, MARTIN: Diversity und Differenz – Konzeptionelle Überlegungen, in: Gertraude Krell/Barbara Riedmüller/Barbara Sieben/Dagmar Vinz (Hg.), Diversity Studies. Grundlagen und disziplinäre Ansätze, Frankfurt a.M. 2007, 17-34.
FUCHS, PETER: Das Maß aller Dinge. Eine Abhandlung zur Metaphysik des Menschen, Göttingen 2007.
– Die Verwaltung der vagen Dinge. Gespräche zur Zukunft der Psychotherapie, Heidelberg 2011.
FUKUYAMA, FRANCIS: The End of History and the Last Man, New York 1992.
FUNSCH, ALEXANDER: Seelsorge im Strafvollzug. Eine dogmatisch-empirische Untersuchung zu den rechtlichen Grundlagen und der praktischen Tätigkeit der Gefängnisseelsorge (Schriften zur Kriminologie 5), Baden-Baden 2015.
GALTUNG, JOHAN: Strukturelle Gewalt. Beiträge zur Friedens- und Konfliktforschung, Reinbeck bei Hamburg 1975.
Genfer Abkommen: I.-IV. Genfer Abkommen vom 12. August 1949, unter: https://www.humanrights.ch/de/internationale-menschenrechte/humanitaeres-voelkerrecht/genfer-abkommen/ (Stand: 02. März 2021).
GMELCH, MICHAEL: »Afghanistan – hier gibt es schon lange keinen Gott mehr«. Wie können Feldpost-briefe zur erfahrungsgeschichtlichen Quelle für die Seelsorge an Soldaten und ihren Familien werden?, in: Ders./Richard Hartmann (Hg.), Soldatenfamilien im Stress. Kriegseinsätze als Herausforderung für die Militärseelsorge mit den Familien (Fuldaer Hochschulschriften 56), Würzburg 2014, 71-108.
– Der Umgang mit kognitiven Dissonanzen als Proprium einer praktischen Militärseelsorge, in: Ders./Richard Hartmann (Hg.), Soldatenfamilien im Stress. Kriegseinsätze als Herausforderung für die Militärseelsorge mit den Familien (Fuldaer Hochschulschriften 56), Würzburg 2014, 109-174.
– »Ich werde euch zu Menschenfischern machen«. Der Einsatz der Deutschen Marine für in Seenot geratene Flüchtlinge, in: StZ 233 (8/2015), 535-543.
GMELCH, MICHAEL/HARTMANN, RICHARD: Soldatenfamilien im Stress – Prävention, Begleitung und Nachsorge durch die Militärseelsorge: Ergebnisse einer Befragung, in: Dies. (Hg.), Soldatenfamilien im Stress. Kriegseinsätze als Herausforderung für die Militärseelsorge mit den Familien (Fuldaer Hochschulschriften 56), Würzburg 2014, 17-66.

GOFFMAN, ERVING: Asyle. Über die soziale Situation psychiatrischer Patienten und anderer Insassen, orig. New York 1961, übers. v. Nils Lindquist, Frankfurt a. M. ²⁰2016 (1973).
GOLDENSTEIN, JOHANNES: Domini Sumus, in: GPM 70 (4/2016), 498-503.
GÖSER, JOHANNES E.: Entwurf einer Pastoral-Instruction für katholische Feldgeistliche, in: ThQ 52 (3/1870), 474-495.
GRÄB, WILHELM: Vom Menschsein und der Religion. Eine praktische Kulturtheorie (PThGG 30), Tübingen 2018.
GRAMM, REINHARD: Der Friede ist ein ernster Fall. Erwägungen zum Problemfeld militärischer Gewaltanwendung, in: ZEE 20 (4/1976), 276-287.
GRETHLEIN, CHRISTIAN: Praktische Theologie, Berlin/Boston 2012.
GRESCHAT, MARTIN: Der Militärseelsorgevertrag zwischen der Bundesrepublik Deutschland und der Evangelischen Kirche in Deutschland, in: ZKG 119 (1/2008), 63-79.
GRIMELL, JAN: Veterans, the hidden wounds of war, and soul repair, in: Spiritual Care 7 (4/2018), 353-363.
GRÜNINGER, ANN-CHRISTIN: Die Engel und der Krieg. Ein angelologisches Motiv bei Daniel und im 2. Makkabäerbuch und seine traditionsgeschichtlichen Voraussetzungen (ABG 60), Leipzig 2018.
GUGUTZER, ROBERT: Soziologie des Körpers, Bielefeld ³2010 (2005).
GÜNZEL, STEPHAN: Spatial Turn - Topographical Turn - Topological Turn. Über die Unterschiede zwischen Raumparadigmen, in: Jörg Dünne/Tristan Thielmann (Hg.), Spatial Turn. Das Raumparadigma in den Kultur- und Sozialwissenschaften, Bielefeld ²2009 (2008), 219-237.
GUTMANN, CHRIS: Fortschreitende Militärkooperationen. Neue Herausforderungen für den wehrverfassungsrechtlichen Parlamentsvorbehalt (Beiträge zum Sicherheitsrecht und zur Sicherheitspolitik 6), Tübingen 2020.
HABERMAS, JÜRGEN: Theorie des kommunikativen Handelns, Bd. 2: Zur Kritik der funktionalisierten Vernunft, Frankfurt a. M. ⁴1987 (1981).
VOM HAGEN, ULRICH: Homo militaris. Perspektiven einer kritischen Militärsoziologie, Bielefeld 2012.
HALTINER, KARL: Vom Landesverteidiger zum militärischen Ordnungshüter, Sven Bernhard Gareis/Paul Klein (Hg.), Handbuch Militär und Sozialwissenschaft, Wiesbaden ²2006 (2004), 518-526.
HANK, SABINE/SIMON, HERMANN/HANK, UWE: Feldrabbiner in den deutschen Streitkräften des Ersten Weltkrieges (Schriftenreihe des Centrum Judaicum 7), Leipzig 2013.
HAMMANN, PETRA: Netzwerke zur psychosozialen Unterstützung für SoldatInnen, VeteranInnen, deren Familien und Hinterbliebene, in: Michael Gmelch/Richard Hartmann (Hg.), Soldatenfamilien im Stress. Kriegseinsätze als Herausforderung für die Militärseelsorge mit den Familien (Fuldaer Hochschulschriften 56), Würzburg 2014, 199-219.
HAMMER, STEFANIE: Die Rede des Verteidigungsministers im zivilreligiösen Ritual der Trauerfeier für die »gefallenen« Soldaten, in: PTh 103 (1/2014), 36-46.
– Wie der Staat trauert. Zivilreligionspolitik in der Bundesrepublik Deutschland (Staat - Souveränität - Nation 6), Wiesbaden 2015.
HÄMMERLE, THOMAS: Der Lebenskundliche Unterricht in der Bundeswehr, in: Materialdienst des Konfessionskundlichen Instituts Bensheim 61 (2/2010), 37-39.

HAMMOUTI-REINKE, NARIMAN: Ich diene Deutschland. Ein Plädoyer für die Bundeswehr – und warum sie sich ändern muss, Hamburg 2019.

HASLINGER, HERBERT: Seelsorge. Zur Identität pastoraler Berufe, in: LS 55 (3/2004), 158–163.

HASSNER, RON E.: Hypotheses on Religion in the Military, in: International Studies Review 18 (2/2016), 312–332.

HASS, RABEA: Der Freiwillige Wehrdienst in der Bundeswehr. Ein Beitrag zur kritischen Militärsoziologie, Wiesbaden 2016.

HAUSCHILDT, EBERHARD: Seelsorge durch öffentliche Rituale? Die Trauerfeier für gefallene Soldaten als öffentliche Seelsorge, in: PTh 103 (1/2014), 62–73.

HAUTMANN, LUISE: Sechs Monate sind eine lange Zeit – Erfahrungen von Soldatenfrauen, in: Peter Michaelis (Hg.), Für Ruhe in der Seele sorgen. Evangelische Militärpfarrer im Auslandseinsatz der Bundeswehr, Leipzig 2003, 137–141.

HECHT, HANS PETER: Die christliche Friedensbotschaft und das Problem des Pazifismus, in: Evangelisches Kirchenamt für die Bundeswehr (Hg.), Beiträge zur Evangelischen Militärseelsorge, Bd. 40, Bonn 1982.

HEIMANN, HANS MARKUS: Zukunftsperspektiven der Militärseelsorge, in: ZevKR 64 (2/2019), 125–142.

HEIMER, MATTHIAS: »Heilsame Irritationen«. Leitsätze für die Seelsorge in der Bundeswehr und was es braucht, um sie mit Leben zu füllen, in: Isolde Karle/Niklas Peuckmann (Hg.), Seelsorge in der Bundeswehr. Perspektiven aus Theorie und Praxis, Leipzig 2020, 187–204.

HEIMBACH, TOBIAS/STURM, DANIEL F.: »Hierarchien, Waffen, Uniform – das zieht manchen Bewerber an«, in: Die Zeit vom 30. April 2017, unter: https://www.welt.de/politik/deutschland/article164131024/Hierarchien-Waffen-Uniform-das-zieht-manchen-Bewerber-an.html (Stand: 02. März 2021).

HEINRICI, HARTMUT: Lebenskundlicher Unterrichte – ein Chamäleon?, Interner Umdruck, Heide/Sieg 1970.

HEINZ, ANDREAS: »Waffensegen« und Friedensgebet. Zur politischen Dimension der Liturgie, in: TThZ 99 (3/1990), 193–216.

HENGEL, MARTIN: Die Bergpredigt des Matthäus und die Botschaft Jesu, in: Evangelisches Kirchenamt für die Bundeswehr (Hg.), Gottes Recht und unsere Gerechtigkeit. Beiträge aus der Evangelischen Militärseelsorge, Bd. 39, Bonn 1982, 33–54.

HENKE, THOMAS: Seelsorge und Lebenswelt. Auf dem Weg zu einer Seelsorgetheorie in Auseinandersetzung mit soziologischen und sozialphilosophischen Lebensweltkonzeptionen (S.Th.P.S. 14), Wurzburg 1994.

HENNING, KARL OSKAR: Ein ungewolltes Kind der Kirche?, in: Hans Wolfgang Heßler (Hg.), Militärseelsorge im Dialog. Ein Dienst der Kirche in der Bundeswehr – Dokumente und andere Texte zu Geschichte und Situation der evangelischen Militärseelsorge, Bielefeld/Frankfurt a. M. 1975, 187–189.

HERMELINK, JAN: Kirchliche Organisation und das Jenseits des Glaubens. Eine praktisch-theologische Theorie der evangelischen Kirche, Gütersloh 2011.

HERMS, EILERT: Die ethische Struktur der Seelsorge, in: PTh 80 (1/1991), 40–62.

– Zivilreligion. Systematische Aspekte einer geschichtlichen Realität, in: ThQ 183 (2/2003), 97–127.

HOFMANN, BEATE/BÜSCHER, MARTIN (Hg.): Diakonische Unternehmen multirational führen. Grundlagen – Kontroversen – Potentiale (Diakoniewissenschaft/Diakoniemanagement 10), Baden-Baden 2017.
HÖHNE, FLORIAN: Darf ich vorstellen: Digitalisierung. Anmerkungen zu Narrativen und Imaginationen digitaler Kulturpraktiken in theologisch-ethischer Perspektive, in: Jonas Bedford-Strohm/Ders./Julian Zeyher-Quattlender (Hg.), Digitaler Strukturwandel der Öffentlichkeit. Interdisziplinäre Perspektiven auf politische Partizipation im Wandel (Kommunikations- und Medienethik 10), Baden-Baden 2019, 25–46.
– Öffentliche Theologie. Begriffsgeschichte und Grundfragen (ÖTh 31), Leipzig 2015.
– Unterscheiden, Übersetzen, Überraschen. Zur öffentlichen Dimension hermeneutischer Praxis und Theorie, in: Clemens Wustmans/Maximilian Schell (Hg.), Hermeneutik. Fundamentaltheologische Abwägungen – materialethische Konsequenzen (Entwürfe zur christlichen Gesellschaftswissenschaft 39), Berlin 2019, 66–80.
HOPPE, THOMAS/SCHLOTTER, PETER: Responsibility to protect. Internationaler Menschenrechtsschutz und die Grenzen der Staatssouveränität, in: Ines-Jacqueline Werkner/Klaus Ebeling (Hg.), Handbuch Friedensethik, Wiesbaden 2017, 689–701.
HOPPE, THOMAS/WERKNER, INES-JACQUELINE: Der gerechte Frieden. Positionen in der katholischen und der evangelischen Kirche in Deutschland, in: Dies./Klaus Ebeling (Hg.), Handbuch Friedensethik, Wiesbaden 2017, 342–359.
HUBER, WOLFGANG: Kirche und Militarismus, in: Ders./Gerhard Liedke (Hg.), Christentum und Militarismus (Studien zur Friedensforschung 13), Stuttgart/München 1974, 158–184.
– Kirche und Öffentlichkeit, Stuttgart 1973.
– Rückkehr zur Lehre vom gerechten Krieg? Aktuelle Entwicklungen in der evangelischen Friedensethik, in: ZEE 49 (2/2005), 113–130.
– Von der Freiheit. Perspektiven für eine solidarische Welt, München 2012.
HUBER, WOLFGANG/MEIREIS TORSTEN/REUTER, HANS-RICHARD (Hg.): Handbuch der Evangelischen Ethik, München 2015.
HUBER, WOLFGANG/REUTER, HANS-RICHARD: Friedensethik, Stuttgart 1990.
HÜBNER, WOLFGANG: Warum wir den Wehrdienst verweigern. Dokumentation und Analyse einer Umfrage, Opladen ²1972 (1971).
HUSSERL, EDMUND: Phänomenologie der Lebenswelt, Stuttgart 1986.
IRRGANG, BERNHARD: Drohnen und Kampfroboter. Neue Militärethik für den gerechten Krieg im Globalisierungsstrudel?, in: ETHICA 22 (2/2014), 139–161.
JAHNEL, CLAUDIA: Interkulturelle Theologie und Kulturwissenschaft: Untersucht am Beispiel afrikanischer Theologie, Stuttgart, 2016.
JÄHNICHEN, TRAUGOTT: Freie Verantwortlichkeit und Zivilcourage. Biographischer Kontext und Begründungszusammenhang der Verantwortungsethik Dietrich Bonhoeffers, in: Günter Brakelmann/Ders. (Hg.), Dietrich Bonhoeffer – Stationen und Motive auf dem Weg in den politischen Widerstand (Zeitansage 2), Münster 2005, 89–109.
– »Öffentliches Christentum«. Eine unterschätzte Dimension christlicher Präsenz im Kontext der Kirchenmitgliedschaftsuntersuchung, in: EvTh 75 (3/2015), 166–178.
– Patriarchalismus – Partnerschaft – Partizipation. Ein Überblick über die Mitbestimmungsdiskussion in der evangelischen Sozialethik, in: Frank von Auer/Franz

Segbers (Hg.), Sozialer Protestantismus und Gewerkschaftsbewegung. Kaiserreich – Weimarer Republik – Bundesrepublik Deutschland, Köln 1994, 271–287.
— Was macht Kirche mit Macht – was macht Macht mit Kirche?, in: WzM 63 (2/2011), 135–146.
JÄHNICHEN, TRAUGOTT/KARLE, ISOLDE: Ethik für die Seelsorge – Seelsorge für die Ethik. Überlegungen zur Verhältnisbestimmung von theologischer Ethik und Poimenik, in: ZEE 64 (4/2020), 277–288.
JÄHNICHEN, TRAUGOTT/PEUCKMANN, NIKLAS: Ohne Demokraten keine Demokratie: Demokratie hört am Kasernentor nicht auf. Partizipation als Leitbild der Inneren Führung, in: zur sache.bw 39 (1/2021), 76–79.
JANßEN, KARL-HEINZ: Thron und Altar 1969, in: Die Zeit vom 17. Oktober 1969, unter: https://www.zeit.de/1969/42/thron-und-altar-1969 (Stand: 02. März 2021).
JASPER, CHRISTIAN: Religiös und politisch gebundene öffentliche Ämter. Anschauungsgebundene Vergabe von Staatsämtern im Spannungsfeld zwischen besonderen Gleichheitssätzen und gegenläufigem Verfassungsrecht (SÖR 1286), Berlin 2015.
JOAS, HANS: Glaube als Option: Zukunftsmöglichkeiten des Christentums, Freiburg i. Br. 2012.
JOSUTTIS, MANFRED: Der Pfarrer ist anders: Aspekte einer zeitgenössischen Pastoraltheologie, München 1982.
JUNG, FRANZ J.: Rede im Rahmen der »Politikergespräche« der Gemeinschaft Katholischer Soldaten (GKS), in: Stichworte zur Sicherheitspolitik (11/12/2006), 95–99, unter: https://www.bundesregierung.de/resource/blob/976072/760188/ 2a8251bf48da9990cd3713fe5abc4dc6/2006-01-06-ausgabe-november-dezember-2005-data.pdf?download=1 (Stand: 02. März 2021).
JÜNGEL, EBERHARD: Das Dilemma der natürlichen Theologie und die Wahrheit ihres Problems. Überlegungen für ein Gespräch mit Wolfhart Pannenberg, in: Ders. (Hg.), Entsprechungen. Gott – Wahrheit – Mensch (Theologische Erörterungen II), München ^{3}2002 (1980), 158–177.
JÜTTNER, JULIA: Militärpfarrer in Afghanistan, in: Spiegel Online vom 16. April 2010, unter: https://www.spiegel.de/politik/ausland/militaerpfarrer-in-afghanistan-alle-sind-hier-absolut-schockiert-a-689273.html (Stand: 02. März 2021).
KANTER, ROSABETH MOSS: Men and Women of the Corporation, New York 1977.
KAPPEL, JÜRGEN: Im Einsatz für den Frieden. Militärseelsorge vor neuen Herausforderungen, Paderborn 2016.
KARASEK, HELLMUT (Hg.): Briefe bewegen die Welt. Bd. 6: Feldpost, Kempen 2013.
KARLE, ISOLDE: Chancen der Polizeiseelsorge, in: WzM 57 (1/2005), 3–15.
— Chancen und Risiken differenter Systemlogiken im Krankenhaus: Perspektiven einer Kooperation von Seelsorge und Spiritual Care, in: Spiritual Care 7 (1/2018), 57–67.
— »Da ist nicht mehr Mann noch Frau…«. Theologie jenseits der Geschlechterdifferenz, Gütersloh 2006.
— Der Pfarrberuf als Profession: Eine Berufstheorie im Kontext der modernen Gesellschaft (PThK 3), Gütersloh ^{2}2001.
— Gefängnisseelsorge, in: Wilfried Engemann (Hg.), Handbuch der Seelsorge. Grundlagen und Profile, Leipzig ^{3}2016 (2007), 658–676.
— Kirche im Reformstress, Gütersloh ^{2}2011 (2010).

- Perspektiven der Krankenhausseelsorge. Eine Auseinandersetzung mit dem Konzept des Spiritual Care, in: WzM 62 (6/2010), 537-555.
- Pfarrerinnen und Pfarrer in der Spannung zwischen Professionalisierung und Professionalität, in: DtPfrBl 103 (12/2003), 629-634.
- Poimenik, in: Christian Grethlein/Helmut Schwier (Hg.), Praktische Theologie. Eine Theorie- und Problemgeschichte, Leipzig 2007, 575-606.
- Praktische Theologie (LETh 7), Leipzig 2020.
- Seelsorge als religiöse Kommunikation, in: Kristin Merle/Birgit Weyel (Hg.), Seelsorge. Quellen von Schleiermacher bis zur Gegenwart, Tübingen 2009, 261-270.
- Seelsorge in der Moderne. Eine Kritik der psychoanalytisch orientierten Seelsorgelehre, Neukirchen-Vluyn 1996.
- Seelsorge in der modernen Gesellschaft. Spezifische Chancen, Ressourcen und Sinnformen der seelsorgerlichen Kommunikation, in: EvTh 59 (3/1999), 203-219.
- Tiefe Adressierung. Körperlichkeit zwischen Verdrängung und Aufwertung, in: ZEE 58 (3/2014), 179-189.

KARLE, ISOLDE/PEUCKMANN, NIKLAS: Militärseelsorge im Spannungsfeld von Kirche und Bundeswehr, in: Dies. (Hg.), Seelsorge in der Bundeswehr. Perspektiven aus Theorie und Praxis, Leipzig 2020, 9-13.
- als Hg.: Seelsorge in der Bundeswehr. Perspektiven aus Theorie und Praxis, Leipzig 2020.
- Seelsorge in der Lebenswelt Bundeswehr. Poimenische Leitlinien der Militärseelsorge, in: Dies. (Hg.), Seelsorge in der Bundeswehr. Perspektiven aus Theorie und Praxis, Leipzig 2020, 17-37.

KATHOLISCHES MILITÄRBISCHOFSAMT (Hg.): Kirche unter Soldaten - Festschrift zum Jubiläum. 50 Jahre Katholische Militärseelsorge in der Deutschen Bundeswehr von 1956 bis 2006, Heilbad Heiligenstadt 2006.

KILIAN, ANJA K.: Das Medium Feldpost als Gegenstand interdisziplinärer Forschung. Archivlage, Forschungsstand und Aufbereitung der Quelle aus dem Zweiten Weltkrieg, Berlin 2001, unter: http://www.feldpost-archiv.de/pdf/diss-kkilian.pdf (Stand: 02. März 2021).

KLEIN, PAUL/SCHEFFLER, HORST: Der Lebenskundliche Unterricht in der Bundeswehr im Urteil von Militärpfarrern und Soldaten (SOWI-Bericht 44), München 1987.

KLEINE, MARKUS: Institutionalisierte Verfassungswidrigkeiten im Verhältnis von Staat und Kirche unter dem Grundgesetz. Ein Beitrag zur juristischen Methodik im Staatskirchenrecht (Nomos-Schriftenreihe: Recht 114), Baden-Baden 1993.

KLESSMANN, MICHAEL: Einleitung. Seelsorge in der Institution »Krankenhaus«, in: Ders. (Hg.), Handbuch der Krankenausseelsorge, Göttingen ³2008 (1996), 13-27.
- »Ich armer, elender, sündiger Mensch...«. Das Christentum, die Schuld und die Scham - im Kontext der Gefängnisseelsorge, in: Isabelle Noth/Ralph Kunz (Hg.), Nachdenkliche Seelsorge - seelsorgliches Nachdenken. Festschrift für Christoph Morgenthaler zum 65. Geburtstag (Arbeiten zur Pastoraltheologie, Liturgik und Hymnologie 62), Göttingen 2012, 152-169.
- Im Strom der Zeit... Von der evangelischen über die ökumenische zur interkulturellen Seelsorge und spiritual care, in: WzM 66 (1/2014), 5-18.

- Kirchliche Seelsorge - seelsorgliche Kirche. Pastoralpsychologisch inspirierte Rückblicke und Ausblicke, in: Anja Kramer/Freimut Schirrmacher (Hg.), Seelsorgliche Kirche im 21. Jahrhundert. Modelle - Konzepte - Perspektiven, Neukirchen-Vluyn 2005, 235-253.
- Seelsorge. Begleitung, Begegnung, Lebensdeutung im Horizont des christlichen Glaubens, Neukirchen-Vluyn 2008.
- Seelsorge im Zwischenraum / im Möglichkeitsraum. Pastoralpsychologische De- und Rekonstruktionen, in: WzM 55 (7/2003), 411-426.
- Seelsorge und Professionalität. Eine Problemanzeige, in: PrTh 40 (4/2005), 283-290.

KNAPP, MARKUS: Glauben und Wissen bei Jürgen Habermas. Religion in einer ›postsäkularen‹ Gesellschaft, in: StZ 226 (4/2008), 270-280.

KOCH, BERNHARD: Kombattantenstatus in asymmetrischen Konflikten, in: Ines-Jacqueline Werkner/Klaus Ebeling (Hg.), Handbuch Friedensethik, Wiesbaden 2017, 843-853.

KOHL, TOBIAS: Zum Militär der Politik, in: Soziale Systeme 15 (1/2009), 160-188.

KONRADT, MATTHIAS: Das Evangelium nach Matthäus, Göttingen 2015.
- Studien zum Matthäusevangelium (Wissenschaftliche Untersuchungen zum Neuen Testament 358), Tübingen 2016.

KÖRTNER, ULRICH H. J.: Flucht in die Rhetorik. Der Protestantismus muss eine Friedensethik entwickeln, die heutigen Kriegen gerecht wird, in: Zeitzeichen 7 (9/2006), 12-14.
- »Gerechter Friede« - »gerechter Krieg«. Christliche Friedensethik vor neuen Herausforderungen, in: ZThK 100 (3/2003), 348-377.
- Ist die Moral das Ende der Seelsorge, oder ist die Seelsorge am Ende Moral?, in: WzM 58 (3/2006), 225-245.
- Macht, in: Reiner Anselm/Ders. (Hg.), Evangelische Ethik Kompakt. Basiswissen in Grundbegriffen, Gütersloh 2015, 123-130.
- Religion und Klimaschutz, in: ZEE 64 (1/2020), 3-7.

KÖSTER, WERNER: Kirche unter Soldaten. Zielvorstellung und Wirklichkeit. in: Militärseelsorge - Zeitschrift des Katholischen Militärbischofsamtes 18 (3/1978), 253-259.

KRAUS, BJÖRN: Lebenswelt und Lebensweltorientierung. Eine begriffliche Revision als Angebot an eine systemisch-konstruktivistische Sozialarbeitswissenschaft, in: Kontext. Zeitschrift für systemische Therapie und Familientherapie 37 (2/2006), 116-129.

KREß, HARTMUT: Evangelische Sozialethik vor dem Problem der neuzeitlichen Säkularisierung: Protestantische Weltverantwortung zwischen ethischer Güterlehre und kirchlicher Ethik, in: JCSW 32 (1991), 111-132.

KRETZSCHMAR, GERALD: Das Ehrenmal der Bundeswehr. Ein zivilreligiöser Weg in die neue Bundesrepublik, in: Kristian Fechtner/Thomas Klie (Hg.), Riskante Liturgien. Gottesdienste in der gesellschaftlichen Öffentlichkeit, Stuttgart 2011, 67-78.

KÜHL, STEFAN: Organisationen. Eine sehr kurze Einführung, Wiesbaden 2011.
- Über Kameradschaft in der Bundeswehr - und ihre Erosion, unter: FAZ.NET, veröff. am 03. September 2017 (Stand: 02. März 2021).

KUHLMANN, HELGA: Gewalt denken - eine Aufgabe der Theologie über Seelsorge und Ethik hinaus?, in: Hans-Richard Reuter/Heinrich Bedford-Strohm/Dies./Karl-Heinrich

Lütcke (Hg.), Freiheit verantworten. Festschrift für Wolfgang Huber zum 60. Geburtstag, Gütersloh 2002, 456–469.

Kuhn-Flammensfeld, Norbert/Frick, Eckhard/Goudinoudis, Katja/Labitzke, Karoline/Bausewein, Claudia: Seelsorge in neuen Kontexten. Mitarbeit von kirchlichen Seelsorgenden in Teams der spezialisierten ambulanten Palliativversorgung, in: Spiritual Care 7 (2/2018), 129–140.

Kühne, Thomas: Kameradschaft. Die Soldaten des nationalsozialistischen Krieges und das 20. Jahrhundert (Kritische Studien zur Geschichtswissenschaft 173), Göttingen 2006.

Kujat, Harald: Das Ende der Wehrpflicht, in: APuZ 61 (48/2011), 3–7.

Kümmel, Gerhard: Das Militär, die Frauen und die Militärseelsorge, in: Isolde Karle/Niklas Peuckmann (Hg.), Seelsorge in der Bundeswehr. Perspektiven aus Theorie und Praxis, Leipzig 2020, 55–66.

– Frauen in militärischen Organisationen, in: Nina Leonhard/Ines-Jacqueline Werkner (Hg.), Militärsoziologie – Eine Einführung, Wiesbaden ²2012 (2005), 367–391.

– Halb zog man sie, halb sank sie hin... Die Bundeswehr und ihre Öffnung für Frauen, in: Angelika Dörfler-Dierken/Ders. (Hg.), Am Puls der Bundeswehr. Militärsoziologie in Deutschland zwischen Wissenschaft, Politik, Bundeswehr und Gesellschaft (Schriftenreihe des ZMSBw 16), Wiesbaden 2016, 277–301.

– Sexuelle Belästigung und sexuelle Gewalt im Militär. Die arbeitsweltlichen Konsequenzen, in: Angelika Dörfler-Dierken (Hg.), Hinschauen! Geschlecht, Rechtspopulismus, Rituale. Systemische Probleme oder individuelles Fehlverhalten?, Norderstedt 2019, 71–96.

– Truppenbild mit Dame. Eine sozialwissenschaftliche Begleituntersuchung zur Integration von Frauen in die Bundeswehr (Forschungsbericht 82), Strausberg 2008.

– Truppenbild ohne Dame? Die wichtigsten Befunde, in: Ders. (Hg.), Soldatinnen in der Bundeswehr – Integrationsklima und Perspektiven. Dokumentation des Symposiums an der Führungsakademie der Bundeswehr in Hamburg am 10. und 11. Juli 2014, Potsdam 2017, 9–50.

Kümmel, Gerhard/Werkner, Ines-Jacqueline (Hg.): Soldat, weiblich, Jahrgang 2001. Sozialwissenschaftliche Begleitungsuntersuchungen zur Integration von Frauen in der Bundeswehr – Erste Befunden, Strausberg 2003.

Kunst, Hermann (Hg.): Gott läßt sich nicht spotten. Franz Dohrmann – Feldbischof unter Hitler, Hannover 1983.

Kunz, Ralph/Neugebauer, Matthias: Ethische Seelsorge und Orientierungsvielfalt. Die Herausforderung für die kirchliche Seelsorge durch ethischen Relativismus und Wertepluralismus – Systematische und pastoraltheologische Erwägungen, in: WzM 58 (3/2006), 246–258.

Kuratle, David/Morgenthaler, Christoph: Männerseelsorge. Impulse für eine gendersensible Beratungspraxis, Stuttgart 2015.

von Kymmel, Friedrich: Als Pfarrer im Militäreinsatz in Afghanistan. Ein Erlebnisbericht vor dem Hintergrund der »Friedensdenkschrift« der EKD, in: EvTh 75 (4/2015), 312–319.

Lammer, Kerstin: Wie Seelsorge wirkt (Praktische Theologie heute 165), Stuttgart 2020.

Lange, Sven: Der Fahneneid. Die Geschichte der Schwurverpflichtung im deutschen Militär, Bremen 2003.

LANGER, PHIL C.: Soldatenalltag in Afghanistan, in: report psychologie 36 (6/2011), 252-257.
LEE, STEVEN P. (Hg.): Intervention, Terrorism, and Torture: Contemporary Challenges to Just War Theory, Dordrecht 2007.
LEFEBVRE, HENRI: Die Produktion des Raums, in: Jörg Dünne/Stephan Günzel (Hg.), Raumtheorie. Grundlagentexte aus Philosophie und Kulturwissenschaften, Berlin ⁹2018 (2006), 330-340.
LENZEN, MANUELA: Künstliche Intelligenz. Was sie kann & was uns erwartet, München ²2018.
LEMKE-PAETZNICK, KLAUS M.: Sechs Monate an Bord – Seelsorgerliche Einsatzbegleitung zur See, in: Peter Michaelis (Hg.), Für Ruhe in der Seele sorgen. Evangelische Militärpfarrer im Auslandseinsatz der Bundeswehr, Leipzig 2003, 111-115.
LEONHARD, NINA/BIEHL, HEIKO: Beruf: Soldat, in: Nina Leonhard/Ines-Jacqueline Werkner (Hg.), Militärsoziologie – Eine Einführung, Wiesbaden ²2012 (2005), 393-427.
LEY, FRIEDRICH: Herz über Kopf. Ethik und Seelsorge in der Transplantationsmedizin, in: WzM 62 (1/2010), 16-30.
VON DER LEYEN, URSULA: Ansprache anlässlich der Konferenz »Militärrabbiner in der Bundeswehr. Zwischen Tradition und Herausforderung« am 3. April 2019 in Frankfurt am Main, in: Zentralrat der Juden in Deutschland (Hg.), Militärrabbiner in der Bundeswehr. Zwischen Tradition und Herausforderung, Leipzig 2019, 24-28.
LIEB, PETER: Erwin Rommel. Widerstandskämpfer oder Nationalsozialist?, in: VfZ 61 (3/2013), 303-343.
LIERMANN, ALEXANDER: Gewalt ist kein Schicksal. Seelsorge bei der Bundeswehr, in: Kirchenamt der EKD (Hg.), Auf dem Weg zu einer Kirche der Gerechtigkeit und des Friedens. Ein friedenstheologisches Lesebuch, Leipzig 2019, 327-331.
– Seelsorge und Spiritualität in offenem Gelände. Kontaktflächen zwischen Militärseelsorgern und Soldaten, in: DtPfrBl 120 (8/2020), 493-497.
LOBSTÄDT, TOBIAS: Die Tätowierung als Mittel der Selbstwertregulation. Fünf Thesen im Kontext von Narzissmustheorie und Theatralitätskonzept, in: WzM 69 (2/2017), 159-171.
LOCH, THORSTEN: Das Gesicht der Bundeswehr. Kommunikationsstrategien in der Freiwilligenwerbung der Bundeswehr 1956 bis 1989, München 2008.
LOHMANN, FRIEDRICH: Die christliche Ethik als Güterethik, in: Michael Roth/Marcus Held (Hg.), Was ist theologische Ethik? – Grundbestimmungen und Grundvorstellungen, Berlin/Boston 2018, 113-130.
– Menschenrechte – Beistandspflicht – Gewaltverzicht. Ein unauflösbares Problem der Friedensethik, in: Kirchenamt der EKD (Hg.), Auf dem Weg zu einer Kirche der Gerechtigkeit und des Friedens. Ein friedenstheologisches Lesebuch, Leipzig 2019, 225-229.
– Militärseelsorge aus ethischer Perspektive, in: Isolde Karle/Niklas Peuckmann (Hg.), Seelsorge in der Bundeswehr. Perspektiven aus Theorie und Praxis, Leipzig 2020, 273-290.
LÖW, MARTINA: Raumsoziologie, Frankfurt a. M. ⁹2017 (2001).
LÜBBE, HERMANN: Kontingenzerfahrung und Kontingenzbewältigung, in: Gerhart von Graevenitz/Odo Marquard (Hg.), Kontingenz, München 1998, 35-47.

- Religion nach der Aufklärung, München ³2004 (1986).
LUHMANN, NIKLAS: Aufsätze und Reden, Stuttgart ²2019 (2001).
- Funktion der Religion, Frankfurt a. M. 1977.
- Funktionen und Folgen formaler Organisationen (Schriftenreihe der Hochschule Speyer 20), Berlin ⁵1995 (1964).
- Soziale Systeme. Grundriss einer allgemeinen Theorie, Frankfurt a. M. ²1988 (1984).
- Soziologische Aufklärung 1 bis 6, Wiesbaden 2018.
- Spontane Ordnungsbildung, in: Fritz Morstein Marx (Hg.), Verwaltung. Eine einführende Darstellung, Berlin 1965, 163-183.
LUTHER, HENNING: Die Lügen der Tröster. Das Beunruhigende des Glaubens als Herausforderung für die Seelsorge, in: PrTh 33 (3/1998), 163-176.
- Religion und Alltag. Bausteine zu einer Praktischen Theologie des Subjekts, Stuttgart 2014.
LUTHER, MARTIN: Ob Kriegsleute auch in seligem Stande sein können, in: D. Martin Luthers Werke, Bd. 19, Weimer 1897, 616-666.
MEIREIS, TORSTEN: Der gerechte Frieden und die Ambivalenz rechtswahrender Gewalt – eine Synthese, in: Ines-Jacqueline Werkner/Ders. (Hg.), Rechtserhaltende Gewalt – eine ethische Verortung (Fragen zur Gewalt 2), Wiesbaden 2019, 149-160.
- Die Revisionist Just War Theory: Jeff McMahan, in: Ines-Jacqueline Werkner/Klaus Ebeling (Hg.), Handbuch Friedensethik, Wiesbaden 2017, 327-339.
- Digitalisierung und Wirtschaft 4.0 – Herausforderungen für eine Ethik der Arbeit, in: ZEE 61 (3/2017), 222-239.
MEREDITH, LISA S./SHERBOURNE, CATHY D./GAILLOT, SARAH/HANSELL, LYDIA/RITSCHARD, HANS V./PARKER, ANDREW M./WRENN, GELNDA: Promoting Psychological Resilience in the U.S. Army, Santa Monica 2011.
MERKEL, ANGELA: Unersetzlicher Partner für die Armee in der Demokratie, in: Evangelisches Kirchenamt für die Bundeswehr (Hg.), »Ein Weg in Loyalität und Freiheit«, Bonn 2007, 16-26.
MEYER, GEORG-MARIA: Soldatenfamilien, in: Sven Bernhard Gareis/Paul Klein (Hg.), Handbuch Militär und Sozialwissenschaft, Wiesbaden ²2006 (2004), 551-561.
MEYER-MAGISTER, HENDRIK: Wehrdienst und Verweigerung als komplementäres Handeln. Individualisierungsprozesse im bundesdeutschen Protestantismus der 1950er Jahre (RBRD 7), Tübingen 2019.
MICHAELIS, PETER (Hg.): Für Ruhe in der Seele sorgen. Evangelische Militärpfarrer im Auslandseinsatz der Bundeswehr, Leipzig 2003.
MICHAELIS, PETER/THEIS, WALTER: Seelsorgerliche Begleitung bei Auslandseinsätzen deutscher Soldaten. Neue Herausforderungen für die Militärseelsorge, in: Militärseelsorge (Pastoral) 39 (2001), 69-77.
Militärseelsorge: Fidele Ignoranten, in: DER SPIEGEL, Nr. 31, 22. August, 1983, 34-35.
Mißliche Sache, in: DER SPIEGEL, Nr. 27, 26. Juni 1972, 26.
MITTELSTÄDT, AXEL: Zivile Saiten – Was Musik im Einsatz leisten kann, in: Peter Michaelis (Hg.), Für Ruhe in der Seele sorgen. Evangelische Militärpfarrer im Auslandseinsatz der Bundeswehr, Leipzig 2003, 93-101.

MIXA, WALTER: »Christliches Menschenbild – Innere Führung«. Vortrag im Zentrum Innere Führung in Koblenz am 7. Februar 2001, in: Militärseelsorge – Dokumentation 39/40 (2001/2002), 9–23.
- »Die Waffen segnen?« Legitimation militärischer Einsätze der Streitkräfte und Militärseelsorge, in: Militärseelsorge – Dokumentation 39/40 (2001/2002), 24–34.

MÖLLERS, HEINER: Die Kießling-Affäre 1984. Zur Rolle der Medien im Skandal um die Entlassung von General Dr. Günter Kießling, in: VfZ 64 (3/2016), 517–550.

MÖLLERS, HEINER/SCHLAFFER, RUDOLF J. (Hg.): Sonderfall Bundeswehr? Streitkräfte in nationalen Perspektiven und im internationalen Vergleich, München 2014.

MOOS, THORSTEN: Ethik als Herausforderung der Klinikseelsorge. Ergebnisse einer neuen empirischen Studie, in: WzM 67 (6/2015), 605–616.

MOOS, THORSTEN/EHM, SIMONE/KLIESCH, FABIAN/THIESBONENKAMP-MAAG, JULIA: Ethik in der Klinikseelsorge. Empire, Theologie, Ausbildung (Arbeiten zur Pastoraltheologie, Liturgik und Hymnologie 83), Göttingen 2016.

MORGENTHALER, CHRISTOPH: Seelsorge (Lehrbuch Praktische Theologie 3), Gütersloh ²2012 (2009).
- Systemische Seelsorge. Impulse der Familien- und Systemtherapie für die kirchliche Praxis, Stuttgart ⁵2013 (1999).

MOSER, MARTIN: Personzentrierte Seelsorge in und durch Gruppe, in: Christiane Burbach (Hg.), Handbuch Personzentrierte Seelsorge und Beratung, Göttingen 2019, 361–368.

MUHLER, CHRISTOPHER: Transformation wider Willen? Die Bundeswehr im Kontext deutscher Auslandseinsatzpolitik 1989–2011, Berlin 2017.

MÜLLER, CHRISTIAN TH.: Tausend Tage bei der »Asche«. Unteroffiziere der NVA. Untersuchungen zu Alltag und Binnenstruktur einer »sozialistischen« Armee (Militärgeschichte der DDR 6), Berlin 2003.

MÜLLER, HANS MARTIN: Das Ethos im seelsorgerlichen Handeln, in: PTh 80 (1/1991), 3–16.

MÜLLER-KENT, JENS: Militärseelsorge im Spannungsfeld zwischen kirchlichem Auftrag und militärischer Einbindung: Analyse und Bewertung von Strukturen und Aktivitäten der ev. Militärseelsorge unter Berücksichtigung sich wandelnder gesellschaftlicher Rahmenbedingungen (Hamburger Theologische Studien 1), Hamburg 1990.

MÜLLER-LANGE, JOACHIM/RIESKE, UWE/UNRUH, JUTTA (Hg.): Handbuch Notfallseelsorge, Edewecht ³2013 (2001).

MÜNKLER, HERFRIED: Kriegssplitter. Die Evolution der Gewalt im 20. und 21. Jahrhundert, Berlin 2015.
- Militärisches Totengedenken in der postheroischen Gesellschaft, in: Manfred Hettling/Jörg Echternkamp (Hg.), Bedingt erinnerungsbereit. Soldatengedenken in der Bundesrepublik, Göttingen 2008, 22–30.

NACHTWEI, WINFRIED: Sicherheitspolitische Entscheidungsprozesse und Ergebnisse militärsoziologischer Forschungen, in: Angelika Dörfler-Dierken/Gerhard Kümmel (Hg.), Am Puls der Bundeswehr. Militärsoziologie in Deutschland zwischen Wissenschaft, Politik, Bundeswehr und Gesellschaft, Wiesbaden 2016, 151–168.

NAKASHIMA BROCK, RITA/LETTINI, GABRIELLA: Soul Repair. Recovering from Moral Injury after War, Boston 2012.

NASSEHI, ARMIN: Die letzte Stunde der Wahrheit. Kritik der komplexitätsvergessenen Vernunft, Hamburg 2017.
– Muster. Theorie der digitalen Gesellschaft, München ²2019.
NAUER, DORIS: Seelsorge. Sorge um die Seele, Stuttgart ³2014 (2007).
– Spiritual Care statt Seelsorge?, Stuttgart 2015.
NAVE-HERZ, ROSEMARIE: Wandel und Kontinuität in der Bedeutung, der Struktur und Stabilität von Ehe und Familie in Deutschland, in: Dies. (Hg.), Kontinuität und Wandel der Familie in Deutschland. Eine zeitgeschichtliche Analyse (Der Mensch als soziales und personales Wesen 19), Stuttgart 2002, 45-70.
NEITZEL, SÖNKE/WELZER, HARALD: Soldaten. Protokolle vom Kämpfen, Töten und Sterben, Frankfurt a. M. 2012.
NEUNECK, GÖTZ: Der Mythos vom sauberen Krieg, in: SdW 26 (4/2003), 68.
NOACK, AXEL: Die Debatte um die Seelsorge an den Soldaten bei der Wiedervereinigung der Evangelischen Kirche in Deutschland, in: Friedemann Stengel/Jörg Ulrich (Hg.), Kirche und Krieg. Ambivalenzen in der Theologie, Leipzig 2015, 181-194.
OBERHEM, HARALD: Ökumene in der Militärseelsorge. Eine Skizze, in: Militärseelsorge (Pastoral) 39 (2001), 61-68.
OTTEMEYER, JOHANNES: Ökumene in der Militärseelsorge, in: Alfred Hierold/ Ernst J. Nagel (Hg.), Kirchlicher Auftrag und politische Friedensgestaltung. Festschrift für Ernst Niermann Militärgeneralvikar 1981-1995, Stuttgart 1995, 268-276.
PATBERG, GOTTHOLD: Nicht jeder Tag ist Mittwoch – Der Sonntagsgottesdienst im Auslandseinsatz, in: Peter Michaelis (Hg.), Für Ruhe in der Seele sorgen. Evangelische Militärpfarrer im Auslandseinsatz der Bundeswehr, Leipzig 2003, 81-85.
PAWLAS, ANDREAS: Militärseelsorge – instrumentalisierte Religion oder unabhängige Kirche unter den Soldaten?, in: KuD 38 (3/1992), 230-257.
Pazifismus '81: »Selig sind die Friedfertigen«, in: DER SPIEGEL, Nr. 25, 21. Juni, 1982, 24-32.
Personalien: Sigo Lehming, in: DER SPIEGEL, Nr. 13, 29. März, 1982, 250.
PEUCKMANN, NIKLAS: Freedom and Responsibility in the Theology of Dietrich Bonhoeffer – Impulses for the Dialogue between Ethics and Pastoral Care, in: Traugott Jähnichen/ Pascal Bataringaya/Olivier Munyansanga/Clemens Wustmans (Hg.), Dietrich Bonhoeffer. Life and Legacy (Theology in the Public Square 11), Zürich 2019, 159-168.
– Kirche(n) unter Soldaten – Zur Ökumene in der Militärseelsorge, in: LS 69 (4/2018), 288-293.
– Militärseelsorge und Öffentliche Theologie. Überlegungen zur Verortung der Seelsorge in der Bundeswehr, in: Isolde Karle/Ders. (Hg.), Seelsorge in der Bundeswehr. Perspektiven aus Theorie und Praxis, Leipzig 2020, 257-272.
– Orte der Komplexität und der Kontingenz. Seelsorge im Gefängnis, in: AndersOrt 10 (2/2020), 8-19.
– Tiere im Wahrnehmungsfokus von Seelsorge. Überlegungen anhand aktueller Vollzüge von gelebter Religion, in: EvTh 78 (3/2018), 219-229.
– Tierethik im Horizont der Gottebenbildlichkeit. Zur Bedeutung des Menschenbildes in der Ethik der Mensch-Tier-Beziehungen, Bochum/Freiburg i. Br. 2017.
– Wenn Kameradschaft unter die Haut geht: Fallschirmjäger und der Erzengel Michael, erscheint in: Nathalie Eleyth/Claudia Jahnel/Traugott Jähnichen (Hg.), Körper-

Zeugnisse: Tattoos als Selbstausdruck religiöser Bekenntnisse. Interdisziplinäre Perspektiven, Kamen 2022.

Picht, Georg: Studien zur politischen und gesellschaftlichen Situation der Bundeswehr (Berichte der Evangelischen Studiengemeinschaft 21), Witten/Berlin 1965.

Pietsch, Carsten: Zur Motivation deutscher Soldatinnen und Soldaten für den Afghanistaneinsatz, in: Anja Seiffert/Phil C. Langer/Ders. (Hg.), Der Einsatz der Bundeswehr in Afghanistan. Sozial- und politikwissenschaftliche Perspektiven, Wiesbaden 2012, 101–122.

Plüss, David: Religiöse Erfahrung zwischen Genesis und Performanz. Praktisch-theologische Erkundungsgänge, in: ZThK 105 (2/2008), 242–257.

Pohl, Heinrich: Die katholische Militärseelsorge Preußens 1797–1888: Studien zur Geschichte des deutschen Militärrechts (Kirchenrechtliche Abhandlungen 102–103), Stuttgart 1926.

Pohl-Patalong, Uta: Art. Seelsorge. Konzeptionen und Methoden, in: Hans Dieter Betz (Hg.), Religion in Geschichte und Gegenwart (RGG), Band 7 R-S, Tübingen ^{4}2004 (1909), 1114–1116.

Pöpping, Dagmar: Kriegspfarrer an der Ostfront. Evangelische und katholische Wehrmachtseelsorge im Vernichtungskrieg 1941–1945, Göttingen 2017.

– Passion und Vernichtung. Kriegspfarrer an der Ostfront 1941–1945, Göttingen 2019.

Rahmstorf, Stefan/Schellnhuber, Hans J.: Der Klimawandel. Diagnose, Prognose, Therapie, München ^{9}2019 (2006).

Rahn, Werner: Einführung, in: Ders. (Hg.), Deutsche Marine im Wandel. Vom Symbol nationaler Einheit zum Instrument internationaler Sicherheit, München 2005, 1–13.

Raschzok, Klaus/Röhlin Karl-Heinz (Hg.): Kleine Geschichte der Seelsorge im 20. Jahrhundert. Biographische Essays, Leipzig 2018.

Reller, Jobst: Die Anfänge der evangelischen Militärseelsorge, Norderstedt 2019.

Reuter, Hans-Richard: Wen schützen Kampfdrohnen?, in: ZEE 58 (3/2014), 163–167.

Rink, Sigurd: Auf Spannung angelegt. Zur Transformation der Seelsorge in der Bundeswehr, in: Isolde Karle/Niklas Peuckmann (Hg), Seelsorge in der Bundeswehr. Perspektiven aus Theorie und Praxis, Leipzig 2020, 205–219.

– Diener zweier Herren? Anmerkungen zur Praxisbewährung des Militärseelsorgevertrags, in: ZevKR 64 (2/2019), 183–187.

– Können Kriege gerecht sein? Glaube, Zweifel, Gewissen – Wie ich als Militärbischof nach Antworten suche, Berlin 2019.

– Mit dem Evangelium regieren – Glaube und Politik, in: Materialdienst des Konfessionskundlichen Instituts Bensheim 66 (1/2015), 9–12.

– Über den Kultus hinaus. Erfahrungen und Anstöße aus der christlichen Seelsorge in der Bundeswehr, in: Zentralrat der Juden in Deutschland (Hg.), Militärrabbiner in der Bundeswehr. Zwischen Tradition und Herausforderung, Leipzig 2019, 73–85.

Rink, Sigurd/Beckmann, Klaus: Fenster ins Zivile. Überlegungen zu einer künftigen islamischen Militärseelsorge, in: DtPfrBl 119 (3/2019), 127–131.

– Superkonfessionell. Herausforderungen der Pluralisierung der Seelsorge in der Bundeswehr, in: Materialdienst des Konfessionskundlichen Instituts Bensheim 70 (5/2019), 118–122.

Rogg, Matthias: Armee des Volkes? Militär und Gesellschaft in der DDR (Militärgeschichte der DDR 15), Berlin 2008.
Rohde, Michael: »Das ist doch sowieso sinnlos hier!«, in: zur sache.bw 21 (2012), 24-25.
Rosa, Hartmut: Beschleunigung. Die Veränderung der Zeitstrukturen in der Moderne, Frankfurt a. M. 2005.
– Unverfügbarkeit, Wien/Salzburg ⁵2019 (2018).
Roser, Traugott: Krankenhausseelsorge und Spiritual Care, in: Spiritual Care 6 (2/2017), 229-232.
– Spiritual Care. Der Beitrag von Seelsorge zum Gesundheitswesen, Stuttgart ²2017 (2007).
– Vierte Säule im Gesundheitswesen? Dienstleistungen der Seelsorge im Kontext des Sterbens, in: Günter Thomas/Isolde Karle (Hg.), Krankheitsdeutung in der postsäkularen Gesellschaft. Theologische Ansätze im interdisziplinären Gespräch, Stuttgart 2009, 580-592.
– Wie positioniert sich Seelsorge im Gesundheitswesen? Spiritual Care und die Integration von Seelsorge in ambulanten und stationären Versorgungsstrukturen, in: ZEE 59 (4/2015), 262-278.
Freiherr von Rosen, Claus: Tradition und Innere Führung, in: Donald Abenheim/Uwe Hartmann (Hg.), Tradition in der Bundeswehr. Zum Erbe des deutschen Soldaten und zur Umsetzung des neuen Traditionserlasses, Norderstedt 2018, 153-168.
Rössler, Dietrich: Amt und Beruf des Pfarrers, in: Friedrich Wintzer/Manfred Josuttis/Ders./Wolfgang Steck (Hg.), Praktische Theologie, Neukirchen-Vluyn ⁵1997 (1982), 12-21.
– Grundriß Praktische Theologie, Berlin/New York ²1994 (1993).
Röw, Martin: Militärseelsorge unter dem Hakenkreuz. Die katholische Feldpastoral 1939-1945, Paderborn 2014.
Rudolph, Hartmut: Das evangelische Militärkirchenwesen in Preußen. Die Entwicklung seiner Verfassung und Organisation vom Absolutismus bis zum Vorabend des 1. Weltkrieges, Göttingen 1973.
Rühle, Joachim: Die Religionsgemeinschaften in der Bundeswehr, in: Zentralrat der Juden in Deutschland (Hg.), Militärrabbiner in der Bundeswehr. Zwischen Tradition und Herausforderung, Leipzig 2019, 31-39.
Şahinöz, Cemil: Seelsorge im Islam. Theorie und Praxis in Deutschland, Wiesbaden 2018.
Sattler, Dorothea: Die Bahnhofsmission - Ort gelebter Ökumene. Theologische Reflexionen, in: EvTh 81 (4/2021), 286-296.
– 3. Ökumene beispielhaft leben. Die Bahnhofsmission in der Geschichte der Ökumenischen Bewegung, in: Bernd Lutz/Bruno W. Nikles/Dies. (Hg.), Der Bahnhof - Ort gelebter Kirche, Ostfildern 213, 139-151.
Schäfer, Gertrud: Sie haben ihr Leben riskiert. Zentrale Trauerfeiern für in Afghanistan getötete deutsche Soldaten (2007/2010), in: Kristian Fechtner/Thomas Klie (Hg.), Riskante Liturgien. Gottesdienste in der gesellschaftlichen Öffentlichkeit, Stuttgart 2011, 43-58.
Scheffler, Horst: Militärseelsorge, in: Sven Bernhard Gareis/Paul Klein (Hg.), Handbuch Militär und Sozialwissenschaft, Wiesbaden ²2006 (2004), 190-200.

VON SCHEVEN, WERNER: Wir sind Kirche, in: Evangelisches Kirchenamt für die Bundeswehr (Hg.), Domini sumus – Wir sind des Herrn: 30 Jahre Militärseelsorgevertrag, Hannover 1987, 166–173.

SCHIEDER, ROLF: Kriegstote und Kirche. Riskante zivilreligiöse Rituale am Sarg von Soldaten, in: BThZ 26 (1/2009), 64–81.

SCHIEWEK, WERNER: Heroismus in der Seelsorge. Über Chancen, Risiken und Nebenwirkungen einer seelsorglichen Ressource in Militär und Polizei, in: Isolde Karle/Niklas Peuckmann (Hg.), Seelsorge in der Bundeswehr. Perspektiven aus Theorie und Praxis, Leipzig 2020, 85–98.

– Just Policing aus polizeiethischer Perspektive: zwischen Herausforderung und Überforderung, in: Ines-Jacqueline Werkner/Hans-Joachim Heintze (Hg.), Just Policing (Politisch-ethische Herausforderungen 6), Wiesbaden 2020, 51–76.

– »Kritische Solidarität«. Zum Verhältnis von Seelsorge und Ethik in gewaltausübenden Organisationen, in: WzM 67 (5/2015), 490–499.

SCHLAG, THOMAS: Öffentliche Kirche. Grunddimensionen einer praktisch-theologischen Kirchentheorie (ThSt 5), Zürich 2012.

SCHLEIERMACHER, FRIEDRICH: Die praktische Theologie nach den Grundsätzen der evangelischen Kirche im Zusammenhange dargestellt. Aus Schleiermachers handschriftlichem Nachlasse und nachgeschriebenen Vorlesungen, SW 1,13, hrsg. von Jacob Frerichs, Berlin 1850, Nachdruck Berlin/New York 1983.

– Der christliche Glaube. Nach den Grundsätzen der evangelischen Kirche im Zusammenhange dargestellt. Zweite Auflage (1830/31). Teilband 1 (Kritische Gesamtausgabe I/13, 1), hrsg. von Rolf Schäfer, Berlin/New York 2003.

SCHLETTER, CHRISTIAN: Grabgesang der Demokratie. Die Debatten über das Scheitern der bundesdeutschen Demokratie von 1965 bis 1985, Göttingen 2015.

SCHLIE, ULRICH: Bundeswehr und Tradition, in: Eberhard Birk/Winfried Heinemann/Sven Lange (Hg.), Tradition für die Bundeswehr. Neue Aspekte einer alten Debatte, Berlin 2012, 11–28.

SCHLOTMANN, RAIMUND: Digitalisierung auf mittelständisch. Die Methode »Digitales Wirkungsmanagement«, Wiesbaden 2018.

SCHMITT, RÜDIGER: Die Friedensbewegung in der Bundesrepublik Deutschland. Ursachen und Bedingungen der Mobilisierung einer neuen sozialen Bewegung (Studien zur Kommunikationswissenschaft 90), Wiesbaden 1990.

SCHMITZ, SEBASTIAN: Das soldatische Selbstverständnis im Wandel. Berufsethische Perspektiven für den deutschen Einsatzsoldaten (Schriften des Instituts für Theologie und Ethik der Universität der Bundeswehr München 3), Berlin 2017.

SCHNECKENER, ULRICH: Gegen Rebellen, Rivalen und Räuber? Zur Rolle von Milzen in Kriegen und fragilen Staaten, in: Hans-Georg Ehrhart (Hg.), Krieg im 21. Jahrhundert. Konzepte, Akteure, Herausforderungen (Demokratie, Frieden, Sicherheit 220), Baden-Baden 2017, 185–212.

SCHNEIDER-HARPPRECHT, CHRISTOPH: Was kann die Ethik von der Seelsorge lernen?, in: WzM 58 (3/2006), 270–282.

SCHNITT, JONATHAN: Foxtrott 4. Sechs Monate mit deutschen Soldaten in Afghanistan, München ²2012.

SCHOßWALD, VOLKER: Dietrich Bonhoeffer (1906-1945). Vom Axiom zum Schweigen, in: Klaus Raschzok/Karl-Heinz Röhlin (Hg.), Kleine Geschichte der Seelsorge im 20. Jahrhundert. Biographische Essays, Leipzig 2018, 61-68.

SCHROCKE, KATHRIN/L'ARRONGE, LILLI: Schattige Plätzchen. Mein Papa hat PTBS!, Berlin ³2018 (2014).

VON SCHUBERT, HARTWIG: Integrative Militärethik. Ethische Urteilsbildung in der militärischen Führung (Standpunkte und Orientierung 5), Norderstedt 2015.

– Militärseelsorge, in: Wilfried Engemann (Hg.), Handbuch Seelsorge. Grundlagen und Profile, Leipzig ³2016 (2007), 677-693.

– Pflugscharen und Schwerter. Plädoyer für eine realistische Friedensethik, Leipzig 2019.

– Wie werden Soldaten im Umgang mit Schuld und Ohnmacht begleitet?, in: Matthias Gillner/Volker Stümke (Hg.), Kollateralopfer. Die Tötung von Unschuldigen als rechtliches und moralisches Problem (Studien zur Friedensethik 49), Münster 2014, 157-171.

SCHÜBEL, ALBRECHT: 300 Jahre Evangelische Soldatenseelsorge, München 1964.

SCHULTEN, MARKUS: Anstaltsseelsorge für Muslime. Eine verfassungsrechtliche Problemanzeige zu Art. 141 WRV, in: KuR 20 (1/2014), 50-66.

– Neue Akteure, neue Regeln? - Die Seelsorge in öffentlichen Einrichtungen als Rechtsproblem, in: epd-Dokumentation (18/2020), 12-29.

SCHWARZ, KATRIN (Hg.): Ich kämpf' mich zu dir durch, mein Schatz. Briefe von der Heimatfront (2000-2010), Sankt Augustin ²2011.

SCHWITALLA, ARTUR: Afghanistan, jetzt weiß ich erst... Gedanken aus meiner Zeit als Kommandeur des Provincial Reconstruction Team FEYZABAD, Norderstedt 2010.

SEEL, MARTIN: Theorien, Frankfurt a. M. ²2009.

SEIDLER, GÜNTER H.: Psychotraumatologie. Das Lehrbuch, Stuttgart 2013.

SEIFFERT, ANJA: Auslandseinsätze als identitätsstiftende Erfahrungen. Können Bundeswehr und Gesellschaft die Traditionsbedürfnisse der »Generation Einsatz« bewahren?, in: IF. Zeitschrift für Innere Führung 12 (2/2018), 74-81.

– »Generation Einsatz« - Einsatzrealität, Selbstverständnis und Organisation, in: Dies./Langer, Phil C./Pietsch, Carsten (Hg.), Der Einsatz der Bundeswehr in Afghanistan. Sozial- und politikwissenschaftliche Perspektiven (Schriftenreihe des SOWI 12), Wiesbaden 2012, 79-99.

SEIFFERT, ANJA/HEß, JULIUS: Afghanistanrückkehrer. Der Einsatz, die Liebe, der Dienst und die Familie: Ausgewählte Ergebnisse der sozialwissenschaftlichen Langzeitbegleitung des 22. Kontingents ISAF, Potsdam 2014.

– Leben nach Afghanistan - Die Soldaten und Veteranen der Bundeswehr. Ergebnisse der sozialwissenschaftlichen Langzeitbegleitung des 22. Kontingents ISAF, Potsdam 2019.

SENGER, ULRIKE/SIEBEN, BARBARA: Weiterbildender Masterstudiengang »Leading Diversity« (M.A.) an der Helmut Schmidt Universität/Universität der Bundeswehr Hamburg, in: ZDfm 1 (1/2016), 110-112.

SHAY, JONATHA/MUNROE, JAMES: Group and milieu therapy for veterans with complex posttraumatic stress disorder, in: Philip A. Saigh/J. Douglas Bremner (Hg.), Posttraumatic stress disorder. A Comprehensive Text, Boston 1998, 391-413.

SIMON, JOACHIM: Militärseelsorge im Auslandseinsatz, in: Sven Bernhard Gareis/Paul Klein (Hg.), Handbuch Militär und Sozialwissenschaft, Wiesbaden ²2006 (2004), 344-349.
SINGER, PETER W.: Wired for War. The Robotics Revolution and Conflict in the 21st Century, New York 2009.
SLATER, ARIANE: Militärsprache. Die Sprachpraxis der Bundeswehr und ihre geschichtliche Entwicklung (Einzelschriften zur Militärgeschichte 49), Freiburg i. Br. 2015.
SOMMER, CHRISTOPH: Seelsorge an Bord einer seegehenden Einheit der Deutschen Marine. Perspektiven aus der Praxis, in: Isolde Karle/Niklas Peuckmann (Hg.), Seelsorge in der Bundeswehr. Perspektiven aus Theorie und Praxis, Leipzig 2020, 99-114.
SPÖRL, GERHARD: »Wage es, Soldat zu sein«, in: DIE ZEIT vom 7. Mai 1982, unter: https://www.zeit.de/1982/19/wage-es-soldat-zu-sein (Stand: 02. März 2021).
SPREEN, DIERK: Rechtspopulismus und Bundeswehr. Eine Bestandsaufnahme mit Risikoanalyse, in: Angelika Dörfler-Dierken (Hg.), Hinschauen! Geschlecht, Rechtspopulismus, Rituale. Systemische Probleme oder individuelles Fehlverhalten?, Norderstedt 2019, 97-136.
STAHL, ANDREAS: Traumasensible Seelsorge. Grundlinien für die Arbeit mit Gewaltbetroffenen (Praktische Theologie heute 163), Stuttgart 2019.
STEIGER, JOHANN A.: Die Geschichts- und Theologie-Vergessenheit der heutigen Seelsorgelehre, in: KuD 39 (1/1993), 64-87.
STEUBE, SARAH: Militär und Männlichkeit. Die Funktion militärischer Männlichkeitsmythen, in: W&F 36 (3/2018), 10-12.
STEUBER, KLAUS: Militärseelsorge in der Bundesrepublik Deutschland. Eine Untersuchung zum Verhältnis von Staat und Kirche, Mainz 1972.
VON DEN STEINEN, ULRICH: Unzufrieden mit dem Frieden? Militärseelsorge und Verantwortungsethik, Göttingen 2006.
STICHWEH, RUDOLF: Professionen im System der modernen Gesellschaft, in: Ronald Merten (Hg.), Systemtheorie Sozialer Arbeit. Neue Ansätze und veränderte Perspektiven, Wiesbaden 2000, 29-38.
– Professionen und Disziplinen – Formen der Differenzierung zweier Systeme beruflichen Handelns in modernen Gesellschaften, in: Ders., Wissenschaft, Universität, Professionen: Soziologische Analysen, Frankfurt a. M. 1994, 278-336.
STORKMANN, KLAUS: »Don't ask. Don't tell« – auf Deutsch? Der Umgang der Bundeswehr mit homosexuellen Soldaten bis zum Jahr 2000, in: IF. Zeitschrift für Innere Führung 11 (3/2017), 12-21.
STURM, WILFRIED: »Was soll man da in Gottes Namen sagen?«. Der seelsorgerliche Umgang mit ethischen Konfliktsituationen im Bereich der Neonatologie und seine Bedeutung für das Verhältnis von Seelsorge und Ethik (Arbeiten zur Pastoraltheologie, Liturgik und Hymnologie 82), Göttingen 2015.
THIEL, THOMAS: »... geblendet wie von einem großen Auge« (Friedrich Nietzsche). Die Scham Kains, der Soldaten und meine eigene, in: WzM 71 (6/2019), 481-494.
– Blutrausch – Nachdenken über die Grenzen des (Un)sagbaren, in: Isolde Karle/Niklas Peuckmann (Hg.), Seelsorge in der Bundeswehr. Perspektiven aus Theorie und Praxis, Leipzig 2020, 67-84.

- Geteiltes Leben. Seelsorgliche Begleitung traumatisierter Soldaten, in: WzM 70 (6/2018), 497–509.
THONAK, SYLVIE: Ecclesiola extra ecclesiam? Zur Zukunft der evangelischen Militärseelsorge, in: DtPfrBl 115 (11/2015), 632–634; 642–644.
- Evangelische Militärseelsorge und Friedensethik. Eine Problemanzeige, in: EvTh 72 (3/2012), 221–238.
- Vorrang für zivil? Wohin treiben Friedensethik und evangelische Militärseelsorge?, in: DtPfrBl 115 (5/2015), 258–262.
THONAK, SYLVIE/THEIßEN, GERD: Militärseelsorge. Das ungeliebte Kind protestantischer Friedensethik? (Heidelberger Studien zur Praktischen Theologie 25), Berlin 2020.
TIMMERMANN-LEVANS, ANDREAS/RICHTER, ANDREA: Die reden – Wir sterben. Wie unsere Soldaten zu Opfern der deutschen Politik werden, Frankfurt a. M. 2010.
TROLP, WERNER: Die Militärseelsorge in der hannoverschen Armee. Betreuung innerhalb der allgemeinen Strukturen der Kirche unter Berücksichtigung von Besonderheiten der Armee, Göttingen 2012.
VIRCHOW, FABIAN: Gegen den Zivilismus. Internationale Beziehungen und Militär in den politischen Konzeptionen der extremen Rechten, Wiesbaden 2006.
VOGEL, JOHANNA: Kirche und Wiederbewaffnung. Die Haltung der Evangelischen Kirche in Deutschland in den Auseinandersetzungen um die Wiederbewaffnung der Bundesrepublik 1949–1956 (AKZ, Reihe B, 4), Göttingen 1978.
VÖGELE, WOLFGANG: Zivilreligion in der Bundesrepublik Deutschland, Gütersloh 1994.
VOGT, MARKUS/SCHNEIDER, MARTIN: Zauberwort Resilienz. Analysen zum interdisziplinären Gehalt eines schillernden Begriffs, in: MThZ 67 (3/2016), 180–194.
VOGT, WOLFGANG R.: Gegenkulturelle Tendenzen im Militär? Zur Rekultivierung der ›Sui-generis‹-Ideologie in den Streitkräften, in: Ders. (Hg.), Militär als Gegenkultur. Streitkräfte im Wandel der Gesellschaft, Bd. 1, Wiesbaden 1986, 11–34.
WAGNER-RAU, ULRIKE: Segensraum. Kasualpraxis in der modernen Gesellschaft, Stuttgart ^{2}2008 (2000).
WAHLE, REINHARD: Einladende Kirche – Die Erwachsenentaufe im Auslandseinsatz, in: Peter Michaelis (Hg.), Für Ruhe in der Seele sorgen. Evangelische Militärpfarrer im Auslandseinsatz der Bundeswehr, Leipzig 2003, 122–125.
WALTER, JÜRGEN: Als Seelsorger in Afghanistan – Erfahrungen und Einsichten aus einer anderen Welt, in: Peter Michaelis (Hg.), Für Ruhe in der Seele sorgen. Evangelische Militärpfarrer im Auslandseinsatz der Bundeswehr, Leipzig 2003, 68–75.
WALZER, MICHAEL: The Triumph of Just War Theory (and the Dangers of Success), in: Roger Wertheimer (Hg.), Empowering Our Military Conscience. Transforming Just War Theory and Military Moral Education (Military and Defence Ethics), New York 2016, 15–32.
WANNER, MEIKE: Lebenskundlicher Unterricht in der Bundeswehr, in: Isolde Karle/Niklas Peuckmann (Hg.), Seelsorge in der Bundeswehr. Perspektiven aus Theorie und Praxis, Leipzig 2020, 245–256.
WARBURG, JENS: Das Militär und seine Subjekte. Zur Soziologie des Krieges, Bielefeld 2008.
WECHSLER SEGAL, MADY: The Military And the Family As Greedy Institutions, in: Armed Forces & Society 13 (1/1986), 9–38.

WEIGEL, SIGRID: Zum »topographical turn« - Kartographie, Topographie und Raumkonzepte in den Kulturwissenschaften, in: KulturPoetik 2 (2/2002), 151-165.
WEINRICH, MICHAEL: Ökumene am Ende? Plädoyer für einen neuen Realismus, Neukirchen-Vluyn 1995.
WEISSWANGE, JAN-PHILLIPP: Die Transformation der Bundeswehr: Ist alles im Fluss?, in: Karl-Heinz Lutz/Martin Rink/Marcus von Salisch (Hg.), Reform - Reorganisation - Transformation. Zum Wandel in deutschen Streitkräften von den preußischen Heeresreformen bis zur Transformation der Bundeswehr, München 2010, 429-447.
WELKER, MICHAEL: Einfache oder multiple doppelte Kontingenz? Minimalbedingungen der Beschreibung von Religion und emergenten Strukturen sozialer Systeme, in: Werner Karwietz/Ders. (Hg.), Kritik der Theorie sozialer Systeme. Auseinandersetzungen mit Luhmanns Hauptwerk, Berlin 1992, 355-370.
WELL, JULA E.: Political Dissent as Challenge. Religious Discourse in the Public Sphere in Germany at the Time of the So-called Refugee Crisis, in: Andrea Bieler/Isolde Karle/HyeRan Kim-Cragg/Ilona Nord (Hg.), Religion and Migration. Negotiating Hospitality, Agency and Vulnerability, Leipzig 2019, 247-257.
– Vom Streicheln und Schnurren. Überlegungen zur Herkunft und Bedeutung der Mensch-Lieblingstier-Beziehung, in: Clemens Wustmans/Niklas Peuckmann (Hg.), Räume der Mensch-Tier-Beziehung(en). Öffentliche Theologie im interdisziplinären Gespräch (ÖTh 38), Leipzig 2020, 141-156.
WENDL, PETER: Gelingende Fern-Beziehung: entfernt - zusammen - wachsen, Freiburg i. Br. ^{8}2017 (2005).
– Herausforderung Fern-Beziehung? Partnerschaft auf Distanz von Soldaten und deren Partnern bei Auslandseinsätzen, in: Gerhard Kümmel (Hg.), Diener zweier Herren. Soldaten zwischen Bundeswehr und Familie, Frankfurt a.M. 2005, 123-147.
– Lebenswirklichkeiten von Soldatenfamilien - die Militärseelsorge als Ernstfall der Familienpastoral, in: Isolde Karle/Niklas Peuckmann (Hg), Seelsorge in der Bundeswehr. Perspektiven aus Theorie und Praxis, Leipzig 2020, 39-53.
– Militärseelsorge: »Ernstfall der Familienpastoral«, in: LS 66 (5/2015), 366-370.
– Psychohygiene von Militärseelsorgern: Ein »Resilienz-Routenplaner« - Spiritualität und psychische Widerstandsfähigkeit im Kontext von Auslandseinsätzen stärken, Berlin ^{3}2017 (2010).
– Soldat im Einsatz - Partnerschaft im Einsatz. Praxis- und Arbeitsbuch für Paare und Familien in Auslandseinsatz und Wochenendbeziehung, Freiburg i. Br. 2011.
WENZEL, MATTHIAS: Schutzverantwortung im Völkerrecht. Zu Möglichkeiten und Grenzen der »Responsibility to Protect«-Konzeption (Studien zum Völker- und Europarecht 80), Hamburg 2010.
WERKNER, INES-JACQUELINE: Cyberwar - die Digitalisierung der Kriegsführung? Eine Einführung, in: Dies./Niklas Schörnig (Hg.), Cyberwar - die Digitalisierung der Kriegsführung (Fragen zur Gewalt 6), Wiesbaden 2019, 1-14.
– Der gerechte Friede im ökumenischen Diskurs, in: Dies./Klaus Ebeling (Hg.), Handbuch Friedensethik, Wiesbaden 2017, 377-392.
– Friedensethik und humanitäre Intervention - Konsequenzen aus der Friedensdenkschrift, in: Angelika Dörfler-Dierken/Gerd Portugall (Hg.), Friedensethik und

Sicherheitspolitik. Weißbuch 2006 und EKD-Denkschrift 2007 in der Diskussion (Schriftenreihe des SOWI der BW, Bd. 8), Wiesbaden 2010, 141-152.
- Neue friedensethische Herausforderungen. Autonome Waffen, Cyberwar und nukleare Abschreckung, in: Evangelische Kirche in Deutschland (Hg.), Auf dem Weg zu einer Kirche der Gerechtigkeit und des Friedens. Ein friedenstheologisches Lesebuch, Leipzig 2019, 141-158.
- Religion und ihre Bedeutung für Krieg, militärische Gewalt und den Soldaten, in: Nina Leonhard/Dies. (Hg.), Militärsoziologie - Eine Einführung, Wiesbaden ²2012 (2005), 220-242.
- Soldatenseelsorge versus Militärseelsorge. Evangelische Pfarrer in der Bundeswehr (Forum Innere Führung 13), Baden-Baden 2001.
- Warum geht Frau zur Bundeswehr? Motivationen und erste Erfahrungen der neuen Soldatinnen nach der vollständigen Öffnung der Bundeswehr für Frauen. Eine qualitative Untersuchung, in: Gerhard Kümmel/Dies. (Hg.), Soldat, weiblich, Jahrgang 2001. Sozialwissenschaftliche Begleitungsuntersuchungen zur Integration von Frauen in der Bundeswehr - Erste Befunden, Strausberg 2003, 81-122.
- Zum Friedensbegriff in der Friedensforschung, in: Dies./Klaus Ebeling (Hg.), Handbuch Friedensethik, Wiesbaden 2017, 19-32.
- Zur Aktualität der Heidelberger Thesen in der Nuklearfrage - ein Kontrapunkt, in: Ines-Jacqueline Werkner/Thoma Hoppe (Hg.), Nukleare Abschreckung in friedensethischer Perspektive (Fragen zur Gewalt 7), Wiesbaden 2019, 47-62.

WERKNER, INES-JACQUELINE/EBELING, KLAUS (Hg.): Handbuch Friedensethik, Wiesbaden 2017.

WERKNER, INES-JACQUELINE/MARAUHN, THILO (Hg.): Die internationale Schutzverantwortung im Lichte des gerechten Friedens (Frieden und Recht 3), Wiesbaden 2019.

WEYEL, BIRGIT: »(D)aß ein Mensch den anderen trösten soll«. Überlegungen zu einem Grundanliegen reformatorischer Seelsorge aus heutiger Sicht, in: Ulrich Heckel/Jürgen Kampmann/Volker Leppin/Christoph Schwöbel (Hg.), Luther heute. Ausstrahlungen der Wittenberger Reformation, Tübingen 2017, 230-247.
- Religion als Suchbewegung der Bewältigung von Kontingenz. Katastrophenerfahrungen und ihre literarische Verarbeitung, in: Klaus Antoni/Matthias Bauer/Jan Stievermann/Dies./Angelika Zirker (Hg.), Heilige Texte. Literarisierung von Religion und Sakralisierung von Literatur im modernen Roman (Religion and literature 1), Berlin 2013, 37-58.

WIECZOREK, JÜRGEN: »Feldlager Rajlovac« - Gemeinde auf Zeit, in: Peter Michaelis (Hg.), Für Ruhe in der Seele sorgen. Evangelische Militärpfarrer im Auslandseinsatz der Bundeswehr, Leipzig 2003, 86-92.

WIESENDAHL, ELMAR: Athen oder Sparta - Bundeswehr quo vadis? (WIFIS-Aktuell 44), Bremen 2010.
- Neue Bundeswehr - neue Innere Führung? Perspektiven und Rahmenbedingungen für die Weiterentwicklung eines Leitbildes (Forum Innere Führung 25), Baden-Baden 2005.
- Zur Aktualität der Inneren Führung von Baudissin für das 21. Jahrhundert. Ein analytischer Bezugsrahmen, in: Ders. (Hg.), Innere Führung für das 21. Jahrhundert.

Die Bundeswehr und das Erbe Baudissins, Paderborn/München/Wien/Zürich 2007, 11–28.

WILKENS, ERWIN: Die EKD-Synode 1957. Der Weg zur Militärseelsorge, in: Evangelisches Kirchenamt für die Bundeswehr (Hg.), Domini sumus – Wir sind des Herrn: 30 Jahre Militärseelsorgevertrag, Hannover 1987, 15–33.

WINKLER, EBERHARD: Praktische Theologie elementar. Ein Lehr- und Arbeitsbuch, Neukirchen-Vluyn 1997.

WINKLER, KLAUS: Seelsorge, Berlin 2000.

WISOTZKI, SIMONE: Friedensförderung im Spannungsfeld zwischen Geschlechtergerechtigkeit und lokalen Differenzen, in: Janet Kursawe/Margret Johannsen/Claudia Baumgart-Ochse/Marc von Boemcken/Ines-Jacqueline Werkner (Hg.), Friedensgutachten 2015, Berlin 2015, 124–136.

Wissenschaftlicher Dienst des Bundestages: Eliten Deutschlands und deren Verhältnis zur Bundeswehr – Eine Untersuchung von Intellektuellen, Gewerkschaften und Kirchen, WD 1 – 3000 – 158/09, Berlin 2009.

WITTCHEN, HANS-ULRICH/SCHÖNFELD, SABINE/KIRSCHBAUM, CLEMENS/THURAU, CHRISTIN/TRAUTMANN, SEBASTIAN/STEUDTE, SUSANN/KLOTSCHE, JENS/HÖFLER, MICHAEL/HAUFFA, ROBIN/ZIMMERMANN, PETER: Traumatische Ereignisse und posttraumatische Belastungsstörungen bei im Ausland eingesetzten Soldaten. Wie hoch ist die Dunkelziffer?, in: Deutsches Ärzteblatt 109 (35–36/2012), 559–568.

WOLBERT, WERNER: Du sollst nicht töten. Systematische Überlegungen zum Tötungsverbot (Studien zur theologischen Ethik 123), Fribourg ²2009 (2000).

WOLFFSOHN, MICHAEL: »Die Antithese zur Wehrmacht«. Warum jüdische Seelsorge für jüdische Soldaten in der Bundeswehr unverzichtbar ist, in: Zeitzeichen 20 (12/2019), 16–18.

– Die Bundeswehr ist eine Unterschichtenarmee, in: WELT online vom 21. August 2009, unter: https://www.welt.de/politik/deutschland/article4368744/Die-Bundeswehr-ist-eine-Unterschichtenarmee.html (Stand: 02. März 2021).

WULLERS, DOMINIK: Diversity Management. Wie die Bundeswehr bunter und fitter wird (Arbeitspapier Sicherheitspolitik, Nr. 13/2016), unter: https://www.baks.bund.de/sites/baks010/files/arbeitspapier_sicherheitspolitik_2016_13.pdf (Stand: 02. März 2021).

WUSTMANS, CLEMENS: Gerechtigkeit als Gestaltungsleitbild öffentlichen Raums. Teilhabe und Nachhaltigkeit, in: Ders. (Hg.), Öffentlicher Raum. Theologische, religionswissenschaftliche und ethisch-normative Dimensionen (SEM 4), Kamen 2016, 151–162.

– als Hg.: Öffentlicher Raum. Theologische, religionswissenschaftliche und ethisch-normative Dimensionen (SEM 4), Kamen 2016.

– Plain Language as Empowerment beyond a Faithful Middle-class Public. Contributions of Public Theology to the Capability Approach of Social Justice, in: Torsten Meireis/Rolf Schieder (Hg.), Religion and Democracy. Studies in Public Theology, Baden-Baden 2017, 143–153.

WUSTMANS, CLEMENS/PEUCKMANN, NIKLAS (Hg.): Räume der Mensch-Tier-Beziehung(en). Öffentliche Theologie im interdisziplinären Gespräch (ÖTh 38), Leipzig 2020.

WÜTHRICH, MATTHIAS D.: Raum Gottes. Ein systematisch-theologischer Versuch, Raum zu denken (FSÖTh 143), Göttingen 2015.

- Raumtheoretische Erwägungen zum Kirchenraum, in: Christoph Sigrist (Hg.), Kirchen Macht Raum. Beiträge zu einer kontroversen Debatte, Zürich 2010, 71-87.
ZEEB, TOBIAS: Souveränität als Verantwortung. Theologisch-ethische Annäherungen zur Responsibility to Protect, in: Ines-Jacqueline Werkner/Thilo Marauhn (Hg.), Die internationale Schutzverantwortung im Lichte des gerechten Friedens (Frieden und Recht 3), Wiesbaden 2019, 15-38.
ZEYHER-QUATTLENDER, JULIAN: Friedensethik im 21. Jahrhundert, in: Elisabeth Gräb-Schmidt/Ders. (Hg.), Friedensethik und Theologie. Systematische Erschließung eines Fachgebietes aus Perspektive von Philosophie und christlicher Theologie (Religion - Konflikt - Frieden 9), Baden-Baden 2018, 21-41.
ZIEMER, JÜRGEN: Seelsorge. Grundfragen zu einem kirchlichen Handlungsfeld, in: Praxis Gemeindepädagogik. Zeitschrift für Evangelische Bildungsarbeit 66 (2/2013), 54-57.
- Seelsorgelehre. Eine Einführung für Studium und Praxis, Göttingen ^{4}2015 (2000).
ZIENERT, JOSEF: »Laß ihren Dienst gesegnet sein ...«. Kleine Geschichte der Deutschen Marineseelsorge von 1674 bis 1945, Bonn 1983.
ZIMBARDO, PHILIP: Der Luzifer-Effekt. Die Macht der Umstände und die Psychologie des Bösen, orig. Stanford 2007, übers. v. Karsten Petersen, Berlin 2017.
ZIMMERLING, PETER: Bonhoeffer als Praktischer Theologe, Göttingen 2006.
- als Hg.: Handbuch Evangelische Spiritualität - Bd. 1: Geschichte, Göttingen 2017.
ZIMMERMANN, MIKE: Hinterhalt am Baghlan River in Afghanistan. Eine Tagebuchaufzeichnung, in: Matthias Gillner/Volker Stümke (Hg.), Kollateralopfer. Die Tötung von Unschuldigen als rechtliches und moralisches Problem (Studien zur Friedensethik 49), Münster 2014, 31-38.
ZIMMERMANN, PETER: Einsatz, Werte und psychische Gesundheit bei Bundeswehrsoldaten, in: Matthias Gillner/Volker Stümke (Hg.), Kollateralopfer. Die Tötung von Unschuldigen als rechtliches und moralisches Problem (Studien zur Friedensethik 49), Münster 2014, 173-194.
ZIMMERMANN, PETER/ALLIGER-HORN, CHRISTINA/WESEMANN, ULRICH/WILLMUND, GERD D.: Psychische Erkrankungen in der Bundeswehr, in: WMM 59 (2/2015), 34-37.
ZIMMERMANN-WOLF, CHRISTOPH: Einander beistehen. Dietrich Bonhoeffers lebensbezogene Theologie für gegenwärtige Klinikseelsorge (S.Th.P.S. 6), Würzburg 1991.
ZSIFKOVITS, VALENTIN: Perspektiven der Friedensbewegung, in: ThPQ 132 (1/1984), 76-88.
ZUNKE, KLAUS-DIETER: An der Seite der Soldaten. Der seelsorglich-missionarische Dienst evangelischer Werke, Verbände und Freikirchen als eigenständige Soldatenseelsorge (1864-2011) (Entwürfe zur christlichen Gesellschaftswissenschaft 34), Berlin 2017.

Abgerufene und verwiesene Internetseiten

Bundesministerium für Verteidigung: https://www.bmvg.de (Stand: 02. März 2021).
Bundeswehr: https://www.bundeswehr.de (Stand: 02. März 2021).
Datenbanksystem des Handlungsbereiches Evangelische Seelsorge in der Bundeswehr: https://evangelische-militaerseelsorge.org/index.html (Stand: 02. März 2021).
Evangelische Kirche in Deutschland: https://www.ekd.de/ (Stand: 02. März 2021).

Evangelischen Militärseelsorge: http://www.eka.militaerseelsorge.bundeswehr.de (Stand: 26. Juni 2018).

Journal der Bundeswehr: http://www.bundeswehr-journal.de (Stand: 02. März 2021).

Konsultationsprozess Gerechter Friede: http://www.konsultationsprozess-gerechter-frieden.de/index.php (Stand: 02. März 2021).

Magdeburger Friedensmanifest 2017: https://www.friedenskreis-halle.de/hintergruen de/1582-magdeburger-friedensmanifest-2017.html (Stand: 02. März 2021).

Ökumenische Initiative zur Abschaffung der Militärseelsorge: https://www.militaer seelsorge-abschaffen.de/ (Stand: 02. März 2021).

Verein Charta der Vielfalt: https://www.charta-der-vielfalt.de/ (Stand: 02. März 2021).

Zentralinstitut für Ehe und Familie in der Gesellschaft: https://www.ku.de/forschungs einr/zfg/ (Stand: 02. März 2021).

Zentrum für ethische Bildung in den Streitkräften: https://www.zebis.eu/home (Stand: 02. März 2021).

Verwiesene Serie

»Herrens Veje« (dt. Die Wege des Herrn), ADAM PRICE/KARINA DAM/ PAUL BERG (Drehbuchautorinnen und -autoren), KASPAR MUNK (Regisseur), LARS MIKKELSEN (Hauptdarsteller), Dänemark 2017, Staffel 1, Folge 2, DR1, Fernsehserie.